Handel und Wettbewerb auf globalen Märkten

Karl Morasch · Florian W. Bartholomae

Handel und Wettbewerb auf globalen Märkten

3. Auflage

Karl Morasch
Universität der Bundeswehr München
Neubiberg, Deutschland

Florian W. Bartholomae
Munich Business School
München, Deutschland

ISBN 978-3-658-41865-6   ISBN 978-3-658-41866-3   (eBook)
https://doi.org/10.1007/978-3-658-41866-3

Die Deutsche Nationalbibliothek verzeichnet diese Publikation in der Deutschen Nationalbibliografie; detaillierte bibliografische Daten sind im Internet über ▶ https://portal.dnb.de abrufbar.

Planung/Lektorat: Isabella Hanser
Springer Gabler ist ein Imprint der eingetragenen Gesellschaft Springer Fachmedien Wiesbaden GmbH und ist ein Teil von Springer Nature.
Die Anschrift der Gesellschaft ist: Abraham-Lincoln-Str. 46, 65189 Wiesbaden, Germany

Das Papier dieses Produkts ist recycelbar.

Vorwort zur dritten Auflage

Für die dritte Auflage wurde der Text komplett durchgesehen, aktualisiert und ergänzt. Viele Textpassagen wurden dabei gründlich im Hinblick auf Verständlichkeit und Lesbarkeit überarbeitet. Zudem wurden insbesondere in Kapitel 1 zu Ausmaß und Struktur des Außenhandels die statistischen Daten auf den aktuellen Stand gebracht. Ferner wurden zusätzliche Literaturquellen angegeben, um einen tiefergehenden Einstieg in die Thematik zu ermöglichen. Da sich der Grundansatz des Lehrbuchs gegenüber der Erstauflage nicht geändert hat, ist für eine Erläuterung der Motivation des konkreten Vorgehens im Lehrbuch und für einen systematischen Überblick zu den Inhalten weiterhin das auf den folgenden Seiten abgedruckte Vorwort zur ersten Auflage relevant.

Auf zwei Veränderungen gegenüber der ersten und zweiten Auflage möchten wir jedoch noch hinweisen:

Seit dem Erscheinen der zweiten Auflage im Jahr 2017 gab es eine ganze Reihe von Ereignissen mit großem Einfluss auf den Außenhandel sowie den internationalen Wettbewerb: Der Brexit, die immer deutlicher werdenden Auswirkungen des Klimawandels, die Corona-Pandemie und der Krieg in der Ukraine. Die Implikationen dieser Ereignisse haben wir darum in einer Reihe von zusätzlichen **Boxen** thematisiert. Als neues didaktisches Element wurden zudem **Diskussionsboxen** eingeführt. In diesen wird ein etwas breiteres Thema mit Bezug zu den konzeptionellen Inhalten kurz vorgestellt. Am Ende finden sich dann Diskussionsfragen, die zum kritischen Weiterdenken ermuntern und auch als Grundlage für eine Auseinandersetzung in Vorlesungen und Seminaren verwendet werden können. Der größeren Bedeutung der Boxen wird nun auch dadurch Rechnung getragen, dass es ein eigenes Boxenverzeichnis am Anfang des Buches gibt.

Im **Literaturverzeichnis** am Ende der Kapitel wird nun jeweils zwischen im Text zitierten Quellen und dem Hinweis auf ergänzende und weiterführende Literatur unterschieden. Bei der ergänzenden und weiterführenden Literatur und den im Text zitierten Quellen, die auch für eine Vertiefung der Inhalte geeignet sind, wird zudem jeweils in eckigen Klammern angegeben, für welche Themenstellung diese Quellen von Interesse sind. In diesem Zusammenhang möchten wir noch eine grundlegende Anmerkung zum Umgang mit Quellen machen: Wie in Lehrbüchern üblich, wird auf die Zitierung einzelner Quellen verzichtet, solange im Text der Stand der Forschung lediglich didaktisch aufbereitet wird. Es werden in diesen Fällen bestenfalls unter „Ergänzende und weiterführende Literatur" grundlegende Arbeiten zum Thema angegeben. Eine explizite Zitierung erfolgt demgegenüber immer dann, wenn ein bestimmtes Modell im Detail vorgestellt oder ein Beitrag zu einem spezifischen Thema diskutiert wird.

Neben den Studierenden und Kollegen, die uns auf Fehler in den früheren Auflagen aufmerksam gemacht haben, möchten wie insbesondere Sabrina Frank für die Durchsicht des Textes und Verbesserungsvorschläge sowie Stefanie Hennig für die Unterstützung bei der Aktualisierung der Daten danken. Selbstverständlich sind wir für alle verbliebenen Fehler verantwortlich und für Korrekturhinweise dankbar.

Karl Morasch
Florian Bartholomae
München
im Januar 2024

Vorwort zur zweiten Auflage

Für die zweite Auflage wurde der Text komplett durchgesehen, aktualisiert und ergänzt. Insbesondere wurden alle Daten in ► Kap. 1 auf den aktuellen Stand gebracht, in ► Kap. 12 ein Abschnitt zu Konsumentenheterogenität angefügt und ► Kap. 18 erweitert. Zudem haben wir die Struktur etwas überarbeitet, um unsere beabsichtigte Ausrichtung noch besser sichtbar zu machen. Einen Überblick zum Aufbau des Lehrbuchs und Empfehlungen zur Auswahl der Inhalte für verschiedene Hörerkreise finden Sie im folgenden Vorwort zur ersten Auflage.

In der ersten Auflage hatte das Buch den Obertitel „Internationale Wirtschaft", den wir bei dieser zweiten Auflage bewusst weggelassen haben, um den eigentlichen Fokus des Buches bereits im Titel klarer zum Ausdruck zu bringen. Diese erste Auflage erschien diese Auflage erschien 2011 in der Lehrbuchreihe 2011 in der Lehrbuchreihe WISU-Texte bei UVK Lucius. Wir möchten uns an dieser Stelle für die gute Zusammenarbeit bedanken, insbesondere bei Herrn Rainer Berger, der uns bei der Rechteübertragung an Springer unterstützt hat.

Im Laufe der Zeit erreichten uns viele Korrekturen von Studierenden und Kollegen, die geholfen haben, das Buch verständlicher und fehlerfreier zu machen. Insbesonde- re möchten wir Frau Kirsten Johannemann, M. Sc. danken, die den Text akribisch auf Rechtschreib-, Grammatik- und inhaltliche Fehler durchforstet hat. Selbstverständlich sind wir für die verbliebenen Fehler verantwortlich.

Karl Morasch
Florian Bartholomae
München
im Oktober 2016

Vorwort zur ersten Auflage: Motivation und Überblick

Es existiert eine Vielzahl guter Lehrbücher zum Bereich internationale Wirtschaft. Warum also noch ein Buch zu diesem Thema? Warum sollten Sie als Studierende sich gerade für unser Lehrbuch entscheiden? Was spricht für Sie als Dozent oder Dozentin dafür, diesen Text als Grundlage für Ihre Veranstaltung zu wählen oder es den Studierenden zur Lektüre empfehlen?

Eine zentrale Motivation für die Verfassung dieses Lehrbuchs war für uns die Orientierung an einem nicht rein volkswirtschaftlich orientierten **Leserkreis**: Unser Buch wendet sich nicht nur an Volkswirte, sondern insbesondere auch an Studierende der Betriebswirtschaft in Bachelor-, Master- und MBA-Studiengängen, für die Kenntnisse über Handel und Wettbewerb auf globalen Märkten sehr wichtig sind.

Vor diesem Hintergrund stellen wir den Zusammenhang zwischen Wettbewerbssituation und Außenhandel sowie die Unternehmen als zentrale Akteure im Außenhandel stärker in den Fokus der Analyse. Damit wird auch die enge Beziehung zwischen der volkswirtschaftlichen Analyse internationaler Wirtschaftsbeziehungen und dem betriebswirtschaftlichen Thema des internationalen Managements verdeutlicht.

Die Orientierung an diesem erweiterten Leserkreis bedingt eine im Vergleich zu rein volkswirtschaftlichen Texten weniger formale Darstellung mit vielen Graphiken und Anwendungsbeispielen. Um den Gesamtumfang des Buches in Grenzen zu halten, steht der Erweiterung der Analyse auf Wettbewerbsaspekte und die Unternehmensperspektive eine thematische Beschränkung gegenüber: Wir konzentrieren uns auf die realwirtschaftliche Analyse des Außenhandels und die Handelspolitik und verzichten auf eine Behandlung der Aspekte Währung und internationale Makroökonomik.

Warum haben wir bei einem Lehrbuch zur realen Außenwirtschaft den Aspekt **Wettbewerb** durch die Berücksichtigung im Titel besonders betont? Dies liegt darin begründet, dass sowohl die Erklärung der Handelsstruktur als auch die Gründe für die Vorteilhaftigkeit des Außenhandels sich in Abhängigkeit von der Wettbewerbssituation grundlegend unterscheiden:

- In den klassischen Modellen zur Erklärung des Handels und zur Analyse der Handelspolitik wird vollkommener Wettbewerb unterstellt, also eine Situation mit einer Vielzahl von Wettbewerbern, die ein homogenes Produkt mit konstanten Skalenerträgen herstellen. Unter diesen für die meisten Märkte eher unrealistischen Voraussetzungen wird Handel durch Unterschiede der Länder und daraus resultierende komparative Kostenvorteile bei der Herstellung bestimmter Güter erklärt. Handelspolitische Interventionen führen in diesem Modellrahmen grundsätzlich zu einer Verringerung der Wohlfahrt, es sei denn, ein großes Land verfügt als Ganzes über Marktmacht auf den Weltmärkten. Wird realistischerweise von Mehr-Faktoren-Modellen ausgegangen, so führen Handel und Handelspolitik zu ausgeprägten Verteilungseffekten.

- Werden die Annahmen homogener Produkte und konstanter Skalenerträge aufgehoben, so befinden wir uns in einer Situation mit monopolistischer Konkurrenz. Unter diesen Umständen ist die Aufnahme von Außenhandel auch zwischen vollkommen identischen Volkswirtschaften vorteilhaft, da der größere Absatzmarkt den Zielkonflikt zwischen Realisierung von Skalenerträgen und Gewährleistung einer möglichst großen Produktvielfalt abschwächt. Solange die Volkswirtschaften sich sehr ähnlich sind, treten hier bei Aufnahme von Handel kaum Verteilungseffekte auf.

- Sind Skalenerträge sehr ausgeprägt oder beschränken andere Formen von Markteintrittsbarrieren die Anzahl der Wettbewerber in einem Markt, so stellen die in solchen Märkten realisierbaren (Monopol-)Renten einerseits einen zusätzlichen Anreiz für die Aufnahme von Außenhandel dar und andererseits können durch Handelspolitik Renten ins Inland umgelenkt werden, womit die inländische Wohlfahrt prinzipiell erhöht wird.

Wie haben wir den **Unternehmensblickwinkel** in unserem Lehrbuch konkret berücksichtigt? Wichtig ist dabei zunächst der Ausgangspunkt: Trotz der stärkeren Betonung des Unternehmensaspekts handelt es sich von der Methodik her um ein volkswirtschaftliches Buch, das auf dem aktuellen Stand der realen Außenwirtschaftstheorie argumentiert. Wir behandeln jedoch zum einen die aus Unternehmenssicht besonders interessanten Themen wie ausländische Direktinvestitionen oder Oligopolwettbewerb in globalen Märkten besonders ausführlich. Zum anderen betrachten wir die Ergebnisse der volkswirtschaftlichen Analyse immer wieder aus dem Unternehmensblickwinkel, dem der abschließende fünfte Teil zudem explizit gewidmet ist.

Damit Sie das Buch möglichst gewinnbringend nutzen können, möchten wir nun kurz den **Aufbau** erläutern. Da die einzelnen Teile des Buches aufeinander aufbauen, sollten sie grundsätzlich auch in dieser Reihenfolge behandelt werden. Wir weisen jedoch auf einige volkswirtschaftlich anspruchsvollere Kapitel bzw. Abschnitte hin, die gegebenenfalls auch übersprungen werden können.

- Thema von **Teil I** (▶ Kap. 1 bis 4) ist die wirtschaftliche Bedeutung des Außenhandels. Dabei geht es zunächst darum, zentrale empirische Fakten aufzuzeigen, die die Analyse in den folgenden Teilen des Buches motivieren können. Zudem betrachten wir das Thema Handelskosten, das für Unternehmensentscheidungen sehr wichtig ist, in der Handelstheorie jedoch weitgehend vernachlässigt wird. Die grundlegenden Anreize zur Aufnahme von Außenhandel und die Implikationen für Produzenten und Konsumenten werden zunächst in ▶ Kap. 3 mit Hilfe des Angebot-Nachfrage-Diagramms für einen einzelnen Markt analysiert, bevor diese Aspekte in ▶ Kap. 4 in einem allgemeinen Gleichgewichtsmodell genauer betrachtet werden. Da ▶ Kap. 4 vertiefte ökonomische Kenntnisse voraussetzt, kann in nicht für Volkswirte ausgelegten Kursen darauf verzichtet werden.

- In **Teil II** (▶ Kap. 5 bis 9) beschäftigen wir uns mit der traditionellen Handelstheorie, die Außenhandel im Kontext vollkommenen Wettbewerbs erklärt und bei der die Länder und Produktionsfaktoren im Mittelpunkt der Analyse stehen. Wir haben diesen Teil als „Länderanalyse" bezeichnet, da aufgezeigt wird, wie einzelne Länder sich hinsichtlich ihrer Standortfaktoren unterscheiden und wie diese sich auf die komparativen Kosten und damit die Wettbewerbsvorteile der ansässigen Unternehmen auswirken können. Grundlegend für das Verständnis sind dabei die ▶ Kap. 5 und 6. In den ▶ Kap. 7 bis 9 liefern wir eine detaillierte und vertiefte Darstellung der Konzepte im Kontext der allgemeinen Gleichgewichtstheorie. In einer eher für Betriebswirte ausgerichteten Veranstaltung kann auf eine Behandlung dieser theoretisch etwas anspruchsvolleren Teile auch verzichtet werden.

— **Teil III** (▶ Kap. 10 bis 13) führt dann in die neueren Ansätze zu Handel bei unvollkommenem Wettbewerb ein, bei denen die Unternehmen als Wettbewerber stärker im Fokus stehen. Um die Inhalte auch für Studierende ohne entsprechende Vorkenntnisse in der Monopol- und Oligopoltheorie zugänglich zu machen, beginnt ▶ Kap. 10 mit einer Einführung in die für die Außenhandelsmodelle relevanten Aspekte. Während ▶ Kap. 11 sich bei der Erklärung des intra-industriellen Handels auf die Grundidee der dahinter stehenden Modellierung beschränkt, geht ▶ Kap. 12 stärker in die Tiefe und diskutiert auch die aktuellen Modelle mit heterogenen Firmen und Mehrproduktunternehmen. Prinzipiell kann das anspruchsvollere ▶ Kap. 12 analog zu den entsprechenden Kapiteln in Teil II auch übersprungen werden. Da die Analyse mit heterogenen Firmen (▶ Abschn. 12.3) auch in den ▶ Kap. 13 und 19 im Zusammenhang mit Direktinvestitionen wieder aufgegriffen wird, sollte jedoch zumindest dieser Abschnitt auf jeden Fall behandelt werden.

— Wie Nationen und internationale Institutionen ihre außenwirtschaftlichen Aktivitätenmittels Handelspolitik beeinflussen können ist Thema von **Teil IV** (▶ Kap. 14 bis 17). Da wir besonders auf Wettbewerbsaspekte eingehen möchten, wird vor allem die Handelspolitik bei Monopol, Oligopol und fragmentierten Produktionsprozessen detailliert behandelt. ▶ Kap. 16 enthält zu Beginn eine kurze Einführung in spieltheoretische Konzepte, die für die Analyse strategischer Handelspolitik und des Optimalzolls mit Vergeltung in ▶ Kap. 17 die notwendigen Grundlagen schaffen. Etwas anspruchsvoller sind in diesem Teil die ▶ Abschn. 16.3 und 16.4 sowie 17.4 und 17.5.

— **Teil V** (▶ Kap. 18 bis 20) nimmt schließlich explizit die Unternehmensperspektive in den Blick, aus der Handel sowohl als Chance als auch als Bedrohung der eigenen Wettbewerbssituation wahrgenommen werden kann. ▶ Kap. 18 fasst dabei die aus Unternehmenssicht besonders relevanten Ergebnisse der bisherigen Analyse zusammen. ▶ Kap. 19 vertieft dann die Analyse der Direktinvestitionsentscheidung auf Grundlage des Transaktionskostenansatzes. ▶ Kap. 20 erläutert schließlich die Tätigkeit globaler Intermediäre vor dem Hintergrund der Intermediationstheorie und diskutiert, auf welcher Grundlage die Entscheidung über eine globale Wettbewerbsstrategie erfolgen sollte.

Die folgende Tabelle soll zum einen aufzeigen, welche Kapitel für den Kenntnisstand der Studierenden in den jeweiligen Studiengängen am besten geeignet sind und zum anderen Anregung geben, welche Kapitel für Veranstaltungen in den verschiedenen Studienrichtungen genutzt werden können.

Kapitel	VWL	BWL		MBA
	Bachelor	Bachelor	Master	
1	✓	✓	✓	✓
2	✓	2.2	✓	2.2
3	✓	✓	✓	✓
4	✓	–	–	–
5	5.1, 5.2	5.1	5.1, 5.2	5.1
6	✓	6.1	✓	6.1–6.3
7	7.1, 7.2	–	7.1	–
8	✓	–	✓	–
9	9.1, 9.2	9.1.3	9.1.3, 9.2	9.1.3, 9.2
10	✓	10.1	✓	10.1, 10.2
11	✓	✓	✓	✓
12	12.3	12.3	12.3–12.5	12.3–12.5
13	–	13.1	13.1–13.3.1	13.1–13.3.1
14	14.1–14.3	14.1, 14.6	14.1, 14.5, 14.6	14.1, 14.5, 14.6
15	✓	–	15.2	15.2
16	–	–	✓	✓
17	17.1, 17.2, 17.6	17.6	17.2, 17.3, 17.6	17.2, 17.3, 17.6
18	–	✓	✓	✓
19	–	19.1–19.3	✓	✓
20	–	–	✓	✓

Folgende **didaktische Elemente** sollen Sie bei der Erarbeitung des Stoffes unterstützen:

— Zu Beginn jedes Kapitels haben wir in einer Box die zentralen Themen bzw. Fragestellungen des Kapitels stichpunktartig angegeben. Dem steht die Box „Was haben wir gelernt?" am Ende des Kapitels gegenüber, in der die wesentlichen Ergebnisse kurz zusammengefasst werden. Im Anschluss daran finden Sie Hinweise zu ergänzender und weiterführender Literatur sowie einige Kontrollfragen und Übungsaufgaben zur weiteren Vertiefung.

— Das Verständnis der ökonomischen Zusammenhänge wird durch zahlreiche Abbildungen und Tabellen erleichtert. Insbesondere in den grundlegenden Kapiteln veranschaulichen wir die Inhalte auch durch Zahlenbeispiele. Die Boxen im Text dienen zum einen der Erläuterung ökonomischer Grundkonzepte und zum anderen liefern sie als Exkurse interessante praktische, empirische oder konzeptionelle Ergänzungen.

— Durch Fettschrift haben wir zum einen wichtige Schlagworte markiert und zum anderen an einigen Stellen versucht, die inhaltliche Struktur des Textes optisch zu unterstützen. Englischsprachige Fachausdrücke haben wir zur besseren Unterscheidung kursiv gesetzt.

Zum Abschuss möchten wir denjenigen danken, die uns bei der Fertigstellung dieses Lehrbuchs unterstützt haben. Dabei ist zuerst Herr Martin Hofmann, M. A. zu nennen, der die Daten für den Empirieteil gesammelt und aufbereitet hat und Vorarbeiten für Teil I und V geleistet hat. Für die Korrekturarbeit des Manuskripts möchten wir Frau Dr. Beate Sauer und Frau Dipl.- Volkswirtin Gergana Höckmayr danken, die uns geholfen haben, den Text verständlicher und fehlerärmer zu machen.

Karl Morasch
Florian Bartholomae
München
im Juni 2011

Inhaltsverzeichnis

Teil IV   Handelspolitik: Nationen und Institutionen

Teil V   Unternehmen: Handel als Chance und Bedrohung

Liste der Boxen

Teil I Außenhandel: Wirtschaftliche Bedeutung und Motivation

Ausmaß und Struktur der Globalisierung

Inhaltsverzeichnis

© Der/die Autor(en), exklusiv lizenziert an Springer Fachmedien Wiesbaden GmbH, ein Teil von
Springer Nature 2024
K. Morasch und F. Bartholomae, *Handel und Wettbewerb auf globalen Märkten*,
https://doi.org/10.1007/978-3-658-41866-3_1

1

Themenüberblick

- Begriffe und Maßgrößen: Exporte, Importe, Warenhandel vs. Dienstleistungshandel, Exportquote vs. Handelsquote, Direktinvestitionen und multinationale Unternehmen
- Entwicklung der weltwirtschaftlichen Verflechtung im Zeitablauf unter Einfluss politischer und ökonomischer Rahmenbedingungen
- Bedeutung des Außenhandels im internationalen Vergleich
- Regional- und Güterstruktur des Welthandels: Inter-industrieller vs. intra-industrieller Handel
- Außenhandel der Bundesrepublik Deutschland: Umfang, Handelspartner und Güterstruktur
- Direktinvestitionen, multinationale Unternehmen und unternehmensinterner Außenhandel

Als Grundlage für eine Analyse der Außenhandelsbeziehungen und der Handelspolitik ist es vorteilhaft, zunächst eine grundsätzliche Vorstellung vom Ausmaß und von der Struktur der außenwirtschaftlichen Verflechtung zu erhalten. Wir wollen daher in einem ersten Schritt sowohl auf weltwirtschaftlicher Ebene als auch aus dem Blickwinkel Deutschlands die wichtigsten empirischen Auffälligkeiten darstellen und erläutern. Dadurch lassen sich die empirisch beobachtbaren Phänomene veranschaulichen, die in der späteren Analyse untersucht und erklärt werden sollen. Insbesondere werden drei Aspekte deutlich: die seit dem Zweiten Weltkrieg stetig zunehmende internationale Verflechtung, der hohe Anteil der Industrieländer und von Industrieprodukten am Außenhandel sowie die Bedeutung multinationaler Unternehmen für den internationalen Handel.

1.1 Begriffe und Maßgrößen

In der Außenhandelsstatistik werden die weltweiten Handelsbeziehungen zahlenmäßig erfasst. Um diese Daten richtig interpretieren zu können, müssen wir zunächst wissen, wie die verwendeten Begriffe definiert sind.

Die zentralen Kategorien für die Messung des Außenhandels sind Importe und Exporte. Dabei wird folgende Abgrenzung verwendet: Unter **Importen** versteht man Güter und Dienstleistungen, die ein Inländer von einem Ausländer erwirbt; entsprechend bezeichnen **Exporte** Güter und Dienstleistungen, die ein Inländer an einen Ausländer veräußert. Dabei ist zu beachten, dass sich In- bzw. Ausländer hier nicht auf die Nationalität bezieht, sondern auf den Wohnsitz einer Person bzw. den Sitz der Firma oder Produktionsstätte.

Was bedeutet dies konkret für die Zuordnung von Exporten und Importen? Betrachten wir zunächst ein Beispiel mit Warenhandel, bei dem das Inländerkriterium deutlich wird: Der Verkauf eines in Wolfsburg hergestellten VW-Golfs an einen in Paris lebenden US-Amerikaner zählt für Deutschland als Export und für Frankreich als Import. Aber auch Dienstleistungen können exportiert werden, wobei hier im Unterschied zum Warenhandel häufig nicht die Dienstleistung ins Importland transferiert, sondern für den Konsumenten im Exportland erbracht wird: Verbringt beispielsweise eine Britin mit Wohnsitz in Madrid ihren Winterurlaub in Garmisch, so werden ihre Ausgaben für die Hotelübernachtung, die Restaurantbesuche und den Skipass in der deutschen Leistungsbilanz als Export und in der spanischen als Import von Dienstleistungen verbucht.

In der Außenhandelsstatistik sind Importe und Exporte nicht nur nach Waren und Dienstleistungen differenziert, sondern werden auch nach verschiedenen Warengruppen und Dienstleistungskategorien sowie den Herkunfts- bzw. Zielländern weiter aufgegliedert. Dies ermöglicht zum einen Aussagen über die Güterstruktur des Außenhandels und zum anderen darüber, wie intensiv die Handelsbeziehungen zwischen einzelnen Ländern sind.

Um die relative Bedeutung des Außenhandels für verschiedene Länder vergleichen zu können, sind die absoluten Werte für Exporte und Importe wenig geeignet. Dieses Problem versucht man dadurch zu lösen, dass man das Außenhandelsvolumen auf die mit dem Bruttoinlandsprodukt (BIP) gemessene Wirtschaftsleistung bezieht. Häufig verwendet wird dabei die **Exportquote**, die für eine bestimmte Zeitperiode (meist ein Jahr) die gesamten Exporte eines Landes ins Verhältnis zu seiner durch das BIP gemessenen Wertschöpfung in Beziehung setzt. Die Exportquote ist somit definiert als der prozentuale Anteil der Exporte am BIP:

$$\text{Exportquote} = \frac{\text{Exporte}}{\text{BIP}}$$

Werden Daten aus den nationalen Statistiken verschiedener Länder gewonnen, so hat die Exportquote als relative Größe den Vorteil, dass die entsprechenden Werte auch dann unmittelbar verglichen werden können, wenn die Außenhandelsdaten in unterschiedlichen Währungen erhobenen werden. Die Verwendung der Exportquote ist jedoch in anderer Hinsicht nicht ganz unproblematisch: Während Veränderungen der weltweiten Außenhandelsverflechtung mit diesem Maß zutreffend abgebildet werden können, da sich auf Weltebene Exporte und Importe entsprechen müssen, besteht bei einzelnen Ländern das Problem, dass sich Export- und Importvolumen deutlich unterscheiden können. So hat beispielsweise Deutschland traditionell einen Exportüberschuss, während die USA dafür bekannt sind, dass sie deutlich mehr importieren als exportieren. Einen besseren Indikator für die Offenheit eines Landes, d. h. die Einbindung eines Landes in den Welthandel, stellt die **Handelsquote** dar. Diese mittelt Im- und Exporte und setzt sie relativ zum BIP:[1]

$$\text{Handelsquote} = \frac{(\text{Importe} + \text{Exporte})\,/\,2}{\text{BIP}}$$

Bei der Interpretation von Export- und Handelsquoten muss jedoch beachtet werden, dass das Außenhandelsvolumen auf Grundlage des Gesamtwertes der transferierten Güter und Dienstleistungen ermittelt wird, während das BIP die im Inland erbrachte Wertschöpfung abbildet, also die Differenz zwischen dem Importwert der Vorprodukte und dem Exportwert der weiterverarbeiteten Güter (vgl. hierzu auch ▶ Box 1.2).

Der Fokus der normalen Außenhandelsstatistik liegt auf den Handelsbeziehungen zwischen den Ländern. Zentrale Akteure beim Handel sind jedoch in

---

1 Eine alternative Definition, wie sie etwa vom Statistischen Bundesamt verwendet wird, lautet: (Exporte + Importe)/BIP. Wie leicht zu erkennen ist, ist diese Maßzahl immer gerade doppelt so groß wie die hier im Lehrbuch berechnete Handelsquote.

1

marktwirtschaftlich orientierten Volkswirtschaften die Unternehmen. Gerade die großen Unternehmen sind dabei meist nicht nur als Exporteure oder Importeure tätig, sondern haben Produktionsstätten und Vertriebsnetze in mehreren Ländern. Diese internationale Verflechtung der Unternehmen wird statistisch über das Konzept der **ausländischen Direktinvestitionen** (*foreign direct investment* – FDI) erfasst. Dabei sind die Direktinvestitionen von sogenannten Portfolioinvestitionen zu unterscheiden: Während es bei Direktinvestitionen um Kontrolle über bzw. Einfluss auf ein Unternehmen im Ausland geht, kommt es zu Portfolioinvestitionen ausschließlich unter dem Blickwinkel der Verzinsung des Kapitals. Führt ein Unternehmen ausländische Direktinvestitionen durch, so wird es zu einem multinationalen Unternehmen.

Bei der Erfassung von Direktinvestitionen muss zum einen geklärt werden, anhand welcher Kriterien die Unterscheidung gegenüber Portfolioinvestitionen erfolgt. Zum anderen müssen die Bestände an Direktinvestitionen und die (jährlichen) Investitionsflüsse, d. h. Änderung der Bestände, unterschieden werden. Normalerweise wird von einer Direktinvestition ausgegangen, wenn ein Anteil von mindestens 10 % an einem Unternehmen erworben bzw. gehalten wird. Da es letztlich aber auf die Kontrollabsicht ankommt, wird unter bestimmten Voraussetzungen von dieser Grenze abgewichen. Auch bei den Direktinvestitionen kann deren Anteil am BIP verwendet werden, um verschieden große Länder besser miteinander vergleichen zu können.

1.2 Entwicklung und Struktur des Welthandels

In diesem Abschnitt wollen wir zunächst die weltweit zunehmende Bedeutung des Außenhandels seit dem Zweiten Weltkrieg verdeutlichen und aufzeigen, wie sie sich in der Entwicklung der Handelsquoten einzelner Länder widerspiegelt. Im Anschluss wird auf die Regionalstruktur des Handels eingegangen, die durch eine Dominanz der Industrieländer gekennzeichnet ist. Schließlich werden wir die Veränderungen der Güterstruktur des Außenhandels im Zeitablauf betrachten.

1.2.1 Bedeutung des Welthandels im Zeitablauf

Wie ◘ Abb. 1.1 zeigt, hat das in US-Dollar von 2015 gemessene **reale Welthandelsvolumen**[2] im Zeitablauf deutlich zugenommen – der durch die grauen Balken gekennzeichnete reale Wert des Warenhandels wuchs zwischen 1960 und 2021[3] von 0,91 Billionen auf 20,06 Billionen US-Dollar.

---

2   Während man für die nominalen Werte von Handelsvolumen und Produktion die Güter jeweils mit den aktuell gültigen Preisen gewichtet und aufaddiert, werden bei realen Größen immer die Preise eines einheitlichen Basisjahres verwendet, um damit die rein inflationsbedingten Änderungen herauszurechnen.

3   Bei der weiteren Diskussion mit Strukturdaten werden für Zeitvergleiche nur einzelne Jahre herangezogen. Aufgrund der Verwerfungen durch die Covid19-Pandemie wird in diesem Fall immer das Jahr 2019 als Endzeitpunkt gewählt, auch wenn aktuellere Daten verfügbar sind. Die Implikationen der Covid19-Pandemie und des Kriegs in der Ukraine diskutieren wir in Box 1.4.

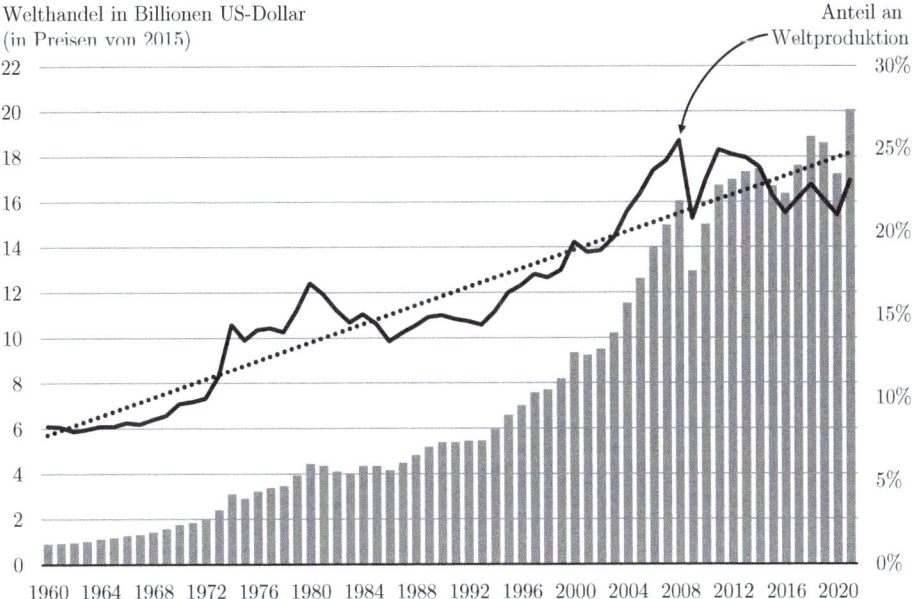

Quelle: Eigene Darstellung basierend auf Daten der Weltbank.

□ Abb. 1.1   Reale Entwicklung des Welthandels

In den meisten Jahren seit 1960 ist der **weltweite Warenhandel** zudem stärker gewachsen als die durch das Welt-BIP gemessene weltweite Wertschöpfung: Im Gesamtzeitraum wuchs das reale Welt-BIP durchschnittlich um etwa 3,5 % pro Jahr, während sich das Welthandelsvolumen im Jahresdurchschnitt um 5,2 % erhöhte. Das durch die durchgezogene Linie und die gepunktete Trendlinie gekennzeichnete Verhältnis von Außenhandel (Warenhandel) zur Weltproduktion ist entsprechend merklich gewachsen – von 8,3 % im Jahr 1960 auf 23,2 % im Jahr 2021 (Prozentwerte an der rechten Achse). Es ist allerdings zu beobachten, dass sich nach der Finanzkrise im Jahr 2008 der Handel zwar wieder erholt hat, aber zumindest als Anteil an der Weltproduktion seitdem stagniert – die zunehmende Globalisierung, die wir in ▶ Kap. 18 genauer besprechen werden, scheint hier an Grenzen zu stoßen.

In der Abbildung ist der **Handel mit Dienstleistungen** (z. B. Reisen, Transport etc.) nicht erfasst, da hierfür erst seit den 1980er-Jahren einigermaßen verlässliche Daten vorliegen. Der Dienstleistungshandel betrug im Jahr 2015 mehr als 22 % des gesamten Außenhandels und ist seit den 1980er-Jahren stärker gewachsen als der Warenhandel.

Die zunehmende Bedeutung des Außenhandels ist zumindest für die ersten Jahrzehnte nach dem Ende des Zweiten Weltkriegs insbesondere auf eine **Verminderung der politischen Handelsbarrieren** zurückzuführen.[4] Dafür sind zum einen der Abbau von Handelshemmnissen im Rahmen von GATT/WTO *(General Agreement on Trade and Tariffs/World Trade Organization)* und zum anderen die regionale

---

4   In jüngerer Zeit spielt auch die stärkere Integration großer Schwellenländer wie China und Indien in den Welthandel eine wichtige Rolle – siehe dazu die Diskussion zu □ Abb. 1.2.

1

Integration, wie z. B. im Rahmen der Europäischen Union (EU) oder der nordamerikanischen Freihandelszone NAFTA (*North American Free Trade Agreement*; seit 2020 Nachfolgevertrag USMCA – *U.S.-Mexico-Canada Agreement*)[5], verantwortlich. Mit diesen internationalen Institutionen werden wir uns in ▶ Kap. 17 ausführlich beschäftigen.

Box 1.1: Handelseinbrüche: Weltwirtschaftskrise und Finanzmarktkrise

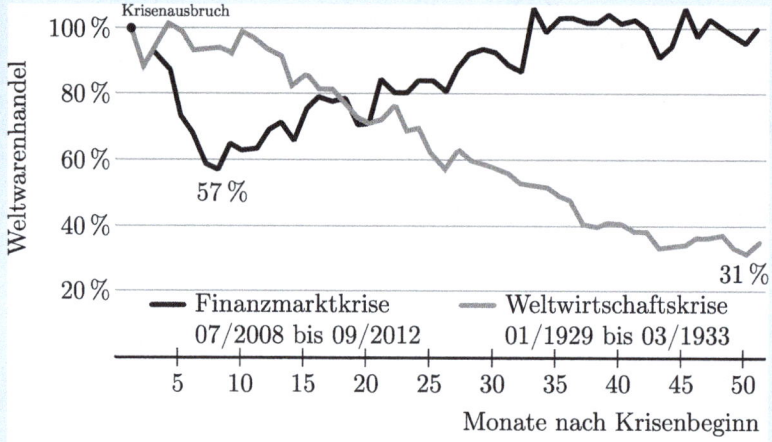

Quelle: Eigene Darstellung basierend auf Daten der WTO und historischen Daten aus Kindleberger (1975)

Die im Jahr 2008 ausgebrochene Finanzmarktkrise wurde oft – auch in Bezug auf ihre Wirkung auf den weltweiten Handel – mit der durch die Große Depression 1929 verursachten Weltwirtschaftskrise verglichen. Während der Großen Depression schrumpfte der weltweite Warenhandel binnen vier Jahren auf weniger als ein Drittel des ursprünglichen Volumens. Als Hauptursachen sind hierfür Zölle und Kontingente zu sehen, die von den nationalen Regierungen zum Schutz der heimischen Unternehmen festgelegt wurden. So erhöhte beispielsweise die US-amerikanische Regierung 1930 durch den „Smoot-Hawley-Act" die Zölle auf über 900 Importgüter.

Im Unterschied dazu zeigte sich in der Finanzmarktkrise ab 2008 ein anderes Muster. Zwar sank das weltweite Handelsvolumen ausgehend von Juli 2008 binnen sieben Monaten auf 57 % des Ausgangsniveaus, erholte sich nach diesem drastischen Rückgang aber aufgrund weltweit aufgelegter Konjunkturprogramme und Notenbankinterventionen sowie des weitgehenden Verzichts auf Schutzzölle deutlich schneller. Während in der Weltwirtschaftskrise auch knapp 30 Monate nach Ausbruch der Krise das Welthandelsvolumen noch lange nicht die Talsohle durchschritten hatte, erreichte das Handelsvolumen in der Finanzmarktkrise nach dieser Zeit wieder sein Ursprungsniveau.

---

5   In Kanada wird als Abkürzung für den neuen Vertrag CUSMA verwendet, in Mexiko T-MEC.

1.2.2 Außenwirtschaftsverflechtung im internationalen Vergleich

Wir wollen uns nun mit der Handelstätigkeit einiger ausgewählte Länder beschäftigen. ■ Abb. 1.2 zeigt zum einen die zunehmende Bedeutung des Außenhandels, insbesondere im Zeitraum von 1970 bis 2010, die sich in allen betrachteten Ländern durch einen Anstieg der Handelsquote im Zeitablauf äußert. Zum anderen werden aber auch die großen **Unterschiede zwischen den Ländern** in Bezug auf die relative Bedeutung des Handels deutlich, die wir in diesem Abschnitt erklären wollen.

Deutschlands Handelsquote von 35 % ist im Vergleich zu wirtschaftlich ähnlich großen Ländern überdurchschnittlich hoch. Dies ist insbesondere durch den innereuropäischen Handel und die enge wirtschaftliche Integration im Rahmen der EU erklärbar. Bei einem Land wie den Niederlanden, das wesentlich kleiner als Deutschland ist, viele große Nachbarn hat und einen wichtigen Hafen besitzt, ist dieser Effekt noch stärker ausgeprägt (wie es überhaupt zu einer solchen ungewöhnlich hohen Handelsquote wie bei den Niederlanden kommen kann, wird in ▶ Box 1.2 erläutert).

Demgegenüber weisen die USA im Unterschied zu den Niederlanden oder auch Deutschland einen sehr großen Binnenmarkt auf und haben nur zwei direkte Nachbarn (Kanada und Mexiko), was sich in der relativ geringen Außenhandelsverflechtung widerspiegelt. Ähnlich ist die Situation beim Inselstaat Japan, der (vielleicht etwas überraschend) eine im Verhältnis zu Deutschland relativ geringe Handelsquote aufweist.

Bei den bevölkerungsstarken früheren Entwicklungs- und heutigen Schwellenländern Indien und China zeigt sich grundsätzlich ein ähnliches Muster wie in den USA. In zeitlicher Hinsicht ist allerdings zu beobachten, dass Indien und China in

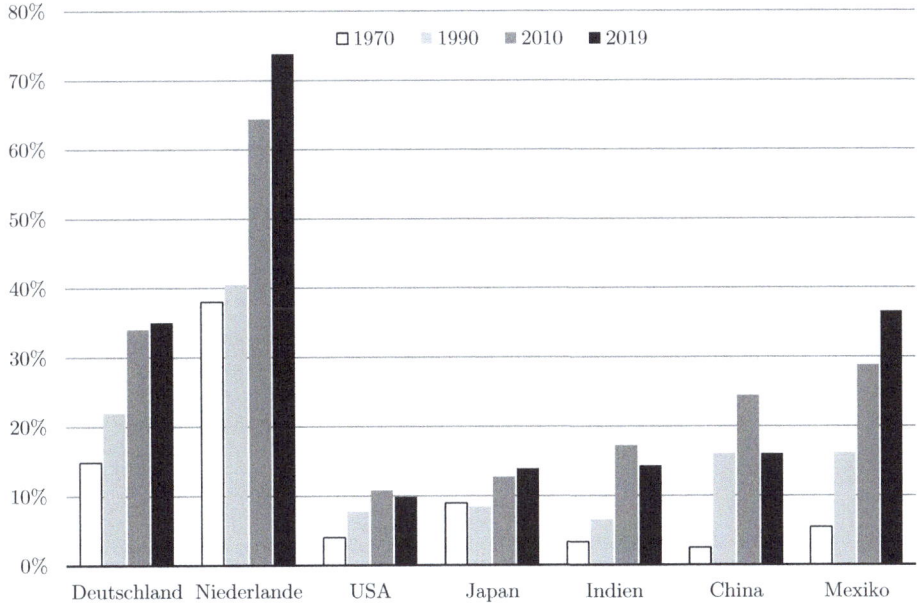

Quelle: Eigene Darstellung basierend auf Daten der UNCTAD.

■ **Abb. 1.2** Entwicklung der Handelsquoten für Warenhandel ausgewählter Länder

1

den letzten Jahrzehnten nicht nur hohe Wachstumsraten des BIP, sondern ein noch ausgeprägteres Wachstum beim Außenhandel aufwiesen, wodurch sich beispielsweise Chinas Handelsquote von 3 % im Jahr 1970 auf 16 % im Jahr 2019 erhöhte. Im Zeitraum von 2010 bis 2019 überstieg aber sowohl in China als auch in Indien das BIP-Wachstum das Wachstum des Außenhandels und die Handelsquote verringerte sich. Es ist hier allerdings zu beachten, dass der Außenhandel dieser Schwellenländer trotzdem stärker zunahm als der Handel der Industrieländer, wie bei der in ◻ Abb. 1.3 aufgezeigten Entwicklung der Regionalstruktur des Welthandels deutlich wird.

Für Mexiko spielten insbesondere in den 1970er- und 1980er-Jahren Erdölexporte eine wichtige Rolle, während seit der Integration mit den USA und Kanada im Rahmen der NAFTA in jüngerer Zeit der Handel im Industriesektor an Bedeutung gewonnen hat. Diese regionale Integration hat für Mexiko wegen des deutlich kleineren Inlandsmarktes eine viel größere Bedeutung als für die USA.

Box 1.2: *Supertrader*

Wie wir in ◻ Abb. 1.2 sehen, unterscheiden sich die Handelsquoten verschiedener Länder drastisch – vor allem fallen hier die Niederlande mit einer Handelsquote von über 74 % im Jahr 2019 auf. Noch extremer ist Hongkong: Hier betrug die Handelsquote 2019 für Warenhandel 188 % des BIP – 2013 sogar 210 %. Wie kann das sein? Liegt hier ein Fehler in der Außenhandelsstatistik vor?

Bei der Beantwortung muss man beachten, dass Exporte und Importe auf Grundlage des Gesamtwertes der Güter bestimmt werden, während es sich beim BIP um eine Wertschöpfungsgröße handelt. Wir wollen uns die Auswirkung dieses Unterschieds an einem kleinen Beispiel veranschaulichen: Ein Land importiert in der Automobilindustrie Vorprodukte (z. B. Reifen, Motor, Karosserie) für 20.000 Euro. Im Land selbst werden diese Vorprodukte dann zu einem fertigen Fahrzeug montiert, das anschließend für 45.000 Euro exportiert wird. Im Rahmen des BIP wird nur die Wertschöpfung in Höhe von 25.000 Euro erfasst, während bei Importen und Exporten der Gesamtwert von 20.000 Euro bzw. 45.000 Euro berücksichtigt wird. Somit würde sich im konkreten Fall eine Handelsquote von (20.000 + 45.000)/2/25.000 = 130 % ergeben. Bei der Datenerhebung wurden somit keine Fehler gemacht: Bei Ländern wie Hongkong oder Singapur, die wichtige Warenumschlagplätze sind, kann dieser Effekt so stark sein, dass die Handelsquoten 100 % und mehr betragen.

Generell sind Handelsquoten von über 50 % ein neues Phänomen der Globalisierung[6] und resultieren insbesondere aus der Aufspaltung der Wertschöpfungsketten. Länder, die solche Handelsquoten aufweisen, werden als *Supertrader* bezeichnet.

---

6   Vgl. hierzu auch Box 18.1 in ▶ Kap. 18.

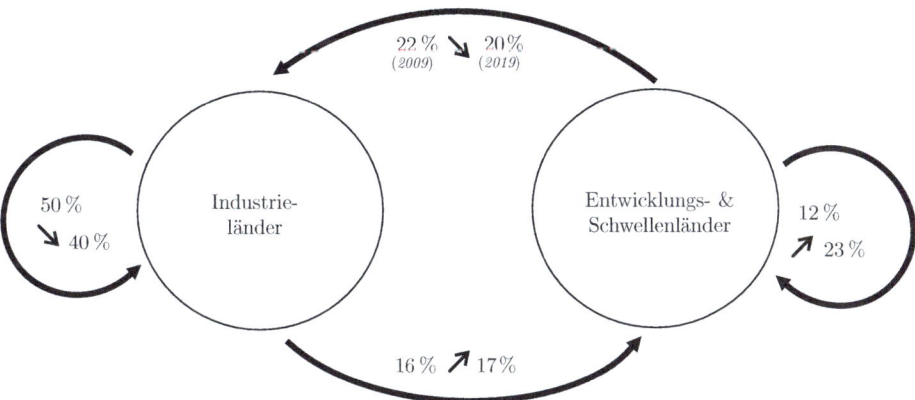

Quelle: Eigene Darstellung basierend auf Daten der WTO.

■ **Abb. 1.3**   Regionalstruktur des Welthandels: Vergleich der Jahre 2009 und 2019

1.2.3 Regionalstruktur des Welthandels

Als nächstes wollen wir klären, wie ausgeprägt der Handel innerhalb und zwischen verschiedenen Ländergruppen ist. Dazu unterscheiden wir die Länder zum einen nach dem Grad der wirtschaftlichen Entwicklung und teilen sie in Industrieländer sowie Entwicklungs- und Schwellenländer ein. Zum anderen wollen wir aufzeigen, dass Handel normalerweise innerhalb geographischer Regionen wie Europa, Amerika oder Asien ausgeprägter ist als zwischen diesen Regionen.

Wie ■ Abb. 1.3 zeigt, findet ein bedeutender Teil des Welthandels zwischen Industrieländern (der sogenannten Triade Europa – USA – Südostasien) statt. Dieser Handel besteht insbesondere aus dem sogenannten intra-industriellem Handel, d. h. Handel erfolgt innerhalb einer Branche (englisch „industry") in beide Richtungen. So importiert beispielsweise Deutschland französische Autos und exportiert in Deutschland hergestellte Fahrzeuge nach Frankreich.

Zwar hat der Anteil der **Industrieländer** am Außenhandel seit der Jahrtausendwende abgenommen (in der Abbildung werden die Anteile für die Jahre 2009 und 2019 gezeigt). Berücksichtigt man aber neben dem Handel zwischen den Industrieländern auch den Handel der Industrienationen mit Entwicklungsländern, so zeigt sich, dass die Industrieländer immer noch für deutlich mehr als die Hälfte der Exporte verantwortlich sind und an über drei Viertel des gesamten Welthandels (als Importeur oder Exporteur) beteiligt sind. Der Handel innerhalb der Gruppe der **Entwicklungs- und Schwellenländer** ist demgegenüber immer noch vergleichsweise gering, auch wenn er sich von 2009 auf 2019 verdoppelt hat. Die Handelsbeziehungen zwischen Industrieländern auf der einen und Entwicklungs- und Schwellenländern auf der anderen Seite sind zumeist durch inter-industriellen Handel geprägt, d. h. Güter einer Branche werden exportiert, um dafür Güter einer anderen Branche zu importieren. Die Entwicklungs- und Schwellenländer exportieren dabei insbesondere Rohstoffe, Nahrungsmittel und arbeitsintensive Industrieprodukte, wie beispielsweise Textilien, in die Industrieländer und tauschen sie gegen kapitalintensiv hergestellte Industrieprodukte aus den Industrieländern.

■ Tab. 1.1 veranschaulicht den Aspekt der **regionalen Konzentration der Handelsströme**. Aufgrund geringerer Handelskosten (genaueres dazu in ► Kap. 2) ist

1

◘ Tab. 1.1   Anteile der regionalen Handelsströme am Weltwarenhandel im Jahr 2019

		Ziel			
		Europa	**Asien**	**Amerika**	**Afrika**
Ursprung	**Europa**	**27,7**	6,5	4,4	1,1
	Asien	6,9	**24,3**	7,3	1,4
	Amerika	2,8	4,3	**9,0**	0,2
	Afrika	1,0	1,0	0,2	**0,4**

Quelle: Eigene Darstellung basierend auf Daten der WTO.

der Handel zwischen benachbarten Staaten normalerweise ausgeprägter als zwischen geographisch weit entfernten Nationen und Wirtschaftsräumen. Dieser Effekt zeigt sich bei intra-industriellem Handel zwischen den relativ ähnlichen Industrieländern deutlicher als beim Handel mit Rohstoffen und Agrarprodukten. Da für die Länder Afrikas aufgrund ihres Entwicklungsstandes intra-industrieller Handel nur eine geringe Rolle spielt und das Gesamt-BIP der afrikanischen Länder relativ gering ist, ist hier der Handel mit den anderen Regionen relativ bedeutsamer.

1.2.4 Welthandelsstruktur nach Warengruppen

Wie in ► Abschn. 1.2.1 aufgezeigt wurde, wuchs der weltweite Warenhandel von 1960 bis 2019 mit einer durchschnittlichen jährlichen Wachstumsrate von mehr als

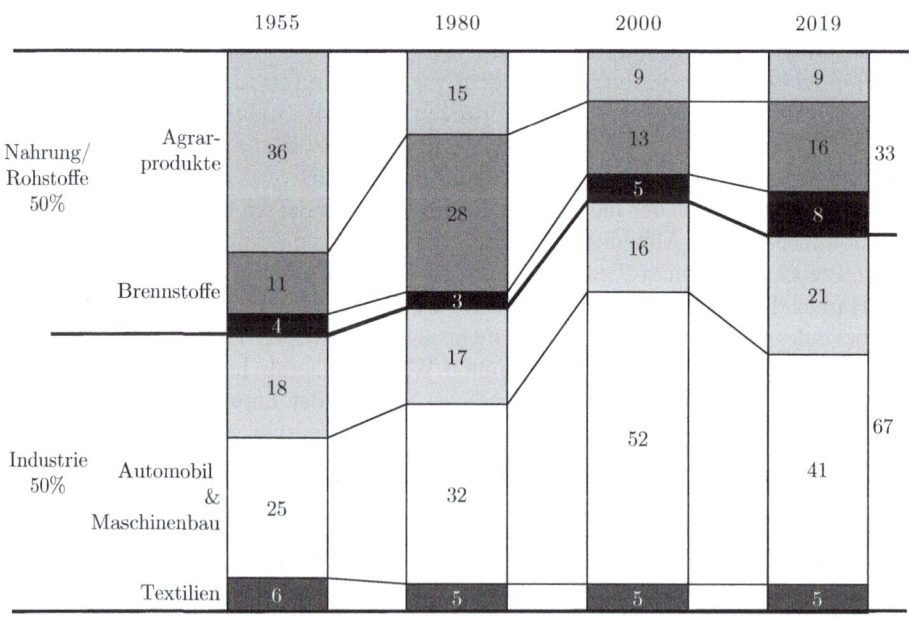

Quelle: Eigene Darstellung basierend auf Daten der WTO; Daten für 1955 aus Fischer/Dornbusch/Schmalensee (1988), Tab. 36-5, S. 676.

◘ Abb. 1.4   Entwicklung der Welthandelsstruktur nach Warengruppen

5 %. Dabei änderte sich aber wie ▣ Abb. 1.4 zeigt, die **Zusammensetzung des Handels** mit zunehmendem technischem Fortschritt und der verstärkten Industrialisierung nach dem Zweiten Weltkrieg drastisch.

Während der Handel mit Agrarprodukten seit den 1950er-Jahren im Jahresdurchschnitt um 3,5 % wuchs, nahm der Handel mit Industrieerzeugnissen mit einer mittleren Jahresrate von 7,5 % mehr als doppelt so stark zu. Dies drückt sich auch in der Entwicklung der relativen Zusammensetzung des Welthandels aus: Betrug im Jahr 1955 der Anteil von landwirtschaftlichen Produkten an den weltweiten Exporten noch über ein Drittel, so verminderte sich dieser Anteil bis 2019 auf 9 %. Im gleichen Zeitraum nahm der Anteil der Industrieerzeugnisse am Gesamthandel von der Hälfte auf zwei Drittel zu.

Eine Besonderheit ist bei der **Entwicklung des Handels mit Brennstoffen** zu erkennen: Im Betrachtungszeitraum ist dessen Anteil im Gegensatz zu Agrarprodukten angestiegen und schwankt außerdem deutlich. Der extrem hohe Anteil für 1980 und die Entwicklung von 2000 bis 2019 verweisen auf die drastischen Preisschwankungen des Ölpreises: 1980 war der Höhepunkt der zweiten Ölpreiskrise und gegenüber dem Jahr 2000 ist der Ölpreis ebenfalls wieder merklich gestiegen. Für die Veränderung der Anteile sind hier also weniger Veränderungen im Volumen, als vielmehr Schwankungen des Preises verantwortlich.

> **Box 1.3: Handel und Handelsgüter in früheren Zeiten**
>
> Der internationale Güteraustausch ist kein aktuelles Phänomen, wie folgende drei Beispiele zur Handelstätigkeit in verschiedenen Epochen zeigen (vgl. Polanyi, 1977, Temin 2006):
>
> — Ausgrabungen deuten darauf hin, dass in Europa bereits in prähistorischer Zeit reger Handel stattfand: Die damaligen Handelswaren waren Metalle, Bernstein, Glasperlen, Schmuck aus Muscheln, Salz, Tongefäße und Elfenbeinwaren. Neben Gütern des täglichen Bedarfs wurden somit zuallererst natürliche Ressourcen gehandelt, die nicht überall zur Verfügung standen.
>
> — Die Importe des griechischen Stadtstaates Athen zeugen bereits in der Antike von enormer Vielfalt: Schwerter und Tassen aus Chalkida; Bronze aus Korinth; Wollwaren, Kardamom und Bettgestelle aus Milet; Waffen aus Argos; Knoblauch aus Megara; Wild und Geflügel aus Böotien; Käse und Schweinefleisch aus Syrakus; Datteln und Feigen aus Rhodos; Eicheln und Mandeln aus Paphlagonien; Mostrich aus Zypern; Zwiebeln aus Samothraki; Majoran aus Bozcaada; Wein aus Attika, Chios, Knidos und Thasos; Trompeten aus Etrurien; Streitwagen aus Sizilien; Stühle aus Thessalien; Teppiche und Kissen aus Karthago; Weihrauch aus Syrien und Jagdhunde aus Epirus.
>
> — Auch zwischen antiken Nationen war der Wunsch nach fremden Waren ausgeprägt genug, um die Strapazen des Handels auf sich zu nehmen. So fand im römischen Imperium Handel nicht nur zwischen den Provinzen, sondern auch zwischen Rom und den benachbarten Reichen statt: Mit den Germanen tauschten die Römer Wein und Edelmetalle gegen Pelze, Vogelfedern und Frauenhaar. Aus Sardinien, Sizilien, Ägypten und Afrika bezog Rom Getreide und aus Spanien und Afrika Olivenöl. Auch mit weit entfernten Gebieten wurden Handelsbeziehungen unterhalten – so wurden aus Indien und China Seide bezogen; von den Beduinen aus der Sahara bezog man Datteln und aus Arabien Gewürze, Edelsteine und Kamele, die allesamt entweder gegen Handwerkserzeugnisse oder Gold- und Silbermünzen getauscht wurden.

1

1.3 Entwicklung und Struktur des deutschen Außenhandels

Im internationalen Vergleich der außenwirtschaftlichen Verflechtung haben wir festgestellt, dass die Bundesrepublik Deutschland eine relativ offene Volkswirtschaft ist. In diesem Abschnitt wollen wir uns nun etwas genauer mit dem deutschen Außenhandel beschäftigen.

1.3.1 Deutschlands Außenhandel im Zeitablauf

■ Abb. 1.5 gibt für den Zeitraum seit 1950 die deutschen Warenexporte und -importe sowie den als Differenz resultierenden Handelsbilanzsaldo jeweils im Verhältnis zum BIP an. Im grau hinterlegten Bereich bis 1989 beziehen sich die Daten dabei auf Westdeutschland, ab 1990 werden die Werte für Gesamtdeutschland angegeben.

Wie klar zu erkennen ist, nimmt die außenwirtschaftliche Verflechtung der Bundesrepublik Deutschland im Zeitablauf deutlich zu. Dabei ist zusätzlich zu berücksichtigen, dass die **Exportorientierung wichtiger Sektoren des verarbeitenden Gewerbes** noch stärker ausgeprägt ist – so wird etwa in der Automobilbranche die Hälfte der Produktion exportiert. Die Automobilindustrie inklusive der Zulieferindustrie und der Maschinenbau exportierten im Jahr 2019 zusammen Güter im Wert von insgesamt knapp 420 Mrd. Euro und sind damit die mit Abstand bedeutendsten Sektoren für die deutsche Exportwirtschaft.

Seit den 1960ern weist Deutschland immer einen positiven **Handelsbilanzsaldo** auf, d. h. die Warenexporte übersteigen die Warenimporte. Im Jahr 1980 sank dieser

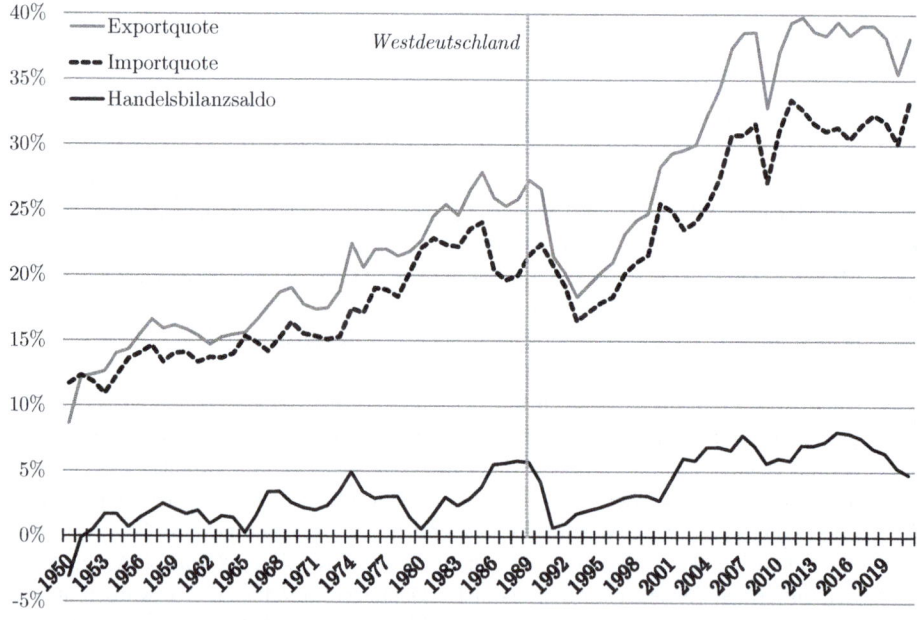

Quelle: Eigene Darstellung basierend auf Daten des Statistischen Bundesamts.

■ **Abb. 1.5** Deutscher Warenaußenhandel: Export, Import und Handelsbilanzsaldo in Prozent des BIP

Saldo jedoch auf einen historischen Tiefstand, da der zweite Ölpreisschock die Importe deutlich verteuerte und sich gleichzeitig dämpfend auf die Nachfrage nach deutschen Exportgütern auswirkte. Berücksichtigt man nicht nur den Waren- sondern auch den Dienstleistungshandel, so war die Differenz zwischen Exporten und Importen, der sogenannte **Außenbeitrag,** im Jahr 1980 sogar deutlich negativ.

Die 1990 erfolgte **Wiedervereinigung** führte dazu, dass der innerdeutsche Handel (Exporte und Importe zwischen West- und Ostdeutschland) nicht mehr erfasst wurde und daher der Anteil des Außenhandels am gesamtdeutschen BIP in den 1990er-Jahren zunächst zurückging, anschließend seinen positiven Trend aber fortsetzte. Vom Jahr 2000 bis zur Finanzkrise stiegen die Exporte deutlich stärker als die Importe, sodass Deutschland einen immer höheren Handelsbilanzüberschuss und auch einen positiven Außenbeitrag aufweist: Der Handelsbilanzsaldo lag die 2010er-Jahre immer auf über 5 % und erreichte 2015 einen Rekordwert von über 8 % des BIP. Es ist zu beachten, dass dies keineswegs ein uneingeschränkt positives Ergebnis ist, sondern insbesondere mit Ungleichgewichten im Euroraum in Folge der Finanzkrise zusammenhängt.

1.3.2 Handelspartner Deutschlands

In ◻ Abb. 1.6 werden die Anteile der Industrieländer sowie der Entwicklungs- und Schwellenländer an den deutschen Exporten und Importen dargestellt. Über drei Viertel des deutschen Außenhandels erfolgte im Jahr 2019 mit Industrieländern, der Großteil davon mit EU-Mitgliedern und anderen europäischen Ländern. Der Handel innerhalb Europas ist für Deutschland somit von zentraler Bedeutung. Der Anteil des Handels im **europäischen Binnenmarkt** hat durch die EU-Erweiterung und die Währungsunion seit 1990 nochmals merklich zugenommen.

Im Vergleich weniger relevant sind die Handelsbeziehungen zu Asien (rund 18 %) und dem amerikanischen Kontinent (rund 10 %). Aus diesen beiden Räumen wurden exemplarisch drei wichtige Länder – USA, Japan und China –

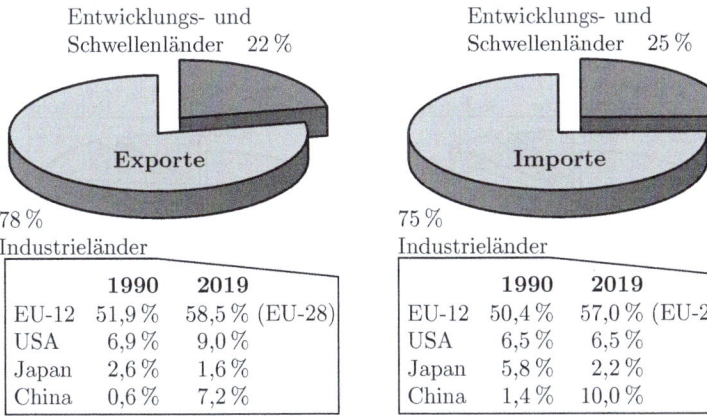

Entwicklungs- und Schwellenländer 22 %

Entwicklungs- und Schwellenländer 25 %

Exporte

Importe

78 %
Industrieländer

75 %
Industrieländer

	1990	2019
EU-12	51,9 %	58,5 % (EU-28)
USA	6,9 %	9,0 %
Japan	2,6 %	1,6 %
China	0,6 %	7,2 %

	1990	2019
EU-12	50,4 %	57,0 % (EU-28)
USA	6,5 %	6,5 %
Japan	5,8 %	2,2 %
China	1,4 %	10,0 %

Quelle: Eigene Darstellung basierend auf Daten des Statistischen Bundesamts.

◻ **Abb. 1.6** Regionale Verteilung der deutschen Außenhandelsumsätze 2019

herausgegriffen, die in Bezug auf die Struktur und die Entwicklung des deutschen Außenhandels in den letzten dreißig Jahren interessant sind. Deutschland weist gegenüber den meisten Ländern einen Exportüberschuss auf, wie an den Daten für die EU und die USA zu erkennen ist. Im Handel mit Japan und China liegt demgegenüber ein deutliches bilaterales Handelsdefizit vor. Beim Vergleich der Zahlen für 1990 und 2019 erkennt man zudem den erheblichen Bedeutungsverlust Japans für den deutschen Außenhandel und die drastische Zunahme des Handels mit China, wo die deutschen Importe aus China inzwischen diejenigen aus den USA übersteigen.

1.3.3 Warenstruktur des deutschen Außenhandels

Die **große Bedeutung des intra-industriellen Handels** für Deutschland spiegelt sich in ■ Abb. 1.7 wider: Bei den hier für das Jahr 2019 ausgewiesenen Importen und Exporten dominieren Industrieprodukte. Bei den Importensind jedoch auch Agrarprodukte (9,5 %) und vor allem Rohstoffe (13 %) relativ wichtig: Die Bundesrepublik exportiert einen Teil ihrer Industrieprodukte, um dafür Rohstoffe und Nahrungsmittel zu erhalten (inter-industrieller Handel).

Die **Rohstoffabhängigkeit der Bundesrepublik** ist durch die Energiekrisen in den 1970er-Jahren deutlich geworden (und aktuell wieder durch die Folgen des Krieges in der Ukraine). Als rohstoffarmes Land ist Deutschland auf Öl- und Gasimporte angewiesen: Etwa 70 % des Primärenergiebedarfs werden durch Importe gedeckt. Bei den meisten anderen nicht-regenerierbaren Rohstoffen wie Kupfer, Eisenerz etc. werden sogar nahezu 100 % importiert.

Im **Vergleich** zu Deutschland hat der Handel mit Industrieprodukten für die **USA** eine etwas geringere Bedeutung: Als relativ dünn besiedeltes und rohstoffreiches Land spielt insbesondere auch der Export von Agrarprodukten und Rohstoffen eine wichtige Rolle. Für **Japan** ist der inter-industrielle Handel sehr viel wichtiger als für Deutschland: 93 % der japanischen Exporte im Jahr 2019 bestanden aus Industrieerzeugnissen. Im Austausch dafür erfolgten nur 60 % der Importe in Form von Industrieerzeugnissen, die übrigen Importe setzen sich aus Agrarprodukten (12 %) und Rohstoffen (28 %) zusammen.

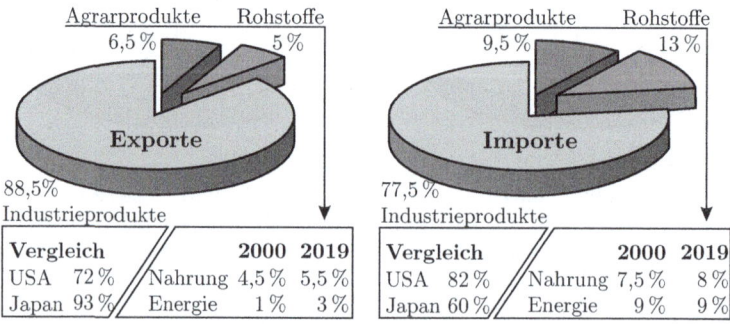

Quelle: Eigene Darstellung basierend auf Daten der WTO.

■ **Abb. 1.7** Warenhandelsstruktur Deutschlands im Jahr 2019

Box 1.4: Implikationen der Covid 19 Pandemie und des Kriegs in der Ukraine für den Handel

Abgesehen von kürzeren Krisenperioden war für Deutschland ebenso wie für die Welt insgesamt seit dem zweiten Weltkrieg eine stetig zunehmende internationale Verflechtung zu beobachten. Schon seit einiger Zeit spricht man darum von einer globalisierten Weltwirtschaft. Eine wichtige Rolle spielen in diesem Zusammenhang auch globale Wertschöpfungsketten (global value chains – GVC), bei denen ein Unternehmen Vorprodukte aus verschiedenen anderen Ländern zur Erstellung des Endprodukts einsetzt. In den weiteren Kapiteln dieses Lehrbuchs werden wir uns mit diesen Phänomenen beschäftigen und dabei auch aufzeigen, dass diese Entwicklung grundsätzlich für alle beteiligten Länder zu positiven Wohlfahrtseffekten führt und aus ökonomischer Perspektive nur die Verteilungseffekte innerhalb der Länder ein Problem darstellen.

Die Covid-19 Pandemie und der Krieg in der Ukraine machen jedoch deutlich, dass den Chancen der weltwirtschaftlichen Verflechtung auch einige Risiken gegenüberstehen. Bei Covid-19 waren das zu Beginn der Krise Versorgungsprobleme bei medizinischen Gütern, die aufgrund der internationalen Arbeitsteilung nicht mehr in Deutschland oder zumindest der EU hergestellt werden. Mittelfristig zeigte sich dann, dass die unter anderem durch die chinesische Null-Covid-Politik verursachten Produktionsausfälle und Lieferungsverzögerungen bei wichtigen Vorprodukten die Produktion in deutschen Industriebetrieben, beispielsweise in der Automobilindustrie, erheblich beeinträchtigen. Einen vergleichbaren Effekt hatten in der ersten Hälfte von 2022 durch den Krieg verursachte Lieferausfälle bei ukrainischen Vorprodukten.

Als noch problematischer hat sich aber die starke Abhängigkeit der EU und insbesondere Deutschlands von russischen Öl- und Gaslieferungen erwiesen. Kurzfristig führte dies insbesondere zu Problemen bei der Sicherstellung der Versorgung der Bevölkerung mit Wärme und Strom. Mittel- und längerfristig problematischer ist aber möglicherweise, dass sich eine ganze Reihe von Betrieben in Deutschland aufgrund der im internationalen Vergleich günstigen Gaspreise auf Güter mit energieintensiven Herstellungsverfahren spezialisiert haben. Bei den unabhängig von der augenblicklichen Krisensituation in Zukunft deutlich höheren Gaspreisen, sind viele dieser Unternehmen aber voraussichtlich in Zukunft nicht mehr international konkurrenzfähig, was eine relativ kurzfristige und damit besonders kostspielige Strukturanpassung notwendig macht.

Als Lehren aus diesen Problemen ergibt sich zum einen die Empfehlung, starke Abhängigkeiten von einzelnen Lieferanten zu vermeiden, auch wenn das zu etwas höheren Preisen führt. Zum anderen stellt sich aber die Frage, ob es nicht überhaupt im Rahmen einer De-Globalisierung sinnvoll wäre, wieder einen größeren Anteil der Produktion im Inland oder, bezogen auf Deutschland, zumindest innerhalb der EU durchzuführen. Wie eine Studie des ifo-Instituts (vgl. Flach et al., 2021) zeigt, würden diese Strategien – man spricht in diesem Zusammenhang auch von „Reshoring" und „Nearshoring" – aber gerade für Deutschland zu erheblichen Wohlfahrtseinbußen führen.

1

1.4 Struktur und Entwicklung ausländischer Direktinvestitionen

Nachdem wir bislang den Handel auf Weltebene und aus der deutschen Perspektive betrachtet haben, wollen wir uns nun der Unternehmensperspektive zuwenden. Ein zentraler Aspekt sind dabei die ausländischen Direktinvestitionen. Dabei entstehen multinationale Unternehmen, die anschließend einen nicht unbedeutenden Teil des Außenhandels innerhalb der jeweiligen Unternehmen abwickeln.

In ◘ Abb. 1.8 sehen wir die **Entwicklung der weltweiten (realen) ausländischen Direktinvestitionen im Zeitablauf**. Für den Zeitraum bis zum Jahr 2000 ist ein klarer Wachstumstrend zu erkennen. Ähnlich wie beim Handel ist gleichzeitig auch der Anteil an der Weltproduktion von 0,4 % im 10-Jahresdurchschnitt in den 1970er-Jahren auf 2,3 % in den 2000er-Jahren deutlich gestiegen. Seit dem Jahr 2000 sind insbesondere die starken Schwankungen der Direktinvestitionen auffällig, die auf die grundsätzlich hohe Volatilität von Investitionen verweisen.[7] Was waren die Gründe für diese Schwankungen? Mit dem Platzen der Internetblase der *New Economy* und damit einhergehenden enttäuschten Hoffnungen auf rentable Investitionsmöglichkeiten halbierte sich nach dem Rekordwert im Jahr 2000 das Volumen ausländischer Direktinvestitionen binnen kurzer Zeit. Ab 2003 nahmen die weltweiten Direktinvestitionen dann wieder zu und erreichten im Jahr 2007 einen Wert von etwa 2 Billionen US-Dollar (in Preisen von 2015). Im Zuge der Finanzmarktkrise (vgl. hierzu auch Box 1.1) nahm das Volumen in den Jahren 2008 und 2009 aber sowohl in den USA als auch in Europa erneut deutlich ab. Nach einer Konsolidierung in der ersten Hälfte der 2010er-Jahre, gab es 2015 und 2016 neuer Rekordwerte. Danach ging das Niveau wieder etwas zurück und durch die Covid-19 Pandemie kam es im Jahr 2020 zu einem deutlichen Einbruch.

Betrachten wir nun die **regionale Struktur der Direktinvestitionen**. Wie wir ◘ Tab. 1.2 entnehmen können, stammt der Großteil der ausländischen Direktinvestitionen (*foreign direct investment* – FDI) aus den Industrieländern, was aufgrund der relativ besseren Ausstattung an Kapital und Know-how wenig verwunderlich ist. Eher überraschend ist jedoch, dass selbst in den 2000er-Jahren noch zwei Drittel der Direktinvestitionen in die Industrieländer flossen, was zeigt, dass ähnlich wie beim Außenhandel die Interaktion zwischen den Industrieländern auch bei Direktinvestitionen immer noch ein großes Gewicht hat. Allerdings hat sich die Bedeutung der Entwicklungs- und Schwellenländer im Zeitablauf deutlich erhöht: Statt nur 1 % in den 1970er-Jahren stammen im Zeitraum von 2010 bis 2019 nun immerhin 28 % der Direktinvestitionen aus den Entwicklungs- und Schwellenländern. Auch der Anteil an den Zuflüssen hat sich in den entsprechenden Zeiträumen von 24 % auf 43 % erhöht.

Wenn wir in ◘ Tab. 1.3 sowohl für die Flüsse der ausländischen Direktinvestitionen als auch für die Bestände jeweils die Anteile am BIP betrachten, so zeigt sich, dass die internationale Verflechtung der USA nicht nur beim Außenhandel sondern auch bei den Direktinvestitionen relativ gering ist. Aber auch die Anteile Deutschlands sind niedriger als diejenigen im Durchschnitt der europäischen Länder, wobei insbesondere die relativ niedrigen Bestände an ausländischen FDI in Deutschland

---

7   Damit die Darstellung nicht durch diese Schwankungen verzerrt wird, sind sowohl die Anteile an der Weltproduktion in ◘ Abb. 1.8 als auch die in ◘ Tab. 1.2 und 1.3 präsentierten Werte als 10-Jahresdurchschnitte angegeben.

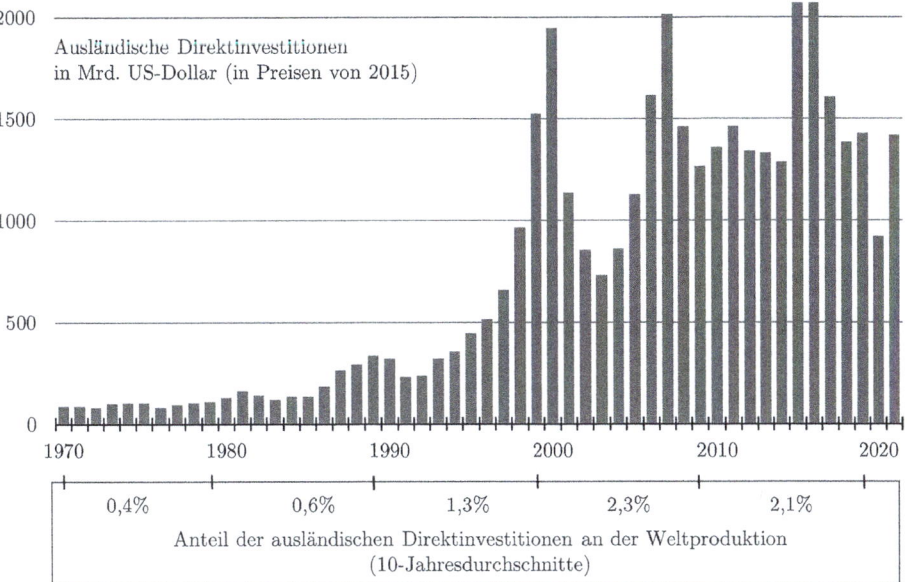

Quelle: Eigene Darstellung basierend auf Daten der UNCTAD.

◘ Abb. 1.8   Ausländische Direktinvestitionen und ihr Anteil an der Weltproduktion

◘ Tab. 1.2   Direktinvestitionen (FDI) der Industrie- und Entwicklungsländer

10-Jahresdurchschnitte in Mrd. US-Dollar					
	1970–1979	1980–1989	1990–1999	2000–2009	2010–2019
Industrieländer					
FDI Zufluss	73	146	376	852	868
FDI Abfluss	112	179	503	1069	972
Entwicklungsländer					
FDI Zufluss	22	43	200	478	671
Weltanteil	*24 %*	*25 %*	*30 %*	*31 %*	*43 %*
FDI Abfluss	4	12	73	197	383
Weltanteil	*1 %*	*5 %*	*10 %*	*11 %*	*28 %*

Quelle: Eigene Darstellung basierend auf Daten der UNCTAD.

auffallen. Trotz der aus den Medien oft genannten hohen Investitionsströme nach Asien, sind die dort getätigten Auslandsinvestitionen gemessen am BIP der betrachteten Länder ähnlich gering wie in den USA und die Bestände sind relativ zum BIP niedriger als in allen anderen betrachteten Regionen.

Wie im einleitenden Absatz dieses Abschnitts bereits angesprochen wurde, entstehen durch ausländische Direktinvestitionen **multinationale Unternehmen**. Auch wenn die Anzahl multinationaler Unternehmen in den letzten fünfzig Jahren drastisch zugenommen hat (für Details siehe Box 13.1 in ▶ Kap. 13), ist sie im Vergleich zur Gesamtzahl der Unternehmen sehr gering. Allerdings sind multinationale

◩ **Tab. 1.3**   Bedeutung von FDI für verschiedene Regionen

10-Jahresdurchschnitte 2010-2019 in Mrd. US-Dollar von 2015				
	Deutschland	**USA**	**Europa**	**Asien**
FDI Zufluss	36	271	485	479
Anteil am BIP	*1,1 %*	*1,5 %*	*2,5 %*	*1,8 %*
FDI Abfluss	80	245	508	500
Anteil am BIP	*2,4 %*	*1,4 %*	*2,6 %*	*1,9 %*
FDI Inward Stock[a]	850	5761	9902	6190
Anteil am BIP	*25 %*	*31 %*	*51 %*	*23 %*
FDI Outward Stock[b]	1391	6148	11.349	5804
Anteil am BIP	*41 %*	*34 %*	*59 %*	*21 %*

[a]Bestand der ausländischen FDI im Inland
[b]Bestand der inländischen FDI im Ausland
Quelle: Eigene Darstellung basierend auf Daten der UNCTAD.

Unternehmen deutlich größer und auch sehr stark am Außenhandel beteiligt. So betrug der Anteil des firmeninternen Handels am Gesamthandel der USA bereits in den 1990er-Jahren etwa 40 % – der Gesamtanteil am Handel liegt sogar noch deutlich höher. Für andere Industrieländer wie Frankreich, Japan und Schweden lag der Wert für firmeninternen Handel bei etwa 25 %, wobei im Unterschied zu den USA der Anteil bei den Exporten jeweils deutlich höher war als bei den Importen. Dies ist vermutlich darin begründet, dass zumindest zum damaligen Zeitpunkt ein großer Teil der multinationalen Unternehmen Konzerne mit amerikanischer Mutter waren. Wie wir in ▶ Kap. 13 noch genauer thematisieren werden, steht der Handel innerhalb der Unternehmen in enger Beziehung zur Aufspaltung der Wertschöpfungskette (Fragmentierung) und der Verlagerung einzelner Wertschöpfungsstufen in andere Länder.

💬 **Was haben wir gelernt?**
 — Seit dem Zweiten Weltkrieg hat nicht nur das reale Welthandelsvolumen, sondern auch der Anteil des Außenhandels an der Weltproduktion drastisch zugenommen. Diese Zunahme des Außenhandels kann insbesondere durch den Abbau von Handelsbeschränkungen erklärt werden. Die Wirkung von Handelsbeschränkungen und ihr Abbau im Rahmen internationaler Vereinbarungen ist Thema in Teil IV des Buches.
 — Der größte Teil des Handels findet zwischen und unter Beteiligung der Industrieländer statt. Der Handel innerhalb der Industrieländer ist zu einem bedeutenden Anteil intra-industrieller Handel, d. h. Güter aus derselben Branche werden sowohl exportiert als auch importiert. Beim Handel mit den Entwicklungsländern steht hingegen inter-industrieller Handel im Vordergrund: Rohstoffe, Agrarprodukte und Textilien werden von den Entwicklungsländern exportiert, die im Gegenzug Industrieprodukte aus den Industrieländern importieren. Erklärungsmodelle für inter-industriellen Handel werden in Teil II und für intra-industriellen in Teil III dieses Lehrbuchs vorgestellt.

— Deutschlands Handelsquote ist deutlich höher als diejenige anderer großer Industrienationen wie der USA oder Japan. Grund dafür sind die intensiven Handelsbeziehungen mit den Ländern der Europäischen Union, die über die Hälfte des Handels der Bundesrepublik ausmachen. Dies führt auch dazu, dass der intra-industriell geprägte Handel mit Industrieprodukten für Deutschland sehr bedeutsam ist.

— Die internationale Verflechtung hat sich auch durch die zunehmende Bedeutung von Direktinvestitionen erhöht. Die entstehenden multinationalen Unternehmen sind an einem großen Teil des internationalen Handels beteiligt. Neben dem Absatz der Endprodukte durch die lokalen Tochterunternehmen spielt dabei im Rahmen international fragmentierter Wertschöpfungsketten auch der Handel von Vorprodukten zwischen den Konzernunternehmen eine wichtige Rolle.

1.5 Kontrollfragen und Übungsaufgaben

1. Betrachten Sie folgende Daten (Angaben in Mrd. Euro):

Land	BIP	Exporte	Importe
A	200	55	45
B	250	90	20
C	100	20	15

a) Definieren Sie die Exportquote und bestimmen Sie diese für die drei Länder! Beurteilen Sie anhand dieser Quote die relative Offenheit der drei Länder! Benennen Sie zwei Faktoren, die die Höhe der Quote beeinflussen!

b) „Bei der Exportquote handelt es sich um ein systematisch verzerrtes Maß". Auf welches Problem der Exportquote wird hier hingewiesen? Was wäre ein besseres Maß für die Bestimmung der Außenhandelsverflechtung? Würde sich durch die Verwendung des alternativen Maßes die Beurteilung der Länder im konkreten Fall ändern?

c) Betrachten Sie nun Land D, das bei einem BIP von 60 Mrd. Euro Güter im Wert von 95 Mrd. Euro exportiert und dessen Importe 85 Mrd. Euro betragen. Erläutern Sie, wie es dazu kommen kann, dass Exporte bzw. Importe das BIP eines Landes übersteigen! Wie werden solche Länder bezeichnet?

2. Betrachten Sie ◻ Abb. 1.4 und beantworten Sie folgende Fragen:

a) Welche Gründe könnten für die Entwicklung des Anteils des Handels mit Rohstoffen zwischen 1955 und 2014 verantwortlich sein?

b) Wie kann der Verlauf des Handels mit Industrieprodukten erklärt werden?

3. Analysieren Sie analog zu Abschn. 1.3 die Entwicklung und Struktur des österreichischen Außenhandels!

a) Wie hat sich der Warenhandel seit 1970 entwickelt? Informationen hierzu finden Sie z. B. unter ▶ https://data.worldbank.org/indicator unter *Merchandise trade*.

1

b) Was sind die wichtigsten Handelspartner Österreichs im Export- und im Importsektor? Informationen hierzu finden Sie z. B. unter ► https://www.statistik.at/statistiken/internationaler-handel/internationaler-warenhandel/importe-und-exporte-von-guetern im STATcube.

c) Welche Güter exportiert Österreich und welche werden importiert? Informationen hierzu finden Sie z. B. unter ► https://www.statistik.at/statistiken/internationaler-handel/internationaler-warenhandel/importe-und-exporte-von-guetern im STATcube.

Literatur

Im Text zitierte Quellen

Flach L., Gröschl J.K., Steininger M., Teti F. und A. Baur (2021), Internationale Wertschöpfungsketten – Reformbedarf und Möglichkeiten, Studie im Auftrag der Konrad-Adenauer-Stiftung e.V., ifo-Institut München. ► https://www.ifo.de/DocDL/ifoStudie-2021-KAS-Wertschoepfungsketten.pdf

Fischer, S., Dornbusch, R. und R. Schmalensee (1988), Economics, New York: McGraw-Hill

Kindleberger, C.P. (1975), The World in Depression 1929-1933, Berkeley: University of California Press.

Polanyi K. (1977), The Livelihood of Man, New York: Academic Press.

Temin P. (2006), The Economy of the Early Roman Empire, Journal of Economic Perspectives, Vol. 20, No. 3, 133–151.

Datenquellen

Vereinte Nationen, UNCTADstat, ► http://unctadstat.unctad.org/ReportFolders/reportFolders.aspx [*Viele verschiedene Handelsindikatoren und insbesondere auch Daten zu ausländischen Direktinvestitionen.*]

Welthandelsorganisation (WTO), ► http://www.wto.org/english/res_e/statis_e/looking4_e.htm [*Daten über Welthandel und Handelsbeschränkungen.*]

Weltbank, ► http://data.worldbank.org [*Daten über BIP und Entwicklungsländer.*]

Organisation für wirtschaftliche Zusammenarbeit und Entwicklung (OECD), ► http://www.oecd.org [*Daten für Industrieländer.*]

Statistisches Bundesamt Deutschland, ► https://www.destatis.de/DE/ZahlenFakten/GesamtwirtschaftUmwelt/Aussenhandel/Aussenhandel.html] [*Daten über den deutschen Außenhandel.*]

Europäisches Amt für Statistik, ► http://ec.europa.eu/eurostat/web/economic-globalisation-indicators/indicators] [*Daten über den europäischen Außenhandel.*]

Ergänzende und weiterführende Literatur

Deardorffs' Glossary of International Economics, ► http://www-personal.umich.edu/~alandear/glossary/ [*Englischsprachige Definitionen und Erläuterungen zu sämtlichen Begriffen der Außenwirtschaft und -politik.*]

Handelskosten und Gravitationsmodell

Inhaltsverzeichnis

K. Morasch und F. Bartholomae, *Handel und Wettbewerb auf globalen Märkten*,
https://doi.org/10.1007/978-3-658-41866-3_2

2

Themenüberblick

— Anteile am Welthandel und Anteile an der weltweiten Wertschöpfung als potenzielle Determinanten für das bilaterale Handelsvolumen

— Empirische Bedeutung von Transportkosten, politischen Handelsbarrieren und anderen Kosten des Außenhandels

— Gravitationsmodell als empirischer Ansatz zur Analyse der Determinanten des bilateralen Handelsvolumens

In Teil II und III des Lehrbuchs werden wir ökonomische Modelle kennenlernen, die dazu geeignet sind, die Güterstruktur des Handels zu erklären, d. h. welche Güter ein Land exportiert, welche es importiert und in welchen Branchen wir Handel identischer oder sehr ähnlicher Produkte in beiden Richtungen beobachten. Da diese Modellansätze von zwei Ländern ausgehen und von Handelskosten abstrahieren, liefern sie zum einen nur indirekt Prognosen darüber, in welchem Umfang die einzelnen Länder am Außenhandel beteiligt sind. Zum anderen stehen die Vorhersagen (z. B. mehr Handel zwischen unterschiedlichen Ländern) teilweise im Widerspruch zur beobachtbaren Regionalstruktur des Handels.

Die in diesem Kapitel wollen wir uns mit einem empirisch orientierten Ansatz zur Analyse der bilateralen Handelsströme beschäftigen. Ausgangspunkt ist ein einfaches Modell, in dem die Anteile der Handelspartner am gesamten Welthandel zur Vorhersage der bilateralen Handelsströme genutzt werden. Es dürfte wenig überraschen, dass die Prognosen mit dem tatsächlichen Handelsumfang nicht sehr gut übereinstimmen. Als offensichtliche Erklärung bieten sich Unterschiede in den Handelskosten (z. B. Transportkosten und Zölle) an, mit denen wir uns in Abschn. 2.2 näher beschäftigen. Abschließend wollen wir das Gravitationsmodell diskutieren, das einer Vielzahl an aktuellen empirischen Studien zugrunde liegt. Dieses benutzt neben den Handelskosten den Anteil der Länder an der Weltproduktion als Erklärungsvariable für das Handelsvolumen.

2.1 Bilaterales Handelsvolumen in einer Welt ohne Handelskosten

Zunächst betrachten wir ein grundlegendes Modell, in dem wir den Umfang des Welthandels und den Anteil der einzelnen Länder am Welthandelsvolumen als exogen gegeben annehmen. Auf Grundlage der Export- und Importanteile versucht das Modell eine Vorhersage über die bilateralen Handelsströme zu treffen, wobei implizit unterstellt wird, dass es rein zufällig ist, aus welcher Exportnation i ein Importland j ein bestimmtes Gut bezieht.

Wie funktioniert das konkret? Angenommen, das weltweite Handelsvolumen eines Gutes ist HV, die Exporte von Land i betragen EX_i und die Importe von Land j sind IM_j. Damit gibt der Anteil $ex_i = EX_i / HV$ die Wahrscheinlichkeit an, dass Land i beim Export einer zufälligen Einheit des Gutes der Exporteur ist. Entsprechend ist mit einer Wahrscheinlichkeit von $im_j = IM_j / HV$ Land j der Importeur. Die Wahrscheinlichkeit für einen Export des Gutes von Land i nach Land j ergibt sich dann aus dem Produkt der beiden als unabhängig angenommenen Wahrscheinlichkciten:

$$\text{Wsk}_{i \to j} = \text{ex}_i \cdot \text{im}_j \tag{2.1}$$

Auf Grundlage dieser Wahrscheinlichkeit können wir nun das erwartete Exportvolumen $\text{EX}_{i \to j}$ von Land i nach Land j vorhersagen:

$$\text{EX}_{i \to j} = \text{HV} \cdot \text{ex}_i \cdot \text{im}_j = \frac{\text{EX}_i \cdot \text{IM}_j}{\text{HV}}$$

Lassen Sie uns an einem Beispiel empirisch überprüfen, ob sich die vorhergesagten Handelsströme mit den tatsächlichen Handelsbeziehungen decken. Dazu betrachten wir den Gesamtwert der deutschen Warenexporte nach Frankreich und nach Japan. Laut Daten der Welthandelsorganisation (WTO) betrug 2020 der Anteil des Exportvolumens von Deutschland (Land i) am gesamten Welthandelsvolumen 7,8 %. Zugleich importierten Frankreich 3,3 % und Japan 3,6 % (jeweils Land j) aller gehandelten Güter. Nach dem Wahrscheinlichkeitsmodell würden wir prognostizieren, dass $7{,}8\% \cdot 3{,}3\% = 0{,}26\%$ aller weltweit gehandelten Güter von Deutschland nach Frankreich und entsprechend $7{,}8\% \cdot 3{,}6\% = 0{,}28\%$ von Deutschland nach Japan exportiert würden. Nach Daten des Statistischen Bundesamtes betrugen 2020 die deutschen Exporte nach Frankreich aber 0,59 % und nach Japan nur 0,11 % des Weltwarenhandels.

Das einfache Wahrscheinlichkeitsmodell unterschätzt also die Exporte von Deutschland nach Frankreich, während es diejenigen von Deutschland nach Japan deutlich überschätzt. Da die drei Länder bezüglich ihres Entwicklungsstandes, ihrer Wirtschaftskraft und des produzierten Güterspektrums relativ ähnlich sind, stellt sich die Frage, wie diese doch erhebliche Diskrepanz zu erklären ist. Eine Erklärungsmöglichkeit bieten Unterschiede in den Handelskosten: Aufgrund der geographischen Distanz[1] fallen beim Handel zwischen Deutschland und Japan deutlich höhere Transportkosten an und zudem bestehen zwischen den EU-Mitgliedern Deutschland und Frankreich keine politischen Handelshemmnisse wie Zölle oder Kontingente.

Wie können wir die Auswirkung von Handelskosten in unseren Modellansatz integrieren? Die Handelskosten können als eine Art Widerstand aufgefasst werden, der den Handel zwischen zwei Ländern abschwächt. In einer modifizierten Form von (2.1) können wir den Effekt durch einen **Widerstandsfaktor** $R_{i \to j}$ abbilden:

$$\text{Wsk}_{i \to j} = \frac{\text{ex}_i \cdot \text{im}_j}{R_{i \to j}}$$

Der Parameter $R_{i \to j}$ kann dabei prinzipiell von einer Vielzahl möglicher Einflussgrößen abhängig sein: Während die geographische Distanz oder die kulturelle Verschiedenheit zweier Länder die Handelsbeziehungen hemmt, könnte beispielsweise die Einbindung in eine regionale Freihandelszone einen positiven Effekt auf das Handelsvolumen haben. Der Parameter $R_{i \to j}$ nimmt demnach bei größerer

---

1 Eindrucksvoll verdeutlicht dies die Entfernung zwischen den jeweiligen Hauptstädten: Die Luftlinie zwischen Berlin und Paris beträgt knapp 880 km, während die Distanz zwischen Berlin und Tokyo mit rund 8900 km mehr als das zehnfache beträgt.

2

Entfernung einen höheren und bei Integration in eine Freihandelszone einen geringeren Wert an – im konkreten Beispiel würde die Modellvorhersage bei einem Faktor 2,5 für Japan und einem Faktor 0,4 für Frankreich stimmen. Wie man entsprechende Größen empirisch schätzen kann, werden wir bei der Diskussion des Gravitationsmodells in Abschn. 2.3 zeigen. Zunächst wollen wir uns aber mit den Handelskosten näher beschäftigen, die entscheidend zu diesem Widerstand beitragen.

2.2 Transportkosten, Zölle und andere Handelskosten

In den Modellen der traditionellen Außenhandelstheorie bei vollkommenem Wettbewerb, die wir in Teil II betrachten werden, wird von Handelskosten abstrahiert: Länder werden dadurch voneinander abgegrenzt, dass die Produktionsfaktoren zwischen den Ländern immobil sind. Der Außenhandel selbst findet **friktionslos**, d. h. ohne Widerstände statt. Es wird somit ein Punktmarkt ohne jegliche räumliche Dimension unterstellt. Nur bei der Analyse der Handelspolitik werden Handelskosten in Form von Zöllen berücksichtigt. In der neuen Außenhandelstheorie (Teil III) werden teilweise Handelskosten eingeführt, um eine Separierung der Märkte zu erreichen. Aber auch hier spielt wie bei der Analyse der Handelspolitik die geographische Distanz keine Rolle.[2]

Da Handelskosten empirisch bedeutsam sind, ist es sinnvoll, sie am Anfang dieses Buches zu thematisieren, auch wenn sie anschließend in der theoretischen Analyse nur wenig berücksichtigt werden. Konkret wollen wir hierbei folgende Fragen klären: Welche Arten von Handelskosten gibt es? Welchen Umfang haben Handelskosten im Vergleich zu den Herstellungskosten der Güter? Wie hoch ist die relative Bedeutung einzelner Arten von Handelskosten wie etwa der Transportkosten oder Handelsbeschränkungen? Welche Rolle spielen Handelskosten für die Integration verschiedener Länder in die Weltwirtschaft und für die Aktivitäten von Unternehmen? Und, wie haben sich wichtige Arten von Handelskosten im Zeitablauf entwickelt?

2.2.1 Abgrenzung, Messung und Bedeutung von Handelskosten

Unter **Handelskosten** werden alle Kosten zusammengefasst, die anfallen, um ein Gut vom Hersteller zum Konsumenten zu bringen. Handelskosten umfassen somit alle Ausgaben, die für den Transport, die Überwindung von Landesgrenzen und bei der Distribution der Güter im Zielland anfallen. Trotz des weltweiten Abbaus von Handelshemmnissen, Innovationen bei der Kommunikation und im

---

2 Anders sieht es in neueren regionalökonomischen Ansätzen aus, die auf der Modellierung im Rahmen der neuen Außenhandelstheorie aufbauen und die Verteilung ökonomischer Aktivitäten im Raum analysieren. Diese Ansätze sind für außenwirtschaftliche Fragestellungen durchaus von Interesse, können aber aus Platzgründen im vorliegenden Lehrbuch nicht behandelt werden. Einen ersten Einstieg in das Thema aus dem Unternehmensblickwinkel liefern Beugelsdijk et al. (2013) ch. 6. Für eine tiefere Beschäftigung empfiehlt sich Combes et al. (2008) als Standardwerk zu diesem Thema.

Transportsektor sowie der Verbesserung der Infrastruktur sind Handelskosten nach wie vor ökonomisch nicht vernachlässigbar.

Die Messung von Handelskosten ist in der Praxis schwierig. Zwar gibt es für politische Handelsbarrieren, wie Zölle und Kontingente, sowie für Transportkosten durchaus Datenquellen, andere Handelskosten können jedoch meist nur indirekt erfasst werden. Eine Möglichkeit dafür ist der Vergleich von Preisen: Anhand des Vergleichs zwischen FOB-Exportpreis (FOB = *free on board*) und CIF-Importpreis (CIF = *cost insurance freight*) können etwa die Kosten des Transports vom Exporthafen zum Importhafen erfasst werden. Wird statt dem CIF-Importpreis der Verkaufspreis im Importland herangezogen, werden auch Zölle und Distributionskosten im Zielland erfasst. Schließlich können Handelskosten im Rahmen eines ökonometrischen Modells geschätzt werden, bei dem Handelsströme und andere beobachtbare Variablen zur Schätzung der Handelskosten herangezogen werden. Solche Schätzungen basieren normalerweise auf dem Gravitationsmodell, das eine Erweiterung des Wahrscheinlichkeitsmodells aus dem letzten Abschnitt darstellt.

Handelskosten unterscheiden sich erheblich zwischen den einzelnen Ländern. Sie sind beispielsweise höher, wenn Länder keinen Zugang zum Meer haben oder wichtige Handelspartner weit entfernt sind. Andererseits verringert etwa der Abbau regulatorischer Hemmnisse im Rahmen des europäischen Binnenmarktes die Handelskosten zwischen den Mitgliedsländern der EU erheblich. Die ökonomische Relevanz der Handelskosten hängt aber auch von der Art der Güter ab: Bei hochwertigen Industrieprodukten fallen Handelskosten weniger stark ins Gewicht als bei Agrargütern oder Rohstoffen.

Um eine Vorstellung von der relativen Bedeutung der unterschiedlichen Arten von Handelskosten zu erhalten, wollen wir nun von diesen Unterschieden abstrahieren und die durchschnittlichen Handelskosten beim Export von einem Industrieland in ein anderes betrachten. Nach einer Studie für die USA von Anderson/van Wincoop (2004) entsprechen die gesamten Handelskosten einem Aufschlag von 170 % auf die Herstellungskosten: Zum einen entstehen beim Handel eines Gutes internationale Handelskosten, welche sich wiederum aus Transportkosten und grenzbezogenen Kosten zusammensetzen und das Gut damit um 74 % verteuern. Zum anderen ergeben sich Vertriebskosten im Zielland, die insgesamt 96 % betragen (bezogen auf die reinen Herstellungskosten ohne internationale Handelskosten). Die Aufspaltung in die verschiedenen Arten von Handelskosten ist in ▪ Tab. 2.1 im Detail dargestellt.

Interessant ist bei dieser Aufstellung, dass direkt erfassbare Kosten wie Frachtkosten, Zölle und andere Handelsbarrieren, nur einen relativ kleinen Teil der internationalen Handelskosten ausmachen. Indirekte Transaktionskosten in Form von Zeitkosten, Sprachbarrieren, Informationskosten und Sicherungskosten sind demgegenüber bedeutsamer.

Handelskosten sind in zweierlei Hinsicht wichtig für die Analyse von Handel und Wettbewerb in globalen Märkten:

– Zum einen führen Handelskosten dazu, dass die geographische Lage eines Landes einen starken Einfluss darauf hat, in welchem Ausmaß das Land in den internationalen Handel eingebunden ist und wie sich die Güterstruktur seines Außenhandels zusammensetzt.

– Zum anderen sind Handelskosten für die Entscheidungen der Unternehmen über die Ausgestaltung ihrer Wertschöpfungsprozesse in Produktion und

2

◻ **Tab. 2.1**   Durchschnittliche Preisaufschläge durch Handelskosten

Kostenkategorie	Aufschlag in %
Frachtkosten	11
Zeitkosten	10
Σ **Transportkosten**	**21**
Zölle und andere Handelsbarrieren	10
Sprachbarriere	9
Wechselkurs- und Währungskosten	19
Informationskosten	10
Sicherungskosten	5
Σ **Grenzbezogene Kosten**	**53**
= Σ *Internationale Handelskosten*	*74*
+ Σ *Nationale Vertriebskosten*	*96*
= Σ *Gesamter Preisaufschlag*	*170*

Eigene Darstellung basierend auf Daten aus Anderson/van Wincoop (2004), pp. 692f.

Distribution von zentraler Bedeutung. Dies gilt beispielsweise für Überlegungen, bestimmte Teile des Produktionsprozesses in andere Länder auszulagern oder für die Frage, auf welchen Absatzmärkten das Unternehmen aktiv sein soll (dazu mehr in ▶ Kap. 13). Darüber hinaus bietet die Existenz von Handelskosten einen Anreiz, als Intermediär Teile des Handelsprozesses zu geringeren Kosten abzuwickeln (dazu mehr in ▶ Kap. 20).

Wir wollen uns nun auch kurz mit dem Unterschied zwischen den Handelskosten bei Waren und Dienstleistungen beschäftigen. Wie der World Trade Report (vgl. WTO 2019) berichtet, unterscheiden sich diese deutlich: Die Handelskosten im Dienstleistungssektor sind um etwa 50 % höher als bei landwirtschaftlichen Produkten und diese wiederum um etwa 25 % höher als im verarbeitenden Gewerbe. In ◻ Abb. 2.1 wird aufgezeigt, welche Komponenten die Unterschiede in der Höhe der bilateralen Handelskosten erklären. Ein wichtiger Einflussfaktor ist die Qualität der Regierungsführung, die sich auf die Sicherheit und Vorhersehbarkeit von Geschäftsfähigkeiten auswirkt, und vor allem durch die Wahrnehmung der Qualität von Rechtsvorschriften, Rechtsstaatlichkeit sowie Korruption beeinflusst wird. Unter der Erschließungsqualität wird vor allem verstanden, wie leicht der Kontakt zu ausländischen Partnern über das Internet oder Telefon aufgenommen werden kann. Die Transaktionskosten umfassen unter anderem wie leicht Informationen über Konsumenten gewonnen werden können oder wie leicht das Geschäftsumfeld zu verstehen ist. Insgesamt zeigt sich, dass die Höhe der Handelskosten bei Dienstleistungen hauptsächlich von politischen Größen, wie der Qualität der Regierungsführung und regulatorischen Unterschieden, bestimmt wird, während für den Warenhandel, wenig überraschend, Transportkosten einen wesentlichen Einflussfaktor darstellen.

In einem nächsten Schritt soll aufgezeigt werden, wie Unterschiede bei den politischen Handelsbarrieren eine mögliche Erklärung für die mehr oder weniger stark

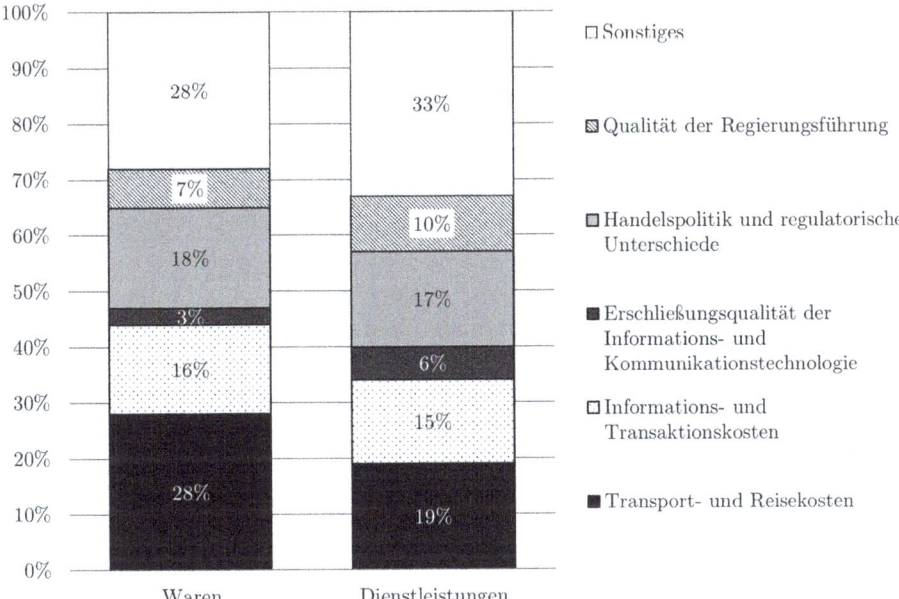

Quelle: Eigene Übersetzung von World Trade Report (2019), Figure D.5, p. 87

Abb. 2.1 Erklärungskomponenten für die Unterschiede in den bilateralen Handelskosten bei Waren und Dienstleistungen

ausgeprägte außenwirtschaftliche Verflechtung der Länder liefern kann. Im Anschluss daran werden wir die Unternehmensperspektive in Zusammenhang mit der Entwicklung der Transportkosten beleuchten.

2.2.2 Politische Handelsbarrieren und Anteil am Welthandel

Wie wir in Tab. 2.1 erkennen können, sind die durchschnittlichen Werte für Zölle und andere Handelsbarrieren mit nur 10 % im Vergleich zu den anderen Kosten eher unbedeutend. Bei Agrargütern, Bergbauerzeugnissen und Textilien sind die Handelsbarrieren jedoch traditionell häufig erheblich höher. So betrug in der EU im Jahr 1999 das Zolläquivalent[3] für Bergbauerzeugnisse 71 %, für Agrarprodukte 32 % und für Kleidung 31 %, während das durchschnittliche Zolläquivalent bei Industrieprodukten nur bei knapp 8 % lag. Durch diese Maßnahmen verringert sich insbesondere der inter-industrielle Handel mit den Entwicklungs- und Schwellenländern, während die Handelsbarrieren beim intra-industriellen Handel zwischen den Industrieländern nur eine geringe Rolle spielen.

---

3 Neben Zöllen spielen in vielen Sektoren auch Mengenbeschränkungen oder landesspezifische Regulierungen als Handelsrestriktionen eine wichtige Rolle. Durch das Konzept der Zolläquivalente wird die Wirkung der verschiedenen Handelsbeschränkungen zusammengefasst, indem derjenige Zollsatz bestimmt wird, der eine vergleichbare Wirkung auf den Außenhandel hätte. Eine ausführliche Diskussion über die Vergleichbarkeit der Wirkung von Zöllen und Mengenbeschränkungen erfolgt in den Abschnitten 14.3 und 14.4.

2

Die Höhe der politisch verursachten Handelsbarrieren unterscheidet sich nicht nur deutlich zwischen den verschiedenen Gütern, sondern auch zwischen Industrie- und Entwicklungsländern. Zudem sind in vielen Entwicklungsländern die Handelskosten häufig auch deswegen höher, weil die Qualität der staatlich bereitgestellten Infrastruktur (z. B. Schienen- und Straßennetz) schlechter als in Industrieländern ist. Trotz niedriger Zollsätze führt oft auch eine ineffiziente Zollverwaltung zu erheblichen Handelsbarrieren. In ◘ Tab. 2.2 wird hierzu aufgezeigt, wie viele Tage es je nach Region im Durchschnitt dauert, um ein Gut in ein Land dieser Region einzuführen und welcher Anteil der Importgüter kontrolliert wird.

Die ersten beiden Spalten der Tabelle geben für 2005 und 2014 die Anzahl an Tagen an, die in der jeweiligen Region durchschnittlich benötigt werden, bis für ein importiertes Gut alle relevanten Dokumente für die Einfuhr ausgefüllt und geprüft sind, das Gut im Importhafen verladen ist, und gegebenenfalls die Fracht durch den Zoll kontrolliert wurde. Hier wird die Dimension der Zeitkosten deutlich, die beispielsweise in Südasien ein Mehrfaches der für die USA in ◘ Tab. 2.1 geschätzten 10 % betragen dürften. Die Hauptverzögerung entsteht dabei nicht durch Mängel in der Infrastruktur, sondern durch die Zollverwaltung: Die Vorbereitung von Einfuhrunterlagen, Zollkontrollen und Inspektionen ist für etwa drei Viertel der angegebenen Zeitspanne verantwortlich. Der Vergleich von 2005 mit 2014 zeigt erfreulicherweise, dass diese Zeitdauer in den meisten Regionen stark rückläufig ist: Allein im südlichen Afrika sank sie von 35 auf 21 Tage und damit um 40 %; im Durchschnitt über die Regionen nahm sie immerhin um ein Viertel ab. In Deutschland ist die Dauer hingegen unverändert geblieben und liegt mit 7 Tagen unter dem OECD-Durchschnitt.

In der rechten Spalte der Tabelle steht der prozentuale Anteil der Importe, der genauer kontrolliert wird. Der hohe Anteil in Afrika und Südasien führt sowohl zu deutlich höheren Kosten der Zollverwaltung als auch zu der oben thematisierten Zeitverzögerung. Berücksichtigt man außerdem noch, dass in vielen Entwicklungsländern bei der Einfuhr bis zu 80 Unterschriften benötigt werden, kann man sich

◘ **Tab. 2.2**   Nicht-tarifäre Handelshemmnisse im weltweiten Vergleich

Region	2005	2014	Importfracht (%)
OECD-Mitgliedsländer[a]	12	10	5
Ostasien und Pazifik[b]	29	24	31
Lateinamerika und Pazifik[b]	27	17	51
Osteuropa und Zentralasien[b]	44	31	18
Mittlerer Osten und Nordafrika[b]	31	23	63
Südasien	43	34	69
Südliches Afrika	35	21	67

[a] Mitglieder der Organisation für wirtschaftliche Zusammenarbeit und Entwicklung (OECD) sind die wichtigsten Industrieländer sowie einige Schwellenländer.
[b] Ohne Länder mit hohem Einkommen.
Quelle: Eigene Darstellung basierend auf Daten der Weltbank und des Doing Business Report 2006.

leicht vorstellen, dass über die Zeitverzögerung hinaus noch zusätzliche Handelskosten durch die hohe Wahrscheinlichkeit von Korruption auftreten.

Aber selbst in stark integrierten Handelsräumen wie dem europäischen Binnenmarkt können staatliche Regulierungen die Handelstätigkeit beeinträchtigen. So gilt in der EU der Grundsatz, dass beim Handel zwischen EU-Mitgliedsländern die Rechtsnormen des Staates angewendet werden, in dem der Verbraucher lebt. Ein deutscher Küchengerätehersteller muss sich dann an polnisches oder französisches Vertrags- und Haftungsrecht halten, wenn er seine Küchengeräte nach Polen oder Frankreich exportiert. Für mittelständische Unternehmen in Deutschland sind diese verschiedenen Rechtsordnungen ein wichtiges nicht-tarifäres Handelshemmnis: In einer Umfrage des Deutschen Industrie- und Handelskammertags (vgl. DIHK, 2019) nannten die befragten Unternehmen die unterschiedlichen nationale Regelungen als eines der zentralen Hindernisse für grenzüberschreitende Geschäfte in der EU, wobei diese Probleme im Dienstleistungshandel noch ausgeprägter sind als im Warenhandel.

2.2.3 Transportkosten und Unternehmensentscheidungen

Transportkosten führen beim Handel zwischen Industrieländern im Durchschnitt nur zu einem Aufschlag von etwa 20 % auf die Herstellungskosten (vgl. ◻ Tab. 2.1). Inwiefern sie sich dennoch auf den Handel auswirken, ist aber von Gut zu Gut verschieden: Zum einen kann sich ihre Bedeutung je nach betrachtetem Gut drastisch unterscheiden und zum anderen sind bei bestimmten Gütern die Aspekte Schnelligkeit und Zuverlässigkeit der Lieferung so wichtig, dass die Höhe der Transportkosten eher in den Hintergrund tritt.

In ▶ Kap. 1 haben wir argumentiert, dass die Reduktion von Zöllen und anderen Handelsbarrieren für die Ausweitung des Handels von zentraler Bedeutung ist. Die Frage ist nun, ob nicht die Entwicklung der Transportkosten oder zumindest diejenige der Transportqualität ähnlich bedeutsam ist.

In der zweiten Hälfte des 20. Jahrhunderts gab es zwei zentrale Entwicklungen beim weltweiten Transport (vgl. Hummels, 2007). Zum einen gewann der Lufttransport zunehmend an Bedeutung – 2004 wurden in den USA 32 % des Importwertes und sogar 53 % des Exportwertes per Luftfracht transportiert. Zum anderen verbesserte sich die Nutzung von Containern, hier insbesondere der kombinierte Transport zu Schiff und auf dem Land, und ermöglichte es in modernen Ozeanriesen mehr als das Zehnfache der durchschnittlichen Tonnage der Handelsschiffe um 1950 zu transportieren. Während beim Lufttransport seit 1950 ein stetiger Rückgang der Transportkosten zu verzeichnen war, ist beim Schiffstransport eine uneinheitliche Entwicklung zu verzeichnen: Zunächst waren die Kosten weitgehend konstant, erhöhten sich dann ab 1970 im Zuge der Ölpreiskrisen deutlich, um anschließend wieder zurückzugehen. Es ist jedoch zu beachten, dass die Containernutzung zu einer Verkürzung der (Um-)Ladezeiten führte und so zu einer deutlichen Qualitätserhöhung im Transport beitrug.

Die sich zunehmend verbessernde Informations- und Kommunikationstechnologie sowie modernere und größere Frachter senken die Transportkosten weiter. Für die internationale Unternehmtätigkeit bedeutet dies, dass ein Unternehmen abhängig davon, wie intensiv es von diesen neuen Möglichkeiten im Rahmen seines

2

Supply-Chain-Managements Gebrauch macht, erhebliche Wettbewerbsvorteile erzielen kann. Neben den reinen Transportkosten sind dabei jedoch auch die zusätzlichen Risiken durch eine starke internationale Verflechtung zu berücksichtigen, wie sie beispielsweise im Zusammenhang mit der Corona-Pandemie oder der Blockade des Suezkanals im Jahr 2021 durch ein auf Grund gelaufenes Frachtschiff offenbar wurden.

Dies führt uns schließlich zu der Frage: Wie wichtig sind Transportkosten für die Unternehmen? Transportkosten spielen eine entscheidende Rolle bei der Wahl des Landes, in welchem ein Unternehmen produziert: Bei hohen Transportkosten liegt es nahe, im Rahmen eines multinationalen Unternehmens nicht unbedingt im Heimatland des Mutterunternehmens oder in einem Land mit möglichst geringen Produktionskosten für die entsprechende Wertschöpfungsstufe zu produzieren, sondern in der Nähe der Kunden. Beispielsweise plante Tesla Motors, der US-amerikanische Hersteller von Elektrofahrzeugen, Ende der 2000er Jahre zunächst, die benötigte 450-kg schwere Batterie in Thailand herzustellen, dann in einer Fabrik in Großbritannien in die Karosserie einzubauen und erst die Endmontage in den USA durchzuführen. Aufgrund steigender Ölpreise und damit höherer Transportkosten entschied sich das Management von Tesla Motors jedoch letztlich, die gesamte Wertschöpfung in den USA, also in der Nähe der potenziellen Kunden, zu erbringen.

2.3 Gravitationsmodell

Mit dem grundlegenden Verständnis über die Ursachen von Handelskosten und damit des „Widerstandsfaktors" aus dem Wahrscheinlichkeitsmodell, können wir uns nun dem Gravitationsmodell zuwenden. Dort wird eine ökonomische Erklärung für die Anteile der Länder am Handel eingeführt: Der Anteil am Außenhandel ist proportional zur, mit dem Bruttoinlandsprodukt (**BIP**) gemessenen, wirtschaftlichen Größe eines Landes. Dies erscheint plausibel: In einem großen inländischen Markt finden sich sicherlich mehr exportierende Firmen als in einem kleinen Markt. Umgekehrt werden Unternehmen eher in wirtschaftlich bedeutende Länder exportieren, da sie dort die größten Chancen für ihren Produktabsatz sehen.

Auf Grundlage dieser Überlegungen können wir einen einfachen Zusammenhang herleiten, der berücksichtigt, dass die Exporte umso größer sein werden, je größer der inländische und der ausländische Markt sind und je geringer der Widerstand zwischen den beiden Ländern ist:

$$\mathrm{EX}_{i \to j} = \frac{\mathrm{BIP}_i \cdot \mathrm{BIP}_j}{R_{i \to j}}$$

Diese Gleichung stellt die einfachste Form des Gravitationsmodells dar. Die Bezeichnung stammt daher, dass sie analog dem Newtonschen Gravitationsgesetz aufgebaut ist, das die Anziehungskraft zweier Körper beschreibt, die umso höher ist, je größer die Massen dieser Körper sind, was ökonomisch durch das BIP der Länder gemessen wird. Der Anziehungskraft, die im physikalischen Gravitationsgesetz erklärt wird, entsprechen hier die Exporte von Land *i* nach Land *j*. Der gemeinsame

Handel ist umso ausgeprägter, je größer und je ähnlicher das BIP der beiden Länder ist. Dieses Modell eignet sich besonders zur Analyse des intra-industriellen Handels, mit dem wir uns in den ▶ Kap. 11 und 12 näher beschäftigen werden. Hier wird im Gegensatz zu den Ansätzen der traditionellen Handelstheorie der Handel für – in Bezug auf Technologie, Präferenzen und Faktorausstattung – symmetrische Länder erklärt und es wird gezeigt, wie sich aus dem Zusammenspiel zwischen der Präferenz nach Produktdifferenzierung und der Realisierung von Skalenerträgen ein Motiv für den Außenhandel ergibt.

Wir können uns die Plausibilität des Grundansatzes und die Implikationen für den Umfang des bilateralen Handels an einem stark vereinfachten Beispiel veranschaulichen, in dem es nur zwei Länder gibt. In Szenario A ist das gesamte Welt-BIP sehr ungleich verteilt, Land i hat einen Anteil von 95 % und Land j verfügt entsprechend über die restlichen 5 %. In Szenario B ist das Welt-BIP gleichmäßig aufgeteilt und beide Länder haben jeweils einen Anteil von 50 %. Wir gehen nun davon aus, dass die Ausgaben für Produkte aus den beiden Ländern in dem prozentualen Umfang getätigt werden, den sie an den Weltausgaben haben. Wir abstrahieren damit von Handelskosten und Präferenzen für heimische Produkte, die einen größeren Anteil der heimischen Produkte an den Gesamtausgaben bedingen würden. Die Bewohner beider Länder werden dann in Szenario A 95 % ihres Einkommens (und damit ihres BIP) für Güter aus Land i aufwenden – in Szenario B liegt der Ausgabenanteil entsprechend bei 50 %. Somit ergibt sich für Land i in Szenario A eine Exportquote von 5 % und in Szenario B von 50 %. Nun gewichten wir die Exportquoten entsprechend dem BIP-Anteil der Länder. Damit werden in Szenario A $5\% \cdot 95\% + 95\% \cdot 5\% = 9{,}5\%$ des Welt-BIP exportiert. In Szenario B sind es hingegen $50\% \cdot 50\% + 50\% \cdot 50\% = 50\%$ und damit deutlich mehr.

Somit sagt das Gravitationsmodell voraus, dass zwischen wirtschaftlich etwa gleich großen Ländern mehr Handel stattfinden wird als zwischen unterschiedlich großen Nationen. Dieser Zusammenhang bleibt in abgeschwächter Form auch dann erhalten, wenn wir die strikten Annahmen der gleichverteilten Konsumausgaben und das Fehlen jeglicher Handelskosten lockern. Für die absolute Exportmenge spielt aber nicht nur die relative, sondern natürlich auch die absolute Größe der Handelspartner eine wichtige Rolle: Zwei ähnliche, aber sehr kleine Länder werden ein (absolut) geringeres Handelsvolumen aufweisen als zwei ähnliche Länder mit höherem BIP.

Das Gravitationsmodell liegt vielen empirischen Studien zugrunde. Hierfür müssen die einzelnen erklärenden Variablen allerdings noch gewichtet werden – diese Gewichtungsfaktoren sind schließlich die Parameter, die geschätzt werden. Üblicherweise wird auch nicht ein allgemeiner Widerstandsfaktor betrachtet, sondern konkret die Entfernung zwischen den Handelspartnern als Widerstandsgröße verwendet – auch hier entspricht das Modell dem physikalischen Ansatz, da auch dort die Anziehungskraft mit zunehmender Distanz schwächer wird:

$$\mathrm{EX}_{i \to j} = k \cdot \mathrm{BIP}_i^{\alpha} \cdot \mathrm{BIP}_j^{\beta} \cdot D_{ij}^{-\gamma} \qquad (2.2)$$

Dabei ist k eine Konstante und D_{ij} die geographische Entfernung zwischen den beiden Ländern. Die Parameter α, β und γ stellen die Schätzgrößen dar: Je größer sie ausfallen, umso stärker ist der Einfluss ihrer erklärenden Variablen. So bedeutet

2

etwa $\alpha > \beta$ (> 0), dass eine Erhöhung des BIP im Exportland die Exporte dieses Landes stärker erhöhen würde als ein gleichgroßer Zuwachs des BIP im Importland.

Die üblicherweise verwendete und einfachste Schätzmethode ist die Methode der kleinsten Quadrate (OLS – *ordinary least squares*). Dabei wird von einem linearen Zusammenhang zwischen der erklärten (Exporte) und den erklärenden Variablen (BIP, Entfernung) ausgegangen und ein normalverteilter stochastischer Störterm unterstellt. Um aus (2.2) einen linearen Zusammenhang abzuleiten, müssen wir beide Seiten logarithmieren:

$$\ln \text{EX}_{i \to j} = \ln k + \alpha \cdot \ln \text{BIP}_i + \beta \cdot \ln \text{BIP}_j - \gamma \cdot \ln D_{ij}$$

Zur Erhöhung der Aussagekraft ist es zudem sinnvoll, zusätzliche Einflussfaktoren für die Handelskosten, wie beispielsweise die gemeinsame Mitgliedschaft in einer Freihandelszone oder das Vorliegen einer gemeinsamen Grenze, als weitere Erklärungsvariablen zu berücksichtigen. Eine ökonometrische Schätzung der Gravitationsgleichung von Feenstra et al. (2001) liefert folgende Werte für die Parameter:

$$\ln EX_{i \to j} = \ln k + 0{,}45 \cdot \ln \text{BIP}_i + 0{,}81 \cdot \ln \text{BIP}_j - 0{,}89 \cdot \ln D_{ij} + 0{,}26 \cdot \text{Grenze}$$
$$+ 0{,}61 \cdot \text{Sprache} + 1{,}06 \cdot \text{FHA} \tag{2.3}$$

Dabei handelt es sich bei „Grenze", „Sprache" und Freihandelsabkommen („FHA") um sogenannte Dummy-Variablen, d. h. sie nehmen den Wert 1 an, wenn die Bedingung erfüllt ist und andernfalls den Wert 0: „Grenze" nimmt den Wert 1 an, wenn die Handelspartner über eine gemeinsame Grenze verfügen, „Sprache" ist 1, wenn in den Partnerländern die gleiche Sprache gesprochen wird und „FHA" ist 1, wenn zwischen den Ländern ein Freihandelsabkommen besteht. Andernfalls betragen die Werte jeweils 0.

Die Interpretation der Gleichung ist einfach: Positive Schätzgrößen weisen auf einen positiven Zusammenhang hin, während negative Größen einen negativen Zusammenhang widerspiegeln. Wir erkennen damit, dass ein höheres BIP des Export- und des Importlandes die Exporte vergrößert und dass der Effekt des Ziellandes dabei ausgeprägter ist. Ebenfalls von Vorteil sind eine gemeinsame Grenze, eine gemeinsame Sprache und ein Freihandelsabkommen. Dabei ist etwa der Effekt eines Freihandelsabkommens stärker als derjenige einer gemeinsamen Sprache oder einer gemeinsamen Grenze ($1{,}06 > 0{,}61 > 0{,}26$). Wie zu erwarten, nehmen die Exporte zudem mit zunehmender Entfernung ab, wobei die Schätzung mit logarithmierten Größen folgende Interpretation erlaubt: Wenn die Entfernung um 1 % zunimmt, sinkt das Exportvolumen um durchschnittlich 0,89 %. Analog lässt sich auch ablesen, dass Länder, die ein Freihandelsabkommen geschlossen haben, im Schnitt 1,06 % mehr Handel treiben als Länder ohne ein solches Abkommen.

Box 2.1: Bedeutung von Grenzen am Beispiel USA und Kanada

Als kritische Annahme des Gravitationsmodells erweist sich die Unterstellung, dass bei der Wahl der konsumierten Güter das Ursprungsland keine Rolle spielt. Wir können jedoch an einem konkreten Beispiel zeigen, dass im Allgemeinen mehr Handel innerhalb von Ländern als zwischen Staaten stattfindet – trotz gleicher geographischer Entfernung zwischen den handelnden Regionen und der Mitgliedschaft in einer gemeinsamen Freihandelszone.

Dieses Ergebnis wurde in einer empirischen Studie abgeleitet (vgl. McCallum, 1995), bei der aus sechs der sieben kanadischen Provinzen, die die Grenze mit den USA bilden, und sechs Bundesstaaten der USA jeweils Paare bestehend aus einer kanadischen Provinz und einem amerikanischen Bundesstaat gebildet wurden. Die Paarbildung erfolgte danach, dass beide Regionen ungefähr gleich weit von British Columbia, der siebten kanadischen Provinz im Südwesten Kanadas, entfernt liegen.

Der Vergleich der Handelsbeziehungen (Exporte und Importe) dieser Regionen-Paare mit British Columbia zeigte, dass der Handel als Anteil am BIP bei allen kanadischen Provinzen deutlich höher ist als derjenige mit dem jeweils gleich weit entfernten US-amerikanischen Bundesstaat. Aufgrund der gleichen Entfernung sind Transportkosten als Ursache auszuschließen. In der ursprünglichen Studie wurden Daten von 1988 verwendet, als noch kein Freihandelsabkommen zwischen den USA und Kanada bestand. Aber auch mit Daten von 2009, also lange nach Gründung der NAFTA, bleibt das grundsätzliche Ergebnis erhalten (vgl. Krugman/Obstfeld/Melitz 2019, S. 46).

Nach Schätzungen mit dem Gravitationsmodell ist der Effekt der Grenzüberquerung zwischen Kanada und den USA vergleichbar mit einem Transport der Güter über eine Distanz von etwa 3000 km. Dass das Überschreiten einer Grenze hier einen so starken Effekt hat, ist insofern überraschend, als es aufgrund des Freihandelsabkommens keine Zollschranken mehr gibt, die beiden Länder kulturell sehr ähnlich sind und bis auf die französischen Provinzen im Osten Kanadas auch Sprachbarrieren keine Rolle spielen. Es verbleiben somit nur Faktoren wie unterschiedlichen Währungen, Kosten der Grenzformalitäten oder einfach ein Bias zugunsten inländischer Produkte.

2

⊜ Was haben wir gelernt?

- Die Anteile am Welthandel sind, allein betrachtet, kaum geeignet, bilaterale Handelsströme vorherzusagen. Transportkosten und andere Handelskosten führen dazu, dass der Handel mit den unmittelbaren Nachbarländern normalerweise sehr viel ausgeprägter ist als mit geographisch weit entfernten Ländern.
- Bei den Handelskosten spielen die unmittelbar monetär erfassbaren Transportkosten und Zölle eine geringere Rolle als indirekte Transaktionskosten wie Zeit-, Sicherungs- und Informationskosten.
- Internationale Handelskosten sind insgesamt bedeutsam und sorgen dafür, dass für die meisten Länder der Außenhandel deutlich weniger ausgeprägt ist als der Binnenhandel. Handelskosten sind jedoch nicht homogen und spielen insbesondere beim Handel mit relativ hochwertigen Industrieprodukten zwischen Industrieländern eine deutlich geringere Rolle.
- Das Gravitationsmodell zeigt, dass die bilateralen Handelsströme prinzipiell proportional zur wirtschaftlichen Größe der beteiligten Länder sind, wenn für die geographische Distanz und für andere wichtige Determinanten der Handelskosten kontrolliert wird.

2.4 Kontrollfragen und Übungsaufgaben

1. Bewerten Sie die Aussage: „Wenn Deutschland 10 % des weltweiten Volumens eines Gutes exportiert und Namibia 5 % des weltweiten Volumens importiert, dann beträgt der Gesamthandel beider Länder 0,5 % des weltweiten Volumens."
2. Aus welchen Komponenten setzen sich die Handelskosten zusammen? Benennen Sie mögliche Ursachen dafür, warum die einzelnen Komponenten unterschiedlich stark relevant für die Gesamtkosten sind!
3. Ihnen wird folgendes Ergebnis einer ökonometrischen Studie vorgelegt:

$$\ln \mathrm{EX}_{i \to j} = \ln k + 1{,}758 \cdot \ln \mathrm{BIP}_i - 0{,}523 \cdot \ln \mathrm{BIP}_j + 1{,}744 \cdot \ln D_{ij},$$

   wobei EX_{ij} der Exportwert, BIP_i und BIP_j das BIP von Exportland i und Importland j und D_{ij} die Entfernung zwischen den Handelspartnern bezeichnet.

   a) Erläutern Sie zunächst allgemein die Idee des zugrundeliegenden Gravitationsmodells und stellen Sie die allgemeine Gleichung auf! Diskutieren Sie, ob dieses Modell besser zur Abbildung inter- oder intra-industriellen Handels geeignet ist!

   b) Sind die obigen Ergebnisse plausibel? Interpretieren Sie die Schätzgrößen! Wo könnten Fehler unterlaufen sein?

   c) Benennen Sie zwei weitere Variablen, die Ihrer Meinung nach berücksichtigt werden sollten und begründen Sie deren Einfluss!

Literatur

Im Text zitierte Quellen

Anderson J. E. and E. van Wincoop (2004), Trade Costs, Journal of Economic Literature, Vol. 42, 691–751. [*Überblick zu empirischen Arbeiten und Ergebnissen bezüglich Handelskosten.*]

Beugelsdijk S., Brakman S., Garretsen H. und C. van Marrewijk (2013), International Economics and Business: Nations and Firms in the Global Economy, Cambridge: Cambridge University Press. [*Englischsprachiges Lehrbuch, das in gelungener Weise die Ergebnisse der Außenwirtschaftslehre und des International Management miteinander verknüpft.*]

Combes P.-P., Mayer T. und J.-F. Thisse (2008), Economic Geography, Princeton, NJ: Princeton University Press. [*Standardwerk zur ökonomischen Geographie*]

DIHK – Deutscher Industrie- und Handelskammertag e.V. (2019), DIHK-Umfrage zu Binnenmarkthindernissen 2019: Dienstleistung, Waren und Investitionen. ▶ https://www.dihk.de/resource/blob/14574/12a36142dd4693e45af6f13de488675f/dihk-binnenmarktumfrage-2019-data.pdf

Feenstra R. C., Markusen J. R. und A. K. Rose (2001), Using the Gravity Equation to Differentiate among Alternative Theories of Trade, Canadian Journal of Economics, Vol. 34, 430–447.

Hummels D. (2007), Transportation Costs and International Trade in the Second Era of Globalization, Journal of Economic Perspectives, Vol. 21, No. 3, 131–154. [*Entwicklung der Transportkosten seit dem Zweiten Weltkrieg.*]

Krugman P. R., Obstfeld M. und M. J. Melitz (2019), Internationale Wirtschaft. Theorie und Politik der Außenwirtschaft, 11. Aufl., Halbergmoos: Pearson Deutschland, S. 41–47. [*Gelungene Einführung in das Konzept des Gravitationsmodells mit Anwendung auf Handel der USA mit Europa, Kanada und Mexiko.*]

McCallum J. (1995), National Borders Matter: Canada-U.S. Regional Trade Patterns, American Economic Review, Vol. 85, 615–623.

WTO (2019), World Trade Report 2019. The future of services trade, Genf: WTO Publications.

Ergänzende und weiterführende Literatur

Feenstra R. C. (2015), Advanced International Trade: Theory and Evidence, 2nd ed., Princeton: Princeton University Press, ch. 5 und 6. [*Verbindung zwischen der Theorie intra-industriellen Handels und Gravitationsmodell. Überblick zu empirischen Studien mit dem Gravitationsmodell.*]

Vollkommener Wettbewerb und Handelsvorteile

Inhaltsverzeichnis

© Der/die Autor(en), exklusiv lizenziert an Springer Fachmedien Wiesbaden GmbH, ein Teil von Springer Nature 2024
K. Morasch und F. Bartholomae, *Handel und Wettbewerb auf globalen Märkten*,
https://doi.org/10.1007/978-3-658-41866-3_3

3

Themenüberblick

- Bestimmung des Marktgleichgewichts bei vollkommenem Wettbewerb und Wohlfahrtsanalyse im Angebot-Nachfrage-Diagramm
- Außenhandel im Ein-Sektor-Modell mit zwei Ländern: Bestimmung des Weltmarktpreises und der Wohlfahrtswirkung bei Übergang zu Freihandel
- Wirkung von Handelskosten und Wechselkursanpassungen auf das Außenhandelsgleichgewicht
- Außenhandel aus Unternehmensperspektive

Ausgangspunkt der folgenden Analyse ist eine Situation mit **vollkommenem Wettbewerb** in einem Partialmarkt. Für vollkommenen Wettbewerb müssen zwei zentrale Bedingungen, vollkommener Markt und polypolistische Marktstruktur, erfüllt sein.

- Ein **vollkommener Markt** liegt vor, wenn die Güter homogen – d. h. sachlich gleichartig – sind, keine räumlichen, zeitlichen oder persönlichen Präferenzen der Konsumenten für einen der Anbieter bestehen und vollständige Markttransparenz gegeben ist, d. h. alle Marktteilnehmer die auf dem Markt vorherrschenden Preise kennen. Unter diesen Bedingungen muss sich im Gleichgewicht ein einheitlicher Preis für das Gut ergeben.
- Eine **polypolistische Marktstruktur** liegt vor, wenn die Anzahl an Anbietern und Nachfragern jeweils so groß ist, dass kein Marktteilnehmer den Marktpreis beeinflussen kann. Für Anbieter und Nachfrager ist der Marktpreis damit gegeben und sie passen ihre Produktions- und Konsummengen optimal daran an.

Die Bedingungen für vollkommenen Wettbewerb sind in der Realität meist nicht erfüllt – am ehesten noch für Rohstoffe (z. B. Kohle) oder Agrargüter (z. B. Weizen). Das Marktmodell bei vollkommenem Wettbewerb dient aber als ideales Referenzmodell für andere realistischere Modelle (etwa für Wohlfahrtsvergleiche). Zudem sind viele grundsätzliche Wirkungsmechanismen gleichermaßen in komplexeren Modellen vorhanden, können aber unter den vereinfachenden Annahmen des vollkommenen Wettbewerbs klarer herausgearbeitet und besser veranschaulicht werden.

3.1 Wohlfahrtsanalyse im Angebot-Nachfrage-Diagramm

Im volkswirtschaftlichen Referenzmodell mit vollkommenem Wettbewerb sorgt das Zusammenspiel von Angebot und Nachfrage für markträumende Preise. Die Nachfrage in Abhängigkeit vom Marktpreis ist dabei das Ergebnis der Nutzenmaximierung der privaten Haushalte, während sich das Angebot in Abhängigkeit vom Marktpreis als Resultat der Gewinnmaximierung der Unternehmen einstellt. Der Marktprozess auf einem einzelnen Markt führt unter idealen Voraussetzungen – insbesondere unter der Annahme einer Vielzahl von Konsumenten und Produzenten – zu einer Maximierung des sozialen Überschusses, d. h. der Summe aus Konsumenten- und Produzentenrente. Da die Analyse mithilfe dieser partialanalytischen Wohlfahrtsmaße gerade in der Theorie der Handelspolitik eine wichtige Rolle spielt und auch die Vorteilhaftigkeit des Handels bereits im einfachen Partialmodell bei vollkommenem Wettbewerb veranschaulicht werden kann, soll dieser Modellansatz

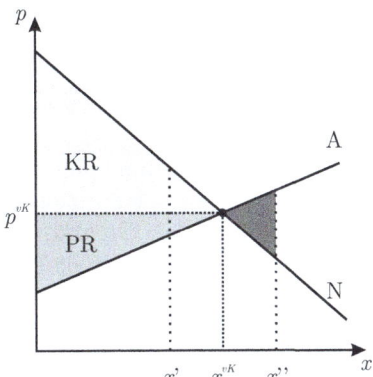

● **Abb. 3.1**   Sozialer Überschuss bei vollkommenem Wettbewerb

im Folgenden zunächst kurz vorgestellt und anhand von ● Abb. 3.1 veranschaulicht werden.

Die individuelle **Angebotskurve** entspricht bei Preisnehmerverhalten der Unternehmen deren Grenzkostenkurve ab dem Minimum der Durchschnittskosten: Ein Unternehmen ist bereit, eine zusätzliche Einheit anzubieten, solange der Preis die eigenen Grenzkosten übersteigt, d. h. die individuelle Produktion wird so lange ausgeweitet bis die Grenzkosten der letzten Einheit dem Marktpreis entsprechen. Jeder Anbieter nimmt den Marktpreis als gegeben hin, weil er wegen der großen Zahl an Wettbewerbern nicht davon ausgehen kann, den Preis durch das eigene Verhalten beeinflussen zu können. Die in ● Abb. 3.1 eingezeichnete Marktangebotskurve A ergibt sich aus der horizontalen Aggregation der individuellen Angebotskurven, d. h. der Aufsummierung aller zu einem bestimmten Preis angebotenen Mengen. Analog zur Situation bei den Unternehmen steht hinter der **Nachfragekurve** der Grenznutzen der Konsumenten: Der Konsum einer weiteren Einheit des Gutes ist vorteilhaft, wenn der dafür zu entrichtende Preis geringer ist, als der aus dem Konsum resultierende zusätzliche (in Geldeinheiten bewertete) Nutzen. Wie auf der Angebotsseite führt die horizontale Aggregation der individuellen Nachfragekurven (d. h. zu jedem Preis werden die resultierenden Einzelnachfragen aufsummiert) auf die Marktnachfragekurve N.

Das **Marktgleichgewicht** auf einem Partialmarkt ergibt sich im Schnittpunkt von Angebot und Nachfrage: Die zum Gleichgewichtspreis p^{vK} von den Unternehmen angebotene Menge entspricht dann gerade der von den Konsumenten nachgefragten Menge.[1] Da sich beide Marktseiten als Preisnehmer verhalten, ist bei diesem Modellansatz aber nicht geklärt, wie sich der markträumende Preis bildet. Im Rahmen der sogenannten Intermediationstheorie wird diese Frage dadurch beantwortet, dass Intermediäre, wie etwa Börsenmakler oder Handelsunternehmen, die

---

1   Die Gleichgewichtsgrößen werden mit dem Index vK für *vollkommene Konkurrenz*, einem Synonym zu vollkommenem Wettbewerb, gekennzeichnet. Die Bezeichnung vK wurde gewählt, da die Bezeichnung W im Weiteren zur Kennzeichnung des Weltmarktpreises verwendet wird und somit eine Verwechslungsgefahr mit „vW" bestanden hätte.

3

Funktion der Preissetzung und Preisanpassung übernehmen. Dass Unternehmen als Intermediäre auftreten können, spielt auch im Außenhandel eine wichtige Rolle und wird in ▶ Kap. 20 thematisiert. Im Augenblick ignorieren wir jedoch dieses Problem und gehen davon aus, dass der Marktpreis durch den Schnittpunkt von Angebot und Nachfrage bestimmt ist.

Über die zentrale Eigenschaft der Markträumung hinaus gilt im Schnittpunkt zwischen Angebots- und Nachfragekurve noch ein zweites wichtiges Ergebnis: Da hier der Grenznutzen der Konsumenten den Grenzkosten der Unternehmen entspricht, wird der in diesem Markt realisierbare soziale Überschuss maximiert. Dieses Ergebnis soll nun anhand von Abb. 3.1 mithilfe der Konzepte Konsumentenrente und Produzentenrente verdeutlicht werden.

Die **Konsumentenrente** (KR) lässt sich graphisch als Fläche zwischen der Nachfragekurve und der Preisgerade darstellen. Da die Nachfragekurve zu jeder Mengeneinheit den in Geld ausgedrückten Grenznutzen angibt, stellt die Fläche unter der Nachfragekurve den resultierenden (Brutto-)Nutzen dar. Zieht man davon den Gesamtpreis für die entsprechende Menge ab – graphisch ist das die Fläche unter der Preisgerade –, so erhält man den Nettonutzen der Konsumenten, der sich bei dieser Preis-Mengen-Kombination einstellt. Die Rente entsteht, weil alle Konsumenten einen einheitlichen Preis entrichten müssen – also auch diejenigen, die eine höhere Zahlungsbereitschaft für das Gut haben.

Analog ist die **Produzentenrente** (PR) als Fläche zwischen Preisgerade und Grenzkosten bzw. Angebotskurve gegeben: Die Fläche unter der Preisgerade gibt den Umsatz an, während die Fläche unter der Grenzkostenkurve die Summe der (variablen) Stückkosten widerspiegelt. Damit entspricht die Produzentenrente dem Gewinn zuzüglich der Fixkosten. Im langfristigen Gleichgewicht bei vollkommenem Wettbewerb entspricht die Produzentenrente gerade den Fixkosten, d. h. es treten keine ökonomischen Gewinne oder Verluste auf. Beachten Sie, dass sich der ökonomische vom buchhalterischen Gewinn dadurch unterscheidet, dass hier zusätzlich auch die Opportunitätskosten der eingesetzten Faktoren (z. B. Unternehmerlohn) berücksichtigt werden. Trotz ökonomischen **Nullgewinnen** wird ein Unternehmen somit üblicherweise einen positiven Gewinn in seiner Bilanz ausweisen.

Die Summe aus Produzenten- und Konsumentenrente stellt das Wohlfahrtsmaß des **sozialen Überschusses** dar. Durch den Vergleich dieser Größe für verschiedene Situationen (z. B. mit und ohne Außenhandel), lässt sich eine Aussage darüber treffen, welche Option unter Wohlfahrtsaspekten vorzuziehen wäre. Der soziale Überschuss ist jedoch nur unter zwei Bedingungen ein sinnvoller Indikator: Zum einen müssen die Fixkosten jeweils identisch sein – ansonsten ist es notwendig, statt der Produzentenrente die Gewinne zu berücksichtigen – in diesem Fall muss somit die Summe aus Gewinnen und Konsumentenrente als Wohlfahrtsmaß verwendet werden. Analytisch stellt das keine zusätzliche Schwierigkeit dar, eine unmittelbare graphische Veranschaulichung ist jedoch dann nicht mehr möglich. Zum anderen dürfen sich keine (wesentlichen) Nebenwirkungen auf anderen Märkten ergeben. Dies ist jedoch gerade im Kontext außenhandelstheoretischer Problemstellungen häufig keine angemessene Annahme. Eine zuverlässige Wohlfahrtsanalyse muss dann im Kontext des allgemeinen Gleichgewichts vorgenommen werden, in dem Wechselwirkungen zwischen Märkten explizit berücksichtigt werden.

In der Abbildung lässt sich nun leicht erkennen, dass das Marktgleichgewicht den sozialen Überschuss maximiert: Ausgehend von einer Menge $x' < x^{vK}$ ist es offensichtlich, dass eine Mengenausweitung die Summe aus Konsumenten- und Produzentenrente erhöht. Eine weitere Erhöhung der Menge über x^{vK} hinaus ist nicht vorteilhaft, wie das Beispiel x'' zeigt: Die dunkelgraue Dreiecksfläche zwischen x^{vK} und x'' stellt einen Rückgang der Wohlfahrt dar, da hier die Angebotskurve über der Nachfragekurve liegt und somit die Grenzkosten höher sind als der Grenznutzen. Es muss dabei jedoch beachtet werden, dass bei einer Orientierung an der Maximierung des sozialen Überschusses nur die **allokative Effizienz** in einem Markt betrachtet wird. Die Verteilung des Gesamtnutzens auf die Marktteilnehmer, also die Aufteilung des sozialen Überschusses auf Konsumenten und Produzenten, wird bei dieser rein allokativen Betrachtung nicht bewertet. Der Aspekt Verteilung ist eine separate wirtschaftspolitische Aufgabe: Der Markt führt zwar zu einem effizienten, aber nicht notwendigerweise zu einem aus Sicht der Gesellschaft als gerecht empfundenen Ergebnis.

3.2 Außenhandel im Partialmodell

Wenn wir versuchen, die Preisbildung bei Freihandel mit dem üblichen Angebot-Nachfrage-Schema zu analysieren, stoßen wir zunächst auf Schwierigkeiten: Sowohl für das Inland als auch das Ausland existieren eigenständige Angebots- und Nachfragekurven. Wie können wir dann eine Analyse für beide Länder zusammen vornehmen, die uns sowohl die Produktions- und Konsummengen als auch die Import- und Exportmengen liefert?

Die Idee ist, dass wir zwei Angebot-Nachfrage-Diagramme nebeneinander stellen. Wir betrachten dann zunächst die Situation bei **Autarkie**, d. h. ohne Handel.[2] Der Schnittpunkt zwischen Angebots- und Nachfragekurve eines Landes stellt dann das **Autarkiegleichgewicht** in diesem Land dar. Das Land mit dem geringeren Autarkiepreis wird das Gut exportieren, dasjenige mit dem höheren wird zum Importland. Der Weltmarktpreis wird sich bei Außenhandel im Gleichgewicht zwischen den beiden Autarkiepreisen befinden und bei friktionslosem Handel (Handel ohne Handelskosten) stellt er dann für jedes der beiden Länder auch den im Inland relevanten Preis dar. Im Handelsgleichgewicht müssen sich jetzt nicht mehr Angebot und Nachfrage in den einzelnen Länderdiagrammen, sondern die Exportmenge des Exportlandes und die Importmenge des Importlandes entsprechen.

Zur Veranschaulichung der Effekte bei **Aufnahme von Handel** im Partialmodell wollen wir nun eine stilisierte Analyse am Beispiel des Marktes für Weizen vornehmen. Dazu betrachten wir zunächst den Handel zwischen den beiden EU-Ländern Deutschland und Frankreich. Das inländische Angebot ist sowohl in Deutschland als auch in Frankreich durch $x_A(p) = p$ gegeben, wobei der Weizen x in Mio. Tonnen gemessen wird und p den Preis in Euro pro Tonne bezeichnet. Die Nachfrage beträgt in Deutschland $x_N(p) = 320 - p$ und in Frankreich $x_N^*(p) = 280 - p$ (durch Sternchen * werden jeweils die Werte für das Ausland – im konkreten Fall Frankreich – gekennzeichnet). Die Situation wurde absichtlich so gewählt, dass sich beide

---

2 Dabei dient der (fiktive) Zustand der Autarkie zum einen als Referenzgröße, um die Wohlfahrtswirkung von Handel zu beurteilen, und zum anderen dazu, Aussagen über die Export- und Importstruktur des Landes zu treffen.

3

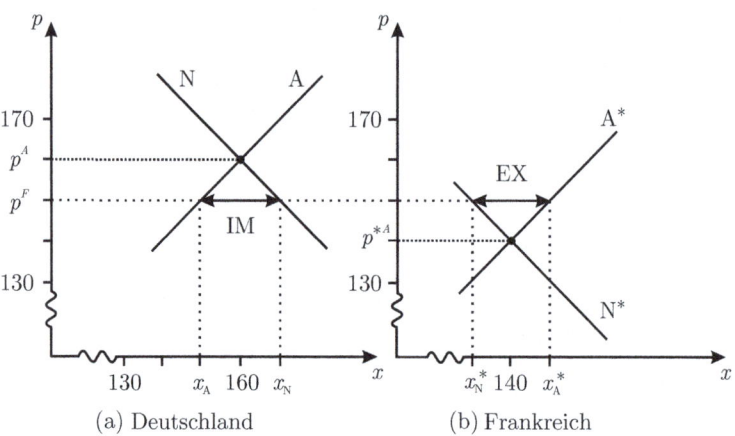

(a) Deutschland   (b) Frankreich

◘ **Abb. 3.2**   Aufnahme von Handel im Partialmodell

Länder nur auf der Nachfrageseite voneinander unterscheiden, um zu verdeutlichen, dass sowohl Unterschiede auf der Nachfrage- als auch auf der Angebotsseite zu Preisdifferenzen bei Autarkie und damit zu Handelsanreizen führen können.

Betrachten wir in einem ersten Schritt die Autarkiesituation. Zur zeichnerischen Darstellung in ◘ Abb. 3.2 müssen wir die Nachfrage- und Angebotsfunktionen zunächst invertieren – d. h. nach p auflösen –, um die Angebots- und Nachfragekurven für das Preis-Mengen-Diagramm zu erhalten. Im jeweiligen Autarkiegleichgewicht müssen sich inländisches Angebot und Nachfrage entsprechen, und wir erhalten damit für den deutschen Markt einen Preis von $p^A = 160$ Euro sowie für den französischen Markt einen Preis von $p^{*A} = 140$ Euro. Der Grund für den Preisunterschied ist die höhere Nachfrage in Deutschland.

Was passiert nun, wenn beide Länder miteinander Handel aufnehmen? Da der französische Autarkiepreis unter dem deutschen liegt, wird Frankreich Weizen exportieren und Deutschland importieren. Dabei muss sich in einem integrierten Markt ohne Handelsbeschränkungen ein einheitlicher Preis einstellen. Beim im Gleichgewicht resultierenden **Freihandelspreis** p^F entspricht dabei die Gesamtnachfrage in beiden Ländern dem Gesamtangebot. Zur Analyse des Außenhandels wird für die graphische Darstellung nicht ein einziges Marktdiagramm für den Gesamtmarkt, sondern eine Darstellung mit beiden Marktdiagrammen für Deutschland und Frankreich gewählt. Die Bedingung für einen markträumenden Preis ist dann gegeben, wenn sich das französische Exportangebot (d. h. die Strecke auf der Preislinie zwischen Nachfrage und Angebot im Marktdiagramm für Frankreich, $x_A^* - x_N^*$) und die deutsche Importnachfrage (die Strecke zwischen Angebot und Nachfrage im deutschen Preis-Mengen-Diagramm, $x_N - x_A$) entsprechen. Konkret resultiert in unserem Beispiel somit für Frankreich das Exportangebot $EX^* = x_A^* - x_N^* = p - (280 - p) = 2 \cdot p - 280$ und für Deutschland die Importnachfrage $IM = x_N - x_A = (320 - p) - p = 320 - 2 \cdot p$, wodurch im Freihandelsgleichgewicht ein Freihandelspreis von $p^F = 150$ Euro je Tonne resultiert. Dabei werden in jedem Land 150 Mio. Tonnen Weizen hergestellt, wovon 20 Mio. Tonnen von Frankreich nach Deutschland exportiert werden – zur

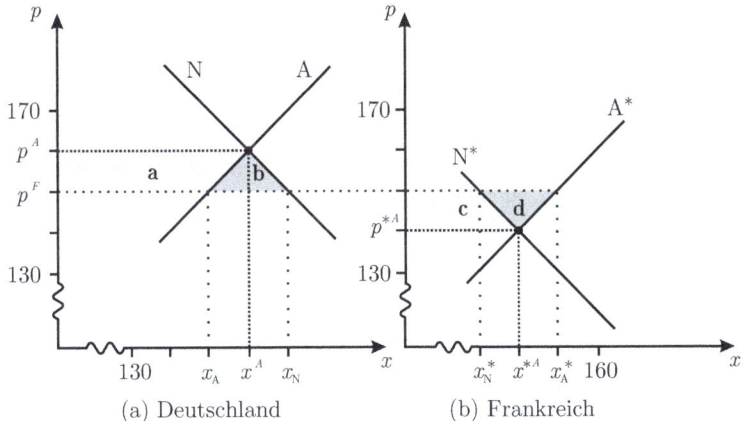

(a) Deutschland   (b) Frankreich

⬛ Abb. 3.3   Wohlfahrtswirkung der Handelsaufnahme

Bestimmung des Handelsvolumens wird dabei der Freihandelspreis entweder in die Exportangebotsfunktion oder in die Importnachfragefunktion eingesetzt.

Aus Abschn. 3.1 wissen wir, dass für einen einzelnen Partialmarkt der soziale Überschuss beim Gleichgewichtspreis p^{vK} maximiert wird. Dieses Konzept können wir auch verwenden, um die **Wohlfahrtswirkungen** bei Aufnahme des Außenhandels zu analysieren. Wie wir noch sehen werden, gilt das dabei abgeleitete Resultat allgemein und nicht nur in unserem einfachen Partialmodell: Beide Länder profitieren von der Aufnahme des Außenhandels, aber es gibt in jedem Land Gewinner und Verlierer. ⬛ Abb. 3.3 veranschaulicht den Effekt für unser konkretes Beispiel: In Deutschland steht einem Zuwachs der Konsumentenrente um die Flächen **a** und **b** ein Rückgang der Produzentenrente um die Fläche **a** gegenüber, sodass ein Nettowohlfahrtszuwachs von **b** resultiert – die Fläche **a** stellt lediglich eine Umverteilung von den Produzenten zu den Konsumenten dar, wodurch die Markteffizienz aber nicht beeinflusst wird. In Frankreich gewinnen die Produzenten die Flächen **c** und **d** dazu, während die Konsumenten **c** verlieren, woraus sich eine Erhöhung des sozialen Überschusses um **d** ergibt.

3.3 Handelskosten und Wechselkurs

Der bislang betrachtete Handel zwischen Frankreich und Deutschland stellt in zweierlei Hinsicht einen Sonderfall dar: Zum einen bestehen aufgrund des EU-Binnenmarktes keinerlei politische Handelsrestriktionen und zudem ist es wegen der direkten Nachbarschaft der beiden Länder einigermaßen legitim, internationale Transportkosten bei der Betrachtung zu vernachlässigen. Zum anderen sind beide Länder Mitglied der Europäischen Wirtschafts- und Währungsunion und haben aufgrund dessen eine einheitliche Währung, den Euro.

Um die Auswirkungen von Handelskosten und die Funktion des Wechselkurses veranschaulichen zu können, wollen wir jetzt den Handel zwischen der EU und den USA betrachten. Die verschiedenen Arten von Handelskosten wie Zölle, Transportkosten etc. und ihre empirische Bedeutung haben wir in ▶ Abschn. 2.2 schon

3

kennengelernt, weshalb ihre Wirkung auf den Handel nun in einer Modellanalyse nachgezeichnet werden soll. Entsprechend wollen wir auch eine grundsätzliche Vorstellung der Funktion von Wechselkursen beim Handel mit Waren und Dienstleistungen vermitteln. Im Rest des Lehrbuches werden wir uns nicht mehr mit Wechselkursen beschäftigen, da sie zum Bereich der monetären Außenwirtschaft gehören.

In Weiterführung des bisherigen Beispiels gehen wir nun zur Vereinfachung davon aus, dass die Europäische Union (EU) nur aus Frankreich und Deutschland besteht. Die aggregierte Angebotsfunktion in der EU ist dann durch $x_A(p) = 2 \cdot p$ gegeben und die aggregierte Nachfragefunktion lautet $x_N(p) = 600 - 2 \cdot p$, falls die Bedingung $p \leq 280$ erfüllt ist. Wir nehmen zunächst an, dass US-Dollar und Euro im Verhältnis 1 : 1 gegeneinander getauscht werden können. Erst in einem zweiten Schritt wollen wir dann die Implikationen von Wechselkursen mit einem davon abweichenden Tauschverhältnis diskutieren. Wir konzentrieren uns somit auf den ersten Aspekt, die **Handelskosten**, und wollen zudem deutlich machen, dass Unterschiede auf der Angebotsseite ebenso wie die vorher betrachteten Unterschiede auf der Nachfrageseite einen Handelsanreiz darstellen können. Die Nachfragefunktion in den USA ist daher durch $x_N^*(p) = 600 - 2 \cdot p$ gegeben, während wir auf der Angebotsseite $x_A^*(p) = 2 \cdot p + 100$ annehmen. Zusätzlich fallen Handelskosten für Transport und Zölle in Höhe von 15 Euro je Tonne an.

Die für die graphische Darstellung notwendige Umrechnung auf inverse Angebots- und Nachfragekurven führt bei der Nachfrage in beiden Märkten auf die Funktionen $p(x_N) = 300 - 0,5 \cdot x_N$ bzw. $p(x_N^*) = 300 - 0,5 \cdot x_N^*$, die Angebotskurven sind durch $p(x_A) = 0,5 \cdot x_A$ in der EU und $p(x_A^*) = -50 + 0,5 \cdot x_A^*$ in den USA gegeben. ◘ Abb. 3.4 zeigt beide Märkte analog zur Darstellung in ◘ Abb. 3.2. Die USA haben bei Autarkie den niedrigeren Preis $p^{*A} = 125$ und exportieren somit bei Aufnahme des Handels Weizen in die EU. Aufgrund der Handelskosten sind die Preise in beiden Märkten jetzt jedoch auch in der Situation mit Außenhandel nicht gleich. Der Preis in der EU beträgt $p^H = 145$ und ist damit um 15 Euro höher als der Preis $p^{*H} = 130$ in den USA – der Unterschied entspricht also gerade den Handelskosten. Um diese Preise formal zu bestimmen, berücksichtigen wir die Handels-

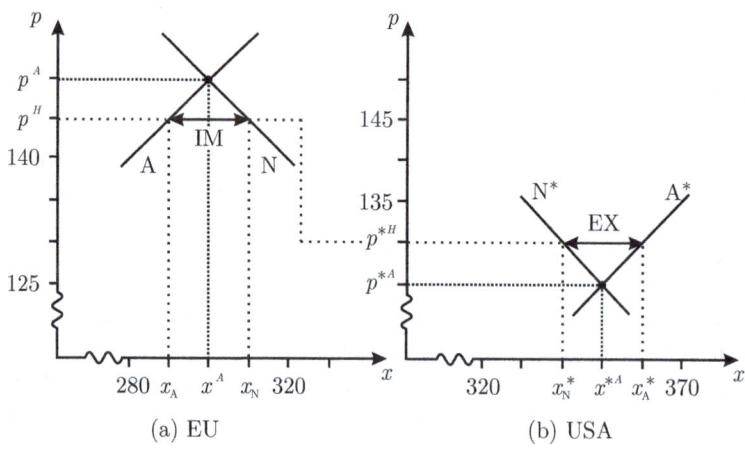

(a) EU   (b) USA

◘ **Abb. 3.4** Handel bei Handelskosten

kosten in der Importnachfrage der EU, $IM = 600 - 4 \cdot (p + 15)$, und stellen diese dem Exportangebot der USA, $EX^{*} = 4 \cdot p - 500$, gegenüber. Der resultierende Preis ist der Exportpreis der USA und der um die Handelskosten erhöhte Preis entsprechend der Importpreis der EU. Graphisch wird das durch eine „Treppenkurve" mit einer 15-Euro-Stufe erreicht. Analog zur Analyse ohne Handelskosten muss diese Treppenkurve im Gleichgewicht genau so liegen, dass die gewünschte Exportmenge der amerikanischen Produzenten, $x_A^* - x_N^*$, den gewünschten Importen der EU, $x_N - x_A$, entspricht. Die Handelsmenge im Beispiel beträgt somit in der Situation mit Handelskosten 20 Mio. Tonnen Weizen.

In ■ Abb. 3.5 haben wir zum Vergleich das Ergebnis ohne Handelskosten und die Wohlfahrtswirkungen für die beiden Szenarien eingezeichnet. Auch mit Handelskosten stellen sich beide Länder besser, aber das Handelsvolumen ist geringer und damit auch der Vorteil aus dem Handel: Die hellgrauen Flächen **a** und **d** kennzeichnen die Nettovorteile in der EU und den USA für die Situation mit Handelskosten. Ohne Handelskosten würden sich die deutlich höheren Handelsvorteile **ab** und **cd** realisieren lassen. Wie wir sehen, wird durch die Handelskosten natürlich auch der Umverteilungseffekt innerhalb der Länder reduziert. Hier zeigt sich ein Bezug zur Handelspolitik, die wir in Teil IV ausführlich behandeln werden: Handelspolitische Interventionen in Form von Zöllen und mengenmäßigen Importbeschränkungen werden oftmals dadurch begründet, dass damit die negativen Auswirkungen des internationalen Wettbewerbs für die importkonkurrierende Branche verringert würden.

In unserem Beispiel kommt es trotz Handelskosten zu Außenhandel. Wenn die Handelskosten relativ zur Preisdifferenz allerdings ausreichend groß sind, wird Handel vollständig unterbunden. Konkret ist diese Preisdifferenz dann gegeben, wenn die Handelskosten mindestens so hoch sind wie der Unterschied der Autarkiepreise zwischen den beiden Ländern. Im Fall der Zollpolitik spricht man dann von einem **Prohibitivzoll**.

Kommen wir nun zur **Analyse des Wechselkurses**. Welche Auswirkung hat eine Änderung des Wechselkurses zwischen Euro und US-Dollar auf den Handel? Wir

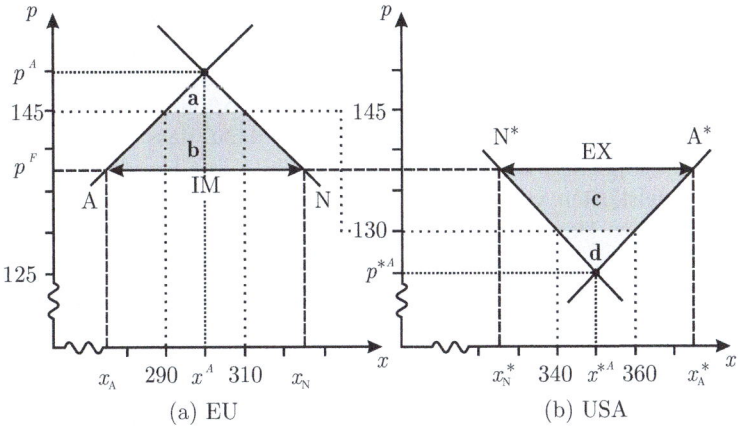

(a) EU   (b) USA

■ **Abb. 3.5**   Geringerer Wohlfahrtszuwachs bei Handelskosten

3

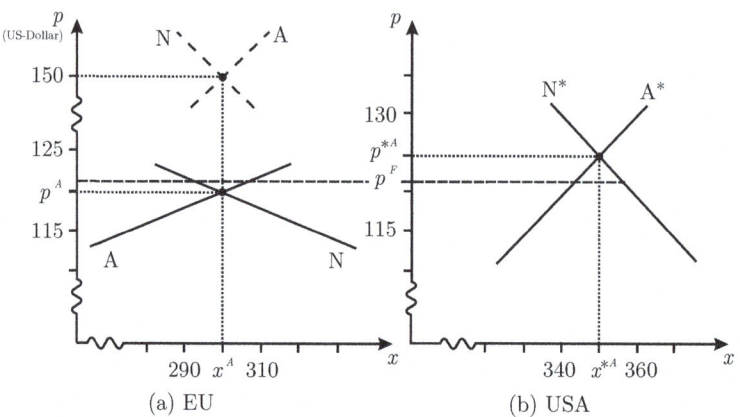

■ **Abb. 3.6**   Auswirkung des Wechselkurses auf die Handelsrichtung

abstrahieren jetzt von Handelskosten und untersuchen in diesem Kontext, wie sich eine Abwertung des Euro (und damit eine Aufwertung des US-Dollar) auswirkt. Wenn wir statt einem Wechselkurs von 1 Euro je US-Dollar nun davon ausgehen, dass wir nun 1,25 Euro je US-Dollar bezahlen müssen (bzw. nur noch 0,80 US-Dollar je Euro erhalten), so verschieben sich die Angebots- und Nachfragekurven der EU im in ■ Abb. 3.6 dargestellten US-Dollar-Diagramm nach unten (die ursprünglichen Kurven bei einem Wechselkurs von 1 : 1 sind zum Vergleich gestrichelt eingezeichnet). Dies ist intuitiv leicht nachvollziehbar: Da der „Wert" des Euro gegenüber dem US-Dollar gesunken ist, sind die Güter aus Sicht der USA nun billiger. Real hat sich jedoch in der EU nichts geändert, sodass die Gleichgewichtsmenge bei Autarkie unverändert bleibt.

Die Formeln für die Nachfrage- und die Angebotsfunktion der EU müssen zur Berücksichtigung der Preise in US-Dollar geeignet angepasst werden. Da die inverse Nachfragefunktion der EU, $p(x_N) = 300 - 0,5 \cdot p$, in Euro angegeben ist, muss sie entsprechend mit dem geänderten Wechselkurs von 0,8 US-Dollar je Euro bewertet werden: $p(x_N) = 0,8 \cdot (300 - 0,5 \cdot p) = 240 - 0,4 \cdot x_N$. Als Nachfrage ergibt sich dann $x_N(p) = 600 - 2,5 \cdot p$. Für die inverse Angebotsfunktion gilt entsprechend $p(x_A) = 0,8 \cdot 0,5 \cdot x_A = 0,4 \cdot x_A$, woraus sich als Angebot $x_A(p) = 2,5 \cdot p$ ergibt. Bei Autarkie resultiert dann in der EU ein Gleichgewichtspreis von $p^A = 120$ Dollar, der somit unter dem Preis in den USA liegt. Die Abwertung des Euro (bzw. Aufwertung des US-Dollar) führt also dazu, dass Weizen nun aus der EU in die USA exportiert wird. Dies gilt zumindest ohne Handelskosten: Würden wie oben Handelskosten von 15 Euro je Tonne angenommen, so würde es überhaupt nicht mehr zu Handel kommen. Beachten Sie außerdem, dass man die Analyse genauso mit Euro-Beträgen durchführen kann: In diesem Fall müsste man die Angebots- und Nachfragekurven für die USA nach oben verschieben und würde einen neuen Autarkiepreis von 155,25 Euro erhalten, der über dem Autarkiepreis der EU von 150 Euro liegt.

3.4 Außenhandel aus Unternehmensperspektive

Wie sieht nun die Aufnahme von Außenhandel aus der Perspektive eines einzelnen inländischen Unternehmens aus? Die Kosten dieses Unternehmens bestimmen dessen individuelle Angebotskurve: Langfristig wird das Unternehmen, sofern der Preis zumindest das Minimum der Durchschnittskosten deckt, die gewinnmaximale Menge entsprechend seiner Grenzkostenkurve anbieten. Veränderungen des inländischen Preises durch Aufnahme von Außenhandel, handelspolitische Maßnahmen oder Veränderungen der Wechselkurse wirken sich somit auf die Angebotsentscheidung und die Gewinnsituation des Unternehmens aus.

Betrachten wir zuerst die **Importkonkurrenz** durch ausländische Wettbewerber und gehen wir davon aus, dass das inländische Unternehmen in der Ausgangssituation seine Produkte auf dem Heimatmarkt profitabel anbieten konnte. Liegt der Weltmarktpreis unter dem Autarkiepreisverhältnis, so wird das Unternehmen seine Produktion reduzieren, wodurch sich seine Produzentenrente und damit auch sein Gewinn verringern werden. Wenn der Weltmarktpreis das Minimum der Durchschnittskosten des inländischen Unternehmens unterschreitet, so wird dieses langfristig aus dem Markt austreten, da es seine Fixkosten nicht decken kann. Ist er sogar niedriger als das Minimum der durchschnittlichen variablen Kosten, so wird das Unternehmen die Produktion sofort einstellen, da bereits durch die bloße Produktion Verluste entstehen.

Vor diesem Hintergrund ist es verständlich, dass die Unternehmen der importkonkurrierenden Branchen häufig fordern, dass sie durch handelspolitische Maßnahmen vor der ausländischen Konkurrenz geschützt werden. Andererseits kann aber in dynamischer Perspektive die tatsächliche oder potenzielle Importkonkurrenz die Unternehmen wettbewerbsfähiger machen, indem ihnen ein Anreiz gegeben wird, effizienter zu produzieren und ihre Produkte zu verbessern.

Für die Unternehmen der **Exportbranche** im Land mit den geringeren Autarkiepreisen ist die Aufnahme von Handel klar positiv: Der Exportmarkt bietet zusätzliche Absatzmöglichkeiten und zudem steigt der im Inland erzielte Preis, da der Weltmarktpreis den lokalen Autarkiepreis übersteigt. Im politischen Prozess können diese Vorteile für die Exportbranchen dann ein wirksames Gegengewicht zu den Wünschen der importkonkurrierenden Sektoren nach Protektion darstellen.

Flexible Wechselkurse führen zu Unsicherheit für Unternehmen im globalen Wettbewerb. Kurzfristig können sich Unternehmen (z. B. bei Lieferverträgen) gegen Wechselkursrisiken durch sogenanntes *Hedging* absichern. Bei einem Import von Vorprodukten aus den USA, bei denen der Vertrag die Bezahlung in US-Dollar vorsieht, kann ein europäisches Unternehmen bereits bei Vertragsschluss eine Option auf die notwendigen US-Dollar zum Terminkurs erwerben. Da die Finanzinstitutionen sich diese Leistung bezahlen lassen, führt dies jedoch zu erheblichen zusätzlichen Handelskosten (laut Tab. 2.1 führen Wechselkurs- und Währungskosten im Durchschnitt zu einem Aufschlag von 19 % auf die Herstellungskosten). Bei langfristigen Investitionsentscheidungen (z. B. ob ein neues Werk in Europa oder den USA gebaut werden soll) ist eine solche Absicherung nicht mehr praktikabel und das Unternehmen muss das zusätzliche Risiko selbst tragen.

🎓 Was haben wir gelernt?

- Im Angebot-Nachfrage-Diagramm lässt sich für einen Partialmarkt in einem Land zeigen, dass vollkommener Wettbewerb zur Markträumung und zur Maximierung des sozialen Überschusses, d. h. der Summe von Konsumenten- und Produzentenrente, führt.

- Bei Erweiterung auf zwei Länder determinieren die Gleichgewichte im Autarkiefall die Handelsrichtung: Das Land mit dem geringeren Autarkiepreis exportiert, dasjenige mit dem höheren importiert das Gut. Im Handelsgleichgewicht ohne Handelskosten kommt es zu einem einheitlichen Weltmarktpreis, während sich bei Handelskosten Import- und Exportpreis um den Betrag der Handelskosten unterscheiden. In beiden Fällen muss aber im Gleichgewicht das Exportangebot gerade der Importnachfrage entsprechen.

- Durch Außenhandel erhöht sich der soziale Überschuss in beiden Ländern, wobei es jedoch Gewinner und Verlierer gibt: Im Importland gewinnen die Konsumenten und die Produzenten verlieren; im Exportland ist es genau umgekehrt.

- Änderungen des Wechselkurses können erhebliche Auswirkungen auf den Handel haben: Durch eine ausreichend hohe Abwertung kann das Importland zum Exportland werden.

- Für die Unternehmen im Importland ist die Aufnahme von Außenhandel aufgrund des zusätzlichen Wettbewerbs unattraktiv. Demgegenüber profitieren die Unternehmen im Exportland vom zusätzlichen Absatzmarkt. Flexible Wechselkurse führen zu Unsicherheit für die Unternehmen und verursachen Absicherungskosten, die Handel insgesamt weniger attraktiv machen.

3.5 Kontrollfragen und Übungsaufgaben

1. Was sind die zentralen Bedingungen für vollkommenen Wettbewerb?
2. Erläutern Sie die Konzepte „Produzentenrente", „Konsumentenrente" und „sozialer Überschuss"!
3. Erläutern Sie, wie aus der Autarkiesituation zweier Länder darauf geschlossen werden kann, welches Land welches Gut exportiert!
4. Argumentieren Sie, ob Schwankungen in den Wechselkursen Änderungen der Exportstruktur hervorrufen können!
5. In Vietnam wird Reis entsprechend $x_A(p) = 2 \cdot p$ angeboten und mit $x_N(p) = 600 - p$ nachgefragt, wobei x Reis in Mio. Tonnen bezeichnet und der Preis p in US-Dollar gemessen wird. Auf den Philippinen steht dem Angebot von $x_A^*(p^*) = 0{,}5 \cdot p^*$ eine Nachfrage von $x_N^*(p^*) = 1200 - p^*$ gegenüber.
   a) Bestimmen Sie graphisch und rechnerisch die Autarkiepreise und -mengen in beiden Ländern! Begründen Sie, welches Land bei Handelsaufnahme Reis importieren und welches exportieren wird!
   b) Zeigen Sie, dass bei einem Freihandelspreis von $p^F = 400$ der Markt geräumt wird!
   c) Bestimmen Sie graphisch und rechnerisch die Auswirkungen der Handelsaufnahme auf Konsumentenrente, Produzentenrente und den sozialen Überschuss in beiden Ländern! Welche Gruppe gewinnt und welche verliert jeweils?

6. Nach der Freigabe des Franken gegenüber dem Euro interessiert sich die Schweizer Käsewirtschaft für die Auswirkungen auf den Handel von Emmentaler mit Österreich. Die Schweizer Nachfrage nach Emmentaler ist durch $x_N(p) = 100 - p$ und das Angebot durch $x_A(p) = 2 \cdot p - 20$ gegeben, wobei die Preise jeweils in Franken angegeben sind. Die österreichische Nachfrage beträgt $x_N^*(p^*) = 150 - 1{,}5 \cdot p^*$ und das Angebot $x_A^*(p^*) = 1{,}5 \cdot p^* - 30$, ,wobei der Preis in Euro angegeben ist. Welches Land wird Emmentaler zu welchem Preis exportieren, wenn der Wechselkurs (i) 1 Euro je Franken und (ii) 2 Euro je Franken beträgt? Bei welchem Wechselkurs wird kein Handel stattfinden?

Literatur

Im Text zitierte Quellen

Pindyck R. S. und D. L. Rubinfeld (2018), Microeconomics, 9th ed. Boston: Pearson Education, ch. 2 und 9. [*Gelungene Einführung in die Angebot-Nachfrage-Analyse und Untersuchungen der Wohlfahrtswirkungen im Marktdiagramm. Es ist auch eine deutsche Ausgabe verfügbar.*]

Lorz, O. und H. Siebert (2014), Außenwirtschaft, 9. Aufl. UVK Lucius (UTB): Konstanz und München, Kap. 3. [*Ausführliche Darstellung, wie der Wechselkurs, als Bindeglied zwischen realer und monetärer Sphäre, relative Preisvorteile in absolute Preisvorteile umsetzt.*]

Außenhandel im Allgemeinen Gleichgewicht

Inhaltsverzeichnis

© Der/die Autor(en), exklusiv lizenziert an Springer Fachmedien Wiesbaden GmbH, ein Teil von
Springer Nature 2024
K. Morasch und F. Bartholomae, *Handel und Wettbewerb auf globalen Märkten*,
https://doi.org/10.1007/978-3-658-41866-3_4

Themenüberblick

— Darstellung des allgemeinen Gleichgewichts in einem Diagramm mit Produktionsmöglichkeitenkurve und Indifferenzkurven

— Modell ohne Produktion: Handelsvorteile durch Ausstattungs- oder Präferenzunter-
schiede

— Modell mit Produktion: Handelsstruktur in Abhängigkeit von Autarkiepreisverhältnissen und Zerlegung des Gesamtvorteils in Konsum- und Produktionseffekt

— Verteilungswirkungen bei Aufnahme von Außenhandel und Vorteilhaftigkeit durch
potenzielle Pareto-Verbesserung trotz Verteilungseffekten

In der Partialmarktanalyse in ▶ Kap. 3 haben wir gelernt, dass Preisunterschiede
bei Autarkie Außenhandel vorteilhaft machen. Ein Land wird dabei das betrachtete Gut exportieren, wenn es einen geringeren Autarkiepreis als sein Handelspartner aufweist. In der partialanalytischen Angebot-Nachfrage-Analyse wurden diese
Güter mit Geld als Tauschmittel bezahlt. Dies ermöglichte uns, die Interaktion des
(realen) Außenhandels mit dem monetären Phänomen des Wechselkurses zu behandeln. Die Analyse blieb jedoch insofern unvollständig, als nicht thematisiert wurde,
woher die Geldmittel kommen, die das Importland zur Zahlung seiner Exporte benötigt. Kurzfristig können solche Mittel natürlich in Form von Krediten des Exportlandes bereitgestellt werden. Langfristig muss aber eine entsprechende reale
Gegenleistung erbracht werden. Dies geschieht normalerweise in Form des Exports
anderer Güter oder Dienstleistungen, wobei der Wert der Importgüter dem Wert
der Exportgüter entsprechen muss (d. h. langfristig muss die Handelsbilanz ausgeglichen sein). Um ein vollständigeres Bild der Außenhandelsbeziehung zeichnen zu
können, müssen wir zumindest ein Modell mit zwei Sektoren – dem Import- und
dem Exportsektor – betrachten. In diesem Kapitel werden wir die einfachste Form
eines solchen allgemeinen Gleichgewichtsmodells in graphischer Darstellung heranziehen, um die Anreize für Außenhandel und die Auswirkung der Handelsbeziehung zu analysieren.

4.1 Handelsvorteile im Tauschmodell

Betrachten wir zunächst eine Welt mit zwei Ländern, Inland und Ausland. In der
Autarkiesituation werden in beiden Ländern sowohl Industriegüter x als auch Agrarprodukte y hergestellt und konsumiert. Wie können wir die Nachfrage- und Angebotsseite in diesem Fall graphisch adäquat abbilden? Hierzu verwenden wir ein
(x, y)–Diagramm, wobei auf der horizontalen Koordinatenachse (Abszisse) der
Konsum bzw. die Produktion der Industriegüter und auf der vertikalen Achse (Ordinate) die entsprechenden Größen für die Agrarprodukte abgetragen werden.

Auf der Nachfrageseite führt dies auf ein Diagramm, in dem das reale Austauschverhältnis der Güter dargestellt werden kann. Dies entspricht dem Vorgehen in der Konsumtheorie, bei der die Budgetrestriktion über die Budgetgerade abgebildet wird, wobei der Betrag der Steigung der Budgetgeraden das Preisverhältnis p_x/p_y der beiden Güter angibt.[1] Analog können die **Tauschmöglichkeiten** einer

---

1   Die Budgetrestriktion ist im Zwei-Güter-Fall durch $m = p_x \cdot x + p_y \cdot y$ gegeben, wobei m das Budget des Konsumenten und p_x bzw. p_y den Preis von Gut x bzw. Gut y bezeichnet. Aufgelöst nach Gut

Volkswirtschaft angegeben werden: Steht im Inland bei Autarkie die Mengenkombination (x^A, y^A) zur Verfügung, so gibt die durch diesen Punkt verlaufende Preisgerade p^F mit Steigung $-p_x^F/p_y^F$ (mit p_x^F/p_y^F als Preisverhältnis bei Freihandel) die Tauschmöglichkeiten zwischen Inland und Ausland bei friktionslosem Außenhandel wieder: Das „Budget" des Landes würde dann $p_x^F \cdot x^A + p_y^F \cdot y^A$ betragen und kann entsprechend für den Konsum der beiden Güter aufgewendet werden.

Die Entscheidung für ein bestimmtes Güterbündel fällt der einzelne Konsument auf Basis seines Nutzenkalküls, das im (x, y)-Diagramm durch Indifferenzkurven abgebildet werden kann. Diese geben alle Kombinationen von x und y mit gleichem Nutzenniveau an. Zur Vereinfachung der Analyse nehmen wir zunächst an, dass Budget und Präferenzen aller Konsumenten eines Landes identisch sind. Dadurch können wir mit den entsprechenden **Wohlfahrtsindifferenzkurven** W die Wohlfahrt des Landes insgesamt abbilden. Somit ist es möglich, sich auf die Wirkung des Außenhandels auf das Land als Ganzes zu konzentrieren, ohne die Verteilungswirkungen innerhalb des Landes berücksichtigen zu müssen.[2] Grundsätzlich kann man mit den Wohlfahrtsindifferenzkurven ähnlich arbeiten wie mit den bekannten Indifferenzkurven aus der Konsumtheorie: Je weiter außen diese Kurven verlaufen, desto höher ist die gesamtwirtschaftliche Wohlfahrt, und die Steigung in einem Punkt, die Grenzrate der Substitution, gibt die Tauschbereitschaft der Konsumenten bei der entsprechenden Güterausstattung an.

In den meisten Modellen zum Außenhandel wird der Schwerpunkt auf die Produktionsseite gelegt. Wir wollen hier zeigen, dass Außenhandel selbst dann vorteilhaft sein kann, wenn in einer Ökonomie keine Möglichkeit zur Produktion besteht, sondern ohne Außenhandel die gegebene Ausstattung mit Gütern konsumiert werden muss. Um die Handelsvorteile in einem solchen reinen **Tauschmodell** möglichst einfach veranschaulichen zu können, nehmen wir zusätzlich an, dass die Präferenzen im Inland und Ausland identisch sind und die Konsumenten bei gegebenem Preisverhältnis unabhängig vom Einkommen immer das gleiche Güterverhältnis wählen – man spricht in diesem Fall von **homothetischen Präferenzen**. Solche identischen homothetischen Präferenzen würden beispielsweise dann vorliegen, wenn der Nutzen jedes Konsumenten durch die gleiche Cobb–Douglas-Nutzenfunktion $u(x, y) = x^\alpha \cdot y^\beta$ mit $\alpha, \beta > 0$ beschrieben werden kann.[3]

Unter diesen Voraussetzungen können wir nun den Güteraustausch zweier Länder in ◘ Abb. 4.1 veranschaulichen. Die beiden Tauschpartner unterscheiden sich nur in Bezug auf ihre **Erstausstattungen**: Das Inland verfügt über $E = (x^A, y^A)$ und das Ausland über $E^* = (x^{*A}, y^{*A})$. Da bei Autarkie alle in einem Land vorhandenen Güter auch dort konsumiert werden, entspricht in diesem Fall das jeweilige Konsumbündel dem entsprechenden Güterausstattungsbündel, $C^A = E$ bzw. $C^{*A} = E^*$.

---

   y erhält man die Geradengleichung $y = m/p_y - p_x/p_y \cdot x$, woran wir gut die (negative) Steigung der Budgetgerade erkennen können, die sich aus dem relativen Preisverhältnis ergibt und damit die Kosten von Gut y in Einheiten von Gut x angibt (Opportunitätskosten).

2   Eine erste Analyse dieser Verteilungswirkungen erfolgt in Abschn. 4.3. Im Detail wird das Thema Verteilung in ▶ Kap. 8 im Rahmen von Modellen behandelt, in denen auch die Faktormärkte explizit abgebildet sind.

3   Konkret würden bei dieser Funktion die konstanten Einkommensanteile $\alpha/(\alpha + \beta)$ für Gut x und $\beta/(\alpha + \beta)$ für Gut y betragen.

4

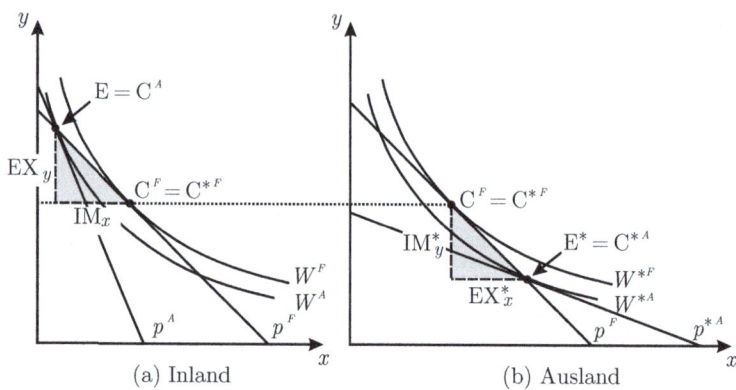

◘ Abb. 4.1   Allgemeines Gleichgewicht: Handel ohne Produktion

Wenn wir nun jeweils eine Wohlfahrtsindifferenzkurve durch das Konsumbündel bei Autarkie zeichnen, so gibt die Steigung der Indifferenzkurve in diesem Punkt die Tauschbereitschaft der Konsumenten und damit das **Autarkiepreisverhältnis** des betrachteten Landes an. Die in der Abbildung eingezeichneten Tangenten an die Wohlfahrtsindifferenzkurven stellen dann die entsprechenden Preisgeraden bei Autarkie dar: p^A für das Inland und p^{*A} für das Ausland. Wie wir sehen, wird x im Ausland im Vergleich zum Inland relativ billiger sein (p^{*A} verläuft flacher als p^A) und y relativ teurer. Dies liegt daran, dass das Ausland über relativ mehr x als das Inland verfügt – das Gut ist dort weniger knapp und damit (ökonomisch) weniger wert. Bei friktionslosem Außenhandel wird sich ein durch die **Freihandelspreisgerade** p^F veranschaulichtes einheitliches Preisverhältnis zwischen den beiden Extremen einstellen – im vorliegenden Fall ohne Produktion muss dabei die entsprechende Preisgerade durch die beiden Erstausstattungspunkte verlaufen.

Aufgrund der identischen homothetischen Präferenzen wird sich in beiden Ländern nach Aufnahme des Handels das gleiche **Konsummuster** einstellen, d. h. die Güter werden in den gleichen Proportionen konsumiert. In der Abbildung haben wir zusätzlich unterstellt, dass die beiden Länder sich in der Autarkiesituation auf identischen **Wohlfahrtsindifferenzkurven** befinden: $W^A = W^{*A}$. In diesem Fall sind nach Aufnahme des Handels nicht nur das Konsummuster, sondern auch die Konsummengen in beiden Ländern identisch: $C^F = C^{*F}$. Würde sich demgegenüber ein Land bei Autarkie auf einer höheren Wohlfahrtsindifferenzkurve befinden, dann würde in diesem Land nach Aufnahme des Außenhandels auch mehr von beiden Gütern konsumiert als im anderen Land, aber die Konsumbündel der beiden Länder würden sich auf einer Gerade durch den Ursprung des Koordinatensystems befinden und somit wäre das Konsummuster auch in diesem Fall identisch. Unabhängig davon erreichen beide Länder im neuen Konsumpunkt jeweils eine weiter außen liegende Wohlfahrtsindifferenzkurve, W^F bzw. W^{*F}, und sind damit gegenüber der Autarkiesituation bessergestellt.

Exporte und Importe sind in den Diagrammen jeweils durch das **Handelsdreieck** gekennzeichnet, das zwischen Erstausstattungspunkt und Konsumpunkt bei Außenhandel definiert wird. In der Abbildung ist zu erkennen, dass den Exporten (Importen) des Inlandes entsprechende Importe (Exporte) des Auslandes in gleicher Höhe gegenüberstehen müssen.

Analog zum in ▶ Kap. 3 untersuchten Partialmodell sind unterschiedliche Autarkiepreisverhältnisse die **Voraussetzung für die Vorteilhaftigkeit des Außenhandels**. Diese Unterschiede wurden im vorliegenden Fall durch verschieden Anfangsausstattung ausgelöst. Bei identischen Erstausstattungen könnten sich solche Unterschiede auch aufgrund unterschiedlicher Präferenzen in den beiden Ländern einstellen. Ein solches Phänomen war etwa in den deutschen Kriegsgefangenenlagern im Zweiten Weltkrieg zu beobachten (vgl. Radford, 1945). Hier waren Engländer und Franzosen in voneinander abgetrennten Lagerbereichen untergebracht. Die Gefangenen erhielten vom Roten Kreuz identische Versorgungspakete. Engländer und Franzosen unterschieden sich aber systematisch in ihren Präferenzen für Tee und Kaffee: Während Tee im englischen Teil des Lagers relativ wertvoll war, bevorzugten die Gefangenen im französischen Teil Kaffee.

In diesem Kontext lässt sich auch ein erster Blick auf die Funktion von Unternehmen als Intermediäre im internationalen Handel werfen. Für Personen, die Zugang zu beiden Teilen des Lagers hatten, z. B. die Lagergeistlichen, bot sich nun die Möglichkeit, die Preisunterschiede zur Realisierung von Arbitragevorteilen zu nutzen. Von **Arbitrage** spricht man grundsätzlich dann, wenn Güter auf einem Markt zu einem günstigen Preis gekauft und auf einem anderen davon separierten Markt zum dort vorherrschenden höheren Preis verkauft werden. Für den Intermediär resultiert daraus ein Arbitragegewinn, der ein solches Vorgehen attraktiv macht: Die Geistlichen konnten bei den Engländern für eine geringe Menge an Tee eine relativ große Menge Kaffee eintauschen, um bei den Franzosen im Gegenzug eine große Menge an Tee zu erhalten. Wir sehen, dass von dieser Arbitrageaktivität alle Beteiligten profitieren können: Im französischen Teil des Lagers war nun eine größere Menge Kaffee verfügbar, im englischen Teil mehr Tee, und der Lagergeistliche erzielte einen Arbitragegewinn.

4.2 Handelsvorteile im Produktionsmöglichkeitendiagramm

Die Annahme gegebener Anfangsausstattungen und damit die vollständige Abstraktion von Produktionsentscheidungen ist – außer im oben geschilderten Sonderfall eines Kriegsgefangenenlagers – bestenfalls beim Außenhandel mit Ressourcen einigermaßen vertretbar. Normalerweise sind die einzelnen Länder in der Lage, durch Verschiebung von Produktionsfaktoren zwischen den Sektoren die Produktion der beiden Güter zu variieren. Im einfachsten Fall einer Technologie mit nur einem Produktionsfaktor und konstanten Skalenerträgen führt dies zu einer linearen Produktionsmöglichkeitenkurve bzw. Transformationskurve im (x, y)-Diagramm – die Verlagerung eines Produktionsfaktors senkt die Produktion im Ursprungssektor

4

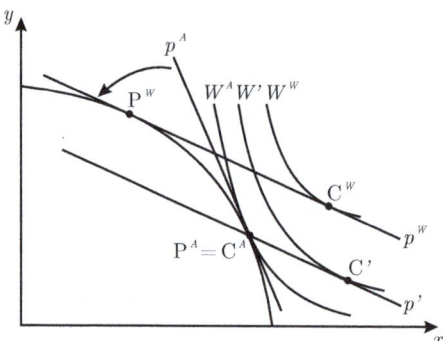

◘ **Abb. 4.2**   Allgemeines Gleichgewicht: Produktions- und Konsumeffekt

genau um seine Produktivität und erhöht den Output im anderen Sektor um seine dortige Produktivität. Dieser Fall wird im Rahmen des Ricardo-Modells im nächsten ▶ Kap. 5 thematisiert.

Realistischer ist der Einsatz von zwei oder mehr Produktionsfaktoren bei unterschiedlichen Technologien für die Herstellung der beiden Güter. In diesem Fall ergibt sich eine nach außen gewölbte, konkave Produktionsmöglichkeitenkurve, die wir für die weitere Analyse in diesem Abschnitt zugrunde legen wollen. Eine genauere Analyse der dahinterstehenden Anpassungsprozesse auf dem Faktormarkt erfolgt später im Rahmen des Heckscher-Ohlin-Samuelson-Modells in ▶ Kap. 6. An dieser Stelle soll nur kurz eine intuitive Erläuterung anhand unseres Beispiels mit Industrie- und Agrargütern gegeben werden: Die Produktion von Agrargütern benötigt insbesondere den Faktor Boden, während für die Industriegüter vor allem der Faktor Kapital eingesetzt wird. Sollen nun mehr Agrargüter hergestellt werden, so macht sich zunehmend die Knappheit des Faktors Boden bemerkbar. Eine Verringerung der Industriegüterproduktion und entsprechende Verlagerung von Produktionsfaktoren führt dann bei einem hohen Agrargüteranteil nur noch zu einem relativ geringen Zuwachs bei der Agrargüterproduktion. Die gleiche Überlegung gilt analog für eine Ausweitung der Industrieproduktion auf Kosten der Herstellung von Agrargütern.

In ◘ Abb. 4.2 werden die sich aus diesen Überlegungen ergebenden **Produktionsmöglichkeiten** dargestellt. An den jeweiligen Schnittpunkten mit den Achsen sind direkt die Mengen abzulesen, die das Land produzieren kann, wenn es seine gesamte Faktorausstattung in diesem Sektor einsetzt, d. h. an der horizontalen Achse die maximal mögliche Produktion an Industriegütern (x) und an der vertikalen Achse diejenige an Agrargütern (y). Während alle Güterbündel (x, y) oberhalb der Kurve bei der gegebenen Faktorausstattung nicht realisierbar sind, ist das Land in der Lage alle Güterkombinationen unterhalb der Kurve herzustellen. Allerdings werden hier nicht alle Faktoren genutzt, sodass mehr von beiden Gütern produziert werden könnten. Nur auf der Kurve selbst werden die verfügbaren Faktoren vollständig eingesetzt. Will man in diesem Fall nun mehr Industriegüter produzieren, muss ein Teil der Produktion der Agrargüter aufgegeben werden. In der Volkswirtschaftslehre bezeichnet man Zustände, in denen ein solcher *trade-off* besteht als effizient. Daher spricht man bei der Transformations- bzw. Produktionsmöglichkeitenkurve auch vom effizienten Rand der gesamtwirtschaftlichen Produktion. Die beschriebene Substitutionsbeziehung zwischen den beiden Gütern wird durch die Steigung der Produktionsmöglichkeitenkurve quantitativ angegeben: Je mehr Industriegüter produziert werden, desto mehr Agrargüter müssen aufgegeben werden, um ein zusätzliches Industriegut zu erzeugen (die Kurve wird steiler). Diese Steigung wird als **Grenzrate der Transformation** bezeichnet.

Neben der Produktionsmöglichkeitenkurve sind in der Abbildung die bereits aus Abschn. 4.1 bekannten Wohlfahrtsindifferenzkurven W eingezeichnet, die die **Präferenzen** der annahmegemäß identischen Konsumenten widerspiegeln. Wir können analog zu unserer Überlegung bei der Produktionsmöglichkeitenkurve an der Steigung der Indifferenzkurve (der **Grenzrate der Substitution**) in einem Punkt ablesen, wie viele Industriegüter den Konsumenten geben werden müssten, damit sie ausgehend vom entsprechenden Güterbündel (x, y) bereit wären, auf eine Einheit des Agraruts zu verzichten. Über je mehr Industriegüter die Konsumenten bereits verfügen, desto weniger sind sie bereit, für zusätzliche Industriegüter auf ein Agrargut zu verzichten. Dies drückt sich im zunehmend flacheren Verlauf der Wohlfahrtsindifferenzkurve aus.

Im Produktionsmöglichkeitendiagramm in ▣ Abb. 4.2 ergibt sich das Autarkiegleichgewicht $P^A = C^A$ als Tangentialpunkt der Wohlfahrtsindifferenzkurve mit der Transformationskurve. In diesem Punkt entspricht die **Grenzrate der Transformation** zwischen x und y, $\mathrm{GRT}_{x,y}$, der Grenzrate der Substitution im Konsum, $\mathrm{GRS}_{x,y}$. Analog zur Analyse im Partialmarkt lässt sich zeigen, dass bei einer Marktwirtschaft mit vollkommenem Wettbewerb im allgemeinen Gleichgewicht gerade ein Preisverhältnis p_x/p_y resultiert, das dem Betrag der Steigung der durch den Autarkiepunkt verlaufenden Preisgerade p^A entspricht. So wird zum einen auf der Nachfrageseite jeder Konsument im Konsumoptimum sein Güterbündel gerade so wählen, dass seine Grenzrate der Substitution dem Marktpreisverhältnis entspricht, womit die Bedingung $p_x/p_y = \mathrm{GRS}_{x,y}$ erfüllt ist. Zum anderen werden auf der Angebotsseite die Unternehmen ihre mit den kostenminimalen Faktorkombinationen produzierte Güterkombination so wählen, dass die Grenzrate der Transformation dem Marktpreisverhältnis entspricht, d. h. $p_x/p_y = \mathrm{GRT}_{x,y}$ – nur wenn die Grenzrate der Transformation gerade dem Marktpreisverhältnis für den Tausch der beiden Güter entspricht, hat ein Unternehmen keinen Anreiz, von einem der beiden Güter mehr herzustellen.

Wie im Fall ohne Produktion wird sich auch bei einer nach außen gewölbten Produktionsmöglichkeitenkurve bei Aufnahme von Handel wieder ein Preisverhältnis zwischen den jeweiligen Autarkiepreisverhältnissen der beiden Handelspartner einstellen. Die Autarkiepreisverhältnisse hängen jedoch jetzt von Unterschieden in der verfügbaren Technologie, den Faktorausstattungen und den Präferenzen ab. Bei identischen Präferenzen wird beispielsweise eine relativ zum Ausland bessere Ausstattung mit Boden oder eine unterlegene Technologie bei der Herstellung von Industrieprodukten dazu führen, dass die Agrargüter im Inland bei Autarkie relativ preisgünstig sind. Die Änderung des Preisverhältnisses vom Autarkiepreisverhältnis p_x^A/p_y^A zum **Weltmarktpreisverhältnis** p_x^W/p_y^W hat jetzt nicht nur eine Anpassung des Konsums, sondern auch eine Anpassung der Produktion an das neue Preisverhältnis zur Folge. Beachten Sie, dass wir nun vom Weltmarkt- und nicht vom Freihandelspreis sprechen. Im Unterschied zur Analyse im letzten Abschnitt gehen wir nämlich im Weiteren nicht mehr von zwei Ländern aus, sondern betrachten ein

4

kleines Land („klein" bedeutet hier, dass das Land den Weltmarktpreis nicht beeinflussen kann), das sich zunächst in einer Autarkiesituation befindet und dann zum Weltmarktpreis Außenhandel aufnimmt.

In der graphischen Darstellung in ◘ Abb. 4.2 werden die Effekte auf Konsum und Produktion verdeutlicht, die sich durch die Preisänderung ergeben:

— **Produktionseffekt**: Ausgehend von der Produktion bei Autarkie in Punkt P^A wird beim neuen Preisverhältnis p_x^W/p_y^W die Produktion auf P^W verlagert, in dem die Weltmarktpreisgerade p^W die Produktionsmöglichkeitenkurve des Inlandes tangiert. Das Inland verringert also nach Aufnahme des Außenhandels die Industrieproduktion und stellt mehr Agrargüter her. Der Grund dafür ist, dass beim Weltmarktpreisverhältnis der relative Preis für Industriegüter geringer ist als bei Autarkie und der relative Preis für Agrargüter höher. Es ist dann für das Inland attraktiv, eine höhere Menge an Agrargütern herzustellen, einen Teil davon zu exportieren und im Gegenzug Industriegüter zu importieren.

— **Konsumeffekt**: Der Konsumpunkt C^W bei Freihandel ergibt sich dann auf dieser Weltmarktpreisgerade durch den Berührpunkt mit der Wohlfahrtsindifferenzkurve W^W, die die inländische Wohlfahrt zu den durch die Preisgerade beschriebenen Konsummöglichkeiten maximiert.

Um den Gesamteffekt in die Auswirkung der Konsumanpassung und diejenige der Produktionsanpassung zerlegen zu können, haben wir mittels der Weltmarktpreisgerade p' durch $P^A = C^A$ zusätzlich die Lösung ohne Produktionsänderung eingezeichnet. Die hierbei resultierende Wohlfahrtsindifferenzkurve W' im Konsumpunkt C' liegt zwar weiter vom Ursprung entfernt als die Indifferenzkurve W^A, die die Produktionsmöglichkeitenkurve im Konsumpunkt bei Autarkie, C^A, tangiert. Die Wohlfahrt ist aber geringer als in C^W, da der Spezialisierungsvorteil durch die Produktionsanpassung entfällt.[4]

4.3 Gewinner und Verlierer beim Außenhandel

Die bisherige Analyse lieferte zwei zentrale Ergebnisse:

— Erstens zeigte sich, dass eine Handelsmöglichkeit zu einem vom Autarkiepreisverhältnis abweichenden Weltmarktpreis das reale Einkommen im Inland erhöht, wobei sich sowohl die resultierende Konsumanpassung als auch die resultierende Produktionsanpassung positiv auswirken.

— Zweitens gilt bei einem Unterschied in den Autarkiepreisverhältnissen zweier Länder, dass beide von der Aufnahme von Außenhandel von einem dazwischen liegenden Preisverhältnis profitieren werden.

Diese Vorteilhaftigkeit des Außenhandels wurde jedoch unter der Annahme identischer Konsumenten abgeleitet. Wir wollen uns daher nun überlegen, ob dieses

---

4   Ein Hinweis für diejenigen, die mit der mikroökonomischen Konsumtheorie vertraut sind: Diese Zerlegung in einen Konsum- und Produktionseffekt ist eng verwandt mit derjenigen in Substitutions- und Einkommenseffekt bei einer Preisänderung.

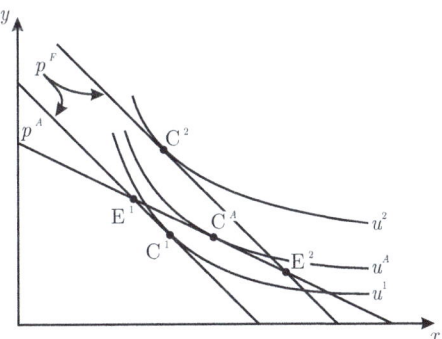

Abb. 4.3   Heterogene Konsumenten: Gewinner und Verlierer

Ergebnis auch bei **heterogenen Konsumenten** Bestand hat und ob alle Konsumenten gleichermaßen von Handel profitieren.

Schon in dem einfachen Tauschmodell mit gegebener Anfangsausstattung eines Landes und identischen homothetischen Präferenzen aus Abschn. 4.1 lässt sich zeigen, dass es bei Handelsaufnahme normalerweise innerhalb eines Landes nicht nur Gewinner, sondern auch Verlierer gibt. Dazu genügt es, eine ungleichmäßige Verteilung der Anfangsausstattungen auf die einzelnen Konsumenten des betrachteten Landes zu unterstellen. Verlieren werden dann diejenigen Konsumenten, die in der Ausgangssituation über eine Anfangsausstattung mit höherem Anteil an demjenigen Gut verfügen, das nach Aufnahme des Handels importiert wird.

◘ Abb. 4.3 veranschaulicht dies mit Hilfe von individuellen **Indifferenzkurven**: Konsument 1 mit Anfangsausstattung E^1 verfügt im Vergleich zu Konsument 2 über eine relativ große Menge an Gut y, das im vorliegenden Beispiel bei einer Handelsaufnahme importiert werden wird. Ohne Außenhandel würde er einen Teil seiner Ausstattung von y zum Autarkiepreisverhältnis gegen zusätzliche Einheiten von x tauschen und das im Inland bei Autarkie nutzenmaximierende Güterbündel C^A konsumieren. Dabei würde er das durch die Indifferenzkurve u^A gegebene Nutzenniveau realisieren. Durch die Aufnahme von Außenhandel sinkt jedoch der Preis für y und Konsument 1 kann sich nur noch das Konsumbündel C^1 leisten, das auf der niedrigeren Indifferenzkurve u^1 liegt. Demgegenüber kann Konsument 2 mit C^2 nun ein Güterbündel konsumieren, das ihm ein höheres Nutzenniveau liefert, da es sich auf der weiter außen verlaufenden Indifferenzkurve u^2 befindet.

Ist damit bei Unterschieden der Konsumenten die Vorteilhaftigkeit des Handels nicht mehr sichergestellt? Dies ist nicht der Fall, da die Gewinner des Außenhandels (in unserem Fall Konsument 2) die Verlierer vollständig kompensieren könnten und trotzdem noch ein Nettovorteil für sie verbleiben würde. Dies lässt sich in der vorliegenden Darstellung explizit zeigen: Würden die Anfangsausstattungen so umverteilt, dass jeder Konsument genau das Güterbündel C^A als Anfangsausstattung erhält, dann würde die Aufnahme von Handel für beide Konsumenten zu

4

einem Nutzenzuwachs führen – auf der (nicht eingezeichneten) durch C^A verlaufende p^F-Gerade kann oberhalb von C^A ein höheres Nutzenniveau realisiert werden.

Diese grundsätzliche Aussage bleibt auch in komplexeren Modellen mit Berücksichtigung von Faktormärkten, heterogenen Präferenzen etc. erhalten. Darüber hinaus lässt sich zeigen, dass Freihandel nicht nur der Autarkie überlegen ist, sondern auf Weltebene und in Bezug auf einzelne kleine Länder (d. h. Länder ohne Marktmacht in den Weltmärkten) grundsätzlich pareto-optimal[5], d. h. auch jeder Art von Handelspolitik überlegen ist.

Eine zentrale Schwierigkeit bei der dafür notwendigen **Kompensation** besteht allerdings darin, dass dem Staat zur Durchführung die entsprechenden Informationen über die Individuen zur Verfügung stehen müssten. Dies ist jedoch insbesondere bei Präferenzen problematisch, da bei einer direkten Abfrage immer ein Anreiz besteht, sich als Verlierer des Außenhandels auszugeben. Es lässt sich jedoch zeigen, dass prinzipiell anreizkompatible Mechanismen existieren, die eine wahrheitsgemäße Offenbarung dieser Informationen sicherstellen.

Mit einer geeigneten Umverteilung könnte dann eine Pareto-Verbesserung gewährleistet werden, d. h. jedes Individuum wäre mindestens so gut gestellt wie vor der Handelsaufnahme. Selbst wenn keine Umverteilung erfolgt, liegt immerhin eine **potenzielle Pareto-Verbesserung** vor, da die Gewinner die Verlierer ja kompensieren *könnten*. Diese Eigenschaft wird von vielen Ökonomen als ausreichend für die Begründung der Vorteilhaftigkeit des Außenhandels erachtet.

In der Realität kommt es üblicherweise zu keiner oder bestenfalls zu einer nur teilweisen Kompensation der Verlierer. Handelspolitische Fragen, wie beispielsweise der Beitritt zu einer Freihandelszone, also einer Gruppe von Ländern, die untereinander Freihandel praktizieren, sind deshalb häufig sehr umstritten. Wie wir im Rahmen der Erklärung der faktisch beobachtbaren Handelspolitik (positive Analyse) in ▸ Kap. 17 noch genauer untersuchen werden, spielt dabei eine wichtige Rolle, dass die Vorteile von Handelsbeschränkungen meist einer relativ kleinen Gruppe von Individuen zugutekommen, während die Kosten über höhere Preis von allen Konsumenten getragen werden und damit weniger spürbar sind.

🔄 Was haben wir gelernt?

— Die Aufnahme von Außenhandel ist für zwei Länder vorteilhaft, falls sich deren Autarkiepreisverhältnisse unterscheiden. Es ist dabei unerheblich, ob diese Preisdifferenz durch Unterschiede in den Präferenzen, Technologien oder Faktorausstattungen begründet ist.

— Die Vorteile durch Außenhandel ergeben sich sowohl durch die Anpassung des Konsums als auch durch die resultierende Verlagerung der Produktion. Das relativ teurer werdende Gut wird exportiert, das relativ billiger werdende importiert.

— Bei Aufnahme von Außenhandel gibt es innerhalb eines Landes normalerweise Gewinner und Verlierer. Es ist jedoch immer möglich, aus den Vorteilen der Gewinner die Verlierer vollständig zu kompensieren. Somit ist durch die Aufnahme von Handel trotz der Verteilungswirkungen eine potenzielle Pareto-Verbesserung sichergestellt.

---

5 Pareto-optimal bedeutet, dass es keine Möglichkeit gibt, ein Individuum durch eine Umverteilung von Ressourcen besser zu stellen, ohne gleichzeitig ein anderes Individuum schlechter zu stellen.

4.4 Kontrollfragen und Übungsaufgaben

1. Was versteht man unter einer Produktionsmöglichkeitenkurve? Stellen Sie diese in einer geeigneten Graphik dar und zeigen Sie auf, welche Aussagen sich aus ihr ableiten lassen!

2. Benutzen Sie die beiden Konzepte Produktionsmöglichkeitenkurve und Wohlfahrtsindifferenzkurve, um folgende Fragen zu beantworten:

   a) Wie stellt sich die Situation in Autarkie dar? Welche Bedingungen müssen erfüllt sein?

   b) Welche Auswirkungen ergeben sich durch die Handelsaufnahme? Grenzen Sie dabei die Effekte durch die Konsum- und die Produktionsanpassung voneinander ab!

   c) Gehen Sie nun davon aus, dass sich die Konsumenten in ihren Präferenzen unterscheiden. Werden alle Konsumenten von der Handelsaufnahme profitieren? Erhöht Handel immer noch die Wohlfahrt des Landes als Ganzes?

3. Gehen Sie davon aus, dass das Land bereits Handel treibt, und betrachten Sie die beiden Szenarien, die sich durch die Integration eines weiteren Landes in die Weltwirtschaft ergeben: (i) Der relative Preis des exportierten Gutes steigt und (ii) der relative Preis des importierten Gutes steigt.

   a) Welche Auswirkungen ergeben sich bei einer moderaten Ausprägung der Preisänderungen in den beiden Szenarien? Erläutern Sie dabei, wie sich die Wohlfahrt im Vergleich zum Handel vor der Integration des neuen Landes ändert! Ist nach wie vor eine Wohlfahrtssteigerung im Vergleich zu Autarkie gegeben?

   b) Welche Auswirkungen könnte eine drastische Änderung der relativen Preise bewirken?

Literatur

Im Text zitierte Quellen

Radford R. A. (1945), The Economic Organization of a P. O. W. Camp, Economica, Vol. 12, 189–201.

Ergänzende und weiterführende Literatur

Caves R. E., Frankel J. A. und R. W. Jones (2007), World Trade and Payments: An Introduction, 10 Aufl., Boston: Pearson Education, ch. 2. [*Darstellung der Handelsvorteile im allgemeinen Gleichgewicht mit interessanten Anwendungsbeispielen. Edgeworth-Box, Tauschkurven und relative Angebots- und Nachfragekurven als alternative Darstellungsmöglichkeiten zum Produktionsmöglichkeitendiagramm.*]

Feenstra R. C. (2015), Advanced International Trade: Theory and Evidence, Princeton: Princeton University Press, ch. 7 [*Überblick zur Literatur über die Vorteilhaftigkeit des Handels trotz Verteilungseffekten.*]

Teil II Länderanalyse: Standortfaktoren und komparative Vorteile

Komparative Vorteile durch Technologieunterschiede

Inhaltsverzeichnis

© Der/die Autor(en), exklusiv lizenziert an Springer Fachmedien Wiesbaden GmbH, ein Teil von Springer Nature 2024
K. Morasch und F. Bartholomae, *Handel und Wettbewerb auf globalen Märkten*,
https://doi.org/10.1007/978-3-658-41866-3_5

Themenüberblick

— Analyse des Außenhandels in einem Ein-Faktor-Modell mit Technologieunterschieden zwischen den Ländern
— Komparative Kostenvorteile als Handelsmotiv und Determinante der Handelsstruktur
— Relatives Angebot/relative Nachfrage als alternatives Darstellungskonzept zum Produktionsmöglichkeitendiagramm
— Handelsmuster mit und ohne Transportkosten im erweiterten Ricardo-Ansatz mit vielen Gütern

Außenhandel ist, wie ► Abschn. 4.1 zeigte, für ein Land deshalb nutzbringend, da er die Tauschmöglichkeiten erweitert: Ausgehend von gegebenen Anfangsausstattungen mit zwei Gütern ist Handel dann vorteilhaft, wenn die beiden potenziellen Tauschpartner bei Autarkie unterschiedliche Grenzraten der Substitution (GRS) zwischen den beiden Gütern aufweisen. In der graphischen Darstellung entspricht die GRS der jeweiligen Steigung der Indifferenzkurve, sodass das Ausland und das Inland dementsprechend unterschiedliche Steigungen aufweisen.

Bei der Frage nach der Vorteilhaftigkeit des Außenhandels und der Erklärung der empirisch beobachteten Handelsmuster, d. h. welche Güter ein Land importiert und welche es exportiert, wird im Allgemeinen die Produktionsseite in den Vordergrund gestellt. Die Vorteilhaftigkeit von Außenhandel ist in diesem Kontext unmittelbar einsichtig, wenn in einer Situation mit zwei Ländern **absolute Kostenvorteile** vorliegen, d. h. jedes Land eines von zwei Gütern mit geringerem Ressourceneinsatz herstellen kann. Der englische Ökonom David Ricardo (1772–1823) hat in seiner Theorie der komparativen Kosten Ricardo (1817) jedoch gezeigt, dass Außenhandel auch dann für ein Land vorteilhaft ist, wenn es jedes der beiden Güter mit geringerem Ressourceneinsatz als sein Handelspartner produzieren kann. Bei der Frage nach der Vorteilhaftigkeit von Handel kommt es nicht auf absolute, sondern auf komparative Kostenvorteile an.

5.1 Absolute und komparative Kostenvorteile

Wir wollen uns als erstes den Unterschied zwischen absoluten und relativen Kostenvorteilen und die Grundidee des Ricardo-Modells anhand zweier Beispiele veranschaulichen. Betrachten wir hierzu als erstes Beispiel die Situation in ◻ Tab. 5.1 mit den beiden Ländern Deutschland und Frankreich, die jeweils Bier und Wein herstellen können.

◻ **Tab. 5.1** Beispiel 1 – Absolute Kostenvorteile

	Deutschland	Frankreich
Bier	0,5 Liter pro Stunde	0,25 Liter pro Stunde
Wein	0,1 Liter pro Stunde	0,2 Liter pro Stunde

Wie im Ricardo-Modell wird nun angenommen, dass bei der Herstellung der Güter nur der Faktor Arbeit zum Einsatz kommt. In der Tabelle sind daher die **Arbeitskoeffizienten** aufgeführt, die angeben, welcher Arbeitseinsatz notwendig ist, um eine Einheit des jeweiligen Gutes herzustellen – in unserem Beispiel, wie viele Stunden eine Arbeitskraft benötigt, um einen Liter Bier oder einen Liter Wein herzustellen. Alternativ können wir auch die Produktivität der Arbeitskräfte angeben, wie Box 5.1 zeigt. Ein geringerer Wert für den Arbeitskoeffizienten bei einem Gut stellt dabei einen **absoluten Kostenvorteil** dar: Da Deutschland bei der Bierproduktion weniger Arbeitsstunden als Frankreich einsetzen muss, hat es in der Bierproduktion einen absoluten Kostenvorteil, während Frankreich bei der Weinherstellung einen absoluten Kostenvorteil genießt. Es erscheint dann unmittelbar einleuchtend, dass sich Deutschland auf die Herstellung von Bier und Frankreich auf die Weinproduktion spezialisieren sollte und die beiden Länder diese Güter entsprechend miteinander handeln.

Box 5.1: Beschreibung der Produktionstechnologie

Die Produktionstechnologie kann im Ricardo-Modell auf zwei Arten beschrieben werden: entweder als Produktivität der Arbeitskräfte oder als Arbeitskoeffizient. Diesen Unterschied wollen wir uns anhand des Beispiels zu absoluten Kostenvorteilen verdeutlichen. Dort wurde (und wird auch im Folgenden) die Technologie über Arbeitskoeffizienten beschrieben. Als zu ◼ Tab. 5.1 entsprechende Produktivitäten würden sich ergeben:

— Die **Produktivität** einer Arbeitskraft drückt aus, wie viel diese in einer gegebenen Zeit produzieren kann. Im betrachteten Beispiel kann eine deutsche Arbeitskraft entweder 0,5 L Bier oder 0,1 L Wein in einer Stunde herstellen.
— Der **Arbeitskoeffizient** gibt an, wie viele Arbeitskräfte notwendig sind, um eine Einheit des Gutes zu produzieren. Somit benötigt Frankreich zur Produktion von einem Liter Bier 4 Arbeitsstunden – entweder braut eine Arbeitskraft 4 h oder es müssen 4 Arbeitskräfte eine Stunde lang eingesetzt werden.

Beide Konzepte verhalten sich dabei invers zueinander:

$$\text{Arbeitskoeffizient} = \frac{1}{\text{Produktivität}}$$

Je nachdem, welches Konzept verwendet wird, kann der absolute Vorteil anders beschrieben werden: Deutschland hat bei Bier einen absoluten Kostenvorteil, da es im Vergleich zu Frankreich produktiver in dessen Herstellung ist (Produktivität) bzw. da es im Vergleich zu Frankreich weniger Arbeitsstunden in dessen Produktion einsetzen muss (Arbeitskoeffizient).

	Kaffee (x)	Zucker (y)
Kuba	24 Stunden pro kg	20 Stunden pro kg
Ecuador	12 Stunden pro kg	15 Stunden pro kg

Eine interessantere Frage ist jedoch, ob Außenhandel auch dann sinnvoll ist, wenn ein Land beide Güter effizienter, d. h. mit geringerem Arbeitskräfteeinsatz, produzieren kann. Dass dies der Fall ist, zeigt die Theorie komparativer Kostenvorteile, die wir nun anhand des zweiten Beispiels erläutern wollen. Wir betrachten hierzu die beiden Länder Deutschland und Vietnam, die zwei Güter, Autos (x) und Schuhe (y), herstellen. Wie im vorigen Beispiel wird zur Produktion dieser Güter ausschließlich der Faktor Arbeit eingesetzt und es liegen **konstante Skalenerträge** vor, d. h. durch eine Verdoppelung des Faktoreinsatzes kann gerade die doppelte Menge hergestellt werden. Jedes Land verfügt über eine gegebene Anzahl an Arbeitskräften, die vollständig zur Produktion der beiden Güter eingesetzt werden. In ◘ Tab. 5.2 ist hierzu die Produktion je Arbeitsstunde für beide Güter und beide Länder angegeben.

Wir können leicht erkennen, dass Deutschland bei beiden Gütern absolute Kostenvorteile hat: Sowohl Autos als auch Schuhe benötigen in Deutschland einen geringeren Arbeitskräfteeinsatz. Vietnam hat jedoch einen **komparativen Kostenvorteil** bei der Schuhproduktion, d. h. es ist in diesem Sektor relativ produktiver: Während die Deutschen bei der Herstellung von Autos zehnmal so effizient sind wie die Vietnamesen, sind sie in der Schuhherstellung nur doppelt so produktiv. Die Theorie komparativer Kosten besagt nun, dass sich bei Außenhandel beide Länder besserstellen können, wenn, ausgehend von den Autarkiemengen, Deutschland mehr Autos und Vietnam mehr Schuhe produziert.

◘ Tab. 5.3 verdeutlicht unsere Überlegung: Verlagert Deutschland 1 Mio. Arbeitsstunden aus der Schuh- in die Autoproduktion, reduziert sich die Schuhproduktion um 1 Mio. Paar, während zusätzliche 2000 Autos produziert werden. Eine Verlagerung von 3 Mio. Arbeitsstunden aus der Auto- in die Schuhproduktion in Vietnam führt hingegen zu einem Rückgang der dortigen Autoproduktion um 600 Stück, während die Schuhproduktion um 1,5 Mio. Paar zunimmt. Aggregiert man die Veränderungen der Produktionsmengen in Deutschland und Vietnam, so zeigt

---

◘ **Tab. 5.2**   Beispiel 2 – Komparative Kostenvorteile

	Deutschland	**Vietnam**
Autos	500 Stunden pro Stück	5000 Stunden pro Stück
Schuhe	1 Stunde pro Paar	2 Stunden pro Paar

◘ **Tab. 5.3**   Beispiel 2 – Vorteilhaftigkeit der Produktionsverlagerung

	Deutschland	**Vietnam**	**Vorteil**
Arbeitsstundenverlagerung	1 Mio. aus Schuh- in Autoproduktion	3 Mio. aus Auto- in Schuhproduktion	
Autos	+2000 Stück	–600 Stück	+1400 Stück
Schuhe	–1 Mio. Paar	+1,5 Mio. Paar	+500.000 Paar

sich, dass durch die Verlagerung der Produktion mit dem gleichen Arbeitskräfteeinsatz in Summe mehr hergestellt wird – in der Autoproduktion um 1400 Stück
und in der Schuhproduktion um 500.000 Paar. Beachten Sie, dass in Vietnam eine
größere Anzahl an Arbeitskräften als in Deutschland verlagert wurde. Dies ist aufgrund der absoluten Kostenvorteile notwendig, da bei einer Verlagerung von nur
1 Mio. vietnamesischen Arbeitskräften die Schuhproduktion nicht stark genug steigen würde, um den Rückgang in Deutschland ausgleichen zu können.

Warum ist die Aufnahme von Außenhandel hier vorteilhaft? Der Handelsvorteil
ergibt sich daraus, dass die mit der Spezialisierung verbundene Arbeitsteilung eine
Veränderung der Produktionsstruktur ermöglicht: Der Produktivitätsvorsprung
von Deutschland ist in der Autoproduktion ausgeprägter als bei der Herstellung
von Schuhen. Durch die Verlagerung der Produktion kann so mit gleichem Arbeitskräfteeinsatz eine größere Menge beider Güter hergestellt werden. Durch den internationalen Warenaustausch können die Güter anschließend so auf beide Länder
verteilt werden, dass sich beide gegenüber der Autarkiesituation besserstellen.

Die Vorteilhaftigkeit von Spezialisierung und Außenhandel lässt sich auch unter Verwendung des Konzepts der Opportunitätskosten verdeutlichen. Die **Opportunitätskosten** geben an, um wie viel (bei gegebenen Ressourcen) die Produktion eines Gutes vermindert werden muss, um eine zusätzliche Einheit des anderen Gutes
herzustellen – sie drücken also die Kosten eines Gutes nicht in monetären Einheiten (wie z. B. Euro), sondern in aufzugebender Produktion des anderen Gutes aus.
Ohne Außenhandel liegen die Opportunitätskosten für Autos in Deutschland bei
500 Paar Schuhen je Auto, während sie in Vietnam 2500 Paar Schuhe je Auto betragen. Somit sind, in realen Ressourcen gerechnet, Autos ohne Handel in Deutschland wesentlich billiger. Umgekehrt gilt, dass für die Produktion eines zusätzlichen
Paars Schuhe in Vietnam nur 1/2500 Autos aufgegeben werden müssen, wohingegen
Deutschland auf 1/500 Autos verzichten müsste. Es ist daher vorteilhaft, dass ein
Land die Produktion auf dasjenige Gut verlagert, bei dem es geringere Opportunitätskosten als sein Handelspartner aufweist.

Das Ricardo-Modell und insbesondere das Konzept der Opportunitätskosten
kann im Rahmen einer **Analyse mit Produktionsmöglichkeitenkurven** auch graphisch
veranschaulicht werden.[1] Mithilfe dieser Darstellung können wir auch verdeutlichen,
dass bei Außenhandel im **Ein-Faktor-Modell** normalerweise die **vollständige Spezialisierung** auf die Herstellung eines Gutes optimal ist. Um den Unterschied zwischen absoluten und komparativen Kostenvorteilen in der Abbildung zu verdeutlichen, nehmen wir dabei an, dass sowohl in Deutschland als auch in Vietnam jeweils
100 Mio. Arbeitsstunden zur Verfügung stehen. Die Produktionsmöglichkeiten der
beiden Länder sind in Abb. 5.1 dargestellt. In Deutschland können mit diesem Ar-
beitsstundenpotenzial maximal 100 Mio. Paar Schuhe oder 200.000 Autos (bzw. eine
entsprechende Linearkombination) produziert werden, während in Vietnam mit dem
gleichen Einsatz lediglich maximal 50 Mio. Paar Schuhe oder 20.000 Autos hergestellt werden können. Aufgrund der Ein-Faktor-Produktionstechnologie mit konstanten Skalenerträgen verlaufen die Produktionsmöglichkeitenkurven linear.

Wie wir sehen können, liegt die deutsche Produktionsmöglichkeitenkurve weiter außen als die vietnamesische. Dies zeigt den absoluten Kostenvorteil Deutsch-

---

1   Die Produktionsmöglichkeitenkurve gibt alle Güterkombinationen an, die bei effizientem Einsatz al-
     ler im Land vorhandenen Faktoren produziert werden können (vgl. auch ▶ Abschn. 4.2).

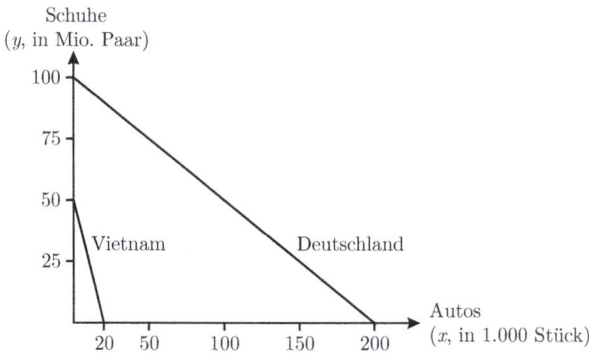

◘ Abb. 5.1   Produktionsmöglichkeitenkurven von Deutschland und Vietnam

lands an. Der komparative Vorteil Vietnams bei der Schuhproduktion drückt sich demgegenüber dadurch aus, dass die vietnamesische Produktionsmöglichkeitenkurve steiler verläuft als die deutsche. Der absolute Wert der Steigung der Produktionsmöglichkeitenkurve gibt dabei die Opportunitätskosten der Güter an: Die Steigung beträgt für Deutschland -500, da sich die Opportunitätskosten für Autos in Deutschland auf 500 Paar Schuhe je Automobil belaufen; entsprechend beträgt die Steigung für Vietnam -2500, da die entsprechenden Opportunitätskosten 2500 Paar Schuhe je Automobil betragen.

Wie wir aus ▶ Kap. 4 wissen, muss bei Autarkie der Konsumplan mit dem Produktionsplan übereinstimmen. Dies ist dann der Fall, wenn die Grenzrate der Substitution gleich der Grenzrate der Transformation ist (GRS = GRT), d. h. die Steigung der Wohlfahrtsindifferenzkurve der Steigung der Produktionsmöglichkeitenkurve entspricht. Nun ist aber aufgrund der linearen Form der Produktionsmöglichkeitenkurve die Grenzrate der Transformation (GRT) in jedem Punkt identisch. Damit können wir unabhängig von der Nutzenfunktion das Autarkiepreisverhältnis direkt ablesen: Es entspricht den Opportunitätskosten.

Beide Länder profitieren durch die Aufnahme von Außenhandel. Wie die Vorteile aus dem Außenhandel tatsächlich aufgeteilt werden, ergibt sich durch das Weltmarktpreisverhältnis. Ohne Information über die Nachfragestruktur lässt sich nur sagen, dass sich der Weltmarktpreis für ein Auto in Paar Schuhen zwischen 500 und 2500 bewegen muss – schließlich wäre es bei einem Preis von über 2500 für Vietnam vorteilhaft, die Autos selbst zu produzieren, während es sich bei einem Preis von weniger als 500 auch für Deutschland lohnen würde, die Schuhproduktion aufzunehmen.

Nehmen wir nun an, dass der Weltmarktpreis 1000 Paar Schuhe pro Auto beträgt. Diese Situation wird in ◘ Abb. 5.2 dargestellt. Wenn sich jedes Land auf die Herstellung desjenigen Gutes spezialisiert, bei dem es einen komparativen Kostenvorteil hat, so ergeben sich bei Freihandel die Konsummöglichkeiten eines Landes entsprechend der durch diesen Produktionspunkt verlaufenden Weltmarktpreisgerade (die Steigung entspricht dabei dem Preisverhältnis). In der Abbildung kann man unmittelbar erkennen, dass bei Freihandel die Konsummöglichkeiten beider Länder größer sind als in der Autarkiesituation: Ohne Außenhandel würden die Konsumoptionen durch die Produktionsmöglichkeiten (graue Flächen) beschränkt.

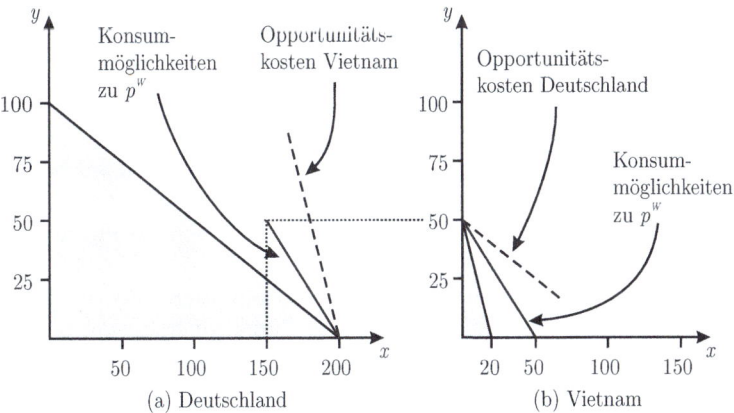

Abb. 5.2   Gewinne aus Außenhandel

Sowohl in der Abbildung für Deutschland als auch in derjenigen für Vietnam liegt die Weltmarktpreislinie oberhalb der Produktionsmöglichkeitenkurve des Landes, was die erweiterten Konsummöglichkeiten widerspiegelt. Für Deutschland ergibt sich jedoch insofern eine Einschränkung, als Vietnam auch bei vollständiger Spezialisierung maximal 50 Mio. Paar Schuhe liefern kann. In ▶ Abschn. 5.2 werden wir uns mit dem Fall beschäftigen, dass die Nachfrage nach einem Gut die Produktionsmöglichkeiten des Landes mit dem komparativen Vorteil übersteigt. Wir werden dabei zeigen, dass auch in diesem Fall sichergestellt ist, dass sich jedes Land nach Aufnahme des Außenhandels mindestens so gut stellt wie bei Autarkie.

Unsere bisherigen Ergebnisse erlauben uns, einige Missverständnisse aufzuklären, die bisweilen in der öffentlichen Diskussion zu beobachten sind und dazu führen, dass der zunehmende Außenhandel häufig wenig positiv wahrgenommen wird: Einerseits wird kritisiert, dass der Handel unfair sei und sich die Industrieländer auf Kosten der Entwicklungsländer bereichern würden. Andererseits wird der Verlust von Arbeitsplätzen und eine Verringerung des Wohlstands befürchtet. Zwar kann Handel durchaus für bestimmte Gruppen in einem Land negative Effekte haben, die pauschale Kritik ist jedoch meist unberechtigt. Das Ricardo-Modell hilft, eine Reihe von **Denkfehlern bei** dieser **Kritik am internationalen Handel** aufzudecken. Beispielsweise wird häufig vorgebracht, dass der Außenhandel für die Entwicklungsländer unfair und letztlich nachteilig sei, weil sie mehr Arbeit zur Produktion der Exportgüter einsetzen müssen, als in ihren Importgütern an ausländischer Arbeit enthalten ist. Tatsächlich kommt es aber bei der Vorteilhaftigkeit des Außenhandels darauf an, dass für die Herstellung der Importgüter im Inland mehr inländische Arbeit eingesetzt werden müsste, als in den eigenen Exportgütern enthalten ist, die das Inland gegen die Importgüter eintauscht: In unserem Beispiel würde bei einem Freihandelspreis von 1000 Paar Schuhe für ein Auto zwar für die Schuhe 2000 Stunden vietnamesische Arbeit eingesetzt, während nur 500 Stunden an deutscher Arbeit in dem dafür eingetauschten Auto stecken. Würden die Vietnamesen das Auto jedoch selbst herstellen wollen, müsste sie dafür sogar 5000 Arbeitsstunden einsetzen.

Im nächsten Schritt wollen wir die Analyse um den Aspekt der **Faktorentlohnung** erweitern. Dabei nehmen wir an, dass auf dem Güter- und dem Arbeitsmarkt vollkommener Wettbewerb herrscht. Da bei vollkommenem Wettbewerb keine (ökonomischen) Gewinne realisiert werden und der Faktor Arbeit der einzige Produktionsfaktor ist, wird im Gleichgewicht der Preis eines Gutes den Arbeitskosten je Produkteinheit entsprechen. Im Folgenden wird der Stundenlohn in Deutschland mit w und derjenige in Vietnam mit w^* bezeichnet. In der Autarkiesituation ergeben sich dann folgende Güterpreise: Der Preis für Autos in Deutschland beträgt $500 \cdot w$ und der Preis für ein Paar Schuhe $1 \cdot w$. In Vietnam werden Autos demgegenüber $5000 \cdot w^*$ und ein Paar Schuhe $2 \cdot w^*$ kosten. ◘ Tab. 5.4 fasst die Produktionskosten bzw. Preise in beiden Ländern zusammen.

Bei Freihandel ist es nun zum einen von der Technologie und zum anderen von der Relation der Lohnsätze abhängig, welches Land ein bestimmtes Gut kostengünstiger herstellen kann:

— Deutschland produziert und exportiert Autos, wenn die Herstellungskosten für Autos in Deutschland geringer als in Vietnam sind. Dies ist erfüllt, wenn $500 \cdot w < 5000 \cdot w^*$ bzw. $w < 10 \cdot w^*$ gilt. Bei $w = 10 \cdot w^*$ würde Vietnam selbst Autos produzieren und für $w > 10 \cdot w^*$ sogar exportieren (und Deutschland entsprechend importieren).

— Vietnam produziert und exportiert Schuhe, wenn dies kostengünstiger als in Deutschland möglich ist. Dazu muss für die Löhne $2 \cdot w^* < w$ gelten. Analog zur Überlegung bei der Autoproduktion würde Deutschland bei $2 \cdot w^* = w$ selbst Schuhe produzieren und wäre bei $2 \cdot w^* > w$ auch Schuhexporteur.

Im Gleichgewicht kann sich nur ein relativer Lohn im Bereich $2 \cdot w^* \leq w \leq 10 \cdot w^*$ ergeben, da bei $w/w^* < 2$ in Vietnam und bei $10 < w/w^*$ in Deutschland keine Produktion stattfinden würde. Damit käme es jedoch zu Arbeitslosigkeit im jeweiligen Land und durch den Angebotsüberschuss auf dem Arbeitsmarkt würden die Löhne so lange sinken, bis in jedem Land zumindest eines der beiden Güter hergestellt wird.

Wenn wir nun den zulässigen Bereich $2 \leq w/w^* \leq 10$ betrachten, so sehen wir, dass die Löhne in Vietnam deutlich niedriger sind als in Deutschland. Ursächlich ist der absolute Vorteil Deutschlands: Da die vietnamesischen Arbeitskräfte bei der Herstellung beider Güter weniger produktiv sind, können sie Schuhe nur dann kostengünstiger als in Deutschland herstellen, wenn die Entlohnung weniger als die Hälfte des deutschen Lohnsatzes beträgt. Beachten Sie, dass die Vietnamesen aufgrund der absoluten Kostennachteile zwar ärmer als die Deutschen sind, sich aber durch Außenhandel mit Deutschland aufgrund der komparativen Kostenvorteile in der Schuhproduktion trotzdem besserstellen.

Diese Analyse mit Arbeitslöhnen hilft uns, ein häufig von Globalisierungsgegnern in Industrieländern vorgebrachtes Argument zu entkräften: Ausländischer Wettbewerb aus Entwicklungsländern wie China oder Vietnam aufgrund niedriger

◘ **Tab. 5.4**   Produktionskosten in Abhängigkeit vom jeweiligen Lohnsatz

	Deutschland	Vietnam
Autos	$500 \cdot w$	$5000 \cdot w^*$
Schuhe	w	$2 \cdot w^*$

Löhne sei „unfair" und schade der heimischen Wirtschaft. Wie wir gesehen haben, müssen die Löhne in diesen Ländern deswegen niedriger sein, weil dort die Produktivität geringer ist. Die niedrigen Löhne sind also nicht unfair, sondern ermöglichen es den Industrieländern, diejenigen Produkte, bei denen die Entwicklungsländer nur einen geringen Produktivitätsnachteil haben, kostengünstig zu importieren und im Gegenzug die Produkte mit großem Produktivitätsvorsprung der Industrieländer zu exportieren.

5.2 Annahmen und formale Analyse des Ricardo-Modells

Für die Interpretation der Ergebnisse und die Anwendung auf die Realität ist es sehr wichtig, die Annahmen des Modells zu kennen. Daher wollen wir nun auf die zentralen Annahmen des Ricardo-Modells eingehen und dabei auch die Notation für die darauffolgende formale Analyse einführen.

Das Ricardo-Modell betrachtet die Handelsbeziehungen zwischen zwei Ländern, wobei wir üblicherweise eines davon als Inland und das andere als Ausland bezeichnen. Die Variablen, die sich auf das Ausland beziehen, werden, wie schon bisher, mit einem Sternchen (*) gekennzeichnet.

■■ Faktormarkt

In jedem der beiden Länder steht als einziger Produktionsfaktor eine gegebene Menge an Arbeit L bzw. L^* zur Verfügung. Die verfügbare Arbeitsmenge ist dabei unabhängig von der Höhe des gezahlten Lohns (d. h. das Arbeitsangebot ist unelastisch). Durch die Annahme vollkommenen Wettbewerbs auf dem Arbeitsmarkt stellt sich außerdem die Vollbeschäftigung der Faktoren ein; es gibt somit keine Arbeitslosigkeit. Die Arbeitskräfte sind homogen, d. h. alle Arbeitskräfte eines Landes sind absolut identisch, insbesondere in Bezug auf ihre Produktivität. Zwischen den Sektoren herrscht vollständige Mobilität, d. h. eine Arbeitskraft kann in jedem der beiden Sektoren eingesetzt werden und jederzeit von einem Sektor in den anderen wechseln. International sind die Arbeitskräfte demgegenüber vollkommen immobil.

■■ Produktion

Es werden zwei Güter x und y mit den linearen Produktionstechnologien

$$x = \frac{1}{a_x} \cdot L_x \text{ und } y = \frac{1}{a_y} \cdot L_y \quad \text{bzw.} \quad x^* = \frac{1}{a_x^*} \cdot L_x^* \text{ und } y^* = \frac{1}{a_y^*} \cdot L_y^* \tag{5.1}$$

hergestellt, wobei a_i den jeweiligen Arbeitskoeffizienten – Arbeitseinsatz je Outputeinheit – im Sektor $i = x, y$ bezeichnet. Es ist zu erkennen, dass diese Technologie folglich konstante Skalenerträge aufweist: So führt etwa eine Verdoppelung der eingesetzten Faktormenge zu einer Verdopplung der Produktion. Damit es zu Handel kommt, muss sich das Verhältnis der Arbeitskoeffizienten zwischen den Ländern unterscheiden, d. h. $a_x/a_y \neq a_x^*/a_y^*$. Auch beim Güterangebot herrscht vollkommener Wettbewerb.

▪ ▪ Nachfrage

Zwar werden die Konsumpräferenzen im Ricardo-Modell nicht explizit spezifiziert, dennoch gibt es einige grundlegende Annahmen, die zu berücksichtigen sind. So sind die Arbeitskräfte zugleich die Konsumenten des Landes. Außerdem fragen die Konsumenten beider Länder beide Güter nach – würde nur ein Gut nachgefragt, ergäbe sich schließlich keine Tauschmöglichkeit. Bei der Bestimmung des Gleichgewichtes werden wir außerdem zur einfacheren graphischen Darstellung unterstellen, dass die Konsumenten beider Länder identische und homothetische Präferenzen aufweisen.

Aus diesen Annahmen ergeben sich eine Reihe von Implikationen für das Modell: Der vollkommene Wettbewerb auf dem Arbeitsmarkt, in Verbindung mit Mobilität der Faktoren zwischen den Sektoren, führt dazu, dass in beiden Ländern im Gleichgewicht die Löhne in den beiden Sektoren identisch sein werden, d. h. $w_x = w_y = w$ und $w_x^* = w_y^* = w^*$. Andernfalls hätten die Arbeitskräfte einen Anreiz, in den jeweiligen Hochlohnsektor abzuwandern. In der Autarkiesituation bestimmt sich der absolute Güterpreis dadurch, wie viel den jeweiligen Arbeitskräften bezahlt werden muss, um eine Einheit des Gutes zu produzieren. Vollkommener Wettbewerb auf den Gütermärkten verhindert dabei, dass auf die Herstellungskosten ein Gewinnaufschlag erhoben werden kann:

$$p_x = a_x \cdot w \text{ und } p_y = a_y \cdot w \quad \text{bzw.} \quad p_x^* = a_x^* \cdot w^* \text{ und } p_y^* = a_y^* \cdot w^* \tag{5.2}$$

Wie wir bereits aus dem vorigen ▶ Abschn. 5.1 wissen und auch aus (5.2) folgern können, wird das Autarkiepreisverhältnis den Opportunitätskosten entsprechen, d. h. $p_x/p_y = a_x/a_y$. Im Ausland werden die Preise entsprechend $p_x^* = a_x^* \cdot w^*$ und $p_y^* = a_y^* \cdot w^*$ betragen. Somit ist der absolute Preis eines Gutes i im Inland dann niedriger, wenn $w \cdot a_i < w^* \cdot a_i^*$ bzw. $w/w^* < a_i^*/a_i$ gilt. Wäre diese Bedingung in beiden Sektoren erfüllt, dann könnte das Inland beide Güter kostengünstiger anbieten. Wie wir schon im vorherigen Abschn. 5.1 gezeigt haben, ist dies jedoch nicht mit der Annahme vollkommenen Wettbewerbs und Vollbeschäftigung in beiden Ländern vereinbar. Im Gleichgewicht muss jedes Land im Vergleich zu anderen wenigstens ein Gut kostengünstiger oder zumindest zu identischen Kosten produzieren.

Nach diesen Vorüberlegungen können wir mit der eigentlichen Analyse beginnen. Zunächst wollen wir dabei ermitteln, wie die Arbeitskräfte auf die Sektoren verteilt werden können und wie viel das Land dann jeweils produzieren kann. Hierzu wird zunächst aus der Technologie die **Produktionsmöglichkeitenkurve** exemplarisch für das Inland abgeleitet. Die Produktionstechnologien (5.1) geben an, wie viel von den jeweiligen Gütern bei einem bestimmten Arbeitseinsatz hergestellt werden kann. Dabei müssen wir noch berücksichtigen, dass das Land nur eine begrenzte Anzahl an Arbeitskräften L zur Verfügung hat. Somit ergibt sich folgende Nebenbedingung:

$$L_x + L_y \leq L. \tag{5.3}$$

Der Arbeitskräfteeinsatz für die Produktion von Gut x und von Gut y kann das gesamtwirtschaftliche Arbeitsangebot nicht übersteigen. Im Gleichgewicht ist die Nebenbedingung zudem bindend, d. h. $L_x + L_y = L$: Zwar könnte auch eine Kombination von x und y gewählt werden, die weniger Arbeitseinsatz benötigt als vorhanden ist, dies wäre aber nicht effizient und würde keine Vollbeschäftigung garantieren. Setzen wir die Produktionstechnologien (5.1) in die bindende Nebenbedingung (5.3) ein und lösen die resultierende Gleichung nach Gut y auf, so erhalten wir einen direkten Zusammenhang zwischen der Produktion beider Güter:

$$y = \frac{1}{a_y} \cdot L - \frac{a_x}{a_y} \cdot x \tag{5.4}$$

Wir können erkennen, dass es sich um eine Gerade im (x, y)-Raum handelt, wobei an den jeweiligen Achsenabschnitten die maximale Produktion abgelesen werden kann: an der Ordinate (y-Achse) die maximale Produktion von Gut y, L/a_y, , und an der Abszisse (x-Achse) die maximale Produktion von Gut x, L/a_x. In ■ Abb. 5.3 haben wir insgesamt drei Produktionsmöglichkeitenkurven eingezeichnet: diejenige des Inlandes (PMK), des Auslandes (PMK *) und der Welt (PMK ^{W}).

Wie wir bereits anhand des Zahlenbeispiels erläutert haben, kann aus dem Vergleich der Produktionsmöglichkeitenkurve des Inlandes mit der des Auslandes geschlossen werden, welches Land bei welchem Gut einen komparativen Kostenvorteil genießt. Hierzu betrachten wir die Steigungen der Kurven anhand von (5.4). Diese entspricht den Opportunitätskosten von Gut x, $-a_x/a_y$. Graphisch können diese aus dem Winkel β bzw. β^* abgeleitet werden, $\tan \beta = a_x/a_y$ bzw. $\tan \beta^* = a_x^*/a_y^*$.

Da die Produktionsmöglichkeitenkurve des Inlandes eine geringere Steigung aufweist als die des Auslandes – daran zu erkennen, dass $\beta < \beta^*$ – besitzt es folglich den komparativen Kostenvorteil bei Gut x und das Ausland mit der höheren Steigung bei Gut y. Über den absoluten Kostenvorteil kann nur dann eine Aussage getroffen werden, wenn wir konkrete Informationen über die Arbeitsausstattungen der Länder haben. Weisen beide Länder die gleiche Ausstattung an Arbeitskräften auf, dann hat das Inland nicht nur einen relativen, sondern auch einen absoluten Vorteil bei Gut x und das Ausland entsprechend bei Gut y. Hat hingegen das Inland erheblich mehr Arbeitskräfte als das Ausland, wird es seine Produktionsmöglichkeiten allein der schieren Masse und weniger einem Produktivitätsvorteil verdanken.

Grundsätzlich wird ein Land dasjenige Gut exportieren, bei dem es im Autarkiefall den niedrigeren (relativen) Preis aufweist. Das Ricardo-Modell zeigt nun, dass das Land dasjenige Gut günstiger anbieten kann, bei dem es die niedrigeren Opportunitätskosten und somit einen komparativen Kostenvorteil hat. Ausgehend von

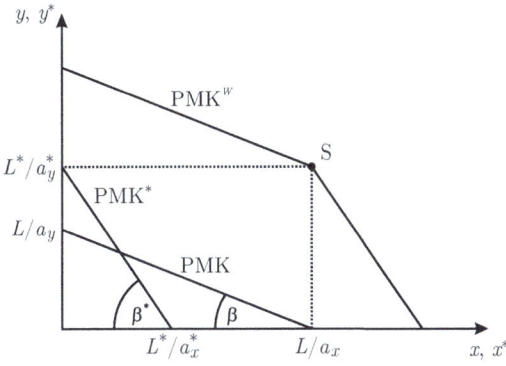

■ **Abb. 5.3** Aggregation der Produktionsmöglichkeitenkurven

dieser Vorüberlegung kann durch die Aggregation von PMK und PMK* die konkave (nach außen gebogene) Produktionsmöglichkeitkurve der Welt bestimmt werden, auf deren Grundlage wir das Preisverhältnis bei Freihandel bestimmen. In ◘ Abb. 5.3 ist der Punkt S gekennzeichnet, der die Güterkombination darstellt, bei der beide Länder spezialisiert sind. Alle relativen Preise, die zwischen den Autarkiepreisen der Länder liegen, können dazu führen, dass sich diese Spezialisierungsstruktur einstellt. Jeder andere relative Preis würde dazu führen, dass sich nur ein Land spezialisiert. Zur konkreten Bestimmung des Preisverhältnisses benötigen wir allerdings Informationen über die Nachfrageseite.

Um das Preisverhältnis zu bestimmen, können wir, wie in ◘ Abb. 5.4a geschehen, die Nachfrageseite mit Wohlfahrtsindifferenzkurven (W^W) darstellen (vgl. auch ► Kap. 4). Allerdings veranschaulicht eine alternative Darstellung mit relativen Angebots- und Nachfragekurven – ◘ Abb. 5.4b – die zentralen Aspekte wesentlich einfacher und klarer. Zur Verdeutlichung, dass beide Diagramme die gleichen Inhalte nur auf unterschiedliche Weise veranschaulichen, sind sie direkt nebeneinander abgebildet. Dadurch können wir zudem zeigen, wie sich die relative Angebotskurve aus der Produktionsmöglichkeitkurve der Welt (PMK^W) ableiten lässt.

Allgemein stellt sich das **Spezialisierungsmuster** eines Landes in Abhängigkeit von seinen Opportunitätskosten und des relativen Preises dar:

- $p_x/p_y < a_x/a_y$: Spezialisierung auf Gut y
- $p_x/p_y = a_x/a_y$: Keine Spezialisierung
- $p_x/p_y > a_x/a_y$: Spezialisierung auf Gut x

Folglich ist bei unterschiedlichen Technologien immer mindestens ein Land spezialisiert: Beispielsweise produziert bei $p_x/p_y = a_x/a_y$ das Inland beide Güter, während sich das Ausland aufgrund von $a_x/a_y = p_x/p_y < a_x^*/a_y^*$ auf Gut y spezialisiert. In ◘ Abb. 5.4a wäre dies bei einer weltweit nachgefragten relativen Menge von R_1 der Fall. Eine marginale Erhöhung dieses relativen Preises ist dann aber bereits ausreichend, damit sich das Inland vollständig auf Gut x spezialisiert. Dadurch sind

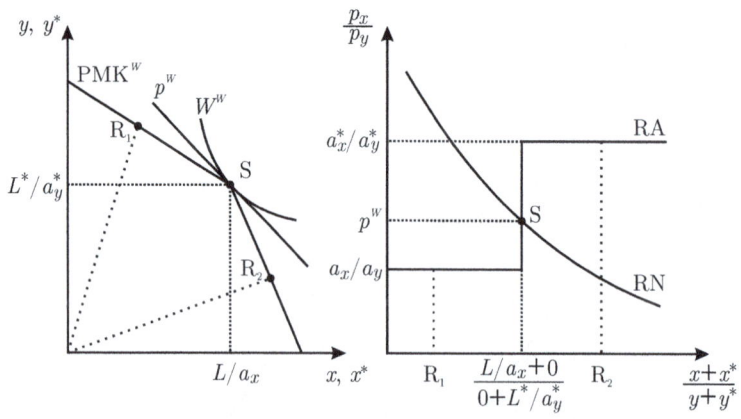

(a) Weltproduktionsmöglich-
keitenkurve

(b) Relatives Angebot (RA) und
relative Nachfrage (RN)

◘ **Abb. 5.4**   Bestimmung des relativen Weltmarktpreises

beide Länder spezialisiert ($a_x/a_y < p_x/p_y < a_x^*/a_y^*$) und die weltweit erzeugte relative Menge in Punkt S von Gut x beträgt $(L/a_x)/(L^*/a_y^*)$. Steigt das Weltmarktpreisverhältnis weiter bis auf $p_x/p_y = a_x^*/a_y^*$, wäre nur noch das Inland aber nicht mehr das Ausland spezialisiert – wie etwa bei der relativen Menge R_2.

Aus diesen Überlegungen können wir nun das **relative Angebot** (RA) in ◻ Abb. 5.4b herleiten: Der senkrechte Abschnitt des relativen Angebots ergibt sich aus dem Knick (bei Punkt S) in der aggregierten Produktionsmöglichkeitenkurve – im Bereich zwischen den beiden Autarkiepreisverhältnissen sind beide Länder spezialisiert und das relative Angebot ist somit konstant. Die horizontalen Abschnitte entsprechen den beiden Bereichen von PMK^W, bei denen sich nur eines der Länder spezialisiert: Der inländische Autarkiepreis a_x/a_y stellt sich ein, wenn das Inland beide Güter fertigt, der ausländische Autarkiepreis a_x^*/a_y^* ergibt sich, wenn das Ausland beide Güter produziert.

Zur Bestimmung des Weltmarktpreises ist nun neben dem technologisch bedingten Angebot auch die Nachfrage erforderlich. Bei PMK^W in ◻ Abb. 5.4a wurde die, bei den gegebenen Produktionsmöglichkeiten, bestmögliche erreichbare Wohlfahrtsindifferenzkurve W^W eingezeichnet, die die annahmegemäß identischen Präferenzen im In- und Ausland widerspiegelt. Die Steigung dieser Kurve im Tangentialpunkt mit der aggregierten Produktionsmöglichkeitenkurve bestimmt dann den Weltmarktpreis im Gleichgewicht. Entsprechend ist im Diagramm mit der relativen Angebotskurve die **relative Nachfrage** (RN) eingezeichnet. Der fallende Verlauf von RN ist durch den Substitutionseffekt bedingt: Je geringer der relative Preis von Gut x ist, desto mehr werden die Konsumenten von Gut x und desto weniger von Gut y nachfragen.

Das Weltmarktpreisverhältnis p^W ergibt sich im Schnittpunkt zwischen der relativen Nachfrage und dem relativen Angebot. Ist der Schnittpunkt im senkrechten Bereich der relativen Angebotskurve wie bei Punkt S, so sind beide Länder spezialisiert. In den waagrecht verlaufenden Bereichen ist jeweils nur eines der Länder spezialisiert – in R_1 wird das Inland und in R_2 das Ausland beide Güter herstellen. Es ist dabei offensichtlich, dass Handel für ein Land nur dann die Konsummöglichkeiten erhöht, wenn sich das Land vollständig spezialisiert. Betrachten wir das Beispiel aus ◻ Abb. 5.2: Deutschland hätte keinen Vorteil, wenn sich der relative Weltmarktpreis nicht von seinem Autarkiepreis unterscheiden würde. Allerdings ist Handel für das nicht-spezialisierte Land auch nicht nachteilig, da ihm nach wie vor seine Autarkiekonsummöglichkeiten zur Verfügung stehen.

Ob es zur Spezialisierung eines Landes kommt oder nicht, ist von einer Reihe von Faktoren abhängig. Erheblichen Einfluss hat dabei die relative Größe des Landes. Erhöhen wir etwa L/L^*, so verschiebt sich in ◻ Abb. 5.4b der senkrechte Abschnitt des relativen Angebots nach rechts und der Weltmarktpreis nähert sich mehr und mehr dem inländischen Autarkiepreisverhältnis an. Entspricht er schließlich diesem Verhältnis, ist das in Bezug auf die Faktorausstattung relativ große Inland nicht länger spezialisiert. Dabei wird auch klar, dass die relative Größe eines Landes einen starken Einfluss darauf hat, wie nah der Weltmarktpreis am Autarkiepreis des größeren Landes liegen wird. Auch die Präferenzen der Konsumenten spielen eine Rolle: Würde sich etwa die relative Präferenz für Gut x erhöhen, hätte dies eine Rechtsverschiebung der relativen Nachfrage zur Folge, wodurch der relative Preis von Gut x steigen würde und das Ausland eventuell nicht länger auf Gut y spezialisiert wäre, da es einen Teil seiner Arbeitskräfte zur Produktion des nun stärker nachgefragten Gutes x einsetzen würde.

5.3 Handelsmuster und Neo-Ricardo-Modell

Wenn wir daran denken, mit wie vielen Gütern aus dem In- und Ausland wir jeden Tag tatsächlich umgeben sind, scheint es etwas unrealistisch, den Handel mit nur zwei Gütern zu analysieren. Wir wollen daher das **Handelsmuster** (synonym die **Handelsstruktur**) nun bei mehr als zwei Gütern betrachten und entsprechend die Frage beantworten, welche Güter ein Land dann importiert und welche es exportiert. Untersuchen wir hierzu das fiktive Beispiel des Außenhandels mit vier Gütern zwischen Deutschland und Vietnam in ◘ Tab. 5.5. Die Güter sind dabei nach dem Ausmaß der Produktivitätsunterschiede aufgereiht.

Wie wir sehen, hat Deutschland wieder bei allen Gütern einen absoluten Kostenvorteil. Das genaue Spezialisierungsmuster ist von den relativen Löhnen abhängig, die sich durch das Zusammenspiel von Technologie und Präferenzen ergeben. Nehmen wir nun an, dass der Lohnsatz im Gleichgewicht in Deutschland 10-mal höher ist als in Vietnam. In diesem Fall werden Autos sowohl in Deutschland als auch in Vietnam hergestellt: Zwar ist eine deutsche Arbeitskraft 10-mal so produktiv wie eine vietnamesische, aber auch 10-mal so teuer, sodass beide Länder zwischen Eigenproduktion und Import gerade indifferent sind. Bei den drei anderen Gütern erfolgt jedoch eine Spezialisierung: in Deutschland auf Maschinen, in Vietnam auf Textilien und Schuhe. Da sich jedes Land zumindest auf ein Gut spezialisiert, gewinnen beide durch Außenhandel. Damit sehen wir, dass bei mehr als zwei Gütern die Vorteilhaftigkeit des Handels normalerweise für beide Länder immer sichergestellt sein dürfte, da ein Land zumindest bei einem Gut spezialisiert sein wird.

Die Analyse mit einer großen Anzahl an Gütern wird leicht unübersichtlich. Wie in Dornbusch/Fischer/Samuelson (1977) gezeigt wird, ist es für die Untersuchung des Mehr-Güter-Falls darum vorteilhaft, ein **Kontinuum von Gütern** anzunehmen (Neo-Ricardo-Modell), also eine unüberschaubar große Anzahl an Gütern. Diese Güter können dann analog zur Darstellung in ◘ Tab. 5.5 derart geordnet werden, dass der komparative Vorteil des Inlandes mit zunehmendem $i = 1, 2, \ldots, n$ abnimmt. Wenn $a(i)$ bzw. $a^*(i)$ die Arbeitskoeffizienten für ein im Inland bzw. im Ausland hergestelltes Gut i angeben, so erhalten wir bei n Gütern die Ungleichungskette

$$a^*(1)/a(1) > a^*(2)/a(2) > \ldots > a^*(n)/a(n).$$

Nehmen wir nun weiter an, dass es keine endliche Anzahl n an Gütern gibt, sondern wir ein spezifisches Gut mit dem Güterindex z bezeichnen, der eine reelle Zahl aus dem geschlossenen Intervall zwischen 0 und 1 ist – wir unterstellen somit unendlich viele Güter. Die abnehmende relative Produktivität des Inlandes lässt sich

◘ **Tab. 5.5**   Komparative Kostenvorteile bei mehr als zwei Gütern

	Maschinen	Autos	Textilien	Schuhe
Deutschland (DE)	1000	500	5	1
Vietnam (VN)	15.000	5000	15	2
Effizienz DE:VN	15:1	10:1	3:1	2:1

Angaben in Arbeitsstunden je Stück bzw. bei „Schuhe" je Paar

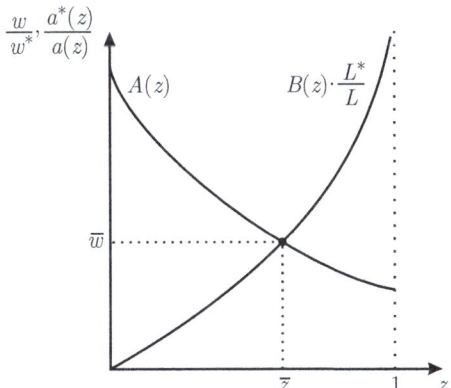

Quelle: Eigene Darstellung basierend auf Dornbusch/
Fischer/Samuelson (1977), 825.

Abb. 5.5 Bestimmung des Spezialisierungsmusters Quelle: Eigene Darstellung basierend auf Dornbusch/Fischer/Samuelson (1977), 825.

dann durch die in ■ Abb. 5.5 eingezeichnete stetige Funktion $A(z) = a^*(z)/a(z)$ mit fallenden Verlauf, $dA(z)/dz < 0$, beschreiben.

Welche Güter wird nun das Inland und welche Güter das Ausland produzieren? Die Antwort ist, wie im Ricardo-Modell, einfach: Jedes Land sollte dasjenige Gut produzieren, das es kostengünstiger als das andere Land herstellen kann. Die Kosten für die Produktion eines Gutes betragen wie in (5.2) $p(z) = a(z) \cdot w$ bzw. $p^*(z) = a^*(z) \cdot w^*$. Das Inland wird folglich diejenigen Güter produzieren, die es billiger als das Ausland herstellen kann,

$$w \cdot a(z) < w^* \cdot a^*(z). \tag{5.5}$$

Unter der Definition $A(z) = a^*(z)/a(z)$, kann die Ungleichung umformuliert werden zu

$$w/w^* < A(z). \tag{5.6}$$

Da die Funktion $A(z)$ gerade so konstruiert wurde, dass sie in z strikt fallend verläuft, gibt es somit ein Gut mit dem Indexwert $\bar{z}$, für das gerade $w/w^* = A(\bar{z})$ gilt. Alle Güter mit einem kleineren Indexwert als $\bar{z}$ erfüllen dann die Bedingung aus (5.6) und werden im Inland produziert, während bei allen Gütern mit einem höheren Indexwert das Ausland einen komparativen Vorteil aufweist und sie demzufolge auch dort produziert werden. Wenn wir also den relativen Lohn kennen, sind wir in der Lage, eine Aussage darüber zu treffen, welches Land welches Güterspektrum produziert.

Wenden wir uns nun der **Nachfrageseite** zu: Zur Vereinfachung wird davon ausgegangen, dass alle Konsumenten in den beiden Ländern die gleiche Präferenzstruktur haben und für jedes vorhandene Gut einen festen Anteil ihres Einkommens ausgeben (homothetische Präferenzen[2]). Wir bezeichnen dann den Anteil am Einkommen, den der Konsument für im Inland produzierte Güter ausgibt mit $G(\bar{z})$. Je höher $\bar{z}$ ist, desto mehr Güter werden im Inland produziert und desto mehr wird

---

2   Diese Annahme dient dazu, dass mögliche Einkommensänderungen durch Außenhandel keine Auswirkungen auf die Konsumstruktur haben.

demzufolge für inländische Güter aufgewendet – aufgrund der gleichen Präferenzen gilt diese Aussage sowohl für die in- als auch für die ausländischen Konsumenten. Für ausländische Güter wird dann der restliche Teil des Einkommens, $1 - G(\bar{z})$, aufgewendet. Im Gleichgewicht muss damit gelten:

$$w \cdot L = G(\bar{z}) \cdot \left(w \cdot L + w^* \cdot L^* \right) \tag{5.7}$$

Diese Gleichung besagt, dass sich im Gleichgewicht das inländische Einkommen (linke Seite) aus den weltweiten Gesamtausgaben für inländische Güter (rechte Seite) ergibt. Durch Umformen erhalten wir die modifizierte Form

$$\frac{w}{w^*} = \frac{G(\bar{z})}{1 - G(\bar{z})} \cdot \frac{L^*}{L} \equiv B(z) \cdot \frac{L^*}{L}. \tag{5.8}$$

Wir sehen, dass die neu definierte Variable $B(z)$ – der relative Einkommensanteil, der für inländische Güter ausgegeben wird – in z steigt. Diese Bedingung (5.8) beschreibt dann die Nachfrageseite, wohingegen die $A(z)$-Kurve aus (5.6), den angebotsseitigen Aspekt der effizienten Spezialisierung repräsentiert. ◻ Abb. 5.5 stellt beide Bedingungen zusammen in einem Diagramm dar. Im Schnittpunkt der zwei Kurven sind beide Bedingungen simultan erfüllt und repräsentieren damit das Gleichgewicht. Es ergibt sich somit das effiziente Spezialisierungsmuster $\bar{z}$ und der gleichgewichtige relative Lohn $\bar{w}$.

Wir wollen nun aufzeigen, wie sich in diesem Modell die **Vorteile des Außenhandels** darstellen lassen. Da die Unternehmen aufgrund vollkommenem Wettbewerbs auf den Gütermärkten keine Gewinne erzielen, können wir uns auf die Betrachtung der Konsumenten beschränken, die zugleich den einzigen Produktionsfaktor Arbeit anbieten. Die Konsumenten werden sich dann besserstellen, wenn ihre Reallöhne steigen und sie sich somit mehr Güter leisten können als zuvor. Wird ein Gut mit Indexwert z im Inland hergestellt, so beträgt sein Preis $p(z) = w \cdot a(z)$, wird es im Ausland hergestellt, so beträgt er $p(z) = w^* \cdot a^*(z)$. Der **Reallohn** in Bezug auf ein Gut mit Indexwert z ist gegeben durch $w/p(z)$, d. h. wird das Gut mit Indexwert z im Inland produziert ist der Reallohn $1/a(z)$, wird das Gut importiert, dann beträgt er $w/\left[w^* \cdot a^*(z) \right]$. Der Reallohn ist bei Import des Gutes mit Indexwert z dann höher, wenn

$$\frac{1}{a(z)} < \frac{w}{w^* \cdot a^*(z)} \quad \text{bzw.} \quad \frac{w}{w^*} > \frac{a^*(z)}{a(z)} = A(z). \tag{5.9}$$

Ein Blick auf (5.6) verrät, dass das Ausland aber gerade diejenigen Güter produzieren wird, die diese Bedingung (5.9) erfüllen. Folglich steigt der Reallohn der Arbeitskräfte durch den Handel. Analoge Überlegungen gelten entsprechend für die Arbeitskräfte im Ausland. Wir können somit zusammenfassen:

- Länder werden diejenigen Güter exportieren, bei denen sie komparative Kostenvorteile haben und diejenigen Güter importieren, bei denen das Ausland komparative Kostenvorteile hat.
- Die Grenze für die relative Produktivität, ab der ein Land komparative Vorteile aufweist, bestimmt sich endogen durch die Präferenzen der Konsumenten.
- Der Reallohn der Arbeitskräfte und damit die Gesamtwohlfahrt der Länder wird durch Handel steigen.

Zur Vereinfachung der Analyse wurde bislang angenommen, dass es keine Transportkosten oder sonstige Handelskosten gibt. Welche Auswirkungen ergeben sich nun aber, wenn wir diese Kosten berücksichtigen? Wie wir sehen, führt dies dazu, dass nicht mehr alle Güter gehandelt werden, insbesondere diejenigen nicht, bei denen der komparative Vorteil der Länder nur schwach ausgeprägt ist.

Bei der Analyse unterstellen wir sogenannte **Eisbergtransportkosten**. Diese sind am besten geeignet, um Transportkosten im vorliegenden Modell abzubilden. Die Idee ist einfach: Wir gehen davon aus, dass nur ein Teil der Güter, die vom Produktionsort losgeschickt werden, tatsächlich ihr Ziel erreicht, der Rest „schmilzt" auf dem Weg und ist unwiederbringlich verloren. Wir nehmen an, dass von einer Einheit eines Gutes ein Anteil $1 - h$ verloren geht und damit nur noch der Anteil h das Ziel erreicht (h liegt somit im Bereich zwischen 0 und 1). Welche Auswirkungen haben diese Kosten nun auf die Handelsstruktur? Notwendigerweise muss sich dann (5.5) ändern, da der Preis eines Gutes im Ausland nicht mehr mit dem Preis des Gutes im Inland übereinstimmen kann – schließlich erhält man für den ursprünglich gezahlten Preis nur noch h Einheiten des Gutes.

Das Inland wird weiterhin diejenigen Güter exportieren, die trotz der Transportkosten für die Konsumenten im Ausland günstiger sind als die dortige Eigenproduktion:

$$w^* \cdot a^*(z) \geq \frac{1}{h} \cdot w \cdot a(z) \quad \text{bzw.} \quad \frac{w}{w^*} \leq h \cdot A(z) \tag{5.10}$$

Im Gegenzug kann das Ausland diejenigen Güter exportieren, bei denen nach wie vor ein Preisvorteil gegenüber der inländischen Produktion gegeben ist:

$$w \cdot a(z) \geq \frac{1}{h} \cdot w^* \cdot a^*(z) \quad \text{bzw.} \quad \frac{w}{w^*} \geq \frac{1}{h} \cdot A(z) \tag{5.11}$$

Die beiden Bedingungen sind in ◘ Abb. 5.6 dargestellt.

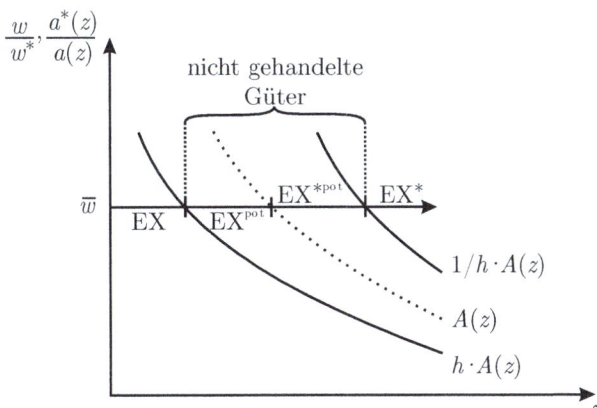

Quelle: Eigene Darstellung basierend auf Dornbusch/Fischer/Samuelson (1977), 830.

◘ **Abb. 5.6** Transportkosten: Spezialisierungsmuster und nicht gehandelte Güter Quelle: Eigene Darstellung basierend auf Dornbusch/Fischer/Samuelson (1977), 830.

Aus (5.10) folgt, dass das Inland für jeden Relativlohn alle Güter links von $h \cdot A(z)$ exportieren wird (EX) und an (5.11) ist abzulesen, dass das Ausland alle Güter rechts von $A(z)/h$ exportieren kann (EX *). Die Güter zwischen den beiden Kurven werden hingegen nicht gehandelt. Bei diesen Gütern ist der komparative Kostenvorteil der Länder zu schwach ausgeprägt, um die Verluste durch den Transport zu kompensieren. Im Extremfall, wenn alles durch den Transport verloren geht ($h = 0$), werden keine Güter gehandelt. Würden die Transportkosten sinken, d. h. ein höherer Anteil h das Ziel erreichen, wird ein Teil dieser Güter wieder gehandelt. Treten schließlich keine Verluste durch den Transport mehr auf ($h = 1$) werden alle Güter links neben der ursprünglichen $A(z)$-Kurve wieder zu Exporten des Inlandes und alle rechts davon zu Exporten des Auslandes. Aus diesem Grund wurden diese Bereiche in der Abbildung als potenzielle Exporte der entsprechenden Länder (EX^{pot}, EX*^{pot}) gekennzeichnet.

Dies hat Implikationen für die Praxis und erklärt, dass einige Güter aufgrund zu hoher Transportkosten nicht handelbar sind. Wir können damit gut nachvollziehen, warum es in der ersten Welle der Globalisierung zu einem rasanten Anstieg des Handels gekommen ist: Durch die drastische Reduktion der Transportkosten konnten mit einem Mal viel mehr Güter gehandelt werden.

Das Ricardo-Modell und seine Erweiterung zum Neo-Ricardo-Modell sind sehr hilfreich, um die grundlegenden Mechanismen des Handels aufgrund komparativer Vorteile aufzuzeigen. Die einschränkenden Annahmen des Modells führen jedoch dazu, dass sich zum einen manche Aussagen nicht auf einen allgemeineren Kontext übertragen lassen und zum anderen wichtige Fragestellungen unberücksichtigt bleiben müssen. So führt die Unterstellung einer linearen Produktionstechnologie dazu, dass sich die Länder vollkommen spezialisieren, d. h. die Produktion in bestimmten Sektoren komplett einstellen werden. Zudem können aufgrund der Beschränkung auf einen Produktionsfaktor die Auswirkungen des Handels auf die Einkommensverteilung nicht untersucht werden. Die Annahme einer gegebenen Faktorausstattung und Produktionstechnologie lässt auch keine Aussagen über Wachstum oder Innovation zu. Schließlich bleiben Skalenerträge und unvollkommener Wettbewerb als potenzielle Handelsmotive unberücksichtigt, da im Ricardo-Modell vollkommener Wettbewerb unterstellt wird. In den nächsten Kapiteln werden wir uns mit alternativen bzw. ergänzenden Modellansätzen beschäftigen, um die offengebliebenen Fragen zu klären.

🔁 Was haben wir gelernt?

— Für die Aufnahme von Außenhandel sind nicht die absoluten Kostenvorteile im Sinne einer höheren Produktivität, sondern die relativen Kostenvorteile relevant. Bei diesen handelt es sich um die Opportunitätskosten der Produktion, d. h. es geht darum, wie stark die Produktion des einen Gutes reduziert werden muss, um eine zusätzliche Einheit des anderen Gutes herzustellen.

— Spezialisiert sich jedes Land auf die Produktion des Gutes mit komparativen Kostenvorteilen, so führt dies in Verbindung mit Außenhandel dazu, dass sich für beide Länder die Konsummöglichkeiten im Vergleich zur Autarkiesituation ausweiten.

— Während die komparativen Kostenvorteile das Handelsmuster und die Vorteilhaftigkeit des Handels determinieren, bestimmen die absoluten Kostenvorteile die relative Entlohnung: Ist das Inland bei der Herstellung beider Güter produktiver, so werden nach Aufnahme von Handel die Löhne im Inland höher sein als im Ausland.

— Als Alternative zum Produktionsmöglichkeitendiagramm bietet sich das Konzept von relativem Angebot und relativer Nachfrage an, mit dem die Bestimmung des Gleichgewichts im Ricardo-Modell einfacher und übersichtlicher dargestellt werden kann.

— Bei mehr als zwei Gütern bestimmen die relative Produktivität, die relativen Löhne und die Höhe der Transportkosten, welche Güter importiert, nicht gehandelt oder exportiert werden.

5.4 Kontrollfragen und Übungsaufgaben

1. Erläutern Sie, was unter absolutem Kostenvorteil, komparativem Kostenvorteil und Opportunitätskosten verstanden wird! Wie hängen diese drei Konzepte zusammen?

2. Wodurch wird im Ricardo-Modell die Entstehung bzw. die Vorteilhaftigkeit von Handelsbeziehungen erklärt?

3. Welcher Zusammenhang besteht zwischen Arbeitslöhnen und dem komparativen Kostenvorteil? Bleibt dieser Zusammenhang auch bei vielen handelbaren Gütern erhalten?

4. Kuba beschließt, Handelsbeziehungen aufzunehmen. Allerdings gilt dessen Anbau-Technologie als nicht sehr effizient, insbesondere im Vergleich zu seinem potenziellen Handelspartner Ecuador. Beide Länder verfügen über 3 Mio. Arbeitsstunden. Die Technologien sind beschrieben durch

   a) Erläutern Sie, warum sich Handel für Kuba lohnt! Zeigen Sie hierzu, welches Land bei welchem Gut einen absoluten und bei welchem einen komparativen Kostenvorteil hat!

   b) Zeichnen Sie die Produktionsmöglichkeitenkurven für beide Länder und erläutern Sie, woran der absolute und der relative Kostenvorteil zu erkennen sind und welcher Autarkiepreis sich einstellen wird! Begründen Sie, warum Sie hierzu keine Kenntnis über die Nachfrage benötigen!

   c) Zeichnen Sie die relative Angebotskurve für Kaffee bei Freihandel! Begründen Sie, in welchem Intervall der Preis bei Handel liegen muss, wenn beide Länder auf verschiedene Güter spezialisiert sind! Die Bewohner konsumieren Kaffee und Zucker in einem festen Verhältnis: 1 kg Kaffee und 2 kg Zucker. Wie hoch wird der Preis bei Freihandel sein? Begründen Sie, ob bei diesem Preis Handel für alle Länder vorteilhaft ist!

   d) Welches der beiden Länder kann höhere Löhne rechtfertigen, wenn beide Güter gehandelt werden? Bestimmen Sie den minimal und den maximal möglichen Unterschied! Angenommen, Kuba kann seine Produktivität bei beiden Gütern um 50 % erhöhen. Wie ändert sich Ihre Aussage?

   e) Brasilien möchte gerne dem Handelsbündnis beitreten. Seine Produktionsmöglichkeitenkurve ist beschrieben durch $x = 350.000 - \frac{5}{3} \cdot y$. Zeichnen Sie diese Kurve und bestimmen Sie, bei welchem Gut der komparative Kostenvorteil liegt! Können Sie auch eine Aussage über absolute Kostenvorteile treffen?

Welche Auswirkungen ergeben sich durch diesen zusätzlichen Handelspartner auf den relativen Weltmarktpreis?

5. Zeigen Sie im Neo-Ricardo-Modell, wie eine Reduktion von Handelskosten das Spektrum der gehandelten Güter vergrößern kann! Wie können Sie diesen Zusammenhang intuitiv erklären?

6. Erweitern Sie analog zum Vorgehen im Neo-Ricardo-Modell, das klassische Ricardo-Modell mit einer überschaubaren Anzahl an Gütern um Handelskosten! Verwenden Sie als Grundlage das Beispiel aus ◘ Tab. 5.5.

5

Literatur

Im Text zitierte Quellen

Dornbusch R., Fischer S. und P. A. Samuelson (1977), Comparative Advantage, Trade, and Payments in a Ricardian Model with a Continuum of Goods. American Economic Review, Vol. 67, 823–839. [*Die Erweiterung des Ricardo-Modells zum Neo-Ricardo-Modell.*]

Ergänzende und weiterführende Literatur

Ricardo D. (1817), On the Principles of Political Economy and Taxation. London: John Murray [*Der Originalbeitrag von David Ricardo, frei zugänglich etwa unter* ► http://www.econlib.org/library/Ricardo/ricPCover.html.]

Komparative Vorteile durch Faktorausstattungsunterschiede

Inhaltsverzeichnis

© Der/die Autor(en), exklusiv lizenziert an Springer Fachmedien Wiesbaden GmbH, ein Teil von Springer Nature 2024
K. Morasch und F. Bartholomae, *Handel und Wettbewerb auf globalen Märkten*,
https://doi.org/10.1007/978-3-658-41866-3_6

Themenüberblick

- Analyse des Außenhandels in einem Zwei-Faktoren-Modell mit identischen Technologien und Präferenzen
- Erklärung des Handelsmusters durch Unterschiede in den relativen Faktorausstattungen der Länder
- Relative Kostenkurve als Analysekonzept
- Tendenz zur Angleichung der Faktorpreise durch Außenhandel trotz international immobiler Faktoren
- Empirische Ergebnisse zum Heckscher-Ohlin-Samuelson-Modell

Bei dem in ▶ Kap. 5 behandelten Ricardo-Modell kommt bei der Herstellung der Güter ausschließlich der Faktor Arbeit zum Einsatz. Die komparativen Kostenvorteile als Ursache der Handelstätigkeit sind damit einzig in unterschiedlichen Arbeitsproduktivitäten begründet. In der Realität werden bei der Produktion üblicherweise jedoch mehrere Faktoren eingesetzt. Komparative Kostenvorteile und damit das Handelsmuster können dann auf Basis der Faktorausstattungen der Länder und der Faktorintensität bei der Herstellung der Güter abgeleitet werden. Das auf Arbeiten der schwedischen Ökonomen Eli Heckscher und Bertil Ohlin zurückgehende **Faktorproportionenmodell** erklärt das Handelsmuster auf dieser Grundlage.[1] Das Modell wird auch als Heckscher-Ohlin-Samuelson-Modell (HOS-Modell) bezeichnet, wodurch die spätere formale Ausformulierung dieses Ansatzes durch Paul Samuelson honoriert wird.

Dieses Modell ist ein Kernbestandteil der modernen Außenwirtschaftstheorie. Es dient zum einen zur Erklärung des „inter-industriellen Handels", d. h. desjenigen Teils des Handels, bei dem ein Land Güter einer Branche exportiert, um im Gegenzug Güter einer anderen Branche zu importieren. Zum anderen zeigt es, welche Auswirkungen die Aufnahme von Außenhandel bzw. die Beeinflussung der entsprechenden Handelsströme durch wirtschaftspolitische Maßnahmen langfristig auf verschiedene Gruppen innerhalb eines Landes hat. Der Grundansatz des Modells besteht darin, komparative Vorteile bei der Produktion eines Gutes aus den relativen Faktorausstattungen der Länder abzuleiten. Auf der einen Seite ist es damit komplementär zum im ▶ Kap. 5 diskutierten Ricardo-Modell, das komparative Vorteile durch Technologieunterschiede erklärt. Auf der anderen Seite ergänzt es die Erklärungsansätze für intra-industriellen Handel (beidseitiger Handel innerhalb einer Branche), die auf Modellen mit Produktdifferenzierung und Skalenerträgen gründen (die Diskussion hierzu findet sich in ▶ Kap. 11).

6.1 Faktorausstattung und Faktorintensität

Zunächst wollen wir die beiden in diesem Modell wesentlichen Begriffe „Faktorausstattung" und „Faktorintensität" erläutern, wobei auf die üblicherweise betrachteten Faktoren Arbeit L und Kapital K Bezug genommen wird.

Die **Faktorausstattung** bezieht sich auf Eigenschaften der Länder, genauer gesagt, in welchem (relativen) Umfang es mit welchen Faktoren ausgestattet ist. Das

---

1   Der Originalbeitrag stammt von 1933 und ist auf Schwedisch verfasst, eine englische Übersetzung findet sich in Heckscher/Ohlin 1991).

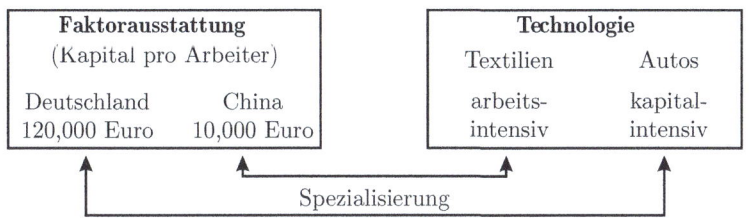

Abb. 6.1   Faktorausstattung und Handelsmuster: Deutschland und China

Inland ist im Vergleich zum Ausland relativ reichlich mit dem Faktor Kapital ausgestattet, wenn für seine relative Faktorausstattung $K/L > K^*/L^*$ gilt. Das Ausland ist dann entsprechend relativ reichlich mit dem Faktor Arbeit ausgestattet.

Die **Faktorintensität** bezieht sich auf die Produktionstechnologie bei der Herstellung der Güter. Die Produktion von Gut x erfolgt im Vergleich zur Produktion von Gut y relativ kapitalintensiv, wenn bei gegebenen Löhnen und Zinsen (Fakto-

---

Box 6.1: Denken in relativen Größen

Im HOS-Modell spielen relative Größen sowohl bei der Charakterisierung der Länder als auch der Produktionstechnologien eine zentrale Rolle. Das folgende Zahlenbeispiel soll das Denken in relativen Größen anhand von Faktorausstattungen veranschaulichen.

Betrachten wir die Länder A, B, C und D, die durch ihre Faktorausstattungen wie folgt charakterisiert sind:

Land	Kapital	Arbeit	Kapital/Arbeit	Kapital/Arbeit
A	10	20	0,5	2
B	20	80	0,25	4
C	120	240	0,5	2
D	200	100	2	0,5

Welche Aussagen können wir über die Länder treffen? Es ist zu sehen, dass Land D absolut die höchste Kapitalausstattung hat, wohingegen Land C über die absolut höchste Arbeitsausstattung verfügt. Land D verfügt zudem auch über die höchste relative Kapitalausstattung K/L, d. h. es ist absolut und relativ das kapitalreichste Land in dieser Gruppe. Hingegen ist Land C zwar absolut, aber nicht relativ das arbeitsreichste Land: B verfügt zwar absolut gesehen über deutlich weniger Arbeit als C, aber da der Unterschied beim Faktor Kapital noch deutlicher ist, ist es relativ gesehen das arbeitsreichste Land. Vergleichen wir A und C, dann stellen wir fest, dass sich zwar beide Länder in ihrer absoluten Faktorausstattung drastisch unterscheiden, beide jedoch die gleiche relative Faktorausstattung aufweisen. Bei einem Blick auf die letzten beiden Spalten können wir auch leicht erkennen, dass das Land mit der höchsten relativen Kapitalausstattung zugleich dasjenige mit der geringsten relativen Arbeitsausstattung ist, d. h. diese Aussagen sind dual zueinander.

rentlohnungen) bei der Produktion von Gut x mehr Kapital pro Arbeitseinheit eingesetzt wird als bei der Produktion von Gut y. Umgekehrt ist die Produktion von Gut y dann arbeitsintensiver als die Produktion von Gut x.

Die Grundaussage des HOS-Modells zum Handelsmuster können wir an einem einfachen Beispiel veranschaulichen. In ▫ Abb. 6.1 wird für die beiden Länder Deutschland und China und die beiden Güter Autos und Textilien der Zusammenhang zwischen Faktorausstattungen und Handelsstruktur aufgezeigt. Deutschland ist relativ reichlich mit dem Faktor Kapital, China entsprechend relativ reichlich mit dem Faktor Arbeit ausgestattet. Die Herstellung der Autos erfolgt relativ kapitalintensiv, während bei Textilien eine im Vergleich dazu arbeitsintensive Produktionstechnologie vorliegt.

Das Heckscher-Ohlin-Theorem, das wir gleich genauer betrachten wollen, besagt nun, dass ein Land bei dem Gut einen komparativen Vorteil hat, das den im Land relativ reichlich vorhandenen Faktor intensiv einsetzt. Somit sollte sich Deutschland weitgehend auf die Produktion von Autos konzentrieren und China auf die Textilproduktion, da dort jeweils die komparativen Vorteile liegen. Deutschland würde dann Autos nach China exportieren und Textilien aus China importieren.

6.2 Annahmen des Heckscher-Ohlin-Samuelson-Modells

Bevor wir die Wirkungsweise des HOS-Modells genauer betrachten, sollen zunächst die wesentlichen Annahmen des Modells erläutert werden.

▪▪ 2×2×2-Modell

Im klassischen HOS-Modell wird von zwei Gütern, x und y, zwei Faktoren, Kapital K und Arbeit L, und zwei Ländern, Inland und Ausland, ausgegangen, weshalb es auch als „2 × 2 × 2-Modell" bezeichnet wird. Solange die Anzahl von Faktoren und Gütern identisch ist, bleiben die wesentlichen Ergebnisse des klassischen HOS-Modells auch bei einer Erweiterung auf mehr als zwei Länder und mehr als zwei Faktoren und Güter erhalten. Bei einer ungleichen Anzahl von Gütern und Faktoren ist dies aber so nicht mehr gegeben – wir werden uns damit in der Diskussion in ▶ Abschn. 7.3.3 und bei der Anwendung des Modells mit spezifischen Faktoren in den ▶ Kap. 8 und 9 beschäftigen.

▪▪ Faktormärkte

Beide Länder verfügen über identische Produktionsfaktoren, Arbeit und Kapital weisen aber unterschiedliche relative Faktorausstattungen auf. Das Faktorangebot ist unelastisch, d. h. beide Faktoren stehen in einer fixen Menge zur Verfügung, die unabhängig von der jeweiligen Entlohnung ist. Die Faktoren sind zwar innerhalb der Länder zwischen den beiden Sektoren vollständig mobil, aber Faktorwanderungen zwischen den Ländern (internationale Mobilität) ist ausgeschlossen. Es herrscht vollkommener Wettbewerb auf den Faktormärkten und im Gleichgewicht werden alle Produktionsfaktoren eingesetzt (Vollbeschäftigung).

▪▪ Produktion

Es wird unterstellt, dass bei der Produktion von x bei jedem möglichen Faktorpreisverhältnis mehr Kapital eingesetzt wird als bei der Produktion von y, weshalb

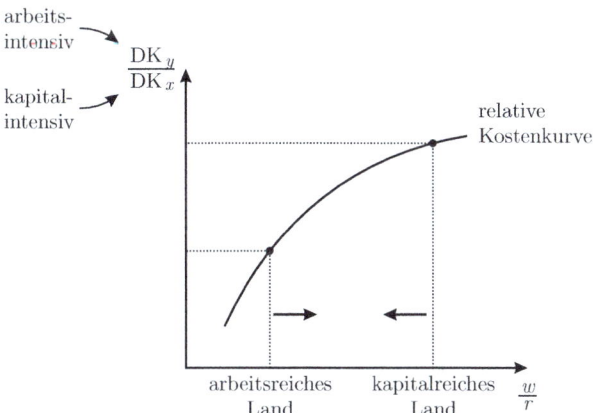

◘ Abb. 6.2   Relative Faktorpreise und Produktionskosten

Gut x als kapitalintensiv und Gut y als arbeitsintensiv bezeichnet wird. Eine Umkehr der Faktorintensitäten bei Änderung des Faktorpreisverhältnisses (*factor intensity reversal*) wird damit ausgeschlossen.[2] Beide Länder verwenden in der Produktion identische Technologien mit konstanten Skalenerträgen. Die Güter werden in Märkten mit vollkommenem Wettbewerb angeboten, was impliziert, dass die Unternehmen über keinerlei Marktmacht verfügen und somit keinen Preisaufschlag auf die Produktionskosten erheben können. Sie erwirtschaften damit ökonomische Nullgewinne.

▪▪ Nachfrage

Die Haushalte sind Eigner der beiden Faktoren und aufgrund der ökonomischen Nullgewinne besteht ihr Einkommen (und damit das BIP) aus dem Faktoreinkommen (Summe aus Arbeits- und Kapitaleinkommen). Die Konsumenten in beiden Ländern weisen identische und homothetische Präferenzen auf. Durch die erste Eigenschaft wird sichergestellt, dass keine Handelsanreize aufgrund von Präferenzunterschieden bestehen, durch die zweite, dass die relativen Mengen der beiden Güter im Konsumoptimum nur von den Relativpreisen und nicht vom Einkommen abhängig sind.[3]

---

2 In der Realität kann es durchaus zu einer Umkehr der Faktorintensitäten kommen: So werden Schuhe normalerweise in Ländern wie Vietnam sehr arbeitsintensiv hergestellt. Es gibt aber in den USA auch hochautomatisierte Fabriken mit einer ausgesprochen kapitalintensiven Schuhproduktion.

3 Aufgrund der unterschiedlichen Faktorintensitäten ergeben sich im HOS-Modell im Gegensatz zum Ricardo-Modell keine linearen, sondern die üblichen nach außen gewölbten (konkaven) Produktionsmöglichkeitskurven wie in ▸ Abschn. 4.2 – bei zunehmender Verlagerung der Produktion auf ein Gut muss mehr vom weniger gut geeigneten Faktor eingesetzt werden. Um die komparativen Kostenvorteile in Abhängigkeit von den Faktorausstattungen und Faktorintensitäten eindeutig bestimmen zu können, muss daher von identischen und einkommensunabhängigen Präferenzen ausgegangen werden.

6.3 Relative Faktorausstattung und Handelsmuster

Unter den oben getroffenen Annahmen können wir folgende Aussage über das Handelsmuster ableiten:

> **Heckscher-Ohlin-Theorem**
>
> Ein Land hat bei demjenigen Gut einen komparativen Vorteil (und wird es bei Aufnahme von Außenhandel exportieren), das jenen Faktor intensiv nutzt, mit dem das Land relativ reichlich ausgestattet ist.

Damit wir die Gültigkeit dieser Aussage belegen können, ist es hilfreich, uns die grundlegende Beziehung zwischen den relativen Faktorpreisen und den relativen Produktionskosten der beiden Güter anhand von ▫ Abb. 6.2 zu veranschaulichen.

Unter der Annahme konstanter Skalenerträgen sind die Durchschnittskosten nur von der Höhe der Lohn- und Zinssätze und nicht von der Produktionsmenge abhängig. Der steigende Verlauf der **relativen Kostenkurve** spiegelt dann den Zusammenhang zwischen den relativen Faktorpreisen und dem Verhältnis der Produktionskosten wider: Steigen etwa die Löhne w bei gegebenem Zinssatz r, so werden die Produktionskosten des arbeitsintensiven Gutes, DK_y, stärker zunehmen als diejenigen des kapitalintensiven Gutes, DK_x. Somit steigen die relativen Kosten des arbeitsintensiven Gutes mit dem Lohn-Zins-Verhältnis.

Für unsere weiteren Überlegungen müssen wir drei Merkmale der relativen Kostenkurve beachten:

— Bei der relativen Kostenkurve handelt es sich um eine technologische Beziehung, die nur unter der Annahme konstanter Skalenerträge gültig ist. Ihre Steigung hängt von der relativen Faktorintensität und der Faktorsubstituierbarkeit ab.

— Da beide Länder dieselbe Technologie einsetzen, ist die gleiche relative Kostenkurve für beide Länder anwendbar. Zwar kann sich aufgrund der internationalen Faktorimmobilität das Lohn-Zins-Verhältnis zwischen beiden Ländern unterscheiden, jedoch muss sich jedes Land irgendwo auf der relativen Kostenkurve befinden.

— Wenn beide Güter in einem Land produziert werden, so müssen die relativen Preise dieser Güter den relativen Kosten entsprechen, schließlich herrscht vollkommener Wettbewerb auf den Gütermärkten. Nur wenn sich ein Land auf die Produktion eines Gutes spezialisiert, d. h. die Produktion des anderen Gutes komplett einstellt, können relative Kosten und Preise unterschiedlich sein.

Anhand der relativen Kostenkurve kann nun die Gültigkeit des Heckscher-Ohlin-Theorems gezeigt werden. Da beide Länder identische Präferenzen aufweisen, wird sich bei Autarkie im arbeitsreichen Land ein geringeres Lohn-Zins-Verhältnis ergeben als im kapitalreichen Land, da der jeweils knappe Faktor „wertvoller" ist.[4] Aus der relativen Kostenkurve ergibt sich auch, dass bei unterschiedlichen Lohn-Zins-Verhältnissen entsprechend verschiedene relative Kosten für beide Güter

---

4   Das bedeutet, er weist ein höheres Wertgrenzprodukt auf. Wir werden uns mit diesem Konzept genauer in ▸ Abschn. 8.2.1 beschäftigen.

gelten: Das geringere Lohn-Zins-Verhältnis im arbeitsreichen Land impliziert niedrigere relative Kosten des arbeitsintensiven Gutes als im kapitalreichen Land. Das arbeitsreiche Land hat somit einen komparativen Vorteil bei der Herstellung dieses Gutes, während das kapitalreiche Land das kapitalintensive Gut kostengünstiger produzieren kann.

Box 6.2: Diskussionsbox – Eigentumsrechte an Umweltgütern und der Nord-Süd-Handel

Wenn im HOS-Modell zwei Länder identische Faktorausstattungen aufweisen, so bestehen keine komparativen Vorteile und es kommt zwischen diesen Ländern nicht zu Handel. Wie Chichilnisky (1994) aufzeigt, können Unterschiede bei den Eigentumsrechten an Umweltressourcen jedoch zu Außenhandel zwischen ansonsten identischen Ländern führen. Dieser Außenhandel ist jedoch nicht effizient, da er nicht an den tatsächlichen Kosten orientiert ist.[5]

Eigentumsrechte regulieren, wer Güter bzw. Faktoren auf welche Art nutzen darf. Sind solche Eigentumsrechte gegeben, so können andere von der Nutzung der entsprechenden Güter oder Faktoren ausgeschlossen werden. Fehlen diese Eigentumsrechte, so besteht diese Möglichkeit nicht und es handelt sich dann um sogenannte Allmendegüter: Befindet sich etwa ein Wald im Allgemeinbesitz, kann grundsätzlich jeder im Wald Bäume fällen.

Gerade in Entwicklungsländern sind viele Umweltressourcen ein solches unreguliertes Allgemeingut. Ein Beispiel dafür sind Regenwälder, die zur Holzgewinnung genutzt oder zerstört werden, um Platz für die Produktion und den Export von Kaffee, Zucker, Soja oder Palmöl zu schaffen. Ähnliches gilt häufig für Weideland, Fischgründe und Grundwasser, die letztlich allen zur Verfügung stehen. Da diese Faktoren niemandem gehören, fehlt der ökonomische Anreiz, diese nachhaltig zu bewirtschaften: Würde etwa ein Fischereibetrieb zur Sicherung der Fischbestände seine Fangquote reduzieren, würden sich andere über einen größeren Fang freuen. Damit kommt es letztlich zu einer Übernutzung dieser Ressourcen.

Durch den **Nord-Süd-Handel** kann sich dieses Problem der Allmende noch vergrößern. Entwickelte Länder („Globaler Norden") mit klar definierten Eigentumsrechten an Umweltressourcen konsumieren dann zu viel von den aus den Entwicklungs- und Schwellenländern („Globaler Süden") importierten umweltressourcenintensiven Produkten, da diese Güter aufgrund der dort nur schwach ausgestalteten Eigentumsrechte zu billig angeboten werden. In der Realität kommt zu diesem Problem der Übernutzung natürlicher Ressourcen im Süden noch erschwerend hinzu, dass Industrieländer zumeist über effizientere, d. h. ressourcenschonendere Technologien verfügen, sodass gerade diese umweltintensiven Güter eher in den Industrieländern hergestellt werden sollten. Diese Argumentation wird in der Diskussionsbox 18.2 zur Pollution Haven Hypothese vertieft.

---

5   Der zugrunde liegende Effekt ist dabei nicht davon abhängig, dass die Länder identisch sind: Auch bei Ländern mit unterschiedlichen Faktorausstattungen wird in dem Land mit unzureichenden Eigentumsrechten an Umweltressourcen zu viel von dem Gut hergestellt, das diese Ressourcen intensiv nutzt. Die Annahme identischer Länder dient damit nur dazu, das Problem deutlicher herauszustellen.

6

Die Auswirkung fehlender Eigentumsrechte hängt auch davon ab, ob es sich um lokale oder globale Umweltressourcen handelt, da es bei Letzteren auch noch zu negativen externen Effekten auf weltweiter Ebene kommt. Durch das Abholzen und Abbrennen des Regenwaldes wird etwa die weltweite Artenvielfalt bedroht und weniger CO_2 kann gebunden werden. Dadurch erhöht sich die globale Durchschnittstemperatur, wodurch der Meeresspiegel steigt, was viele Inseln bedroht. Während bei fehlenden Eigentumsrechten an lokalen Umweltressourcen die Industrieländer beim Außenhandel auf Kosten der Entwicklungs- und Schwellenländer profitieren, stellen sich bei globalen Umweltressourcen alle Länder aufgrund der unzureichenden Eigentumsrechte schlechter.

In allen Fällen zeigt sich, dass das globale Umweltproblem untrennbar mit dem Nord-Süd-Handel verbunden ist: Während der Süden aufgrund unberücksichtigter Kosten umweltintensive Güter überproduziert, überkonsumiert der Norden aufgrund zu niedriger Preise. Da bei der Produktion nicht die tatsächlichen Kosten berücksichtigt werden, ist das Ergebnis ineffizient.

Diskutieren Sie!

— Wie plausibel halten Sie die Grundannahme der unzureichenden Eigentumsrechte im Süden?

— Haben Entwicklungsländer einen Anreiz, ihre Institutionen zu verbessern? Macht es einen Unterschied, ob es sich um lokale oder globale Umweltressourcen handelt?

— Welche politischen Maßnahmen würden Sie empfehlen? Sollte der Handel beschränkt werden?

6.4 Faktorpreisausgleich

Wie wir bereits in der Analyse im Ricardo-Modell in ▶ Abschn. 5.2 gesehen haben, führt Handel zu einem für beide Länder identischen Weltmarktpreisverhältnis, das sich zwischen den beiden Autarkiepreisen befinden muss. Da die Güter- und Faktorpreise im HOS-Modell über die relative Kostenkurve eng miteinander verknüpft sind, lässt sich folgende Aussage zur Wirkung des Übergangs bei Aufnahme von friktionslosem Außenhandel[6] auf die Faktorpreise ableiten:

> **Faktorpreisausgleichstheorem**
>
> Wenn im Gleichgewicht bei friktionslosem Handel jedes Land beide Güter produziert, so werden in beiden Ländern die gleichen absoluten Faktorpreise herrschen.

◘ Abb. 6.2 hilft auch diesen Zusammenhang zu belegen. Bei Handel sind die Güterpreisverhältnisse in beiden Ländern identisch. Wenn beide Länder im Handelsgleichgewicht beide Güter mit identischen Technologien produzieren, müssen sich folglich auch die relativen Kosten in beiden Ländern entsprechen. Da sich beide

---

6   Impliziert die Abwesenheit sämtlicher Handelskosten.

Länder dann auf dem gleichen Punkt der relativen Kostenkurve befinden, müssen auch die relativen Faktorpreise identisch sein.

Was geschieht, wenn mindestens einer der Handelspartner nach Aufnahme des Handels nur noch ein Gut produziert, was insbesondere bei drastischen Unterschieden in den absoluten oder relativen Faktorausstattungen auftreten könnte? Ist ein Land vollständig spezialisiert, so müssen die relativen Kosten nicht mehr in beiden Ländern identisch sein und können sich vom Weltmarktpreisverhältnis unterscheiden: Ein Land verzichtet schließlich genau dann auf die Produktion eines Gutes, wenn die Herstellungskosten den Weltmarktpreis übersteigen. Da in der Autarkiesituation beide Güter im Inland hergestellt werden müssen, ergibt sich aber auch in diesem Fall durch Aufnahme von Handel immerhin eine Annäherung der Faktorpreise: Die vollständige Verlagerung der Produktion auf das Gut mit dem komparativen Kostenvorteil führt dazu, dass der reichliche Faktor vermehrt eingesetzt wird und damit höher entlohnt werden muss.

Eine Implikation des Faktorpreisausgleichstheorems besteht darin, dass **Außenhandel** ein **Substitut für** die fehlende **internationale Faktormobilität** darstellen kann. Was würde passieren, wenn die Faktoren international mobil wären? Kapital und Arbeit würden jeweils dorthin wandern, wo sie eine höhere Entlohnung erhalten. Somit würde etwa Kapital aus dem kapitalreichen Land, in dem es aufgrund der relativ hohen Verfügbarkeit nur knapp entlohnt wird, in das arbeitsreiche Land fließen, da es dort wertvoller ist. Bei perfekter Mobilität bestünde für die Faktoren solange ein Anreiz zur Migration, bis die Entlohnung in beiden Ländern gleich ist. Wie wir jedoch gesehen haben, kann auch durch friktionslosen Außenhandel genau diese Angleichung der Faktorpreise erreicht werden, die eine Wanderung der Faktoren unnötig macht. Wenn sich keines der beiden Länder vollständig spezialisiert, stellt Handel somit ein vollkommenes Substitut für internationale Faktormobilität dar: Auch ohne die Möglichkeit von Faktorwanderungen gleichen sich die Faktorpreise vollständig an. Verhindert Spezialisierung einen vollständigen Faktorpreisausgleich, so ist Außenhandel zumindest ein partielles Substitut für Faktormobilität.

6.5 Empirie des HOS-Modells

Wie bei jedem theoretischen Modell stellt sich auch beim HOS-Modell die Frage, ob sich die Kernaussagen auch in den Daten widerspiegeln. Konkret bedeutet dies, ob das prognostizierte Handelsmuster und der Faktorpreisausgleich auch in der Realität zu beobachten sind. ◙ Abb. 6.3 zeigt, dass das Handelsmuster in der Realität zumindest in groben Zügen der Vorhersage des HOS-Modells entspricht: Kapitalreiche Länder exportieren tendenziell kapitalintensivere Güter als sie importieren, während es sich bei arbeitsreichen Ländern umgekehrt verhält – in der Abbildung weisen die Länder in den weißen Flächen somit das für sie prognostizierte Handelsmuster auf.[7]

---

7   Der grundlegende Zusammenhang wurde hier für Daten von 1965 veranschaulicht. Eine Darstellung mit aktuellen Zahlen würde aber vermutlich das gleiche Grundmuster zeigen. Hier wurde auf Daten von Hufbauer (1970) zurückgegriffen, da sich neuere Analysen auf bilaterale Handelsströme konzentrieren. Dies stellt zwar insgesamt eine angemessenere Methode zum Test des HOS-Modells dar, ist aber für eine einfache und unmittelbare Veranschaulichung nicht gut geeignet.

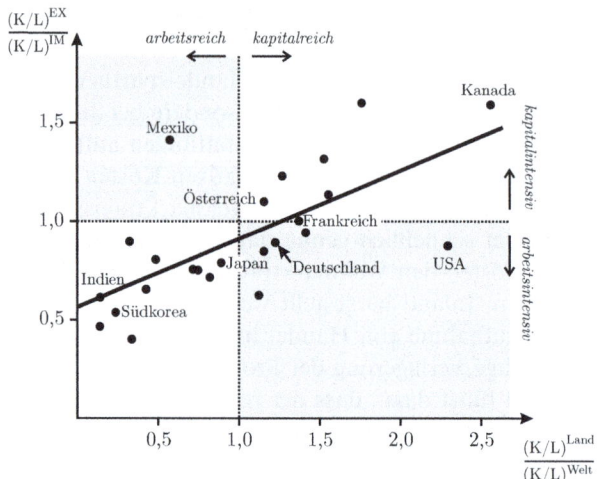

◘ Abb. 6.3   Empirische Evidenz zu Faktorausstattung und Handelsstruktur Quelle: Eigene Darstellung basierend auf Daten für 1965 aus Hufbauer (1970)

◘ Tab. 6.1   Prozentuale Anteile an der Weltfaktorausstattung 1993

Land/Region	Kapital	Arbeit Total	Qualifziert	Ungelernt
USA	20,8	5,2	19,4	2,6
EU	20,7	6,5	13,3	5,3
Japan	10,5	2,6	8,2	1,6
China	8,3	29,1	21,7	30,4
Indien	3,0	14,1	7,1	15,3
Rest der Welt	36,7	42,6	30,3	44,8

Quelle: Eigene Berechnungen basierend auf Cline (1997), Table 4.1, S. 183

Definitiv nicht im Einklang mit der Vorhersage des Heckscher-Ohlin-Theorems stehen die Ergebnisse für die USA und Mexiko, die gemessen an ihrer Kapitalreichlichkeit eine deutlich zu geringe bzw. zu hohe Kapitalintensität der Exporte im Vergleich zu den Importen aufweisen. Auf dieses Problem wurde erstmals von Wassily Leontief am Beispiel der USA hingewiesen, weshalb es als „Leontief-Paradox" bekannt wurde. Es gibt eine Reihe von Erklärungsversuchen für diesen Widerspruch zur theoretischen Vorhersage. Unter anderem wurden Unterschiede zwischen den von den USA und seinen Handelspartnern verwendeten Produktionstechnologien vermutet. Eine andere mögliche Erklärung ist die fehlende Berücksichtigung weiterer Produktionsfaktoren und der Verzicht auf eine Unterscheidung in qualifizierte und ungelernte Arbeit.

Dass der letztgenannte Aspekt empirisch bedeutsam sein könnte, zeigen die Daten in ◘ Tab. 6.1. Während die USA bezüglich der Kapital- und Arbeitsausstattung eindeutig als relativ kapitalreich klassifiziert werden kann, ist der Anteil an der Weltausstattung bei den Faktoren „qualifizierte Arbeit" und „Kapital" nahezu identisch. Die Tabelle verdeutlicht zudem, dass zwischen den Industrieländern (USA, EU und Japan) zwar Unterschiede in den relativen Faktorausstattungen bestehen, dass diese aber nur graduell sind und damit leicht andere Handelsmotive bei der Bestimmung des Handelsmusters dominieren können. Demgegenüber unterscheiden sich die relativen Faktorausstattungen der Industrieländer drastisch von denjenigen in den Entwicklungsländern, wie etwa an China und Indien zu erkennen ist.

Aktuellere Studien betrachten die bilateralen Handelsströme. Dort zeigt sich, dass die vom Heckscher-Ohlin-Theorem vorhergesagte Richtung des Handels häufig nicht stimmt, also beispielsweise ein kapitalreiches Land aus einem arbeitsreichen Land kapitalintensivere Güter importiert als es in dieses Land exportiert. Eine detailliertere Analyse zeigt, dass der Grund dafür insbesondere Technologieunterschiede zwischen den Ländern sind, die in den Annahmen des HOS-Modells explizit ausgeschlossen wurden. Insgesamt kristallisiert sich dabei empirisch heraus, dass die Aussage des Heckscher-Ohlin-Theorems für in ihrer Faktorausstattung drastisch unterschiedliche Länder zutrifft, wohingegen der Handel zwischen kapitalreichen Ländern eher durch Technologieunterschiede und durch Ansätze zur Analyse intra-industriellen Handels erklärt werden kann.

Box 6.3: Viele Länder, mehr als zwei Faktoren und effektive Faktorausstattung

Beim Vergleich der Faktorausstattung mehrerer Länder und der Berücksichtigung von mehr als zwei Faktoren bietet es sich an, die **relative Faktorausstattung** über das Verhältnis zwischen dem Anteil an der Weltfaktorausstattung mit dem über das BIP gemessenen Anteil an der Weltproduktion zu bestimmen. Ist bei einem Faktor der Anteil an der Weltfaktorausstattung dann höher als derjenige an der Weltproduktion, so ist ein Land reichlich mit diesem Faktor ausgestattet. Neben physischem Kapital und landwirtschaftlich nutzbarer Fläche ist es bei einer solchen Mehr-Faktoranalyse sinnvoll, verschiedene Formen des Faktors Arbeit zu unterscheiden. Um die Bedeutung der Innovation angemessen abzubilden, sollte dabei neben der Unterscheidung in qualifizierte und ungelernte Arbeit auch der Anteil der Arbeitskräfte im Forschungs- und Entwicklungsbereich als eigenständige Kategorie berücksichtigt werden.

Da neben den Faktorausstattungsunterschieden auch die Technologieunterschiede für die komparativen Kostenvorteile eine Rolle spielen, bietet es sich an, die unterschiedliche Produktivität zu berücksichtigen. Die dabei resultierende **effektive Faktorausstattung** ergibt sich dann als Summe der mengenmäßigen Ausstattung mit dem Faktor multipliziert mit seiner Faktorproduktivität. Bei Wissenschaftlern etwa hängt die Produktivität unter anderem von der Labor- und IT-Ausstattung ab. Ein mögliches Maß für die effektive Ausstattung mit Arbeitskräften im Forschungs- und Entwicklungsbereich stellt dann beispielsweise das Produkt aus der Anzahl der Wissenschaftler multipliziert mit den F&E-Ausgaben je Wissenschaftler dar.

Feenstra/Taylor (2021, S. 103–109) liefern auf dieser Grundlage eine empirische Analyse der Faktorausstattungen ausgewählter Länder mit aktuellen Daten. Sie benutzen dabei zunächst das Konzept der relativen Faktorausstattung, um diese für einer Reihe von Ländern im Jahr 2017 zu bestimmen. Für **Deutschland** ergibt sich beispielsweise ein Anteil von 3,5 % an der Weltproduktion, von 3,7 % am physischen Kapital, von 4,8 % bei Wissenschaftlern und von 2,3 % an qualifizierten Arbeitskräften (die Werte für unqualifizierte Arbeitskräfte und landwirtschaftlich nutzbarer Fläche liegen bei weniger als 1 %). In einem zweiten Schritt erfolgt dann eine **detailliertere Analyse für China und die USA**, wobei sowohl die zeitliche Entwicklung als auch das Konzept der effektiven Faktorausstattung berücksichtigt werden. So ist zunächst überraschend, dass China im Jahr 2017 nicht nur reichlich mit physischem Kapital sowie qualifizierten und ungelernten Arbeitskräften mit Schulbildung, sondern auch in vergleichbarem Maß wie die USA reichlich mit Wissenschaftlern ausgestattet ist. Bei einer Betrachtung des zeitlichen Verlaufs fällt hier zudem auf, dass dies bereits seit dem Jahr 2000 so ist, obwohl China bis in die jüngste Zeit hauptsächlich einfache Industriegüter exportiert und forschungsintensive importiert hat. Bei einer Betrachtung der effektiven Faktorausstattung zeigt sich jedoch, dass in China noch 2013 die Wissenschaftler einen sehr knappen Faktor darstellten. Ebenso war im Jahr 2017 der Anteil der effektiven Ausstattung mit Wissenschaftlern relativ zum BIP in den USA deutlich höher als in China. In ähnlicher Weise lässt sich für die USA durch die höhere Faktorproduktivität erklären, warum die Handelsbilanz bei Agrarprodukten weitgehend ausgeglichen ist, obwohl die landwirtschaftliche Nutzfläche ohne entsprechende Korrektur eindeutig einen knappen Faktor darstellt.

Wie sieht es mit der Gültigkeit des Faktorpreisausgleichstheorems aus? Einerseits ist empirisch durchaus eine Tendenz zur Annäherung der Faktorpreise durch den Außenhandel zu beobachten, andererseits unterscheiden sich aber insbesondere die Löhne zwischen den Industrieländern und den Entwicklungs- und Schwellenländern immer noch drastisch – teilweise um den Faktor zehn und mehr. So zeigt sich beispielsweise in den Daten von Choi/Krishna (2004), dass im Jahr 1980 der Jahreslohn von Arbeitern in Deutschland im Produktionsbereich zehnmal und im Dienstleistungsbereich achtmal so hoch wie in Südkorea war. Aber selbst bei ähnlichen Ländern gab es deutliche Unterschiede: Im Vergleich zu Frankreich waren zwar die Löhne im Dienstleistungssektor in Deutschland etwa gleich hoch, aber im Produktionssektor verdienten Arbeiter in Deutschland durchschnittlich 20 % mehr. Diese Ergebnisse erklären sich vermutlich nicht durch vollständige Spezialisierung, sondern ähnlich wie beim Heckscher-Ohlin-Theorem durch Technologieunterschiede und Unterschiede im Ausbildungsgrad der Arbeitskräfte.

Was haben wir gelernt?

- Der komparative Kostenvorteil ergibt sich im HOS-Modell aus der relativen Faktorausstattung eines Landes. Das Heckscher-Ohlin-Theorem besagt, dass ein Land bei dem Gut einen komparativen Vorteil hat, das denjenigen Faktor intensiv nutzt, mit dem das Land relativ reichlich ausgestattet ist.

- Außenhandel kann ein Substitut für Faktormobilität darstellen. Nach dem Faktorpreisausgleichstheorem führt Außenhandel im HOS-Modell zur vollständigen Angleichung der Faktorpreise, solange jedes der Länder auch nach Aufnahme des Handels beide Güter herstellt.

- Die empirische Analyse zeigt, dass Faktorausstattungsunterschiede zwar einen Einfluss auf das Handelsmuster haben, dass Technologieunterschiede aber mindestens ebenso bedeutsam sind. Die Aussagen des unmodifizierten HOS-Modells zum Handelsmuster und zum Faktorpreisausgleich treffen empirisch daher nur eingeschränkt zu.

6.6 Kontrollfragen und Übungsaufgaben

1. Auf welchen zentralen Annahmen beruht das Heckscher-Ohlin-Samuelson-Modell und auf welcher Grundlage erklärt es die komparativen Vorteile und damit das Handelsmuster?

2. Betrachten Sie folgende Länder und ihre jeweilige Ausstattung mit Kapital K und Arbeit L:

Land	K	L
E	15.000	5000
F	1000	7500
G	5000	7500

Welche Aussagen können über die absoluten und relativen Ausstattungen getroffen werden?

3. Erläutern Sie, warum der Handel als imperfektes Substitut für Faktorwanderung verstanden werden kann!

4. Das Inland und das Ausland können mit zwei Faktoren, Arbeit und Boden, zwei Güter, Textilien und Nahrungsmittel, herstellen. Während in der Produktion von Textilien Arbeit relativ intensiver eingesetzt wird, ist bei der Nahrungsmittelproduktion Boden relativ bedeutsamer. Beide Güter verwenden Technologien mit konstanten Skalenerträgen und die (homothetischen) Präferenzen der Konsumenten sind in beiden Ländern identisch. Das Inland ist gegenüber dem Ausland relativ reichlich mit dem Faktor Boden ausgestattet.

   a) Wie unterscheiden sich die relativen Faktorpreise zwischen Inland und Ausland in der Autarkiesituation? Welche Aussagen über die relativen Kosten und die relativen Preise bei Autarkie sind daraus abzuleiten? Veranschaulichen Sie Ihre Argumentation anhand einer geeigneten Graphik!

   b) Wie ändern sich die relativen Faktorpreise im Inland und im Ausland durch die Aufnahme von Außenhandel, falls beide Länder ähnlich groß sind und die Faktorausstattungsunterschiede nicht zu ausgeprägt sind? Würde sich Ihre Einschätzung ändern, falls die Länder sehr unterschiedlich wären? Was würde passieren, falls Arbeit zwischen den beiden Ländern mobil wäre?

5. Barbados produziert Rum und Baumaterial. Es verfügt insgesamt über 5000 Einheiten Kapital und 2000 Arbeitskräfte. Unabhängig von den Faktorpreisen beträgt das Faktoreinsatzverhältnis von Kapital zu Arbeit in der Produktion von Rum immer 5 zu 1, während es in der Produktion von Baumaterial bei 2 zu 1 liegt. Das Verhältnis von Kapital zu Arbeitskräften im benachbarten Trinidad und Tobago liegt bei 1,5.

a) Erläutern Sie die Konzepte Faktorausstattung und Faktorintensität und charakterisieren Sie damit die beiden Länder und Güter!

b) Leiten Sie die komparativen Vorteile unter Verwendung der relativen Kostenkurve ab! Erläutern Sie ausgehend von dem relevanten Theorem, welches Handelsmuster sich bei einer Handelsaufnahme zwischen Barbados und Trinidad und Tobago einstellen wird!

c) Wie werden sich die relativen Faktorentlohnungen nach der Handelsaufnahme in Barbados und Trinidad und Tobago verändern? Welche allgemeine Aussage ergibt sich, wenn sich keines der Länder nach Handelsaufnahme vollständig auf die Herstellung eines der beiden Güter spezialisiert?

d) Für den Handel zwischen Barbados und Trinidad und Tobago fallen aufgrund ihrer Lage Transportkosten an. Wie wirken sich diese Kosten auf Ihre Aussagen zu den Faktorentlohnungen aus? Ändert sich dadurch auch Ihre Aussage zum Handelsmuster?

Literatur

Im Text zitierte Quellen

Chichilnisky G. (1994), North-South Trade and the Global Environment. The American Economic Review, 84(4), 851- 874.

Choi Y.-S. und P. Krishna (2004), The Factor Content of Bilateral Trade: An Empirical Test, Journal of Political Economy, Vol. 112, 887–914.

Feenstra R. C. und A. M. Taylor (2021), International Economics, 5th ed., New York: Worth Publishers. [*Englischsprachiges Außenwirtschaftslehrbuch, das in sehr gelungener Weise theoretische Konzepte und empirische Analyse verknüpft.*]

Heckscher E. F. und B. Ohlin (1991), Heckscher-Ohlin Trade Theory. Cambridge, MA: MIT Press. [*Ins Englische übersetzte Fassung der (schwedischen) Originalbeiträge von Heckscher und Ohlin.*]

Cline, W. E. (1997), Trade and Income Distribution, Institute for International Economics: Washington (DC), Table 4.1, S. 183

Ergänzende und weiterführende Literatur

Feenstra R. C. (2015), Advanced International Trade: Theory and Evidence, Princeton: Princeton University Press, ch. 2. [*Formale und graphische Darstellung des HOS-Modells und seiner Erweiterung im Rahmen des Heckscher-Ohlin-Vanek-Modells (HOV-Modell). Darstellung der empirischen Analysen im Kontext des HOV-Modells.*]

The Impact of National Characteristics and Technology on the Commodity Composition of Trade in Manufactured Goods

Faktorinhalt und Lerner-Diagramm

Inhaltsverzeichnis

Themenüberblick

- Interpretation von Außenhandel als indirekte Faktorwanderung
- Lerner-Diagramm als Darstellungsmöglichkeit für das HOS-Modell aus dem Blickwinkel des Faktorinhaltskonzepts
- Beweis des Heckscher-Ohlin-Theorems und des Faktorpreisausgleichstheorems anhand des Lerner-Diagramms
- Erweiterungen des Faktorausstattungsmodells: Vollständige Spezialisierung, mehr als zwei Länder und mehr als zwei Güter

In ▶ Kap. 6 haben wir im Zusammenhang mit dem Faktorpreisausgleichstheorem aufgezeigt, dass Außenhandel ein Substitut für die fehlende internationale Faktormobilität darstellen kann. Wir wollen diese Überlegung nun vertiefen, indem wir nicht den Handel der Güter, sondern den indirekten Handel mit den in der Güterproduktion verwendeten Faktoren betrachten. Dieses Konzept ermöglicht ein vertieftes Verständnis des HOS-Modells und ist auch gut geeignet, die Analyse auf mehr als zwei Länder und mehr als zwei Güter zu erweitern. Hierzu bietet das Lerner-Diagramm den optimalen graphischen Analyserahmen, da es die Produktionsbedingungen im Unterschied zum Produktionsmöglichkeitendiagramm nicht anhand der Güter, sondern aus der Perspektive des Faktoreinsatzes veranschaulicht. Das Lerner-Diagramm bietet darüber hinaus den Vorteil, dass sich die vier zentralen Aussagen des HOS-Modells zu Handelsmuster, Faktorpreisen, Verteilungseffekten (siehe ▶ Kap. 8) und Auswirkungen des Wachstums (siehe ▶ Kap. 9) in einer einheitlichen Darstellung ableiten und darstellen lassen.

7.1 Güterhandel als indirekter Handel der Faktoren

Unter dem **Faktorinhalt** eines Gutes wird diejenige Faktorkombination verstanden, die zu seiner Produktion verwendet wurde. So kann etwa ein Stuhl durch die darin enthaltene Menge Holz, Arbeitseinsatz und Kapitaleinsatz beschrieben werden. Durch den Export eines Gutes wird somit implizit die darin enthaltene Faktorleistung exportiert.

Wir können diese Idee anhand des in ▶ Kap. 6 eingeführten Beispiels zum Handel zwischen Deutschland und China veranschaulichen. Im Vergleich zu China ist das kapitalreiche Deutschland knapp mit einfachen Arbeitskräften ausgestattet. Daher sind arbeitsintensiv produzierte Güter, wie etwa Textilien, im Vergleich zu kapitalintensiven Gütern, wie beispielsweise Autos, in Deutschland relativ teuer, wohingegen sie in China relativ billig hergestellt werden können.

Es gibt nun prinzipiell zwei Möglichkeiten, wie die Faktoren in einem integrierten Wirtschaftsraum effizienter als bei Autarkie eingesetzt werden können. Zum einen könnten chinesische Arbeitskräfte nach Deutschland wandern, womit sich die relative Faktorausstattung von Arbeit in Deutschland ändern würden und Textilien nun billiger hergestellt werden könnten. Dies lässt sich in der Praxis aufgrund von Sprachbarrieren und restriktiven Einwanderungsbestimmungen jedoch nur schwer umsetzen. Wesentlich einfacher und kostengünstiger ist demgegenüber die zweite Möglichkeit: Deutschland importiert die Textilien aus China und exportiert im Gegenzug Autos nach China. Damit gelangt über den Umweg des Imports die chinesische Arbeitskraft indirekt nach Deutschland – letztlich spielt es keine Rolle, ob die chinesische Arbeitskraft die Textilien in China oder in Deutschland fertigt. Da Faktorwanderung im Vergleich zu den Handelskosten deutlich teurer ist (bzw. im HOS-Modell annahmegemäß ausgeschlossen ist), wird stattdessen die von den Faktoren erzeugte Produktion gehandelt.

Der im Güterhandel implizit enthaltene Faktorexport bzw. -import wird noch offensichtlicher, wenn wir auch den Automobilexport von Deutschland nach China betrachten, mit dem Deutschland schließlich die importierten Textilien bezahlt. Nehmen wir an, dass in einem VW Golf, der für 20.000 Euro nach China exportiert wird, 4 Arbeitswochen und eine Kapitalnutzung im Wert von 15.000 Euro stecken. Die Textilien im Wert von 20.000 Euro, die Deutschland im Gegenzug importiert, enthalten demgegenüber nur eine Kapitalnutzung von 5000 Euro, aber dafür 12 Arbeitswochen. Wenn wir jetzt die Nettowerte betrachten, so erkennen wir, dass Deutschland indirekt Kapital im Wert von 10.000 Euro nach China exportiert und gleichzeitig 8 Arbeitswochen aus China importiert.

Aus diesem indirekten Faktorhandel ergibt sich folgende Implikation: Bei friktionslosem Außenhandel, d. h. es gibt keinerlei Transportkosten oder sonstigen Handelshemmnisse, lässt sich potenziell das gleiche Ergebnis erzielen, wie in einem integrierten Wirtschaftsraum mit vollständiger Faktormobilität.

— Bei vollständiger **internationaler Faktormobilität** werden die Faktoren an dem Ort eingesetzt, an dem sie die höchste Entlohnung erhalten. Arbeitskräfte aus arbeitsreichen Ländern werden also in kapitalreiche Länder wandern, da dort aufgrund der Knappheit an Arbeitskräften ein höherer Lohn erzielbar ist. Entsprechend wird das Kapital in die arbeitsreichen Länder wandern. Im langfristigen Gleichgewicht wird schließlich überall die gleiche absolute Entlohnung herrschen, womit kein Faktor mehr einen Anreiz zur Wanderung hat. Wenn überall die gleiche reale Entlohnung herrscht, müssen aber auch überall die gleichen relativen Faktorausstattungen anzutreffen sein und damit auch die gleichen Güterpreise.

— Auch bei **friktionslosem Außenhandel** werden sich in den Ländern identische Güterpreise ergeben, nämlich die Weltmarktpreise. Da nach dem Faktorpreisausgleichstheorem bei unvollständiger Spezialisierung aller Länder daraus identische Faktorpreise folgen, werden alle Güter auch mit dem gleichen, bei der gegebenen Weltfaktorausstattung optimalen Faktoreinsatzverhältnis hergestellt.[1]

7.2 Das Lerner-Diagramm

Im Lerner-Diagramm (vgl. Lerner 1952) werden alle Variablen im Kontext der beiden Faktoreinsatzmengen K und L beschrieben. Da die meisten für die Aussagen im HOS-Modell relevanten Größen wie Faktorpreise, Güterpreise und Gütermengen somit nur indirekt ersichtlich sind, ist für die Anwendung des Lerner-Diagramms ein eingehendes Verständnis des Darstellungskonzepts erforderlich. Deshalb wollen wir uns zunächst damit beschäftigen, wie das in ▪ Abb. 7.1 dargestellte Diagramm

---

1   Sofern es keine vollständig spezialisierten Länder gibt, bedeutet das aber auch, dass es bei friktionslosem Handel keinen Anreiz zur Faktorwanderung gibt.

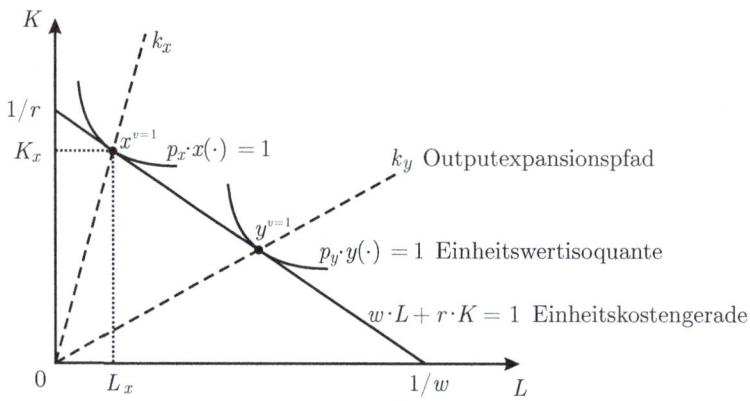

◘ Abb. 7.1   Grundform des Lerner-Diagramms

7

konstruiert wird und wie die in einem allgemeinen Gleichgewichtsmodell wirkenden ökonomischen Mechanismen in ihm abgebildet werden.

Als erstes bestimmen wir im Lerner-Diagramm die sogenannten **Einheitswertiso-quanten** der beiden Güter x und y. Diese Kurven stellen den geometrischen Ort aller Faktorkombinationen dar, deren Produktionswert – Preis mal produzierter Menge – genau dem Wert 1 entspricht. Formal ausgedrückt sind diese Isoquanten (implizit) gegeben durch:

$$p_x \cdot x(K_x, L_x) = 1 \quad \text{und} \quad p_y \cdot y(K_y, L_y) = 1$$

$x(\cdot)$ und $y(\cdot)$ stellen die Produktionsfunktionen und damit die verwendeten Technologien der beiden Güter dar. Da Gut x annahmegemäß kapitalintensiver als Gut y produziert wird, befindet sich dessen Einheitswertisoquante links von derjenigen von Gut y: Der benötigte relative Faktoreinsatz von K bei Gut x ist immer höher als bei Gut y. Die genaue Lage der Einheitswertisoquante ist dabei von zwei Größen abhängig: Zum einen vom Preis des Gutes und zum anderen von der verwendeten Produktionstechnologie.

Im zweiten Schritt wird die **Einheitskostengerade** so eingezeichnet, dass sie die beiden Einheitswertisoquanten gerade tangiert. Diese Gerade stellt den geometrischen Ort aller Faktorkombinationen dar, die Kosten in Höhe von 1 verursachen und ist damit durch die Gleichung

$$r \cdot K + w \cdot L = 1,$$

beschrieben, wobei w den Lohnsatz (die Faktorentlohnung von L) und r den Zinssatz (die Faktorentlohnung von K) bezeichnen. Um die Gerade einzeichnen zu können, lösen wir sie nach K auf und erhalten

$$K = \frac{1}{r} - \frac{w}{r} \cdot L. \tag{7.1}$$

Beachten Sie, dass alle Faktorkombinationen oberhalb der Einheitskostengerade, mehr als 1 kosten und alle (L, K)-Kombinationen unterhalb der Geraden entsprechend weniger als 1.

Wir können aus (7.1) eine für die ökonomische Interpretation wichtige Eigenschaft ablesen: Die Achsenabschnitte der Einheitskostengerade stellen die inversen Faktorentlohnungen des betreffenden Faktors dar. Der Schnittpunkt mit der K-Achse ist der inverse Zinssatz, $1/r$, und der Schnittpunkt mit der L-Achse der inverse Lohnsatz, $1/w$. Eine Erhöhung des Wertes ist gleichbedeutend mit einem Rückgang der jeweiligen Faktorentlohnung und umgekehrt impliziert ein fallender Wert eine Erhöhung der Faktorentlohnung.

Die Einheitskostengerade (und damit die Faktorpreise) müssen so bestimmt werden, dass die Einheitskostengerade beide Einheitswertisoquanten tangiert. Dies ergibt sich aus Gleichgewichtsüberlegungen bei vollkommener Konkurrenz in den Faktor- und Gütermärkten, die wir uns nun, ausgehend von einer Ungleichgewichtssituation, veranschaulichen.

Angenommen, die Einheitskostengerade würde in der Ausgangssituation anders als in ◘ Abb. 7.1 nur die Einheitswertisoquante von x tangieren, diejenige von y aber schneiden (diese Einheitskostengerade würde somit die K-Achse unterhalb und die L-Achse oberhalb der Schnittpunkte der Gleichgewichts-Einheitskostengerade schneiden). In Sektor x wäre dann gewährleistet, dass die gegebenen Faktorpreise zu Nullgewinnen führen, wie sie sich bei vollkommenem Wettbewerb auf dem Gütermarkt ergeben müssen: Der Wert der erstellten Gütermenge auf der Einheitswertisoquante beträgt annahmegemäß 1 und die Kosten auf der Einheitskostengerade betragen 1. Jeder andere Punkt auf der Einheitswertisoquante würde zwar auch einem Umsatz (Wert) von 1 entsprechen, der dafür nötige Faktoreinsatz würde jedoch höhere Kosten als 1 verursachen. Nur der Tangentialpunkt stellt somit das Kostenminimum sicher. Der x-Sektor befindet sich folglich im Gleichgewicht. Im y-Sektor verläuft die Einheitskostengerade jedoch über der Einheitswertisoquante (es gibt zwei Schnittpunkte). Damit können dort Gewinne gemacht werden, da alle Faktorkombinationen, die unterhalb der Einheitskostengerade liegen, Kosten verursachen, die kleiner als 1 sind. Dieses Ungleichgewicht setzt nun einen Anpassungsprozess in Gang: Es besteht ein Anreiz, die Produktion aus dem x-Sektor in den y-Sektor zu verlagern. Da der x-Sektor kapitalintensiv ist, wird dabei mehr Kapital als Arbeit freigesetzt, während für die Produktionsausweitung im y-Sektor ein größerer Anteil des Faktors Arbeit notwendig wäre. Dies führt nun dazu, dass die Löhne steigen (Arbeit ist knapp) und die Zinsen sinken (Kapital ist im Überfluss vorhanden). Die Einheitskostengerade dreht sich damit im Uhrzeigersinn. Erst wenn ein Faktorpreisverhältnis erreicht ist, bei dem die Einheitskostengerade gerade beide Einheitswertisoquanten berührt, besteht kein Anreiz mehr, die Produktion von einem Sektor in den anderen zu verlagern.

In ◘ Abb. 7.1 sehen wir damit das eindeutige Gleichgewicht, das sich bei gegebenen Güterpreisen und Technologien (beides repräsentiert durch die Einheitswertisoquanten) einstellen wird. Die Faktorkombinationen $x^{v=1}$ bzw. $y^{v=1}$ geben dabei diejenigen Faktormengen an, die notwendig sind, um Gut x bzw. Gut y jeweils im Wert (v für *value*) von 1 zu produzieren bzw. den jeweiligen Faktorinhalt des Einheitsproduktionswertes. In der Abbildung kann der Faktorinhalt des Einheitsproduktionswertes eines Gutes somit unmittelbar an den Koordinatenachsen abgelesen werden.

Für die graphische Analyse der Faktorausstattungstheorie ist es nun wichtig, noch einen Schritt weiterzugehen. Die Annahme konstanter Skalenerträge erlaubt es, lineare **Outputexpansionspfade**, k_x und k_y, zu konstruieren. Diese beginnen im

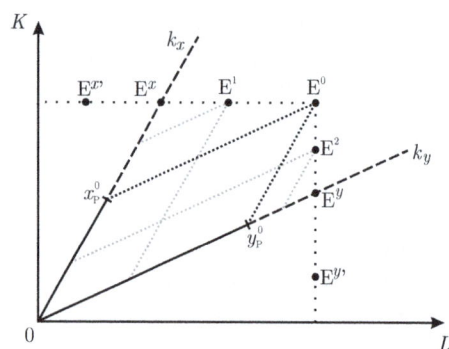

● **Abb. 7.2**   Faktorausstattung determiniert Produktion

7

Ursprung und verlaufen durch den jeweiligen Tangentialpunkt zwischen der Einheitswertisoquante und der Einheitskostengerade, $x^{v=1}$ und $y^{v=1}$. Wird von beiden Faktoren n-mal so viel eingesetzt wie im Tangentialpunkt, erhält man einen Produktionswert von $v = n$. Aus dem Produktionswert können wir leicht auf die Produktion in Mengeneinheiten schließen, indem wir ihn einfach durch den jeweiligen Güterpreis teilen.

Die beiden Outputexpansionspfade k_x und k_y unterteilen das Lerner-Diagramm in drei Bereiche: oberhalb von k_x, zwischen k_x und k_y und unterhalb von k_y. Wir bezeichnen die Pfade deshalb mit k, da sie zugleich die Kapitalintensität K/L in dem jeweiligen Sektor wiedergeben. Wir werden gleich darauf eingehen, welche Bedeutung diesen drei Bereichen zukommt. Es ist zunächst nur wichtig festzuhalten, dass viele Vorhersagen des HOS-Modells nur im Bereich zwischen k_x und k_y erfüllt sind – dieser Bereich wird auch als Diversifikationskegel (*cone of diversification*) bezeichnet.

Wie lässt sich nun die Produktion einer Ökonomie im Lerner-Diagramm für gegebene Güterpreise und Technologien in Abhängigkeit von der Faktorausstattung bestimmen? Wie in ● Abb. 7.2 verdeutlicht wird, gelingt dies innerhalb des Diversifikationskegels durch die geometrische Konstruktion eines Parallelogramms mit dem Ursprung 0 und dem Faktorausstattungspunkt E^0 (E für *endowment*) als gegenüberliegende Ecken.[2] Der Vektor $\overrightarrow{0x_P^0}$ beschreibt dann den Faktoreinsatz für Gut x und $\overrightarrow{0y_P^0}$ denjenigen für Gut y, wobei der Index P bei x und y sich darauf bezieht, dass es hier um den Faktorinhalt bei der Produktion von x bzw. y geht.[3] Wir wissen somit also genau, wie viele Faktoren in die Produktion des jeweiligen Gutes fließen. Zur Ableitung des Produktionswertes muss dann jeweils die durch den Faktoreinsatzvektor beschriebene Strecke (der Betrag des Vektors) durch die entsprechende Strecke bis zur Einheitskostengerade, $\overline{0x^{v=1}}$ bzw. $\overline{0y^{v=1}}$, dividiert werden. Zur Bestimmung der Produktionsmenge teilen wir schließlich diesen Wert nochmals durch den Güterpreis p_x bzw. p_y. Konkret würden bei der Ausstattung E^0 somit $\left(\overline{0x_P^0}/\overline{0x^{v=1}}\right)/p_x$ Einheiten von x produziert.

---

2   Im Prinzip entspricht dies der Abbildung des 2-Güter-2-Faktoren-Falls in einer Edgeworth-Box.

3   Formal wird der nicht eingezeichnete Faktorausstattungsvektor $\overrightarrow{0E^0}$ durch eine Linearkombination aus diesen beiden Vektoren gebildet.

Aus ökonomischer Perspektive ist das Ergebnis dadurch gekennzeichnet, dass zum einen alle Faktoren in der Volkswirtschaft zur Produktion der beiden Güter eingesetzt werden, d. h. Vollbeschäftigung herrscht, und zum anderen die Faktoren unter Berücksichtigung der exogen gegebenen Technologien und Güterpreise optimal auf die beiden Sektoren aufgeteilt sind. Werden nun unterschiedliche Faktorausstattungsverhältnisse betrachtet, lassen sich bereits erste für die Analyse der Handelsstruktur interessante Ergebnisse ableiten: Ein Land mit Ausstattung E^1 ist im Vergleich zu einem Land mit E^0 kapitalreicher (gleich viel Kapital, aber weniger Arbeit) und produziert, wie wir in der Abbildung erkennen können, (absolut) mehr vom kapitalintensiven Gut x und weniger vom arbeitsintensiven Gut y. Analog produziert das im Vergleich zu E^0 und E^1 arbeitsreiche Land E^2 weniger x und eine größere Menge von y. Bei einer Ausstattung von E^x wird sogar ausschließlich Gut x und bei E^y ausschließlich Gut y hergestellt.

Wir können in dieser Darstellung auch unmittelbar die Bedeutung des **Diversifikationskegels** (Bereich zwischen k_x und k_y) erkennen: Verlässt der Faktorausstattungspunkt diesen Bereich, so hat dies – wie etwa im Falle eines sehr kapitalreichen Landes mit Ausstattung E^x' – zur Folge, dass im Optimum eine „negative Anzahl" von y produziert werden müsste. Da das natürlich nicht möglich ist, kommt es zu einer Randlösung, bei der alle Faktoren in der Ökonomie zur Produktion des kapitalintensiven Gutes eingesetzt werden: Das Land spezialisiert sich vollständig auf die Produktion von Gut x. Analog würde in einem durch E^y' gekennzeichneten, sehr arbeitsreichen Land nur Gut y hergestellt. Wir können somit zusammenfassen, dass nur innerhalb des Kegels beide Güter in positiven Mengen produziert werden, während sich außerhalb des Kegels ein Land auf die Produktion desjenigen Gutes spezialisiert, das denjenigen Faktor intensiv nutzt, mit dem die Ökonomie reichlich ausgestattet ist.

Um ein besseres Verständnis des Lerner-Diagramms zu erhalten, kann es hilfreich sein, einen Vergleich mit der Produktionsmöglichkeitenkurve herzustellen. Hierzu wird in ◧ Abb. 7.3 die Produktions- und Handelsstruktur zweier Länder mit unterschiedlicher relativer Faktorausstattung aber gleichem Einkommen dargestellt.

Im Lerner-Diagramm ist ein identisches Einkommen innerhalb des Diversifikationskegels dann sichergestellt, wenn sich die Faktorausstattungspunkte auf der gleichen Isokostengeraden befinden: Die Kosten der Faktoren stellen aus Sicht der Faktoreigner deren einziges Einkommen dar und aufgrund vollkommenen Wettbewerbs erwirtschaften die Unternehmen auch keine (ökonomischen) Gewinne, sodass die Summe der Faktoreinkommen dem gesamten Einkommen der Volkswirtschaft entspricht. Bei der Produktionsmöglichkeitenkurve muss für die Länder analog die gleiche „Budgetbeschränkung" in Form der gleichen Preisgeraden gelten. Somit ist das Einkommen der Ökonomie bei der Produktionsmöglichkeitenkurve durch die Verwendungsseite – wie viel erlöst die Produktion auf dem Weltmarkt – und im Lerner-Diagramm durch die Entstehungsseite – wie viel erwirtschaften die Faktoren – gegeben.[4]

Die Entsprechung der beiden Diagramme ist dann wie folgt: Die Faktorausstattungen K und L des Landes determinieren eindeutig die Lage des Faktorausstattungspunktes E im Lerner-Diagramm. In Verbindung mit der Produktionstechno-

---

4 Aus Sicht der Verwendungsseite ist die Produktion auf dem Weltmarkt formal durch $p_y \cdot y + p_x \cdot x$ beschrieben und die Entstehungsseite durch $w \cdot L + r \cdot K$.

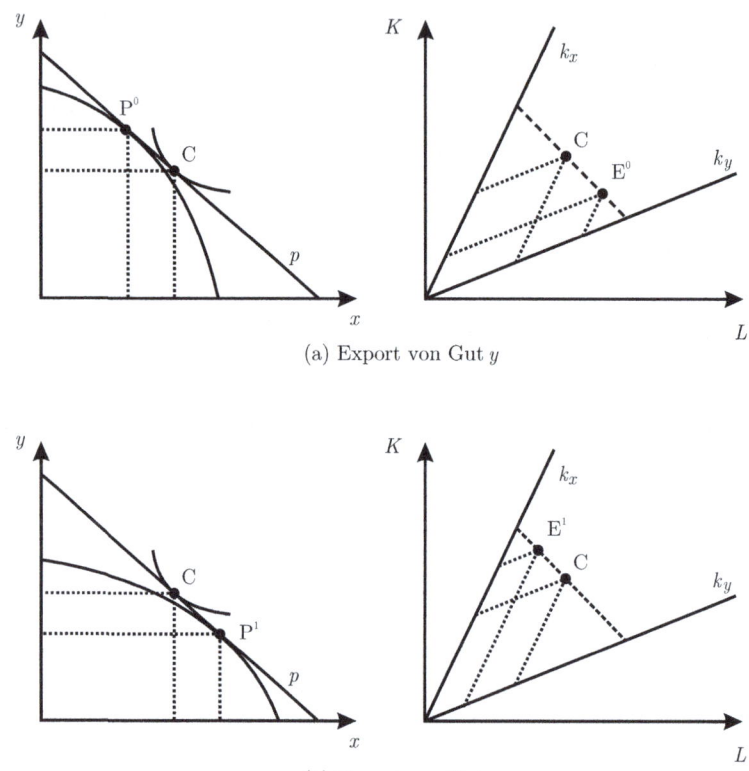

(a) Export von Gut y

(b) Export von Gut x

◘ Abb. 7.3   Zusammenhang zwischen Lerner-Diagramm und Produktionsmöglichkeitenkurve

logie bestimmt die Faktorausstattung die Form der Transformationskurve. Im Lerner-Diagramm steckt die Technologie wiederum in den Wertisoquanten bzw. in der vorliegenden Abbildung in den durch die Isoquanten bestimmten Outputexpansionspfaden. Der gewünschte Konsum bei gegebenen relativen Weltmarktpreisen wird in beiden Abbildungen durch Punkt C dargestellt – im Produktionsmöglichkeitendiagramm in Form der Gütermengen und im Lerner-Diagramm als Faktorinhalt dieser Gütermengen. Da beide Güter mit den gleichen Faktoren erstellt werden, können die Faktoren addiert werden und so als Punkt im Lerner-Diagramm dargestellt werden. Dies lässt sich an einem Beispiel veranschaulichen: Angenommen das Konsumbündel eines Haushalts besteht aus einem Tisch und zwei Stühlen. Zur Produktion eines Tisches werden 2 Ster Holz und 20 Arbeitsstunden benötigt und für einen Stuhl 1 Ster Holz und 15 Arbeitsstunden. Somit können wir die Aussage treffen, dass der Haushalt 4 Ster Holz und 50 Arbeitsstunden „konsumiert". Wir können also den für den Tisch und die Stühle benötigten Faktoreinsatz in Form von Arbeitsstunden und Holz jeweils einfach addieren.

Da die in ◘ Abb. 7.3 betrachteten Produktionspunkte P^0 und P^1 bzw. Faktorausstattungspunkte E^0 und E^1 und der Konsumpunkt C jeweils auseinanderfallen, kommt es zu Handel. In der Darstellungslogik des Produktionsmöglichkeitendiagramms wird dabei das gewünschte Konsumbündel durch Tausch der Güter erreicht: Ausgehend von P^0 wird Gut y exportiert und Gut x importiert, während bei P^1 Gut x exportiert werden muss, um die gewünschte Konsummenge an Gut y zu erhalten. In der Logik des Lerner-Diagramms geht es um den impliziten Handel des Faktorinhalts: Decken sich die im Land verfügbaren Faktoren nicht mit denen, die zur Produktion des gewünschten Konsumbündels erforderlich sind, so müssen sie indirekt über die Güter gehandelt werden. Ausgehend von E^0 kommt es somit zu einem indirekten Kapitalimport (im importierten kapitalintensiven Gut x ist relativ mehr Kapital enthalten als im arbeitsintensiven Exportgut y); bei einer Faktorausstattung E^1 resultiert entsprechend ein indirekter Kapitalexport und ein Import des Faktors Arbeit. Das Ergebnis ist somit in beiden Fällen dasselbe, lediglich die Betrachtungsweise unterscheidet sich zwischen den beiden Darstellungsformen.

7.3 Aussagen des HOS-Modells im Lerner-Diagramm

Mithilfe des Lerner-Diagramms lassen sich die im Rahmen des HOS-Modells ableitbaren Aussagen graphisch veranschaulichen und beweisen. Hierzu betrachten wir erneut die beiden bereits bekannten Theoreme, das Heckscher-Ohlin-Theorem (siehe ▶ Abschn. 6.3) und das Faktorpreisausgleichstheorem (siehe ▶ Abschn. 6.4). Den beiden anderen wichtigen Theoremen wenden wir uns in ▶ Abschn. 8.1.2 (Stolper-Samuelson-Theorem) und ▶ Abschn. 9.1.2 (Rybczynski-Theorem) zu.

7.3.1 Heckscher-Ohlin-Theorem

Das Heckscher-Ohlin-Theorem beschäftigt sich mit den Determinanten des komparativen Vorteils und dem daraus abgeleiteten Handelsmuster. Es besagt, dass ein Land bei demjenigen Gut einen komparativen Vorteil hat (und es bei Aufnahme von Außenhandel exportieren wird), das jenen Faktor intensiv nutzt, mit dem das Land relativ reichlich ausgestattet ist (siehe ▶ Abschn. 6.3).

Der Beweis dieser Aussage erfolgt in vier Schritten: Zunächst zeigen wir, welche relativen Güterpreise sich bei Autarkie einstellen müssen. Damit ist bereits geklärt, bei welchen Gütern die Länder jeweils komparative Vorteile aufweisen. In einem zweiten Schritt können wir veranschaulichen, wie sich die Preisanpassung nach Aufnahme des Außenhandels im Lerner-Diagramm auf die Lage der Einheitswertisoquanten auswirkt. Die resultierende Anpassung der Einheitskostenkurve und die damit einhergehende Drehung des Diversifikationskegels bilden den dritten Schritt. Schließlich vergleichen wir die Produktionsstruktur nach Aufnahme des Außenhandels mit derjenigen bei Autarkie, um auf dieser Grundlage das Handelsmuster abzuleiten.

▪▪▪ Schritt 1

Die Ausgangssituation können wir unmittelbar in ◼ Abb. 7.2 veranschaulichen: E^1 ist die Faktorausstattung von Land 1 (Inland) und E^2 die Faktorausstattung von Land 2 (Ausland). Da Land 1 relativ reichlich mit Kapital ausgestattet ist, wird dort bei Autarkie relativ viel vom kapitalintensiven Gut x produziert werden, während in Land 2 mehr vom arbeitsintensiven Gut y hergestellt wird. Bei den unterstellten identischen, homothetischen Präferenzen lässt sich das jedoch nur dann realisieren, wenn Gut x bei Autarkie in Land 1 im Vergleich zu Land 2 relativ billig ist, d. h. der Relativpreis p_x/p_y wird in Land 1 unter demjenigen von Land 2 liegen.

▪▪ Schritt 2

Handeln nun beide Länder miteinander, so wird unter der Annahme identischer Präferenzen der (einheitliche) Relativpreis von Gut x im Freihandelsgleichgewicht irgendwo zwischen den beiden Relativpreisen der beiden Länder bei Autarkie liegen – graphisch können wir dies in einem Diagramm mit relativen Angebots- und Nachfragekurven veranschaulichen, wie wir es in ▶ Kap. 5 kennengelernt haben. Aus Sicht von Land 1 steigt somit der Relativpreis von Gut x, aus Sicht von Land 2 sinkt er. ◙ Abb. 7.4 verdeutlicht die Änderungen, die sich im Lerner-Diagramm durch Handelsaufnahme für Land 1 ergeben. Um die Darstellung durch die Änderung nur einer Einheitswertisoquante möglichst übersichtlich zu halten und zudem in diesem Zusammenhang das Konzept des relativen Preises zu verdeutlichen, unterstellen wir einen Rückgang des absoluten Preises von Gut y. Es dürfte plausibler sein, davon auszugehen, dass durch die Aufnahme des Außenhandels der (absolute) Preis von x steigt und gleichzeitig der (absolute) Preis von y sinkt. Da für die folgende Betrachtung jedoch lediglich die Änderung des *relativen* Preises wichtig ist, können wir uns auf diesen einfacheren Fall konzentrieren.

▪▪ Schritt 3

Die Autarkiesituation wird in ◙ Abb. 7.4 durch die Kurven mit durchgezogenen Linien dargestellt: Hier herrschen die Preise p_x und p_y^0. Wenn nun der Preis von Gut y durch die Aufnahme von Handel auf p_y^1 sinkt, muss sich die Einheitswertisoquante von y nach außen verschieben, da nun ein höherer Faktoreinsatz von K und L nötig ist, um einen Wert von 1 zu erzeugen. Damit ist die Ökonomie jedoch aus dem Gleichgewicht geraten und die Anpassungsprozesse, die bei der Konstruktion des Lerner-Diagramms in Abschn. 7.2 beschrieben wurden, beginnen zu wirken. Der Diversifikationskegel von Land 1 dreht sich damit nach rechts, d. h. die Produktion beider Güter wird arbeitsintensiver (die Outputexpansionspfade verlaufen flacher). Im neuen Gleichgewicht ist der Lohn von w^0 auf w^1 gesunken und die Kapitalentloh-

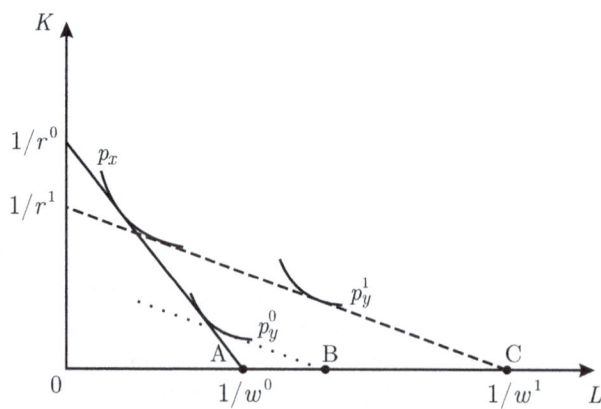

◙ **Abb. 7.4** Rückgang des Preises im y-Sektor

nung von r^0 auf r^1 gestiegen. In der Produktion beider Güter wird nun der in Land 1 relativ knappe – und dementsprechend bei Autarkie mit w^0 relativ teure – Faktor Arbeit verstärkt eingesetzt. Eine analoge Überlegung kann für Land 2 angestellt werden: Hier sinkt der relative Preis von x, der Diversifikationskegel dreht sich nach links und die Produktion beider Güter wird folglich kapitalintensiver. Aufgrund der Anpassung der Güterpreise nach Handelsaufnahme an den einheitlichen Weltmarktpreis ist schließlich für beide Länder der gleiche Diversifikationskegel relevant – beide Länder produzieren beide Güter jeweils mit der gleichen Kapitalintensität.

▪▪▪ Schritt 4

🔲 Abb. 7.5 zeigt die gleiche Situation wie 🔲 Abb. 7.4 legt allerdings den Fokus auf die Produktionsänderung. Wie man unmittelbar in 🔲 Abb. 7.5 erkennen kann, wird für die Produktion von Gut x jetzt mehr Kapital und Arbeit eingesetzt, was bedeutet, dass bei gegebener Technologie im Inland auch mehr von Gut x produziert wird. Da p_x annahmegemäß konstant ist, kann man zudem die zum Produktionswert proportionale Strecke $0x_P^1$ auch auf k_x^0 übertragen (in 🔲 Abb. 7.5 durch das gestrichelte Kreissegment, mit dem Koordinatenursprung als Mittelpunkt, gezeigt). Aufgrund des unveränderten Preises von Gut x kann hier über den Vergleich mit der ursprünglichen Strecke $0x_P^0$ nochmals bestätigt werden, dass sich der Output von x erhöht haben muss; zudem kann über das Verhältnis der beiden Strecken auch die relative Änderung der Produktionsmenge abgelesen werden. Analog sieht man in Bezug auf Gut y, dass hier in y_P^1 weniger Kapital und weniger Arbeit eingesetzt werden als in y_P^0 und damit die Produktion von y zurückgegangen sein muss. Da sich der Preis von Gut y verringert hat, kann man hier die Produktionswerte nicht unmittelbar vergleichen, aber nachdem sowohl Preis als auch Menge jetzt niedriger sind, muss auch der Produktionswert von y geringer sein.

Damit können wir festhalten, dass ein Absinken des relativen Preises eines Gutes zu einer Reduktion seiner Produktion führt. Umgekehrt führt ein Anstieg des relativen Preises zu einer Ausweitung der Produktion dieses Gutes. Folglich wird die Produktion von Gut x in Land 1 nach Handelsaufnahme ausgeweitet und diejenige von y

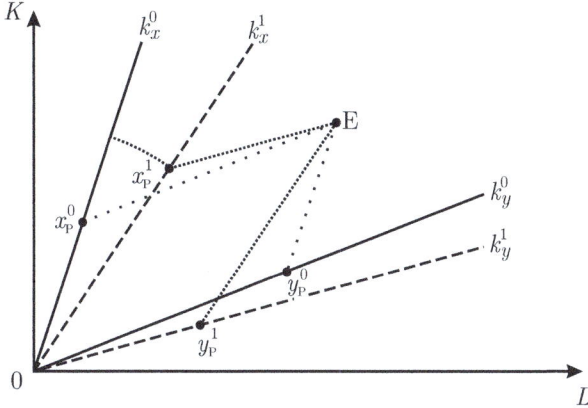

🔲 **Abb. 7.5** Produktionseffekte der Preisänderung

zurückgefahren, während in Land 2 mehr von y und weniger von x hergestellt wird. Da die Präferenzen annahmegemäß durch die Handelsaufnahme nicht verändert werden und für die Bewohner des Landes 1 das kapitalintensive Gut x relativ teurer geworden ist, muss die Differenz zwischen der gestiegenen Produktion und dem gesunkenen Konsum von Gut x exportiert werden. Gleichermaßen wird die Differenz zwischen der gestiegenen Nachfrage nach Gut y (das relativ billiger geworden ist) und der gesunkenen inländischen Produktion importiert. Die Aussage des Heckscher-Ohlin-Theorems ist daher bewiesen!

Fällt die Änderung des Relativpreises für ein Land sehr drastisch aus, etwa wenn ein relativ kleines Land mit einem deutlich größeren Land Handelsbeziehungen aufnimmt, kann es dazu kommen, dass sich der Diversifikationskegel so stark dreht, dass sich nach Aufnahme des Außenhandels die Faktorausstattung dieses Landes außerhalb des Kegels befindet. Das Heckscher-Ohlin-Theorem ist auch in diesem Fall gültig, da das kapitalreiche Land das kapitalintensive und das arbeitsreiche Land das arbeitsintensive Gut exportieren wird. Während ein Land mit einer Faktorausstattung im Kegel zwar die Produktion in Richtung des Exportgutes verlagert, aber nach wie vor auch eine positive Menge des Importgutes herstellt, wird sich ein Land außerhalb des Kegels vollkommen auf die Produktion seines Exportgutes spezialisieren und das Importgut überhaupt nicht mehr herstellen.

7.3.2 Faktorpreisausgleich und vollständige Spezialisierung

Das in ▶ Abschn. 6.4 behandelte Faktorpreisausgleichstheorem besagt, dass in beiden Ländern die gleichen absoluten Faktorpreise herrschen werden, wenn im Gleichgewicht bei Freihandel jedes Land beide Güter produziert. Wir wollen nun zum einen zeigen, wie dieses Theorem im Kontext des Lerner-Diagramms bewiesen werden kann, und zum anderen die Implikationen einer vollständigen Spezialisierung thematisieren.

Für den Fall, dass beide Länder auch nach Außenhandelsaufnahme beide Güter produzieren, können wir die Angleichung der Faktorpreise unmittelbar aus den Ergebnissen zum Heckscher-Ohlin-Theorem ableiten. Wie dort in Schritt 3 gezeigt wurde, führt die Güterpreisanpassung bei identischen Technologien dazu, dass sich beide Länder im gleichen Diversifikationskegel befinden. Wie wir an ◨ Abb. 7.1 erkennen können, ist damit aber automatisch verbunden, dass die Einheitskostengeraden für beide Länder identisch sind und somit auch die Faktorpreise gleich sein müssen.

Aber warum ist es dafür notwendig, dass beide Länder beide Güter produzieren, sich also die Faktorausstattung jedes Landes im Diversifikationskegel befindet? Der Unterschied zwischen der Situation innerhalb und außerhalb des Kegels besteht darin, dass ein Land außerhalb vollkommen spezialisiert ist. Kommt es beispielsweise bei der Situation E^0 in ◨ Abb. 7.2 durch die Aufnahme des Handels dazu, dass der Relativpreis von Gut x steigt, d. h. sich der Kegel nach rechts dreht (analog zu ◨ Abb. 7.4), so wird mehr von Gut x produziert, womit gleichzeitig Faktoren aus dem y-Sektor abgezogen werden müssen, um im x-Sektor eingesetzt werden zu können. Wenn die Relativpreisänderung so stark ist, dass der resultierende Outputexpansionspfad k_x durch E^0 verläuft, so wird Gut y gerade nicht mehr hergestellt.

In diesem Grenzpunkt werden die Faktorpreise sich gerade noch angleichen. Steigt der Preis jedoch noch weiter, so wäre es eigentlich optimal, eine negative Menge von y zu produzieren, um dadurch Faktoren freizusetzen und für eine Ausweitung der Produktion von Gut x einzusetzen. Negative Produktionsmengen sind aber natürlich faktisch nicht realisierbar. Wenn der Diversifikationskegel nach Handelsaufnahme somit wie in ◧ Abb. 7.2 gegeben ist und das relativ kapitalreiche Land die Faktorausstattung E^x hat, so wird dieses Land sich einfach auf die Herstellung von Gut x spezialisieren (d. h. Gut y nicht produzieren). Die relative Faktorintensität bei der Produktion entspricht dann aber nicht derjenigen beim Handelspartner, da das Land sonst einen Teil des Faktors Kapital nicht einsetzen würde, sondern sie wird genauso hoch sein, wie die relative Faktorausstattung des Landes. Die kapitalintensivere Produktion impliziert jedoch, dass der reichliche Faktor Kapital in diesem Land geringer und der knappe Faktor Arbeit höher entlohnt wird als beim Handelspartner. Im Lerner-Diagramm zeigt sich das dadurch, dass die Einheitskostengerade steiler verlaufen muss, wenn sie die Einheitswertisoquante links vom Schnittpunkt mit k_x berühren soll. Es kommt somit gegenüber der Autarkiesituation zwar zu einer Annäherung, nicht aber zu einer Angleichung der Faktorpreise.

7.3.3 Erweiterung: Mehr als zwei Länder und mehr als zwei Güter

Die Erweiterungen des HOS-Modells auf mehr als zwei Länder und auf mehr als zwei Güter basieren auf der Idee des Faktorinhalts. Sie lassen sich damit im Lerner-Diagramm gut darstellen, solange die Beschränkung auf zwei Faktoren erhalten bleibt. Wird diese Beschränkung aufgehoben, so bleiben nur bei einer identischen Anzahl von Gütern und Faktoren die Aussagen des HOS-Modells im Grundsatz bestehen. Im nächsten Kapitel werden wir mit dem Ricardo-Viner-Modell mit spezifischen Faktoren ein Zwei-Güter-Modell mit drei Faktoren kennenlernen. In diesem Abschnitt wollen wir uns aber zunächst auf die „einfacheren" Erweiterungen beschränken.

Gibt es mehr als zwei Länder, so bleibt die Aussage des Heckscher-Ohlin-Theorems weiterhin bestehen. Die Weltfaktorausstattung determiniert zusammen mit der für alle Länder identischen Produktionstechnologie und den identischen und homothetischen Präferenzen der Konsumenten das Weltmarktpreisverhältnis. Die Analyse für die Welt als Ganzes kann hier analog zu derjenigen für ein Land bei Autarkie erfolgen. Die Güterpreise müssen dabei im Gleichgewicht sicherstellen, dass die gesamte Faktorausstattung konsumiert wird, d. h. die Faktoren müssen in der Relation nachgefragt werden, wie sie durch die Faktorausstattung der Welt vorgegeben ist. Aufgrund der identischen und homothetischen Präferenzen wird sich in jedem Land das gleiche Konsummuster ergeben, wobei Länder mit einer größeren Faktorausstattung zwar relativ gesehen gleich viel, aber absolut mehr konsumieren.

Weicht bei einem Land die relative Faktorausstattung von derjenigen auf Weltebene ab, so wird es mehr von dem Gut produzieren, das den relativ reichlichen Faktor intensiv einsetzt. Um das beim gegebenen Weltmarktpreisverhältnis gewünschte Konsummuster realisieren zu können, muss es dieses Gut dann exportieren und im Gegenzug das andere Gut importieren. Das bedeutet beispielsweise für ein relative kapitalreiches Land, dass es durch seine Importe indirekt den Faktor Arbeit importiert. Der Umfang des Handels ist dabei umso ausgeprägter, je stärker sich die relative Faktorausstattung eines Landes von derjenigen auf Weltebene unterscheidet: Das Land muss schließlich durch den Handel indirekt so viel vom knappen Faktor importieren, bis der relative Faktorinhalt im Konsum der relativen Weltfaktorausstattung entspricht.

Im Lerner-Diagramm sind die Länder durch ihre Faktorausstattungspunkte definiert. Der indirekt in Faktoren gemessene Außenhandel findet dann für ein Land auf einer Budgetgeraden statt, die durch den Faktorausstattungspunkt des Landes verläuft und deren Steigung derjenigen der Einheitskostengerade im Weltmarktgleichgewicht entspricht. Im Schnittpunkt dieser Budgetgeraden mit der durch den Ursprung und die Weltfaktorausstattung verlaufenden Geraden für das optimale Konsummuster ergibt sich so der Konsum des entsprechenden Landes. Der Faktorhandel ist dann auch quantitativ durch den Vektor vom individuellen Faktorausstattungspunkt zum Konsumpunkt bestimmt.

Gibt es mehr Güter als Faktoren, so können wir weder die Produktion eines Landes noch das resultierende Handelsmuster eindeutig bestimmen. Der Grund liegt darin, dass es in diesem Fall mehrere Diversifikationskegel gibt. Zwar können sich diese teilweise überlappen, aber es ist sehr unwahrscheinlich, dass sich die Faktorausstattung eines Landes in allen Kegeln gleichzeitig befindet.

Diese Unbestimmtheit bezieht sich allerdings nur auf die Struktur des Güterhandels – für den gehandelten Faktorinhalt lässt sich durchaus eine eindeutige Aussage ableiten. Konkret kann im Mehr-Güter-Fall auf Grundlage des Faktorinhaltskonzepts eine verallgemeinerte Form des Heckscher-Ohlin-Theorems abgeleitet werden, das sogenannte **Heckscher-Ohlin-Vanek-Theorem**. (Vanek 1968). Diese Formulierung besagt, dass ein kapitalreiches Land über seine Güterexporte und -importe den im Inland reichlich vorhandenen Faktor Kapital exportieren und den knappen Faktor Arbeit importieren wird. Da in der Realität natürlich mehr als zwei Güter hergestellt und gehandelt werden, ist dieses erweiterte Konzept auch eine zentrale Grundlage für die empirische Überprüfung der Aussagen des HOS-Modells.

Was haben wir gelernt?

- Der Güterhandel lässt sich als eine indirekte Form des Handels der in den Gütern enthaltenen Faktoren interpretieren. Außenhandel kann dann ein (imperfektes) Substitut für die mangelnde internationale Mobilität der Produktionsfaktoren darstellen.

- Das Lerner-Diagramm stellt die Faktorausstattungstheorie auf Grundlage der Faktoreinsatzmengen dar. Es ermöglicht die Ableitung und Veranschaulichung aller Aussagen des HOS-Modells und zum Teil auch seiner Erweiterungen in einer einheitlichen graphischen Darstellung.

- Bei vollständiger Spezialisierung befindet sich die Faktorausstattung eines Landes nicht mehr im Diversifikationskegel. Damit wird dieses Land nicht mit der gleichen Faktorintensität wie der Handelspartner produzieren und es kommt nicht zum Faktorpreisausgleich.

- Auch wenn bei mehr als zwei Gütern keine eindeutige Aussage mehr über das Handelsmuster eines Landes möglich ist, so ist der gehandelte Faktorinhalt über die relativen Faktorausstattungen eindeutig bestimmbar.

7.4 Kontrollfragen und Übungsaufgaben

1. Erläutern Sie, wie im Lerner-Diagramm die Einheitswertisoquanten und darauf basierend die Einheitskostengerade und die Outputexpansionspfade konstruiert werden können!

2. Im Text wird beschrieben, wie der Anpassungsprozess erfolgt, wenn die Einheitskostengerade die Einheitswertisoquante von y schneidet. Erläutern Sie den Anpassungsprozess, wenn die Einheitskostengerade die Einheitswertisoquante von y tangiert, aber unterhalb der Einheitswertisoquante von x verläuft!

3. Was wird unter dem Diversifikationskegel verstanden? Erläutern Sie seine Bedeutung!

4. Stellen Sie kurz das Konzept des Faktorinhalts vor und erläutern Sie, wie mit diesem Konzept im Rahmen des Lerner-Diagramms die Grundaussagen des Heckscher-Ohlin-Samuelson-Modells auf eine Welt mit mehr als zwei Ländern und mehr als zwei Gütern verallgemeinert werden können!

5. Ein Land ist mit 1000 Einheiten Kapital und 1000 Einheiten Arbeit ausgestattet. Der Faktoreinsatz im x-Sektor kann mit $K_x = 3 \cdot (p_y/p_x)^2 \cdot L_x$ und im y-Sektor entsprechend mit $K_y = 0{,}5 \cdot (p_y/p_x)^2 \cdot L_y$ angegeben werden. In Autarkie herrscht der relative Preis $p_y/p_x = 1$.

   a) Mit welcher Kapitalintensität $k = K/L$ wird in den beiden Sektoren produziert? Bestimmen Sie graphisch und rechnerisch die optimale Allokation der verfügbaren Faktoren auf die beiden Sektoren!

   b) Das Land nimmt nun Handelsbeziehungen auf, wodurch p_y/p_x auf 0,8 sinkt. Welche Aussage kann aufgrund der Preisänderung über die Faktorreichlichkeit des Landes im Vergleich zu seinen Handelspartnern getroffen werden? Bestimmen Sie erneut graphisch und rechnerisch die optimale Allokation der Faktoren sowie die Kapitalintensität in den beiden Sektoren! Was können Sie beobachten? Erläutern Sie Ihre Aussage auch intuitiv!

   c) Wie würde sich ihre Antwort aus b) ändern, wenn p_y/p_x auf 0,5 gesunken wäre? Käme es weiterhin zu einem Faktorpreisausgleich?

Literatur

Im Text zitierte Quellen

Lerner, A. P. (1952), Factor Prices and International Trade, Economica, Vol. 19, No. 73, 1-15.
Vanek, J. (1968), The Factor Proportions Theory: The N-Factor Case, Kyklos, Vol. 21, 749–756.

Ergänzende und weiterführende Literatur

Feenstra R. C. (2015), Advanced International Trade: Theory and Evidence, 2nd ed., Princeton: Princeton University Press, ch. 3 [*Darstellung der theoretischen und empirischen Analyse der Verallgemeinerungen des HOS-Modells auf mehr als zwei Güter und Faktoren.*]
Morasch K. und F. Bartholomae (2008), Heckscher-Ohlin-Modell, Lerner-Diagramm und Faktorinhalt, Teil II. wisu, Jg. 37, Nr. 11, 1554–1560 [*Enthält eine ausführlichere Erläuterung der Verallgemeinerungen des HOS-Modells mit graphischer Darstellung im Lerner-Diagramm.*]

Kurz- und langfristige Verteilungseffekte

Inhaltsverzeichnis

© Der/die Autor(en), exklusiv lizenziert an Springer Fachmedien Wiesbaden GmbH, ein Teil von Springer Nature 2024
K. Morasch und F. Bartholomae, *Handel und Wettbewerb auf globalen Märkten*,
https://doi.org/10.1007/978-3-658-41866-3_8

Themenüberblick

- Stolper-Samuelson-Theorem und langfristige Verteilungseffekte
- Beweis des Stolper-Samuelson-Theorems mit Isokostenkurven und im Lerner-Diagramm
- Drei-Faktoren-Modell mit zwei sektorspezifischen Faktoren (Ricardo-Viner-Modell) zur Analyse kurzfristiger Verteilungseffekte
- Analyse mit Wertgrenzproduktdarstellung für den mobilen Faktor

Eine zentrale Aussage der bisherigen Analyse ist, dass die Aufnahme von Außenhandel das Güterpreisverhältnis in einem Land ändert. Im HOS-Modell wurde aufgezeigt, dass dies wiederum zu einer Änderung der nominalen Faktorpreise führt. Da sich aber sowohl Güterpreise als auch Faktorpreise ändern, ist nicht klar, ob die Eigner eines bestimmten Faktors durch die Aufnahme des Handels letztlich besser oder schlechter gestellt werden. In diesem Kapitel wollen wir der Frage nachgehen, welche Auswirkungen sich durch die Handelsaufnahme auf die realen Faktorentlohnungen ergeben.

Wie wir sehen werden, unterscheiden sich die Auswirkungen einer Handelsaufnahme für die Einkommensverteilung innerhalb eines Landes je nach dem gewählten Betrachtungszeitraum. Abhängig von der Fristigkeit können die Gewinner und Verlierer variieren, sodass es Gruppen gibt, die zwar kurzfristig verlieren aber langfristig von der Handelsaufnahme profitieren, aber auch solche, die nur kurzfristig gewinnen. Die lange Frist kann dabei durch das HOS-Modell mit vollständiger Faktormobilität im Inland abgebildet werden. Kurzfristige Effekte können demgegenüber besser in einem Modell mit spezifischen Faktoren beschrieben werden, welches wir im zweiten Teil des Kapitels analysieren werden.

8.1 Langfristige Verteilungseffekte: Stolper-Samuelson-Theorem

Mit dem Faktorpreisausgleichstheorem (siehe ▶ Abschn. 6.4) haben wir im HOS-Modell bereits ein Ergebnis zur Auswirkung der Handelsaufnahme auf die Faktorpreise abgeleitet: Die nominale Entlohnung des im Land relativ reichlich vorhandenen Faktors wird steigen, während diejenige des knappen Faktors sinkt. Gleichzeitig haben sich aber auch die Güterpreise geändert und wir wissen, dass sich durch die Aufnahme des Außenhandels insgesamt ein positiver Wohlfahrtseffekt ergibt. Diese einzelnen Effekte werfen nun die Frage auf, ob auch das reale Einkommen (und damit die Kaufkraft) des knappen Faktors zurückgeht oder, ob der positive Gesamteffekt dominiert, es also zu einem Ausgleich des nominalen Einkommensrückgangs kommt. Diese Frage beantwortet das Stolper-Samuelson-Theorem.

Stolper-Samuelson-Theorem

Werden in einem Land beide Güter produziert, so führt der Anstieg des relativen Preises eines Gutes zu einem Anstieg der realen Entlohnung desjenigen Faktors, der in der Produktion dieses Gutes intensiv eingesetzt wird und zu einem Rückgang der realen Entlohnung des anderen Faktors.

Der Verteilungseffekt dominiert also bei der Handelsaufnahme den positiven Effekt auf die Gesamtwohlfahrt: Der im Land reichlich vorhandene Faktor gewinnt, der knappe Faktor verliert. Wir wollen nun die Gültigkeit dieses Zusammenhangs zunächst direkt im Faktorpreis-Diagramm mit Isokostenkurven zeigen und anschließend in indirekter Form im Lerner-Diagramm.

8.1.1 Beweis mit Isokostenkurven

◘ Abb. 8.1 stellt im Faktorpreis-Diagramm die **Isokostenkurven** der beiden Güter dar (DK_x, DK_y). Diese Kurven stellen den geometrischen Ort all derjenigen Kombinationen von Faktorentlohnungen dar, welche die gleichen Durchschnittskosten verursachen. Die **Durchschnittskosten** bzw. Stückkosten sind der Quotient aus den Gesamtkosten (Fixkosten und variable Kosten) und der produzierten Menge. Da von vollkommenem Wettbewerb ausgegangen wird, entsprechen die Durchschnittskosten im langfristigen Gleichgewicht dem Marktpreis: Wäre der Preis höher als die Durchschnittskosten, so würden die am Markt aktiven Unternehmen ökonomische Gewinne erzielen. Damit hätten aber weitere Firmen einen Anreiz, in diesen Markt einzutreten. Durch die Markteintritte würde der Marktpreis so lange sinken, bis die letzte eintretende Firma gerade einen ökonomischen Gewinn von Null erzielt. Dieselbe Überlegung gilt analog für einen Preis unterhalb der Durchschnittskosten: Hier würden die im Markt aktiven Unternehmen Verluste erzielen und den Markt verlassen.

In ◘ Abb. 8.1 haben wir nun genau diejenigen Isokostenkurven eingezeichnet, bei denen die Durchschnittskosten den jeweiligen Güterpreisen vor und nach Aufnahme von Handel entsprechen. Die Produktionskosten der beiden Güter hängen von den Entlohnungen der beiden eingesetzten Faktoren und der Produktionstechnologie ab. Die Kurve DK_x verläuft deshalb steiler als DK_y, da eine Veränderung des Zinssatzes r beim kapitalintensiven Gut x nur durch eine relativ starke Änderung des Lohnsatzes w kompensiert werden kann: Bei der Produktion dieses Gutes werden nur relativ wenig Arbeitskräfte eingesetzt, sodass nach einer Zinserhöhung

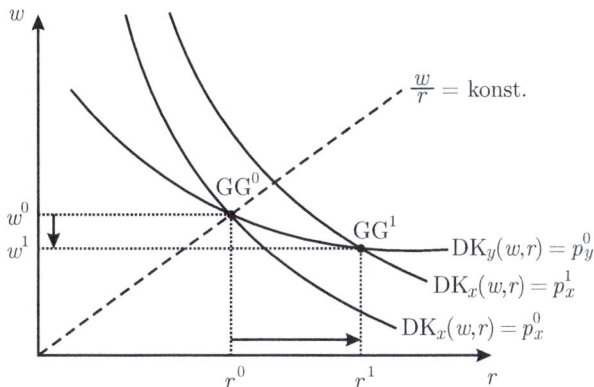

◘ **Abb. 8.1**   Isokostenkurven: Güterpreisänderung und Faktorentlohnung

die Durchschnittskosten nur dann unverändert bleiben können, wenn die Arbeitslöhne deutlich sinken. DK_y verläuft aus den gleichen Überlegungen relativ flach: ein höherer Zins r beeinflusst die Kosten des arbeitsintensiven Gutes y kaum, sodass nur eine geringe Änderung des Lohns w erforderlich ist, um den Produktionskostenanstieg zu kompensieren.

Im Faktorpreis-Diagramm bestimmt der Schnittpunkt GG^0 zwischen den beiden Isokostenkurven $DK_y(w, r) = p_y^0$ und $DK_x(w, r) = p_x^0$ die Relation zwischen Lohn- und Zinssatz im Gleichgewicht. Dies ergibt sich aus der Annahme der Faktormobilität: Unterscheiden sich die Faktorentlohnungen zwischen den beiden Sektoren, werden die Faktoren jeweils in den Sektor wandern, der ihnen eine höhere Entlohnung bietet. Nur im Schnittpunkt GG^0 zwischen den beiden Isokostenkurven ist gewährleistet, dass zum einen die Faktorentlohnungen bei den gegebenen Güterpreisen in beiden Sektoren identisch sind (also kein Anreiz zu Faktorwanderungen besteht) und zum anderen in beiden Sektoren Nullgewinne vorliegen (der Schnittpunkt liegt auf beiden Isokostenkurven). Somit sind die Bedingungen eines allgemeinen Gleichgewichts auf dem Faktor- und Gütermarkt erfüllt. In der Ausgangssituation ergeben sich bei den vorherrschenden Güterpreisen p_x^0 und p_y^0 somit die Faktorpreise w^0 und r^0.

Die Aussage des Stolper-Samuelson-Theorems bezieht sich auf die Änderung des relativen Güterpreises. Normalerweise wird diese relative Änderung nach Aufnahme des Außenhandels durch die Änderung beider Güterpreise verursacht, allerdings ist es für die graphische Analyse einfacher, von der Änderung nur eines Preises auszugehen. Wir nehmen daher an, dass der Preis des kapitalintensiven Gutes x von p_x^0 auf p_x^1 steigt, während der Preis des arbeitsintensiven Gutes y unverändert bei p_y^0 bleibt. Ein solcher Anstieg des relativen Preises des kapitalintensiven Gutes wäre etwa zu beobachten, wenn ein kapitalreiches Land Handel aufnimmt. Aber auch in einem arbeitsreichen Land könnte es zu dieser Änderung kommen, wenn es einen Zoll auf seine kapitalintensiven Importgüter erhebt. Wie diese Beispiele verdeutlichen, gilt die Aussage des Stolper-Samuelson-Theorems somit nicht nur für die Verteilungswirkungen bei Aufnahme von Außenhandel, sondern allgemein bei Änderungen der relativen Güterpreise.

Welche Auswirkung hat nun die Güterpreisänderung im Faktorpreis-Diagramm? Die Isokostenkurve DK_x verschiebt sich auf $DK_x(w, r) = p_x^1$ nach außen, da der höhere Preis nun auch bei höheren Faktorkosten Nullgewinne sicherstellt. Dies führt auf ein neues Gleichgewicht im Schnittpunkt GG^1. Ein Vergleich des zugehörigen Faktorpreispaars, (r^1, w^1), mit dem ursprünglichen, (r^0, w^0), , zeigt, dass der Lohn gesunken und der Zins gestiegen ist. Es hat sich also die Entlohnung desjenigen Faktors (Kapital) erhöht, der intensiv in der Produktion des teurer gewordenen Gutes (kapitalintensives Gut x) eingesetzt wird, während sich die Entlohnung des anderen Faktors (Arbeit) verringert hat.

Diese Aussage bezieht sich allerdings lediglich auf die Änderungen der Nominalentlohnungen. Trifft sie auch für die reale Faktorentlohnung zu? Da es zwei Güter gibt, müssen die realen Entlohnungen in Bezug auf beide Güter betrachtet werden. Für den Reallohn ist die Analyse einfach: Da nur der Nominallohn und keiner der Güterpreise gesunken ist (vielmehr ist der Preis des kapitalintensiven Gutes sogar gestiegen), ist die reale Entlohnung des Faktors Arbeit zurückgegangen. Wie sieht es demgegenüber für den Zins aus? Betrachten wir hierzu die eingezeichnete Gerade $w/r =$ konst., auf der die ursprüngliche relative Faktorentlohnung gilt. Die Strecke zwischen dem Ausgangsgleichgewicht GG^0 und dem Schnittpunkt dieser Geraden mit der neuen Isokostenkurve des kapitalintensiven Gutes entspricht dem Preisanstieg $p_x^1 - p_x^0$. Vergleichen wir nun die relative Änderung des Zinssatzes $(r^1 - r^0)/r^0$ mit der so gemessenen relativen Preisänderung $(p_x^1 - p_x^0)/p_x^0$, so sehen wir, dass der Zins stärker als der Preis gestiegen ist, d. h. der Realzins in Bezug auf Gut x angestiegen ist. Geometrisch erfolgt dieser Vergleich über eine Anwendung des Strahlensatzes, indem wir ein Lot vom Schnittpunkt zwischen der Geraden und der Isokostenkurve $DK_x(w, r) = p_x^1$ auf die r-Achse fällen. Da sich p_y nicht geändert hat, ist ein Nominalzinsanstieg gleichzeitig auch einen Realzinsanstieg in Bezug auf Gut y.

Das Stolper-Samuelson-Theorem impliziert, dass der Übergang von Autarkie zu Handel zwar für ein Land insgesamt vorteilhaft ist, da der reichliche Faktor mehr gewinnt als der knappe Faktor verliert, aber es innerhalb des Landes Gewinner und Verlierer entlang der Faktorgrenzen gibt. Bei der Anwendung der Ergebnisse auf die Realität – beispielsweise im Rahmen einer normativen oder positiven Analyse der Wirtschaftspolitik – ist jedoch zu beachten, dass im HOS-Modell von vollständiger Mobilität der Faktoren zwischen den Sektoren ausgegangen wird, was nur für die lange Frist einigermaßen realistisch sein dürfte. Für die kurz- bis mittelfristige Analyse sind daher andere Ansätze wie etwa das in ▶ Abschn. 8.2 diskutierte Modell mit sektorspezifischen Faktoren besser geeignet. Zudem ist für die kurz- bis mittelfristige Perspektive auch die Berücksichtigung von Anpassungskosten zentral, die es im HOS-Modell nicht gibt.

8.1.2 Beweis im Lerner-Diagramm

Das Stolper-Samuelson-Theorem kann auch in dem in ▶ Kap. 7 eingeführten Lerner-Diagramm bewiesen werden. Diese Darstellungsmethode zeigt auch auf, warum die Aussage des Stolper-Samuelson-Theorems nur dann gilt, wenn das Land beide Güter herstellt: Eine Güterpreisänderung führt nur innerhalb des Diversifikationskegels zu einer Anpassung der Faktorpreise – bei vollständiger Spezialisierung sind die Faktorpreise durch die relative Faktorausstattung des Landes determiniert. Für den Übergang von Autarkie zu Handel gelten die Aussagen über Gewinner und Verlierer aber auch dann, wenn bei Autarkie in beiden Ländern beide Güter hergestellt werden, sich bei Handel aber eines oder auch beide Länder spezialisieren: Es profitiert immer der im Inland relativ reichliche Faktor, während der knappe verliert (vgl. ▶ Abschn. 7.3.2).

Um zu verdeutlichen, dass es auf die relative Preisänderung ankommt, wollen wir nun im Unterschied zur Analyse mit Isokostenkurven annehmen, dass nicht der Preis von Gut x steigt, sondern derjenige von Gut y sinkt – die qualitative Wirkung auf den relativen Güterpreis p_x/p_y ist dabei identisch. In ◼ Abb. 8.2 wird die Ausgangssituation mit der durchgezogenen Einheitskostengerade dargestellt. Mit p_x^0 und p_y^0 kennzeichnen wir dann die Einheitswertisoquanten zum entsprechenden Preisverhältnis und die Faktorentlohnungen sind durch die Schnittpunkte der Einheitskostengerade mit der L- und der K-Achse invers als $1/w^0$ und $1/r^0$ gegeben.

Durch den unterstellten Preisrückgang im y-Sektor wird sich die Einheitswertisoquante p_y nach außen verschieben: Es ist bei dem geringeren Preis für Gut y nun notwendig, mehr Faktoren einzusetzen, um von Gut y eine Menge im Wert von $(2 - 1)/1 = -100\%$ zu produzieren. Die resultierende Drehung der Einheitskostengerade entgegen dem Uhrzeigersinn (bis wieder beide Einheitswertisoquanten tangiert werden) führt dazu, dass der Lohn auf w^1 sinkt ($1/w^1$ ist größer als $1/w^0$) und der Zinssatz auf r^1 steigt ($1/r^1$ ist kleiner als $1/r^0$). Damit würde die Aussage auf nominale Entlohnungen zutreffen: Der Anstieg des relativen Preises des kapitalintensiven Gutes führt zum Anstieg des Zinssatzes, der entsprechende Preisrückgang im arbeitsintensiven Sektor zu einer Lohnsenkung.

Um die Veränderungen der realen Größen zu bestimmen, müssen wir jedoch noch untersuchen, wie sich die nominalen Änderungen der Faktorentlohnungen zu den Preisänderungen verhalten. Da es zwei Güter gibt, müssen die realen Entlohnungen in Bezug auf beide Güter betrachten.

- Der Anstieg des realen Zinssatzes lässt sich leicht ohne detaillierte graphische Analyse ableiten: Während die nominale Faktorentlohnung von Kapital gestiegen ist, hat sich der Preis von Gut x nicht geändert und der Preis von Gut y ist sogar gefallen. Damit ist der reale Zinssatz eindeutig gestiegen.

- Beim Rückgang des Reallohnes ist die Analyse schwieriger. Zwar fällt die Aussage in Bezug auf Gut x ebenfalls leicht, da ein gesunkener Nominallohn einem unveränderten Preis von x gegenübersteht. Allerdings sind sowohl der Preis von Gut y als auch der Nominallohn gesunken, sodass zu klären ist, welcher Rückgang stärker ausfällt. Wir können die relativen Veränderungen vergleichen, wenn wir die durch den Abstand zwischen den beiden Einheitswertisoquanten (invers) gegebene Preisänderung auf die L-Achse projizieren, indem wir eine Parallele zur neuen Einheitskostengerade konstruieren (gepunktete Gerade in der Abbildung), welche die alte Einheitswertisoquante gerade tangiert (dies ist eine Anwendung des Strahlensatzes). Die relative Veränderung des Preises von Gut y und die relative Veränderung des Lohnes sind dann betragsmäßig durch $\overline{BC}/\overline{0C}$ bzw. $\overline{AC}/\overline{0C}$ gegeben – betragsmäßig deswegen, weil nicht unmittelbar die Änderungen von p_y und w, sondern diejenigen von $1/p_y$ und $1/w$ auf der L-Achse abgetragen sind. Wir können aufgrund dieser Überlegung in ◘ Abb. 8.2 ablesen, dass sich der Lohnsatz prozentual stärker verringert hat als der Preis von Gut y,

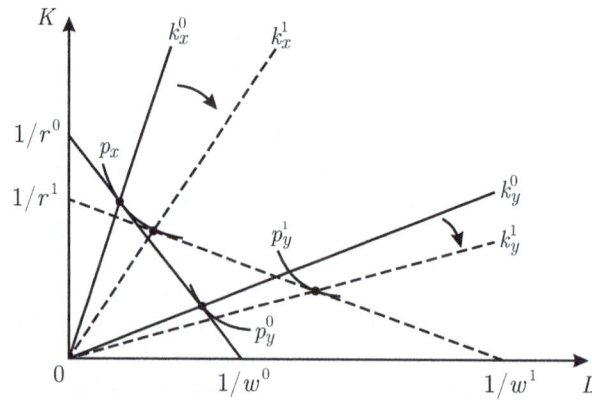

◘ **Abb. 8.2**   Rückgang des Preises im y-Sektor

womit die Aussage des Stolper-Samuelson-Theorems auch in dieser Analyse bestätigt wird.

8.2 Kurzfristige Verteilungseffekte: Spezifische Faktoren

Nachdem wir die Effekte in der langen Frist kennengelernt haben, wollen wir uns nun überlegen, welche Verteilungseffekte Handel in der kurzen Frist hat. Kurzfristige Verteilungseffekte bei Aufnahme des Handels lassen sich in einem Modell mit spezifischen Faktoren (Ricardo-Viner-Modell) analysieren. Hierzu werden wir zunächst die Grundidee des Modells erläutern und das Gleichgewicht im Wertgrenzprodukt-Diagramm für den mobilen Faktor ableiten. Anschließend können dann die Auswirkungen einer Güterpreisänderung auf die realen Faktorentlohnungen untersucht werden.

8.2.1 Spezifische Faktoren und Wertgrenzprodukt-Diagramm

In der kurzen bis mittleren Frist ist es wenig realistisch, die Faktoren – wie im HOS-Modell angenommen – als vollständig mobil zwischen den Sektoren zu betrachten. Wir können uns dies leicht am Faktor Arbeit veranschaulichen: Zwar spielt es für einfache Tätigkeiten häufig keine große Rolle, in welchem Sektor eine Arbeitskraft eingesetzt wird – beispielsweise unterscheidet sich die Bewachung einer Maschinenfabrik nicht von der eines landwirtschaftlichen Betriebs. Tätigkeiten mit höherer Ausbildung sind aber deutlich schwieriger zu wechseln. So wird eine Maschinenbauingenieurin nur schwer die Aufgaben einer Agrarökonomin übernehmen können und ein Agrarökonom dürfte Probleme bei der Entwicklung komplizierter Maschinen haben. Beim Faktor Kapital sieht es mit der Faktormobilität ähnlich aus. Während Bürogebäude relativ problemlos von Unternehmen in verschiedenen Sektoren genutzt werden können, lassen sich Landwirtschaftsmaschinen nicht zu Werkzeugmaschinen umbauen.

Es ist daher plausibel, dass nur ein Teil der Faktoren zwischen den Sektoren mobil ist, während der andere Teil zumindest kurzfristig an den jeweiligen Sektor gebunden ist – man spricht dann von einem **sektorspezifischen Faktor**. Anders als in der Analyse im HOS-Modell gehen wir im Weiteren von drei Faktoren aus: Einem mobilen Faktor, L, und zwei sektorspezifischen Faktoren, K_x für den x-Sektor und K_y für den y-Sektor. Kapital kann dabei nicht nur Realkapital, sondern auch spezifisches Humankapital sein, wie es beispielsweise durch die Ausbildung zum Maschinenbauingenieur oder zur Agrarökonomin erworben wird. Die sonstigen Annahmen des HOS-Modells, insbesondere bezüglich Produktionstechnologie, Nachfrage und vollkommenem Wettbewerb auf Güter- und Faktormärkten gelten weiterhin (vgl. hierzu auch ▶ Abschn. 6.2).

Um das Ausgangsgleichgewicht beschreiben zu können, müssen wir zunächst die optimale Allokation der Faktoren auf die Sektoren bestimmen. Die beiden spezifischen Faktoren können dabei nur in ihrem Sektor eingesetzt werden, d. h. es gibt per Definition keine Möglichkeit sie anderweitig einzusetzen. Anders sieht es aber

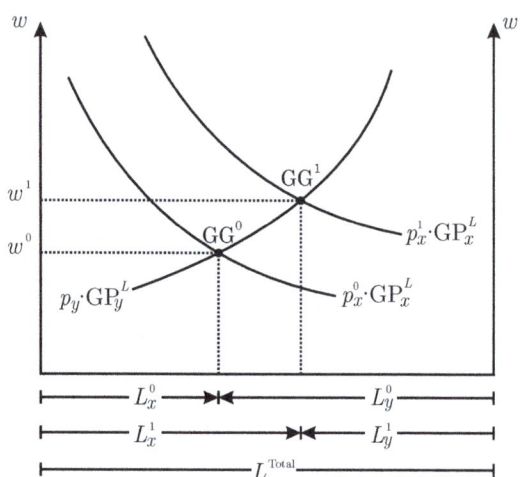

□ **Abb. 8.3** Optimale Allokation des mobilen Faktors bei sektorspezifischen Faktoren und Auswirkung einer Preisänderung

beim mobilen Faktor aus. Unter Effizienzgesichtspunkten wird dieser dann optimal eingesetzt, wenn sein Wertgrenzprodukt in beiden Sektoren gleich hoch ist. Dabei bestimmt sich das **Wertgrenzprodukt** (WGP) als partielle Ableitung[1] des Produktionswertes nach dem betrachteten Faktor:

$$\text{WGP}_x^L = \frac{\partial \left[p_x \cdot x(K_x, L_x) \right]}{\partial L_x} = p_x \cdot \text{GP}_x^L \tag{8.1}$$

Es entspricht somit dem Produkt aus dem Preis p_x und dem Grenzprodukt des Faktors Arbeit GP_x^L. In □ Abb. 8.3 ist die Situation graphisch dargestellt. Es gilt das **Gesetz des abnehmenden Grenzertrags**: Je mehr Arbeitskräfte bei gegebenem Kapitaleinsatz bereits eingesetzt werden, desto geringer ist der zusätzliche Ertrag bei Einsatz einer weiteren Arbeitskraft. Somit nimmt für einen gegebenen Preis das Wertgrenzprodukt der Arbeit mit zunehmendem Faktoreinsatz ab und verläuft in beiden Sektoren vom jeweiligen Ursprung (links für Sektor x und rechts für Sektor y) aus gesehen fallend. Der genaue Verlauf der Wertgrenzproduktkurve wird durch den Preis und das Grenzprodukt des Faktors bestimmt. Das Grenzprodukt wiederum ist von der vorhandenen Menge des spezifischen Faktors und den technologischen Eigenschaften der Produktionsfunktion abhängig. Da die Breite der Box die insgesamt zur Verfügung stehende Menge an Arbeit L wiedergibt, wird, je weiter rechts wir uns im Diagramm befinden, mehr Arbeit im x-Sektor und weniger im y-Sektor eingesetzt. Der Arbeitseinsatz in beiden Sektoren zusammen entspricht

---

1   Bei einer partiellen Ableitung wird eine Funktion mit mehreren Variablen nach nur einer der Variablen abgeleitet, wobei die restlichen Variablen als konstant betrachtet werden. Es gelten dabei die üblichen Ableitungsregeln. Formal wird eine partielle Ableitung durch den Operator ∂ (lies „de" oder „partial") dargestellt.

(aufgrund der Annahme der Vollbeschäftigung) der insgesamt im Land verfügbaren Menge des Faktors Arbeit L.

Die optimale Allokation des Faktors Arbeit auf die beiden Sektoren ist dann erreicht, wenn das Wertgrenzprodukt der Arbeit in beiden Sektoren gleich ist. In der Abbildung ist diese Bedingung für die Ausgangssituation mit Preisen p_x^0 und p_y im Schnittpunkt GG^0 der beiden Wertgrenzproduktkurven erfüllt. Aber warum muss das Wertgrenzprodukt in beiden Sektoren gleich sein? Nehmen wir an, die Ausgangsallokation befindet sich links von der optimalen Aufteilung $\left(L_x^0, L_y^0\right)$. Hier ist das Wertgrenzprodukt im x-Sektor höher als im y-Sektor. Im Gewinnmaximum gilt aber, dass das Wertgrenzprodukt gleich dem Faktorpreis sein muss, d. h. der durch eine marginale Erhöhung des Faktoreinsatzes erzielte zusätzliche Ertrag muss gerade der dafür zu entrichtenden Faktorentlohnung entsprechen. Damit müsste im x-Sektor auch die Entlohnung für den Faktor Arbeit höher sein und die Arbeitskräfte hätten entsprechend einen Anreiz aus dem y-Sektor in den x-Sektor zu wandern – dies führt aber nach dem Ertragsgesetz dazu, dass das Wertgrenzprodukt im y-Sektor sinkt und im x-Sektor steigt. Diese Wanderung würde erst dann stoppen, wenn die Wertgrenzprodukte der Arbeit und damit die Löhne in beiden Sektoren gleich sind.

8.2.2 Güterpreisänderung und reale Faktorentlohnungen

Anhand des Wertgrenzprodukt-Diagramms können wir nun analysieren, wie sich eine Änderung des Relativpreises der beiden Güter auswirkt. In ◨ Abb. 8.3 wird angenommen, dass der Preis von Gut x von p_x^0 auf p_x^1 steigt. Auch hier sind wie im HOS-Modell nur die relativen Güterpreise relevant – die vorliegende Änderung könnte somit etwa der Preisänderung entsprechen, der sich ein kapitalreiches Land bei Handelsaufnahme gegenübersieht. Da sich nur p_x geändert hat, bleibt der Zusammenhang zwischen Arbeitseinsatz und Grenzprodukt der Arbeit im y-Sektor natürlich unverändert, da das Grenzprodukt durch die Technologie bestimmt ist und die Ausstattung mit dem spezifischen Faktor gleich bleibt. Was sich jedoch ändert, ist das Wertgrenzprodukt im x-Sektor: Gemäß (8.1) verschiebt sich durch die Preiserhöhung die entsprechende Kurve nach rechts oben. Es ergibt sich das neue Gleichgewicht GG^1, in dem sowohl die nominale Entlohnung des mobilen Faktors gestiegen ist als auch mehr Arbeitskräfte im x-Sektor (und demzufolge weniger im y-Sektor) eingesetzt werden.

Welche Auswirkungen hat dies auf die realen Entlohnungen der Faktoren? Betrachten wir zunächst den mobilen Faktor L. Da der Nominallohn gestiegen und p_y konstant geblieben ist, ergibt sich bezogen auf den y-Sektor ein Reallohnanstieg. Andererseits sehen wir aber in der Abbildung, dass der Reallohn in Bezug auf Gut x gesunken ist: Der Preisanstieg von Gut x fällt höher aus als der Lohnanstieg. Dies ist graphisch daran zu erkennen, dass die Differenz $w^1 - w^0$ geringer ist als der senkrechte Abstand zwischen den beiden Wertgrenzproduktkurven von x, der den Preisanstieg widerspiegelt. Wir können also nur eine eindeutige Aussage über die Faktorallokation des mobilen Faktors treffen, nicht aber über dessen Real-

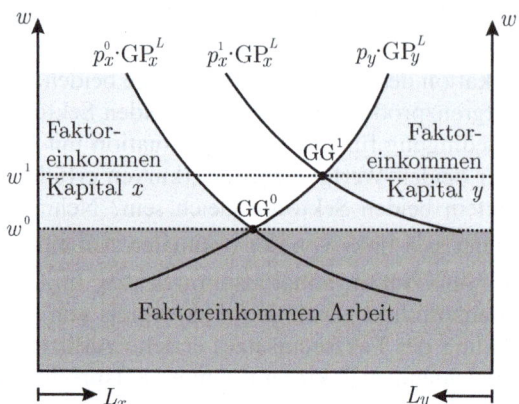

Abb. 8.4   Faktoreinkommen im Wertgrenzprodukt-Diagramm

lohnentwicklung.[2] Beachten Sie in diesem Zusammenhang, dass die Richtung der Nominallohnentwicklung nur in Bezug auf die absolute Änderung eines Güterpreises eindeutig ist, nicht aber in Bezug auf die Relativpreisänderung: Wenn die Erhöhung von p_x/p_y bei konstantem p_x durch eine Verringerung von p_y verursacht wird, kommt es nämlich zu einem Rückgang des Nominallohns!

Eine eindeutige Aussage lässt sich demgegenüber zur Änderung der realen und nominalen Entlohnungen der spezifischen Faktoren treffen. Ausgangspunkt ist dabei die Überlegung, dass bei konstanten Skalenerträgen und vollkommenem Wettbewerb der in einem Sektor erzielte Ertrag vollständig auf die eingesetzten Faktoren verteilt wird. Dies bedeutet konkret, dass der Teil des Produktionswertes, der nicht für die Entlohnung des Faktors Arbeit verwendet wird, dem spezifischen Faktor des entsprechenden Sektors zugeteilt wird. Da der Reallohn w/p_x gesunken ist, muss aber somit die Entlohnung des für den x-Sektor spezifischen Faktors K_x nominal und real gestiegen sein. Umgekehrt gilt natürlich auch, dass die Entlohnung von K_y gesunken sein muss, da dort der Reallohn w/p_y angestiegen ist. Zu dem gleichen Ergebnis kommen wir auch, wenn wir den Preisrückgang von Gut y betrachtet hätten.

Abb. 8.4 veranschaulicht diese Überlegungen graphisch. Dabei machen wir uns zunutze, dass der Produktionswert als Fläche unterhalb der Wertgrenzproduktkurve dargestellt werden kann: Das Wertgrenzprodukt ist als Ableitung des Produktionswertes definiert und das Integral über das Wertgrenzprodukt liefert somit wieder den Produktionswert. In der Abbildung sind die Flächen so markiert, dass sie die jeweiligen Faktoreinkommen in der Ausgangssituation angeben. Da das Faktoreinkommen der Arbeit gerade der Fläche $w \cdot L$ entspricht, stellen die darüber liegenden Flächen unterhalb der Wertgrenzproduktkurven die Entlohnung der jeweiligen spezifischen Faktoren dar. Die gesamte Fläche unterhalb der Wertgrenzpro-

---

2   Dies wäre etwa nur dann (bedingt) möglich, wenn wir die Präferenzen der Arbeitskräfte kennen würden, also wissen, ob sie mehr von Gut y oder vom nun teureren Gut x konsumieren.

duktkurven gibt dann den gesamten in der Ökonomie erzeugten Produktionswert an, der der Summe der Faktoreinkommen entsprechen muss.

Welche Auswirkungen des Preises von Gut x ergeben sich nun auf die verschiedenen Faktoreinkommen? Unübersehbar nimmt das nominale Faktoreinkommen der Arbeit zu: Die Faktorausstattung ist unverändert und der Lohn ist angestiegen. Ebenso offensichtlich ist, dass das Faktoreinkommen von K_y nominal und real sinkt, da nun ein größerer Teil des erzeugten Produktionswertes an den mobilen Faktor geht. Etwas komplizierter stellt sich die Situation bei K_x dar: Zwar erhält auch hier der mobile Faktor durch die Nominallohnsteigerung mehr, aber der Preisanstieg führt insgesamt dazu, dass der gesamte Produktionswert im Vergleich zum Einkommenszuwachs der Arbeit überproportional zunimmt und damit das Kapital im x-Sektor eine höhere reale Entlohnung erhält.

Im Ricardo-Viner-Modell kann somit analog zum Stolper-Samuelson-Theorem folgender Satz aufgestellt werden:

Reallohnänderungen bei spezifischen Faktoren

Erhöht sich im Ricardo-Viner-Modell in einem Sektor der relative Güterpreis, so wird der für diesen Sektor spezifische Faktor nominal und real höher entlohnt, während der für den anderen Sektor spezifische Faktor verliert. Beim mobilen Faktor wird sich eine Verlagerung in den Sektor mit dem gestiegenen Güterpreis ergeben, wobei eine Aussage über die Änderung der realen Entlohnung aber nicht möglich ist.

Für die Aufnahme von Außenhandel bedeutet dies, dass der spezifische Faktor im Exportsektor gewinnt – in diesem Sektor kommt es zu einem Preisanstieg – und derjenige im Importsektor verliert. Für ein kapitalreiches Land können wir die kurzfristigen Auswirkungen des Preisanstiegs im x-Sektor formal zusammenfassen als

$$\Delta r_x > \Delta p_x > \Delta w > \Delta p_y (= 0) > \Delta r_y.$$

Der Anstieg der Entlohnung des für den Exportsektor spezifischen Faktors, Δr_x, ist größer als der dortige Preisanstieg, Δp_x, der wiederum höher ausfällt als der Anstieg der Entlohnung des mobilen Faktors, Δw. Die Entlohnung des für den Importsektor spezifischen Faktors, r_y, sinkt hingegen. Diesem Ergebnis können wir den entsprechenden langfristigen Effekt nach dem Stolper-Samuelson-Theorem gegenüberstellen:

$$\Delta r > \Delta p_x > \Delta p_y (= 0) > \Delta w$$

Während in einem kapitalreichen Land also langfristig alle Kapitaleigner profitieren (r steigt) und die Arbeitskräfte verlieren (w sinkt), gewinnen kurzfristig jene Kapitaleigner, deren spezifische Faktoren im kapitalintensiven Exportsektor eingesetzt werden, und verlieren diejenigen, die im Sektor der arbeitsintensiven Importgüter investiert sind.

Wie wir noch im Kapitel über Handelspolitik genauer untersuchen werden, hilft uns das Modell mit sektorspezifischen Faktoren zu verstehen, warum sich Befürworter und Gegner handelspolitischer Maßnahmen häufig nicht entlang der Faktorgrenzen gegenüberstehen, sondern Kapitaleigner und Arbeitskräfte eines Sektors die gleiche Position vertreten. Dies wird dann der Fall sein, wenn diese spezifische Investitionen in Realkapital und Humankapital im entsprechenden Sektor vorgenommen haben. Im politischen Prozess spielen dann diese kurzfristigen Aspekte meist eine größere Rolle, da zum einen die Beschäftigten und Kapitaleigner in einem Sektor meist eine kleinere und somit homogenere Gruppe darstellen und zum anderen eine drastische Entwertung der spezifischen Faktorbestandteile für die Betroffenen besonders spürbar ist.

🔄 Was haben wir gelernt?

- In den Mehr-Faktoren-Modellen dominieren die Verteilungseffekte den positiven Gesamteffekt der Handelsaufnahme, sodass es innerhalb der Länder immer auch Verlierer gibt.
- Langfristig erfolgt die Aufteilung in Gewinner und Verlierer entlang der Faktorgrenzen: Das Stolper-Samuelson-Theorem zeigt im Kontext des HOS-Modells, dass der im Land relativ reichlich vorhandene Faktor bei Aufnahme von Außenhandel gewinnt, während der knappe Faktor verliert.
- Kurzfristig bestimmen die Sektorgrenzen, wer gewinnt und wer verliert: Im Ricardo-Viner-Modell mit zwei sektorspezifischen und einem mobilen Faktor gewinnt der sektorspezifische Faktor des Exportsektors durch die Handelsaufnahme, während derjenige im Importsektor verliert.

8.3 Kontrollfragen und Übungsaufgaben

1. Warum ist es plausibel, dass sich die kurz- und langfristigen Auswirkungen einer Handelsaufnahme auf die Einkommensverteilung unterschiedlich auswirken?
2. Zeigen Sie rechnerisch, dass in ▶ Abb. 8.2 das Verhältnis $\overline{AC}/\overline{OC}$ tatsächlich die betragsmäßige relative Veränderung des Lohnsatzes darstellt! Benutzen Sie hierzu die Information, dass die Achsenabschnitte der Einheitskostengeraden auf der L-Achse gerade durch $1/w^0$ und $1/w^1$ gegeben sind!
3. Die Öffnung Osteuropas und der wirtschaftliche Aufstieg Südostasiens und Chinas hat für viele deutsche Unternehmen zusätzliche Konkurrenz geschaffen. Diese Konkurrenz aus sogenannten „Niedriglohnländern" wird in der Öffentlichkeit oft als negativ betrachtet: Ausländischer Wettbewerb aufgrund niedriger Löhne sei „unfair" und würde der Bundesrepublik Deutschland schaden. Gehen Sie davon aus, dass mit den Produktionsfaktoren Humankapital – das kurzfristig sektorspezifisch ist – und ungelernte Arbeit ausschließlich humankapitalintensive Hightech-Produkte und arbeitsintensive Lowtech-Produkte hergestellt werden. Deutschland ist dabei relativ reichlicher mit dem Faktor Humankapital ausgestattet. Wie wirkt sich der Handel verglichen mit einer Autarkiesituation sowohl kurz- als auch mittelfristig auf die verschiedenen Gruppen in Deutschland aus?
4. Australien und Neuseeland verfügen über identische Technologien mit konstanten Skalenerträgen zur Produktion von Bier und Schafen. Bier wird mit den Faktoren Arbeit und Kapital hergestellt, Schafzucht benötigt Arbeit und Bo-

den. Beide Länder verfügen über identische Mengen an Arbeit und Kapital, Australien besitzt jedoch mehr Boden. Analysieren Sie anhand einer geeigneten Graphik folgende Problemstellungen:

a) Wie unterscheidet sich unter der Annahme identischer Güterpreise die Entlohnung der drei Faktoren in Australien von derjenigen in Neuseeland?

b) Wie verändert sich die Faktorentlohnung in Australien und Neuseeland durch die Aufnahme von Außenhandel, wenn weiterhin beide Güter in beiden Ländern hergestellt werden?

Literatur

Caves R. E., Frankel J. A. und R. W. Jones (2007), World Trade and Payments: An Introduction, 10th ed., Boston: Pearson Education, ch. 5. [*Ausführliche Darstellung des Modells mit sektorspezifischen Faktoren inklusive Anwendungen.*]

Stolper W. F. und P. A. Samuelson (1941), Protection and Real Wages, Review of Economic Studies, Vol. 9, 58–73. [*Originalbeitrag zum Stolper-Samuelson-Theorem.*]

Wachstum und Faktorwanderung

Inhaltsverzeichnis

© Der/die Autor(en), exklusiv lizenziert an Springer Fachmedien Wiesbaden GmbH, ein Teil von
Springer Nature 2024
K. Morasch und F. Bartholomae, *Handel und Wettbewerb auf globalen Märkten*,
https://doi.org/10.1007/978-3-658-41866-3_9

Themenüberblick

- Verzerrtes Wachstum als Änderung der relativen Faktorausstattung
- Auswirkungen von verzerrtem Wachstum der Faktorausstattung, Faktorwanderungen und technischem Fortschritt auf die Produktions- und Handelsstruktur
- *Terms-of-Trade*-Effekte bei verzerrtem Wachstum im In- und Ausland
- Effekte auf die reale Faktorentlohnung bei Wachstum im Modell mit spezifischen Faktoren und bei sektorspezifischem technischen Fortschritt in einem kleinen Land
- Wirkung auf produziertes Güterspektrum und Wohlfahrt bei Faktorwachstum und technischem Fortschritt im Ein-Faktor-Modell mit vielen Gütern

Bislang sind wir von Ländern mit gegebener Technologie und Faktorausstattung ausgegangen und haben uns gefragt, wie sich die Aufnahme von Außenhandel auf diese Länder auswirkt, d. h. wie sich die Produktionsstruktur anpasst, welche Güter importiert und welche exportiert werden, ob sich ein Land durch Handel besserstellt und welche Verteilungseffekte sich bei Aufnahme von Handel ergeben.

Nun wollen wir uns die Frage stellen, wie sich eine Änderung der Faktorausstattung oder der Technologie eines Landes auswirkt, wenn dieses Land mit anderen Ländern bereits Handel treibt. Da die meisten Länder Handelsbeziehungen miteinander unterhalten und sich zum einen die (relativen) Faktorausstattungen durch Wachstum und Faktorwanderungen ständig ändern und zum anderen auch die verwendeten Produktionstechnologien stetig weiterentwickelt werden, ist dies eine für die Praxis sehr relevante Fragestellung. Wie wirkt sich das Wachstum Chinas auf die USA oder die Länder der EU aus? Welche Auswirkungen hat die Abwanderung von Arbeitskräften aus den EU-Mitgliedsländern aus Mittel- und Osteuropa nach Deutschland? Führt ein Produktionszuwachs aufgrund technischen Fortschritts in einem Land bei Handel zu größeren Vorteilen als bei Autarkie oder sind diese Vorteile geringer, weil die anderen Länder davon ebenfalls profitieren?

Wie bei der Aufnahme von Außenhandel werden wir Wachstum und Faktorwanderungen im Rahmen einer komparativ-statischen Analyse untersuchen. Wir werden also nicht die dynamischen Anpassungsprozesse betrachten, sondern die Änderung des bisherigen Gleichgewichts durch einen **exogenen Schock** abbilden, d. h. wir untersuchen, wie sich das Gleichgewicht ändert, wenn ein Parameter, wie etwa die Anzahl an Arbeitskräften in einem Land, angepasst wird.

In diesem Kapitel werden wir uns insbesondere mit **verzerrtem Wachstum** beschäftigen, d. h. einer Änderung der relativen Faktorausstattung oder der Produktivität in nur einem Sektor. Der Schwerpunkt der Analyse erfolgt dabei im Kontext des HOS-Modells, aber wir werden auch die Effekte im Modell mit sektorspezifischen Faktoren und in der Erweiterung des Ricardo-Modells mit sehr vielen Gütern betrachten. Die interessante Frage nach der Rückwirkung von Handel auf Wachstum kann erst in ▶ Kap. 12 (dort in ▶ Abschn. 12.2.2) angesprochen werden, da der dafür geeignete Theorieansatz der endogenen Wachstumstheorie ein Verständnis von unvollkommenen Wettbewerb (▶ Kap. 10) voraussetzt.

9.1 Wachstum der Faktorausstattung

Wir beschäftigen uns zunächst mit Änderungen der Faktorausstattung in einem Land. Dabei werden wir zwar immer von Wachstum ausgehen, aber die Aussagen sind natürlich analog auch auf einen Rückgang der Faktorausstattung anwendbar. Ein solcher Rückgang ist durchaus nicht unrealistisch – im Zuge des demographischen Wandels werden sich die meisten Industrieländer mit einem deutlichen Rückgang des gesamtwirtschaftlichen Arbeitsangebots auseinandersetzen müssen.

Betrachten wir zunächst ein „kleines Land", d. h. ein Land ohne Marktmacht auf dem Weltmarkt, das den Weltmarktpreis als gegeben hinnehmen muss. Solange das betrachtete Land nicht vollständig spezialisiert ist, hat die Änderung der relativen Faktorausstattungen im Kontext des HOS-Modells keine Auswirkung auf die Faktorpreise, da diese aufgrund des Faktorpreisausgleichstheorems durch das – von einem kleinen Land unbeeinflussbare – Güterpreisverhältnis auf dem Weltmarkt determiniert sind. Die Auswirkungen von Faktorbestandsänderungen auf die Produktion lassen sich dann durch das Rybczynski-Theorem zusammenfassen – formal handelt es sich dabei um die duale Aussage zum Stolper-Samuelson-Theorem (vgl. ▶ Abschn. 8.1):

> **Rybczynski-Theorem**
>
> Bei konstanten relativen Güterpreisen und Produktion beider Güter führt ein Anstieg der Ausstattung eines Faktors zum Anstieg der Produktion desjenigen Gutes, das diesen intensiv einsetzt, und zu einem Rückgang der Produktion des anderen Gutes.

Wir wollen uns die Gültigkeit dieser Aussage sowohl an der Produktionsmöglichkeitenkurve als auch im Lerner-Diagramm verdeutlichen.

9.1.1 Darstellung im Produktionsmöglichkeitendiagramm

Anhand der Produktionsmöglichkeitenkurve in ◘ Abb. 9.1 lässt sich zeigen, welche Auswirkungen eine Akkumulation von Kapital, d. h. eine Erhöhung der Kapitalausstattung, auf die Produktionsstruktur des Landes ausübt. Dabei bezeichnet

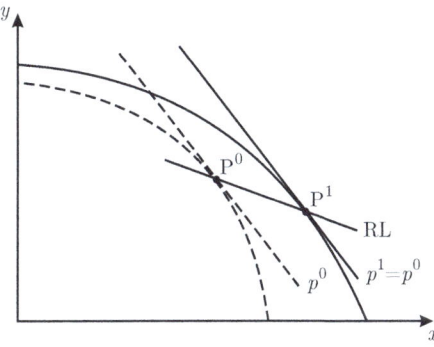

◘ **Abb. 9.1**   Rybczynski-Theorem: Produktionseffekt bei Kapitalwachstum

x wieder das kapitalintensiv erzeugte Gut und y das arbeitsintensive Gut. Die gestrichelt gezeichnete Kurve beschreibt die ursprünglichen Produktionsmöglichkeiten der Ökonomie. Im Zuge des Kapitalzuwachses kann mehr von beiden Gütern produziert werden. Da jedoch Gut x diesen Faktor verstärkt nutzt, fällt der maximal mögliche Produktionszuwachs hier sowohl relativ als auch absolut betrachtet größer aus als bei Gut y. Aus diesem Grund dehnt sich, wie in der Abbildung zu erkennen, die Transformationskurve in Richtung x stärker aus als in Richtung y.

Bei der ursprünglichen Faktorausstattung wird bei dem durch p^0 gegebenen Weltmarktpreisverhältnis das Güterbündel P^0 produziert. Bleibt auch nach dem Kapitalzuwachs das relative Preisverhältnis unverändert (in der Abbildung weisen die Preisgeraden p^0 und p^1 damit die gleiche Steigung auf, was dort durch $p^1 = p^0$ gekennzeichnet wird), so wird entsprechend P^1 hergestellt. Verbinden wir die beiden Punkte mit einer Linie, so erkennen wir einen fallenden Verlauf. Diese Gerade wird als Rybczynski-Linie (RL) bezeichnet und umfasst alle Produktionspunkte, die sich bei unverändertem Preisverhältnis als optimale Produktion ergeben, wenn sich die Kapitalausstattung ändert. Die negative Steigung impliziert dabei, dass mit zunehmender Kapitalausstattung mehr von Gut x und weniger von Gut y produziert wird. Da die Faktorausstattung im Land insgesamt zugenommen hat, ist die Produktionsausweitung bei x ausgeprägter als die Einschränkung bei y. Wenn die relative Ausstattung von Arbeit ansteigen würde, ergäbe sich eine gegenläufige Entwicklung. Dies können wir uns in der Abbildung unmittelbar verdeutlichen, wenn wir den Kapitalzuwachs rückgängig machen, d. h. die Bewegung von P^1 auf P^0 betrachten: Ein absoluter Rückgang des Faktors Kapital ist gleichbedeutend mit einem relativen Anstieg des Faktors Arbeit.

In unserer Abbildung scheint die Aussage des Rybczynski-Theorems zuzutreffen. Da wir die Produktionsmöglichkeitenkurven nur schematisch gezeichnet haben, können wir aber nicht sicher sein, ob das immer so ist. Ein Gedankenexperiment kann uns jedoch helfen, die allgemeine Gültigkeit zu überprüfen: Angenommen, der Kapitalbestand wächst bei unveränderter Arbeitsausstattung um $n\%$, wobei der Kapitalzuwachs nicht zu drastisch ausfällt, sodass nach wie vor beide Güter produziert werden. Wie wir wissen, bleiben dann bei unverändertem Güterpreisverhältnis auch die Faktorpreise unverändert (Faktorpreisausgleichstheorem). Darüber hinaus hat sich natürlich auch nichts an der Produktionstechnologie geändert. Wie kann sich nun die Produktion so anpassen, dass Vollbeschäftigung beider Faktoren sichergestellt ist? Für die Anpassung der Produktion gibt es drei potenziell relevante Möglichkeiten:

— *Die Produktion beider Güter steigt um mindestens $n\%$.* Dies ist nicht möglich, da die Arbeitsausstattung nicht gestiegen ist. Nur wenn sie ebenfalls um $n\%$ gestiegen wäre, könnte die Produktion beider Güter um $n\%$ zunehmen. Eine Produktionssteigerung beider Güter um mehr als $n\%$ kann schon wegen der Annahme konstanter Skalenerträge in der Produktion nicht auftreten.

— *Die Produktion beider Güter steigt um weniger als $n\%$.* Da Faktorpreise und Produktionstechnologie gegeben sind, ist auch das Faktoreinsatzverhältnis fixiert. Somit wäre – analog zu oben – nicht ausreichend Arbeit vorhanden. Zudem könnte die erhöhte Kapitalausstattung nicht vollständig eingesetzt werden.

— *Die Produktion des kapitalintensiven Gutes wächst um mehr als n% und diejenige des arbeitsintensiven Gutes fällt.* Wie wir schon erläutert haben, ist eine Erhöhung der Produktion nur dann möglich, wenn auch mehr Arbeit eingesetzt wird. Da aber die Arbeitsausstattung konstant ist, muss diese aus der Produktion des arbeitsintensiven Gutes abgezogen werden. Dies ist aber nur möglich, wenn davon weniger hergestellt wird. Da beim arbeitsintensiven Gut relativ viel Arbeit und relativ wenig Kapital eingesetzt wird, kann durch die Verlagerung der frei werdenden Faktoren in den kapitalintensiven Sektor dort trotz des Wachstums der Kapitalausstattung wieder das ursprüngliche Faktoreinsatzverhältnis erreicht werden.

9.1.2 Beweis des Rybczynski-Theorems im Lerner-Diagramm

Die Produktionseffekte einer Faktorausstattungsänderung können im Lerner-Diagramm besonders gut abgelesen werden, wie ◘ Abb. 9.2 verdeutlicht. Der graphische Beweis des Rybczynski-Theorems fällt damit einfach: Ursprünglich ist die Faktorausstattung des Landes durch E^0 beschrieben. Das Land produziert Gut y im Wert von $\overline{0y_P^0}$ und Gut x im Wert von $\overline{0x_P^0}$. Durch den Kapitalzuwachs ändert sich die Ausstattung hin zu E^1. Wir erkennen, dass die dazugehörige neue Produktionsstruktur durch einen Anstieg der kapitalintensiven x-Produktion von x_P^0 auf x_P^1 und einen Rückgang der arbeitsintensiven y-Produktion von y_P^0 auf y_P^1 gekennzeichnet ist, wie es das Rybczynski-Theorem vorhersagt. Wie im Produktionsmöglichkeiten-Diagramm sieht man auch, dass der Rückgang in der y-Produktion geringer ausfällt als der Anstieg in der x-Produktion.

Wir können anhand des Lerner-Diagramms auch sehr schön die im Zuge der Kapitalakkumulation stattfindende Produktionsentwicklung beschreiben. Nehmen wir als Ausgangspunkt den Faktorausstattungspunkt E^y der gerade auf dem Outputexpansionspfad von y liegt, d. h. auf der Grenze des Diversifikationskegels. Mit dieser Ausstattung wird das Land ausschließlich im y-Sektor produzieren und

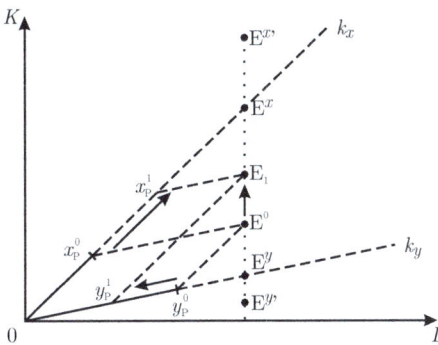

◘ **Abb. 9.2**   Rybczynski-Theorem im Lerner-Diagramm

nichts von Gut x. Im Zuge der Kapitalakkumulation hin zu E^0 nimmt die Produktion von Gut y ab, während die Produktion von x steigt. Wächst die Kapitalausstattung weiter, wird schließlich Ausstattung E^x erreicht, bei der das Land ausschließlich Gut x produziert. Wenn sich nun die Kapitalausstattung nochmals erhöht, z. B. hin zu $E^{x'}$, so hat dies zwar immer noch einen Produktionszuwachs von x zur Folge, allerdings ist dieser geringer als der Faktorzuwachs und nimmt aufgrund der abnehmenden Grenzproduktivität dieses Faktors stetig ab. Zudem werden sich jetzt auch die Faktorpreise anpassen: Die Entlohnung des reichlicher werdenden Faktors Kapital wird sinken, diejenige des knappen Faktors Arbeit steigen – somit unterscheiden sich nun die lokalen Faktorpreise von den weltweiten Faktorpreisen. In der Abbildung sehen wir auch, dass das Rybczynski-Theorem nur innerhalb des Diversifikationskegels Gültigkeit hat. Hätten wir als Ausgangspunkt das auf y spezialisierte Land mit der Ausstattung $E^{y'}$ betrachtet und eine Kapitalakkumulation hin zu E^y unterstellt, hätten wir eine Produktionszunahme des arbeitsintensiven Gutes beobachtet, während nach wie vor keine Produktion des kapitalintensiven Gutes erfolgen würde.

Das Lerner-Diagramm verdeutlicht auch sehr gut die ökonomische Intuition hinter dem Rybczynski-Effekt: Bei E^y wird die gesamte Faktorausstattung zur Produktion von y eingesetzt. Steigt nun die Ausstattung mit dem Faktor Kapital, so kann bei gegebener Arbeitsausstattung nicht mehr von y produziert werden. Die Vollbeschäftigung beider Faktoren kann nur dadurch erreicht werden, dass die kapitalintensivere Produktion von x ausgeweitet und die Produktion von y zur Freisetzung der für die Herstellung von x notwendigen Arbeit reduziert wird.

Welche Wirkung ergibt sich durch das Wachstum auf den Außenhandel? Dies hängt davon ab, ob das verzerrte Wachstum – verzerrt, da das Wachstum bei nur einem Faktor auftritt und damit die relative Faktorausstattung ungleichmäßig ändert – zu einer Produktionsausweitung im Exportsektor oder im Importsektor führt. Bei einem im Vergleich zum Weltfaktorausstattungsverhältnis relativ kapitalreichen Land käme es in unserem Beispiel eines Wachstums bei Kapital zu einer Ausweitung des Handels (Zunahme des Exports des kapitalintensiven Gutes und damit auch mehr Import des arbeitsintensiven Gutes), da sich die relative Faktorausstattung nach dem Wachstum stärker von der relativen Faktorausstattung auf Weltebene unterscheidet – dies kann leicht im Lerner-Diagramm nachvollzogen werden (vgl. auch ▶ Abschn. 7.3.3): Das Volumen des Handels fällt umso größer aus, je unterschiedlicher die relative Faktorausstattung des Landes im Vergleich zum Faktorinhalt des Konsums ausfällt (sofern es zu keiner Spezialisierung kommt). Bei einem arbeitsreichen Land würde ein Kapitalzuwachs entsprechend zu einer Reduzierung des Handels kommen – es kann selbst mehr von seinem bisherigen Importgut produzieren.

> **Box 9.1: „Europäische Verhältnisse": Rigide Lohnstruktur**
>
> Wie wir in ▶ Abschn. 8.1 gesehen haben, kann Handel Effekte auf die Lohnstruktur haben. Was aber passiert, wenn sich diese nicht anpassen kann? Vor allem in Deutschland wird oftmals der unflexible Arbeitsmarkt kritisiert, der es etwa nicht zulässt, dass sich die Löhne nach unten anpassen. Wir wollen uns daher nun überlegen, welche Auswirkungen sich in einem „europäischen" Umfeld mit rigider Lohnstruktur ergeben, d. h. wenn die Löhne nicht flexibel reagieren können.
>
> Hierzu wenden wir die Theoreme, die wir bislang kennengelernt haben, „rückwärts" auf den Handel zwischen Deutschland und China an: Ausgangspunkt ist eine konstante relative Entlohnung w/r. Aus dem Stolper-Samuelson-Theorem können wir schließen, dass dadurch der relative Preis p_x/p_y fixiert wird. Deutschland kann als kapitalreich angesehen werden, d. h. der relative Preis des kapitalintensiven Gutes x wird im Vergleich zum arbeitsreichen China geringer sein. Folglich wird China Gut x nachfragen und dafür Gut y nach Deutschland exportieren. Für die deutsche Produktionsstruktur bedeutet dies, dass mehr von Gut x produziert werden muss, um neben der deutschen auch die chinesische Nachfrage zu decken, dafür aber weniger von Gut y, das nun zum Teil aus China importiert wird.
>
> Diese Anpassung der Produktionsstruktur würde bei flexiblen Faktormärkten durch eine Lohnanpassung erreicht werden, die zu einer entsprechenden Anpassung der Faktorallokation führt. Was aber, wenn eine rigide Lohnstruktur die Änderung der Faktorallokation verhindert? Hier hilft das Rybczynski-Theorem weiter, das besagt, dass die Ausweitung der Produktion von x bei gleichzeitiger Reduktion von y nur durch einen Anstieg der relativen Kapitalausstattung erreicht werden kann. Dies ist auf zwei Arten möglich: entweder durch einen Anstieg der Kapitalausstattung oder einen Rückgang der Arbeitsausstattung – in beiden Fällen hat dies eine Erhöhung der Kapitalreichlichkeit zur Folge. Da es durch den Handel zu keiner Kapitalerhöhung kommt, bleibt also nur noch übrig, dass weniger Arbeit eingesetzt wird. Wir haben dann aber keine Vollbeschäftigung mehr, da ein Teil der Arbeitskräfte nicht weiter beschäftigt wird. Kapital ist hingegen nach wie vor vollbeschäftigt. Eine rigide Lohnstruktur führt in diesem Modell somit zu Arbeitslosigkeit und nutzt daher gerade nicht dem Faktor, dem es eigentlich helfen sollte.

Als nächstes wollen wir uns überlegen, welche Auswirkungen sich durch verzerrtes Wachstum in einem „großen Land" ergeben, bei dem eine Veränderung seiner relativen Faktorausstattung das Weltmarktpreisverhältnis beeinflusst. Wie immer betrachten wir den Fall, dass das Land nicht spezialisiert ist. Eine Kapitalakkumulation hat deshalb zur Folge, dass das relative Angebot an Gut x steigt, wodurch bei unveränderter relativer Nachfrage der relative Preis p_x/p_y sinkt, d. h. das kapitalintensive Gut wird billiger. Durch diese Güterpreisänderung dreht sich der Diversifikationskegel in ◼ Abb. 9.2 nach links. Die Implikationen aus der Preisänderung sind aus dem Stolper-Samuelson-Theorem bekannt: Die Entlohnung von Kapital sinkt, da der Faktor durch das Wachstum weniger knapp geworden ist, und die Entlohnung von Arbeit steigt. Die Produktion ist in beiden Sektoren nun kapitalintensiver geworden, da das zusätzliche Kapitalangebot beschäftigt werden muss. Die Preisänderung hat somit zur Folge, dass weniger vom relativ billiger gewordenen Gut x hergestellt wird und mehr von Gut y. Da diese Preisänderung dem Rybczynski-Effekt entgegenwirkt, wird dieser bei einem großen Land abgeschwächt.

Wir haben somit festgestellt, dass im Unterschied zum kleinen Land das ungleichgewichtige Wachstum beim großen Land auch Preiseffekte hat. Der Güterpreiseffekt führt dazu, dass Wachstum auch Auswirkungen auf das Ausland hat. Hiermit wollen wir uns gleich in ▶ Abschn. 9.1.3 beschäftigen. Der Faktorpreiseffekt ist demgegenüber ein Verteilungseffekt des verzerrten Wachstums eines großen Landes, der innerhalb der Länder auftritt. Wie wir in ▶ Abschn. 9.1.4 sehen werden, können sich aufgrund zumindest kurzfristig immobiler Faktoren vergleichbare Verteilungseffekte auch in einem kleinen Land ergeben.

9.1.3 *Terms-of-Trade*-Effekte des Wachstums

Bislang haben wir untersucht, welche Produktionseffekte verzerrtes Wachstum nach sich zieht. Wir wollen uns nun überlegen, welche Auswirkungen sich durch Wachstum auf die **Terms of Trade** ergeben, also auf das reale Austauschverhältnis zwischen den exportierten und den importierten Gütern des Landes. Selbstverständlich kann es nur zu Änderungen der *Terms of Trade* kommen, wenn das Land groß ist und damit das Weltmarktpreisverhältnis beeinflussen kann.

Betreffend die Preiswirkungen des Wachstums stellen sich zwei grundlegende Fragen:

- *Ist Wachstum für ein Land bei Autarkie oder in einer integrierten Volkswirtschaft vorteilhafter?* Rein intuitiv hat Wachstum in einer integrierten Volkswirtschaft den positiven Effekt, dass die zusätzlich hergestellten Güter weltweit verkauft werden können. Allerdings besteht potenziell der Nachteil, dass ein Teil der Vorteile über geringere Preise dem Ausland zugute kommt.
- *Wie wirkt sich Wachstum im Ausland auf die Wohlfahrt eines Landes aus?* Der Vorteil ist sicherlich, dass sich der Markt für die Exporte des Landes vergrößert. Allerdings wird das Wachstum auch zu einem intensiveren Wettbewerb für die Unternehmen führen.

Auf beide Fragen gibt es also keine einfachen Antworten. Wie wir gleich sehen werden, hängt es entscheidend davon ab, ob das Wachstum im Import- oder im Exportsektor erfolgt. Im HOS-Modell wissen wir durch das Rybczynski-Theorem, dass bei Wachstum eines Faktors dasjenige Gut vermehrt produziert wird, das diesen Faktor intensiv einsetzt. Es kommt somit nur bei verzerrtem Wachstum zu einem *Terms-of-Trade*-Effekt, da sich die Struktur des Faktorwachstums von der relativen Faktorausstattung auf Weltebene unterscheiden muss. Bei Wachstum von nur einem Faktor ist dies gegeben.

Betrachten wir zunächst die Preiswirkung des Kapitalwachstums im Diagramm mit relativem Angebot und relativer Nachfrage. Hierzu haben wir in ▪ Abb. 9.3 die relative Nachfragekurve RN und die relativen Angebotskurven vor dem Kapitalwachstum, RA^0, und danach, RA^1, eingezeichnet. Beachten Sie, dass die relativen

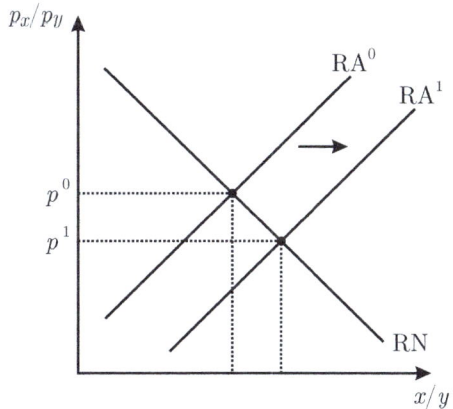

Verzerrendes Wachstum und *Terms-of-Trade*-Effekt

Angebotskurven nicht den treppenförmigen Verlauf wie im Ricardo-Modell haben, da sich die relativen Mengen wegen der nach außen gewölbten Transformationskurve (die bei mehr als einem Produktionsfaktor normalerweise vorliegt) bei einer Preisanpassung stetig verändern.

Die Ausweitung der Kapitalausstattung führt nach dem Rybczynski-Theorem dazu, dass bei einem gegebenen Güterpreisverhältnis mehr vom kapitalintensiv hergestellten Gut x und weniger von Gut y produziert wird. Die relative Angebotskurve wird sich somit nach rechts verschieben, d. h. zum gegebenen Preisverhältnis p^0 wird sich das relative Angebot x/y erhöhen. Gegenüber dem Ursprungsgleichgewicht wird sich der Relativpreis für Gut x dann von p^0 auf p^1 reduzieren. Das Wachstum der Kapitalausstattung führt somit dazu, dass der Relativpreis des kapitalintensiv hergestellten Gutes sinkt.

Wenn es sich beim Inland um ein relativ kapitalreiches Land handelt, das bereits in der Ausgangssituation kapitalintensive Güter exportierte, so werden sich die *Terms of Trade* zu Ungunsten dieses Landes ändern: Für eine gegebene Menge an Exportgütern erhält das Inland nun eine geringere Menge an Importgütern. Normalerweise dominiert der direkte (positive) Effekt des Wachstums diesen negativen *Terms-of-Trade*-Effekt.

Unsere bisherigen Ergebnisse implizieren, dass Wachstum für das betroffene Land negative Effekte nach sich zieht. Dies liegt aber daran, dass wir bislang nur ein bestimmtes Wachstum betrachtet haben, und zwar Wachstum bei dem Gut, welches das Land exportiert. Man spricht hier von *Export-biased Growth*. Ein anderes Bild würde sich demgegenüber ergeben, wenn wir *Import-biased Growth* betrachten, also Wachstum im Importsektor. Nimmt etwa im HOS-Modell die Arbeitsausstattung des kapitalreichen Inlandes zu, verschiebt sich das relative Angebot in ◘ Abb. 9.3 nach links und der relative Preis steigt, womit sich das reale Tauschverhältnis des Inlandes verbessert.

9

Box 9.2: Diskussionsbox – Verarmendes Wachstum

Der indische Ökonom Jagdish Bhagwati hat den (theoretischen) Fall des „verarmenden Wachstums" (*immiserizing growth*, manchmal auch als „Verelendungswachstum" bezeichnet) beschrieben (vgl. Bhagwati, 1958). Dies tritt dann auf, wenn das Wachstum die *Terms of Trade* eines Landes so ungünstig ändert, dass das Land durch das Wachstum insgesamt schlechter gestellt wird, d. h. der negative *Terms-of-Trade*-Effekt den eigentlich positiven Wachstumseffekt dominiert. Betrachten wir hierzu die Situation in der Abbildung, in der das Land zwar absolut mehr produziert – P^1 anstelle P^0 – dafür aber absolut weniger Importgüter bezieht – C^0 geht auf C^1 zurück.

Dieses Problem wird insbesondere bei Entwicklungsländern vermutet, die nur wenige Exportgüter haben – darunter vor allem landwirtschaftliche Erzeugnisse, deren Nachfrage häufig nicht stark auf Preisänderungen reagiert (d. h. preisunelastisch ist). Als Beispiel wird häufig der Kaffeemarkt angeführt, da durch die Ausweitung der Anbauflächen und damit der Erhöhung des Angebots der Kaffeepreis (mit Ausnahmen) kontinuierlich sinkt. Dies führt aber dazu, dass es immer schwieriger wird die Produktionskosten zu decken. Von dieser Entwicklung sind insbesondere viele südamerikanische Länder betroffen. Diskutieren Sie!

▬ Für wie plausibel halten Sie diese Überlegungen? Kennen Sie andere Beispiele?

▬ Welche Maßnahmen könnten geeignet sein, um dieser Gefahr zu begegnen?

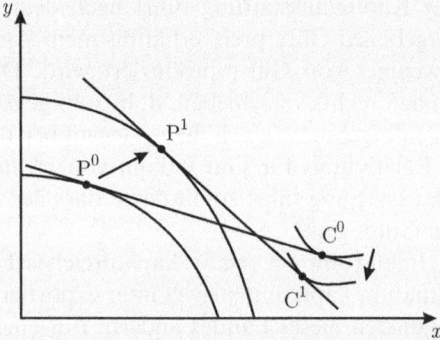

Die Auswirkungen des Wachstums im Ausland sind genau spiegelbildlich: Verschlechtern sich die ausländischen *Terms of Trade*, so ist dies gleichbedeutend mit einer Verbesserung des inländischen Tauschverhältnisses. Allgemein verbessert Wachstum beim Importgut die inländischen *Terms of Trade*, während Wachstum beim Exportgut das Tauschverhältnis verschlechtert. ◨ Tab. 9.1 zeigt die Richtung der *Terms-of-Trade*-Effekte von verzerrtem Wachstum im Export- und Importsektor für das Inland und für das Ausland.

◨ **Tab. 9.1**　*Terms-of-Trade*-Effekte von verzerrtem Wachstum

Terms-of-Trade-Effekt für	Wachstum im Importsektor des	
	Inlands	**Auslands**
Inland	positiv	negativ
Ausland	negativ	positiv

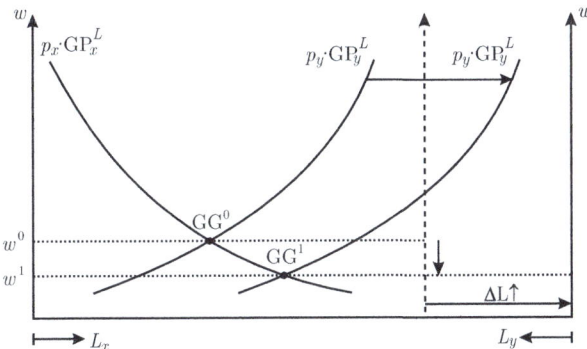

Abb. 9.4   Wachstum beim mobilen Faktor

Alle bisherigen Ergebnisse wurden im Kontext des HOS-Modells abgeleitet. Sie gelten aber analog im Ricardo-Modell, wobei hier aufgrund der vollständigen Spezialisierung ein Wachstum der Faktorausstattung immer zu einer Ausweitung des Exportangebots führt. Wir werden in Abschn. 9.4 diesen Aspekt im Kontext des Neo-Ricardo-Ansatzes (vgl. Abschn. 5.3) mit unendlich vielen Faktoren noch einmal aufgreifen.

9.1.4 Wachstum im Modell mit sektorspezifischen Faktoren

In diesem Abschnitt wollen wir uns damit beschäftigen, welche Effekte Faktorwachstum in einem kleinen Land auf die Einkommensverteilung haben kann. In der Langfristbetrachtung des HOS-Modells ergibt sich aufgrund der unveränderten relativen Güterpreise, dass auch die relativen Faktorpreise konstant sind (Stolper-Samuelson-Theorem). Was passiert aber, wenn sich die Faktorpreise kurzfristig anpassen müssen, da zumindest kurzfristig ein Teil der Faktoren wie in ▶ Abschn. 8.2 sektorgebunden ist? Bei der Analyse muss hier grundsätzlich unterschieden werden, ob es beim mobilen Faktor (Arbeit) oder bei einem der beiden immobilen Faktoren (sektorspezifisches Kapital) zum Faktorwachstum kommt.

■ Abb. 9.4 zeigt die Auswirkungen, die sich durch Wachstum des mobilen Faktors Arbeit L ergeben. Dieser Zuwachs führt zu einer Verbreiterung des Diagramms, da die Breite den Bestand an Arbeit repräsentiert. Da dieser Faktor durch den Zuwachs nun reichlicher in der Ökonomie vorhanden ist, sinkt seine nominale Entlohnung von w_0 auf w_1 – gleiches gilt für die reale Entlohnung, da die Güterpreise unverändert sind. Die zusätzlichen Arbeitskräfte werden sich gleichmäßig auf beide Sektoren verteilen,[1] wodurch die Produktion beider Güter steigt. Zwar wird der Zuwachs an Arbeit in der langen Frist zu einem Rückgang der Produktion des kapitalintensiven Gutes führen, da Kapital aber kurzfristig sektorgebunden ist, kommt es zu keiner Neuallokation und die Produktion in beiden Sektoren steigt.

---

1   Es ist daher egal, auf welcher „Seite" das Diagramm verbreitert wird – die Auswirkungen bei Wachstum des mobilen Faktors auf beide Sektoren sind immer gleich.

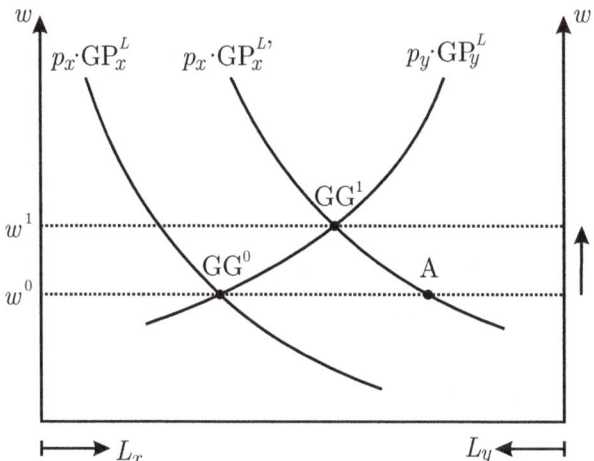

Abb. 9.5   Wachstum bei einem immobilen Faktor

Wir können auch erkennen, dass die (nominale und reale) Entlohnung der beiden immobilen Faktoren gestiegen ist, d. h. die Kapitalentlohnung steigt insgesamt. Die langfristige Anpassung der Faktorallokation wird diese Faktorpreisänderung aber wieder rückgängig machen.

   ■ Abb. 9.5 stellt die Situation von Wachstum bei einem der immobilen Faktoren dar – konkret wächst die Ausstattung des für den x-Sektor spezifischen Kapitals, K_x. Welche Effekte ergeben sich nun für die Entlohnung der Faktoren?

— Die Wertgrenzproduktkurve der Arbeit in Sektor x verschiebt sich von $p_x \cdot GP_x^L$ nach rechts auf $p_x \cdot GP_x^L / p_x \cdot GP_x^{L'}$: Bei Einsatz der gleichen Menge an Arbeit wie vor dem Kapitalwachstum ist das Grenzprodukt des Faktors Arbeit deutlich höher, weil er nun relativ zu Kapital knapper ist. Damit steigt auf jeden Fall die (nominale und reale) Entlohnung des mobilen Faktors.

— Ebenso eindeutig ist der Rückgang der Entlohnung des spezifischen Faktors in dessen Sektor es nicht zu Wachstum gekommen ist: Aufgrund der Verlagerung des mobilen Faktors in den anderen Sektor (Bewegung von GG^0 nach GG^1) sinkt das Einkommen von K_y, das durch die Fläche unter der Wertgrenzproduktkurve $p_y \cdot GP_y^L$ bis zur durch den Lohnsatz gegebenen horizontalen Linie dargestellt werden kann (vgl. hierzu ■ Abb. 8.4).[2]

— Wie aber sieht es mit der Entlohnung des gewachsenen Faktors K_x aus? Hier ist die Analyse etwas komplizierter, da die Faktormenge jetzt höher ist und aus einer höheren Gesamtentlohnung damit nicht auf eine Erhöhung pro Faktoreinheit geschlossen werden kann. Wir können aber folgende Überlegung anstellen: GG^0 repräsentiert die ursprüngliche Allokation, bei der wir die Entlohnung des sektorspezifischen Faktors kennen. In Punkt A wäre die Entlohnung des mobilen Faktors und damit sein Wertgrenzprodukt genauso hoch wie in GG^0. Da

---

2   Eine andere Argumentationslinie ist, dass nun auch im y-Sektor ein höherer Lohn gezahlt werden muss und damit weniger für den spezifischen Faktor übrig bleibt.

sich der Güterpreis nicht verändert hat, ist das nur möglich, wenn der Produktionswert im gleichen Verhältnis auf die Faktoren aufgeteilt wird wie in GG^0. Damit hätte sich in A die Entlohnung des spezifischen Faktors K_x nicht geändert. Tatsächlich liegt die neue Allokation aber in GG^1, wo weniger Arbeit als bei A eingesetzt wird. Das Wertgrenzprodukt und damit die Entlohnung des sektorspezifischen Faktors ist also gesunken.

Somit gilt auch hier, dass die relativ reichlicher gewordenen Faktoren geringer entlohnt werden: K_x ist bei Konstanz der anderen Faktorausstattungen absolut gewachsen und damit relativ reichlicher geworden – die Entlohnung von K_x sinkt. Da L_x gestiegen ist, wird in der Produktion von y weniger Arbeit L_y eingesetzt. Dies impliziert aber wiederum, dass der für den y-Sektor spezifische Faktor K_y dort nun ebenfalls relativ reichlicher vorhanden ist und dementsprechend geringer entlohnt wird

Beachten Sie den Unterschied in der Auswirkung auf die Produktion zwischen den beiden Szenarien: Bei Wachstum des mobilen Faktors kommt es zu einer Ausweitung der Produktion in beiden Sektoren. Wächst einer der sektorspezifischen Faktoren, so erhöht sich die Produktion in diesem Sektor, während diejenige im anderen Sektor zurückgeht.

Es kommt somit kurzfristig zu den Auswirkungen auf die Faktoren, die in der langen Frist nur bei einem großen Land zu beobachten sind: Bei einem kleinen Land wird durch die langfristige Mobilität des Kapitals die ursprüngliche, durch die Güterpreise determinierte Entlohnungsstruktur wiederhergestellt. Folglich kann Wachstum einem Faktor kurzfristig schaden, während es langfristig keine Auswirkungen nach sich zieht. Durch die gesteigerten Produktionsmöglichkeiten und der damit erreichbaren höheren gesamtwirtschaftlichen Indifferenzkurve ist das Land durch Wachstum aber besser gestellt.

9.2 Faktorwanderung

Wir geben nun die Annahme der internationalen Faktorimmobilität auf, um uns mit dem Phänomen der Faktorwanderung beschäftigen zu können. In diesem Zusammenhang wollen wir zwei Fragen klären: **Warum wandert ein Faktor?** Und welche ökonomischen Auswirkungen zieht die Faktorwanderung nach sich?

Die erste Frage ist einfach damit zu beantworten, dass er dann wandert, wenn seine erwartete (reale) Entlohnung im Zielland abzüglich der Wanderungskosten größer ist als seine derzeitige Entlohnung im Ursprungsland. Es wird also nur dann zu (ökonomisch induzierten) Wanderungsströmen kommen, wenn internationale Faktorpreisunterschiede vorliegen und diese entsprechend hoch sind, um die Wanderungskosten zumindest zu kompensieren. Konkret bedeutet das etwa, dass für Arbeitskräfte aus arbeitsreichen Ländern der Anreiz besteht, in kapitalreiche Länder zu migrieren, da sie dort höher entlohnt werden. Während die Wanderung von Arbeit als rein physische Migration beobachtet werden kann, wird Kapital in Form von ausländischen Direktinvestitionen von einem Land in das andere transferiert. Die prinzipiellen Anreize für solche Wanderungsströme sind für beide Faktoren gleich. Wir werden uns aber hier auf Arbeitsmigration konzentrieren. Der Grund dafür ist, dass ausländische Direktinvestitionen normalerweise durch relativ große Unternehmen mit entsprechender Marktmacht vorgenommen werden und meist in

Zusammenhang mit der Fragmentierung der Wertschöpfungskette auftreten. Da wir hierzu aber genauere Kenntnisse über Handel bei unvollkommenem Wettbewerb und über die Funktion von Unternehmen im Außenhandel benötigen, werden wir uns mit ausländischen Direktinvestitionen erst in ▸ Kap. 13 näher beschäftigen.

Wir können aus den Anreizen aber unmittelbar auf die **ökonomischen Folgen der Wanderung** schließen: Durch die Wanderung selbst ändern sich die Anreize zu wandern, schließlich sind die Faktorpreisunterschiede nicht exogen. So wird es im Migrationsgleichgewicht weltweit zu einer Angleichung bzw. in einer Situation ohne Wanderungskosten sogar zu einem Ausgleich der Faktorpreise kommen,[3] da nur dann keine Anreize mehr zur Wanderung bestehen und somit die ökonomische Ursache der Wanderung beseitigt ist. Wir wissen aus dem Faktorpreisausgleichstheorem, dass sich dieses Ergebnis auch bei Handel einstellen kann. Allerdings gilt dort für einen vollständigen Ausgleich die Bedingung, dass die Länder auch nach Aufnahme von Handel nicht spezialisiert sind. Da Faktorwanderungen die Faktorausstattungen der Länder ähnlicher machen, spielt diese Restriktion hier keine Rolle.

Wie wir schon im Zuge der Diskussion des Faktorinhalts (vgl. ▸ Abschn. 7.1) gesehen haben, stellen Außenhandel und Faktormobilität (imperfekte) Substitute dar. Bei perfekter Faktormobilität würde kein Handel mehr stattfinden, da alle Länder die gleiche relative Faktorausstattung aufweisen würden. Umgekehrt besteht bei nicht-spezialisierten Ländern in einer durch Außenhandel ohne Handelskosten perfekt integrierten Weltwirtschaft für die Faktoren auch kein Anreiz zu wandern. In der Realität sorgen aber Handels- und Wanderungskosten dafür, dass Faktorpreisunterschiede bestehen bleiben. Arbeitskräfte mit relativ geringen Wanderungskosten haben dann einen Anreiz zu migrieren. Wie Box 9.3 verdeutlicht, können Wanderungsströme erhebliche Auswirkungen auf die ökonomische Entwicklung eines Landes haben.

Wir wollen uns jetzt noch etwas detaillierter mit den Wirkungen der Faktorwanderung auseinandersetzen. Dazu können wir die für Faktorwachstum durchgeführte Analyse auf Faktorwanderungen anwenden: Für das Zielland stellt die Wanderung ein Faktorwachstum, für das Ursprungsland einen Rückgang der Faktorausstattung dar. Dabei ist zu beachten, dass wir uns auf die Analyse für das kleine Land beschränken können, da sich die relative Faktorausstattung auf Weltebene und damit das Güterpreisverhältnis durch die Faktorwanderung nicht verändern – die Faktorausstattung auf Weltebene bleibt ja gleich, nur die Allokation der Faktoren auf die Länder verändert sich.

Die kurzfristigen Verteilungseffekte können wir dann – je nachdem, welcher Faktor wandert – in ◘ Abb. 9.4 bzw. ◘ Abb. 9.5 ablesen: Die Entlohnung desjenigen Faktors im Zielland, der von der Zuwanderung betroffen ist, wird nominal und real zurückgehen. Der wandernde Faktor selbst gewinnt aber, da er im Heimatland geringer entlohnt wurde – schließlich wäre er andernfalls nicht gewandert. Ein positiver Entlohnungseffekt ergibt sich auch für den zurückgebliebene Teil des wandernden Faktors, da er im Ursprungsland der Wanderung nun knapper geworden ist.

Die langfristigen Auswirkungen der Wanderung auf die Produktions- und Handelsstruktur können wir unter Verwendung des Rybczynski-Theorems bestimmen.

---

3   Die Abwanderung von Arbeitskräften aus einem arbeitsreichen Land führt dort zu einer Verknappung der Arbeit, wodurch der Lohn steigt. Wandern diese Arbeitskräfte in ein kapitalreiches Land, wird dort Arbeit weniger knapp und die Entlohnung sinkt.

Kapitalreiche Länder werden durch die Wanderung arbeitsreicher, wodurch sich die Produktion des arbeitsintensiven Gutes erhöht, während die Produktion des kapitalintensiven Gutes sinkt. Umgekehrt werden arbeitsreiche Länder kapitalreicher. Im Gleichgewicht ohne Wanderungskosten würden schließlich alle Länder über die gleiche relative Faktorausstattung verfügen und damit die gleiche relative Produktion aufweisen.

Folglich können wir auch eine Aussage über die Wirkung der Faktorwanderung auf die Gesamtwohlfahrt im Ziel- und im Ursprungsland treffen: Sie wird sich analog zum Handelsszenario in beiden Ländern erhöhen. Hier passt sich letztendlich die Produktionsmöglichkeitenkurve den Präferenzen an, sodass die gleiche relative Produktionsmenge im Land konsumiert werden kann, wie sie andernfalls nur durch friktionslosen internationalen Handel erreichbar gewesen wäre.

Box 9.3: Massenmigration im Zuge der Globalisierungswelle am Ende des 19. Jahrhunderts

Die enormen Wanderungsströme aus der „alten Welt" Europa in die „neue Welt" Amerika während der ersten Globalisierungswelle (1870–1914) hatten starke Auswirkungen auf die wirtschaftliche Entwicklung in den beiden Regionen (vgl. Williamson 1996).

Amerika war im 19. Jahrhundert im Vergleich zu Europa nahezu überreichlich mit Boden ausgestattet, wohingegen Europa über ein großes Arbeitskräftepotenzial verfügte. Als Folge kam es zu einer Massenmigration nach Amerika: Gegenüber 1870 stieg das US-Arbeitskräftepotenzial bis 1890 um 15 % und bis 1910 sogar um 37 %. Rund 70 % der damaligen Angleichung der Reallöhne zwischen den beiden Kontinenten sind diesen Strömen geschuldet: Betrug der Lohnunterschied zwischen der neuen und der alten Welt 1870 noch 96 %, sank er bis 1910 auf 79 %. Ohne die Massenmigration wäre er stattdessen auf 150 % angestiegen.

Die amerikanische Bevölkerung wuchs allein durch Zuwanderung aus Irland um rund eine Million. Dieser Exodus war eine Folge der großen Hungersnot (1845–1849) und wird dafür verantwortlich gemacht, dass es in Irland erst relativ spät zur Industrialisierung kam, da die Marktgröße keine Realisierung von Skalenerträgen erlaubte. Für die verbliebenen Arbeitskräfte besserte sich jedoch die Situation, da etwa 1910 die irischen Löhne ohne Migration um etwa 36 % niedriger gewesen wären. Die spiegelbildliche Entwicklung war demgegenüber in Argentinien zu beobachten, in dem ohne die zusätzliche europäische Einwanderung die Löhne um 46 % höher ausgefallen wären.

Die Auswanderung trug somit enorm zur wirtschaftlichen Entwicklung Europas bei, da sie dazu führte, dass die Löhne stiegen, die Arbeitslosigkeit sank und die Armut abnahm. Die Annäherung der Faktorpreise hatte zur Folge, dass in der alten Welt die Bodeneigner an Einkommen verloren, während in der neuen Welt die Arbeitskräfte weniger verdienten. Die sich daraus ergebende Ungleichheit zog letztendlich erheblichen politischen Druck nach sich. In den USA kam es etwa mit dem Quota Act im Jahr 1921 zu einer Verschärfung der Einwanderungsbestimmungen – ähnliches war auch in Kanada, Australien und Brasilien zu beobachten. Dies trug teilweise zum Ende der Fortschritte bei, die im Zuge der ersten Globalisierungswelle erreicht werden konnten.

9.3 **Wachstum durch technischen Fortschritt**

Wachstum kann nicht nur durch Akkumulation von Produktionsfaktoren entstehen, sondern auch durch technologische Neuerungen. Wir wollen uns daher nun damit beschäftigen, welche Auswirkungen technischer Fortschritt nach sich ziehen kann. Damit verlassen wir den HOS-Kontext, zu dessen Grundannahmen eine identische Produktionstechnologie in allen Ländern zählt. Wie wir sehen werden, können wir für die Analyse der Effekte trotzdem auf das Lerner-Diagramm zurückgreifen.

Unter **technischem Fortschritt** verstehen wir eine Änderung der Produktionsfunktion, die dazu führt, dass mit einem gegebenen Faktoreinsatz eine höhere Produktionsmenge realisiert werden kann oder anders formuliert, dass eine gegebene Produktionsmenge mit einem geringeren Faktoreinsatz erzeugt werden kann. Bei zwei Faktoren kann ein solcher technischer Fortschritt auf unterschiedliche Weise entstehen: Zum einen kann sich das grundsätzliche Produktionsverfahren ändern und zum anderen kann die Produktivität eines Faktors erhöht werden. Ein Beispiel für ein neues Produktionsverfahren stellt der Übergang der Landwirtschaft hin zur Dreifelderwirtschaft dar, während Verbesserungen der Rechenleistung durch die Quanteninformationstechnologie zu einer Produktivitätssteigerung beim Einsatz von Computern führen.

Wie beim Wachstum der Faktorausstattung kann technischer Fortschritt gleichmäßig die Produktivität beider Faktoren erhöhen oder wie verzerrendes Wachstum nur einem Faktor zugute kommen. In dieser Hinsicht kann technischer Fortschritt analog zum Faktorwachstum analysiert werden. Es gibt jedoch zwei grundlegende Unterschiede: Zum einen findet technischer Fortschritt häufig innerhalb eines Sektors statt und zum anderen ist der Effekt auf die Faktorentlohnung anders, da die Faktormenge konstant bleibt und sich nur deren Produktivität ändert. Um diese beiden Aspekte behandeln zu können, wollen wir nun explizit den technischen Fortschritt in einem Sektor betrachten.

Bei einer gleichmäßigen Erhöhung der Produktivität steigt die Produktionsmenge ohne die Faktorintensität des Produktionsprozesses zu verändern. Wird nur die Produktivität eines Faktors gesteigert, so führt dies unmittelbar zu einer Einsparung dieses Faktors im Produktionsprozess, wodurch sich natürlich die Faktorintensität verändert. Wir wollen uns nun kurz ansehen, wie man diese beiden Formen des technischen Fortschritts in der Produktionsfunktion formal abbildet.

Ändert sich die Faktorintensität nicht, können wir dies durch einen sogenannten **Hicks-neutralen technischen Fortschritt** beschreiben. Unterstellen wir einen solchen Fortschritt etwa im x-Sektor, so lautet die neue Produktionsfunktion

$$\tilde{x}(K_x, L_x) = A_H \cdot x(K_x, L_x),$$

wobei $A_H > 1$ ein Hicks-neutraler Technologie-Parameter ist. Wir sehen, dass eine gegebene Faktoreinsatzkombination nun zu einer um A_H höheren Produktion führt, ohne dass sich das Faktoreinsatzverhältnis ändert.

Trägt der technische Fortschritt dazu bei, dass weniger von einem Faktor eingesetzt werden muss, können wir dies auch entsprechend berücksichtigen. So kann etwa ein arbeitssparender technischer Fortschritt im x-Sektor dargestellt werden als

$$\tilde{x}(K_x, L_x) = x(K_x, A_L \cdot L_x).$$

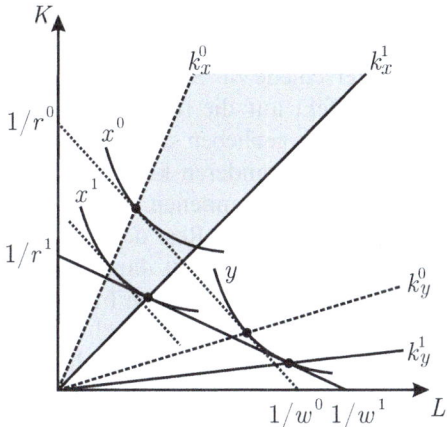

○ **Abb. 9.6**   Lerner-Diagramm: Technologie und Faktorpreise in einer kleinen Volkswirtschaft

wobei $A_L > 1$ die höhere Produktivität von Arbeit in diesem Sektor ausdrückt. Wir sehen, dass nun mit einem geringeren Arbeitseinsatz L_x/A_L die gleiche Produktionsmenge wie vor dem Fortschritt erzeugt werden kann.

Welche Auswirkungen zieht nun technischer Fortschritt in einem inländischen Sektor auf das in den Welthandel integrierte Land nach sich? Wir wollen uns dies in ○ Abb. 9.6 anhand eines Hicks-neutralen technischen Fortschritts im kapitalintensiven Sektor veranschaulichen. Gemäß (9.1) impliziert der Fortschritt A_H eine Inwärtsbewegung der x-Einheitswertisoquante von x^0 hin zu x^1, da nun ein geringerer Faktoreinsatz ausreicht, um x-Güter im Wert von $v = 1$ zu produzieren. Bliebe das Faktorpreisverhältnis unverändert, so würde die neue Technologie auch nichts am Faktoreinsatzverhältnis ändern. Da wir mit der Annahme des technischen Fortschritts die reine HOS-Welt verlassen und jetzt sowohl Faktorausstattungs- als auch Technologieunterschiede vorliegen, gilt das Faktorpreisausgleichstheorem nicht mehr. Somit kann es auch in einem kleinen Land zu einer Anpassung der Faktorpreise kommen.

Wir gehen nun von einem kleinen Land aus und nehmen an, dass der technische Fortschritt im x-Sektor ausschließlich im Inland stattfindet, die Technologie also im Rest der Welt unverändert bleibt. Im Inland werden sich dann beim durch den Weltmarkt gegebenen Güterpreisverhältnis die Produktionsstruktur und die Faktorpreise anpassen. Die Notwendigkeit einer Anpassung können wir daran erkennen, dass bei den gegebenen Güterpreisen im x-Sektor Gewinne möglich wären, da ein Güterwert von 1 jetzt zu geringeren Kosten erzeugt werden könnte. Folglich werden in diesem Sektor Firmen eintreten und Faktoren aus dem anderen Sektor abziehen. Dadurch ändern sich aber die relativen Faktorpreise im Inland: In der Abbildung wird deutlich, dass die Entlohnung von Kapital steigt, während die der Arbeit sinkt. Somit können wir analog zum Stolper-Samuelson-Theorem folgern, dass ein sektorspezifischer technischer Fortschritt die reale Entlohnung desjenigen Faktors erhöht, der in diesem Sektor intensiv eingesetzt wird und die reale

Entlohnung des anderen Faktors senkt, sofern in der Ausgangssituation beide Güter produziert werden.

Es gibt allerdings zwei Unterschiede zur Situation bei einer Güterpreisänderung: Zum einen fällt der positive Effekt auf die reale Entlohnung von Kapital stärker aus, da die Güterpreise unverändert geblieben sind (der Nachteil für den Faktor Arbeit ist entsprechend geringer). Zum anderen kann es bei technischem Fortschritt bei dem im Inland relativ reichlich vorhandenen Faktor trotz unveränderter relativer Faktorausstattungen im Inland und im Rest der Welt zu vollständiger Spezialisierung des Inlandes kommen. Dieser Fall tritt dann ein, wenn die Faktorausstattung des Inlandes in der hellgrau gekennzeichneten Fläche zwischen dem ursprünglichen Outputexpansionspfad k_x^0 und dem neuen k_x^1 liegt. Das Inland hat dann analog zur Analyse im Ricardo-Modell aufgrund der höheren Produktivität einen absoluten (und relativen) Kostenvorteil in der x-Produktion und spezialisiert sich deswegen auf diesen Sektor.

9.4 Auswirkung von Wachstum auf das Produktspektrum

Wachstum und technischer Fortschritt haben auch Auswirkungen auf das in einem Land produzierte Güterspektrum bzw. Spezialisierungsmuster. Da dies im Zwei-Güter-Modell nicht ganz deutlich wird, wollen wir dies anhand des in ▶ Abschn. 5.3 vorgestellten Neo-Ricardo-Modells genauer untersuchen (vgl. Krugman 1987). Nachdem wir uns bisher auf den Heckscher-Ohlin-Kontext mit zwei Faktoren und identischen Technologien beschränkt haben, können wir in diesem Ansatz außerdem aufzeigen, welche Wohlfahrtseffekte Faktorwachstum im Ein-Faktor-Modell mit Technologieunterschieden im Inland und Ausland hat.

Konkret werden wir zwei Fälle untersuchen: Im ersten Szenario betrachten wir die Auswirkungen einer Änderung der Faktorausstattung im Ausland, während wir uns im zweiten Szenario damit beschäftigen, welche Effekte sich durch eine Produktivitätssteigerung im Ausland für das Inland ergeben. In beiden Fällen wird Wachstum im Ausland unterstellt, da dies auf den ersten Blick negative Effekte für das Inland zu haben scheint, sich bei einer genaueren Analyse aber als positiv für die inländische Wohlfahrt herausstellt. Da wir jeweils auch kurz auf die Implikationen für das Ausland eingehen, ergibt sich hierdurch ein guter Überblick über die Wirkungsmechanismen in diesem Modellkontext.

Betrachten wir zunächst Faktorwachstum im Ausland, etwa dadurch, dass sich ein großes arbeitsreiches Land wie China dem internationalen Handel öffnet. Dieses Wachstum betrifft die durch (9.2) beschriebene $B(z)$-Kurve, in der die Arbeitsausstattung des Auslandes als Parameter enthalten ist:

$$\frac{w}{w^*} = \frac{G(\bar{z})}{1 - G(\bar{z})} \cdot \frac{L^*}{L} = B(z) \cdot \frac{L^*}{L}. \tag{9.2}$$

◨ Abb. 9.7 stellt die Auswirkungen graphisch dar: Die ausländische Arbeitsausstattung L^* wächst um den Faktor $n > 1$ auf $n \cdot L^*$, wodurch die $B(z)$-Kurve steiler wird. Im neuen Gleichgewicht sinkt die Anzahl der im Inland produzierten Güter von $\bar{z}^0$ auf $\bar{z}^1$, während der relative Lohn der Inländer von $\overline{w}^0$ auf $\overline{w}^1$ steigt.

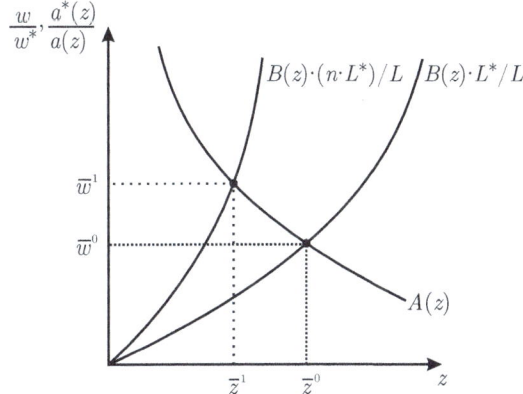

◘ **Abb. 9.7**   Faktorwachstum im Ausland

Wie ist das zu erklären? Durch das Wachstum im Ausland entsteht dort zunächst ein Überschussangebot an Arbeitskräften, was dazu führt, dass die dortigen
nominalen Löhne sinken. Damit wird aber die Produktion im Inland für diejenigen
Güter, bei denen das Inland den geringsten komparativen Vorteil aufweist, relativ
gesehen zu teuer und der komparative Vorteil des Inlandes bei diesen Gütern geht
verloren. Daher „verliert" das Inland alle Güter im Bereich zwischen $\bar{z}^1$ und $\bar{z}^0$ an
das Ausland. Diese Verringerung des im Inland hergestellten Produktspektrums ist
jedoch aus Sicht des Inlandes letztlich von Vorteil, da das Ausland diese Güter nur
deshalb gewinnt, weil es diese relativ billiger herstellen kann. Zwar sinkt aufgrund
des verringerten Güterspektrums der Einkommensanteil des Inlandes am Weltein-
kommen – dies sieht man unmittelbar an (5.7) in Abschn. 5.3 –, da aber das Welt-
einkommen aufgrund der höheren Faktorausstattung im Ausland gestiegen ist, ist
das absolute Einkommen im Inland gestiegen. Genau umgekehrt ist es im Ausland,
in dem zwar das Gesamteinkommen gestiegen, aber das Einkommen pro Arbeitskraft zurückgegangen ist.

Im zweiten Szenario gehen wir nun davon aus, dass das Ausland etwa aufgrund
technischen Fortschritts in der Produktion aller Güter um 10 % produktiver wird.
Damit verschiebt sich die $A(z)$-Kurve, wie in ◘ Abb. 9.8 zu erkennen ist, um 10 %
nach unten, da der Zähler von $A(z) = a^*(z)/a(z)$ um 10 % kleiner geworden ist. Betrachten wir das neue Gleichgewicht, so erkennen wir, dass das Inland erneut Güter
an das Ausland verliert, diesmal aber auch Einbußen in seinem Relativlohn w/w^*
hinnehmen muss (von $\bar{w}^0$ auf $\bar{w}^1$).

Auf den ersten Blick könnte man nun vermuten, dass das Inland schlechter gestellt wird, schließlich ist bei einigen Gütern der Wettbewerbsvorteil verloren gegan-
gen und der Lohn ist relativ zu demjenigen im Ausland gesunken. Aber auch diese
Vermutung ist falsch! Betrachten wir hierzu die Reallöhne in Bezug auf drei Güter-
kategorien: die Güter im Bereich bis $\bar{z}^1$, die das Inland nach wie vor produziert, die
Güter ab $\bar{z}^0$, die schon vorher im Ausland produziert wurden und die sogenannten
„transitorischen Güter" im Bereich zwischen $\bar{z}^1$ und $\bar{z}^0$, die nun im Ausland gefertigt
werden:

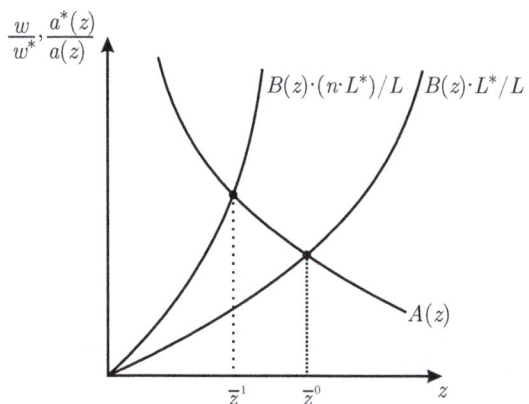

■ **Abb. 9.8**   Produktivitätssteigerung im Ausland

— Bei den Gütern im Bereich bis $\bar{z}^1$ ändert sich der Reallohn nicht, da sich deren Preis proportional mit dem inländischen Lohn ändert, $p(z) = w \cdot a(z)$.

— Bei Gütern ab $\bar{z}^0$ müssen wir die Änderung des ausländischen Preises berücksichtigen, der sowohl auf dem ausländischen Lohn als auch der ausländischen Produktivität basiert, $p^*(z) = w^* \cdot a^*(z)$. Der Reallohn lautet demnach

$$\frac{w}{p^*(z)} = \frac{w}{w^*} \cdot \frac{1}{a^*(z)}.$$

Wir wissen, dass der relative Lohn w/w^* gesunken ist, aber wir sehen in ■ Abb. 9.8 auch, dass dieser Rückgang weniger stark ausgefallen ist als die Produktivitätssteigerung und damit der Anstieg von $1/a^*(z)$. Der inländische Reallohn ist somit angestiegen.

— Betrachten wir schließlich die transitorischen Güter. Das Inland wird diese Güter nur dann nicht mehr produzieren, wenn das Ausland sie billiger als das Inland herstellen kann. Da diese Güter nun also im Ausland hergestellt werden, bedeutet dies nichts anderes, als dass der Reallohn in Bezug auf diese Güter gestiegen sein muss.

Wir sehen also, dass die Produktivitätssteigerung im Ausland die Reallöhne im Inland steigen lässt und damit ebenfalls die Wohlfahrt erhöht. Beachten Sie außerdem, dass der technische Fortschritt im Gegensatz zum vorher betrachteten Faktorwachstum nicht nur zu einem höheren Anteil des Auslandes am Gesamteinkommen der Welt, sondern wegen der konstanten Anzahl an Arbeitskräften im Ausland auch zu einem höheren Realeinkommen der einzelnen Arbeitskraft führt.

Sowohl Faktorwachstum als auch technischer Fortschritt im Ausland kann also durchaus als begrüßenswert angesehen werden, auch wenn dies zur Folge hat, dass einige Güter nicht mehr im Inland hergestellt werden. Hintergrund dieses Effekts ist, dass es sich hier um *Export-biased Growth* im Ausland handelt: Es werden vom Ausland zusätzliche Güter exportiert und damit kommt ein Teil der Vorteile des

Faktorwachstums bzw. des Produktivitätszuwachses dem Inland über die günstigeren Preise dieser neuen Importgüter zugute.

🔵 Was haben wir gelernt?

- Wenn ein Land beide Güter herstellt, führt Wachstum eines Faktors (verzerrtes Wachstum) im HOS-Kontext zu einer Ausweitung der Produktion desjenigen Gutes, das diesen Faktor intensiv einsetzt und zu einer Reduktion bei der Herstellung des anderen Gutes.
- Bei Wachstum in einem kleinen Land bleiben dabei das Güterpreisverhältnis unverändert und aufgrund des Faktorpreisausgleichstheorems auch die Faktorpreise. Verzerrtes Wachstum in einem großen Land führt hingegen zu einer Änderung der *Terms of Trade*, die für das Land mit Wachstum vorteilhaft ist, wenn der Importsektor wächst, und nachteilig, wenn der Exportsektor wächst.
- Wenn Faktoren kurzfristig immobil sind, verringert sich die reale Entlohnung des wachsenden Faktors und diejenige des anderen steigt. Im Gegensatz zum kleinen Land ergibt sich beim großen Land ein entsprechender Effekt durch die Änderung der *Terms-of-Trade* auch langfristig.
- Faktorwanderungen und Außenhandel sind Substitute, wobei in der Realität durch Handels- und Wanderungskosten das Ideal des Faktorpreisausgleichs durch keine der beiden Aktivitäten realisiert werden kann. Faktorwanderungen wirken sich im Zuwanderungsland wie Faktorwachstum und im Auswanderungsland wie ein Rückgang der entsprechenden Faktorausstattung aus. Dabei gewinnt der tatsächlich wandernde Faktor durch die höhere Entlohnung im Zielland. Aufgrund der unveränderten Weltfaktorausstattung kommt es auch in großen Ländern nicht zu Preiseffekten.
- Kommt es in einem kleinen Land zu technischem Fortschritt in einem Sektor, so führt dies zu einer höheren realen Entlohnung des dort intensiv eingesetzten Faktors und zu einer geringeren des anderen Faktors.
- Im Neo-Ricardo-Modell mit unendlich vielen Gütern führt Wachstum im Ausland zu einer Reduktion des im Inland hergestellten Güterspektrums. Dies ist jedoch für das Inland vorteilhaft, da es die nicht mehr hergestellten Güter nun kostengünstiger im Ausland erwerben kann.

9.5 Kontrollfragen und Übungsaufgaben

1. Grenzen Sie die Begriffe „Export-biased-Growth" und „Import-biased-Growth" voneinander ab und erläutern Sie deren Effekte auf die *Terms of Trade*!
2. Warum kann es aus ökonomischer Sicht zu Faktorwanderungen kommen? Begründen Sie, ob im HOS-Modell Faktorwanderung hemmend oder fördernd für die Handelstätigkeit eines Landes ist! Argumentieren Sie, ob Sie dieser Aussage in der Realität zustimmen würden!
3. Warum sind die prinzipiellen Auswirkungen auf die Produktions- und Handelstätigkeit von technologischem Fortschritt und Faktorwachstum identisch? Gilt dies auch für die Auswirkungen auf die Einkommensverteilung?
4. Welche Auswirkungen kann Faktorwachstum kurz- und langfristig auf die nominale und reale Einkommensverteilung haben?

5. Australien und Neuseeland verfügen über identische Technologien mit konstanten Skalenerträgen zur Produktion von Bier und Schafen. Bier wird mit den Faktoren Arbeit und Kapital hergestellt, Schafzucht benötigt Arbeit und Boden. Beide Länder verfügen über identische Mengen an Arbeit und Kapital, Australien besitzt jedoch mehr Boden.

   a) Welche Auswirkung auf den Lohnsatz würde sich durch die Einwanderung zusätzlicher Arbeitskräfte nach Australien ergeben? Welche Aussage ließe sich in diesem Fall über den Effekt auf die Entlohnung von Boden und Kapital treffen, sofern ein konstantes Preisverhältnis der beiden Produkte unterstellt wird?

   b) Welche Effekte auf die Faktorentlohnungen hätte ein Anstieg der Kapitalausstattung in Australien, sofern sich die Güterpreise nicht ändern?

6. Zeigen Sie im Lerner-Diagramm, welche Auswirkung eine höhere Produktivität des Faktors Arbeit in beiden Sektoren auf die nominalen Faktorentlohnungen hat!

7. Betrachten Sie das Neo-Ricardo-Modell aus ► Abschn. 5.3. Erläutern Sie, welche Auswirkungen die folgenden exogenen Änderungen auf die relative Lohnstruktur, das Spezialisierungsmuster und die inländische Wohlfahrt haben:

   a) Ein Anstieg in der inländischen Arbeitskräfteausstattung.

   b) Die Einführung eines Importzolls in Form eines für alle Güter identischen Wertzolls. [Hinweis: Die Wirkungsweise eines solchen Zolls ist in ► Kap. 14 beschrieben. Analytisch entfaltet er hier die gleiche Wirkung wie Transportkosten (► Abschn. 5.3).]

   c) Ein Zuwachs der inländischen Arbeitskräfte und die Einführung eines Wertzolls.

8. Betrachten Sie das Neo-Ricardo-Modell aus ► Abschn. 5.3. Gehen Sie davon aus, dass das Inland bei allen Gütern einen Arbeitskoeffizienten von 1 besitzt. Die Arbeitskoeffizienten des Auslandes sind gleichverteilt im Intervall $[1,5; 2]$.

   a) Stellen Sie die Situation in einem geeigneten Diagramm dar! Welche Aussage lässt sich über den relativen Lohn treffen?

   b) Welche Auswirkungen auf die relative Lohnstruktur, das Spezialisierungsmuster und die inländische Wohlfahrt hat ein technologischer Fortschritt im Ausland, der dazu führt, dass das Ausland seinen Arbeitskoeffizienten bei allen Gütern auf 1,5 senken kann?

Literatur

Im Text zitierte Quellen

Bhagwati J. (1958), Immiserizing Growth: A Geometrical Note. Review of Economic Studies 25, 201-205.

Krugman P. R. (1987), The Narrow Moving Band, the Dutch Disease, and the Competitive Consequences of Mrs. Thatcher. Notes on Trade in the Presence of Dynamic Scale Economies. Journal of Development Economics, Vol. 27, 41–55. [*Erweiterung des Neo-Ricardo-Modells um dynamische Skalenerträge mit Anwendungen unter anderem auf das Dutch-Disease-Problem und das Erziehungszollargument.*]

Williamson, J. G. (1996), Globalization, Convergence, and History. The Journal of Economic History, Vol. 56, 277–306.

Ergänzende und weiterführende Literatur

Krugman P. R., Obstfeld M. und M. J. Melitz (2019), Internationale Wirtschaft. Theorie und Politik der Außenwirtschaft, 11. Aufl., Halbergmoos: Pearson Deutschland, Kap. 6. [*Ableitung der relativen Angebotskurve im HOS-Kontext und Anwendung der RA/RN-Analyse auf Wachstum im In- und Ausland mit einer Fallstudie zur Auswirkung des Wachstums der Schwellenländer auf die Industrieländer.*]

Morasch K. und F. Bartholomae (2011), Dynamik komparativer Vorteile im Neo-Ricardo-Modell, WiSu – Das Wirtschaftsstudium, Jg. 40, Heft 8–9, 1147–1153. [*Deutschsprachige didaktische Darstellung des Neo-Ricardo-Modells und seiner Erweiterung um dynamische Skalenerträge in Anlehnung an den Beitrag von Krugman (1987)*]

Teil III Marktanalyse: Unternehmen und Wettbewerb

Außenhandel und unvollkommener Wettbewerb

Inhaltsverzeichnis

© Der/die Autor(en), exklusiv lizenziert an Springer Fachmedien Wiesbaden GmbH, ein Teil von
Springer Nature 2024
K. Morasch und F. Bartholomae, *Handel und Wettbewerb auf globalen Märkten*,
https://doi.org/10.1007/978-3-658-41866-3_10

10

Themenüberblick

- Grundzüge der Monopolanalyse: Preisbildung und Wohlfahrt, Nachfrageelastizität und Marktmacht, natürliches Monopol, Preisdiskriminierung in segmentierten Märkten
- Grundzüge des Oligopolwettbewerbs: Reaktionskurven und Cournot-Nash-Gleichgewicht, Mengenoligopol mit asymmetrischen Kosten
- Aufnahme von Außenhandel bei inländischem Monopol
- „Dumping" als monopolistische Preisdiskriminierung
- Beidseitiger Handel im homogenen Duopol: mehr Wettbewerb vs. Verschwendung durch Transportkosten

In der bisherigen Analyse wurde in den Modellen vollkommener Wettbewerb angenommen und die Unternehmen damit als Preisnehmer bzw. Mengenanpasser betrachtet. Dabei spielt das Verhalten der einzelnen Firma praktisch keine Rolle. Die gesamte Angebotsseite konnte darum in der Angebotskurve bzw. der Produktionsmöglichkeitenkurve zusammengefasst werden. In der Realität sind die meisten Märkte jedoch durch **unvollkommenen Wettbewerb** gekennzeichnet, bei dem die Unternehmen die Preise beeinflussen können. Dies kann daran liegen, dass in einem Markt nur wenige Anbieter vorhanden sind (Oligopol) oder differenzierte Produkte hergestellt werden (monopolistische Konkurrenz). Der Extremfall unvollkommenen Wettbewerbs ist das Monopol, in dem auf einem Markt nur ein einziges Unternehmen aktiv ist. Monopole können sich sowohl durch die Kostenstruktur („natürliches Monopol"), als auch durch Markteintrittsbarrieren (z. B. Patente, staatliche Konzessionierung etc.) ergeben. Gemeinsam ist allen Formen des unvollkommenen Wettbewerbs, dass die Unternehmen über Marktmacht verfügen und daher ihre Produkte zu einem Preis absetzen können, der die Grenzkosten überschreitet.

Wir werden in diesem Kapitel wie bislang von homogenen Produkten ausgehen (Handel bei Produktdifferenzierung wird in ▶ Kap. 11 und 12 behandelt) und zunächst die grundlegenden Implikationen für den Wettbewerb thematisieren, die sich aus einer Monopol- oder Oligopolsituation ergeben. Anschließend werden wir auf dieser Grundlage die zusätzlichen Handelsanreize und Handelswirkungen bei unvollkommenem Wettbewerb aus der Perspektive der Unternehmen und der Länder thematisieren. Aus Sicht des einzelnen Unternehmens kann es profitabel sein, den ausländischen Markt auch dann zu beliefern, wenn in diesem Markt nur ein geringerer Deckungsbeitrag je abgesetzter Einheit als im Inland erzielt werden kann. Für die Länder als Ganzes kann Außenhandel bei unvollkommenem Wettbewerb attraktiv sein, weil sich durch die zusätzliche Konkurrenz die Marktmacht der inländischen Unternehmen verringert und somit eine Annäherung an die sozial optimale Lösung erfolgt.

10.1 Monopol und Preisdiskriminierung

Für die weiteren Überlegungen ist ein grundlegendes Verständnis der Monopolpreissetzung notwendig.

Während ein Unternehmen bei vollkommenem Wettbewerb den Markpreis als unbeeinflussbar hinnimmt und seine Menge gewinnmaximal an diesen anpasst, kann der Monopolist sehr wohl den Preis beeinflussen. Er sieht sich einer aus der Marktnachfrage resultierenden fallenden Preis-Absatz-Funktion gegenüber und wählt dann in Abhängigkeit seiner Kosten die für ihn gewinnmaximierende Preis-Mengen-Kombination.

Für das Ergebnis ist es dabei unerheblich, ob das Gewinnmaximierungsproblem als Wahl des Monopolpreises oder der Monopolmenge formuliert wird. Da wir jedoch bislang von einem Mengenanpasserverhalten ausgegangen sind und die Kosten in Abhängigkeit der Produktionsmenge formuliert haben, werden wir auch das Problem das Monopolisten über die Bestimmung der gewinnmaximalen Menge lösen (aus dieser Menge ergibt sich dann der Monopolpreis eindeutig über die Preis-Absatz-Funktion). Bei der Erweiterung der Analyse auf den Oligopolwettbewerb werden wir in diesem Kapitel ebenfalls von Mengenstrategien ausgehen. Wie die Analyse im Rahmen der sogenannten strategischen Handelspolitik zeigen wird (siehe ▶ Kap. 16), ist es im Oligopol jedoch nicht mehr egal, ob Mengen oder Preise als Entscheidungsvariablen herangezogen werden.

10.1.1 Monopolpreisbildung und Wohlfahrt

Wir betrachten nun das Entscheidungsproblem eines Monopolisten, der sich einer Preis-Absatz-Funktion $p(x)$ gegenübersieht und das Gut x zu Kosten $C(x)$ herstellt. In 10.1.2 wird aufgezeigt, wie bei dieser allgemeinen Formulierung der Monopolpreis in Abhängigkeit von Grenzkosten und Nachfrageelastizität bestimmt werden kann. Für die graphische Darstellung in diesem Abschnitt werden wir aber nun konkret die lineare Preis-Absatz-Funktion $p(x) = 9 - x$ sowie die Kostenfunktion $C(x) = 0{,}5 \cdot x^2 + f$ mit quadratischen variablen Kosten, $0{,}5 \cdot x^2$, und Fixkosten f unterstellen.[1] Wir können damit die gewinnmaximale Preis-Mengen-Kombination explizit bestimmen.

Der zentrale Unterschied zur Situation bei vollkommenem Wettbewerb besteht darin, dass der Marktpreis nun von der gewählten Absatzmenge des Unternehmens abhängig ist. Der Erlös für eine zusätzliche Einheit – der **Grenzerlös** – ist nun nicht mehr durch den Marktpreis, also GE $= p^{vK}$, exogen gegeben,[2] sondern eine Funktion der Absatzmenge, GE(x). Die grundsätzliche Überlegung des Monopolisten kann man sich anhand der linearen Preis-Absatz-Funktion $p(x) = 9 - x$ gut veranschaulichen: Angenommen, der Monopolist produziert zunächst die Menge $x = 3$ und kann diese zu einem Preis von $p = 6$ Euro absetzen. Will er nun die Produktion auf $x = 4$ ausweiten, so muss er den Preis auf $p = 5$ Euro senken. Wie hoch ist also der zusätzliche Erlös der Absatzausweitung? Für die zusätzliche Mengeneinheit erzielt der Monopolist Einnahmen in Höhe von 5 Euro. Dem steht jedoch ein Rückgang der Einnahmen bei den ersten drei Mengeneinheiten um je 1 Euro, also insgesamt 3 Euro, gegenüber. Der Grenzerlös der zusätzlichen Einheit beträgt also nicht 5 Euro, sondern nur 5 Euro − 3 Euro = 2 Euro. Gehen wir von dieser diskreten Darstellung auf eine stetige Formulierung über, so ist der Grenzerlös

---

1 Da die Fixkosten lediglich die Höhe des Gewinns bestimmen, wir aber nur an dem davon unabhängigen Maximierungskalkül interessiert sind, müssen diese Kosten nicht konkret spezifiziert werden.

2 Der Index vK bezeichnet dabei „vollkommene Konkurrenz".

10

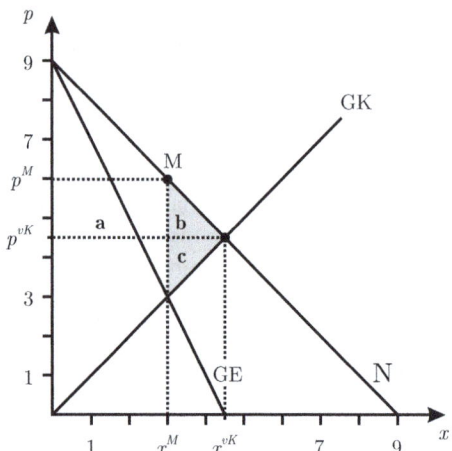

◨ Abb. 10.1   Monopol: Preisbildung und Effizienzanalyse

durch $GE(x) = dE(x)/d(x)$ gegeben, wobei $E(x) = p(x) \cdot x$ den Erlös kennzeich-net.[3] Im konkreten Fall ist der Erlös $E(x) = (9 - x) \cdot x$ und damit der Grenzerlös $GE(x) = 9 - 2 \cdot x$. Graphisch ist die Grenzerlösfunktion im linearen Fall also eine Gerade mit dem gleichen Preisachsenabschnitt wie die zugehörige lineare Preis-Ab-satz-Funktion N, aber mit der doppelten (negativen) Steigung, wie wir auch in ◨ Abb. 10.1 erkennen können.[4]

Zur Bestimmung der gewinnmaximalen Menge benötigen wir zusätzlich zur In-formation über den Grenzerlös noch die Grenzkosten: Der Monopolist sollte die Produktion so lange ausweiten, bis der Grenzerlös gerade so hoch ist wie seine Grenzkosten. Bei einer geringeren Menge würden sich die Gewinne bei einer Produk-tionsausweitung erhöhen, während bei einer höheren Menge die zusätzlichen Kosten den zusätzlichen Erlös übersteigen würden. Die entsprechende Bedingung lässt sich auch formal aus dem Gewinnmaximierungsproblem des Monopolisten ableiten:

$$\max_{x} \pi(x) = \max_{x} \left[p(x) \cdot x - C(x) \right]$$

Durch Nullsetzen der ersten Ableitung ergibt sich $d\pi(x)/dx = GE(x) - GK(x) \stackrel{!}{=} 0$ als die Bedingung erster Ordnung.[5] Da es sich dabei natürlich um ein Gewinnma-ximum und nicht ein Gewinnminimum handeln soll, muss zusätzlich auch gelten, dass die zweite Ableitung negativ ist (Bedingung zweiter Ordnung), d. h. die Grenz-kostenkurve für $x < x^M$ unterhalb der Grenzerlöskurve verläuft.

---

3   Dieser Zusammenhang impliziert, dass der Grenzerlös mathematisch nichts anderes als die Steigung (= erste Ableitung) der Erlösfunktion darstellt. Die Steigung einer Funktion gibt dabei immer an, wie sich der Funktionswert in Abhängigkeit von der Veränderung der unabhängigen Variablen än-dert, hier also, wie sich der Erlös in Abhängigkeit von der Menge ändert.

4   Diese Aussage ist für alle linearen Preis-Absatz-Funktionen gültig: Für die allgemeine Preis-Ab-satz-Funktion $p(x) = a - b \cdot x$ ergibt sich als Erlös $E(x) = (a - b \cdot x) \cdot x$ und als Grenzerlös $GE(x) = a - 2 \cdot b \cdot x$.

5   Das Ausrufezeichen über dem Gleichheitszeichen gibt dabei an, dass der linke Ausdruck (Ableitung) dem rechten Ausdruck (0) entsprechen muss, um die Bedingung zu erfüllen.

Betrachten wir nun wieder unser konkretes Beispiel mit Preis-Absatz-Funktion $p(x) = 9 - x$ und Kostenfunktion $C(x) = 0,5 \cdot x^2 + f$. Wie in ◘ Abb. 10.1 eingezeichnet, ist der Grenzerlös dann durch $GE(x) = 9 - 2 \cdot x$ und die Grenzkosten durch $GK(x) = x$ gegeben. Aus der Gewinnmaximierungsbedingung, $GE(x) = GK(x)$, ergibt sich als Monopolmenge $x^M = 3$ und als Monopolpreis $p^M = 6$ Euro. In der Abbildung ist die optimale Menge durch den Schnittpunkt zwischen GE und GK bestimmt und der zugehörige Monopolpreis ergibt sich dann für diese Menge über die Nachfragekurve N.

Wie ist die so bestimmte Monopollösung nun aus Wohlfahrtssicht zu bewerten? Die Produzentenrente kann graphisch entweder als Fläche zwischen Grenzerlöskurve und Grenzkostenkurve oder als Fläche zwischen der Preislinie und der Grenzkostenkurve dargestellt werden. Letzteres berechnet sich unter Verwendung der Trapezformel als $\mathrm{PR}^M = 0,5 \cdot ([p^M - GK(x^M)] + p^M) \cdot x^M) = 13,5$ Euro. Solange die Fixkosten f kleiner sind als PR^M, ist der Markt für den Monopolisten profitabel – die Differenz aus Produzentenrente und Fixkosten sind nichts anderes als der Gewinn des Monopolisten. Die wettbewerbliche Lösung, bei der der soziale Überschuss maximiert wird, ergäbe sich im Schnittpunkt zwischen Preis-Absatz-Funktion und Grenzkostenkurve bei einer Menge $x^{vK} = 4,5$ und einem Preis $p^{vK} = 4,5$ Euro. Der Monopolist bietet also eine geringere Menge zu einem höheren Preis an. Dieses Ergebnis ist volkswirtschaftlich ineffizient: Während die Fläche **a** zwischen den Preislinien p^M und p^{vK} bis zur Monopolmenge x^M lediglich eine Umverteilung von den Konsumenten zum Monopolisten darstellt, gibt das graue Dreieck (**b + c**) zwischen der Preis-Absatz-Funktion und der Grenzkostenfunktion den Nettowohlfahrtsverlust an. Die Preis-Absatz-Funktion ist nichts anderes als der in Geld ausgedrückte Grenznutzen des zusätzlichen Konsums. Dieser Grenznutzen übersteigt die Grenzkosten zwischen x^M und x^{vK}, weshalb die Ausweitung der Produktion die Wohlfahrt im Beispiel gemäß Dreiecksformel um $\Delta W = 0,5 \cdot [p^M - GK(x^M)] \cdot (x^{vK} - x^M) = 2,25$ Euro erhöhen würde.

10.1.2 Nachfrageelastizität und Marktmacht

Im letzten Abschnitt haben wir uns die Monopollösung anhand eines einfachen Beispiels mit linearer Preis-Absatz-Funktion veranschaulicht. Wollen wir von diesem linearen Modell zu einer allgemeineren Formulierung übergehen, bietet es sich an, die Gewinnmaximierungsbedingung nicht mehr als GE = GK, sondern auf der Grundlage von Nachfrageelastizität, Preis und Grenzkosten zu formulieren. Unter der **Nachfrageelastizität** (bzw. Preiselastizität der Nachfrage) wird die relative Änderung der Absatzmenge bei einer marginalen Änderung des Preises verstanden:

$$\varepsilon = \frac{dx(p)}{dp} \cdot \frac{p}{x} = \frac{dx/dp}{x/p} \tag{10.1}$$

Beachten Sie, dass bei einer fallenden Nachfragekurve die Mengenänderung bei einer marginalen Preiserhöhung, $dx(p)/dp$, , immer negativ ist, d. h. die nachgefragte Menge geht mit steigendem Preis zurück. Da bei negativen Werten verbale Erläuterungen potenziell mehrdeutig sein können – bedeutet eine hohe Nachfrageelastizität eine starke Reaktion oder einen relativ kleinen negativen Wert? – werden wir uns

10

in der weiteren Diskussion üblicherweise auf den Betrag der Nachfrageelastizität $|\varepsilon|$ beziehen.

Verlassen wir zur besseren Veranschaulichung die unmittelbare Marginalbetrachtung, so kann uns die Elastizität die Frage beantworten, um wie viel Prozent sich die nachgefragte Menge verringert, wenn der Preis um 1 % erhöht wird. Übersteigt der Betrag der Nachfrageelastizität $|\varepsilon|$ den Wert 1, so spricht man von einer „elastischen" Nachfrage – hier ändert sich die nachgefragte Menge stärker als die ursächliche Preisänderung. Bei einem Wert kleiner 1 wird entsprechend von einer „unelastischen" Nachfrage gesprochen – die Mengenänderung ist schwächer als die zugrundeliegende Preisänderung. Bei einer linearen Preis-Absatz-Funktion variiert die Elastizität in Abhängigkeit von der Preis-Mengen-Kombination: Im oberen Bereich der Nachfragekurve ist diese preiselastisch und strebt in der Nähe des Prohibitivpreises (jenem Preis, bei dem das Gut gerade nicht mehr nachgefragt wird) vom Betrag der Nachfrageelastizität her gegen unendlich; im unteren Bereich ist sie demgegenüber unelastisch und weist bei einem Preis von 0 und der daraus resultierenden Sättigungsmenge $x^{\max}$ (Schnittpunkt mit der Mengenachse) eine Elastizität von 0 auf. Ein Wert von 1 wird für $x^{\max}/2$ erreicht – dies ist genau die Menge, bei der der Grenzerlös gerade 0 ist.

Wir können uns dies konkret auch anhand der Preis-Absatz-Funktion $p(x) = 9 - x$ verdeutlichen. Die Preiselastizität kann in diskreter Form bestimmt werden, indem die prozentuelle Mengenänderung ins Verhältnis zur prozentuellen Preisänderung gesetzt wird.[6] Sinkt der Preis von 8 auf 7, d. h. um $(7-8)/8 = -12,5\%$, wird die Menge von 1 auf 2 steigen, d. h. um $(2-1)/1 = -100\%$. Wir können leicht erkennen, dass hier die relative Mengenänderung stärker als die relative Preisänderung ausfällt. Dies zeigt sich auch in der Elastizität, die konkret $|100\%/-12,5\%| = 8$ beträgt und diesen Punkt im oberen Bereich der Nachfrage als elastisch ausweist. Sinkt der Preis jedoch von 2 auf 1, d. h. um $(1-2)/2 = -50\%$, so erhöht sich die Menge von 7 auf 8, d. h. um $(8-7)/7 = 14\%$ – der Mengeneffekt ist somit im Vergleich zu Preiseffekt unterproportional. Die Elastizität liegt bei $|14\%/-50\%| = 2/7$ und weist diesen Punkt im unteren Bereich der Nachfrage als unelastisch aus. Um auf der Nachfragekurve den Punkt mit der Einheitselastizität zu bestimmen, benötigen wir aber wieder die Marginalbetrachtung, die im konkreten Fall die Elastizität mit $\varepsilon = \left| \frac{d(9-p)}{dp} \cdot \frac{p}{x} \right| = \left| -\frac{p}{x} \right|$ ausweist. Die halbe Sättigungsmenge ist in unserem Beispiel $9/2 = 4,5$. Da sich dort auch der Preis auf 4,5 beläuft, beträgt die Elastizität in diesem Punkt genau 1.

Der Monopolist wird grundsätzlich nur im elastischen Bereich der Nachfragekurve anbieten – im linearen Fall also eine Menge zwischen 0 und $x^{\max}/2$ wählt. Dies haben wir auch in unserem Beispiel in Abschn. 10.1.1 beobachtet: Die Monopolmenge von $x^M = 3$ liegt zwischen 0 und $x^{\max}/2 = 4,5$. Die grundlegende Aussage gilt aber unabhängig von der Annahme einer linearen Preis-Absatz-Funktion:

---

6   Bei der diskreten Form ist zu beachten, dass es für das gleiche Preisintervall aufgrund der unterschiedlichen Basiswerte bei Preisanstiegen und -rückgängen zu unterschiedlichen Werten kommt. Dies ist bei unserer Analyse insbesondere insofern problematisch, als der Übergang vom elastischen in den unelastischen Bereich dadurch nicht eindeutig bestimmt werden kann. Die diskrete Form eignet sich somit zwar gut zur Veranschaulichung der Idee, ist aber für eine exakte Analyse ungeeignet. Im Weiteren werden wir darum immer auf die stetige Form zurückgreifen.

Ist die Nachfrageelastizität vom Betrag her kleiner als 1, so würde eine Ausweitung der Produktion zu einer Verringerung des Erlöses führen. Wir halten somit fest: Bei einer unelastischen Nachfrage reagiert die Menge nur unterproportional auf die Preisänderung, somit kann die Mengenausweitung den Preisrückgang nicht kompensieren. Im elastischen Bereich führt eine Preiserhöhung demgegenüber zu einer überproportionalen Mengenausweitung und damit können die zusätzlich verkauften Einheiten den Erlösrückgang überkompensieren.

Warum ist es interessant, die Monopolpreisbildung auf Grundlage der Nachfrageelastizität zu analysieren? Erstens können wir Aussagen zur Preisbildung in diesem Fall auch für allgemeinere Nachfragespezifikationen als unser lineares Beispiel treffen. Zweitens – und das ist für die praktische Anwendung noch wichtiger – sind Informationen über die Nachfrageelastizität für Entscheidungsträger im Unternehmen eher verfügbar als solche über die gesamte Nachfragefunktion und die daraus ableitbare Grenzerlösfunktion. Der Grund dafür ist, dass man die Nachfrageelastizität lokal, d. h. in einem beschränkten Wertebereich von Preis-Mengen-Kombinationen, empirisch relativ gut schätzen kann. Entsprechende Informationen können sowohl aus historischen Daten abgeleitet als auch durch Experimente mit verschiedenen Preis-Mengen-Kombinationen ermittelt werden.

Wie lässt sich nun das Entscheidungsproblem des Monopolisten auf Grundlage der Nachfrageelastizität formulieren? Der Grenzerlös ist ausgehend von der allgemeinen Formulierung der Erlösfunktion, $E(x) = p(x) \cdot x$, nach Anwendung der Produktregel durch $GE = p(x) + [dp(x)/dx] \cdot x$ gegeben. Multiplizieren wir $[dp(x)/dx] \cdot x$ mit p/p und klammern anschließend p aus, so können wir den Grenzerlös auch in der Form $p \cdot (1 + [dp(x)/dx] \cdot x/p)$ schreiben. Der zweite Term in der Klammer ist aber gerade $1/\varepsilon$, wie wir an (10.1) erkennen können. Somit können wir den Grenzerlös durch den Preis p und die Nachfrageelastizität ε ausdrücken: $GE = p \cdot (1 + 1/\varepsilon)$. Für die weitere Darstellung bietet es sich aufgrund der leichteren Interpretierbarkeit an, vom Betrag der Nachfrageelastizität auszugehen. Die Gewinnmaximierungsbedingung lautet dann

$$GK \overset{!}{=} p \cdot \left(1 - \frac{1}{|\varepsilon|}\right). \tag{10.2}$$

Von der ökonomischen Intuition her interessanter sind aber zwei alternative Schreibweisen dieser Beziehung. Zum einen kann die Gleichung nach p aufgelöst werden und damit der gewinnmaximale Preis in Abhängigkeit der Nachfrageelastizität und der Grenzkosten bestimmt werden:

$$p \overset{!}{=} \frac{|\varepsilon|}{|\varepsilon| - 1} \cdot GK. \tag{10.3}$$

Der Preis ist also umso höher, je höher die Grenzkosten sind und je unelastischer die Nachfrage ist, d. h. je näher der Betrag der Nachfrageelastizität am Grenzwert 1 liegt. Dies erscheint auch intuitiv plausibel: Wenn die Nachfrage bei einer Preiserhöhung nur relativ wenig zurückgeht, ist es für den Monopolisten eher vorteilhaft, den Preis zu erhöhen. An dieser Idee setzt die zweite alternative Schreibweise an, die ein Maß für die Marktmacht des Monopolisten in Abhängigkeit von der Nachfrageelastizität liefert:

10

$$\frac{p - \text{GK}}{p} \overset{!}{=} \frac{1}{|\varepsilon|} \tag{10.4}$$

Auf der linken Seite steht der sogenannte **Lerner-Index**[7], der den relativen Aufschlag auf die Grenzkosten angibt. Ein höherer Wert steht für eine stärkere Abweichung von der sozial optimalen Grenzkostenpreissetzung. Auf der rechten Seite steht der inverse Betrag der Nachfrageelastizität. Bei unendlich elastischer individueller Nachfrage, $|\varepsilon| \to \infty$, wie sie bei vollkommenem Wettbewerb unterstellt wird, nimmt dieser Ausdruck den Wert 0 an und folglich gilt $p = \text{GK}$, d. h. der Monopolist hat keine Marktmacht; der andere Grenzwert des Lerner-Index bei 1 ergibt sich für $|\varepsilon| \to 1$.

10.1.3 Steigende Skalenerträge und natürliches Monopol

Wir haben nun gesehen, wie ein Monopolist seinen Gewinn maximiert und welche Folgen ein Monopol für die Wohlfahrt hat. Vor dem Hintergrund der negativen Aussagen zur Wohlfahrtswirkung stellt sich die Frage, unter welchen Umständen es zu Monopolen kommen kann, und ob die Politik nicht das Entstehen von Monopolen grundsätzlich verhindern sollte.

Ein wesentlicher Grund für die Bildung von Monopolen und anderen Marktstrukturen mit unvollkommenem Wettbewerb sind steigende Skalenerträge. Eine Kostenfunktion mit **steigenden Skalenerträgen** liegt dann vor, wenn für die Produktion der n-fachen Absatzmenge weniger als die n-fachen Kosten entstehen (für $n > 1$). Wenn steigende Skalenerträge für eine beliebige Absatzmenge oder zumindest bis zur Grenze der Marktnachfrage gegeben sind, liegt ein „natürliches Monopol" vor. Von einem solchen **natürlichen Monopol** spricht man allgemein dann, wenn eine Ausbringungsmenge von einem Unternehmen kostengünstiger als von zwei oder mehr Unternehmen hergestellt werden kann (Subadditivität der Kostenfunktion). Diese Bedingung ist, wie in ◨ Abb. 10.2 zu sehen, unabhängig von der Nachfrage erfüllt, wenn bei der Produktion Fixkosten in Höhe von $f > 0$ anfallen und die Grenzkosten konstant (oder fallend) in der Absatzmenge sind.

Steigen die Grenzkosten an, wie dies etwa bei der Kostenfunktion in Abschn. 10.1.1 der Fall wäre, so hängt es von der Marktgröße und dem Umfang der Fixkosten ab, ob ein natürliches Monopol vorliegt oder im Markt Platz für mehr als ein Unternehmen ist. Die Durchschnittskostenkurve (DK) verläuft in diesem Fall U-förmig, wobei sie in ihrem Minimum von der Grenzkostenkurve geschnitten wird. Das Vorliegen eines natürlichen Monopols ist dann garantiert, wenn die Nachfragekurve die Durchschnittskostenkurve noch im fallenden Bereich schneidet. Aufgrund von Unteilbarkeiten (es können in einem Markt nicht eineinhalb Unternehmen aktiv sein), kann möglicherweise auch dann noch ein natürliches Monopol vorliegen, wenn der Schnittpunkt mit der Nachfragekurve bereits im steigenden Bereich der Durchschnittskostenkurve liegt.

---

7   Der Lerner-Index geht ebenso wie das Lerner-Diagramm auf den US-amerikanischen Ökonomen Abba P. Lerner zurück, ein inhaltlicher Zusammenhang besteht zwischen diesen beiden Konzepten aber nicht!

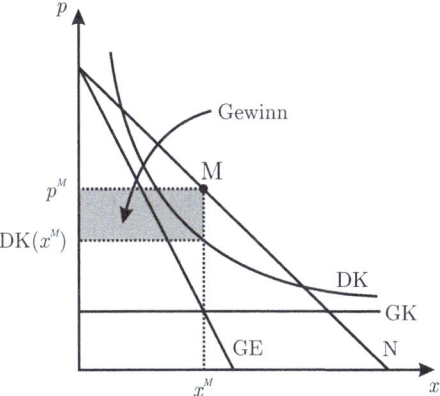

Abb. 10.2 Natürliches Monopol

Die Abhängigkeit der aus Kostensicht optimalen Marktstruktur von der Nachfragehöhe verweist auf zwei wichtige Funktionen des Außenhandels in Märkten mit unvollkommenem Wettbewerb: Zum einen können durch Handel Skalenerträge realisiert und Güter somit kostengünstiger bereitgestellt werden, zum anderen führt Außenhandel zu einer potenziell wettbewerblicheren Marktstruktur und kann damit die Ineffizienzen reduzieren, die bei unvollkommenem Wettbewerb auftreten. Diese beiden Aspekte werden uns bei der handelstheoretischen und handelspolitischen Analyse von Märkten mit unvollkommenem Wettbewerb immer wieder begegnen.

10.1.4 Monopolistische Preisdiskriminierung

Bisher sind wir davon ausgegangen, dass der Monopolist einen einheitlichen Preis für alle Konsumenten verlangen muss. Wenn ein Unternehmen sich aber Konsumenten mit unterschiedlicher Zahlungsbereitschaft gegenübersieht, wäre es vorteilhaft, in Abhängigkeit dieser Zahlungsbereitschaften unterschiedliche Preise zu verlangen. Dies ist jedoch normalerweise selbst bei Kenntnis dieser Zahlungsbereitschaften nicht möglich, da ein Konsument mit geringer Zahlungsbereitschaft das billig erworbene Gut zu einem höheren Preis an einen Konsumenten mit höherer Zahlungsbereitschaft weiterverkaufen könnte. Diese sogenannte **Arbitrage** ist aber im internationalen Handel durch Transportkosten sowie durch andere Handelskosten eingeschränkt, d. h. der ausländische Markt und der inländische Markt sind **segmentiert**.

Wie kann nun eine optimale Preisstrategie für solche segmentierten Märkte bestimmt werden? Werden auf verschiedenen Teilmärkten unterschiedliche Preise erhoben, so spricht man von **Preisdiskriminierung dritten Grades**. Insgesamt können wir drei verschiedene Formen der Preisdiskriminierung[8] unterscheiden:

---

8 Anstelle von Preisdiskriminierung wird auch oft der Begriff Preisdifferenzierung verwendet. Beide Begriffe bezeichnen exakt die gleichen Phänomene. Wir verwenden den Begriff Preisdiskriminierung insbesondere deswegen, weil er weniger leicht mit dem in der weiteren Analyse häufig verwendeten Begriff der Produktdifferenzierung verwechselt werden kann.

— Bei Preisdiskriminierung ersten Grades (perfekte Preisdiskriminierung) setzt der Monopolist in Abhängigkeit von der Zahlungsbereitschaft der einzelnen Konsumenten individualisierte Preise.

— Bei Preisdiskriminierung zweiten Grades setzt der Monopolist mengen- oder qualitätsabhängige Preise.

— Bei Preisdiskriminierung dritten Grades kann der Monopolist Konsumentengruppen mit unterschiedlicher Nachfrage anhand beobachtbarer Merkmale (z. B. Studentenausweis oder Zugehörigkeit zu einem regional abgrenzbaren Markt) unterscheiden und entsprechende Preise setzen.

Wir können uns die grundsätzlichen Überlegungen bei Preisdiskriminierung dritten Grades an einem Beispiel mit zwei Konsumentengruppen und steigender Grenzkostenfunktion veranschaulichen. Von zentraler Bedeutung ist, dass im Optimum der Grenzerlös für beide Gruppen identisch sein müssen: Wäre der Grenzerlös, den der Monopolist aus den Verkäufen an eine Gruppe erzielt, höher als bei den Verkäufen an die andere Gruppe, so könnte er seinen Erlös steigern, indem er den Absatz an die zweite Gruppe um eine Einheit verringert und dafür eine zusätzliche Einheit an die erste Gruppe verkauft. Im Optimum muss also der Gesamtabsatz $x = x_1 + x_2$ so auf die beiden Gruppen aufgeteilt werden, dass $GE_1(x_1) = GE_2(x_2)$ gilt. Zusätzlich muss natürlich weiterhin gelten, dass im Optimum der Grenzerlös gerade den Grenzkosten entspricht, d. h. $GE_1(x_1) = GE_2(x_2) = GK(x_1 + x_2)$.

Analytisch können wir dieses Ergebnis unmittelbar aus den Bedingungen erster Ordnung für die Gewinnmaximierung ableiten. Graphisch muss man, wie ◻ Abb. 10.3 veranschaulicht, bei nicht-konstanten Grenzkosten in zwei Schritten vorgehen: Zunächst müssen die Grenzerlöskurven der beiden Gruppen zu einer gemeinsamen Grenzerlöskurve GE^T aggregiert werden. Wie bei der Bestimmung der Marktnachfragekurve aus den individuellen Nachfragekurven erfolgt dies durch horizontale Aggregation – bei jedem gegebenen Preis werden die zugehörigen Mengen addiert. Der Schnittpunkt der gemeinsamen Grenzerlöskurve mit der Grenzkostenkurve liefert dann den optimalen Gesamtabsatz $x^T = x_1 + x_2$ und gleichzeitig die für die individuelle Optimierung bei den beiden Konsumentengruppen

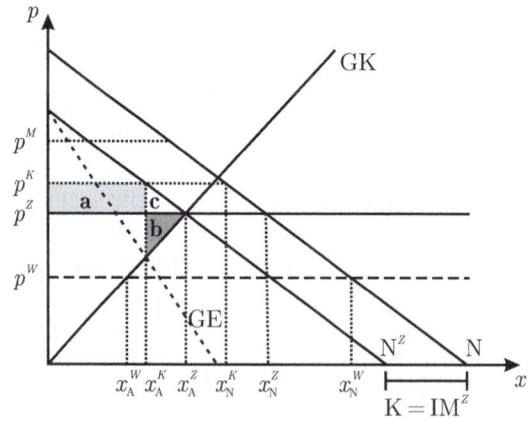

◻ **Abb. 10.3**   Monopolistische Preisdiskriminierung dritten Grades

relevanten Grenzkosten $GK(x^T)$. Aus den Schnittpunkten zwischen der durch diese Grenzkostenhöhe gegebenen Horizontalen und den jeweiligen individuellen Grenzerlöskurven GE_1 und GE_2 resultieren dann die Mengen x_1 und x_2. Schließlich können wir auf den zugehörigen Nachfragekurven N_1 und N_2 ausgehend von den ermittelten Mengen die Preise p_1 und p_2 für die beiden Teilmärkte ablesen.

Für den allgemeinen Fall können wir auch hier einen Zusammenhang zwischen Grenzerlös und Nachfrageelastizität herstellen. Dabei gilt im Optimum, dass das Verhältnis der Preise in den beiden Teilmärkten dem Verhältnis der Nachfrageelastizitäten entgegen gerichtet ist: $p_1/p_2 = (1 - 1/|\varepsilon_2|)/(1 - 1/|\varepsilon_1|)$. Beispielsweise ergibt sich damit bei einem Betrag der Nachfrageelastizitäten von $|\varepsilon_1| = 2$ für Markt 1 und $|\varepsilon_2| = 4$ für Markt 2 ein Preisverhältnis $p_1/p_2 = (1 - 1/4)/(1 - 1/2) = 1{,}5$, d. h. der Preis im Markt mit der geringeren Nachfrageelastizität (Markt 1) ist um 50 % höher als der Preis im preiselastischeren Markt (Markt 2). Analog zu den Überlegungen mit dem Lerner-Index wird ein Unternehmen somit in Märkten mit geringer Nachfrageelastizität seine höhere Marktmacht nutzen und einen höheren Aufschlag auf die Grenzkosten vornehmen. Dies ist möglich, da die Konsumenten in einem Markt mit geringer Nachfrageelastizität auf eine Preiserhöhung nur mit einer relativ geringen Mengenreduktion reagieren, was einen hohen Preis attraktiver macht.

Für die Analyse des Außenhandels sind Situationen von Interesse, in denen ein Unternehmen vor Aufnahme des Handels im Inlands- oder im Auslandsmarkt über ein Monopol verfügt. In ▶ Abschn. 10.3 werden wir in diesem Zusammenhang zum einen untersuchen, wie die Preisgestaltung eines solchen Unternehmens in segmentierten Märkten erfolgt – dies führt auf das für die Handelspolitik wichtige Konzept des „Dumping". Zum anderen werden wir aufzeigen, wie das Entstehen von Wettbewerb zwischen inländischen und ausländischen Monopolunternehmen einen zusätzlichen Vorteil des Außenhandels darstellen kann. Zur Vermittlung der nötigen Kenntnisse für das Verständnis der Marktsituation nach Aufnahme des Außenhandels werden wir dazu im nächsten Abschnitt die Analyse auf das Oligopol, d. h. auf Märkte mit einigen wenigen Wettbewerbern, erweitern.

10.2 Oligopolwettbewerb

Oligopolwettbewerb liegt dann vor, wenn auf einem Markt nur einige wenige Unternehmen miteinander im Wettbewerb stehen. Analog zum Monopol tritt eine Oligopolsituation dann auf, wenn aufgrund von **Markteintrittsbarrieren** wie beispielsweise Skalenerträge oder patentierten Technologien die Anzahl der Marktteilnehmer beschränkt ist. Wie im Monopolfall verhalten sich die Oligopolisten nicht als Mengenanpasser, sondern sind sich darüber im Klaren, dass sie durch Ausweitung oder Einschränkung der eigenen Absatzmenge den Marktpreis beeinflussen können. Bei der Analyse des Oligopolwettbewerbs müssen wir jedoch noch einen weiteren Aspekt berücksichtigen: Die Aktionen eines Unternehmens wirken sich auch auf die Gewinnsituation der Wettbewerber aus, die ihrerseits einen Anreiz haben, die eigenen Strategien entsprechend anzupassen. Plant etwa das Management von Opel, die Absatzpreise um 5 % zu senken oder die Produktionskapazitäten um

10

100.000 Einheiten pro Jahr zu erhöhen, so kann es nicht davon ausgehen, dass VW oder Ford ihre bisherige Preispolitik oder Kapazitätsentscheidungen unverändert beibehalten. Vielmehr muss Opel bei der Bewertung der Alternativen die zu erwartenden Reaktionen der Wettbewerber mitberücksichtigen.

Die Unternehmen befinden sich somit in einer **strategischen Entscheidungssituation**: Jeder Oligopolist geht dabei davon aus, sich rational handelnden Gegenspielern gegenüber zu sehen, denen ebenso wie ihm selbst bewusst ist, dass das Marktergebnis von der Interaktion untereinander abhängig ist. Solche strategischen Entscheidungssituationen lassen sich anhand spieltheoretischer Methoden analysieren. Die verschiedenen Oligopolmodelle unterscheiden sich aus spieltheoretischer Perspektive durch ihre Annahmen über die von den Unternehmen bestimmten strategischen Variablen (Mengen- vs. Preisstrategien), den zeitlichen Ablauf (Simultanspiel vs. sequentielles Spiel) und der Nachfragestruktur (homogene vs. differenzierte Produkte). Da diese Aspekte aber erst bei der Betrachtung der Handelspolitik relevant werden, gehen wir darauf erst in Teil IV des Buches näher ein und beschränken uns zunächst auf ein bestimmtes Modell, das sogenannte Cournot-Oligopol.

10.2.1 Homogenes Duopol mit Mengenstrategien

Wir gehen im Folgenden von der einfachsten Form der Modellierung des Oligopolwettbewerbs aus, die formal auf der Monopolanalyse in Abschn. 10.1 aufbaut: Zwei Unternehmen stellen ein homogenes Produkt her (d. h. die Produkte der beiden Unternehmen sind perfekte Substitute) und legen ihre Absatzmengen simultan fest. Die Grundstruktur dieses Modells mit homogenem Produkt und Mengenstrategien geht auf eine Arbeit des französischen Ökonomen Augustin Cournot aus dem Jahr 1838 zurück. Das verwendete Gleichgewichtskonzept wurde später durch den Mathematiker und Ökonomienobelpreisträger John Nash 1951 verallgemeinert – man spricht darum auch oft von einem **Cournot-Nash-Gleichgewicht**. Die zentrale Eigenschaft eines Nash-Gleichgewichts liegt darin, dass keiner der Akteure einen Anreiz zur Abweichung von seiner Entscheidung hat, solange die anderen Spieler ihre Gleichgewichtsstrategie wählen – die Gleichgewichtsstrategien sind somit wechselseitig beste Antworten.

Wie lässt sich nun das Cournot-Nash-Gleichgewicht bestimmen? Wie im Monopolfall gehen wir davon aus, dass den Unternehmen die Marktnachfragekurve bekannt ist. Für jede gegebene Menge des anderen Unternehmens kann dann die optimale eigene Absatzmenge bestimmt werden, indem die Monopollösung für die Restnachfrage ermittelt wird. Graphisch ergibt sich diese Restnachfrage durch eine Parallelverschiebung der Marktnachfragekurve nach innen, wobei die resultierende Preis-Absatz-Funktion einen um die Absatzmenge des Konkurrenten verringerten x-Achsenabschnitt aufweist. Beispielsweise resultiert aus einer durch $p(X) = 9 - X$ gegebenen Marktnachfragekurve, wobei $X = x_1 + x_2$ das Gesamtangebot bezeichnet, bei einer Absatzmenge des Konkurrenten von $x_2 = 3$ nur noch eine durch $p(x_1|\bar{x}_2 = 3) = 6 - x_1$ gegebene Restnachfrage für Unternehmen 1.[9]

---

9   Der Strich über x_2 symbolisiert, dass diese Menge aus Sicht von Unternehmen 1 gegeben bzw. konstant ist.

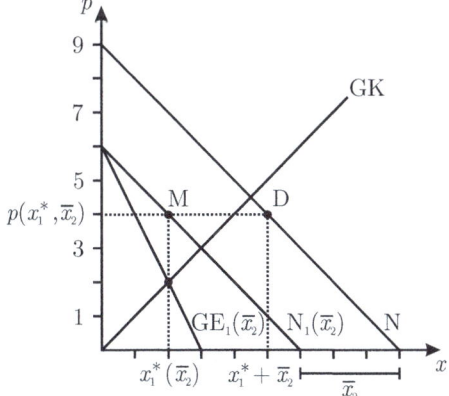

Abb. 10.4   Mengen-Duopol: Restnachfrage im Monopoldiagramm

Wie ◘ Abb. 10.4 zeigt, kann das Unternehmen dann analog zum Monopolfall auf Grundlage des Grenzerlöses $GE_1(\bar{x}_2)$ und der Grenzkosten GK die optimale Menge $x_1^*(\bar{x}_2)$ bestimmen. Der resultierende Preis $p(x_1^*, \bar{x}_2)$ ergibt sich dann über die Restnachfragekurve und gilt aufgrund der Homogenität der Produkte für beide Unternehmen. Über die Marktnachfrage kann zur Kontrolle die resultierende Gesamtmenge $x_1^* + \bar{x}_2$ abgetragen werden.

Ausgehend von dieser Analyse lässt sich die Entscheidungssituation beider Unternehmen und die Bestimmung des Gleichgewichts im Duopolfall anhand sogenannter „Reaktionskurven" in einer zweidimensionalen Darstellung, wie ◘ Abb. 10.5 , veranschaulichen. Die **Reaktionskurven**, die sich aus dem geschilderten Gewinnmaximierungskalkül der Unternehmen ergeben, stellen einen Zusammenhang zwischen den Absatzmengen der beiden Wettbewerber her: Werden die Mengen von Unternehmen 1 bzw. 2 mit x_1 bzw. x_2 bezeichnet, so gibt die

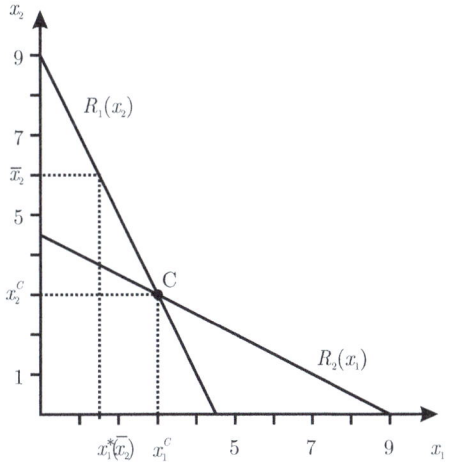

Abb. 10.5   Mengen-Duopol: Reaktionskurvendiagramm

Reaktionsfunktion $x_1 = R_1(x_2)$ an, welche Absatzmenge x_1 den Gewinn von Unternehmen 1 bei gegebener Produktion x_2 des Wettbewerbers maximiert. Entsprechend liefert die Reaktionsfunktion $x_2 = R_2(x_1)$ den zu gegebener Menge x_1 gewinnmaximalen Output x_2 des zweiten Duopolisten. Bei einer Darstellung im (x_1, x_2)-Raum verlaufen die Reaktionskurven fallend, da eine Erhöhung der Absatzmenge durch ein Unternehmen zu einem geringeren Marktpreis führt und damit die Gewinnmargen reduziert.

Im Schnittpunkt der beiden Reaktionskurven befindet sich das Cournot-Nash-Gleichgewicht C. Wenn die Unternehmen gleichzeitig und unabhängig voneinander ihre Absatzmengen festlegen, so stellt die Cournot-Menge die optimale Strategie für jedes Unternehmen dar. In der Sprache der Spieltheorie handelt es sich um ein Nash-Gleichgewicht: Wenn das andere Unternehmen die Cournot-Menge als Strategie wählt, so wird der eigene Gewinn maximiert, wenn ebenfalls die Cournot-Menge abgesetzt wird (beide Unternehmen befinden sich schließlich auf ihrer Reaktionskurve). Bei simultaner Bestimmung der Strategien hat im Cournot-Nash-Gleichgewicht keines der Unternehmen einen Anreiz von der gewählten Strategie abzuweichen – die Strategien stellen wechselseitig beste Antworten dar.

Formal lässt sich diese jeweils optimale Menge über die Bedingung erster Ordnung für die Gewinnmaximierung der Gewinnfunktion $\pi_i(x_1, x_2) = p(x_1, x_2) \cdot x_i - C_i(x_i)$ bestimmen:[10] Die partielle Ableitung unterstellt dabei, dass die Menge des anderen Unternehmens konstant bleibt. Löst man die Bedingungen erster Ordnung nach der jeweiligen Menge auf, so erhält man als formale Beschreibung der Reaktionskurven die Reaktionsfunktionen $R_i(x_j)$, die jeweils die optimale Mengen x_i zu jeder gegebenen Menge des Konkurrenten x_j angeben. Das Vorgehen soll kurz an unserem Zahlenbeispiel mit der Preis-Absatz-Funktion $p(X) = 9 - X$ veranschaulicht werden, wobei wir die Kosten zur Vereinfachung auf $DK = GK = 0$ normieren, womit Umsatz und Gewinn gleich hoch sind. Ausgehend von der Gewinnfunktion $\pi_1(x_1, x_2) = [9 - (x_1 + x_2)] \cdot x_1$ ergibt sich als Bedingung erster Ordnung für Unternehmen 1 dann $\partial \pi_1 / \partial x_1 = 9 - 2 \cdot x_1 - x_2 \overset{!}{=} 0$. Nach seiner Menge x_1 aufgelöst, erhalten wir für Unternehmen 1 die Reaktionsfunktion $x_1 = R_1(x_2) = 4{,}5 - 0{,}5 \cdot x_2$. Wir benötigen zudem die Reaktionsfunktion $R_2(x_1)$, die wir durch analoge Überlegungen aus der Gewinnfunktion von Unternehmen 2 erhalten. Aufgrund der symmetrischen Kosten- und Nachfragestruktur lautet diese $x_2 = R_2(x_1) = 4{,}5 - 0{,}5 \cdot x_1$. Durch Einsetzen von $R_2(x_1)$ in $R_1(x_2)$ erhalten wir schließlich $x_1 = 4{,}5 - 0{,}5 \cdot (4{,}5 - 0{,}5 \cdot x_1)$. Dies führt auf $0{,}75 \cdot x_1 = 2{,}25$ und damit auf die Cournot-Nash-Menge $x_1^C = 3$. Aufgrund der Symmetrie wird Unternehmen 2 die gleiche Menge $x_2^C = 3$ produzieren, woraus ein Gleichgewichtspreis von $p^C = 3$ sowie Unternehmensgewinne von $\pi_1^C = \pi_2^C = 9$ resultieren.[11] Der Preis ist niedriger als im Monopol ($p^M = 4{,}5$) und die Gesamtmenge entsprechend höher ($x_1^C + x_2^C = 6$ statt $x^M = 4{,}5$), sodass der soziale Überschuss im Oligopol

---

10   Der Index i bezeichnet jeweils Unternehmen 1 bzw. 2.

11   Beachten Sie, dass wir das gleiche Ergebnis auch in ◘ Abb. 10.4 erhalten, wenn wir, wie in unserem Rechenbeispiel Grenzkosten von 0 annehmen – in diesem Fall würde die GK-Kurve mit der horizontalen Achse zusammenfallen und folglich die $GE_1(x_2)$-Kurve bei $x_1 = 3$ schneiden.

höher als im Monopol ausfällt. Da der Preis jedoch immer noch über den Grenzkosten ($p^C = 3 > GK = 0$) liegt, wird dennoch der soziale Überschuss nicht maximiert (vgl. ▶ Abschn. 3.1).

10.2.2 Cournot-Oligopol mit Kostenheterogenität

Bislang gingen wir von symmetrischen Unternehmen mit identischen Kosten aus. Das vereinfachte die Analyse und führte auf ein symmetrisches Gleichgewicht. Für die Anwendung auf den Außenhandel ist es aber wichtig, auch den Fall mit unterschiedlichen Kosten zu analysieren: Durch Handelskosten in Form von Transportkosten oder Zöllen werden Unternehmen aus verschiedenen Ländern selbst bei identischen Produktionskosten unterschiedliche Kosten für die Bereitstellung des Gutes aufweisen. Während bei vollkommenem Wettbewerb unterschiedlich hohe Kosten zum Marktaustritt des ineffizienten Unternehmens führen würden, kann im Oligopol auch ein Unternehmen mit höheren Kosten auf dem Markt bestehen, solange die Kostendifferenz nicht zu ausgeprägt ist.

Wir wollen die Erweiterung auf **heterogene Kosten** auch dazu benutzen, um in Analogie zur Monopolanalyse eine etwas verallgemeinerte Spezifikation des Cournot-Modells vorzustellen. Dabei gehen wir von einem Markt mit exogen vorgegebener Unternehmenszahl n aus (und damit implizit von Markteintrittsbarrieren). Wie bislang stellen die Unternehmen ein homogenes Gut her, können nun jedoch unterschiedliche Kostenfunktionen $C_i(x_i)$ aufweisen. Diese Unterschiede können sich etwa aus verschiedenen Technologien oder unterschiedliche Größen des Kapitalstocks ergeben, aber natürlich auch aus Handelskosten, die beim Export in den ausländischen Markt anfallen. Der Zusammenhang zwischen dem Marktpreis p und dem Branchenoutput $X \equiv x_1 + \ldots + x_n$ ist nicht mehr linear, sondern wird allgemein durch die inverse Nachfragefunktion $p(X)$ mit $\partial p(X)/\partial x_i < 0$ beschrieben. Damit hat Unternehmen i folgende Gewinnfunktion:

$$\pi_i(x_i, X_{-i}) = p(x_i, X_{-i}) \cdot x_i - C_i(x_i) \quad \text{mit} \quad X_{-i} \equiv X - x_i$$

In dieser Gewinnfunktion zeigt sich die Interdependenz der Unternehmen: Der Gewinn π_i ist nicht nur vom eigenen Output x_i, sondern auch von der (aggregierten) Produktionsmenge X_{-i} der Konkurrenten abhängig („$-i$" bezeichnet hier alle Unternehmen außer Unternehmen i).

Die Strategie eines Unternehmens besteht wie bisher in der Festlegung der eigenen Absatzmenge x_i. Die Reaktionsfunktionen $x_i = R_i(X_{-i})$ sind implizit durch die Bedingungen erster Ordnung der Gewinnfunktionen gegeben:

$$\frac{\partial \pi_i}{\partial x_i} = p(X) + x_i \cdot \frac{\partial p(X)}{\partial x_i} - \frac{dC_i(x_i)}{dx_i} \overset{!}{=} 0 \quad \text{für } i = 1, \ldots, n$$

Für explizite Nachfrage- und Kostenfunktionen erhält man analog zum Vorgehen im linearen Duopol durch Auflösen nach x_i die Reaktionsfunktionen der Unternehmen. Für den Fall des Duopols ($n = 2$) lassen sich diese Reaktionskurven wieder im (x_1, x_2)-Diagramm graphisch darstellen. Der Schnittpunkt der Reaktionskurven stellt dann das Cournot-Nash-Gleichgewicht dar: Da hier für beide Unternehmen

10

$x_i^C = R_i(x_j^C)$ gilt, hat keines einen Anreiz, einseitig seinen Output zu verändern, d. h. von x_i^C bzw. x_j^C abzuweichen.

Für die weitere Analyse in diesem Kapitel sind unterschiedliche Kosten der zentrale Aspekt. Zur Veranschaulichung soll darum erneut von zwei Unternehmen ($n=2$) und der linearen Preis-Absatz-Funktion $p(X) = 9 - X$ ausgegangen werden, da in diesem Fall sowohl eine graphische Darstellung wie in ■ Abb. 10.6 möglich ist, als auch eine explizite analytische Lösung bestimmt werden kann. Wie bisher wird von Fixkosten abstrahiert und es werden für beide Unternehmen konstante Durchschnittskosten unterstellt, die für Unternehmen 2 auf $DK_2 = GK_2 = 0$ normiert sind. Für Unternehmen 1 unterstellen wir nun aber positive konstante Grenzkosten $GK_1 = dC_1(x_1)/dx_1 > 0$, wodurch die Gewinnfunktion $\pi_1(x_1, x_2) = [9 - (x_1 + x_2)] \cdot x_1 - GK_1 \cdot x_1$ resultiert. Für Unternehmen 1 ergibt sich dann aus der partiellen Ableitung die Reaktionsfunktion $x_1 = R_1(x_2) = 4{,}5 - 0{,}5 \cdot (x_2 + GK_1)$. Setzen wir die gegenüber der Analyse in Abschn. 10.2.1 unveränderte Reaktionsfunktion $R_2(x_1)$ von Unternehmen 2 für x_2 ein, so erhalten wir $x_1 = 4{,}5 - 0{,}5 \cdot (4{,}5 - 0{,}5 \cdot x_1 + GK_1)$ und als Cournot-Menge $x_1^C(GK_1) = 3 - 2/3 \cdot GK_1$, die nun für positive Grenzkosten echt kleiner ist als in der ursprünglichen Situation, $x_1^C(GK_1 = 0) = 3$. Die eigene Menge nimmt also mit höheren eigenen Grenzkosten ab. Auf der anderen Seite steigt die Menge von Unternehmen 2 gegenüber dem symmetrischen Gleichgewicht entsprechend auf $x_2^C(GK_1) = 4{,}5 - 0{,}5 \cdot (3 - 2/3 \cdot GK_1) = 3 + 1/3 \cdot GK_1$ (von ursprünglich $x_2^C(GK_1 = 0) = 3$), d. h. je ineffizienter Unternehmen 1 im Verhältnis zu Unternehmen 2 ist, desto mehr wird Unternehmen 2 produzieren. In ■ Abb. 10.6 kommt es durch die höheren Kosten zu einer Verschiebung der Reaktionskurve von Unternehmen 1 nach innen und damit zu einem Schnittpunkt der beiden Reaktionskurven, bei dem Unternehmen 1 weniger und Unternehmen 2 mehr absetzt als bei symmetrischen Kosten.

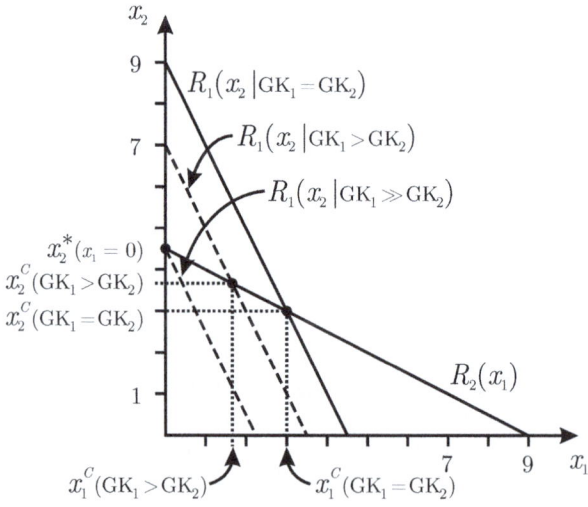

■ **Abb. 10.6**   Cournot-Duopol mit heterogenen Kosten

In ◘ Abb. 10.6 ist auch der Grenzfall eingezeichnet, bei dem die Kosten von Unternehmen 1 so hoch sind, dass es den Markt verlässt ($GK_1 \gg GK_2 = 0$). Die Reaktionskurve von Unternehmen 1 schneidet hier diejenige von Unternehmen 2 an der x_2-Achse, folglich bei einer Menge $x_1 = 0$. Wir können diese Kosten im vorliegenden Beispiel aus der Bedingung $x_1^C(GK_1) = 0 = 3 - \frac{2}{3} \cdot GK_1$ bestimmen und erhalten $GK_1 = 4{,}5$. Alternativ kann man dieses Ergebnis auch über den Ansatz mit der Restnachfrage ableiten: Produziert Unternehmen 2 die Monopolmenge $x^M = 4{,}5$ (dies ist für $x_1 = 0$ die optimale Lösung), so bleibt für Unternehmen 1 eine Restnachfrage von $p(x_1) = 4{,}5 - x_1$. Bei Grenzkosten $GK_1 \geq 4{,}5$ ist es dann für Unternehmen 1 nicht mehr sinnvoll zu produzieren, da es ansonsten Verlust machen würde.

10.3 Außenhandel bei unvollkommenem Wettbewerb

In den letzten beiden Abschnitten haben wir die notwendigen Voraussetzungen erarbeitet, um nun folgende Fragen zum Außenhandel bei unvollkommenem Wettbewerb beantworten zu können:

— Welche Wirkung hat die Öffnung für Außenhandel in einem Markt mit einem inländischen Monopol?
— Wieso kann es zu Dumping kommen, d. h. dem Verkauf von Gütern im Ausland zu Preisen, die unter dem Preis im Inland (*price-based dumping*) oder sogar unter den eigenen (Durchschnitts-)Kosten (*cost-based dumping*) liegen?
— Wie kann beidseitiger Handel homogener Produkte (*cross hauling* oder *reciprocal dumping*) in einer Situation mit Handelskosten erklärt werden?

Diese Konzepte werden wir auch in späteren Kapiteln wieder aufgreifen: das inländische Monopol beim Vergleich der Wirkungen von Zöllen und Kontingenten (▶ Abschn. 14.4), Dumping bei der Analyse sogenannter Anti-Dumping-Zölle (▶ Abschn. 17.3) und den beidseitigen Handel im Rahmen einer Modellierung mit differenzierten Produkten und monopolistischer Konkurrenz (▶ Abschn. 11.4).

10.3.1 Außenhandel bei inländischem Monopol

In ▶ Kap. 3 analysierten wir den Übergang von Autarkie zu Freihandel in einem Zwei-Länder-Modell mit vollkommenem Wettbewerb. Dabei haben wir festgestellt, dass der Weltmarktpreis zwischen den beiden Autarkiepreisen liegen wird und das Land mit dem höheren Autarkiepreis das Gut importiert. Nach Aufnahme des Außenhandels sinkt die inländische Produktionsmenge im Importland, während der Konsum steigt. Was ändert sich nun an dieser Analyse, wenn im Inland bei Autarkie eine Monopolsituation herrscht? Zur Vereinfachung der Analyse unterstellen wir ein kleines Land, das den Weltmarktpreis nicht beeinflussen kann.

Die Auswirkungen der Aufnahme des Außenhandels lassen sich im Monopoldiagramm in ◘ Abb. 10.7 veranschaulichen. In der Ausgangssituation bei Autarkie produziert der Monopolist gemäß der Gewinnmaximierungsbedingung $GE = GK$ die Menge x^M und setzt sie zum Monopolpreis p^M ab. Wird nun zum

10

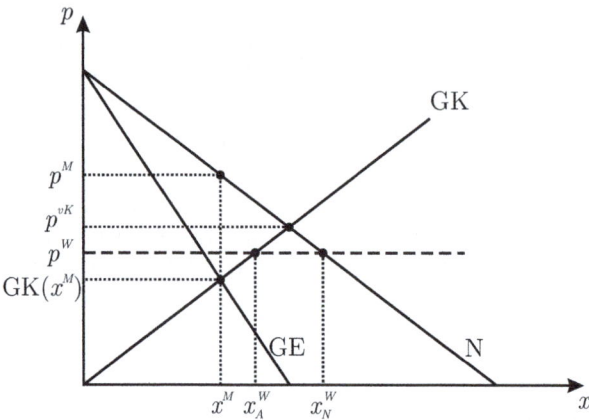

○ **Abb. 10.7**   Aufnahme von Handel bei inländischem Monopol

Weltmarktpreis $p^W < p^M$ Handel aufgenommen, erhöht sich nicht nur der Konsum auf x_N^W, sondern auch die inländische Produktion auf x_A^W. Warum ist dies so? Durch den ausländischen Wettbewerb verliert der Monopolist seine Marktmacht und muss sich jetzt als Mengenanpasser am Weltmarktpreis orientieren (die Weltmarktpreislinie stellt seine neue Grenzerlöskurve dar). Entscheidend ist hierbei allerdings, dass es nur dann zu einer Produktionsausweitung kommt, wenn der Weltmarktpreis die Grenzkosten bei der Autarkiemenge übersteigt, d. h. $p^W > \mathrm{GK}(x^M)$. Liegt der Weltmarktpreis unter diesem Grenzwert, kommt es auch beim Monopol im Inland zu einer Einschränkung der inländischen Produktion.

Ein weiteres interessantes Phänomen stellt sich ein, wenn der Weltmarktpreis den Autarkiepreis p^{vK} übersteigt, der sich bei vollkommenem Wettbewerb im Inland ergeben hätte. In diesem Fall ist das Inland wie bei vollkommenem Wettbewerb nicht Import-, sondern Exportland. Während sich jedoch ausgehend vom Autarkiegleichgewicht bei inländischem Wettbewerb der inländische Preis auf jeden Fall erhöht und dadurch der inländische Konsum zurückgeht, führt die potenzielle Konkurrenz aus dem Ausland bei einem Weltmarktpreis zwischen p^{vK} und p^M im Monopolfall zu einer Preissenkung und damit zu einer Konsumausweitung gegenüber der Autarkiesituation. Beachten Sie in diesem Zusammenhang, dass die Information über die Autarkiepreise bei unvollkommenem Wettbewerb keine sichere Vorhersage des anschließenden Handelsmusters erlaubt: Trotz eines höheren Autarkiepreises (im Vergleich zum Rest der Welt) kann das Inland bei Aufnahme des Außenhandels zu einem Exporteur im betrachteten Sektor werden. Im nächsten Abschnitt werden wir ebenfalls von einem inländischen Monopolisten ausgehen, aber im Gegensatz zur jetzigen Analyse segmentierte Märkte und eine einseitige Öffnung des ausländischen Markts unterstellen (d. h. der Monopolist behält seine Marktposition im Inland).

10.3.2 Dumping als monopolistische Preisdiskriminierung

Wie bereits erwähnt, bezeichnet Dumping den Verkauf von Gütern im Ausland zu Preisen, die entweder unter dem Preis im Inland (*price-based dumping*) liegen oder sogar unter den eigenen (Durchschnitts-)Kosten (*cost-based dumping*). Für Dumping als Preisdiskriminierung müssen zwei Voraussetzungen erfüllt sein: Zum einen muss ein Unternehmen zumindest in einem der nationalen Märkte über Marktmacht verfügen. Zum anderen müssen der inländische und der ausländische Markt segmentiert sein, d. h. es muss für die inländischen Konsumenten unmöglich sein, die für den Export vorgesehenen Güter zu kaufen.

Die praktischen Probleme der **Marktsegmentierung** zeigen sich beispielsweise im europäischen Automobilmarkt. Die Automobilhersteller versuchen unterschiedliche Preise auf den nationalen Märkten durchzusetzen. Dies wird jedoch durch sogenannte „Grauimporte" erschwert bzw. unterlaufen, wobei Händler aus einem EU-Land Fahrzeuge an Konsumenten aus einem anderen EU-Land verkaufen. Während somit innerhalb der EU aufgrund geringer Handelskosten (keine Zölle, Binnenmarkt, geringe Transportkosten) eher von einem weitgehend integrierten Markt ausgegangen werden kann, ist die Segmentierung im Handel mit anderen wichtigen Handelspartnern wie den USA oder Asien sehr viel ausgeprägter.

Wir werden im Weiteren annehmen, dass die Märkte perfekt segmentiert sind und zudem zur Vereinfachung ein Monopol im Inland unterstellen. Die grundsätzliche Argumentation bliebe jedoch unverändert, wenn die Segmentierung nur unvollständig wäre (und die Höhe der Preisdifferenz damit beschränkt) oder die Unternehmen bereits bei Autarkie als Oligopolisten nur über eingeschränkte Marktmacht verfügen würden.

Der zentrale **Auslöser für Dumping** ist, dass die Profitabilität des zusätzlichen Absatzes in einem Markt nicht durch die Höhe des Erlöses, sondern durch den Grenzerlös bestimmt ist und die Grenzerlöskurve eines Unternehmens mit Marktmacht im Preis-Mengen-Diagramm fallend verläuft. Verdeutlichen wir uns dies anhand eines Zahlenbeispiels: Angenommen, ein Unternehmen setzt im Inland 1000 Einheiten seines Produktes zu einem Preis von 2000 Euro und im Ausland 100 Einheiten zu einem Preis von 1500 Euro ab, wodurch es einen Gesamtumsatz von 2.150.000 Euro erzielt. In diesem Fall erscheint es auf den ersten Blick sinnvoll, den Absatz im Ausland zu reduzieren und mehr im Inland abzusetzen. Nehmen wir an, dass in beiden Märkten gilt, dass eine zusätzliche Einheit nur verkauft werden kann, wenn der Preis um 1 Euro reduziert wird, während bei Reduktion des Absatzes um eine Einheit der Preis um 1 Euro steigt.

- Der Grenzerlös einer zusätzlichen Einheit beträgt im Inland dann nur 999 Euro: Zwar kann das zusätzlich abgesetzte Produkt für 1999 Euro verkauft werden. Gleichzeitig reduziert sich aber der Preis der 1000 anderen abgesetzten Einheiten von 2000 Euro auf 1999 Euro, sodass sich der inländische Erlös insgesamt um $+1999$ Euro $- 1000 \cdot 1$ Euro $= 999$ Euro ändert.
- Der Grenzerlös im Ausland sinkt demgegenüber durch die Reduktion des Absatzes um 1401 Euro: Für das nun weniger abgesetzte Produkt entfällt ein Verkaufserlös in Höhe von 1500 Euro. Dem steht positiv gegenüber, dass die übrigen 99 Produkte nunmehr zu einem Preis von 1501 Euro abgesetzt werden, d. h. der Erlös im Ausland ändert sich insgesamt um -1500 Euro $+ 99 \cdot 1$ Euro $= -1401$ Euro.

10

Die Nettoänderung der Verlagerung einer Outputeinheit aus dem Ausland ins Inland beträgt somit − 402 Euro und führt zu einem Rückgang des Gesamtumsatzes auf 2.149.598 Euro. Wie kommt es aber dazu, wenn doch der Durchschnittserlös im Inland höher ist? Das liegt daran, dass der Grenzerlös im Ausland deswegen höher ist, weil bei einer Ausweitung der Produktion die resultierende Preissenkung nur 100 verkaufte Einheiten betrifft, während im Inland aber 1000 Einheiten zu einem um 1 Euro niedrigeren Preis verkauft werden müssen.

In der Realität ist häufig aufgrund von Handelskosten und der Präferenz von Konsumenten für inländische Produkte sowohl der Marktanteil im Ausland als auch die Marktmacht geringer, sodass es üblicherweise attraktiv ist, im Ausland auch dann anzubieten, wenn der Durchschnittserlös (nicht der Grenzerlös!) geringer ist als im Inland[12] – in unserem Beispiel würde der Gesamtumsatz um 398 Euro steigen, wenn die letzte im Inland verkaufte Einheit stattdessen im Ausland abgesetzt würde.

Die resultierende **Preisdiskriminierung** lässt sich graphisch besonders einfach und anschaulich für den Fall darstellen, dass ein Unternehmen im Inland Monopolist ist und sich im Ausland vollkommenem Wettbewerb gegenübersieht. Dies dürfte zwar eher selten auftreten, bildet aber beispielsweise die Situation während der zeitlich versetzten Deregulierung der Telekommunikationsmärkte in den 1980er- und 1990er-Jahren recht gut ab: In den noch nicht deregulierten Märkten waren die Telekommunikationsunternehmen Monopolisten, konnten aber gleichzeitig in den deregulierten Märkten in anderen Ländern als Wettbewerber auftreten.

Wir wollen uns die Situation nun graphisch veranschaulichen. Hierzu nehmen wir, wie in ◘ Abb. 10.8 geschehen, einen ansteigenden Verlauf der Grenzkostenkurve und – aufgrund von Fixkosten – einen U-förmigen Verlauf der Durchschnittskostenkurve an. Sie wird dabei in ihrem Minimum von der GK-Kurve geschnitten. Die heimische Nachfrage N_h ist durch eine lineare Preis-Absatz-Funktion gegeben, aus der eine doppelt so steile lineare inländische Grenzerlöskurve GE_h resultiert. Die Nachfrage auf dem Auslandsmarkt N^* ist aufgrund des vollkommenen Wettbewerbs über die horizontale Preislinie beim ausländischen Marktpreis p^* gegeben. Sie fällt mit der Grenzerlöskurve GE^* für den Auslandsmarkt zusammen, da sich der Preis bei vollkommenem Wettbewerb durch eine zusätzlich abgesetzte Einheit nicht verringert.[13]

Wie aus der Analyse zur Preisdiskriminierung bekannt, müssen im Gewinnmaximum die Grenzerlöse in beiden Märkten gleich hoch sein und den Grenzkosten bei der entsprechenden Gesamtabsatzmenge entsprechen. Somit ergibt sich die inländische Produktion x_h aus dem Schnittpunkt zwischen der inländischen Grenzerlöskurve GE_h und der ausländischen Preislinie p^* und entsprechend die

---

12 Aufgrund des geringeren Marktanteils befindet sich das Unternehmen im Ausland weiter oben auf der fallend verlaufenden Grenzerlöskurve. Bei geringerer Marktmacht verläuft die Grenzerlöskurve flacher und der Grenzerlös sinkt dann langsamer mit steigendem Output. Beide Effekte implizieren somit bei gegebenem Durchschnittserlös einen höheren Grenzerlös.

13 Wir können hier auch über die Preiselastizität der Nachfrage argumentieren: So ist die ausländische Nachfrage unendlich elastisch, womit die inländische Nachfrage im Vergleich als weniger elastisch zu charakterisieren ist. Wie wir in Abschn. 10.1.4 gesehen haben, bedeutet dies, dass der inländische Monopolist im Ausland als Preisnehmer auftritt, während er bei der weniger elastischen Inlandsnachfrage über Marktmacht verfügt und somit einen Preis über den Grenzkosten durchsetzen kann.

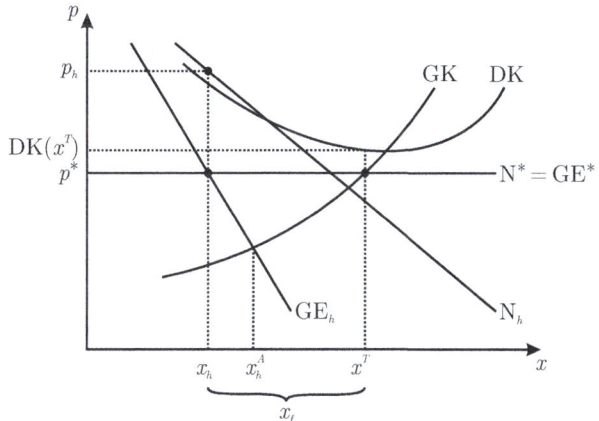

◻ Abb. 10.8 Dumping als monopolistische Preisdiskriminierung

Gesamtproduktion x^T aus dem Schnittpunkt der ausländischen Preislinie mit der Grenzkostenkurve.[14] Die Exportmenge berechnet sich schließlich als Differenz der beiden Mengen, $x_f = x^T - x_h$.

Beachten Sie folgende Punkte:

- Der Monopolist reduziert seinen inländischen Absatz gegenüber der Autarkiesituation von x_h^A auf x_h. Grund dafür ist, dass die für ihn relevanten Grenzkosten des zusätzlichen Inlandsabsatzes aus dem entgangenen Erlös auf dem Auslandsmarkt bestehen (Opportunitätskosten).

- Der Preis auf dem Exportmarkt p^* ist zwar geringer als der Inlandspreis p^h, übersteigt aber den inländischen Grenzerlös, der sich bei einer Ausweitung der Absatzmenge über die optimale inländische Absatzmenge x^h hinaus ergeben würde.

- Der Preis auf dem Exportmarkt p^* ist im vorliegenden Fall geringer als $DK(x^T)$, die Durchschnittskosten beim optimalen Gesamtabsatz. Dies liegt an den relativ hohen Fixkosten, da bei geringeren Fixkosten die Durchschnittskosten weiter unterhalb verlaufen würde. Warum ist es sinnvoll, das Produkt zu einem Preis unter den Durchschnittskosten zu exportieren? Da wir uns im fallenden Bereich der Durchschnittskostenkurve befinden, verringern sich diese bei einer Ausweitung der Produktion: Solange der Preis die Grenzkosten übersteigt, liefert eine weitere Absatzeinheit einen Beitrag zur Deckung der Fixkosten und erhöht damit den Gewinn (der Deckungsbeitrag der zusätzlichen Einheit und damit der Grenzgewinn ist durch die Differenz zwischen Preis und Grenzkosten gegeben).

---

14 Man kann sich das auch durch folgende Interpretation veranschaulichen: Aus Sicht des inländischen Unternehmens stellt die ausländische Preislinie die Grenzkostenkurve dar, da der Monopolist eine beliebige Menge zu diesem Preis im Ausland absetzen kann – der ausländische Preis entspricht somit den Opportunitätskosten des inländischen Verkaufs. Im Auslandsmarkt wiederum ist die ausländische Preislinie die dortige Grenzerlöskurve, die aufgrund des vollkommenen Wettbewerbs horizontal verläuft. Somit lesen sich die Bedingung in beiden Märkten zwar auf den ersten Blick unterschiedlich, sind aber nichts anderes als die Bedingung für ein Gewinnmaximum: „Grenzerlös = Grenzkosten".

10

In ▸ Abschn. 17.3 werden wir uns genauer mit Anti-Dumping-Zöllen beschäftigen und lernen, dass aus Sicht der gesetzlichen Regelungen in der EU oder den USA dann Dumping vorliegt, wenn der Erlös pro Einheit (Preis minus Handelskosten) unter dem inländischen Preis liegt (*price-based dumping*) oder die Herstellungskosten pro Stück unterschreitet (*cost-based dumping*). Wie wir hier gesehen haben, können beide Formen von Dumping aus dem Gewinnmaximierungsverhalten von Unternehmen bei unvollkommenem Wettbewerb erklärt werden. Ein „unfaires" Verhalten wie es implizit in den Anti-Dumping-Regelungen unterstellt wird (z. B. der Versuch, die inländischen Wettbewerber durch die Dumpingpreise vom Markt zu verdrängen) dürfte somit in den wenigsten Fällen von Dumping wirklich gegeben sein.

10.3.3 Beidseitiger Handel im homogenen Cournot-Duopol

Wenn wir nun im Gegensatz zur bisherigen Analyse davon ausgehen, dass bei Autarkie in beiden Märkten Monopole vorliegen, so können wir zeigen, dass es zum Handel homogener Produkte in beide Richtungen (*cross hauling* oder *reciprocal dumping*) kommen kann. In einem ersten Schritt wollen wir in einer Situation mit symmetrischen Ländern und Unternehmen anhand einer graphischen Darstellung zeigen, dass das ausländische Unternehmen bei gegebener Monopolmenge des inländischen Konkurrenten einen Anreiz hat, seine Produkte zu exportieren. Hintergrund ist dabei, dass der Exportabsatz aufgrund der Marktsegmentierung den Preis im Heimatmarkt nicht verändert. Vielmehr wird der Preis im anderen Markt reduziert, was ausgehend von einer Situation ohne Export nur den Gewinn des ausländischen Unternehmens verringert. Darin besteht jetzt der entscheidende Unterschied zum im vorigen Abschnitt analysierten Beispiel mit vollkommenem Wettbewerb im ausländischen Markt, bei dem der Preis nicht verändert werden konnte.

Liegen keine Handelskosten vor, sind beide Märkte nicht segmentiert und es wird sich das Duopolgleichgewicht auf dem integrierten Markt (d. h. mit aggregierter Nachfrage) einstellen. Für *reciprocal dumping* brauchen wir also Handelskosten, z. B. in Form von Transportkosten. Die grundsätzlichen Überlegungen wollen wir nun an einem einfachen Beispiel mit linearen Preis-Absatz-Funktionen $p(X) = 10 - X$ in jedem der beiden Märkte, konstanten Grenzkosten in Höhe von GK$= 2$ und Handelskosten $c_T = 1$ pro exportierter Einheit veranschaulichen.

Im Autarkiefall resultiert hier aus der Gewinnmaximierungsbedingung (GE$=$) $10 - 2 \cdot x = 2$ ($=$ GK) in beiden Märkten eine Absatzmenge von $x^A = 4$ und ein Preis $p^A = 6$. Um im Inland eine zusätzliche Einheit absetzen zu können, müsste der Monopolist den Preis auf $p = 5$ reduzieren. Wegen der Verringerung der Einnahmen bei den ersten vier Einheiten würde sich sein Erlös nur um 1 Euro erhöhen. Bei Grenzkosten von 2 Euro ist eine Ausweitung des Inlandsabsatzes nicht vorteilhaft. Exportiert das Unternehmen stattdessen eine Einheit ins Ausland, so kann es dafür ebenfalls einen Preis $p = 5$ erzielen. Dem stehen jetzt zwar Kosten in Höhe von 3 Euro (GK $+ c_T$) gegenüber, aber da die Verringerung des Preises im Ausland nur den Erlös des ausländischen Unternehmens auf seine vier Einheiten reduziert, ist der Export vorteilhaft: $p - ($GK$ + c_T) = 2 > 0$.

Die Gleichgewichte in den beiden segmentierten Märkten können wir über das in Abschn. 10.2.2 entwickelte Duopolmodell mit asymmetrischen Kosten bestimmen. In ◘ Abb. 10.9 ist die Lösung für den **Inlandsmarkt** im konkreten Fall veranschaulicht (im Auslandsmarkt ergibt sich ein analoges Ergebnis). Die Kosten auf dem heimischen Markt betragen $c_h = GK = 2$, die Kosten auf dem fremden Markt $c_f = GK + c_T = 3$. Ausländische Größen werden erneut mit Sternchen (*) gekennzeichnet. Zusätzlich kennzeichnet der Index h, dass es um eine Größe (z. B. die Kosten oder die Menge) des inländischen oder ausländischen Unternehmens für den jeweils heimischen Markt geht, während f eine Größe für den fremden Markt (den Exportmarkt) markiert.

Damit lauten die Gewinnfunktionen auf dem inländischen Markt für das inländische Unternehmen $\pi_h(x_h, x_f^*) = (10 - x_h - x_f^*) \cdot x_h - 2 \cdot x_h$ und für den ausländischen Wettbewerber $\pi_f^*(x_h, x_f^*) = (10 - x_h - x_f^*) \cdot x_f^* - (2 + 1) \cdot x_f^*$. Über die Bedingungen erster Ordnung erhalten wir die Reaktionsfunktionen $R_h(x_f^*) = 4 - 0{,}5 \cdot x_f^*$ und $R_f^*(x_h) = 3{,}5 - 0{,}5 \cdot x_h$. Setzen wir nun $R_f^*(x_h)$ als x_f^* in $R_h(x_f^*)$ ein, erhalten wir $x_h = 4 - 0{,}5 \cdot (3{,}5 - 0{,}5 \cdot x_h)$ und durch Auflösen nach x_h die Menge des inländischen Unternehmens, $x_h = (16 - 7)/4 \cdot 4/3 = 3$. Durch Einsetzen in $R_f^*(x_h)$ resultiert für den ausländischen Wettbewerber $x_f^* = 3{,}5 - 0{,}5 \cdot 3 = 2$. Betrachten wir auch den zum Inlandsmarkt symmetrischen Auslandsmarkt, sehen wir, dass jedes Unternehmen im Handelsgleichgewicht fünf Einheiten produziert, wovon drei im jeweiligen Heimatland abgesetzt und zwei exportiert werden.

Wie stellen sich nun die Exportanreize bei unvollkommenem Wettbewerb aus Sicht der Unternehmen und die **Vorteilhaftigkeit** der Aufnahme von Handelsbeziehungen aus Sicht der Länder dar?

— Solange die Handelskosten nicht prohibitiv sind oder ein Unternehmen deutlich höhere Kosten als sein Konkurrent im Auslandsmarkt hat, ist es für das **Unternehmen** vorteilhaft einen Teil seiner Produktion zu exportieren. Dies liegt daran, dass für das Unternehmen der Grenzerlös der ersten Einheit dem Erlös dieser Einheit entspricht, da die Verringerung des Erlöses für die anderen im Auslandsmarkt abgesetzten Einheiten beim ausländischen Konkurrenten entstehen.

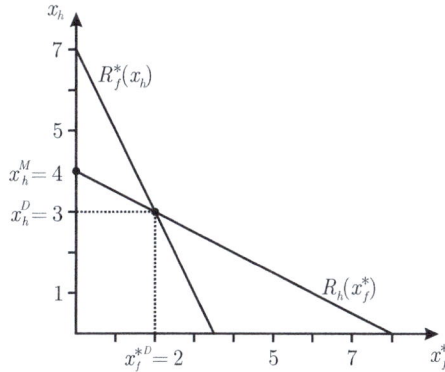

◘ **Abb. 10.9** Internationales Cournot-Duopol mit Transportkosten

Während somit jedes Unternehmen einen Anreiz zum Export hat, verringern sich im Gleichgewicht nun die Gewinne der Unternehmen, da sie dem Wettbewerb des ausländischen Konkurrenten ausgesetzt sind.

— Dieser zusätzliche Wettbewerb führt zu geringeren Preisen und ist damit für die Konsumenten vorteilhaft. Da aus Perspektive der **Gesamtwohlfahrt** selbst im Cournot-Gleichgewicht noch eine zu geringe Menge zu einem zu hohen Preis abgesetzt würde, wäre in einer Situation ohne Transportkosten sichergestellt, dass die Aufnahme des Handels vorteilhaft ist. Da der gegenseitige Handel aber aufgrund der Transportkosten technisch nicht effizient ist, kann es auch dazu kommen, dass die Wohlfahrt durch Außenhandel verringert wird.

Die beiden Möglichkeiten für den Gesamtwohlfahrtseffekt sind in ◘ Abb. 10.10 dargestellt.

— In ◘ Abb. 10.10a ist das Ergebnis für das Zahlenbeispiel schematisch veranschaulicht. Hier übersteigt der positive Effekt aus der höheren allokativen Effizienz (Zuwachs an Konsumentenrente) durch die zusätzlich angebotene Einheit (die hellgraue, mit ⊕ gekennzeichnete Trapezfläche) mit 2,50 Euro die Transportkosten in Höhe von 1 Euro (die dunkelgraue, mit ⊖ gekennzeichnete Fläche), die für die vierte im Inland abgesetzte Mengeneinheit nun zusätzlich anfällt. Der Grund ist, dass diese vierte Mengeneinheit nun einen Import des ausländischen Unternehmens darstellt, während sie bei Autarkie vom inländischen Unternehmen bereitgestellt wird,

— Bei nahezu prohibitiven Transportkosten, d. h. Kosten, die Handel fast unterbinden (im Zahlenbeispiel wären Kosten von mindestens $c_T = 4$ prohibitiv), kann es jedoch zu einem negativen Nettoeffekt kommen, wie in ◘ Abb. 10.10b schematisch zu sehen ist. Da in diesem Fall der Marktanteil des ausländischen Unternehmens sehr klein sein wird, ist der Effekt quantitativ aber eher unbedeutend. Darüber hinaus lässt sich zeigen, dass in einer Situation mit freiem Marktzutritt (und damit Nullgewinnen) der Wohlfahrtseffekt der Aufnahme von Außenhandel immer positiv ist.

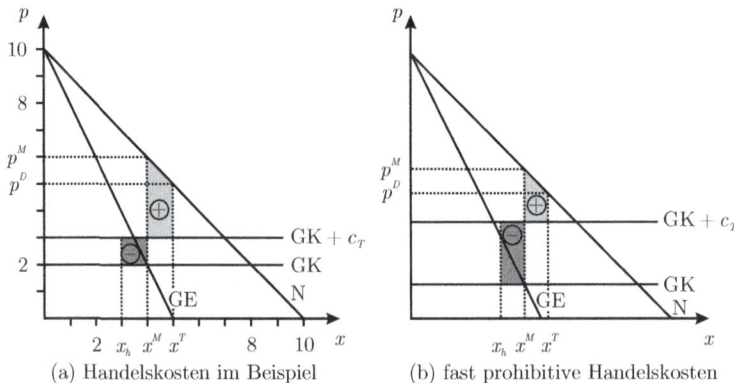

◘ **Abb. 10.10**   Wohlfahrtseffekt der Handelsaufnahme im Duopolfall

Die in dem einfachen Beispiel abgeleiteten Effekte bleiben auch in allgemeinerer Formulierung erhalten. So zeigen Brander/Krugman (1983) in ihrer grundlegenden Arbeit zu *reciprocal dumping*, dass ein Anreiz zu gegenseitigem Handel auch dann besteht, wenn anstelle eines Monopols – wie wir es hier betrachtet haben – im Inland bereits Oligopolwettbewerb vorliegt. Ferner haben die Unternehmen auch bei Mengen- und Preiswettbewerb mit differenzierten Produkten einen Anreiz zu *reciprocal dumping*.

Darüber hinaus ist zu beachten, dass es in der Realität nur sehr selten zu einem Übergang von Autarkie zu Handel (mit oder ohne Handelskosten) kommt. Vielmehr besteht meist schon in der Ausgangssituation Außenhandel und es stellt sich dann die Frage, wie sich eine Veränderung der Handelskosten im Kontext des unvollkommenen Wettbewerbs auswirkt. Beispiele für solche Änderung der Handelskosten sind die Etablierung des EU-Binnenmarktes seit 1992 (vgl. dazu Box 17.4) oder die Möglichkeit des elektronischen Handels über das Internet seit der Jahrtausendwende (vgl. Box 10.1).

Bereits Brander/Krugman (1983) sprechen in diesem Zusammenhang die drei Effekte an, die bei einer Verringerung der Handelskosten zu berücksichtigen sind: Auf der positiven Seite beobachten wir erstens sinkende Kosten der Importe und zweitens eine Zunahme des Konsums aufgrund geringerer (Grenz-)Kosten. Diesen beiden positiven Effekten steht jedoch der Ersatz einheimischer Produktion durch teurere Importe gegenüber. Liegen die Transportkosten nur knapp unterhalb des Prohibitivniveaus, so kann der negative Effekt überwiegen und die Wohlfahrt reduzieren (wie in ◘ Abb. 10.10b).

Box 10.1: *Reciprocal Dumping* und Endogenität von Transportkosten und Produktdifferenzierung

Das Konzept des *Reciprocal Dumping* lässt sich nicht nur im Außenhandelskontext anwenden, sondern grundsätzlich in Situationen, in denen Märkte durch Transportkosten segmentiert sind.

Bandulet/Morasch (2003) betrachten in diesem Zusammenhang die Änderung der Transportkosten nicht exogen, sondern gehen davon aus, dass diese durch Investitionen von Unternehmen beeinflusst werden können. Ein Beispiel dafür sind Investitionen in elektronische Vertriebswege im Zusammenhang mit der Etablierung des Internets zu Beginn des 21. Jahrhunderts. Es stellt sich dann die Frage, ob die Investitionsentscheidungen der Unternehmen auch aus Sicht der Wohlfahrt angemessen sind. Dabei zeigt sich, dass die marginalen Investitionsanreize bei relativ hohen Transportkosten (d. h. in der Nähe des prohibitiven Niveaus) zu hoch und bei geringen Transportkosten zu gering sind.

Bandulet/Morasch (2011) erweitern den Ansatz und analysieren Unternehmen, die differenzierte Produkte herstellen und neben einer Investition in eine Transportkostensenkung zusätzlich die Möglichkeit haben, den Grad der Produktdifferenzierung zu ändern. Bei Transportkosten knapp unter der Prohibitivgrenze haben die Unternehmen dann einen Anreiz, durch Verringerung der Produktdifferenzierung das jeweils ausländische Unternehmen aus dem Heimatmarkt fernzuhalten. Da die Konsumenten in diesem Modell eine Präferenz für Produktdifferenzierung haben, ist dieses Verhalten trotz der Vermeidung von Transportkosten jedoch nicht wohlfahrtssteigernd.

🎓 Was haben wir gelernt?

- Unvollkommener Wettbewerb liefert gegenüber dem Ansatz komparativer Kosten zusätzliche Handelsmotive, bei denen die Anreize und das Verhalten der Unternehmen eine zentrale Rolle spielen.

- Unternehmen bei unvollkommenem Wettbewerb sehen sich einer sinkenden Grenzerlöskurve gegenüber. Dies führt zu Preisen, die die Grenzkosten übersteigen und somit das Potenzial zu Wohlfahrtssteigerungen durch intensivierten Wettbewerb beinhalten.

- Im Falle eines inländischen Monopolisten beschränkt die Aufnahme von Außenhandel dessen Preissetzungsspielraum und hat damit positive Effekte, die über die Vorteile des Handels bei vollkommenem Wettbewerb hinausgehen.

- Bei unvollkommenem Wettbewerb kann auch dann ein Anreiz zum Export bestehen, wenn ein Unternehmen – beispielsweise aufgrund von Handelskosten – im Exportmarkt höhere Kosten als die Konkurrenten aufweist. Hintergrund ist dabei der sinkende Verlauf der Grenzerlöskurve, der bei geringem Marktanteil im Exportmarkt zu einem relativ hohen Grenzerlös im Vergleich zum Grenzerlös im Heimatmarkt führt.

- Ein inländischer Monopolist kann dann seinen Gewinn erhöhen, wenn er einen Teil seiner Produktion zu einem Preis unter dem inländischen Monopolpreis auf einem segmentierten Auslandsmarkt absetzt. Der Export kann dabei selbst dann vorteilhaft sein, wenn der ausländische Marktpreis die Durchschnittskosten nicht deckt. Dies liefert eine ökonomische Erklärung für „Dumping", das in der praktischen Handelspolitik als unfaire Handelspraktik angesehen wird.

- Bei zwei durch Transportkosten segmentierten Märkten kann es entsprechend zu gegenseitigem Handel mit homogenen Produkten kommen (*reciprocal dumping*), der auf den ersten Blick aufgrund der Transportkosten unsinnig erscheint, durch den zusätzlichen Wettbewerb jedoch die allokative Verzerrung vermindert und dadurch für beide Länder vorteilhaft sein kann.

10.4 Kontrollfragen und Übungsaufgaben

1. Ein Monopolist hat die Kostenfunktion: $C(x) = 0{,}5 \cdot x^2 + x + 4$ und sieht sich der Preis-Absatz-Funktion $p(x) = 10 - x$ gegenüber.
   a) Bestimmen Sie graphisch und rechnerisch die gewinnmaximierende Angebotsmenge und den Monopolpreis! Kennzeichnen Sie in Ihrer Graphik die Konsumenten- und Produzentenrente! Wie hoch ist der Wohlfahrtsverlust gegenüber der Lösung bei vollkommener Konkurrenz?
   b) Warum bietet ein Monopolist mit GK > 0 im preiselastischen Bereich der Preis-Absatz-Funktion an? Wie hoch ist die Preiselastizität im Gewinnmaximum? Wovon hängt allgemein die Marktmacht eines Monopolisten ab und wie hoch ist das Maß der Marktmacht in diesem Fall?

2. Ein Monopolist kann ein Gut zu konstanten Durchschnitts- und Grenzkosten in Höhe von 5 produzieren. Dieses Gut wird im In- und Ausland vertrieben. Im Inland beträgt die Preis-Absatz-Funktion $p(x) = 55 - x$ und im Ausland $p(x^*) = 35 - 0{,}5 \cdot x^*$. Bestimmen Sie die optimalen Preis-Absatz-Kombinationen für die beiden Märkte! Wie hoch ist der Gewinn des Unternehmens?

3. Zwei Unternehmen produzieren ein homogenes Gut zu konstanten Durchschnitts- und Grenzkosten von 5. Die Preis-Absatz-Funktion ist durch $p(X) = 50 - X$ gegeben, mit $X = x_1 + x_2$.

   a) Bestimmen Sie die Gewinne der Unternehmen als Funktionen der eigenen Absatzmenge und derjenigen des Konkurrenten! Ermitteln Sie auf dieser Grundlage zunächst die Reaktionsfunktionen und bestimmen Sie dann graphisch und rechnerisch das resultierende Cournot-Gleichgewicht!

   b) Gehen Sie davon aus, dass Unternehmen 2 Kosten in Höhe von $DK = GK = 8$ aufweist, während Unternehmen 1 nach wie vor mit $DK = GK = 5$ produziert. Wie unterscheidet sich das Ergebnis vom Cournot-Gleichgewicht mit identischen Wettbewerbern?

4. Der Elektromotoradhersteller Alset ist Monopolist in seinem Heimatland. Er überlegt nun in den europäischen Markt zu expandieren, in dem vollkommener Wettbewerb bei Elektromotorrädern herrscht. Die Preis-Absatz-Funktion im Heimatmarkt von Alset ist durch $p(x) = 20.000 - 2 \cdot x$ gegeben. Die Produktionskosten liegen bei $C(x) = 20.000.000 + 0{,}5 \cdot x^2$.

   a) Bestimmen Sie zunächst in der Ausgangssituation, d. h. ohne Expansion in den europäischen Markt, rechnerisch und graphisch die Absatzmenge und den Preis auf dem Heimatmarkt von Alset! Wie hoch ist der Gewinn des Monopolisten?

   b) Betrachten Sie nun die Situation nach dem Markteintritt in Europa, wobei drei Szenarien für den von Alsets Angebotsmenge unabhängigen Wettbewerbspreis in Europa möglich sind: (i) $p_1 = 10.000$, (ii) $p_2 = 12.000$ und (iii) $p_3 = 14.000$. Bestimmen Sie für jedes Szenario sowohl analytisch als auch graphisch die gewinnmaximierende Exportmenge des Monopolisten! Wie hoch ist jeweils der gesamte Gewinn von Alset?

Literatur

Im Text zitierte Quellen

Bandulet R. und K. Morasch (2003), Incentives to Invest in Transport Cost Reduction – Conceptual Issues and an Application to Electronic Commerce, The B.E. Journals in Economic Analysis & Policy: Topics in Economic Analysis & Policy, Vol. 3, No. 1, Article 18. [*Anreize zur Investition in eine Reduktion der Handelskosten im internationalen Duopol mit differenzierten Produkten.*] Hinweis: Beitrag ist online nicht mehr verfügbar.

Bandulet R. und K. Morasch (2011), Sharing the Market or Getting Closer for a Fight? Strategic Reaction to Reduced Trade Costs, Open Economies Review, Vol. 22, 709–737. [*Erweiterung der Analyse von Bandulet/Morasch (2003) um die Möglichkeit, den Grad der Produktdifferenzierung zu beeinflussen.*]

Brander J. und P. Krugman (1983), A 'Reciprocal Dumping' Model of International Trade. Journal of International Economics, Vol. 15, 313–321. [*Grundlegende Arbeit zum Reciprocal-Dumping-Modell.*]

Ergänzende und weiterführende Literatur

Pindyck R. S. und D. L. Rubinfeld (2018), Microeconomics, 9th ed., Boston: Pearson Education, ch. 10–12. [*Darstellung von Monopolpreisbildung, Preisdiskriminierung und Oligopolwettbewerb mit vielen Anwendungsbeispielen.*]

Beidseitiger Handel innerhalb einer Branche

Inhaltsverzeichnis

© Der/die Autor(en), exklusiv lizenziert an Springer Fachmedien Wiesbaden GmbH, ein Teil von Springer Nature 2024
K. Morasch und F. Bartholomae, *Handel und Wettbewerb auf globalen Märkten*,
https://doi.org/10.1007/978-3-658-41866-3_11

Themenüberblick

- Intra-industrieller Handel als empirisches Phänomen: Definition und Messung sowie empirische Bedeutung in Bezug auf Branchen und Länder
- Erklärung im Kontext der traditionellen Handelstheorie: intra-industrieller Handel als statistisches Artefakt
- Moderne Erklärungsansätze für intra-industriellen Handel: Fragmentierte Produktionsprozesse, horizontale Produktdifferenzierung und Qualitätsdifferenzierung bei heterogenen Konsumenten
- Monopolistische Konkurrenz: Produktdifferenzierung und Skalenerträge als Motiv für intra-industriellen Handel

Die traditionelle Außenhandelstheorie, wie wir sie in den ▶ Kap. 5 und 6 kennengelernt haben, erklärt Handel im Kontext komparativer Kostenvorteile. Dieser Ansatz ist jedoch wenig überzeugend, wenn es um die Analyse des beidseitigen Handels ähnlicher Produkte zwischen den Industrieländern geht. Im vorangegangenen ▶ Abschn. 10.3.3 haben wir im Kontext des *Reciprocal-Dumping*-Modell gesehen, dass es sogar bei homogenen Produkten zu beidseitigem Handel kommen kann. Zur Analyse der Handelsstruktur ist diese Modellierung jedoch weniger geeignet: Zum einen wird dabei der empirisch bedeutsame Aspekt der Produktdifferenzierung nicht berücksichtigt. Zum anderen lassen sich Oligopolansätze nur schwer in die Modellwelt des allgemeinen Gleichgewichts aus der traditionellen Handelstheorie integrieren. In diesem Kapitel wollen wir uns zunächst einer kurzen Darstellung der Empirie des intra-industriellen Handels widmen und anschließend einige prinzipiell mögliche Erklärungsansätze für dieses Phänomen liefern. Schließlich werden wir uns mit einem Handelsmodell mit monopolistischer Konkurrenz beschäftigen, das auf Produktdifferenzierung und Skalenerträgen basiert und wesentlich besser mit den Handelsmodellen zur Erklärung inter-industriellen Handels harmoniert.

11

11.1 Begriff und Messung des intra-industriellen Handels

In Teil II haben wir Handel analysiert, bei dem ein Land Produkte aus einer Branche exportiert und dafür im Gegenzug Güter aus einem anderen Sektor importiert. Die Handelsstruktur wurde dabei durch Unterschiede zwischen den Ländern in Bezug auf Technologie oder Faktorausstattung erklärt. In der Realität begegnen wir aber häufig dem Phänomen, dass gerade zwischen sehr ähnlichen Ländern in erheblichem Umfang innerhalb einer Branche differenzierte Güter in beide Richtungen gehandelt werden.

Beispielsweise exportiert Deutschland Automobile vom Typ VW Golf, Mercedes A-Klasse und 1er BMW nach Frankreich und importiert gleichzeitig aus Frankreich vergleichbare Fahrzeuge wie den Peugeot 308 oder den Renault Megane. Diese Art von Handel tritt jedoch nicht nur bei Industrieprodukten auf: So exportierte Deutschland im Jahr 2020 nach Daten des statistischen Bundesamts 150.800 hl Wein nach Österreich und importierte im Gegenzug 331.600 hl Wein.

Wie wir schon bei der Struktur des Außenhandels in ▶ Kap. 1 kurz angesprochen haben, wird der Teil des Handels, bei dem Güter innerhalb einer Branche in beide Richtungen (englisch: *two-way trade*) gehandelt werden als intra-industrieller Handel bezeichnet. Dieser Ausdruck setzt sich aus dem lateinischen Wort „intra" für „innerhalb" und dem englischen „industry" für „Branche" zusammen.[1] Welche Produkte gehören aber nun konkret zur gleichen Branche? Bei Wein wäre etwa einerseits die Frage, ob nicht andere alkoholische Getränke wie beispielsweise Bier als hinreichend enge Substitute zu betrachten wären. Auf der anderen Seite trinken manche Konsumenten nur Rotwein aber keinen Weißwein. Schließlich gibt es auch eine erhebliche Qualitätsdifferenzierung: Ist ein einfacher Trollinger für 4 Euro aus dem Supermarkt wirklich mit einem fünf Jahre alten Brunello di Montalcino für 30 Euro zu vergleichen? Diesen Problemen sollten wir uns bewusst sein, wenn wir uns nun mit der Messung und empirischen Analyse des intra-industriellen Handels beschäftigen, wobei wir zwangsläufig auf die in der Außenhandelsstatistik vorgegebene Branchenabgrenzung zurückgreifen müssen.

Bei der statistischen Festlegung einer Branche wird meist auf das *Standard Industrial Trade Classification*-System (SITC; Internationales Warenverzeichnis für den Außenhandel) der Vereinten Nationen zurückgegriffen. In der seit 2006 gültigen vierten Revision gibt es fünf Aggregationsstufen, die wiederum in 10 Teile, 67 Abschnitte, 262 Gruppen, 1023 Untergruppen und 2970 kleinste Gliederungseinheiten unterteilt werden. Die oberste Aggregationsstufe ist sehr breit gefasst, je tiefer die Gliederungsebene voranschreitet, desto feiner werden die Kategorisierungen, sodass auf der kleinsten Gliederungseinheit sehr spezifische Produktgruppen abgegrenzt werden. Auf der zweiten SITC-Stufe finden sich unter anderem die Aggregate Erdöl und Erdölerzeugnisse, Schuhe, Möbel, organische chemische Erzeugnisse und Metallbearbeitungsmaschinen. Die Zusammenfassungen der gehandelten Warengruppen auf der zweiten oder dritten Ebene entsprechen damit ungefähr der volkswirtschaftlichen Definition einzelner Branchen und diese Aggregationsstufen werden darum üblicherweise für die statistische Messung des intra-industriellen Handels herangezogen.

Haben wir die konkreten Branchenabgrenzungen vorgenommen, stellt sich die Frage, wie wir den Umfang des intra-industriellen Handels in einer Branche messen können. Betrachten wir hierzu beispielhaft die Handelsbeziehung zwischen Deutschland und Brasilien wie sie in ◘ Abb. 11.1 dargestellt ist. Während Kupfererze ausschließlich von Deutschland importiert werden, findet bei Verbrennungsmotoren Handel in ähnlichem Umfang in beide Richtungen statt. Gemäß der Definition liegt somit bei Verbrennungsmotoren hauptsächlich intra-industrieller Handel und bei Kupfererzen ausschließlich inter-industrieller Handel vor.

Neben diesen extremen Beispielen gibt es auch Branchen, wie das oben angeführte Beispiel Wein, in denen ein Land zwar eindeutig Nettoimporteur ist, aber trotzdem eine nicht unerhebliche Menge exportiert. Um für solche Branchen und auch für Länder die relative Bedeutung des intra-industriellen Handels abbilden zu können, brauchen wir eine geeignete Maßzahl. Zur Messung wird zumeist der **Grubel-Lloyd-Index** verwendet, der den Anteil des intra-industriellen Handels am Gesamthandel wiedergibt. Dieser Index ist für eine Branche i definiert als

$$\mathrm{GL}_i = 1 - \frac{|\mathrm{EX}_i - \mathrm{IM}_i|}{\mathrm{EX}_i + \mathrm{IM}_i}, \tag{11.1}$$

---

1   Das lateinische Präfix bei inter-industriellen Handel steht entsprechend für „zwischen".

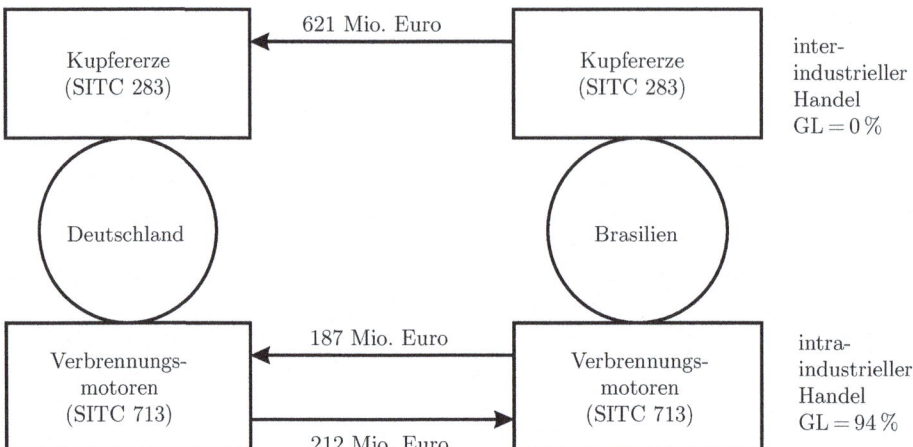

Quelle: Eigene Darstellung basierend auf Daten des Statistischen Bundesamts für 2019.

■ **Abb. 11.1**   Beispiel für inter- und intra-industriellen Handel

wobei EX_i und IM_i die Exporte und Importe in der Branche i bezeichnen. Dieses Maß ist dann 0, wenn Handel ausschließlich in eine Richtung stattfindet (nur Importe oder nur Exporte) – in unserem Beispiel ist das bei Kupfererzen der Fall. Wenn der Wert der Exporte EX_i dem Wert der Importe IM_i entspricht, ist der gesamte in der Branche stattfindende Handel intra-industriell, und der Index nimmt den Maximalwert von 1 (bzw. 100 %) an. Bei Verbrennungsmotoren kommt diesem Wert mit 94 % auch schon recht nahe.

Wir können auch einen Grubel-Lloyd-Index für ein ganzes Land oder für den bilateralen Handel zwischen zwei Ländern berechnen. Hierzu summieren wir den Index für eine Branche i, (11.1), über alle vorhandenen Branchen $i = 1, \ldots, n$ auf:

$$GL = 1 - \frac{\sum_{i=1}^{n} |EX_i - IM_i|}{\sum_{i=1}^{n} (EX_i + IM_i)}$$

Beispielsweise können wir auf Grundlage der Werte in ■ Abb. 11.1 mit dieser Formel den durchschnittlichen Anteil des intra-industriellen Handels zwischen Deutschland und Brasilien in den beiden Branchen bestimmen. Da bei Kupfererzen insgesamt deutlich mehr Handel stattfindet, ergibt sich ein Anteil des intra-industriellen Handels von knapp 42 %.

Der Umfang des statistisch erfassten intra-industriellen Handels ist von einer Reihe von Faktoren abhängig. Bevor wir uns etwas genauer mit den verschiedenen Determinanten auseinandersetzen, wird anhand von ■ Abb. 11.2 der Grubel-Lloyd-Index exemplarisch für verschiedene Branchen in Deutschland und den USA aufgezeigt.

Wie zu erwarten war, ist intra-industrieller Handel vor allem bei hochtechnisierten Industriezweigen wie dem Maschinen- und Fahrzeugbau zu beobachten, in denen Produktdifferenzierung und Skalenerträge eine wichtige Rolle spielen, während bei Brennstoffen und arbeitsintensiv hergestellten Produkten wie Schuhen oder Textilien inter-industrieller Handel aufgrund komparativer Kostenvorteile dominiert. Es gibt aber

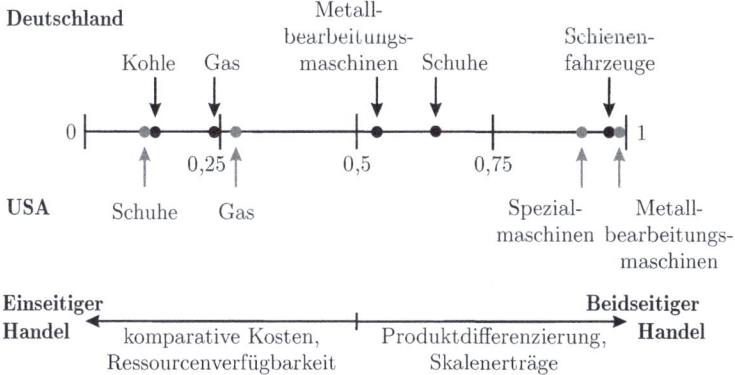

Abb. 11.2   Handelsmuster von Deutschland und den USA für ausgewählte Güter

auch deutliche Unterschiede zwischen Deutschland und den USA. So importieren und exportieren die USA in etwa die gleiche Menge an Metallbearbeitungsmaschinen, während der Grubel-Lloyd-Index in Deutschland nur knapp über 50 % liegt. Hier macht sich bemerkbar, dass bei dieser Art von Gütern komparative Vorteile für die überwiegende Handelsrichtung verantwortlich sein können. Andererseits werden arbeitsintensiv hergestellte Güter wie Schuhe in den USA praktisch nur importiert, während diese von Deutschland auch in großem Umfang exportiert werden. Dabei handelt es sich vermutlich jedoch zum größten Teil nicht um in Deutschland hergestellte Schuhe, sondern um Wiederausfuhrhandel (dazu genaueres im nächsten Abschnitt).

Wir wollen nun nach Erklärungsansätzen für den intra-industriellen Handel suchen. Hierzu werden wir in diesem und den nächsten Kapiteln insbesondere die Ansätze der sogenannten „neuen" Außenhandelstheorie zur Anwendung bringen, die den Wunsch der Konsumenten nach Produktdifferenzierung, Skalenerträge in der Produktion und die Fragmentierung des Produktionsprozesses thematisieren. Vorher sollten wir uns jedoch verdeutlichen, dass ein Teil des in der Außenhandelsstatistik beobachtbaren intra-industriellen Handels auch ohne diese Konzepte erklärbar ist.

11.2   Intra-industrieller Handel als statistisches Artefakt

Intra-industrieller Handel ist zunächst einmal ein mit der Branchenabgrenzung in der Außenhandelsstatistik zusammenhängendes Phänomen. Im Idealfall werden nur Produkte aggregiert, die tatsächlich enge Substitute zueinander darstellen und mit vergleichbaren Technologien (z. B. bezüglich der Faktorintensität) hergestellt werden. Gerade bei einer relativ weiten Abgrenzung kann es jedoch sein, dass Produkte der gleichen Branche zugeordnet werden, obwohl sie aus Sicht der Konsumenten kein Substitut zueinander darstellen – beispielsweise werden auf SITC-2-Ebene Fotokameras und Uhren in einer Branche zusammengefasst. Wenn Produkte aggregiert werden, die mit unterschiedlichen Technologien bzw. Faktorintensitäten hergestellt werden, so können auch komparative Kostenvorteile den intra-industriellen Handel erklären – dies dürfte z. B. für die SITC-2-Ebene „Gemüse und Früchte" der Fall sein, bei der Unterschiede in Klima und Bodenbeschaffenheit den komparativen Vorteil für die konkrete Variante determinieren.

Selbst wenn mit der Branchenabgrenzung nur funktional homogene Güter zusammengefasst werden, kann intra-industrieller Handel als statistisches Artefakt auftreten. Dieser Handel entsteht deshalb, weil in der Realität räumliche und zeitliche Dimensionen wichtig sind und neben der Produktion auch der Vertrieb und die Vermarktung eine Rolle spielen. Wie diese drei Aspekte intra-industriellen Handel erklären können, wollen wir nun kurz veranschaulichen.

▪▪ Handel an Ländergrenzen

Im Neo-Ricardo-Modell in ▸ Abschn. 5.3 haben wir gesehen, dass bei Vorliegen von Transportkosten Güter nicht gehandelt werden, bei denen der Produktivitätsunterschied zwischen den Ländern gering ist. Wird ein solches Gut in räumlich verteilten Produktionsstätten hergestellt, so werden die Konsumenten zur Vermeidung hoher Transportkosten das Gut jeweils von der am nächsten liegenden Produktionsstätte erwerben. Befinden sich solche Produktionsstätten dann sowohl im Inland als auch im Ausland nahe der Ländergrenze, wird für einige grenznah lebende Konsumenten die Produktionsstätte im anderen Land die nächstliegende sein und sie werden bei Freihandel das Gut dort erwerben. Somit können Transportkosten und die Verteilung von Produktionsstätten und Konsumenten im Raum zumindest bei direkten Nachbarn das Auftreten intra-industriellen Handels erklären. In der Praxis dürfte somit ein Teil des intra-industriellen Handels in Agglomerationen an Ländergrenzen stattfinden, wie beispielsweise zwischen Aachen und Maastricht an der deutsch-niederländischen Grenze oder zwischen Vancouver und Seattle an der Grenze zwischen Kanada und den USA.

▪▪ Zeitpunktbezogener Handel

Bei einer Reihe von nicht oder nur beschränkt lagerbaren Gütern ändern sich die Produktionsbedingungen zyklisch oder auch unregelmäßig. Beispielsweise können saisonale Agrarprodukte in Ländern verschiedener Breitengrade jeweils nur in einem bestimmten Zeitraum hergestellt werden. Während etwa Deutschland im Sommer frische Äpfel exportieren kann, muss es diese im Winter importieren. Ein anderes Beispiel ist Elektrizität, deren Nutzung einerseits tageszeitlichen Schwankungen unterliegt, weswegen diese zu Spitzenzeiten importiert werden muss und zu Zeiten nur geringer Auslastung exportiert werden kann. Andererseits sind gerade in diesem Sektor die zur Beschränkung des Klimawandels eingesetzten regenerativen Methoden der Energiegewinnung erheblichen Fluktuationen unterworfen, da sie meist abhängig von natürlichen Phänomenen wie der Windstärke oder der Sonneneinstrahlung sind. In Europa spielt vor diesem Hintergrund der Handel mit Strom zum Ausgleich dieser nachfrage- und angebotsseitigen Schwankungen eine wichtige Rolle. Da in der Außenhandelsstatistik der Handel innerhalb eines Zeitraums erfasst wird, kommt es folglich bei solchen Gütern zu intra-industriellem Handel. So lag beispielsweise im Jahr 2020 für Deutschland der Anteil des intra-industriellen Handels bei elektrischem Strom bei 82 %.

■ ■ **Wiederausfuhrhandel**

Bislang sind wir davon ausgegangen, dass ein Gut in Land A produziert und dann in ein Konsumland B exportiert wurde. In einer Welt mit vielen Ländern tritt jedoch häufig auch die Situation auf, dass Güter zunächst in ein Drittland C exportiert werden, das dann den Vertrieb in eine Reihe von Konsumländern übernimmt. Land C bzw. die darin ansässigen Unternehmen werden damit als Intermediäre im internationalen Handel tätig – mit dieser in der Praxis des Außenhandels wichtigen Funktion werden wir uns in ▶ Kap. 20 näher beschäftigen. Hier wollen wir uns nur kurz am Beispiel des Marktes für Sportschuhe die Implikationen für die Außenhandelsstatistik klarmachen. Sportschuhe werden aufgrund komparativer Kostenvorteile überwiegend in Ländern mit niedrigen Arbeitskosten wie beispielsweise Vietnam hergestellt. Beim Handel der USA kommt dies in der Statistik unmittelbar zum Ausdruck: Bei Schuhen liegt der Grubel-Lloyd-Index nahe Null, da die USA Sportschuhe und andere Schuhe praktisch nur importieren. Warum ist für Deutschland der intra-industrielle Handel in dieser Branche mit 66 % (2020) so viel ausgeprägter? Der Grund dürfte darin liegen, dass beispielsweise ein Unternehmen wie Adidas die Sportschuhe in Vietnam herstellen lässt, diese nach Deutschland importiert und dann von dort aus in ganz Europa vertreibt. Den Importen aus Vietnam stehen dann Exporte in die europäischen Länder gegenüber, obwohl in Deutschland keine Sportschuhe hergestellt werden.

Auch wenn wir damit gezeigt haben, dass ein Teil des beobachteten intra-industriellen Handels ein statistisches Artefakt darstellt und im Kontext der traditionellen Handelstheorie analysiert werden kann, so ist doch offensichtlich, dass man damit den Gesamtumfang des intra-industriellen Handels und insbesondere den Handel hochwertiger Industrieprodukte zwischen den Industrieländern nicht zufriedenstellend erklären kann. Wir werden daher im folgenden Abschnitt Ansätze der neuen Außenhandelstheorie vorstellen, die intra-industriellen Handel im Kontext von Präferenzen der Konsumenten für Produktdifferenzierung, steigender Skalenerträge in der Produktion und fragmentierter Produktionsprozesse erklären.

11.3 Arten des intra-industriellen Handels

In der Praxis spielen bei Industrieprodukten drei unterschiedliche Arten des intra-industriellen Handels eine Rolle:

- **Intra-industriellen Handel mit horizontal differenzierten Produkten,** wie etwa der oben bereits angesprochene Handel zwischen Deutschland und Frankreich mit qualitativ vergleichbaren, aber differenzierten Produkten, wie dem VW Golf und dem Peugeot 308.
- **Intra-industrieller Handel mit vertikal differenzierten Produkten** läge demgegenüber beim Import eines Dacia aus Rumänien und dem gleichzeitigen Export eines 3er BMW nach Rumänien vor.
- **Vertikaler intra-industriellen Handel** ist zu beobachten, wenn Vorprodukte im Rahmen eines fragmentierten Produktionsprozesses aus einem Land importiert und anschließend die Endprodukte wieder in dieses Land exportiert werden – so stellt VW im polnischen Motorenwerk in Polkowice Dieselmotoren her, die dann beispielsweise in Wolfsburg für die Produktion von VW Golf verwendet werden, die anschließend nach Polen exportiert werden.

Wir werden den vertikalen intra-industriellen Handel aufgrund fragmentierter Produktionsprozesse hier nicht weiter thematisieren, da er eng mit den Konzepten von Fragmentierung und Offshoring zusammenhängt, die erst in ▸ Abschn. 13.3 behandelt werden.

Betrachten wir daher zunächst das konsumseitig orientierte Konzept einer Präferenz für differenzierte Produkte etwas genauer. Dabei muss zum einen horizontale von vertikaler Differenzierung abgegrenzt werden. Zum anderen müssen wir bei horizontaler Differenzierung zwischen dem Wunsch nach einer Idealvariante und der Vorliebe für Produktvariationen unterscheiden.

Beginnen wir zunächst mit dem letzten Unterscheidungsmerkmal. Möchte sich jemand ein neues Smartphone kaufen, hat er bestimmte Vorstellungen in Bezug auf benötigte Funktionen und Eigenschaften. Nehmen wir zur Vereinfachung an, dass die Preise der Smartphones identisch sind, dann wird er dasjenige Smartphone auswählen, das seinen Vorstellungen am nächsten kommt. Je mehr verschiedene Modelle es gibt, desto höher ist dann die Wahrscheinlichkeit, dass genau eines über die gewünschten Eigenschaften verfügt oder zumindest sehr nahe an seine **Idealvariante** herankommt. Demgegenüber spielt die **Vorliebe für Produktvariationen** bei Gütern eine Rolle, bei denen wir mehr als eine Einheit konsumieren, beispielsweise bei Kleidung. Zwar haben die meisten Leute eine Vorliebe für einen bestimmten Kleidungsstil wie z. B. Jeans und T-Shirt, aber die wenigsten würden sich dann fünfmal das gleiche T-Shirt kaufen, sondern werden es eher vorziehen, T-Shirts in verschiedenen Farben oder Designs zu kaufen. Bei der theoretischen Modellierung intra-industriellen Handels wird meist diese zweite Art von Präferenz für Produktdifferenzierung angenommen, da sie eine Analyse mit homogenen Konsumenten erlaubt. Zudem kommen beide Modellierungen der Präferenzen, Idealvariante und Wunsch nach Produktdifferenzierung, bei außenhandelsrelevanten Aspekten zu qualitativ identischen Ergebnissen.

Vertikale und horizontale Produktdifferenzierung ist in der Realität nicht immer eindeutig trennbar, da sich Güter meist in mehreren Merkmalen unterscheiden und dabei entweder hinsichtlich des Vorhandenseins bestimmter Spezifika oder in Bezug auf die konkrete Ausprägung eines Merkmals („Qualität") differieren können. Dies können wir uns verdeutlichen, wenn wir wie in ◻ Abb. 11.3 verschiedene Varianten eines Produkts hinsichtlich von kaufrelevanten Produkteigenschaften unterscheiden.

Konkret werden hier drei verschiedene Smartphones in Bezug auf die Merkmale Verarbeitung, Display, Bedienung, Ausstattung und Akkulaufzeit bewertet – eine solche objektive Bewertung kann etwa von einem unabhängigen Testlabor erfolgen. Wir sehen, dass Smartphone A in allen Kategorien besser als die beiden anderen Smartphones B und C abschneidet. Zwischen A und B bzw. A und C besteht somit eindeutig eine vertikale Differenzierung: Ein Gut ist von höherer Qualität, wenn es einem anderen Gut in Bezug auf alle Produktcharakteristika überlegen ist. Anders sieht es beim Vergleich zwischen B und C aus: Smartphone B hat eine schlechte Ausstattung, während die Akkulaufzeit von Smartphone C mangelhaft ist. Die Bedienung von Smartphone B ist besser als die von C, dafür ist die Verarbeitung von C hochwertiger. Somit unterscheiden sich die Smartphones sowohl in ihren Eigenschaften als auch in der Qualität einzelner Merkmale, womit hier eine Mischung aus horizontaler und vertikaler Differenzierung vorliegt.

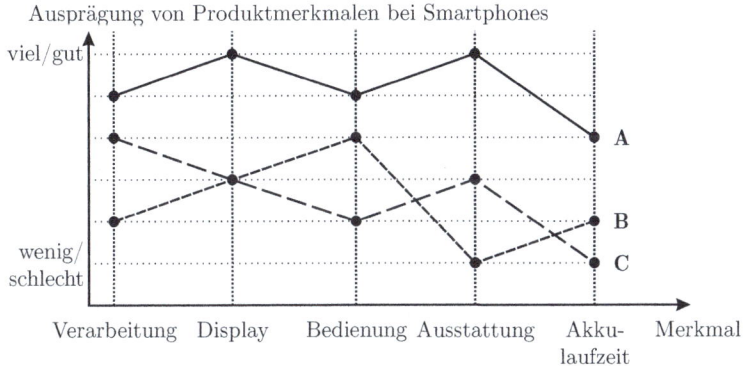

☐ **Abb. 11.3** Vertikale und horizontale Produktdifferenzierung

Wir werden uns, im Einklang mit dem überwiegenden Teil der Literatur, im nächsten Abschnitt und bei den Modellerweiterungen in den beiden folgenden ▶ Kap. 12 und 13 auf den Aspekt der horizontalen Produktdifferenzierung konzentrieren. Gerade für den intra-industriellem Handel zwischen den ähnlichen Industrieländern eignet sich diese Form der Produktdifferenzierung am besten. Zuvor möchten wir jedoch noch kurz die Implikationen vertikaler Produktdifferenzierung für den Außenhandel thematisieren.

Die vertikale Produktdifferenzierung ist grundsätzlich dann relevant, wenn aufseiten der Konsumenten eine ungleiche Einkommensverteilung gegeben ist, sodass reichere Individuen die Variante mit höherer Qualität und ärmere Individuen diejenige mit niedrigerer nachfragen. Wie kann es in dieser Situation mit **nicht-homothetischen Präferenzen** zu Handel kommen? Betrachten wir zwei Länder, die beide im selben Sektor die Standardvariante x_1 und eine qualitativ höherwertige (und damit auch teurere) Variante x_2 produzieren können. Die hochwertige Variante x_2 wird von Individuen mit einem Einkommen oberhalb einer kritischen Einkommensgrenze nachgefragt, die Standardvariante x_1 entsprechend von ärmeren Individuen. Die Einkommensverteilung im Inland und im Ausland ist in ☐ Abb. 11.4 dargestellt, d. h. das Inland ist reicher und es gibt somit mehr Individuen, die die qualitativ höherwertige Variante nachfragen als im Ausland.

Bei Autarkie werden in jedem Land beide Varianten hergestellt. Treten bei der Produktion der beiden Güter steigende Skalenerträge auf, so wird sich bei Aufnahme von Außenhandel das Inland auf die Produktion von x_2 und das Ausland auf x_1 spezialisieren, da in den jeweiligen Ländern die Variante mit der entsprechenden Qualität stärker nachgefragt wird und bei Vorliegen von Handelskosten damit insgesamt kostengünstiger angeboten werden kann. Für das Inland bedeutet dies, dass es nach der Handelsaufnahme den Bedarf der reicheren Individuen weiterhin selbst deckt, für den Bedarf seiner ärmeren Individuen aber auf Importe von x_1 zurückgreift, die es im Tausch gegen x_2 vom Ausland erwirbt. Da beide Güter der gleichen Branche zuzurechnen sind, ist somit intra-industrieller Handel in vertikal differenzierten Produkten zu beobachten.

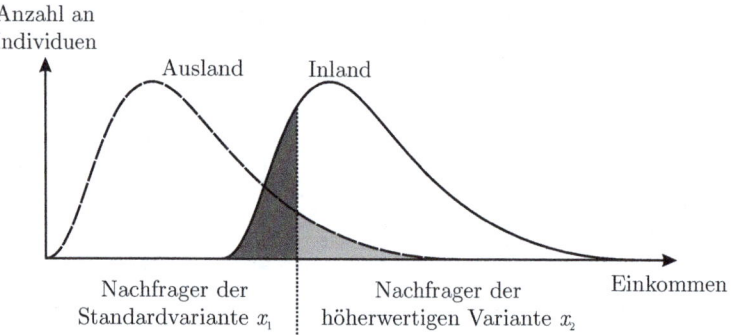

■ **Abb. 11.4** Einkommen und nachgefragte Qualität

Box 11.1: Deutsche Handelspartner: Intra- vs. inter-industrieller Handel

Die Differenzierung in intra-industriellen Handel bei horizontaler und vertikaler Produktdifferenzierung ermöglicht es uns in Ergänzung zu ▶ Abschn. 11.1 einen Blick auf die relative Bedeutung der unterschiedlichen Handelsformen in den bilateralen Handelsbeziehungen der Bundesrepublik zu werfen und eine Interpretation vorzunehmen:

Intra-industrieller Handel differenzierter Produkte			Inter-industrieller Handel	
Land	**Horizontal**	**Vertikal**	**Land**	**Anteil**
UK	0,56	0,49	Bangladesch	1,00
Schweiz	0,53	0,41	Simbabwe	0,99
Frankreich	0,52	0,39	Madagaskar	0,98
Österreich	0,51	0,38	Algerien	0,98
Niederlande	0,49	0,37	Nigeria	0,97

Quelle: World Trade Report (2008), p. 42.

In der Tabelle sind jeweils die fünf Länder mit den höchsten Werten für die jeweiligen Anteile am bilateralen Handelsvolumen aufgeführt. Erwartungsgemäß ist der Anteil des inter-industriellen Handels mit arbeitsreichen asiatischen und afrikanischen Entwicklungsländern wie Bangladesch oder Simbabwe am höchsten. Demgegenüber ist der intra-industrielle Handel bei horizontaler Produktdifferenzierung mit den vom wirtschaftlichen Entwicklungsstand her sehr ähnlichen europäischen Nachbarländern wie Großbritannien (UK) oder Frankreich am bedeutendsten. Schließlich ist der Anteil des intra-industriellen Handels bei vertikaler Produktdifferenzierung mit Malaysia, Italien, Spanien und Portugal besonders hoch – diese Länder sind zwar ebenfalls Industrie- oder zumindest Schwellenländer, weisen aber eine zum Teil andere Einkommensstruktur als Deutschland auf.

11.4 Monopolistische Konkurrenz und intra-industrieller Handel

In diesem Abschnitt werden wir zeigen, wie man intra-industriellen Handel mit horizontal differenzierten Produkten auf Grundlage des Modells monopolistischer Konkurrenz erklären kann. Dabei wird auf der Nachfrageseite der Wunsch der Konsumenten nach horizontal differenzierten Produkten angenommen, der in Zusammenhang mit internen Skalenerträgen in der Produktion ein Motiv für die Aufnahme von Außenhandel liefert. Dieser Ansatz ist komplementär zur „klassischen" Handelstheorie, die von der Produktion homogener Güter und konstanten Skalenerträgen ausgeht (siehe ▶ Kap. 5 und 6). Hierdurch ändert sich auch der Fokus der Analyse, der nun nicht mehr in erster Linie auf den Ländern und ihren Technologien und Faktorausstattungen liegt, sondern auf den Unternehmen und Märkten.

Um die Annahme von (internen) Skalenerträgen mit einer allgemeinen Gleichgewichtsanalyse zu verbinden, wird ein Modellrahmen benötigt, der zwar auf Firmenebene steigende Skalenerträge zulässt, aber auf branchen- bzw. gesamtökonomischer Ebene weiterhin konstante Skalenerträge aufweist, sodass alle Faktoren entsprechend ihres Wertgrenzprodukts entlohnt werden können. Genau dies ermöglicht das Modell monopolistischer Konkurrenz, das wir nun zunächst im partialanalytischen Kontext im Rahmen einer graphischen Darstellung präsentieren und auf den Außenhandelskontext anwenden werden.

Ausgangspunkt der Überlegung ist ein Markt mit differenzierten Produkten, wobei jedes aktive Unternehmen genau eine dieser Produktvarianten herstellt. Wie wir in ☐ Abb. 11.5a sehen, sieht sich das einzelne Unternehmen im Unterschied zum Wettbewerb mit homogenen Produkten dann wie ein Monopolist einer fallenden Nachfragekurve gegenüber. Aufgrund des Wettbewerbs verläuft diese individuelle Nachfragekurve N_i^k jedoch nicht nur weiter links, sondern auch deutlich flacher als die nicht eingezeichnete Gesamtnachfragekurve: Die Preiselastizität der Nachfrage nach dem einzelnen differenzierten Produkt ist höher, da ein Konsument bei einer Preiserhöhung auch auf eines der Konkurrenzprodukte wechseln kann. Qualitativ entspricht das Entscheidungsproblem des Unternehmens jedoch genau demjenigen eines Monopolisten: Aufgrund der fallenden Grenzerlöskurve maximiert es den Gewinn, wenn es die Absatzmenge nach der Regel „Grenzerlös = Grenzkosten"

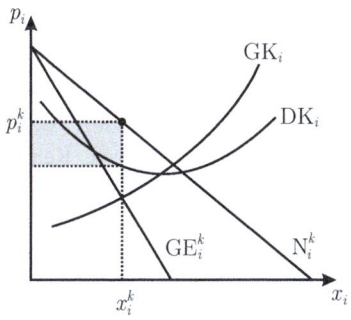

(a) Kurzfristiges Gleichgewicht

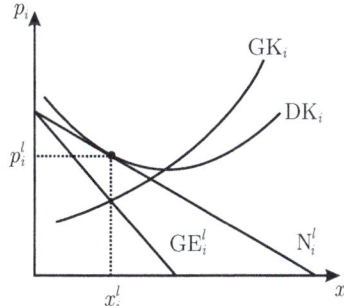

(b) Langfristiges Gleichgewicht

☐ **Abb. 11.5**   Monopolistische Konkurrenz bei Autarkie

festlegt. Im kurzfristigen Gleichgewicht, bezeichnet mit Exponent k, kann das Unternehmen dann einen Gewinn realisieren, der in der ◩ Abb. 11.5a durch die graue Rechtecksfläche zwischen der Durchschnittskostenkurve auf Höhe der kurzfristig optimalen Absatzmenge x_i^k und dem Gleichgewichtspreis p_i^k gekennzeichnet ist.

Im Gegensatz zu den Monopol- und Oligopolmodellen aus dem letzten Kapitel gehen wir nun davon aus, dass in dem betrachteten Markt keine Markteintrittsbarrieren vorliegen und somit weitere Unternehmen in den Markt eintreten werden, solange sie positive Gewinne erzielen können. Wie bei vollkommenem Wettbewerb wird dabei unterstellt, dass alle Unternehmen identische Kosten aufweisen. Der Markteintritt verändert nicht nur das Gesamtangebot im Markt, sondern auch die individuellen Nachfragekurven: Wenn mehr Unternehmen im Markt aktiv sind, so stellen diese immer engere Substitute her – nehmen wir beispielsweise an, die Unternehmen produzieren T-Shirts unterschiedlicher Farben, dann wird mit zunehmender Variantenanzahl das Farbspektrum immer weiter ausgeschöpft und die Produkte werden damit immer ähnlicher. Entsprechend wird die Nachfrage nach den einzelnen Varianten preiselastischer, d. h. die individuellen Nachfragekurven verlaufen flacher und niedriger. In einem langfristigen Gleichgewicht (die entsprechenden Variablen sind mit dem Exponenten l gekennzeichnet) dürfen dann keine Anreize mehr zum Markteintritt bestehen, d. h. die Unternehmen erzielen Nullgewinne. In der graphischen Darstellung bedeutet dies, dass bei der individuellen Gleichgewichtsmenge x_i^l der Preis den Durchschnittskosten entsprechen muss – die Durchschnittskostenkurve muss dann wie in ◩ Abb. 11.5b die individuelle Nachfragekurve N_i^l tangieren. Beachten Sie, dass der Preis damit zwar weiterhin über den Grenzkosten liegt, das Unternehmen jedoch keine ökonomischen Gewinne mehr realisiert – dies stellt sicher, dass die Faktoren nach ihrem Wertgrenzprodukt entlohnt werden können.

Wie ändert sich die Situation im Markt für eine einzelne Variante, wenn Außenhandel aufgenommen wird? Zur Vereinfachung der Analyse gehen wir davon aus, dass sowohl die Unternehmen als auch die beiden betrachteten Länder völlig symmetrisch sind. Wir können uns dann bei der Analyse auf den Markt für eine Variante im Inland beschränken. Bei Autarkie ist im Markt für jede Variante im Inland und im Ausland das langfristige Gleichgewicht durch die Preis-Mengen-Kombination (p_i^A, x_i^A) in ◩ Abb. 11.6 gegeben.

Durch die Aufnahme von Außenhandel verdoppelt sich die Größe des Gesamtmarktes: Zu jedem gegebenen Preis ist die Marktnachfrage dann doppelt so hoch, gleichzeitig hat sich aber auch die Anzahl der Varianten verdoppelt und damit der Wettbewerb intensiviert. Dies führt für das einzelne Unternehmen dazu, dass die individuelle Nachfragekurve nun deutlich flacher verläuft (höhere Preiselastizität der Nachfrage), da die verschiedenen Varianten jetzt engere Substitute darstellen. Das einzelne Unternehmen reagiert darauf, indem es den Preis reduziert, was aber bei der gegebenen Anzahl an Wettbewerbern zu einem Verlust führt. Als Reaktion werden so lange Unternehmen aus dem Gesamtmarkt austreten, bis im neuen Gleichgewicht mit individueller Nachfragekurve N_i^H von jeder Variante eine Menge x_i^H hergestellt wird, die über der einzelnen Autarkiemenge x_i^A liegt. Diese Menge kann nur zu einem geringeren Preis p_i^H als bei Autarkie, p_i^A, abgesetzt werden.

Im Gleichgewicht mit Außenhandel ist dann die Anzahl der Firmen und damit die Anzahl der verfügbaren Varianten sowie das Preisniveau davon abhängig, wie sich die Änderung der Anzahl der Wettbewerber auf die Preiselastizität der individuellen Nachfrage auswirkt. Bliebe sie gleich, so würde es zu keinen Marktaustritten

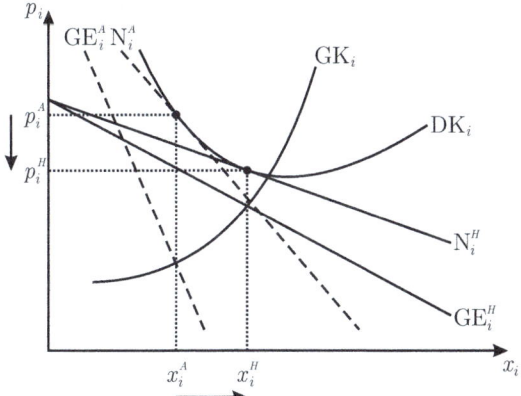

■ **Abb. 11.6**   Monopolistische Konkurrenz: Freihandel

kommen, da die Handelsaufnahme das Preisniveau unverändert lässt und sich nur die Anzahl der verfügbaren Varianten verdoppelt. Der Normalfall dürfte allerdings das in ■ Abb. 11.6 eingezeichnete Ergebnis sein, bei dem die Preiselastizität – als Folge der höheren Varianten- und damit Substitutionsvielfalt – ansteigt und somit die Preise zurückgehen, weil jedes Unternehmen im neuen Gleichgewicht eine höhere Menge zu geringeren Durchschnittskosten produziert. Da die Gesamtnachfrage höher ist als in jedem einzelnen Land, werden im Gesamtmarkt mindestens so viele Unternehmen aktiv sein wie in jedem der einzelnen Länder. Für die Konsumenten in den beiden Ländern sind damit auch mindestens so viele Varianten verfügbar wie vor der Handelsaufnahme.

Um im partialanalytischen Rahmen mit der einfachen graphischen Darstellung bleiben zu können, haben wir bei der Analyse eine Reihe von Aspekten nicht explizit modelliert. Wie wir in ▶ Kap. 12 zeigen werden, kann man das Modell jedoch relativ einfach durch die Einführung eines Faktormarktes zu einem allgemeinen Gleichgewichtsmodell schließen, in dem sich die hier vorgestellten Ergebnisse replizieren lassen.

Was haben wir gelernt?

— Intra-industrieller Handel ist dann gegeben, wenn ein Land Güter einer Branche sowohl importiert als auch exportiert. Diese Form des Handels tritt vor allem in Märkten mit differenzierten Industriegütern auf und ist insbesondere zwischen den Industrieländern zu beobachten.

— Ein Teil des in der Außenhandelsstatistik ausgewiesenen intra-industriellen Handels ist ein statistisches Artefakt, das durch Probleme der Branchenabgrenzung, Handel an Ländergrenzen, zyklischen Handel und Wiederausfuhrhandel verursacht wird.

— Der überwiegende Teil des intra-industriellen Handels lässt sich jedoch nur durch Ansätze der neuen Außenhandelstheorie zufriedenstellend erklären. Dabei ist zwischen vertikalem Handel bei fragmentierten Produktionsprozessen, Handel bei horizontaler Produktdifferenzierung oder Handel bei vertikaler Differenzierung (Qualitätsunterschiede) zu unterscheiden, die jeweils eine unterschiedliche Modellierung erfordern.

Im Modell monopolistischer Konkurrenz kann intra-industrieller Handel über die Präferenz der Konsumenten für Produktdifferenzierung und Skalenerträge bei der Herstellung der einzelnen Varianten erklärt werden. Die Aufnahme von Außenhandel führt hier dazu, dass die Anzahl der für die Konsumenten verfügbaren Varianten steigt und die Durchschnittskosten und damit die Preise sinken.

11.5 Kontrollfragen und Übungsaufgaben

1. Was ist der Unterschied zwischen inter- und intra-industriellem Handel? Welche Erklärungsansätze gibt es dabei für intra-industriellen Handel bei vertikaler und horizontaler Produktdifferenzierung sowie vertikalen intra-industriellen Handel? Geben Sie für jede Handelsart jeweils ein Beispiel!
2. In welchen Dimensionen kann Produktdifferenzierung ausgestaltet sein? Welche Rolle spielen dabei die Präferenzen und das Einkommen der Konsumenten?
3. Welche Erklärungsansätze gibt es, die intra-industriellen Handel auch mit der traditionellen Theorie vereinbaren? Welche Annahmen werden dafür getroffen bzw. modifiziert? Geben Sie jeweils ein Beispiel!
4. Berechnen Sie den Grubel-Lloyd-Index für Erze (GP09-07), Datenverarbeitungsgeräte (GP09-26) und Maschinen (GP09-28) für Deutschland! Die entsprechenden Daten finden Sie auf der Seite ▶ https://www.destatis.de/DE/Themen/Wirtschaft/Aussenhandel/Tabellen/einfuhr-ausfuhr-gueterabteilungen.html. Bei welcher Branche würden Sie einen höheren Anteil an intra-industriellem Handel erwarten und warum? Was könnte an den vorgenommenen Branchenabgrenzungen problematisch sein? Gehen Sie dabei darauf ein, warum eine korrekte Branchenabgrenzung unabdingbar für die Analyse des intra-industriellen Handels ist!
5. Welche Auswirkungen haben Skalenerträge auf die Marktstruktur und das Handelsmuster?
6. Der intra-industrielle Handel kann vereinfacht anhand des monopolistischen Konkurrenzmodells analysiert werden.
   a) Benennen Sie die wichtigsten Annahmen!
   b) Stellen Sie die Ausgangslage der monopolistischen Konkurrenz graphisch dar! Welche Auswirkungen hat der Außenhandel? Welche Rolle spielt dabei der Wunsch der Konsumenten nach Produktdifferenzierung? Zeigen Sie die Auswirkungen des Handels auf die Preise und die im Land vorhandenen Gütervarianten! Wie geeignet halten Sie dieses Modell für die Analyse des Handelsmusters?

Literatur

Im Text zitierte Quellen

World Trade Organization (2008), World Trade Report 2008: Trade in a Globalizing World, Genf: WTO Publications, pp. 40–53. [*Ein gut verständlicher anwendungsorientierter Überblick zu den theoretischen Konzepten und zur Empirie der „neuen" Außenhandelstheorie. Download auf* ▶ https://www.wto.org/english/res_e/reser_e/wtr_e.htm *möglich.*]

Ergänzende und weiterführende

Bartholomae F. (2011), Konsumentenheterogenität und Struktur des Außenhandels. EineAnalyse im Kontext der Theorie des intra-industriellen Handels, Wiesbaden: Springer Gabler, Kap. 2. [*Überblick über die historische Entwicklung und Erklärungsansätze des intra-industriellen Handels.*]

Grubel H. G. und P. J. Lloyd (1975), Intra-Industry Trade. The Theory and Measurement of International Trade in Differentiated Products, London: Macmillan. [*Das grundlegende Werk zum Konzept des intra-industriellen Handels.*]

Produktdifferenzierung, Produktivitätsunterschiede und Handel

Inhaltsverzeichnis

© Der/die Autor(en), exklusiv lizenziert an Springer Fachmedien Wiesbaden GmbH, ein Teil von Springer Nature 2024
K. Morasch und F. Bartholomae, *Handel und Wettbewerb auf globalen Märkten*,
https://doi.org/10.1007/978-3-658-41866-3_12

Themenüberblick

— Analyse des intra-industriellen Handels mit differenzierten Produkten im Ein-Faktor-Totalmodell

— Integration von inter- und intra-industriellem Handel in den HOS-Kontext

— Endogene Wachstumstheorie: Wirkung von Außenhandel auf Wachstum durch technischen Fortschritt

— Heterogene Kosten: Produktion nur für den Inlandsmarkt vs. Exportunternehmen

— Außenhandel und Produktspektrum von Mehrproduktunternehmen

Ausgangspunkt der weiteren Analyse im Rahmen der „Neuen Außenhandelstheorie" ist das im letzten ▶ Kap. 11 eingeführte Modell mit monopolistischer Konkurrenz, das Außenhandel aus der Interaktion zwischen der Präferenz der Konsumenten nach differenzierten Produkten und Skalenerträgen bei der Produktion der einzelnen Varianten erklärt. Dieser Grundansatz ist in verschiedene Richtungen weiterentwickelt worden, um eine möglichst adäquate Abbildung dieser Märkte und der Implikationen für den Handel zu gewährleisten. Zunächst werden wir hierzu eine allgemeine Gleichgewichtsversion des Ansatzes im Kontext eines Ein-Faktor-Modells vorstellen. Anschließend wird gezeigt, wie sich durch Erweiterung auf ein Zwei-Faktoren-Modell inter- und intra-industrieller Handel in einem einheitlichen Modellrahmen analysieren lassen und wie in diesem Kontext die Wirkung des Außenhandels auf den technischen Fortschritt behandelt werden kann. Die Berücksichtigung von Kostenheterogenität und Mehrproduktunternehmen erlaubt es, die Exportentscheidung von Unternehmen und die Wirkung von Handel auf das von einem Unternehmen hergestellte Produktspektrum zu thematisieren. Schließlich zeigt sich bei Erweiterung auf heterogene Konsumenten, dass die Bedeutung intra-industriellen Handels auch vom Entwicklungsstand eines Landes abhängig ist.

12

12.1 Intra-industrieller Handel im allgemeinen Gleichgewicht

Die Analyse mit monopolistischer Konkurrenz in einem allgemeinen Gleichgewichtsmodell geht auf einen Aufsatz von Paul Krugman (1979) zurück und wir werden dieses grundlegende Modell der Neuen Außenhandelstheorie darum im weiteren als **Krugman-Modell** bezeichnen.

In diesem Modellansatz wird der Gütermarkt aus der Partialanalyse (▶ Abschn. 11.4) durch einen Faktormarkt ergänzt, auf dem die Konsumenten ihre Arbeitskraft anbieten. Das erzielte Einkommen verwenden sie dann zum Erwerb der Varianten des differenzierten Produkts. Dies führt konkret auf einen einfachen Wirtschaftskreislauf, wie er in ◘ Abb. 12.1 dargestellt ist. Ein zentraler Aspekt des Modells ist seine Symmetrie: Die Unternehmen weisen identische Technologien auf und die Haushalte identische Nutzenfunktionen mit symmetrischer Produktdifferenzierung. Dies bedingt ein symmetrisches Gleichgewicht – bei der Darstellung im Kreislauf kann darum auch bei Größen mit Bezug zu den Varianten (konkret c, x und p) auf einen Index verzichtet werden. Die Grundstruktur des Modells lässt sich dann anhand der Kreislaufdarstellung folgendermaßen beschreiben:

— Es gibt L symmetrische **Haushalte,** die jeweils über eine Einheit des Faktors Arbeit verfügen und deren Nutzen vom Konsum der N Varianten $c_1, \ldots, c_N$ ab-

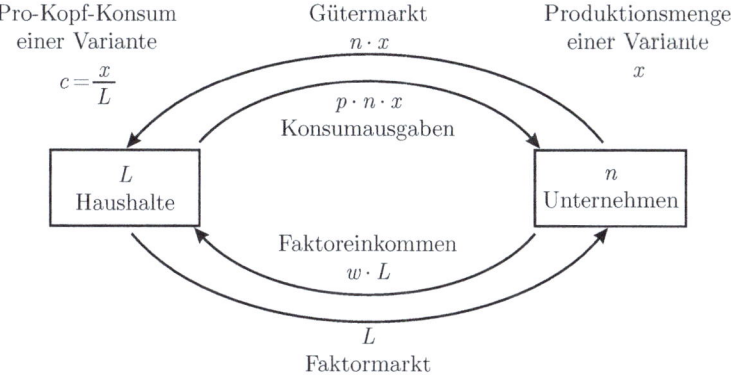

hängt. Dabei ist ihre homothetische Nutzenfunktion durch symmetrische Produktdifferenzierung gekennzeichnet, d. h. bei identischen Preisen der Varianten maximiert der Haushalt seinen Nutzen, wenn er sein Einkommen gleichmäßig auf alle verfügbaren Varianten aufteilt. Im Gleichgewicht ergibt sich somit für jede angebotene Variante ein identischer Pro-Kopf-Konsum c.

▬ Die **Produktion** erfolgt durch Unternehmen mit identischen Kostenfunktionen, die durch den Einsatz des Faktors Arbeit zum Lohnsatz w je Arbeitskraft jeweils genau eine Variante des differenzierten Gutes mit einer Technologie mit steigenden Skalenerträgen herstellen können. Die Anzahl $n \leq N$ der aktiven Unternehmen wird im Modell endogen bestimmt. Sie hängt von der Größe des Marktes L, dem Ausmaß der Skalenerträge und der Nutzenfunktion der Haushalte ab.

▬ Über den **Güter- und Faktormarkt** sind Produktion und Konsum verknüpft. Die Haushalte stellen zum Lohn w ihre Arbeitskraft im Gesamtumfang L den Unternehmen zur Verfügung und erhalten im Gegenzug von jeder Variante des differenzierten Gutes die Menge x, also insgesamt $n \cdot x$. Aufgrund der Symmetrie des Modells wird im Gleichgewicht jede Variante des Gutes zum selben Preis p angeboten. Die gesamten Konsumausgaben belaufen sich somit auf $p \cdot n \cdot x$ und das Faktoreinkommen auf $w \cdot L$. Da sich Konsumausgaben und Faktoreinkommen entsprechen müssen, ergibt sich im Gleichgewicht ein Güterpreis in realen Ressourcen von $p/w = L/(n \cdot x)$.

Die Anzahl der Haushalte L und damit auch die Faktorausstattung ist wie im Ricardo-Modell oder im Heckscher-Ohlin-Modell exogen gegeben. Also endogene Größen werden der reale Güterpreis p/w, der Pro-Kopf-Konsum c und die Produktionsmenge x einer Variante sowie die Anzahl der Unternehmen n im Modell simultan ermittelt. Um dieses Gleichgewicht bestimmen zu können, müssen wir jedoch zunächst noch die Nutzen- und die Produktionsfunktion spezifizieren.

▬ Die **Nutzenfunktion** eines Haushalts ist durch

$$u = \sum_{i=1}^{N} v(c_i)$$

gegeben, wobei c_i den Pro-Kopf-Konsum der Variante i angibt. Da wir von L identischen Haushalten ausgehen, wird also in der Volkswirtschaft von dieser Variante insgesamt $L \cdot c_i$ konsumiert. Dabei werden wir im Weiteren zwei Szenarien für die Spezifikation von $v(c_i)$ unterscheiden:

- In *Szenario 1* nehmen wir analog zur Darstellung im Partialmarkt an, dass die Nachfrageelastizität von der Anzahl der verfügbaren Varianten abhängt. Konkret wird davon ausgegangen, dass die Nachfrage nach den einzelnen Varianten umso preiselastischer ist, je mehr Varianten verfügbar sind. Diese Annahme erscheint durchaus plausibel, da mit zunehmender Variantenanzahl aus Sicht der Konsumenten natürlich auch die Anzahl potenzieller Substitute steigt. Wie wir noch zeigen werden, nimmt im symmetrischen Gleichgewicht der Pro-Kopf-Konsum c einer Variante mit zunehmender Variantenzahl n ab, woraus folgt, dass der Betrag der Nachfrageelastizität $|\varepsilon(c)|$ einer Variante im Pro-Kopf-Konsum c abnimmt.
- In *Szenario 2* wird demgegenüber eine konstante Nachfrageelastizität $|\varepsilon| =$ konst. unterstellt, d. h. die Nachfragelastizität ist unabhängig von der Anzahl der Varianten n und dem daraus resultierenden Pro-Kopf-Konsum der einzelnen Variante c.

Wir werden sehen, dass sich die Effekte bei Aufnahme von Außenhandel zwischen den beiden Szenarien zum Teil unterscheiden. Diese Unterschiede in den Auswirkungen bieten einen Ansatzpunkt, um empirisch zu testen, welches Szenario plausibler ist.

▬ Die inverse **Produktionsfunktion**

$$l_i = f_r + a \cdot x_i$$

gibt den Arbeitseinsatz an, der zur Herstellung von x_i Einheiten einer Variante i notwendig ist. f_r steht für die in realen Ressourcen gemessenen Fixkosten, d. h. welcher Arbeitseinsatz unabhängig von der Ausbringungsmenge nötig ist, um die Produktvariante überhaupt herstellen zu können. Der Arbeitskoeffizient a drückt entsprechend aus, welcher Arbeitseinsatz zusätzlich je Outputeinheit anfällt (vgl. hierzu auch ▶ Abschn. 5.1).

Diese Formulierung impliziert eine Kostenfunktion mit sinkenden Durchschnittskosten (steigende Skalenerträge), aber konstanten Grenzkosten: Bei einem Lohnsatz von w sind die Kosten durch $w \cdot l_i = w \cdot (f_r + a \cdot x_i)$ gegeben. Die Durchschnittskosten belaufen sich somit auf $DK = w \cdot (f_r / x_i + a)$ und fallen in x_i, während die Grenzkosten unabhängig von der Menge konstant bei $GK = w \cdot a$ liegen.

Da, wie oben bereits angesprochen, aufgrund der Symmetrie des Modells im Gleichgewicht für alle Varianten der Pro-Kopf-Konsum c_i, die Produktion x_i, der Faktoreinsatz l_i und der Preis p_i identisch sind, wird im Weiteren auf die Indizes i verzichtet. Im Gleichgewicht müssen zur Bestimmung der vier endogenen Größen p/w, c, n und x dann die folgenden vier **Gleichgewichtsbedingungen** simultan erfüllt sein:

1. Gewinnmaximierung: Jedes Unternehmen maximiert seinen Gewinn. Dies führt auf die Bedingung $GE = GK$.
2. Nullgewinne: Es treten so lange Unternehmen in den Markt ein, bis keine ökonomischen Gewinne mehr erzielt werden. Im Gleichgewicht gilt somit $\pi = 0$ bzw. $p = DK$.

3. Vollbeschäftigung: Der Faktor Arbeit muss vollständig zur Produktion der Varianten der Güter eingesetzt werden, d. h. $L = n \cdot l = n \cdot (f_r + a \cdot x)$.
4. Gütermarkträumung: Die angebotene Menge x einer Variante muss vollständig konsumiert werden, d. h. $x = L \cdot c$.

Auf Grundlage der beiden Markträumungsbedingungen [3] und [4] lässt sich das Problem so vereinfachen, dass zur Bestimmung des Gleichgewichts nur noch der reale Güterpreis, p/w, und der Pro-Kopf-Konsum, c, bestimmt werden müssen. Aus [4] folgt bereits unmittelbar, dass wir statt der Produktionsmenge einer Variante x auch die entsprechende Konsummenge $L \cdot c$ verwenden können, was wir in Bedingung [3] berücksichtigen können, um $L = n \cdot (f_r + a \cdot L \cdot c)$ zu erhalten. Lösen wir diese Gleichung nach n auf, dann resultiert eine inverse Beziehung zwischen n und c:

$$n = \frac{L}{f_r + a \cdot L \cdot c}$$

Somit kann aus der simultanen Bestimmung von p/w und c auf Grundlage der Bedingungen [1] und [2] das Gleichgewicht ermittelt werden. Wir werden dazu diese beiden Gleichgewichtsbedingungen geeignet umformen und dann in einer graphischen Darstellung das Gleichgewicht veranschaulichen. Anhand dieser Graphik können wir anschließend aufzeigen, wie sich das Gleichgewicht bei Aufnahme von Außenhandel ändert.

Betrachten wir zunächst die Gewinnmaximierungsbedingung [1]. Wie wir im Zuge der Analyse von Monopolen in ▶ Abschn. 10.1.2 gesehen haben, kann der Grenzerlös in Abhängigkeit von der Nachfrageelastizität geschrieben werden. Konkret liefert (10.3) eine Schreibweise für die Gewinnmaximierungsbedingung, bei der der Preis p in Abhängigkeit vom Betrag der Nachfrageelastizität und den Grenzkosten bestimmt wird: $p = |\varepsilon| / (|\varepsilon| - 1) \cdot \text{GK}$. Wie wir oben gezeigt haben, sind die Grenzkosten im Krugman-Modell durch $\text{GK} = w \cdot a$ gegeben. Da wir an der Bestimmung des realen Preises p/w interessiert sind, bringen wir in der Gewinnmaximierungsbedingung den Lohnsatz w auf die linke Seite und erhalten:

$$[1]: \quad \frac{p}{w} = \frac{|\varepsilon(c)|}{|\varepsilon(c)| - 1} \cdot a$$

Der reale Preis ergibt sich somit durch einen mit steigendem Betrag der Nachfrageelastizität $|\varepsilon(c)|$ sinkenden Aufschlag auf die durch den Arbeitskoeffizienten a gegebenen Grenzkosten in realen Ressourcen. In *Szenario 1* fällt der Preisaufschlag aufgrund der in c sinkenden Nachfrageelastizität umso höher aus, je höher der Pro-Kopf-Konsum einer Variante ist. Dies führt zu einem steigenden Verlauf der Gleichgewichtsbedingung $[1]_1$ in ◨ Abb. 12.2. In *Szenario 2* ist die Nachfrageelastizität konstant, und die Gleichgewichtsbedingung $[1]_2$ verläuft daher waagerecht.

Bei der Nullgewinnbedingung [2] gehen wir von der Formulierung $p = \text{DK}$ aus, wobei die Durchschnittskosten $\text{DK} = w \cdot (f_r/x + a)$ betragen. Wenn wir gemäß Bedingung [4] die Menge x durch $L \cdot c$ ersetzen und w wieder auf die linke Seite bringen, erhalten wir Bedingung [2] in der Form

$$[2]: \quad \frac{p}{w} = a + \frac{f_r}{L \cdot c}. \tag{12.1}$$

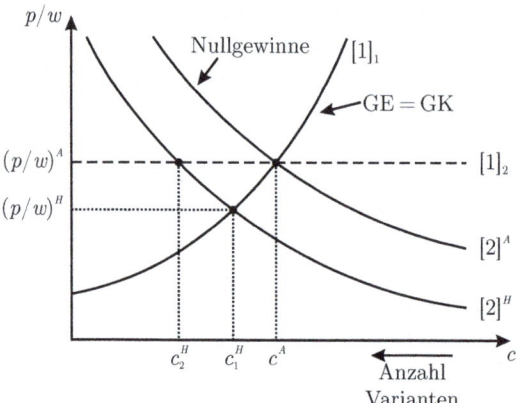

◘ Abb. 12.2   Auswirkungen der Handelsaufnahme im Krugman-Modell

Der reale Preis sinkt also mit zunehmendem Pro-Kopf-Konsum. Aber warum? Ein steigender Pro-Kopf-Konsum c der einzelnen Variante impliziert bei gegebener Anzahl der Haushalte L eine höhere Absatzmenge x für die einzelne Variante, weshalb nun ein geringerer realer Preis p/w ausreicht, um die realen Fixkosten der Produktion f_r abzudecken und damit Nullgewinne erzielen zu können. Beachten Sie, dass dies zu einer Verringerung der Variantenvielfalt führt, da sich nichts am verfügbaren Gesamtbudget der Haushalte ändert – es besteht somit ein inverser Zusammenhang zwischen dem Pro-Kopf-Konsum und der Anzahl der Varianten. In ◘ Abb. 12.2 ist die entsprechende Gleichgewichtsbedingung bei Autarkie als $[2]^A$ eingezeichnet.

Wie kann nun die **Aufnahme von Handel** in diesem Modell abgebildet werden? Anders als bei den Ansätzen mit komparativen Kostenvorteilen bestehen zwischen den Ländern keine Unterschiede, die zum Export des einen Gutes und zum Import des anderen führen. Weder die Produktionstechnologie noch die Präferenzen unterscheiden sich zwischen den Ländern. Es ist aufgrund dieser Symmetrie dann am einfachsten, die Aufnahme von Außenhandel als vollständige Integration zweier Volkswirtschaften abzubilden. Handel wirkt sich dann wie eine Erhöhung der Anzahl der Haushalte aus: Statt L bzw. L^* Haushalte gibt es nun $L + L^*$ Haushalte, die gleichermaßen als Nachfrager für die Gütervarianten und als Anbieter des Produktionsfaktors Arbeit auftreten. Formal ändert sich nur die Nullgewinnbedingung $[2]$, die von L abhängig ist, während $[1]_1$ bzw. $[1]_2$ unverändert bleiben. In der Abbildung verschiebt sich somit nur die Kurve für die Nullgewinnbedingung von $[2]^A$ nach links unten auf $[2]^H$, da sich L im Nenner des Ausdrucks auf der rechten Seite von Gleichung (12.1) befindet.

In *Szenario 1* ist das neue Gleichgewicht durch einen geringeren realen Preis und eine höhere Produktvielfalt (geringerer Pro-Kopf-Konsum) gekennzeichnet. Die Anzahl der für den Konsum verfügbaren Varianten ist dabei in beiden Ländern strikt größer als in der Autarkiesituation, d. h. im Inland $n^H + n^{*H} > n^A$ und im Ausland $n^H + n^{*H} > n^{*A}$. Gleichzeitig werden insgesamt weniger Varianten produziert, d. h. $n^H + n^{*H} < n^A + n^{*A}$, wodurch der Output x jedes im Markt verbleibenden

Unternehmens von $L \cdot c^A$ auf $(L + L^*) \cdot c_1^H$ steigt und damit Skalenerträge realisiert werden können, die letztlich zur Senkung des realen Güterpreises führen. Hintergrund des Preisrückgangs ist die durch den Rückgang des Pro-Kopf-Konsums gestiegene Nachfrageelastizität, die zu einem geringeren Aufschlag auf die Grenzkosten führt.

Dieser Effekt tritt in *Szenario 2* aufgrund der konstanten Nachfrageelastizität nicht auf. Hier kommt es nur zu einer Ausweitung der für die Haushalte verfügbaren Produktvielfalt, wobei die Anzahl der Varianten bei Außenhandel, $n^H + n^{*H}$, der Summe der bei Autarkie in den beiden Ländern verfügbaren Varianten, $n^A + n^{*A}$, entspricht. Der Unterschied zwischen den beiden Szenarien ist darauf zurückzuführen, dass in *Szenario 1* das zusätzliche ausländische Variantenangebot den Wettbewerbsdruck erhöht, wodurch einige inländische Firmen den Markt verlassen werden, da sie aufgrund des geringeren Preissetzungsspielraums Verluste machen. Durch die höhere Produktion der überlebenden Firmen sind diese dann in der Lage Skalenerträge zu realisieren und der reale Güterpreis passt sich entsprechend nach unten an. Diese Zunahme des Wettbewerbsdrucks fehlt in *Szenario 2,* wodurch sich Handel hier ausschließlich über die erhöhte Produktvielfalt positiv auswirkt. Aus Sicht der Haushalte sind aber beide Szenarien positiv zu bewerten: Entweder sie freuen sich über gesunkene Preise und eine leicht gestiegene Produktvielfalt oder sie haben bei gegebenen Preisen eine deutlich größere Auswahl.

Die Annahme einer mit der Produktvielfalt steigenden Nachfrageelastizität wie in *Szenario 1* erscheint auf den ersten Blick plausibler. Die dabei vorhergesagte Realisierung von Skalenerträgen durch intra-industriellen Handel wird in empirischen Studien jedoch nicht bestätigt. So kam es beispielsweise in Kanada nach der Gründung der Freihandelszone mit den USA nicht zu dem in *Szenario 1* vorhergesagten Größeneffekt, der sich aus der Ausweitung des Absatzes durch die im Markt verbliebenen Unternehmen ergeben müsste; ähnliche empirische Ergebnisse erhielt man bei der Analyse von Zollsenkungen in Mexiko und Chile. Andererseits kam es in Kanada mittelfristig zu deutlichen Produktivitätssteigerungen und damit trotz des fehlenden Größeneffekts letztlich auch zu einer Erhöhung der realen Faktorentlohnung w/p. Wie wir in ▶ Abschn. 12.3 sehen werden, können wir dies in einer Modellerweiterung mit heterogenen Kosten erklären. Hier kommt es durch Handel zu einem Selektionseffekt, der zu einer Erhöhung der durchschnittlichen Produktivität der im Markt aktiven Unternehmen führt.

Box 12.1: Außenhandel, Transport und CO_2-Emissionen

Bei der Analyse im Krugman-Modell wurde von Transportkosten oder anderen Handelskosten vollständig abstrahiert. Handelskosten lassen sich jedoch problemlos in das Modell mit monopolistischer Konkurrenz integrieren (Krugman 1980). Ein solches Modell mit Transportkosten erlaubt es dann auch, einen interessanten Effekt bei der Auswirkung des Handels auf die Umweltbelastung herauszuarbeiten.

Außenhandel macht es notwendig, Güter zu transportieren. Dieser Transport bedingt neben Handelskosten auch negative Auswirkungen auf die Umwelt, z. B. durch die **beim Transport entstehenden CO_2-Emissionen.** Dies wird häufig als ein Argument gegen Außenhandel und Globalisierung angeführt. Es wird dann empfohlen, regional hergestellte Güter zu konsumieren. Abgesehen davon, dass damit die Vorteile des Handels nicht mehr realisiert werden können, ist auch nicht notwendigerweise sichergestellt, dass die Lösung ohne Handel unter Umweltgesichtspunkten vorteilhaft ist. Dies ist offensichtlich, wenn die regionale Produktion deutlich höhere Emissionen verursacht als die Herstellung beim Handelspartner. Ein Beispiel dafür ist die Produktion von Schnittblumen in Gewächshäusern in Mitteleuropa und der Import von Schnittblumen aus Afrika – hier übersteigen die zusätzlichen Emissionen bei der Produktion in Europa diejenigen beim Transport aus Afrika.

In einem **allgemeinen Gleichgewichtsmodell** mit monopolistischer Konkurrenz kann aber selbst bei identischen Produktionsbedingungen in beiden Regionen die **Lösung mit Handel** zumindest bei solchen Gütern **vorteilhaft** sein, die relativ hohe Kosten für die CO_2-Vermeidung aufweisen und bei denen der Transport so erfolgt, dass dort die Vermeidungskosten eher gering sind (Forslid 2020). Grund dafür ist die Betrachtung im allgemeinen Gleichgewicht. Wie wir uns bereits anhand des Produktionsmöglichkeitendiagramms veranschaulicht haben, macht die zusätzliche Produktion des einen Gutes eine Reduktion bei der Herstellung des anderen Gutes notwendig. Wenn nun ein Teil der Faktorausstattung für den Transport verwendet werden muss, so kommt es zu einem Rückgang der Güterproduktion. Falls die dadurch eingesparten CO_2-Emissionen die zusätzlichen Emissionen durch den Handel übersteigen, kommt es letztlich zu einer Verringerung beim CO_2-Ausstoß. Im Gleichgewicht mit Handel werden insgesamt geringere Mengen der Güter produziert und konsumiert, aber aufgrund der höheren Produktvielfalt ist diese Lösung für die Konsumenten attraktiv und gleichzeitig kommt es zu einer aus umweltpolitischer Perspektive vorteilhaften CO_2-Reduktion.

12.2 Integration von inter- und intra-industriellem Handel

Wir kennen nun zwei grundlegend verschiedene Ansätze, die jeweils einen bestimmten Aspekt des internationalen Handels beleuchten:

- Die traditionelle Außenhandelstheorie, repräsentiert durch das Ricardo- und das HOS-Modell, erklärt inter-industriellen Handel durch Unterschiede in der Technologie oder den Faktorausstattungen der Länder.
- Die neue Außenhandelstheorie, repräsentiert durch das Krugman-Modell, zeigt demgegenüber für identische Länder, wie es durch die Präferenz der Konsumenten für differenzierte Produkte in Verbindung mit Skalenerträgen bei der Produktion der einzelnen Varianten zu intra-industriellem Handel kommt.

Bei der Vorstellung des intra-industriellen Handels in ▶ Kap. 11 haben wir gesehen, dass in der Realität in den meisten Ländern und in vielen Branchen beide Arten des Handels gleichzeitig auftreten, wobei sich die relative Bedeutung der beiden Handelsformen stark nach den betrachteten Ländern und Branchen unterscheidet. Wir wollen uns daher nun damit beschäftigen, wie man die beiden Ansätze in einen einheitlichen Modellrahmen integrieren kann und welche Aussagen sich damit zu Handelsmuster, Verteilungseffekten des Handels und Interaktion zwischen Handel und Wachstum ableiten lassen.

12.2.1 Integration differenzierter Produkte in den HOS-Kontext

Wie im HOS-Grundmodell (vgl. ▶ Kap. 6) gehen wir von zwei Ländern und zwei Gütern aus, die mit den beiden Faktoren Kapital und Arbeit hergestellt werden.
- Der arbeitsintensive y-Sektor ist dabei ein „traditioneller" Sektor, in dem alle Annahmen des HOS-Modells erfüllt sind. Dies bedeutet insbesondere, dass dort mit konstanten Skalenerträgen und unter vollkommenem Wettbewerb ein homogenes Gut erzeugt wird.
- Im kapitalintensiven x-Sektor werden demgegenüber horizontal differenzierte Güter bei monopolistischer Konkurrenz hergestellt. Im Unterschied zum Krugman-Modell wird dabei jedoch nicht nur der Faktor Arbeit zur Produktion eingesetzt, sondern auch der Faktor Kapital.

Wenn wir weiterhin davon ausgehen, dass das Inland relativ kapitalreich ist, so wird sich die in ◼ Abb. 12.3 dargestellte **Handelsstruktur** einstellen. An den einzelnen Pfeilen kann dabei das Handelsvolumen (Länge des Pfeils) und die Handelsrichtung (Richtung des Pfeils) in den beiden Sektoren abgelesen werden.
- Das Handelsmuster beim inter-industriellen Handel ist abhängig von den sich aus der relativen Faktorausstattung ergebenden komparativen Vorteilen. Das arbeitsreiche Ausland wird somit Exporteur der arbeitsintensiven y-Güter sein. Bei der Handelsstruktur im x-Sektors ist hingegen der Unterschied zur klassischen Theorie gut zu erkennen, da das kapitalreiche Inland zwar Nettoexporteur der kapitalintensiven Gütervarianten ist (der Exportpfeil ist länger als der Importpfeil), aber auch Gütervarianten aus dem arbeitsreichen Ausland importiert.

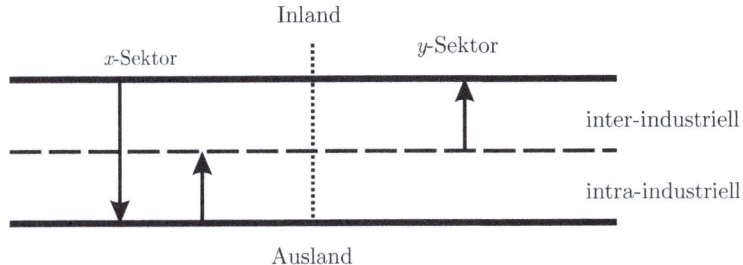

◼ **Abb. 12.3**   Intra- und inter-industrieller Handel

- Der intra-industrielle Handel im x-Sektor erfolgt aufgrund des Wunsches der Konsumenten nach differenzierten Produkten sowie den Skalenerträgen in der Produktion einer einzelnen Variante. Aufgrund der Symmetrie des Modells ist es allerdings nicht möglich, Aussagen über das konkrete Handelsmuster in Bezug auf die in diesem Sektor im Inland hergestellten Varianten zu treffen.
- Wie stark der inter-industrielle Handel im Vergleich zum intra-industriellen Handel ausgeprägt ist, hängt davon ab, wie ähnlich sich die Handelspartner in ihrer relativen Faktorausstattung sind. Sind sie sehr verschieden, findet hauptsächlich inter-industrieller Handel statt, sind sie aber identisch, wird es ausschließlich zu intra-industriellem Handel kommen. Schließlich wären im letzten Fall auch die Güterpreise bei Autarkie in beiden Ländern gleich und damit bestände kein Anreiz zu inter-industriellem Handel.

Die Erweiterung des HOS-Modells hat ebenfalls Implikationen für die Auswirkung der Handelsaufnahme auf die **Faktorentlohnungen.** Der intra-industrielle Handel wirkt sich nämlich auch im Zwei-Faktoren-Modell nicht auf die relative Faktorentlohnung aus, da er nicht wie der inter-industrielle Handel von den Unterschieden zwischen den Ländern getrieben ist, sondern aufgrund des Wunsches der Konsumenten nach Produktvielfalt erfolgt. Diese Aussage können wir uns leicht intuitiv erschließen: Da bei intra-industriellem Handel die gehandelten Gütervarianten alle der gleichen Branche zuzurechnen sind, ist auch deren Faktorinhalt identisch. Somit ändert sich durch intra-industriellen Handel die konsumierte Faktorausstattung nicht und die relativen Faktorpreise bleiben unverändert.

Der positive Effekt des intra-industriellen Handels auf einen Faktor wirkt damit dem negativen Stolper-Samuelson-Effekt des inter-industriellen Handels auf diesen Faktor entgegen. Da der intra-industrielle Handel zu einem Rückgang des Preises im x-Sektor führt, können bei ausreichend starker Gewichtung der x-Güter im Konsum beide Faktoren durch Handel real gewinnen. Dies ist umso wahrscheinlicher, je ähnlicher sich die Länder sind, da dann die Verteilungseffekte durch den inter-industriellen Handel weniger stark ausgeprägt sind.

12.2.2 Endogene Wachstumstheorie: Wachstum durch Handel?

Die endogene Wachstumstheorie versucht, Wachstum durch technischen Fortschritt auf Grundlage der Anreize zu Investitionen in Forschung und Humankapital zu erklären. Da Außenhandel potenziell Auswirkungen auf diese Anreize haben kann, können in diesem Kontext Wechselwirkungen zwischen Handel und Wachstum aufgezeigt werden.

Ein zentraler Aspekt bei der Analyse dieser Interaktion ist die Frage, ob technisches Wissen, das in einem Land erworben wird, auch in anderen Ländern verfügbar ist. Ein Extremfall wäre die Situation, in der es perfekte internationale Spillovers dieses Wissens gibt, d. h. der technische Fortschritt steht unmittelbar nach seiner Entwicklung allen Ländern zur Verfügung. Hier würden Produkte die im Inland entwickelt wurden, gleichermaßen von inländischen und ausländischen Unternehmen weiterentwickelt werden können. Das andere Extrem wären rein nationale Spillovers, bei denen das entsprechende Wissen nur im innovierenden Land verfügbar ist. Beispiele für solche lokalen oder nationalen Spillovers, die auch als externe Skalenerträge bezeichnet werden, sind das Silicon-Valley in Kalifornien für die Computertechnologie oder in historischer Perspektive die Uhrenindustrie in der Schweiz.

Wir können für eine kurze Analyse eine Variante des Modells aus ▶ Abschn. 12.2.1 verwenden, bei dem die Güter mit den Faktoren Humankapital und ungelernte Arbeit hergestellt werden:

- Im arbeitsintensiven „traditionellen" Sektor wird bei vollkommener Konkurrenz ein homogenes Gut hergestellt.
- Im humankapitalintensiven „High-Tech-Sektor" werden vertikal differenzierte Produkte hergestellt, die durch Forschung verbessert werden können.

Liegen **internationale Spillovers** vor und ist damit die Wissensbasis weltweit uneingeschränkt verfügbar, hat der in einem Land stattgefundene Fortschritt keine langfristigen Auswirkungen auf das Handelsmuster. Vielmehr wird das humankapitalreiche Land sich dann langfristig auf den humankapitalintensiven – und damit auch forschungsintensiven – High-Tech-Sektor konzentrieren und diese Produkte gegen das traditionelle Gut aus dem arbeitsreichen Land tauschen. Somit bestimmt, wie im klassischen HOS-Modell, die Faktorausstattung langfristig die Handelsstruktur.

Es gibt jedoch auch eine Reihe von modellspezifischen Effekten: So wird sich zum einen das konkrete Muster des intra-industrielle Handel ständig weiterentwickeln, da die Länder die Produktvarianten exportieren werden, in denen sie gerade technologisch überlegen sind, um im Gegenzug Varianten aus dem Ausland zu importieren, bei denen dieses einen technologischen Vorsprung hat. Ist zum anderen die relative Faktorausstattung der Länder sehr unterschiedlich oder sind die Handelskosten hoch, kann es auch zu Direktinvestitionen in den arbeitsreichen Ländern kommen oder es werden an dort ansässige Unternehmen Lizenzen vergeben.

Grundsätzlich anders sieht es aus, wenn nur lokale oder **nationale Spillovers** vorliegen. Wie wir in ▶ Kap. 15 im Zusammenhang mit dem sogenannten Erziehungszoll noch näher analysieren werden, können historische Zufälle oder politische Förderung entsprechender Sektoren dazu führen, dass über einen selbstverstärkenden Prozess ein einmal gewonnener Vorsprung, unabhängig von den relativen Faktorausstattungen, zu einer dauerhaften Dominanz führt.

Über diese Modellbetrachtung hinaus, ergeben sich aus der Literatur zum endogenen Wachstum eine Reihe von potenziell positiven Effekten der globalen Integration auf das Wachstum:

- Es wird ein Zugang zu einer größeren technologischen Wissensbasis ermöglicht als alleine im Inland verfügbar wäre. Handel kann dabei zur internationalen Diffusion von Wissen beitragen, indem ausländische Unternehmen aufzeigen, wie ihre Produkte effizienter eingesetzt werden können oder die Importeure die ausländischen Firmen dabei unterstützen, ihre Produkte besser an die Bedürfnisse des lokalen Marktes anzupassen.
- Es kommt zu weniger redundanter Forschung: Anders als für Unternehmen in einem geschützten lokalen Markt sind für Firmen, die international tätig sind oder die sich im Importwettbewerb befinden, nur internationale Innovationen sinnvoll. Zudem können durch internationale Forschungskooperationen auch Forschungskapazitäten effizienter genutzt werden.

- Es besteht potenziell ein höherer Anreiz zur Innovation, da die Firmen die daraus resultierenden Vorteile nicht nur im inländischen Markt, sondern auch auf dem ausländischen Markt nutzen können. Allerdings ist dabei zu berücksichtigen, dass in diesem größeren Markt auch zusätzliche, möglicherweise technologisch überlegene Unternehmen aktiv sind.

Anders als bei der grundsätzlich positiven Aussage zur Vorteilhaftigkeit des Außenhandels bei vollkommenem Wettbewerb sind in Bezug auf die Wachstumseffekte im Kontext der endogenen Wachstumstheorie auch Situationen denkbar, in denen Handel das Wachstum hemmt:

- Verfügt ein Land über viele Bodenschätze (wie etwa Saudi-Arabien) und/oder über viel ungelernte Arbeit, so wird Handel dazu führen, dass sich das Land auf die Produktion in den Low-Tech-Sektoren konzentrieren wird, was zulasten der humankapitalintensiven High-Tech-Sektoren geht und damit gegenüber der Autarkiesituation zu Wachstumseinbußen führen kann.
- Treten die Spillovers rein national auf, dann ist die Forschung in einem Land mit einer geringen Wissensbasis gegenüber derjenigen in anderen Ländern mit einer größeren Basis nicht konkurrenzfähig. Hier kann es möglicherweise im Sinne eines langfristig stärkeren Wachstums vorteilhaft sein, wenn sich ein Land zunächst teilweise abschottet, um erst nach einem Aufholprozess eine vollständige Integration anzustreben.

Allerdings implizieren diese Argumente nicht, dass eine protektionistische Politik in diesen Fällen für ein Land notwendigerweise vorteilhaft ist. Der Grund liegt darin, dass geringeres Wachstum nicht mit geringerer Wohlfahrt gleichzusetzen ist: Für Saudi-Arabien ist es sicherlich wesentlich vorteilhafter, sein Öl gegen Industrieprodukte zu tauschen, anstatt zu versuchen, die modernsten High-Tech-Produkte selbst herzustellen. Zwar wird bei Konzentration auf die Erdölförderung das Wirtschaftswachstum etwas geringer ausfallen, aber der Gegenwartswert des Konsumstroms wird mit Sicherheit höher sein.

12.3 Unternehmen mit heterogenen Kosten

Bislang haben wir angenommen, dass alle Firmen identische Kosten aufweisen. Allerdings beobachten wir in der Praxis, dass es einerseits sehr produktive Unternehmen gibt, die in den Exportmärkten aktiv sind, während andererseits viele Firmen nur für den Inlandsmarkt produzieren. Die Märkte sind zudem nicht statisch: Immer wieder verschwinden Unternehmen und neue Wettbewerber treten ein. Um diese Beobachtungen abzubilden, erweiterte Marc Melitz das Krugman-Modell aus ▶ Abschn. 12.1 in einem sehr einflussreichen Aufsatz zum sogenannten **Melitz-Modell** (vgl. Melitz 2003). Dieser auch „neue neue Außenhandelstheorie" genannter Ansatz berücksichtigt folgende zusätzliche Aspekte:

- Es wird nicht mehr von Unternehmen mit identischen Kosten ausgegangen, sondern die Firmen sind hinsichtlich ihrer Produktivität heterogen.

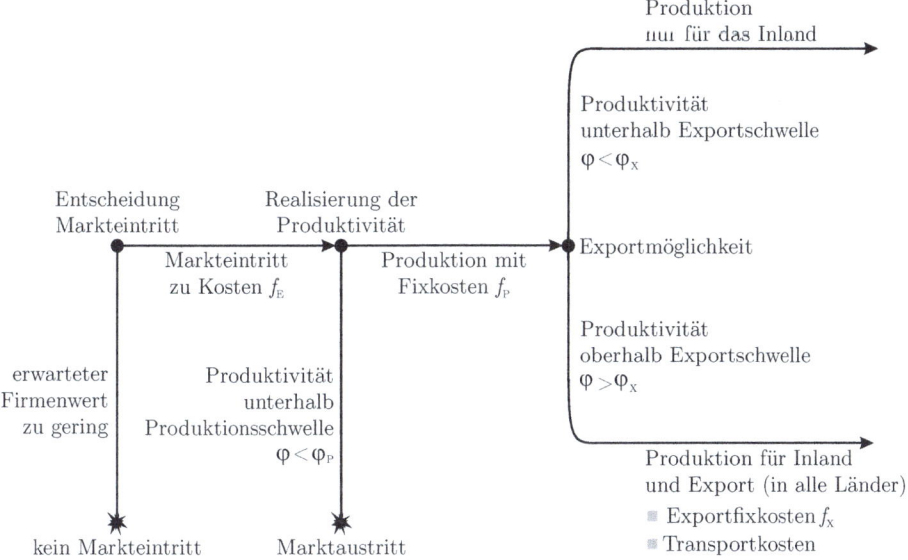

☐ **Abb. 12.4**   Zeitstruktur im Melitz-Modell

— Außenhandel ist nicht mehr kostenlos möglich, sondern es existieren Markteintrittskosten für die Exportmärkte. Derartige Kosten sind durch eine Vielzahl an empirischen Studien belegt.

— Das Modell ist dynamisch und bildet einen Prozess von ständigen Markteintritten und Marktaustritten ab.

Bevor wir uns mit den Auswirkungen der Handelsaufnahme beschäftigen, wollen wir uns zunächst die Struktur des Modells für den Autarkiefall veranschaulichen. Zentrale Elemente sind dabei die Abbildung der Firmenheterogenität, die Modellierung der Marktdynamik und die Produktionsentscheidung bei Autarkie.

Die inverse Produktionsfunktion der Firmen ist analog zum Krugman-Modell in der Form $l_i = f + a_i \cdot x_i$ gegeben. Da wir die Interaktion über den Faktormarkt im Weiteren nicht berücksichtigen, normieren wir den Lohnsatz auf $w = 1$ und können f damit unmittelbar als Fixkosten interpretieren. Die **Heterogenität der Firmen** drückt sich dadurch aus, dass sie sich in Bezug auf ihre Produktivität $\varphi_i = 1/a_i$ unterscheiden.[3] Die Fixkosten sind für alle Unternehmen identisch, hängen aber von der Produktions- und Exportentscheidung ab: Bei Markteintritt fallen Fixkosten f_E an, für die Produktion im Inland zusätzlich f_P und für den Export nochmals f_X.

In ☐ Abb. 12.4 ist die Modellstruktur schematisch dargestellt. Um sich ändernde Marktbedingung abbilden zu können, unterstellt das Modell unendlich viele Perioden, die aber alle gleich aufgebaut sind.

---

3 Wie wir in ▶ Box 5.1 gelernt haben, verhält sich die Produktivität invers zu den Produktionskosten. Je produktiver ein Unternehmen ist, desto weniger wird von den einzelnen Produktionsfaktoren benötigt und umso geringer fallen damit die Kosten aus.

- Zunächst entscheidet sich eine Firma ohne Kenntnis ihrer tatsächlichen Produktivität, ob sie in den Markt eintreten möchte. Die gegebene Wettbewerbssituation (Anzahl der Firmen, Durchschnittsproduktivität, Marktoffenheit) ermöglicht die Bestimmung des erwarteten Firmenwertes. Dieser bestimmt sich als die Summe der diskontierten erwarteten Gewinne der Firma.[4] Ist dieser Wert größer als die für den Markteintritt erforderlichen einmaligen Fixkosten f_E, so wird das Unternehmen in den Markt eintreten. Andernfalls verzichtet das Unternehmen auf den Markeintritt.

- Ist die Firma eingetreten, erfährt sie die tatsächliche Realisierung φ ihrer Produktivität. Bei Aufnahme der Produktion für den Inlandsmarkt fallen zusätzliche Fixkosten in Höhe von f_P pro Periode an. Für die gegebene Marktsituation gibt es dann eine Produktionsschwelle φ_P, bei der ein Unternehmen gerade noch Gewinne erzielt, da es produktiv genug ist, um angesichts des herrschenden Wettbewerbsdrucks zumindest seine Fixkosten zu decken. Nur wenn die realisierte Produktivität einer Firma oberhalb dieser Schwelle liegt (also $\varphi > \varphi_P$ gilt), nimmt sie die Produktion für den Inlandsmarkt auf. Liegt die realisierte Produktivität unterhalb von φ_P, ist das Unternehmen nicht wettbewerbsfähig und wird den Markt verlassen.

- Die Marktdynamik wird schließlich dadurch abgebildet, dass sich ein Unternehmen in jeder Periode mit einer exogen gegebenen Wahrscheinlichkeit einem negativen Schock gegenübersieht, der es zum Austritt aus dem Markt zwingt. Dadurch ist gewährleistet, dass immer wieder neue Firmen in den Markt eintreten können.

Was passiert, wenn Außenhandel aufgenommen wird? Der Handel eröffnet für die Unternehmen eine Exportmöglichkeit, die allerdings mit zusätzlichen Kosten verbunden ist: Zum einen sind dies die bereits in ▶ Kap. 2 diskutierten Transport- und Handelskosten. Zum anderen, und das ist für die weitere Analyse entscheidend, sind das einmalig anfallende Fixkosten f_X, die beispielsweise für die Etablierung von Handelspartnerschaften, den Aufbau von Vertriebsnetzen, die Durchführung von Marketingmaßnahmen im Exportmarkt, die Übersetzung von Produktbeschreibungen usw. entstehen. In Übereinstimmung mit empirischen Befunden sind diese Exportmarkteintrittskosten so hoch, dass es zu einer Separierung der Unternehmen in exportierende und nicht-exportierende Firmen kommt – dies ist etwa dann der Fall, wenn sie höher als die Fixkosten der Produktion sind, $f_X > f_P$. Somit ergibt sich auch hier eine Produktivitätsschwelle, welche die beiden Firmen-Typen trennt. Liegt die Produktivität unterhalb dieser Exportschwelle φ_X, so wird nur der inländische Markt versorgt, liegt sie darüber, so wird das Unternehmen auch den ausländischen Markt bedienen.

Abhängig von ihrer Produktivität, lassen sich bei Außenhandel mit Handelskosten somit drei Arten von Firmen unterscheiden:

- N-Typ: Firmen mit einer niedrigen Produktivität unterhalb von φ_P, die nicht produzieren, sondern den Markt sofort wieder verlassen,

---

4   Es handelt sich damit um den Barwert aller erwarteten Gewinne der Firma von heute bis in alle Ewigkeit (bzw. dem Lebensende der Firma).

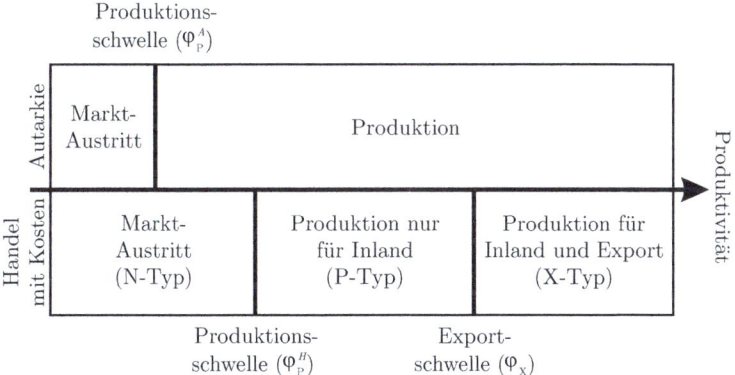

◘ **Abb. 12.5**   Firmentypen und Produktivitätsschwellen

— P-Typ: Firmen mit einer mittleren Produktivität zwischen φ_P und φ_X, die nur für den inländischen Markt produzieren und

— X-Typ: Firmen mit einer hohen Produktivität oberhalb von φ_X, die den inländischen Markt versorgen und ihre Produkte auch exportieren.

Wie wir in ◘ Abb. 12.5 erkennen können, führt die Aufnahme von Handel nicht nur zu einer Separierung in exportierende und nicht-exportierende Unternehmen, sondern ändert auch die Produktionsschwelle für die Inlandsproduktion.

Die Produktionsschwelle steigt durch Handel von φ_P^A auf φ_P^H, d. h. weniger Firmen werden erfolgreich in den Markt eintreten können. Warum kommt es zu diesem Anstieg von φ_P? Wir haben bislang nur die Exportoption für ein inländisches Unternehmen betrachtet. Eine solche Option besteht aber natürlich gleichermaßen für ausländische Firmen, die nun auf dem Inlandsmarkt als zusätzliche Wettbewerber auftreten können. Da nur die produktivsten ausländischen Firmen in der Lage sind zu exportieren, sind diese ausländischen Wettbewerber aus Sicht des inländischen Marktes im Durchschnitt produktiver und erhöhen somit den Wettbewerbsdruck. Dadurch sinken die Gewinnmöglichkeiten im Inland und die Produktion für das Inland ist nur noch für Firmen mit einer höheren Produktivität attraktiv.

Auch wenn eine Firma produktiv genug ist, um im Inlandsmarkt trotz des zusätzlichen Wettbewerbs durch die ausländischen Unternehmen bestehen zu können, bedeutet dies aber nicht notwendigerweise, dass sie auch produktiv genug ist, um den ausländischen Unternehmen in deren Heimatmarkt gegenüberzutreten – schließlich fallen beim Export weitere Kosten an, die eine entsprechend höhere Produktivität der Exportfirmen erfordern. Somit liegt die Exportschwelle natürlich nochmals deutlich höher als die Produktionsschwelle.

In ◘ Abb. 12.6 wird der Zusammenhang zwischen Produktivität und Gewinnsituation sowohl unter Autarkie als auch nach Handelsaufnahme graphisch dargestellt. Hierbei stellt π_P^A die produktionsabhängigen Gewinne bei Autarkie als

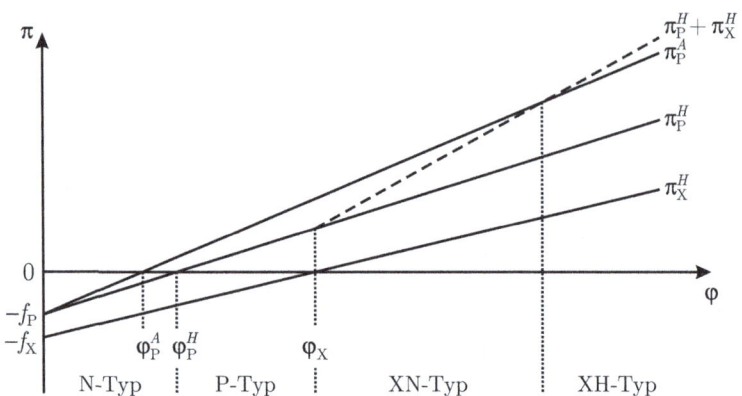

Abb. 12.6   Auswirkungen der Handelsaufnahme auf die Unternehmensgewinne

Referenzgrößen dar.[5] Durch die höhere Wettbewerbsintensität in Folge des Außenhandels reduziert sich der Gewinn im Inland auf π_P^H, d. h. bei jeder realisierten Produktivität fällt der Gewinn geringer als bei Autarkie aus, sodass die Gerade flacher verläuft. Beim Gewinn, der im Ausland erzielt werden kann, π_X^H, ist zu beachten, dass zusätzlich zu den Exportfixkosten, welche das Gewinnniveau reduzieren, auch noch Handelskosten anfallen, die zu einem im Vergleich zu π_P^H flacheren Verlauf der Geraden führen. Ist ein Unternehmen ausreichend produktiv, um zu exportieren, beträgt sein Gesamtgewinn $\pi_P^H + \pi_X^H$.

Betrachten wir die Auswirkung des Handels auf den Gesamtgewinn der Unternehmen im Vergleich zu Autarkie, so ergibt sich folgende Typisierung:

– Firmen mit niedriger Produktivität (N-Typ), die bei Autarkie im Inland noch produziert haben, können im Wettbewerb nicht länger bestehen und verlassen den Markt.

– Firmen mit mittlerer Produktivität (P-Typ) können nur auf dem inländischen Markt bestehen. Durch den Wettbewerbsdruck der ausländischen Konkurrenten büßen sie aber Marktanteile ein und ihre Gewinne verringern sich.

– Firmen mit hoher Produktivität (XN-Typ) sind zwar in der Lage zu exportieren, allerdings führt die Verdrängung der relativ unproduktiven Unternehmen zu einer im Durchschnitt produktiveren Konkurrenz, sodass auch sie Gewinneinbußen hinnehmen müssen.

– Firmen mit sehr hoher Produktivität (XH-Typ) produzieren nach Handelsaufnahme insgesamt mehr und bauen dabei ihren Marktanteil so weit aus, dass sich ihre Gewinne erhöhen, obwohl durch den steigenden Wettbewerbsdruck die Preise gesunken sind.

---

5   Zum besseren Verständnis der Abbildung: Ein Punkt auf der Gerade gibt den auf der vertikalen Achse ablesbaren Gewinn an, den ein Unternehmen erzielt, das die auf der horizontalen Achse ablesbare Produktivität aufweist. Links vom Schnittpunkt der Gerade π_P^A befinden sich dann die Unternehmen, die auch bei Autarkie eine Produktivität unterhalb der Produktionsschwelle aufweisen (bei Aufnahme der Produktion würden sie Verluste machen). Unternehmen rechts vom Schnittpunkt weisen eine höhere Produktivität auf und erzielen folglich Gewinne. Aufgrund des steigenden Verlaufs der Geraden erzielt eine Firma einen umso höheren Gewinn je höher ihre Produktivität ist.

Box 12.2: Firmenheterogenität, Heckscher-Ohlin und Ricardo

Das Melitz-Modell kann ähnlich wie das Krugman-Modell mit dem HOS-Modell verknüpft werden Bernard/Redding/Schott (2007). Im Unterschied zur Analyse in ► Abschn. 12.2.1 wird nun jedoch angenommen, dass in beiden Sektoren differenzierte Güter produziert werden. Auf diese Weise kann die Interaktion zwischen dem durch Faktorausstattungsunterschiede der Länder determinierten komparativen Vorteil und der Produktivität auf Firmenebene abgebildet werden.

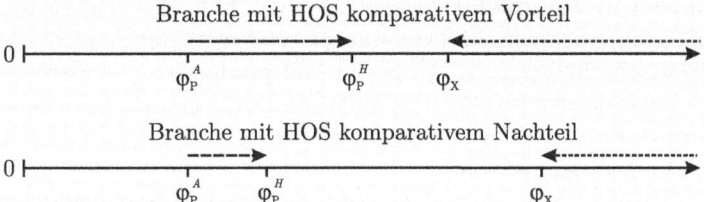

In der Abbildung können wir den Zusammenhang zwischen den Produktivitätsschwellen und der Branchenzugehörigkeit der Firmen erkennen. Unter den Annahmen des Melitz-Modells ergibt sich ohne Handel in beiden Branchen dieselbe Produktionsschwelle φ_P^A. Wir gehen nun davon aus, dass Handel aufgenommen wird und dieser mit Kosten verbunden ist, wodurch sich die Faktorpreise nicht vollständig angleichen werden. Für diesen Fall lassen sich zwei Ergebnisse bezüglich der Produktivitätsschwellen ableiten:

▬ Die Exportschwelle φ_X ist im Sektor mit dem komparativen Vorteil geringer als im anderen Sektor. Dies liegt daran, dass ein Unternehmen dort bei gleicher Produktivität aufgrund der stärkeren Nutzung des reichlichen und damit billigeren Faktors geringere Produktionskosten aufweist. Firmen aus diesem Sektor sind damit eher in der Lage, auf dem Exportmarkt zu bestehen, sodass das Land in dieser Branche aufgrund des komparativen Vorteils zum Nettoexporteur wird.

▬ Allerdings weist der Sektor mit dem komparativen Vorteil eine höhere Produktionsschwelle φ_P^H auf. Der Grund hierfür ist, dass sich die nur für das Inland produzierenden Unternehmen einer größeren Zahl an exportierenden Wettbewerbern gegenübersehen, die durch die höheren Umsätze beim Export Skalenerträge realisieren. Dies führt zu einem stärkeren Wettbewerbsdruck als im Markt mit dem komparativen Nachteil und somit kann ein Unternehmen in dieser Branche erst ab einem höheren Produktivitätsniveau positive Gewinne realisieren.

Bezogen auf das HOS-Modell führt die Firmen-Separierung in beiden Branchen zu einer Art endogener Ricardo-Spezialisierung, da die exportierenden Firmen produktiver sind als die importierenden Firmen. Diese Spezialisierung ist jedoch nicht durch Technologieunterschiede zwischen den Ländern, sondern durch die unterschiedlichen Produktivitäten der einzelnen Firmen bedingt.

12.4 Mehrproduktunternehmen

Bislang haben wir ausschließlich Einproduktunternehmen betrachtet. In der Realität sind es demgegenüber Mehrproduktunternehmen, die den Markt dominieren. So lag ihr Anteil 1997 in der US-amerikanischen verarbeitenden Industrie zwar nur bei 39 %, aber sie hatten einen Anteil von 87 % an der Gesamtproduktion, wobei sie im Schnitt 3,5 verschiedene Produkte herstellten (vgl. Bernhard/Redding/Schott 2003).

Die Analyse von Mehrproduktunternehmen unterscheidet sich von der Analyse von Einproduktunternehmen. Mehrproduktunternehmen müssen nicht nur darüber entscheiden, welche Mengen sie von einem Gut produzieren, sondern auch darüber, wie viele verschiedene Produkte sie anbieten. Dabei müssen sie berücksichtigen, dass diese beiden Entscheidungen eng miteinander verknüpft sind (vgl. Eckel/Neary 2010):

- Auf der Nachfrageseite kommt es zum sogenannten **Kannibalisierungseffekt**, d. h. jedes zusätzliche Produkt, das das Unternehmen anbietet, zieht einen Teil der Nachfrage von den bereits vorhandenen eigenen Produkten ab. Dieser Effekt ist allerdings nur dann relevant, wenn die Firma in ihren Absatzmärkten hinreichend groß ist und sich somit tatsächlich selbst wirksam Konkurrenz machen kann.

- Auf der Kostenseite sind die Produkte des Unternehmens durch die Fertigung miteinander verbunden. Die geringsten Grenzkosten weist das Unternehmen bei seinem **Kernkompetenzprodukt** auf. Im Zuge einer flexiblen Fertigung können weitere Produkte in das Produktportfolio des Unternehmens aufgenommen werden. Allerdings fallen hierfür Anpassungskosten an, die durch den Verlust von Skalenerträgen und weiteren Heterogenitätskosten entstehen. Daher liegen die Grenzkosten der zusätzlichen Produkte über denjenigen des Kernkompetenzprodukts. Je mehr Produkte bereits hergestellt werden, desto höher sind die Kosten des zusätzlichen Produkts und desto weniger profitabler ist somit dessen Herstellung.

Ein Unternehmen wird somit sein Produktspektrum entsprechend der Profitabilität der einzelnen Güter wählen. Wenn wir wie im Melitz-Modell (▸ Abschn. 12.3) davon ausgehen, dass sich die Firmen in ihrer Produktivität für ihre Kernprodukte (und damit auch in der Produktivität aller anderen Produkte aus ihrem Portfolio) unterscheiden, können wir auch hier eine Typisierung der Firmen bezüglich der Situation nach der Handelsaufnahme vornehmen:

- P-Typ: Relativ gering produktive Unternehmen, die nur für den Inlandsmarkt produzieren und nach Aufnahme des Außenhandels ihre unprofitabelsten Varianten aufgeben.

- X-Typ: Produktive Exportunternehmen, die ebenfalls ihre unprofitabelsten Varianten aufgeben, aber im Gegenzug ihre profitabelsten Güter nicht nur für das Inland herstellen, sondern auch exportieren.

Insgesamt betrachtet führt der Handel somit dazu, dass relativ unprofitable Produktvarianten verschwinden werden. Für die Firmen gilt dabei, dass ihr Produktspektrum umso größer ist, je produktiver sie sind. Der erhöhte Wettbewerb infolge der Aufnahmen von Handel bewirkt aber, dass alle Unternehmen ihr Produktspektrum verschlanken und sich auf ihre Kernprodukte fokussieren werden.

12.5 Heterogene Konsumenten

Wie wir in der bisherigen Analyse gesehen haben, wird Handel sehr stark von der Produktionsseite her modelliert. Als Erweiterung zur Heterogenität auf Firmenebene kann aber auch auf der Nachfrageseite Heterogenität angenommen werden, indem die übliche Annahme homothetischer Präferenzen, d. h. die relative Präferenz für die einzelnen Güter ist unabhängig vom Einkommen, aufgegeben wird. In diesem Fall lässt sich zeigen, dass die Einkommensverteilung in einem Land die Handelsstruktur entscheidend beeinflussen kann (vgl. Bartholomae, 2011).

Die Idee ist dabei, dass ein Individuum, das reicher wird, seine Präferenzen und Ansprüche ändert: Während bei einem armen Individuum die bloße Funktion eines Gutes im Vordergrund steht, wird ein reiches Individuum mehr darauf achten, dass das Gut seine Vorstellungen so genau wie möglich erfüllt. Dabei werden reichere Konsumenten im Vergleich zu ärmeren nicht nur Produkte mit höherer Qualität (vertikale Produktdifferenzierung) nachfragen, sondern auch eine höhere Vielfalt und bessere Anpassung an ihre Präferenzen durch mehr Varianten erwarten (horizontale Produktdifferenzierung). Dies berücksichtigen auch die Hersteller. Betrachten wir etwa den Kraftfahrzeugmarkt, so sehen wir, dass viele Produzenten ihre Automobile für den jeweiligen Markt anpassen. Für Länder mit nur wenigen reichen Konsumenten, wie etwa Indien, werden sehr einfache Versionen der Fahrzeugmodelle angeboten, für die zudem kaum Sonderausstattungen verfügbar sind, während für reichere Länder, wie Deutschland, nicht nur im Schnitt qualitativ höherwertige Fahrzeuge auf den Markt gebracht werden, sondern bei diesen auch aus einer großen Anzahl an Individualisierungsmöglichkeiten gewählt werden kann, sodass die Konsumenten das Fahrzeug ganz nach ihren persönlichen Wünschen konfigurieren können.

Die relative Anzahl an reichen Konsumenten in einem Land bestimmt dann, in welchem Umfang intra-industrieller Handel stattfinden wird, da ihr Anteil am Gesamteinkommen das Marktvolumen für diejenigen Firmen festlegt, die differenzierte Produkte anbieten und folglich auch exportieren können. Zugleich werden diese reichen Konsumenten nicht alle von ihnen gewünschten Varianten von den inländischen Produzenten beziehen können, weshalb sie diese zusätzlichen Varianten im Ausland nachfragen und somit importieren müssen.

Diese Überlegungen können erklären, warum intra-industrieller Handel ein relativ junges Phänomen in der langen Geschichte des Handels ist. Gering entwickelte Länder werden keinen intra-industriellen Handel aufweisen, da aufgrund der zu geringen Kapitalausstattung kein Konsument über ein ausreichend hohes Einkommen verfügen wird, um differenzierte Güter nachzufragen. Insofern ist ein Mindestentwicklungsstand des Landes erforderlich, damit die Voraussetzungen für das Entstehen eines Marktes für differenzierte Produkte und damit für intra-industriellen Handel erfüllt sind. Von entscheidender Bedeutung ist dabei auch, wie die Einkommen auf die Individuen verteilt sind. Empirisch besteht zwischen dem Entwicklungsstand und der Einkommensverteilung ein invertierter U-förmigen

Zusammenhang (vgl. Kuznets 1955): Im Zuge der Entwicklung eines Landes nimmt die Ungleichheit anfangs zu und beginnt erst ab einem mittleren Entwicklungsstand wieder zu sinken. Dies führt dazu, dass ausgehend von einem niedrigen Entwicklungsstand das Ausmaß intra-industriellen Handels mit zunehmender Entwicklung zunächst nur langsam wächst, da ihm die steigende Ungleichheit zuwiderläuft. Erst wenn ein Land so weit entwickelt ist, dass die Ungleichheit wieder abnimmt, kommt es zu einem starken Wachstum des intra-industriellen Handels – dies ist so auch seit dem Zweiten Weltkrieg zu beobachten. Selbstverständlich kann es nur dann zu intra-industriellem Handel kommen, wenn auch die jeweiligen Handelspartner auf einem entsprechenden Entwicklungsstand sind. So weist der Handel von Deutschland mit seinen reicheren europäischen Haupthandelspartnern einen relativ hohen intra-industriellen Handelsanteil auf – etwa mit Frankreich 53,5 % –, während dieser im Handel mit ärmeren EU-Partnern sehr viel schwächer ausgeprägt ist – etwa mit Griechenland 9,0 % (vgl. auch ▶ Box 11.1).

🔁 Was haben wir gelernt?

- Im Krugman-Modell wird der Modellansatz mit Präferenz nach Produktdifferenzierung und Produktion der Varianten mit steigenden Skalenerträgen in ein allgemeines Gleichgewichtsmodell mit Faktormarkt integriert. Die Aufnahme von Handel führt in diesem Kontext zu einer höheren Zahl an verfügbaren Produktvarianten und bei Annahme einer im Pro-Kopf-Konsum sinkenden Nachfragelastizität auch zu einer Senkung des realen Preises.

- Durch Integration in ein Zwei-Faktoren-Modell können inter- und intra-industrieller Handel in einem einheitlichen Modellrahmen analysiert werden. Je ähnlicher die Länder in Bezug auf die Faktorausstattung sind, umso größer ist der Anteil des intra-industriellen Handels und umso eher profitieren beide Produktionsfaktoren von der Handelsaufnahme.

- Im Rahmen von Ansätzen der endogenen Wachstumstheorie lässt sich die Wirkung von Außenhandel und internationaler Integration auf das Wachstum analysieren. Während bei internationalen Spillovers des Wissens normalerweise ein positiver Effekt des Handels auf das Wachstum besteht, können sich bei nationalen Spillovers auch Wachstumseinbußen für Länder mit einer geringen Wissensbasis ergeben.

- Durch die Annahme von Unternehmen mit heterogenen Kosten und kostspieligem Markteintritt in den Exportmarkt kann im Melitz-Modell erklärt werden, wieso üblicherweise nur ein Teil der aktiven Unternehmen einer Branche die Produkte auch exportiert.

- Bei Mehrproduktunternehmen führt die Aufnahme von Außenhandel dazu, dass das Produktspektrum reduziert wird und ein stärkerer Fokus auf die Kernprodukte erfolgt, deren Umsatz deutlich ausgeweitet wird.

- Eine Erweiterung um heterogene Konsumenten zeigt, dass zur Entstehung des intra-industriellen Handels ein gewisser Entwicklungsstand des Landes vorliegen muss, damit ein ausreichend großer Bedarf an differenzierten Gütern entsteht.

12.6 Kontrollfragen und Übungsaufgaben

1. Erläutern Sie die folgende Aussage: „Inter-industrieller Handel findet statt, weil die Länder verschieden sind; intra-industrieller Handel findet statt, weil die Länder ähnlich sind." Worauf bezieht sich die (Un-)Ähnlichkeit?
2. Welche Bedeutung hat die Nachfrageelastizität im Krugman-Modell? Welche Auswirkung hat Faktorwachstum auf die Anzahl der produzierten Varianten und den realen Preis? Begründen Sie, ob es möglich ist, eine Aussage über das Handelsmuster zu treffen, d. h. welches Land welche Variante exportiert!
3. Welche Rolle spielen im Kontext der endogenen Wachstumstheorie Spillovers bei der Beurteilung, ob Handel förderlich für das Wachstum ist? Wie beurteilen Sie in diesem Zusammenhang die Beobachtung, dass Länder wie etwa China den Schutz geistigen Eigentums nicht so genau nehmen?
4. Erläutern Sie die Grundannahmen des Melitz-Modells im Unterschied zum Modell der monopolistischen Konkurrenz bzw. zum Krugman-Modell! Welche Typen von Firmen können unterschieden werden? Welche Rolle spielen dabei die Handelskosten? Erläutern Sie, wie sich die Gewinnsituation der Firmen-Typen durch Handelsaufnahme bzw. -liberalisierung ändert!
5. Welche Auswirkung hat eine mit Kosten verbundene Handelsaufnahme auf die durchschnittliche Produktivität der Firmen? Unterscheiden Sie die beiden Situationen, in denen jedes Unternehmen (i) nur eine Variante und (ii) mehrere Varianten anbietet!
6. Welchen besonderen strategischen Herausforderungen sehen sich Mehrprodukt-unternehmen generell gegenüber? Welche Effekte hat in diesem Fall eine Handelsaufnahme auf die Produktions- und Exportstruktur des Unternehmens?

Literatur

Im Text zitierte Quellen

Bartholomae F. (2011), Konsumentenheterogenität und Struktur des Außenhandels. Eine Analyse im Kontext der Theorie des intra-industriellen Handels, Wiesbaden: Springer Gabler, Kap. 4. [*Integration heterogener Konsumenten in das Melitz-Modell. Ausführliche Darstellung des Modells aus Abschn. 12.5.*]

Bernard, A. B., Redding, S. J. und P. K. Schott (2007), Multiple-Product Firms and Product Switching, American Economic Review, Vol. 100, No. 1, S. 79.

Eckel, C. und J. P. Neary (2010), Multi-Product Firms and Flexible Manufacturing in the Global Economy, Review of Economic Studies, Vol. 77, 188–217. [*Vertiefte Auseinandersetzung mit dem Kannibalisierungseffekt bei Mehrproduktunternehmen und Außenhandel.*]

Forslid, R. (2020), Trade, Transportation and the Environment, Research Papers in Economics 2020 No. 2, Stockholm University, Department of Economics.

Kuznets, S. (1955), Economic Growth and Income Inequality, The American Economic Review, 45 (1), 1–28

Krugman P. (1979), Increasing Returns, Monopolistic Competition, and International Trade, Journal of International Economics, Vol. 9, 469–479. [*Grundlegender Aufsatz zur neuen Außenhandelstheorie.*]

Krugman, P. (1980), Scale Economies, Product Differentiation, and the Pattern of Trade, American Economic Review, Vol. 70, No. 5, S. 950–959.

Melitz M. J. (2003), The Impact of Trade on Intra-Industry Reallocations and Aggregate Industry Productivity, Econometrica, Vol. 71, 1695–1725. [*Erweiterung des Krugman-Modells um heterogene Firmen.*]

Ergänzende und weiterführende Literatur

Baldwin R. (2005), Heterogeneous Firms and Trade: Testable and Untestable Properties of the Melitz Model, NBER Working Paper No. 11471 (July 2005). [*Im Vergleich zum Originalaufsatz einfachere Darstellung des Melitz-Modells.*]

Grossman, G. M. und E. Helpman (1993), Endogenous Innovation in the Theory of Growth, Journal of Economic Perspectives, Vol. 7, No. 1, 38–42. [*Grundlegende Idee der endogenen Wachstumstheorie und Zusammenhang von Außenhandel und Wachstum.*]

Neary J. P. (2009) Putting the "New" into New Trade Theory: Paul Krugman's Nobel Memorial Prize in Economics, The Scandinavian Journal of Economics, Vol. 111, 217–250. [*Interessanter Überblick über das ökonomische Lebenswerk von Paul Krugman anlässlich seiner Ehrung mit dem Alfred-Nobel-Gedächtnispreis für Wirtschaftswissenschaften.*]

12

Direktinvestitionen, Fragmentierung und multinationale Unternehmen

Inhaltsverzeichnis

© Der/die Autor(en), exklusiv lizenziert an Springer Fachmedien Wiesbaden GmbH, ein Teil von Springer Nature 2024
K. Morasch und F. Bartholomae, *Handel und Wettbewerb auf globalen Märkten*,
https://doi.org/10.1007/978-3-658-41866-3_13

Themenüberblick

- Konzept multinationales Unternehmen und Zusammenhang mit Direktinvestitionen
- Firmenspezifisches Kapital als zentrale Voraussetzung für Entstehung multinationaler Unternehmen
- Horizontale Direktinvestitionen: Export vs. Direktinvestition
- Wirkung des Kapitalexports und der Diffusion technischen Fortschritts auf Produktionsstruktur, Handelsmuster und Faktorlöhne
- Vertikale Direktinvestitionen: Fragmentierung, Outsourcing und Offshoring
- Wirkung von Offshoring auf die Arbeitslöhne

Bisher sind wir davon ausgegangen, dass ein auf einem internationalen Markt aktives Unternehmen in Land A produziert und dann einen Teil seiner Produkte nach Land B exportiert. Die Herstellung erfolgt dabei in einem integrierten Produktionsprozess in Land A. In der Realität wird aber ein großer Teil der internationalen Aktivitäten durch multinationale Unternehmen durchgeführt, die in mehreren Ländern Produktionsstätten betreiben und im Rahmen einer fragmentierten Produktion Zwischengüter von anderen Unternehmen im In- und Ausland erwerben oder von ausländischen Tochterunternehmen herstellen lassen.

Vor diesem Hintergrund wollen wir nun folgende Fragen analysieren: Wie entsteht durch Direktinvestitionen ein multinationales Unternehmen? Warum stellt ein Unternehmen Güter in einer ausländischen Produktionsstätte her, anstatt sie zu exportieren? Nach welchen Kriterien entscheidet ein Unternehmen, ob es Güter in einem integrierten Produktionsprozess im Inland herstellt oder Produktionsschritte ins Ausland verlagert? Welche Auswirkung haben diese Unternehmensentscheidungen auf die betroffenen Länder?

Weitgehend ausklammern werden wir vorerst noch, warum die Aktivitäten dabei innerhalb des multinationalen Unternehmens gebündelt werden, anstatt sie durch unabhängige Firmen durchführen zu lassen. Die dazu benötigten Erklärungsansätze werden in ▶ Kap. 19 vorgestellt, wo wir diesen Aspekt auch im Detail diskutieren werden.

13.1 Begriffsklärung und Konzepte

Ein **multinationales Unternehmen** (MNU) ist grundsätzlich dadurch gekennzeichnet, dass es Produktionsstätten und/oder Serviceeinrichtungen in mindestens zwei Ländern betreibt. So produziert BMW seine Fahrzeuge nicht ausschließlich in Deutschland, sondern hat unter anderem Werke in England, Brasilien und Thailand. Der Kamerahersteller Nikon hat demgegenüber zwar seine Produktion auf Japan konzentriert, aber beispielsweise in Europa mehrere Tochterunternehmen, die für Vertrieb, Wartung und Service der Kameras zuständig sind. Wir werden uns im Weiteren auf die Fälle konzentrieren, in denen tatsächlich auch im Ausland produziert wird.

Voraussetzung für das Entstehen multinationaler Unternehmen sind **Direktinvestitionen** im Ausland (FDI – *foreign direct investment*), die darauf zielen, die Kontrolle über oder zumindest einen Einfluss auf ein Unternehmen im Ausland zu erlangen. Hiervon zu unterscheiden sind Portfolioinvestitionen, die Unternehmen und Privatanleger nutzen, um ihre Anlageportfolios zu diversifizieren und damit das Risiko zu senken. In ▶ Abschn. 1.4 haben wir gesehen, dass FDI in den letzten

40 Jahren stärker zugenommen haben als das Volumen des Außenhandels. Zudem hat in den letzten Jahren auch der Anteil der Direktinvestitionen in Entwicklungsländern und durch Unternehmen aus Entwicklungsländern deutlich zugenommen. Wie ► Box 13.1 zeigt, spiegelt sich dies auch in der zunehmenden Bedeutung multinationaler Unternehmen wider.

Box 13.1: Bedeutung multinationaler Unternehmen

Multinationale Unternehmen sind bereits seit der Gründung der British East India Company im 17. Jahrhundert eine treibende Kraft des globalen Handels. Dennoch waren bis zum Beginn des 20. Jahrhunderts international aktive Unternehmen noch eher selten zu finden. So war im Jahr 1914 die große Mehrheit der US-amerikanischen Großunternehmen noch ausschließlich national tätig. Erst zwischen den beiden Weltkriegen und dann verstärkt in der Zeit nach 1945 wurden US-Konzerne wie General Motors zu multinationalen Unternehmen.

Zu einer starken Zunahme der Anzahl und Bedeutung multinationaler Unternehmen kam es seit den 1970er- und 1980er-Jahren, wobei nun immer mehr Unternehmen aus Europa und Japan eine Internationalisierungsstrategie verfolgten. In jüngerer Zeit ist dieser Trend auch bei Unternehmen aus aufstrebenden Entwicklungs- und Schwellenländern wie Südkorea, Brasilien oder China zu beobachten. Diese Verschiebung drückt sich in der Verringerung der Anteile der Unternehmen aus Industrieländern seit Beginn der 1990er-Jahre aus: Zwar hat sich die Zahl der MNU aus Industrieländern von 1992 bis 2010 absolut mehr als verdoppelt, aber ihr Anteil nahm von 92 % auf 70 % ab. Die zunehmende Bedeutung von MNU ist auch in Deutschland feststellbar. Während es 1993 7003 deutsche Mutterkonzerne gab, wuchs ihre Anzahl bis 2010 auf 8346. Gleiches gilt für Tochterunternehmen ausländischer MNU: 1993 gab es davon 11.396 und 2010 bereits 19.229 Niederlassungen.

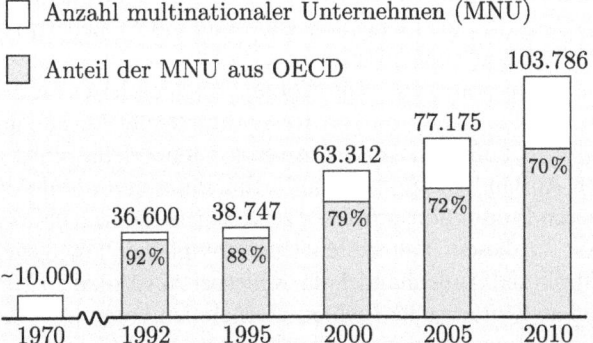

☐ Anzahl multinationaler Unternehmen (MNU)

☐ Anteil der MNU aus OECD

Quelle: Eigene Darstellung basierend auf Daten der UNCTAD und der Bundeszentrale für politische Bildung.

Im Vergleich zu den nur exportierenden Unternehmen spielen die MNU beim Außenhandel eine große Rolle: Im Jahr 1990 wurden über 75 % des US-Warenhandels über MNU abgewickelt. Zugleich betrug der Anteil des firmeninternen Handels etwa 40 % (siehe ► Kap. 1). Dabei stieg seit Beginn der 1970er-Jahre insbesondere der firmeninterne vertikale Handel mit Zwischenprodukten deutlich – der Anteil der Zwischenproduktexporte von US-amerikanischen MNU an ihre Tochterfirmen wuchs von etwa einem Drittel im Jahr 1970 auf zwei Drittel im Jahr 2000.

Wie wir in ► Kap. 18 noch genauer thematisieren werden, ist die zunehmende Bedeutung multinationaler Unternehmen ein zentrales Kennzeichen der **Globalisierung von Märkten.** Während sich internationale Märkte von rein nationalen Märkten durch die Außenhandelstätigkeit der Unternehmen unterscheiden, kommen bei globalen Märkten noch ausländische Direktinvestitionen (und damit multinationale Unternehmen), international fragmentierte Produktionsprozesse (vertikaler intra-industrieller Handel) und internationale Unternehmenskooperationen hinzu.

Im Zusammenhang mit Direktinvestitionen und multinationalen Unternehmen werden wir auf **drei grundlegende Fragestellungen** eingehen:

- Welche Motive hat ein Unternehmen, mittels Direktinvestitionen Teile seiner Aktivitäten ins Ausland zu verlagern?
- Warum werden die Aktivitäten innerhalb eines multinationalen Unternehmens anstatt durch unabhängige ausländische Firmen durchgeführt?
- Welche volkswirtschaftlichen Auswirkungen ergeben sich durch Direktinvestitionen und die Bildung multinationaler Unternehmen?

Die **Motive für Direktinvestitionen** können auf der Absatzseite oder auf der Beschaffungsseite liegen:

- Ein wichtiges absatzseitiges Motiv, das auch bei der theoretischen Analyse im Vordergrund steht, ist die Vermeidung von Handelskosten (bzw. die Ermöglichung des Marktzugangs, falls die Handelskosten prohibitiv sind). Darüber hinaus kann aber auch eine verbesserte Markterschließung durch die größere Nähe zu den ausländischen Konsumenten eine Rolle spielen, da dadurch eine bessere Anpassung der Produkte an die lokalen Bedürfnisse ermöglicht wird. Errichtet ein Unternehmen in einem anderen Land eine Produktionsstätte zur Belieferung des lokalen Marktes, liegen **horizontale Direktinvestition** vor. Diese Form der ausländischen Direktinvestition stellt ein Substitut für Exporte in dieses Land dar. Die Entscheidung zwischen Export und Direktinvestition werden wir in ► Abschn. 13.2 im Rahmen einer Modellierung mit Skalenerträgen und unvollkommenem Wettbewerb analysieren.
- Auf der Beschaffungsseite geht es im Kontext fragmentierter Produktionsprozesse insbesondere um die Reduktion von Kosten durch die Ausnutzung von Faktorpreisunterschieden aufgrund komparativer Kostenvorteile. Wird ein Tochterunternehmen im Ausland gegründet, um dorthin einzelne Produktionsschritte eines umfangreicheren Produktionsprozesses zu verlagern, so liegt eine **vertikale Direktinvestition** vor. In diesem Fall besteht eine komplementäre Beziehung zwischen Direktinvestition und Außenhandel, da es hierbei zu vertikalem intra-industriellen Handel zwischen Mutter- und Tochterunternehmen kommt. ► Abschn. 13.3 beschäftigt sich mit Fragmentierung und vertikalen Direktinvestitionen.

Warum kann die **Integration** von Aktivitäten im In- und Ausland im Rahmen eines multinationalen Unternehmens sinnvoll sein? Eine mögliche Antwort ist, dass multinationale Unternehmen über **firmenspezifisches Kapital** in Form immaterieller Wirtschaftsgüter (z. B. Know-how, Betriebserfahrung, Managementfähigkeit etc.) verfügen und dieses Kapital aufgrund hoher Kosten beim Transfer dieses Wissenskapitals nur innerhalb des Unternehmens effizient verwendet werden kann. Zwar kann etwa technologisches Know-how in Form von Patenten prinzipiell lizenziert werden, jedoch muss bei der Patentierung die Erfindung offengelegt werden, was nicht notwendigerweise im Interesse des Unternehmens ist. Darüber hinaus gibt es möglicherweise auch Aspekte der Technologie, die nicht einfach schriftlich kodifiziert werden können. Mit den Erklärungsansätzen für multinationale Unternehmen auf Grundlage des Transaktionskostenansatzes und der Theorie unvollständiger Verträge werden wir uns in ▶ Kap. 19 noch genauer beschäftigen.

Im Kontext der internationalen Fragmentierung kann über die Nutzung firmenspezifischen Kapitals hinaus auch das Problem auftreten, dass die Qualität der Zwischenprodukte bei Auslagerung an eine externe Firma möglicherweise nur schwer sicherzustellen ist. Die Kontrolle der Produktionsprozesse ist demgegenüber einfacher, wenn diese in einem Tochterunternehmen im Ausland ausgeführt werden. Vor diesem Hintergrund bietet es sich an, die Fragmentierungsentscheidung hinsichtlich zweier Dimensionen zu betrachten: der geographischen und der organisatorischen Dimension. Nur wenn internationale Fragmentierung gegenüber der integrierten Fertigung vorteilhaft ist und außerdem die Durchführung innerhalb des Unternehmens aufgrund der effizienten Nutzung firmenspezifischen Kapitals oder der Sicherstellung von Qualität notwendig ist, kommt es tatsächlich zu einer Direktinvestition und damit zur Entstehung eines multinationalen Unternehmens. Um diese Unterscheidung begrifflich eindeutig zu machen, differenzieren wir im Weiteren entsprechend der Darstellung in ▢ Tab. 13.1 zwischen „Outsourcing" und „Offshoring". Als **Outsourcing** wird dabei die Auslagerung einzelner Produktionsschritte an Drittunternehmen bezeichnet. Dabei kann in Abhängigkeit davon, ob sich diese Firmen im In- oder im Ausland befinden, zwischen lokalem und internationalem Outsourcing unterschieden werden. **Offshoring** bezeichnet demgegenüber die Produktion in einem ausländischen Tochterunternehmen.

Die **volkswirtschaftlichen Auswirkungen** von multinationalen Unternehmen ergeben sich in erster Linie durch den Kapitaltransfer ins Ausland. Die im Rahmen multinationaler Unternehmen notwendigen ausländischen Direktinvestitionen umfassen sowohl den Erwerb von Beteiligungen an ausländischen Unternehmen als auch den Bau neuer Anlagen im Ausland *(greenfield investment)*. Sie können als Akquisition eines ausländischen Unternehmens, als Gemeinschaftsunternehmen *(joint venture)*, als Neugründung oder als Lizenzierung firmenspezifischen Kapitals in Erscheinung treten. Aus volkswirtschaftlicher Sicht entscheidend ist der Kapitaltransfer, der die Kapitalausstattung im Ursprungs- und im Zielland verändert bzw. beim Transfer von Wissenskapital die Produktivität im Zielland erhöht. Da sich die empirisch relevanten Effekte bei horizontalen und vertikalen Direktinvestitionen unterscheiden, werden wir die volkswirtschaftlichen Auswirkungen jeweils am Ende der entsprechenden ▶ Abschn. 13.2.3 und 13.3.3 thematisieren. Die Analyse basiert dabei auf den in ▶ Kap. 9 angestellten Überlegungen zu Änderungen der Faktorausstattung.

▢ **Tab. 13.1** Geographische und organisatorische Fragmentierung

		Geographisch	
		National	**International**
Organisatorisch	**Intern**	Integration	Offshoring (vertikales FDI)
	Extern	inländisches Outsourcing	internationales Outsourcing

13.2 Markterschließung durch horizontale Direktinvestitionen

Wir wollen uns als erstes mit horizontalen Direktinvestitionen beschäftigen, d. h. Direktinvestitionen auf der Absatzseite, die den Zweck verfolgen, die Güter für den ausländischen Markt vor Ort herzustellen. Dabei werden wir zunächst aus dem Blickwinkel eines einzelnen Unternehmens nur die Kostenaspekte bei der Entscheidung zwischen Exporten und Gründung eines Tochterunternehmens betrachten. In einem zweiten Schritt wird dann in einer Marktbetrachtung im Rahmen des Melitz-Modells aus ► Abschn. 12.3 gezeigt, dass die produktivsten Unternehmen die Direktinvestitionsstrategie vorziehen. Schließlich soll die Auswirkungen des Transfers von Kapital und Wissen im Rahmen der Analyse der Auswirkungen von Faktorwanderungen und des technischen Fortschritts thematisiert werden.

13.2.1 Kostenbetrachtung: Export oder Direktinvestition?

Es wird nun eine Situation betrachtet, in der sich ein Unternehmen entscheiden muss, ob es den Auslandsmarkt mit Exporten bedient oder eine Direktinvestition durchführt, um die Güter für den ausländischen Markt vor Ort von einem Tochterunternehmen herstellen zu lassen. Dabei wird zum einen unterstellt, dass bei der Produktion des Gutes bis zum Erreichen einer mindestoptimalen Betriebsgröße steigende Skalenerträge vorliegen, d. h. eine höhere Gesamtproduktion die Durchschnittskosten senkt (vgl. ► Kap. 10), was die Exportoption potenziell vorteilhaft macht. Zum anderen wird angenommen, dass beim Export der Güter Handelskosten anfallen, die durch die Direktinvestition vermieden werden können. Welcher der beiden Effekte überwiegt, hängt dann von den Absatzmengen im Inlands- und im Auslandsmarkt ab, die für die weitere Analyse zur Vereinfachung als exogen gegeben betrachtet werden.

In ◘ Abb. 13.1 wird diese Situation exemplarisch verdeutlicht. Dabei bezeichnet DK^{Inl} die Durchschnittskosten des Unternehmens für die inländische

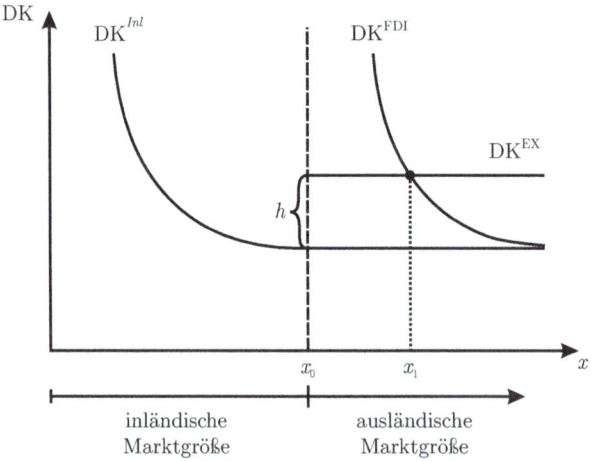

Quelle: Eigene Darstellung in Anlehnung an Rübel (2008), S. 139.

◘ **Abb. 13.1**   Export vs. Direktinvestition

Produktion. Bei der für den inländischen Markt gegebenen Absatzmenge x_0 sind bereits alle Größendegressionseffekte ausgeschöpft, sodass bei einer exportbedingten Ausweitung der Produktion die Durchschnittskosten konstant bleiben. Anders als bei der Analyse von Dumping in ▶ Abschn. 10.3.2 führt die Produktion für den Export damit nicht zu einer Reduktion der Durchschnittskosten der Produktion für den Inlandsmarkt. Wir können uns daher auf einen Vergleich der Kosten für den Auslandsmarkt beschränken und müssen nicht berücksichtigen, dass die Entscheidung für den Export prinzipiell auch Rückwirkungen auf die Produktionskosten für den inländischen Markt haben kann.

Beim Export fallen Kosten in Höhe von h pro abgesetzte Einheit an, die alle mit dem Handel verbundenen Kosten für Transport, Zölle, Vertrieb etc. umfassen (vgl. ▶ Abschn. 2.2). Zur Vereinfachung gehen wir davon aus, dass diese Handelskosten unabhängig von der abgesetzten Menge sind – aufgrund von fixen Kostenbestandteilen dürfte h in der Realität allerdings mit steigendem Auslandsabsatz sinken. Diese Handelskosten führen dazu, dass die in x_0 beginnende, für den Auslandsmarkt relevante, konstante Durchschnittskostenkurve DK^{EX} um h höher als DK^{Inl} verläuft.

Als mögliche Alternative kann das inländische Unternehmen im ausländischen Markt eine Direktinvestition durchführen und dort ein Tochterunternehmen zur Herstellung des Gutes gründen. Der Vorteil dieser Option besteht im Kontext unserer Analyse darin, dass sich das Unternehmen die Handelskosten spart. Darüber hinaus können in der Realität noch andere Aspekte bedeutsam sein, wie beispielsweise die bessere Anpassung des Gutes an die lokalen Bedingungen. Gegenüber den lokalen Konkurrenten profitiert die ausländische Tochter vom firmenspezifischen Kapital des multinationalen Unternehmens. Diesem Vorteil stehen allerdings Zusatzkosten gegenüber, die aus der räumlichen Trennung von Zentrale und Tochter entstehen – etwa erschwerte Kommunikationsmöglichkeiten oder kulturelle Unterschiede. Wir nehmen aber an, dass sowohl beim Export als auch bei der Produktion durch das Tochterunternehmen die Vorteile ausreichen, um im Wettbewerb mit den lokalen Konkurrenten bestehen zu können.

Der zentrale Nachteil der Auslandsproduktion liegt dann darin, dass das Unternehmen nicht von der Degression der Durchschnittskosten durch die inländische Produktion profitieren kann und somit zumindest für die ersten Einheiten deutlich höhere Durchschnittskosten hat. Die Durchschnittskostenkurve DK^{FDI} liegt daher bis zu einer Ausbringungsmenge von $x_1 - x_0$ über DK^{EX}, weshalb der Export in diesem Bereich trotz der Handelskosten dem Aufbau einer ausländischen Fabrikationsstätte vorzuziehen ist. Damit kommt der Größe des ausländischen Marktes ein entscheidender Einfluss zu: Ein relativ kleiner Markt ist effizienter über Exporte zu versorgen, während sich bei einem größeren Markt die Produktion vor Ort lohnen kann.

Wie wirken sich Änderungen der anderen Parameter auf die Entscheidung aus? Wenn die Größendegression bei der inländischen Absatzmenge x_0 noch nicht ausgeschöpft ist, so stellen die sinkenden Durchschnittskosten im Inlandsmarkt einen zusätzlichen Vorteil der Exportstrategie dar. Andererseits macht eine Erhöhung der Handelskosten Direktinvestitionen auch schon in kleineren Märkten attraktiv (DK^{EX} verschiebt sich nach oben, wodurch x_1 sinkt). Im Extremfall prohibitiver Handelskosten durch Zölle oder Kontingente kann die Direktinvestition die einzige Möglichkeit darstellen, den ausländischen Markt überhaupt zu beliefern oder den

Marktanteil über die Kontingentmenge hinaus auszuweiten. So kam es beispielsweise in den 1980er-Jahren als Reaktion auf Handelsbeschränkungen der EU und den USA gegenüber japanischen Autoherstellern zum Aufbau von Produktionsstätten in den USA und England durch die japanischen Automobilproduzenten.

13.2.2 Direktinvestitionen bei heterogener Kostenstruktur der Firmen

Bisher untersuchten wir die Entscheidung zwischen Export und Direktinvestitionen aus dem Blickwinkel eines einzelnen Unternehmens. Wenn alle Unternehmen symmetrisch wären, so müssten sie alle in Abhängigkeit der Kostenstruktur und den Marktgegebenheiten die gleiche Entscheidung treffen. In der Realität gibt es jedoch normalerweise innerhalb eines Sektors sowohl Unternehmen, die den Auslandsmarkt über Exporte bedienen, als auch solche, die eine Direktinvestitionsstrategie gewählt haben. Wie es dazu kommen kann, lässt sich in Anlehnung an Helpman (2006, 596 ff.) im Kontext des Melitz-Modells aus ▸ Abschn. 12.3 erklären.

Ausgangspunkt der Überlegung sind Unternehmen mit unterschiedlich hoher Produktivität φ. Für die Belieferung des lokalen Marktes fallen Fixkosten f_P und für den Exportmarkt nochmals f_X an. Wie in der Analyse im vorigen Abschnitt fallen außerdem Handelskosten h pro exportierter Mengeneinheit an. In ◘ Abb. 13.2 sind unter der Annahme symmetrischer Länder analog zu ◘ Abb. 12.6 die Gewinne im Inland, π_P, und im Exportmarkt, π_X, jeweils in Abhängigkeit von der individuellen Produktivität dargestellt. Der flachere Verlauf von π_X ergibt sich dabei aufgrund der Handelskosten, die für den Export anfallen.

Nehmen wir nun an, dass die Unternehmen alternativ zum Export ihre Produktvariante auch in einem Tochterunternehmen im Ausland herstellen können. Dabei fallen mit f_{FDI} höhere Fixkosten als beim Export an. Andererseits werden die Handelskosten vermieden, was sich in der Abbildung darin ausdrückt, dass π_{FDI} parallel zu π_P verläuft. Wir können somit ergänzend zu unserer Typisierung im grundlegenden Melitz-Modell (▸ Abschn. 12.3) nun vier Arten von Firmen entsprechend ihrer Produktivität unterscheiden:

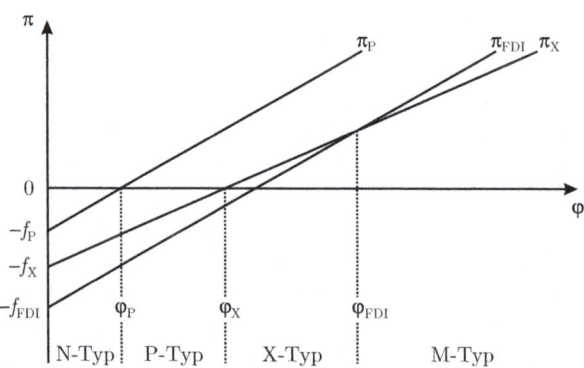

Quelle: Eigene Darstellung auf Grundlage von Helpman (2006).

◘ **Abb. 13.2** Exportunternehmen vs. multinationale Unternehmen

- N-Typ: Unternehmen mit einer geringen Produktivität unterhalb von φ_P, die nicht produzieren.
- P-Typ: Unternehmen mit einer mittleren Produktivität zwischen φ_P und φ_X, die nur den inländischen Markt versorgen.
- X-Typ: Unternehmen mit einer hohen Produktivität zwischen φ_X und φ_{FDI}, die sowohl für das Inland produzieren als auch ihre Produkte ins Ausland exportieren.
- M-Typ: Unternehmen mit einer sehr hohen Produktivität oberhalb von φ_{FDI}, die für das Inland produzieren, den ausländischen Markt aber mittels Direktinvestition direkt versorgen anstelle dorthin zu exportieren und somit zu MNU werden.

Dieses Ergebnis ist konsistent mit dem empirisch feststellbaren Muster, dass multinationale Unternehmen produktiver als Exportunternehmen sind und diese wiederum eine höhere Produktivität aufweisen als Firmen, die nur für den lokalen Markt produzieren.[1]

Dieser Modellansatz lässt sich auch erweitern, um komplexere Integrationsstrategien mit horizontalen und vertikalen Direktinvestitionen zu analysieren. Dabei wird eine Situation mit zwei symmetrischen Industrieländern und einem Entwicklungsland unterstellt, wobei die Konzernzentrale der Unternehmen immer in einem der Industrieländer liegt. Die Produktion ist zweistufig: Zunächst werden Zwischengüter hergestellt, die anschließend zum Endprodukt montiert werden. Die reinen Produktionskosten sind im Entwicklungsland geringer, aber bei Auslagerung fallen für jede Produktionsstufe getrennt Fixkosten an. Ohne Handelskosten werden die unproduktivsten Unternehmen die Güter dann vollständig im Inland herstellen („Integration") und die produktivsten beide Stufen in das Entwicklungsland verlagern, das somit als Exportplattform dient; bei mittleren Produktivitäten kann es zu geographischer Fragmentierung kommen, d. h. eine Produktionsstufe wird im Rahmen von Offshoring ins Ausland ausgelagert. Bei ausreichend hohen Transportkosten kann es bei mittleren Produktivitäten zusätzlich zu horizontalen Direktinvestitionen im anderen Industrieland kommen, d. h. das Produkt wird sowohl im Inland als auch im anderen Industrieland zumindest montiert oder auch vollständig hergestellt.

13.2.3 Wirkung von Direktinvestitionen: Kapitalexport und Diffusion technischen Wissens

Die statistisch erfassbaren Direktinvestitionen stellen einen **Export von Finanzkapital** zwischen dem Ursprungsland und dem Zielland dar. Damit ist aber noch nicht sichergestellt, dass sich auch die Realkapitalausstattung ändert. Hierzu müssen entweder Investitionsgüter vom Ursprungs- ins Zielland exportiert werden oder mittels

---

1 Bezüglich der kausalen Richtung ist grundsätzlich ein Henne-Ei-Problem möglich: Sind Unternehmen aufgrund ihrer Auslandstätigkeit produktiver, da sie hierdurch Erfahrungen sammeln und mit neuen Produktionstechnologien in Berührung kommen? Oder, sind sie im Ausland aktiv, weil sie produktiver sind? Empirisch bestätigt sich die Grundannahme dieses Modells, d. h. der Typ ergibt sich aus der Produktivität, sodass multinationale Unternehmen von Anfang an produktiver als Exportunternehmen sind und diese wiederum eine höhere Produktivität aufweisen als Firmen, die nur für den lokalen Markt produzieren.

des Finanzkapitals dort zusätzliche Investitionen vorgenommen werden.[2] Wenn also beispielsweise ein Unternehmen aus Land A eine Beteiligung an einem Wettbewerber in Land B erwirbt, so kommt es dadurch noch zu keinem Realkapitalexport. Wenn demgegenüber das Unternehmen eine Produktionsstätte in Land B errichtet *(greenfield investment)*, wird dies insoweit zu einer Zunahme der Realkapitalausstattung führen, als dass Fabrikanlagen neu erstellt oder Investitionsgüter importiert werden. Wird jedoch ein bereits bestehendes Gebäude für die Produktionsstätte verwendet, so stellt der Kaufpreis zwar eine ausländische Direktinvestition dar, erhöht aber nicht die Realkapitalausstattung in Land B.

Insoweit es zu einer Änderung der Realkapitalausstattungen kommt, lassen sich die kurz- und langfristigen Wirkungen wie in der Analyse von Faktorwanderungen in ▶ Kap. 9 untersuchen. Darüber hinaus können sich im Rahmen von multinationalen Unternehmen auch ohne Finanzkapitaltransaktionen Wachstumseffekte im Zielland ergeben – beispielsweise durch eine Produktivitätssteigerung aufgrund der Nutzung des firmenspezifischen Wissenskapitals des Mutterunternehmens. Dieser Aspekt kann im Kontext der Analyse in ▶ Abschn. 9.3 von Wachstum durch technischen Fortschritt thematisiert werden.

Betrachten wir nun zunächst den **Realkapitalexport,** so müssen wir die kurz- und die langfristigen Wirkungen unterscheiden. Für das Zielland des Kapitalexports bedeutet dies:

— **Kurzfristig** kommt es zu einer Erhöhung des sektorspezifischen Kapitals in demjenigen Sektor, in den die Direktinvestition fließt. Die entsprechenden Effekte wurden in ▶ Abschn. 9.1.4 anhand von ◘ Abb. 9.6 verdeutlicht und lassen sich unmittelbar auf unser Direktinvestitionsszenario anwenden. Betrachten wir zunächst die Mengeneffekte: Durch die Direktinvestition entsteht zusätzliche Nachfrage nach dem Faktor Arbeit. Als Reaktion werden Arbeitskräfte aus dem anderen Sektor abgezogen und die Produktion im Sektor mit der Direktinvestition erhöht sich auf Kosten der Produktion im anderen Sektor. Betrachten wir nun die Preiseffekte: Da sich die Weltfaktorausstattung nicht geändert hat, sind die Güterpreise konstant. Es kommt somit nur zu einer Anpassung der Faktorpreise. Dabei wird die Entlohnung des nun im Inland relativ knapperen Faktors Arbeit steigen und diejenige des sektorspezifischen Kapitals in beiden Sektoren sinken.

— **Langfristig** ist Kapital zwischen den Sektoren mobil und wird entsprechend seinem Wertgrenzprodukt optimal auf die beiden Sektoren aufgeteilt. Die Direktinvestition zieht Mengeneffekte gemäß dem Rybczynski-Theorem nach sich: Es kommt zu einer Ausweitung der Produktion im kapitalintensiven Sektor und zu einer Einschränkung im arbeitsintensiven. Die Preiseffekte werden wieder rückgängig gemacht: Da die Weltfaktorausstattung konstant geblieben ist, werden sich die Faktorpreise langfristig wieder an die ursprüngliche Gleichgewichtsrelation anpassen. Bei Gültigkeit des Faktorpreisausgleichstheorems hängen die Faktorpreise nicht von der lokalen Faktorausstattung, sondern nur von den (unveränderten) Güterpreisen ab.

---

2   Wie die Finanzmarktkrise 2008/2009 eindrucksvoll gezeigt hat, haben auch reine Finanzkapitaltransaktionen reale Wirkungen. Da wir uns hier aber nicht mit internationalen Finanzmärkten beschäftigen, haben wir zu einer detaillierten Analyse dieser Interaktion nicht die notwendigen Voraussetzungen und wollen uns daher in Bezug auf die Wirkungen von Direktinvestitionen auf den Fall konzentrieren, dass Finanzkapitaltransfer und Realkapitaltransfer zusammenfallen.

Die Auswirkungen auf das Ursprungsland des Kapitalexports sind genau spiegelverkehrt: Kurzfristig wird die Entlohnung des nun reichlicheren Faktors Arbeit sinken, während das knappere Kapital höher entlohnt wird. Langfristig wird das Land eine höhere Produktion im arbeitsintensiven Sektor haben, während die Faktorpreise wieder auf ihr Ausgangsniveau zurückkehren.

Welche Effekte ergeben sich demgegenüber bei **Nutzung firmenspezifischen Kapitals** durch ein Tochterunternehmen? In diesem Zusammenhang sind zwei Aspekte wichtig: Zum einen kommt es darauf an, ob die Investition im kapitalintensiven oder im arbeitsintensiven Sektor stattfindet. Zum anderen ist die Frage, ob die höhere Produktivität nur im Tochterunternehmen selbst realisiert wird oder durch Spillover-Effekte auch die lokalen Unternehmen profitieren.

Ein zentrales Ergebnis ist, dass es nun trotz konstanter Güterpreise auch langfristig zu einer Anpassung der Faktorpreise kommen kann. Nehmen wir zunächst zur Vereinfachung an, dass es in der Branche mit Zufluss ausländischer Direktinvestitionen entweder nur Tochterunternehmen multinationaler Konzerne gibt oder vollständige technologische Spillovers für die lokalen Unternehmen resultieren. In beiden Szenarien befinden wir uns in der in ▶ Abschn. 9.3 analysierten Situation (Wachstum durch technischen Fortschritt). Führt das firmenspezifische Kapital zu einem Hicks-neutralen technischen Fortschritt – die Produktivität beider Faktoren steigt in gleichem Umfang –, so führen Direktinvestitionen im relativ kapitalintensiven Sektor zu einer höheren Entlohnung des Faktors Kapital und zu einer geringeren Entlohnung der Arbeit. Bei Direktinvestitionen im arbeitsintensiven Sektor wäre es genau umgekehrt: Hier würde der Faktor Arbeit gewinnen und der Faktor Kapital verlieren. Hintergrund der Anpassungsreaktion ist, dass die Produktion im Sektor mit Direktinvestitionen durch die Produktivitätssteigerung nun attraktiver wird, bei einer Verlagerung in diesen Sektor aber mehr vom dort intensiv eingesetzten Faktor benötigt wird.

Ohne Spillover-Effekte ist die Situation komplizierter, weil die Unternehmen nun unterschiedlich effizient sind. Bei vollkommenem Wettbewerb würde das dazu führen, dass die lokalen Unternehmen vom Markt verdrängt werden. Wird realistischerweise unvollkommener Wettbewerb unterstellt, befinden wir uns entweder in der Situation des Melitz-Modells oder in einem Oligopol mit asymmetrischer Kostenstruktur. Neben der Anpassungsreaktion auf den Faktormärkten kommt es dann auch zu Änderungen in der Marktstruktur im Sektor mit Direktinvestitionen. Dies kann dann auch bei Direktinvestitionen im kapitalintensiven Sektor zu Nachteilen für die lokalen Kapitaleigner führen, da ihr Realkapital nun aufgrund der Konkurrenz durch die produktiveren multinationalen Unternehmen entwertet wird.

13.3 Fragmentierung, Outsourcing und vertikale Direktinvestitionen

Bei der Entscheidung über horizontale Direktinvestitionen steht die Abwägung zwischen der Vermeidung von Handelskosten und der Realisierung von Skalenerträgen im Vordergrund. Bei vertikalen Direktinvestitionen kommt der Aspekt der Kostenreduktion durch Verlagerung arbeitsintensiver Teilprozesse in arbeitsreiche Länder mit geringeren Lohnkosten hinzu.

13.3.1 **Fragmentierung, Outsourcing und Offshoring**

In diesem Abschnitt stehen zwei Fragen im Zentrum: Wieso kann für ein Unternehmen die Fragmentierung der Wertschöpfungskette gegenüber einer integrierten Produktion an einem Ort vorteilhaft sein? Und darauf aufbauend: Unter welchen Umständen wird ein Teilprozess dabei im Rahmen von internationalem Outsourcing oder Offshoring ins Ausland verlagert?

Gehen wir zunächst davon aus, dass die Produktion eines Gutes integriert innerhalb eines Unternehmens an einem Ort stattfindet. Im oberen Teil von ◘ Abb. 13.3 werden die für die Erstellung und Vermarktung des Gutes notwendigen Teilprozesse in ihrer zeitlichen Reihenfolge schematisch dargestellt. Bei der Herstellung ist hierbei zu beachten, dass moderne Industrieprodukte sehr komplex aufgebaut sind und aus vielen verschiedenen Zwischenprodukten bestehen, die natürlich zunächst erzeugt werden müssen, bevor sie zum Endprodukt montiert werden. Abschließend muss das Produkt beworben und vertrieben werden.

Da der Produktionsprozess aus mehreren Schritten besteht, stellt sich die Frage, ob es sich nicht lohnen könnte, diese voneinander zu trennen. Dabei erscheint es zunächst naheliegend, die Produktionsschritte nach ihrem zeitlichen Ablauf zu ordnen und auf verschiedene Standorte aufzuteilen. Im Kontext der internationalen Fragmentierung ist es aber ökonomisch sinnvoller, die Schritte so auf die Standorte zu verteilen, dass die jeweils vorherrschenden komparativen Vorteile optimal genutzt werden. Im unteren Teil von ◘ Abb. 13.3 sind die Schritte nach ihrer Kapitalintensität geordnet, wobei sowohl Realkapital als auch Humankapital berücksichtigt werden – gerade die Forschung als auch die Entwicklung von Marketingkonzepten sind als relativ humankapitalintensiv zu sehen. Normalerweise erfolgt zudem die Herstellung der meisten Zwischenprodukte kapitalintensiver als die arbeitsintensive Endmontage.

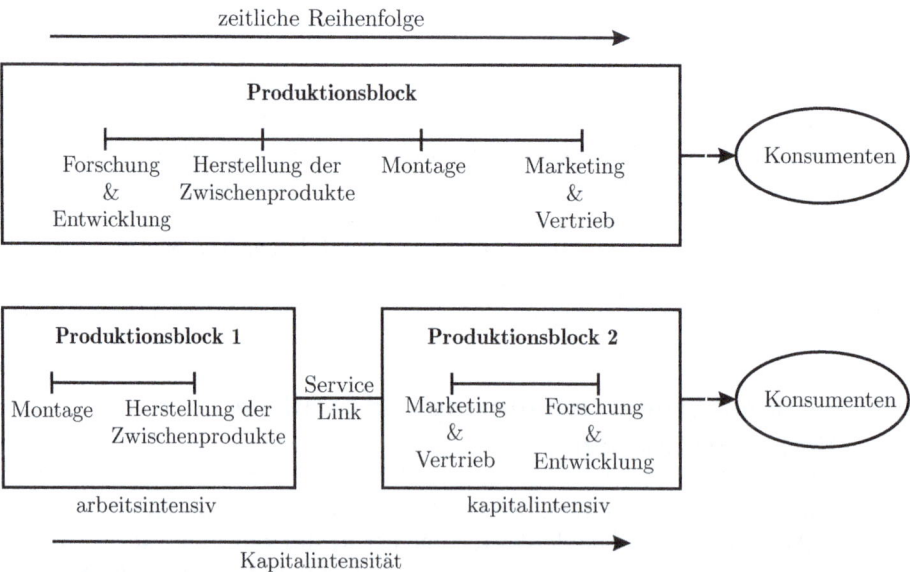

Quelle: Eigene Darstellung in Anlehnung an Jones/Kierzkowski (1990), p. 33.

◘ **Abb. 13.3**   Fragmentierung der Produktion

Wir haben nun in der Abbildung zwei Produktionsblöcke unterschieden, einen arbeitsintensiven und einen kapitalintensiven Block, die potenziell getrennt durchgeführt werden können. Die genaue Grenze ist dabei im Augenblick willkürlich – wir hätten auch nur die Endmontage dem arbeitsintensiven Bereich zuordnen können. Wichtig ist, dass diese beiden Blöcke über einen sogenannten **Service-Link** miteinander verbunden sind. Was bedeutet das? Im Zuge der Fragmentierung wird eine Reihe zusätzlicher Dienstleistungen erforderlich, die bei integrierter Produktion nicht nötig sind. Darunter fällt etwa der Auf- und Ausbau des Logistiknetzwerks, da die lokal getrennt hergestellten Zwischenprodukte nicht nur zur Endfertigung transportiert werden müssen, sondern auch die (zeitliche) Anlieferung koordiniert werden muss. Damit verbunden besteht gegebenenfalls auch die Notwendigkeit, externe Dienstleister hinzuzuziehen, um sich etwa gegen transportbedingte Produktionsausfälle zu versichern oder eine unabhängige Qualitätskontrolle sicherzustellen. Die Kosten, die für diesen Service-Link anfallen, müssen dann den Kosteneinsparungen durch die effizientere Produktion bei Fragmentierung gegenübergestellt werden.

Box 13.2: Fragmentierung bei Apple

Apple ist ein Unternehmen mit einer hochkomplexen Wertschöpfungskette. Nach eigenen Angaben verfügte Apple im Jahr 2009 über insgesamt 766 Zulieferbetriebe aus allen Regionen der Welt. Bei der Wahl der Firmen hat sich Apple offensichtlich an den komparativen Vorteilen der Länder orientiert: Während High-Tech-Komponenten wie Flash-Speicher und Computerchips von Unternehmen aus kapitalreichen Ländern wie Deutschland (etwa Infineon) oder Japan (etwa Toshiba) stammen, erfolgt die Montage im relativ arbeitsreichen China durch Foxconn. Durch diese Aufspaltung gelingt es Apple, die Produktionskosten relativ niedrig zu halten und damit beim Verkauf seiner Produkte eine entsprechend hohe Gewinnmarge zu erzielen.

Region	Lieferanten
Afrika	2
Amerika	85
… darunter USA	*69*
Asien	641
… darunter China	*346*
… darunter Japan	*126*
Europa	38
… darunter Deutschland	*10*
Insgesamt	766

Wir wollen nun in Anlehnung an Jones/Kierzkowski (1990) die Abwägung zwischen Integration und Fragmentierung analog zu derjenigen zwischen Export und horizontaler Direktinvestition analysieren. Wir gehen dabei davon aus, dass innerhalb einer Produktionsstufe Skalenerträge realisiert werden können, da für die Erstellung und Einrichtung der Produktion ja zunächst Fixkosten f anfallen. Der Vorteil einer fragmentierten Produktion besteht grundsätzlich darin, dass aufgrund der Spezialisierung auf einen Teilprozess geringere variable Kosten vorliegen (dies gilt bereits bei einer Auslagerung innerhalb des Landes). Dem stehen zwei Kostenkomponenten gegenüber: Zum einen sind die Fixkosten bei zwei Produktionsstätten in der Summe höher als bei einer ($f_2 > f_1$), zum anderen müssen zusätzlich pro Mengeneinheit Service-Link-Kosten s berücksichtigt werden.

In ◘ Abb. 13.4a ist diese Situation graphisch veranschaulicht. Aufgrund der geringeren variablen Kosten sinkt die Durchschnittskostenkurve bei Fragmentierung, DK_2, mit zunehmendem Output schneller als die Durchschnittskostenkurve bei integrierter Produktion, DK_1. Allerdings verläuft wegen der höheren Fixkosten DK_2 zunächst oberhalb von DK_1. Zusätzlich müssen wir aber auch noch die Service-Link-Kosten s berücksichtigen, sodass letztlich $DK_2 + s$ mit den Durchschnittskosten bei Integration DK_1 zu vergleichen sind. Wir sehen dann, dass der fragmentierte Prozess erst ab einer Produktion von x_0 kostengünstiger als die integrierte Produktion ist.

Die Verlagerung des arbeitsintensiven Produktionsschritts ins arbeitsreichere Ausland unterscheidet sich vom lokalen Outsourcing in zweierlei Hinsicht: Zum einen sind die variablen Kosten aufgrund der niedrigeren Löhne im arbeitsreichen Ausland nochmals geringer ($DK^* < DK$). Zum anderen kommen jetzt zu den Service-Link-Kosten s noch Handelskosten h hinzu. Diese umfassen sowohl direkte Handelskosten wie Transportkosten oder Zölle als auch die Kosten für den höheren Koordinations- und Organisationsaufwand, der bei der Auslandsproduktion anfällt. Die Situation ist in ◘ Abb. 13.4b dargestellt, wobei wir zur einfacheren Darstellung angenommen haben, dass sich die Produktionsfixkosten f_2 und die reinen Service-Link-Kosten s nicht zwischen lokalem Outsourcing und Auslandsproduktion unterscheiden. Während somit die reinen Produktionskosten im Ausland, DK_2^*, immer unter denjenigen bei lokalem Outsourcing liegen, ist aufgrund der zusätzlich anfallenden Handelskosten erst ab der Menge x_1 eine Verlagerung des Teilprozesses ins Ausland vorteilhaft. Wir haben wie bei der Entscheidung zwischen horizontaler

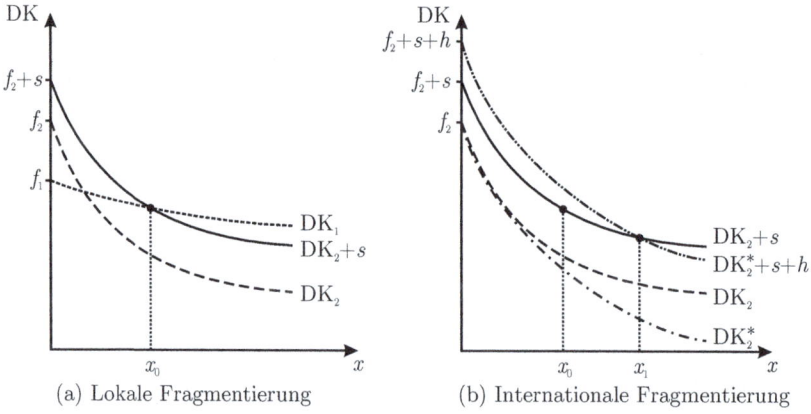

(a) Lokale Fragmentierung   (b) Internationale Fragmentierung

Quelle: Eigene Darstellung auf Grundlage von Jones/Kierzkowski (1990), pp. 33; 38.

◘ **Abb. 13.4**   Lokale vs. internationale Fragmentierung

Direktinvestition und Export eine Abhängigkeit von der erwarteten Absatzmenge: Bei geringer Absatzerwartung ($x < x_0$) ist Integration, bei mittlerer ($x_0 < x < x_1$) lokales Outsourcing und bei hoher ($x > x_1$) Offshoring oder internationales Outsourcing am günstigsten.

Insbesondere bei komplexeren Produktionsprozessen kann bei internationalem Outsourcing und Offshoring ein zusätzliches Problem auftreten, das eine rein auf komparative Kostenvorteile bezogene optimale Aufteilung der Produktion zwischen In- und Ausland unvorteilhaft macht. Betrachten wir hierzu das folgende Beispiel: Gehen wir davon aus, dass sich die Montagestufe nochmals in vier Teilschritte A, B, C und D aufteilen lässt, wobei die Teilprozesse auch genau in dieser Reihenfolge erfolgen müssen, da etwa C den Zusammenbau und D die endgültige Lackierung darstellt. Nehmen wir nun weiter an, dass A und C im Ausland kostengünstiger durchgeführt werden können, während die kapitalintensiveren Produktionsschritte B und D im Inland geringere Kosten verursachen. Aufgrund der vorgegebenen Reihenfolge würde das bei Fragmentierung bedeuten, im Ausland mit A zu beginnen, das Gut von dort ins Inland zu versenden, dann den Produktionsprozess im Inland mit B weiterzuführen, das Zwischenprodukt anschließend erneut ins Ausland zu schicken, um C durchzuführen, um es schließlich nochmals ins Inland zu transportieren und dort in Schritt D zu vollenden. Das Gut müsste also insgesamt dreimal transportiert werden, wobei jedes Mal Handelskosten anfallen. Es ist dann vermutlich trotz der kostengünstigeren Produktion von Stufe B im Inland vorteilhafter, diese ebenfalls ins Ausland zu verlagern, d. h. die Stufen A, B und C im Ausland durchzuführen und nur Stufe D im Inland zu belassen – oder nur Stufe A im Ausland und die Stufen B, C und D im Inland durchzuführen. Auf diese Weise kann man sich zwei Transportwege ersparen und die resultierende Verringerung der Handelskosten dürfte den Kostenvorteil des Inlandes in Stufe B – oder des Auslandes in Stufe C – übersteigen. Wir sehen somit, dass bei komplexeren Produktionsprozessen eine rein an den komparativen Kostenvorteilen ausgerichtete Aufteilung der Produktion nicht immer auch die kostengünstigste ist.

> **Box 13.3: Diskussionsbox – Trend zum Reshoring**
> In jüngster Zeit ist ein Trend zum Reshoring festzustellen, d. h. Unternehmen überlegen sich, ihre insbesondere in Entwicklungs- und Schwellenländer ausgelagerten Produktionsschritte wieder in das Heimatland zurückzuholen. Nicht ganz so extrem sind Überlegungen zum Nearshoring, nach denen Teile der Wertschöpfung zumindest nur in das benachbarte Ausland ausgelagert werden sollen (aus Sicht von Deutschland etwa nach Polen).
> Diese beiden Konzepte wurden schon kurz in ▸ Box 1.4 bei der Diskussion der Implikationen der Covid-19 Pandemie und des Krieges in der Ukraine angesprochen. Nun möchten wir uns vor dem Hintergrund der bisher erworbenen außenwirtschaftlichen Kenntnisse etwas tiefer mit diesen Ansätzen auseinandersetzen. Für das Reshoring werden unter anderem folgende Argumente angeführt (vgl. Pegoraro/De Propris/Chidlow 2021):
> **Kosten.** Durch eine lokale Produktion entfallen Kosten durch Einfuhrzölle bzw. langwierige Wartezeiten bei Kontrollen durch den Zoll. Infolge steigender Lohnstückkosten in den Schwellenländern nimmt zudem die Kostenersparnis bei Offshoring ab.

Gleiches gilt für steigende Öl- und Energiekosten, die den Transport verteuern. Auch lassen sich Probleme mit dem mangelnden Schutz intellektueller Eigentumsrechte in Entwicklungs- und Schwellenländern vermeiden.

Flexibilität. Die lokale Nähe erlaubt eine bessere und durchgängigere Kontrolle der Lieferkette und ermöglicht zudem eine schnellere Reaktion auf etwaige unerwartet auftretende Probleme. Damit können auch notwendige Anpassungen schneller durchgeführt werden und Vorlaufzeiten verkürzen sich.

Innovation. Durch Integration kann eine höhere Produktqualität sichergestellt und Innovationen können vorangetrieben werden. Dies geht dabei über das einzelne Unternehmen hinaus: Da mehr Produkte und Wertschöpfung vor Ort erzeugt werden, können sich regionale Cluster bilden, welche die lokale Innovationskraft stärken und damit auch die lokale Wettbewerbsfähigkeit (etwa durch die Realisierung von Skalenerträgen).

Politik. Reshoring kann auch aus Risikoabwägungen vorteilhaft sein, indem protektionistischen Tendenzen der Wirtschaftspolitik des Heimatlandes des Unternehmens begegnet wird (z. B. Brexit). In diesem Zusammenhang fördert die Politik solche Maßnahmen oft mit Subventionen und weiteren Erleichterungen, in der Hoffnung dadurch positive Beschäftigungseffekte für die regionale Wirtschaft zu generieren. Zusätzlich können auch Unsicherheiten (z. B. Zero-Covid-Politik in China) oder politische Erwägungen (z. B. Rückzug aus Russland infolge des Angriffskrieges auf die Ukraine) im Auslandsmarkt dazu führen, sich aus diesen Märkten zurückzuziehen.

Image. Eine rein regionale Wertschöpfungskette kann das Image des Unternehmens verbessern, was insbesondere dann wichtig ist, wenn der Hauptumsatz im Heimatland erfolgt. Zudem spielen auch immer mehr ökologische Überlegungen eine Rolle: Je mehr Wertschöpfung vor Ort erfolgt, desto weniger Transportwege fallen an und desto weniger wird potenziell die Umwelt belastet.

Diskutieren Sie!

- Gibt es noch weitere Argumente für Reshoring oder Nearshoring?
- Was spricht gegen diese Strategien und wo sehen Sie Vorteile des Nearshorings gegenüber dem Reshoring?
- Kennen Sie Beispiele, wo es tatsächlich zu Reshoring oder Nearshoring gekommen ist?
- Wird diese Entwicklung Ihrer Meinung nach die internationalen Wertschöpfungsketten nachhaltig verändern?

13.3.2 Fragmentierung und komparativer Vorteil im HOS-Kontext

Aus dem vorherigen Abschnitt können wir folgern, dass die Auslagerung einzelner Produktionsschritte in ein anderes Land nur dann vorteilhaft sein kann, wenn die variablen Produktionskosten dort geringer ausfallen und damit etwa die Nachteile höherer Fix- und Transportkosten kompensieren. Voraussetzung dafür ist, dass dieses Land beim entsprechenden Produktionsschritt einen komparativen Kostenvorteil gegenüber dem Inland hat. Nur dann kann durch Fragmentierung die Produktion günstiger und effizienter gestaltet werden, wenn die Spezialisierungsvorteile der am Wertschöpfungsprozess beteiligten Länder optimal genutzt werden.

Häufig wird in diesem Zusammenhang argumentiert, dass es vorteilhaft sei, arbeitsintensive Produktionsprozesse in Länder wie Vietnam, Indien oder China mit relativ reichlicher Ausstattung mit Arbeitskräften und damit geringeren Löhnen zu verlagern. Wie wir bei der Analyse im Ricardo-Modell gesehen haben, ist dabei allerdings zu berücksichtigen, dass sich geringere Löhne meist aufgrund niedrigerer Produktivität ergeben. Für diesen Effekt kann man kontrollieren, indem man statt der Stundenlöhne die Lohnstückkosten vergleicht, d. h. die zur Erstellung einer Outputeinheit notwendige Entlohnung. Darüber hinaus ist aber zu beachten, dass es unter den Voraussetzungen des HOS-Modells zum Faktorpreisausgleich kommen müsste. Internationale Fragmentierung kann somit nur dann vorteilhaft sein, wenn es bezogen auf die normierte Größe der Lohnstückkosten zu keinem Faktorpreisausgleich kommt. Dies ist dann der Fall, wenn Handelskosten oder nicht handelbare Güter vorliegen. Wir wollen nun im Kontext des Lerner-Diagramms aufzeigen, dass internationale Fragmentierung unter dieser Voraussetzung tatsächlich zu einer Verringerung der Herstellungskosten führen kann.

In der Ausgangssituation in ◨ Abb. 13.5a fertigt das Inland ein Endprodukt x mit den beiden Produktionsfaktoren Kapital K und Arbeit L, die mit den entsprechenden Faktorpreisen r und w entlohnt werden. Wie wir aus ▶ Abschn. 7.2 wissen, lassen sich diese invers an den Achsenschnittpunkten der Einheitskostengerade ablesen. Zur Produktion von x stehen zwei Produktionstechnologien zur Verfügung: Entweder wird das Gut in einem integrierten Prozess mit der durch den Vektor $\overrightarrow{0P_x}$ dargestellten Produktionstechnologie erstellt oder es wird in zwei Produktionsschritte zerlegt, wobei im arbeitsintensiven ersten Produktionsschritt ein Zwischenprodukt y mit $\overrightarrow{0P_y}$ hergestellt wird, das dann im zweiten kapitalintensiven Block durch $\overrightarrow{P_yP_x}$ zum Endprodukt x veredelt wird. Wie wir erkennen können, wird bei beiden Produktionstechnologien in Summe der gleiche Faktorinhalt (L_x, K_x) eingesetzt, sodass beide Verfahren die gleichen Kosten $r \cdot K_x + w \cdot L_x = 1$ verursachen. Bei Fragmentierung im Inland würde es somit zu keiner Kosteneinsparung kommen. Demzufolge wäre dann bei Berücksichtigung der zusätzlichen Service-Link-Kosten die integrierte Technologie entsprechend vorzuziehen.

Alternativ gibt es aber die Möglichkeit, mit der gleichen Technologie das Zwischenprodukt y im Ausland herzustellen. Wir gehen dabei davon aus, dass es sich beim Ausland um ein relativ zum Inland arbeitsreiches Land handelt. Zudem

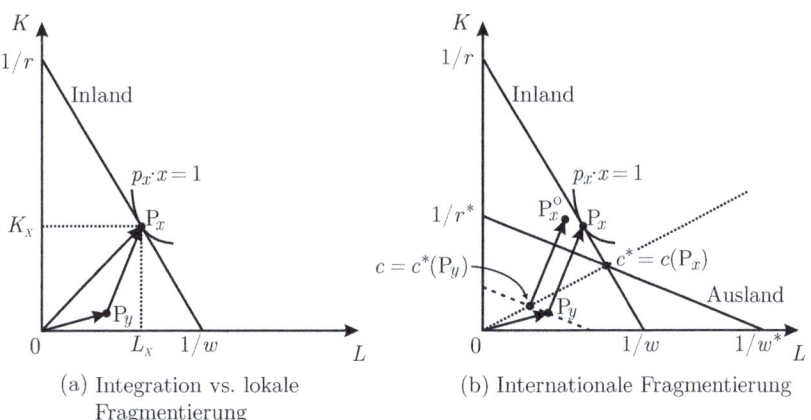

(a) Integration vs. lokale
   Fragmentierung

(b) Internationale Fragmentierung

◨ **Abb. 13.5** Vorteilhaftigkeit internationaler Fragmentierung im HOS-Kontext befinden wir uns in einer Situation, in der es beispielsweise aufgrund von Handelskosten trotz Außenhandels zu keiner vollständigen Angleichung der Faktorpreise zwischen Inland und Ausland gekommen ist. In ■ Abb. 13.5b haben wir das veranschaulicht, indem wir nun zusätzlich die Einheitskostengerade des Auslands eingezeichnet haben. Sie verläuft flacher als diejenige des Inlands, wodurch sich niedrigere Löhne $w^* < w$ und höhere Zinsen $r^* > r$ ergeben. Außerdem liegt die Einheitswertisoquante $p_x \cdot x = 1$ oberhalb der Einheitskostengerade des Auslands, was impliziert, dass das Gut beim integrierten Produktionsprozess im Inland kostengünstiger hergestellt werden kann als im Ausland. Es könnte allerdings sinnvoll sein, die Produktion des arbeitsintensiven Zwischenprodukts y ins Ausland auszulagern und nur die kapitalintensive Endproduktion im Inland durchzuführen. Wir wollen nun zeigen, dass dadurch die reinen Produktionskosten, d. h. ohne Berücksichtigung von Handelskosten und Service-Link-Kosten, tatsächlich gesenkt werden.

In ■ Abb. 13.5b haben wir hierzu eine durch P_y verlaufende Isokostengerade des Auslandes eingezeichnet. P_y gibt den Faktorinhalt derjenigen Menge des Zwischenprodukts an, die für die Produktion des Endprodukts im Wert von 1 benötigt wird. Welchen in Faktorinputeinheiten gemessenen inländischen Kosten würde dies entsprechen? Hierzu verwenden wir den gepunkteten Strahl, der im Ursprung 0 beginnt und durch den Schnittpunkt der beiden Einheitskostengeraden $c^* = c(P_x)$ verläuft. Dieser Strahl gibt alle Faktoreinsatzkombinationen an, die in beiden Ländern jeweils gleich viel kosten. Betrachten wir nun den Schnittpunkt zwischen der durch P_y verlaufenden Isokostengerade des Auslandes mit diesem Strahl, so erhalten wir den Punkt $c = c^*(P_y)$, der uns eine Faktorkombination angibt, die im Inland die gleichen Kosten verursacht, wie sie im Ausland für den in P_y anfallenden Faktorinhalt entstehen.

Ausgehend von diesem Punkt können wir nun die Kosten des im Inland durchgeführten zweiten Produktionsschritts hinzufügen: Dies wird durch den in $c = c^*(P_y)$ beginnenden Vektor beschrieben, der die gleiche Richtung und Länge wie der Vektor $\overrightarrow{P_y P_x}$ hat. Die resultierenden Gesamtkosten werden dann durch den zu inländischen Faktorpreisen bewerteten Faktorinhalt P_x^O beschrieben, wobei O für Offshoring bzw. (internationales) Outsourcing steht. Da P_x^O unterhalb der Einheitskostengerade des Inlandes liegt, haben sich durch die Produktion des Vorprodukts im Ausland die Gesamtkosten der Produktion von x reduziert. Falls die Handelskosten und Service-Link-Kosten geringer sind als die Differenz zwischen den Kosten in P_x und P_x^O, lohnt sich dann die internationale Fragmentierung in Form von Offshoring oder internationalem Outsourcing.

13.3.3 Wirkung von Offshoring auf die Faktorlöhne

Die bisherige Analyse der Fragmentierung ging davon aus, dass Offshoring oder internationales Outsourcing in keinem volkswirtschaftlich relevanten Umfang stattfindet und damit keine Auswirkung auf die Faktorpreise hat. Wir wollen nun analog zur Analyse bei den horizontalen Direktinvestitionen untersuchen, wie sich vertikale Direktinvestitionen im Rahmen von Offshoring-Aktivitäten auf die Faktorentlohnungen im Ursprungs- und im Zielland auswirken. Da seit den 1980er-Jahren zu beobachten ist, dass der Lohnunterschied zwischen qualifizierter und ungelernter Arbeit in den Industrieländern stetig zugenommen hat, ist eine intensive politische Diskussion darüber entbrannt, inwieweit Offshoring zu dieser Entwicklung beigetragen hat. Wir werden nun daher anhand einer dem Nco-Ricardo-Modell (vgl. ▶ Abschn. 5.3 und 9.4) ähnlichen Modellierung zeigen, wie sich Offshoring theoretisch auswirken kann und anschließend kurz auf die empirische Evidenz zu dieser Fragestellung eingehen (vgl. Feenstra/Hanson 1997).

Betrachten wir zwei Ländern, die ein Endprodukt aus einem Kontinuum an Zwischenprodukten herstellen (analog zum Güterkontinuum im Neo-Ricardo-Modell). Es stehen hierfür drei Produktionsfaktoren zur Verfügung: Kapital K, ungelernte Arbeit L und qualifizierte Arbeit S *(skilled labor)*. Jede Einheit eines Zwischenprodukts mit Indexwert z aus dem Intervall [0; 1] erfordert den Einsatz von $a_S(z)$ Einheiten an qualifizierter Arbeit und $a_L(z)$ Einheiten an ungelernter Arbeit. Wie im Neo-Ricardo-Modell werden die Zwischenprodukte nun so angeordnet, dass $a_S(z)/a_L(z)$ im Indexwert z steigend verläuft. Je höher der Indexwert ist, umso größer ist somit der bei der Herstellung des Zwischenprodukts notwendige Anteil an qualifizierter Arbeit. Dies ist analog zur Anordnung der Produktionsschritte nach der Kapitalintensität in ◘ Abb. 13.3 mit dem Unterschied, dass nicht nach der Kapitalintensität, sondern nach dem Anteil an qualifizierter Arbeit geordnet wird.

Es wird angenommen, dass das Inland bezogen auf die Gesamtausstattung mit dem Faktor Arbeit (qualifiziert und ungelernt) im Vergleich zum Ausland relativ kapitalreich ist, d. h. $K/(L + S) > K^*/(L^* + S^*)$, und über einen höheren Anteil an qualifizierter Arbeit verfügt, d. h. $S/L > S^*/L^*$. Wie im vorherigen Abschnitt wird angenommen, dass sich die Faktorpreise entsprechend der Faktorausstattungsunterschiede unterscheiden, es also nicht zum Faktorpreisausgleich kommt. Mit q als Entlohnung für qualifizierte Arbeit folgt dann für die Faktorentlohnungen $r^* > r$ und $q^*/w^* > q/w$. Die Kosten der Produktion einer Einheit des Zwischenproduktes sind abhängig von der Entlohnung der drei Faktoren und dem zur Produktion notwendigen Faktoreinsatz. Während die beiden Arbeitsarten für ein gegebenes z in festem Einsatzverhältnis eingesetzt werden müssen, sind der Gesamteinsatz von beiden Arten der Arbeit und Kapital wie im HOS-Modell imperfekte Substitute.

Zunächst gehen wir davon aus, dass alle Faktoren international immobil sind. Analog zum Neo-Ricardo-Modell können wir nun einen kritischen Indexwert $\bar{z}$ bestimmen, bis zu dem die Zwischenprodukte im Ausland hergestellt werden. Die Kosten der Zwischenprodukte steigen mit zunehmendem Einsatz an qualifizierter Arbeit, wobei wir zur Vereinfachung der graphischen Darstellung annehmen, dass die Kostenänderung in z stetig und linear ist. Wir können dann die Kostenstruktur für die beiden Länder wie in ◘ Abb. 13.6 darstellen. Die Gerade c bezeichnet dabei die Kostengerade im Inland und c^* diejenige im Ausland. Die ausländische Kostengerade verläuft steiler, da bei der aus der Faktorausstattung resultierenden Entlohnungsstruktur die Kosten für Zwischengüter, die mit relativ viel ungelernter Arbeit erzeugt werden, im Ausland niedriger als im Inland sind, während umgekehrt qualifikationsintensive Zwischenprodukte im Inland günstiger hergestellt werden können. Da sich die beiden Kurven schneiden, gibt es ein Zwischengut mit dem Indexwert $\bar{z}$, das in beiden Ländern zu den gleichen Kosten erzeugt werden kann. Alle Güter mit einem geringeren Indexwert sind dann im Ausland günstiger, während alle Zwischengüter mit einem höheren Indexwert im Inland zu niedrigeren Kosten hergestellt werden können. Entsprechend der komparativen Kostenvorteile wird somit das Ausland die Zwischenprodukte mit den Indexwerten $z < \bar{z}$ herstellen und das Inland Zwischengüter mit den Indexwerten $z > \bar{z}$ produzieren.

Was passiert nun, wenn Kapital entgegen der bisherigen Annahme mobil ist und es somit zu Offshoring mittels vertikaler Direktinvestitionen kommen kann? Der auf den ersten Blick offensichtliche Effekt eines Kapitaltransfers vom Inland an das kapitalarme Ausland ist, dass r^* sinkt und r steigt – Kapital ist im Ausland reichlicher und im Inland knapper geworden. Blieben die Löhne unverändert, so würden sich die Kosten im Inland erhöhen und im Ausland reduzieren. In ◘ Abb. 13.6 verschiebt sich entsprechend c nach oben und c^* nach unten. Als direkte Folge steigt der kritische Indexwert von $\bar{z}$ auf $\bar{z}^{FDI}$, d. h. es werden nun mehr Zwischenprodukte im Ausland und weniger im Inland produziert.

Was bedeutet dies für die Arbeitsmärkte in den beiden Ländern? Der Anstieg von $\bar{z}$ auf $\bar{z}^{FDI}$ führt dazu, dass nun die aus Sicht des Inlandes mit relativ wenig qualifizierter Arbeit erzeugten Zwischengüter im Ausland hergestellt werden. Aus ausländischer Perspektive werden demgegenüber nun zusätzlich Güter mit relativ viel Bedarf an qualifizierter Arbeit erzeugt. Die Produktion erfordert damit in beiden Ländern eine höhere Qualifikationsintensität als ohne Offshoring, d. h. die Nachfrage nach qualifizierter Arbeit und damit die relativen Entlohnungen, q/w und q^*/w^*, steigen in beiden Ländern. Folglich führt Offshoring dazu, dass die qualifizierte Arbeit in beiden Ländern gewinnt. Für die reale Entlohnung der ungelernten Arbeit kann hingegen keine eindeutige Aussage getroffen werden: So sinkt zwar ihre relative Entlohnung, aber zugleich sinkt auch der Preis des Endprodukts, da die Zwischenprodukte nun günstiger im Ausland produziert werden.

Prinzipiell kann Offshoring und der daraus resultierende Handel mit Zwischengütern also die sinkende relative Entlohnung ungelernter Arbeit erklären. Empirisch stellt sich die Frage, ob dieser Effekt für die in der Realität beobachtbare Entwicklung verantwortlich ist oder andere Aspekte eine wichtigere Rolle spielen. Alternative Erklärungsansätze sind insbesondere technologischer Fortschritt mit einem *skill bias,* d. h. stärkeren Produktivitätssteigerungen bei qualifizierter Arbeit, und stei-

13

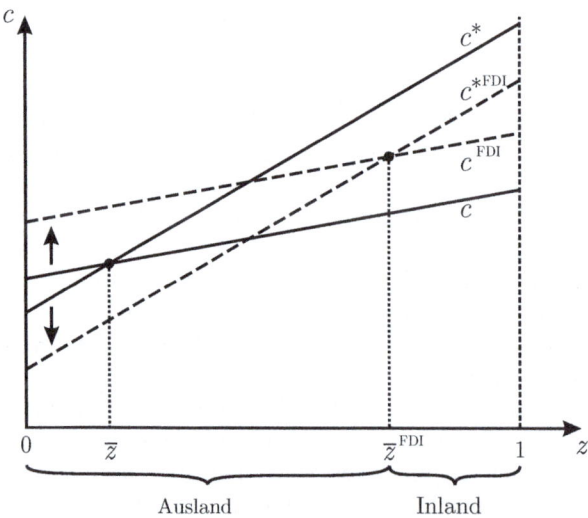

Quelle: Eigene Darstellung in Anlehnung an Feenstra/Hanson (1997).

◘ **Abb. 13.6** Auswirkung von Offshoring

gende Preise von nicht gehandelten Gütern, bei denen qualifizierte Arbeit intensiv eingesetzt wird. Empirische Studien zeigen, dass sowohl Offshoring als auch der verzerrte technologische Fortschritt die Lohnentwicklung zum Teil erklären können. Die Preisentwicklung nicht gehandelter Güter ist jedoch am stärksten mit der Lohnentwicklung korreliert. Allerdings besteht hier das Problem, dass die Gründe für diese Preisentwicklung nicht klar sind: Es kommen sowohl Änderungen der Nachfragestruktur bei steigenden Einkommen als auch internationale Kapitalbewegungen in Frage, die wiederum mit Entwicklungen im Außenhandel korreliert sein können.

💬 Was haben wir gelernt?

- Ein multinationales Unternehmen (MNU) entsteht durch ausländische Direktinvestitionen und ist durch Produktionsstätten in mindestens zwei Ländern gekennzeichnet.
- MNU verfügen über firmenspezifisches Kapital in Form immaterieller Wirtschaftsgüter (z. B. Know-how, Marken etc.), das nur innerhalb des Unternehmens effizient verwendet werden kann.
- Horizontale Direktinvestitionen dienen der Erschließung eines ausländischen Marktes. Sie werden gegenüber Exporten vorgezogen, wenn die Ersparnis der Handelskosten die Kostennachteile durch geringere Realisierung von Skalenerträgen und Fixkosten der Auslandsproduktion überwiegt. Tendenziell besteht bei horizontalen Direktinvestitionen eine substitutive Beziehung zum Außenhandel.
- Vertikale Direktinvestitionen dienen zur Reduzierung von Produktionskosten, indem der Produktionsprozess so auf internationale Standorte aufgeteilt wird, dass die vorherrschenden komparativen Kostenvorteile genutzt werden können. Da nun zusätzlich Zwischenprodukte gehandelt werden, kommt es zu einer Zunahme des (intra-industriellen) Handels.
- In einem Markt mit heterogenen Kosten werden die produktivsten Unternehmen eine Direktinvestition vornehmen und den ausländischen Markt über ein Tochterunternehmen versorgen, während die im Vergleich weniger produktiven Wettbewerber exportieren.
- Kommt es bei Direktinvestitionen zu einem Realkapitalexport, so wird im Zielland kurzfristig die Entlohnung des mobilen Faktors steigen, während diejenige des spezifischen Kapitals in beiden Sektoren abnimmt. Langfristig bleiben die Faktorpreise aber konstant und es kommt zu einer Ausweitung der Produktion im kapitalintensiven Sektor. Führt die Nutzung des firmenspezifischen Kapitals zu steigender Produktivität in einem Sektor, so erhöht sich die Entlohnung desjenigen Faktors, der im entsprechenden Sektor intensiv eingesetzt wird.
- Zu internationalem Outsourcing oder Offshoring kommt es dann, wenn die Kosteneinsparungen durch die ausgelagerte Produktion die Service-Link-Kosten und die Handelskosten übersteigen. Die Analyse im Lerner-Diagramm zeigt, dass im HOS-Kontext dann ein Potenzial für Kosteneinsparung durch Fragmentierung besteht, wenn sich die einzelnen Produktionsschritte in Bezug auf ihre Arbeitsintensität unterscheiden: Relativ arbeitsintensive Teilprozesse sollten im arbeitsreichen, relativ kapitalintensive im kapitalreichen Land durchgeführt werden.
- Der mit Offshoring verbundene Kapitalexport in ein Land mit relativ wenig Kapital und reichlicher Ausstattung mit ungelernter Arbeit führt in beiden Ländern zu einer relativen und absoluten Erhöhung der Entlohnung qualifizierter Arbeit, während der Absoluteffekt auf die Entlohnung ungelernter Arbeit unbestimmt ist.

13.4 Kontrollfragen und Übungsaufgaben

1. Grenzen Sie die unterschiedlichen Motive für Direktinvestitionen voneinander ab! Argumentieren Sie, welche Art von Direktinvestition Sie vermuten, wenn ein deutsches Unternehmen in (i) den USA, (ii) Vietnam und (iii) China investiert!

2. Ein Unternehmen hat die Kostenfunktion $C(x) = 5 \cdot x + 500$. Auf dem inländischen Markt können insgesamt $x_0 = 100$ Einheiten abgesetzt werden. Das Unternehmen überlegt nun, in den ausländischen Markt einzutreten, der bislang von einem Unternehmen mit der Kostenfunktion $C(x^*) = x^* + 500$ mit $x^* = 25$ Einheiten versorgt wird. Für den Transport fallen pro Einheit Kosten in Höhe von 15 an.

   a) Bestimmen Sie die Durchschnittskosten im inländischen Markt! Ist ein Export in den ausländischen Markt Erfolg versprechend?

   b) Es besteht die Möglichkeit, im Ausland eine Fabrik zu eröffnen. Diese könnte aufgrund von Skalenerträgen auf Unternehmensebene mit Kosten $C(x^*) = 5 \cdot x^* + 500/(0{,}025 \cdot x_0)$ produzieren. Kann damit das ausländische Unternehmen unterboten werden?

   c) Begründen Sie, ob das ausländische Unternehmen seinerseits einen Anreiz hätte, in den inländischen Markt zu exportieren!

3. Welche Auswirkungen kann die Produktivität eines Unternehmens darauf haben, ob es exportiert oder im ausländischen Markt Direktinvestitionen durchführt?

4. Um den Markt besser erschließen zu können, investieren Unternehmen aus dem kapitalreichen Inland in das arbeitsreiche Nachbarland. Beide Länder gelten dabei als klein.

   a) Erläutern Sie sowohl die kurzfristigen Effekte als auch die langfristigen Effekte auf die Einkommensverteilung in beiden Ländern anhand der Abbildungen, die Sie in ▶ Kap. 8 kennengelernt haben!

   b) Würde sich etwas an Ihrer Aussage über die lange Frist ändern, wenn beide Länder groß wären und ein erheblicher Kapitalexport stattfinden würde?

5. Diskutieren Sie, ob es bei einem vollständigen Faktorpreisausgleich zu Fragmentierung kommen kann!

6. Erläutern Sie, warum es nicht immer sinnvoll sein muss, den Produktionsprozess entsprechend der komparativen Vorteile der Länder auf diese zu verteilen!

7. Betrachten Sie die folgende Situation: Ein deutsches Unternehmen produziert hochwertige Elektronikprodukte. Die Herstellung eines Produktes kann dabei in verschiedene Schritte unterteilt werden, die einen unterschiedlichen Einsatz von qualifizierter und ungelernter Arbeit erfordern. Das Management des Unternehmens überlegt nun, ob Offshoring sinnvoll wäre. Der Arbeitseinsatz pro Produktionsschritt in Stunden kann für Deutschland der folgenden Tabelle entnommen werden:

	Forschung & Entwicklung	Produktion	Montage	Marketing & Vertrieb
Deutschland				
Qualifiziert	20	10	2	15

	Forschung & Entwicklung	Produktion	Montage	Marketing & Vertrieb
Ungelernt	1	10	8	3
China				
Qualifiziert	100	50	10	75
Ungelernt	5	50	40	15

Für Offshoring infrage kommen Polen und China. Aufgrund von Produktivitätsunterschieden ist in Polen jeweils mit einem um 50 % höheren und in China mit dem fünffachen Arbeitseinsatz zu rechnen. Die Arbeitskosten pro Stunde für qualifizierte Arbeit liegen in Deutschland bei 80 Euro, in Polen umgerechnet bei 60 Euro und in China umgerechnet bei 16 Euro. Für eine Stunde ungelernte Arbeit fallen in Deutschland Kosten von 40 Euro an, in Polen von 10 Euro und in China von 2 Euro. Für jeden Produktionsschritt, der im Ausland anfällt, wird mit Service-Link-Kosten von 200 Euro gerechnet.

a) Ordnen Sie die einzelnen Produktionsschritte nach ihrer Qualifikationsintensität!

b) Berechnen Sie die jeweiligen Kosten der einzelnen Produktionsschritte in den drei Szenarien! Wie sollten die einzelnen Produktionsschritte jeweils auf Deutschland, Polen und China aufgeteilt werden?

c) Aufgrund von Handelskosten sowie Unsicherheiten bei der Stabilität der Lieferkette, rechnet das Management für Produktionsschritte, die in China erfolgen, mit Service-Link-Kosten von 500 Euro. Welche Auswirkung ergeben sich dadurch für die Offshoring-Entscheidung?

Literatur

Im Text zitierte Quellen

Feenstra, R. C. und G.H. Hanson (1997), Foreign Direct Investment and Relative Wages: Evidence from Mexico's Maquiladoras, Journal of International Economics, Vol. 42, No. 3–4, 371–394.

Helpman E. (2006), Trade, FDI, and the Organization of Firms, Journal of Economic Literature, Vol. 44, 589–630. [*Überblick zu ökonomischen Ansätzen der Theorie multinationaler Unternehmen im Kontext des Melitz-Modells und unvollständiger Verträge.*]

Jones, R. W. und H. Kierzkowski (1990), The Role of Services in Production and International Trade: A Theoretical Framework, in: Jones, R. W. und A. O. Krueger (eds.), The Political Economy of International Trade: Essays in Honor of Robert E. Baldwin, Cambridge, MA: Blackwell, 31–48. [*Grundlegende Arbeit zu Outsourcing und internationaler Fragmentierung.*]

Pegoraro, D., De Propris L. und A. Chidlow (2021), Regional factors enabling manufacturing reshoring strategies: A case study perspective, Journal of International Business Policy, ▶ https://doi.org/10.1057/s42214-021-00112-x

Ergänzende und weiterführende Literatur

Feenstra, R. C. (2015), Advanced International Trade: Theory and Evidence, 2nd ed., Princeton: Princeton University Press, ch. 4 und 12. [*Überblick zur theoretischen und empirischen Literatur zu internationaler Fragmentierung, ausländischen Direktinvestitionen und multinationalen Unternehmen.*]

Rübel, G. (2008): Grundlagen der realen Außenwirtschaft, 2. Aufl., München: Oldenbourg, S. 139.

Teil IV Handelspolitik: Nationen und Institutionen

Instrumente und Wirkung der Handelspolitik

Inhaltsverzeichnis

© Der/die Autor(en), exklusiv lizenziert an Springer Fachmedien Wiesbaden GmbH, ein Teil von
Springer Nature 2024
K. Morasch und F. Bartholomae, *Handel und Wettbewerb auf globalen Märkten*,
https://doi.org/10.1007/978-3-658-41866-3_14

Themenüberblick

– Handelspolitische Instrumente: Zölle, Kontingente, Exportsubventionen und sonstige nicht-tarifäre Handelshemmnisse

– Importzoll in „kleinem Land" bei vollkommenem Wettbewerb: Mengenanpassung, Wohlfahrtseffekte und Wirkung auf Exportsektor

– Äquivalenz von Kontingent und Zoll im Wettbewerbsmarkt – Mengenwirkung vs. Einnahme- und Wettbewerbseffekte

– Kontingent vs. Zoll bei unvollkommenem Wettbewerb: Geschützter Inlandsmarkt und Anreize zur Qualitätserhöhung der Importe bei Kontingenten

– Effektivzoll: Fragmentierung, Zollstruktur und Schutzwirkung

– Handelspolitik und Unternehmen: Gegenläufige Effekte für importkonkurrierende vs. exportierende Branchen

Bislang erfolgte die Analyse des Außenhandels in einer Situation ohne wirtschafts-politische Interventionen. In der Realität beeinflussen die Staaten jedoch aus unterschiedlichen Gründen die Handelsaktivitäten. In diesem Kapitel stellen wir die wichtigsten handelspolitischen Instrumente vor und zeigen auf, welche Auswirkungen sie auf Außenhandel und Wohlfahrt in einem kleinen Land haben. Bei der Analyse beschränken wir uns dabei auf die Wirkung von Zöllen und Kontingenten in einem „kleinen Land", d. h. einem Land, das die Preise auf den Weltmärkten durch seine Politik nicht beeinflussen kann. Eine Analyse von Zöllen im Kontext „großer Länder" erfolgt im Zusammenhang mit der Behandlung von GATT und WTO in ▶ Kap. 17. Auf die Wirkung von Exportsubventionen im Oligopolkontext wird im Rahmen der strategischen Handelspolitik in ▶ Kap. 16 genauer eingegangen.

Box 14.1: Warum gibt es Länder?

Wenn wir uns nun damit auseinandersetzen, warum und wie Länder den Außenhandel beschränken, wäre es zunächst auch interessant zu wissen, warum Länder überhaupt existieren. Die Struktur der Nationen, so wie wir sie heute kennen, resultiert zuallererst aus ihrer (gemeinsamen) Geschichte, die weltweit durch zahlreiche Kriege und Wanderungen geprägt und dabei nicht zuletzt auch von ökonomischen Interessen getrieben war. Menschen haben sich dabei zu Gruppen (Sippen und Stämmen) und schließlich zu Ländern zusammengeschlossen, da nur so die Bereitstellung öffentlicher Güter, wie etwa Sicherheit oder Umverteilung zwischen Arm und Reich, möglich wurde.

Dabei stellt sich die Frage, warum es nicht nur eine einzige Nation gibt, die aufgrund von Größenvorteilen diese öffentlichen Güter nicht nur erheblich billiger herstellen könnte , sondern sogar auch einige Leistungen wie die Landesverteidigung sogar überflüssig machen würde. Hier kommen die Kosten der Landesgröße ins Spiel, die sich insbesondere daraus ergeben, dass sich die Menschen in ihren Präferenzen unterscheiden: Jeder einzelne hat seine eigene Vorstellung über die optimale gesellschaftliche und ökonomische Struktur des Gemeinwesens – z. B. über Art und Umfang der staatlichen Umverteilung. Je mehr unterschiedliche Interessen vereint werden müssen, desto weniger können die individuellen Präferenzen Beachtung finden. Die Entstehung mehrerer Länder kann dann damit erklärt werden, dass sich hier Gruppen von Menschen zusammengeschlossen haben, die relativ homogen sind, da sie etwa eine gemeinsame Sprache und Kultur miteinander teilen.

14.1 Handelspolitische Instrumente

Handelspolitische Instrumente im engeren Sinn beeinflussen direkt den grenzüberschreitenden Verkehr von Waren und Dienstleistungen. Darunter fallen insbesondere Zölle, Kontingente und Exportsubventionen. Die Handelsströme werden jedoch auch von anderen Instrumenten beeinflusst, die zu einer Diskriminierung zwischen inländischen und ausländischen Produkten führen. Wir werden zunächst auf Zölle, Kontingente und Exportsubventionen eingehen und anschließend kurz auf einige dieser anderen Handelshemmnisse.

Die wohl älteste Form der Handelspolitik sind **Zölle**, die ursprünglich hauptsächlich auf die Erzielung von Staatseinnahmen gerichtet war. Unter einem Zoll versteht man eine Abgabe, die bei grenzüberschreitendem Warenverkehr erhoben wird. In der Regel werden Zölle beim Import – in Ausnahmefällen auch beim Export – erhoben. Der Importeur muss bei einem Importzoll generell einen bestimmten Prozentsatz des Importpreises an den Staat entrichten – man spricht hier von einem „Wertzoll" im Unterschied zum spezifischen Zoll („Stückzoll"), bei dem die Abgabe auf die Anzahl der importierten Produkteinheiten bezogen ist. Zölle sind wie andere Steuern eine staatliche Einnahmequelle, stellen aber zugleich Handelskosten für den grenzüberschreitenden Warenverkehr dar. Dies kann beispielhaft am Automobilmarkt veranschaulicht werden: Wird ein Zoll von 20 % auf ein Auto der unteren Mittelklasse (Weltmarktpreis 20.000 Euro) erhoben, so entstehen für den Importeur Kosten in Höhe von 4000 Euro. Der Preis im Importland erhöht sich so auf 24.000 Euro. Diese künstlich eingeführten Handelskosten verzerren die Produktions- und Konsumentscheidungen und verringern das Handelsvolumen. Bei großen Ländern können sie zudem das Weltmarktpreisverhältnis – die *Terms of Trade* – beeinflussen.

Eine alternative Form zur Beeinflussung der Handelsströme sind **Kontingente**, die eine mengenmäßige – manchmal auch wertmäßige – Beschränkung der Importe darstellen. Normalerweise werden Kontingente durch das Importland festgelegt und nach bisherigen Marktanteilen oder über ein Ausschreibungsverfahren auf die Importeure verteilt. Es gibt jedoch auch die sogenannte „freiwillige Exportselbstbeschränkung" (*voluntary export restraint* – abgekürzt VER), bei der das Exportland die Kontingentmengen auf die Produzenten verteilt. Die Kontingente wirken sich durch die Verknappung der Importmenge ebenso wie die Zölle auf die inländischen Preise und bei großen Ländern auf die *Terms of Trade* aus. Wie wir noch sehen werden, entfalten Kontingente und Zölle unter bestimmten Voraussetzungen die gleiche Wirkung. Zum Vergleich der Protektionswirkung der beiden Instrumente werden darum in empirischen Arbeiten häufig Kontingente in „Zolläquivalente" umgerechnet. Eine besondere Form der Kontingentierung bei fragmentierter Produktion ist die Festlegung eines Mindestanteils für die durch inländische Unternehmen zu erbringende Wertschöpfung *(local content requirement)*.

Während Zölle und Kontingente die Importe und damit den Handel beschränken, dienen **Exportsubventionen** der Förderung der Exporte. Dabei kann es sich sowohl um direkte Subventionen als auch um Steuererleichterungen oder verbilligte Kredite beim Export handeln. Solche Subventionen spielen in der Praxis zum einen in Agrarmärkten (wie in der EU) und zum anderen – häufig in Verbindung mit anderen Formen der Förderung – in Hochtechnologie-Branchen eine wichtige Rolle.

Während Exportsubventionen bei vollkommenem Wettbewerb grundsätzlich die inländische Wohlfahrt verringern, können sie bei Oligopolwettbewerb auch zu einem strategischen Vorteil der inländischen Anbieter führen.

Im Rahmen der GATT/WTO-Vereinbarungen haben sich die meisten Länder auf Beschränkungen beim Einsatz von Zöllen, Kontingenten und Exportsubventionen geeinigt. Dies führt dazu, dass Regierungen häufig versuchen, auf andere Mittel zum Schutz und zur Förderung inländischer Unternehmen auszuweichen:

- Viele staatliche Stellen bevorzugen bei der Beschaffung meist heimische Produkte. Dies ist nicht nur im Rüstungsbereich oder anderen sicherheitskritischen Feldern der Fall – so erteilte beispielsweise die US-Regierung im Jahr 2011 dem US-Konzern Boeing den Zuschlag für 179 Tankflugzeuge für die US-Streitkräfte, obwohl ein fachlich und preislich besseres Angebot des europäischen Konkurrenten EADS vorlag -, sondern auch bei Infrastrukturprojekten der öffentlichen Hand. Wenngleich die Beteiligung ausländischer Wettbewerber meist nicht völlig ausgeschlossen ist, so sind oft bestimmte Wertschöpfungsanteile im Inland vorgegeben (analog zu den oben angesprochenen *local content requirements*).
- Produktstandards können ebenfalls als Handelshemmnisse dienen. Ein Beispiel dafür ist das deutsche Reinheitsgebot für Bier, das den Zugang ausländischer Brauereien zum deutschen Markt erheblich erschwert hat. Auch bestimmte Hygieneanforderungen oder Gesundheitsvorschriften können eine solche Wirkung entfalten, wie etwa das Verbot genmanipulierter Produkte in Europe, das einen Teil des Handels mit den USA unterbindet- im Englischen wird hier von *red tape barriers* gesprochen.
- Auch wenn eine Besteuerung anders als beim Zoll unabhängig von der Herkunft der Produkte erfolgt, kann durch eine geeignete Festlegung der Regeln eine Diskriminierung ausländischer Produkte erreicht werden. So können relativ hohe Steuern für Produkte vorgesehen werden, die nur oder größtenteils von ausländischen Produzenten hergestellt werden. Ein beliebtes Anwendungsgebiet sind Luxusgüter, wie beispielsweise Fahrzeuge der Oberklasse, deren Konsumbesteuerung in vielen Ländern de facto wie ein Importzoll wirkt. Aber selbst wenn Steuern und Subventionen nicht diskriminierend sind, wirken sie sich nicht nur auf den Inlandsmarkt sondern auch auf den Handel aus.

14

Nachdem wir nun einen ersten Eindruck von den vielfältigen Instrumenten der Handelspolitik gewonnen haben, wollen wir im Rest des Kapitels exemplarisch an Zöllen und Kontingenten die Wirkung dieser Instrumente auf Preise, Mengen und Wohlfahrt analysieren.

14.2 Importzoll bei Wettbewerb

Während die Analyse der Handelsstruktur und der Auswirkungen der Aufnahme von Außenhandel sinnvollerweise im Kontext eines allgemeinen Gleichgewichtsmodells behandelt werden, lassen sich die zentralen Aspekte der Handelspolitik bereits in einem partialanalytischen Rahmen darstellen. Wir untersuchen deshalb zunächst die Wirkungen eines Importzolls im Kontext einer einfachen Angebot-Nachfrage-Analyse. Dabei nehmen wir zur Vereinfachung an, dass ausländische und heimische Produkte perfekte Substitute sind und ohne Zoll ein Teil der Güter aus dem Ausland importiert wird, d. h. Konsumenten bevorzugen inländische Produkte nicht. Außerdem gehen wir davon aus, dass die heimischen Konsumenten bei Freihandel jede beliebige Menge zum Weltmarktpreis p^W erwerben können – wir unterstellen also ein „kleines Land", bei dem Nachfrageänderungen keine Auswirkungen auf den Weltmarktpreis haben. In ▪ Abb. 14.1 ist diese Situation graphisch veranschaulicht.

Die Importmenge bei Freihandel ergibt sich als Differenz zwischen der im Inland zum Weltmarktpreis angebotenen Menge x_A^W und der zu diesem Preis nachgefragten Menge x_N^W. Wird jetzt ein (spezifischer) Zoll t auf ausländische Produkte erhoben, so ist für die inländischen Konsumenten und Produzenten als neuer Preis die Summe aus Weltmarktpreis und Zoll relevant, d. h. $p^Z = p^W + t$. Das gleiche Resultat könnte bei einem gegebenen Weltmarktpreis p^W durch einen Wertzoll in Höhe von $\tau = t/p^W$ erzielt werden – wir verwenden den spezifischen Zoll nur deswegen, da er sich in der Graphik einfacher veranschaulichen lässt.

Welche Auswirkung hat nun der Zoll? Zum einen können jetzt auch heimische Hersteller, die zu höheren Grenzkosten als dem Weltmarktpreis produzieren, ihre Produkte auf dem Inlandsmarkt absetzen – das inländische Angebot steigt von x_A^W auf x_A^Z. Zum anderen aber sind nun weniger Konsumenten in der Lage, sich das teurer gewordene Gut zu leisten – die inländische Nachfrage sinkt von x_N^W auf x_N^Z. In Folge des höheren Angebots und der geringeren Nachfrage verringern sich die Importe von $x_{IM}^W = x_N^W - x_A^W$ auf $x_{IM}^Z = x_N^Z - x_A^Z$.

Die Wohlfahrtswirkungen ergeben sich aus den Änderungen der Konsumenten- und Produzentenrente sowie der Staatseinnahmen:

- Für die Konsumenten ergibt sich ein Rückgang der Konsumentenrente in Höhe der Gesamtfläche **abcd.**
- Die Flächen **a** und **c** stellen dabei einen **Transfer** von den Konsumenten an die inländischen Produzenten (Fläche **a**: höhere Produzentenrente aufgrund des höheren Preises) und Staat (Fläche **c**: Zolleinnahmen in Höhe der importierten Menge, $x_N^Z - x_A^Z$, multipliziert mit dem Zollsatz, t) dar.

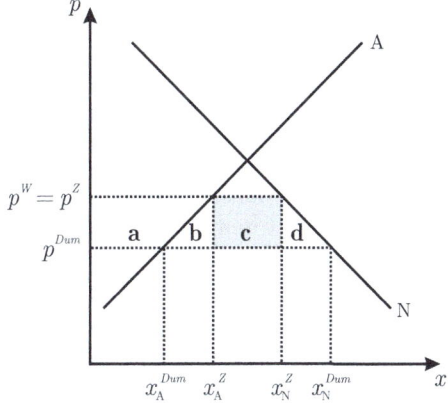

▪ **Abb. 14.1**   Zollwirkung in einem kleinen Land

— Die Flächen **b** und **d** sind hingegen ein **Nettowohlfahrtsverlust** für das Land:

   – Der Verlust in Höhe der Fläche **b** ergibt sich dadurch, dass ein Teil der inländischen Produktion nun durch Produzenten erfolgt, deren Grenzkosten höher sind als der Weltmarktpreis – es wäre in diesem Fall für das Land effizienter, die entsprechenden Produkte auf dem Weltmarkt zu erwerben, anstatt sie selbst zu produzieren. Es kommt also zu einem **Verlust an Produktionseffizienz**.

   – Der durch die Fläche **d** beschriebenen Nettowohlfahrtsverlust ergibt sich dadurch, dass die durch die Nachfragekurve abgebildete Zahlungsbereitschaft der Konsumenten für diese nicht abgesetzten Produkteinheiten höher ist als die durch den Weltmarktpreis gegebenen gesellschaftlichen Kosten. Da somit Konsumenten vom Konsum ausgeschlossen werden, die dadurch einen positiven Nettonutzen realisieren würden, kann man hier analog zur Wirkung auf die Produktion von einem **Verlust an Konsumeffizienz** sprechen.

Ein Zoll hat somit zwei Effekte: Einerseits ergibt sich eine Umverteilung der Renten innerhalb des Landes – dies macht es eventuell für bestimmte Gruppen vorteilhaft, Handelsbeschränkungen zu fordern. Andererseits ergibt sich durch den Zoll für das Land als Ganzes jedoch eine Verminderung der Wohlfahrt. Theoretisch könnten bei der Abschaffung des Zolls die ursprünglichen Verlierer des Zolls (hier die Konsumenten) die ursprünglichen Gewinner (die Produzenten und den Staat) vollständig kompensieren, sodass sich nach der Abschaffung alle besser stellen würden. Das Problem in der Realität besteht darin, dass eine solche Kompensation normalerweise nicht stattfindet.

    Werden im Rahmen einer Analyse im allgemeinen Gleichgewicht auch die Wechselwirkungen mit den Faktormärkten und anderen Sektoren berücksichtigt, so zeigt sich, dass die Zollwirkung nicht auf den Importmarkt beschränkt bleibt. Die grundsätzliche Wirkungsweise können wir uns an einem Beispiel klar machen. Gehen wir von einem Land aus, das sowohl Agrar- als auch Industriegüter produziert und einen Teil der Agrargüter exportiert, um im Gegenzug Industriegüter zu importieren. Nehmen wir weiter an, dass die Regierung dieses Landes nun einen Importzoll auf die Industriegüter erhebt. Dadurch steigt der Preis in diesem Sektor und die dortige Produktion wird, wie wir in ◻ Abb. 14.1 gesehen haben, ansteigen. Zur Produktionsausweitung werden jedoch zusätzliche Produktionsfaktoren benötigt, die nur dann aus dem Agrarsektor abgeworben werden können, wenn ihnen eine höhere Faktorentlohnung angeboten wird. Die Produzenten im Industriesektor können diese höhere Entlohnung anbieten, da sie aufgrund des Zollschutzes höhere Erlöse erzielen. Im Agrarsektor sind die Güterpreise jedoch unverändert geblieben, weshalb sich die Agrarproduzenten diese höheren Entlohnungen nicht leisten können. Sie werden daher Faktoren freisetzen und ihre Produktion entsprechend reduzieren. Da das Land nun aber weniger Agrargüter produziert, wird auch der Export der Agrarprodukte gegenüber der Situation ohne Zoll zurückgehen. Somit führt der Importzoll nicht nur dazu, dass die Konsumenten verlieren, sondern auch die Unternehmen im Exportsektor. Zudem reduziert sich der Außenhandel insgesamt, da nicht nur weniger importiert, sondern auch weniger exportiert wird. In ▶ Box 14.2 wird die beschriebene Zollwirkung analog zu ▶ Kap. 4 in einem allgemeinen Gleichgewichtsmodell in graphischer Darstellung mit zwei Gütern im Detail analysiert.

Fassen wir nun die Auswirkung eines Importzolls für ein kleines Land zusammen:

- Der für die inländischen Produktions- und Konsumentscheidungen relevante Preis des Importgutes steigt. Dadurch erhöht sich die inländische Produktion, während die Importmenge und der inländische Konsum sinken. In der allgemeinen Gleichgewichtsanalyse zeigt sich zusätzlich der Effekt, dass die Produktion im Exportsektor sinkt und die Exportmenge zurückgeht.

- Die Produzenten im Importsektor profitieren vom Zoll, während die Konsumenten und die Produzenten im Exportsektor verlieren. Trotz der Zolleinnahmen ist der Gesamteffekt auf die Wohlfahrt eindeutig negativ. Dies liegt an den beiden Verzerrungseffekten des Zolls: Er verzerrt die Produktionsentscheidung – ineffizient hohe inländische Produktionsmenge im Importsektor – und

---

Box 14.2: Zollwirkung im allgemeinen Gleichgewicht

Die Auswirkungen des Zolls auf andere Sektoren lässt sich graphisch im allgemeinen Gleichgewichtsmodell aus ▶ Kap. 4 mit zwei Sektoren, dem Industriesektor (x) und dem Agrarsektor (y), veranschaulichen:

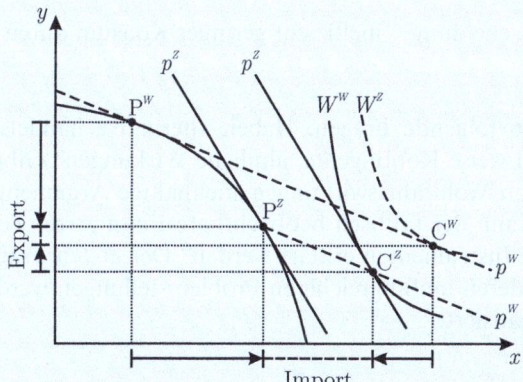

Die Referenzlösung – das Gleichgewicht bei Freihandel – ist durch die beiden Punkte P^W und C^W gegeben. Das Land produziert im Punkt P^W und kann über den Export der Agrargüter und entsprechende Importe von Industrieprodukten zum Weltmarktpreis bei Freihandel p_x^W/p_y^W in Punkt C^W konsumieren. Die Handelsmöglichkeit zum Weltmarktpreis ist durch die Preisgerade p^W mit Steigung $-p_x^W/p_y^W$ veranschaulicht, die sowohl die Produktionsmöglichkeitenkurve als auch die Wohlfahrtsindifferenzkurve W^W tangiert.

Wie ändert sich nun die inländische Produktion, wenn die inländische Regierung einen Importzoll t auf Industrieprodukte festlegt? Der für die Entscheidung der inländischen Produzenten relevante Relativpreis mit Zoll ist dann durch $\left(p_x^W + t\right)/p_y^W$ gegeben, während der Außenhandel bei Annahme eines kleinen Landes weiterhin entlang einer Weltmarktpreisgerade mit Steigung p_x^W/p_y^W erfolgt. Die Produktion erfolgt nun im Produktionspunkt P^Z, bei dem die Preisgerade p^Z mit Steigung $-(p_x^W + t)/p_y^W$ gerade die Produktionsmöglichkeitenkurve tangiert. Gegenüber dem Freihandelsgleichgewicht erhöht sich somit analog zum Ergebnis im Partialmodell die Industrieproduktion ($x^Z > x^W$). Als zusätzlicher Effekt im Totalmodell kommt es jedoch auch zu einem Rückgang der Produktion im Agrarsektor ($y^Z < y^W$) aus dem die Produktionsfaktoren zu Gunsten des Industriesektors abgezogen werden. Der Zoll wirkt sich also nicht nur im Importsektor, sondern auch im Exportsektor aus: Während die industriellen Produzenten profitieren, werden die Landwirte schlechter gestellt.

Zur Bestimmung des Gesamteffektes des Zolls müssen wir nun auch noch den Effekt auf den inländischen Konsum untersuchen. Handel erfolgt dann ausgehend von P^Z wieder entlang einer Weltmarktpreisgeraden p^W. Der optimale Konsumpunkt C^Z liegt auf dieser Preisgeraden, jedoch nicht wie bei Freihandel als Tangentialpunkt, sondern tangential zu einer inländischen Preisgeraden p^Z.[1] In unserem Fall geht der inländische Konsum beider Güter zurück, der Konsum des Industriegutes könnte jedoch bei etwas anderem Verlauf der Produktionsmöglichkeiten- und Wohlfahrtsindifferenzkurven auch steigen (die Wohlfahrt ist jedoch auch dann geringer als bei Freihandel). Eindeutig ist der Effekt auf den Handel: Importe und Exporte gehen durch den Zoll zurück.

die Konsumentscheidung – ineffizient geringer Konsum durch die zollinduzierte Preiserhöhung.

Es stellen sich nun folgende Fragen: Haben alternative handelspolitische Instrumente, wie beispielsweise Kontingente, ähnliche Wirkungen? Gibt es trotz der aufgeführten, negativen Wohlfahrtswirkungen stichhaltige Argumente für den Einsatz von Zöllen? Wie kann der faktisch beobachtbare Einsatz von Zöllen und anderen handelspolitischen Instrumenten erklärt werden? Der ersten Frage wollen wir nun nachgehen, die anderen umfangreicheren Problemstellungen werden in den folgenden Kapiteln thematisiert.

14.3 Kontingent bei Wettbewerb

Wie in ▶ Abschn. 14.1 bereits erläutert, versteht man unter einem Kontingent eine mengen- oder wertmäßige Beschränkung der Importe. Wir werden im Folgenden immer von einer mengenmäßigen Beschränkung ausgehen, was im Kontext homogener Produkte aber keine Einschränkung darstellt. Im Rahmen einer statischen Analyse bei vollkommenem Wettbewerb haben Kontingente prinzipiell die gleiche Wirkung wie Zölle: Durch das Kontingent sinkt die Importmenge. Daher steigt

---

1   Dies verdeutlicht den Umstand, dass die importierenden Unternehmen zwar nach wie vor zum Weltmarktpreis einkaufen, die inländischen Konsumenten sich aber dem aus dem Zoll resultieren Preisverhältnis gegenübersehen.

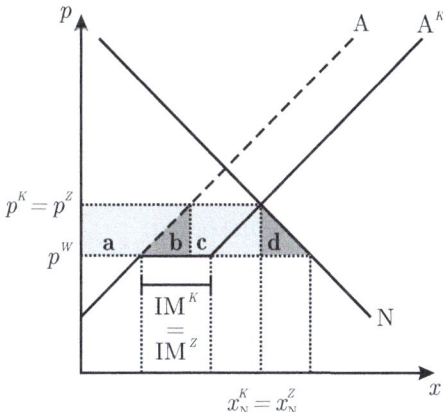

Abb. 14.2   Äquivalenz von Zoll und Kontingent bei Wettbewerb

wie beim Zoll der Preis im Inland, die heimische Produktion wird ausgeweitet und die insgesamt konsumierte Menge geht aufgrund der Preiserhöhung zurück. Diese Äquivalenz von Kontingent und Zoll soll nun zunächst in einer graphischen Analyse im Partialmodell verdeutlicht werden.

In ▣ Abb. 14.2 ist die Höhe des Kontingents so festgelegt, dass es der Importmenge beim Zoll t entspricht. Die „Gesamtangebotskurve" A^K (d. h. inländisches und ausländisches Angebot) ist dann aus drei Segmenten zusammengesetzt: Ganz links findet sich das inländische Angebot zu Grenzkosten unterhalb des Weltmarktpreises, dann folgt ein horizontaler Bereich, in dem die Kontingentmenge zum Weltmarktpreis angeboten wird, und ab der Grenze des Kontingents startet der Bereich des inländischen Angebots zu Grenzkosten über dem Weltmarktpreis. Da zum Weltmarktpreis noch eine Überschussnachfrage besteht, ergibt sich der Marktpreis im Inland erst im Schnittpunkt dieses dritten Teils der Angebotskurve mit der inländischen Nachfragekurve. Dieser Schnittpunkt liegt genau auf Höhe des Preises mit Zoll, $p^Z = p^W + t$, und somit sind die Preis- und Mengeneffekte mit denjenigen beim Zoll identisch, $p^K = p^Z$ und $IM^K = IM^Z$.

Kontingente unterscheiden sich jedoch von Zöllen potenziell in Bezug auf die **Einnahmewirkung** und damit die Gesamtwohlfahrt. Wenn die Kontingente, wie es häufig der Fall ist, auf Basis der bisherigen Marktanteile der Importeure vergeben werden, so ergeben sich im Gegensatz zu Zöllen keine Staatseinnahmen – die Fläche **c** stellt dann stattdessen einen Transfer an die Importunternehmen dar. Dieser Nachteil könnte jedoch vermieden werden, wenn die Kontingente im Rahmen einer Auktion vom Staat versteigert werden. Grundsätzlich geht es also um die Frage, wer die Importlizenzen erhält und ob die Lizenzeigner dafür ein Entgelt an den Staat entrichten müssen. Werden die Lizenzen im Rahmen einer Auktion versteigert, ergibt sich im Idealfall eine Einnahme in gleicher Höhe wie beim Zoll – dazu müsste durch die Auktion die maximale Zahlungsbereitschaft der Unternehmen abgeschöpft werden, die ja gerade der zusätzlichen Rente durch das Kontingent entspricht. In diesem Fall wäre also die Äquivalenz auch im Hinblick auf die statische Wohlfahrtswirkung gewährleistet. Wird auf eine Auktion verzichtet, so kommt es darauf an, ob Unternehmen mit inländischen Eignern die Importlizenzen halten oder ausländische Unternehmen. Der erste Fall ist zwar insofern ungünstiger als die Zolllösung, da er zu deutlichen Umverteilungseffekten führt – die Einnahmen kommen privaten Unternehmen zugute und nicht dem öffentlichen Haushalt, der diese etwa für die Bereitstellung öffentlicher Güter nutzen kann –, die Rentensumme im Inland ist jedoch immerhin genauso hoch wie beim Zoll. Gehen die Importlizenzen demgegenüber an ausländische Unternehmen, so führt die Kontingentlösung neben dem Effizienzverlust **b + d** auch noch zu einem Verlust in Höhe der Fläche **c**, da die Kontingentrente nun dem Ausland zugutekommt.

Dieser Effekt tritt insbesondere bei **freiwilligen Exportselbstbeschränkungen** auf. Da hier die ausländische Regierung das Kontingent auf ihre Exporte anwendet, ist der negative Effekt für die benachteiligten inländischen Konsumenten noch weniger offensichtlich als bei Zöllen oder Kontingenten. Die ausländischen Unternehmen werden hier für die Selbstbeschränkung durch höhere Preise zumindest teilweise entschädigt – dies wäre bei einem Zoll oder einer Auktion der Kontingente nicht der Fall. Im Extremfall führt eine freiwillige Exportselbstbeschränkung dazu, dass sich die ausländischen Unternehmen wie ein Kartell verhalten und somit den gemeinsamen Gewinn maximieren. Bei dieser Maßnahme ist zu beachten, dass solche Selbstbeschränkungen meist nicht ganz „freiwillig" sind: Als etwa Japan sein Exportselbstbeschränkungsabkommen mit den USA beendete, reagierten die USA mit Zöllen auf eine ganze Reihe von japanischen Produkten. Exportselbstbeschränkungsabkommen wurden in der Vergangenheit häufig deswegen vereinbart, weil dadurch das Verbot von Importkontingenten im Rahmen des GATT umgangen werden konnte. Sie spielen seit 1995 keine so große Rolle mehr, da ihr Einsatz durch eine Anpassung der Regeln bei der Weiterentwicklung des GATT im Rahmen der WTO-Vereinbarung nun ebenfalls nicht mehr zulässig ist.

Ein weiterer, wichtiger Unterschied in der Wirkung zwischen Zöllen und Kontingenten besteht darin, dass die inländischen Produzenten beim Kontingent aufgrund der exakt festgelegten Importmenge vom Wettbewerb auf den Weltmärkten isoliert werden. Dies ist aus Sicht der Unternehmen durchaus attraktiv und auch die Regierungen, die Zölle häufig zum Schutz der importkonkurrierenden Branche einsetzen, finden diese Eigenschaft durchaus vorteilhaft. In dynamischer Hinsicht ist der Effekt jedoch problematisch, da eine Senkung des Weltmarktpreises (z. B. aufgrund technischen Fortschritts) bei Kontingenten zu keinem Effekt auf dem Inlandsmarkt führt, während die inländischen Konsumenten bei Zöllen von den niedrigeren Weltmarktpreisen profitieren würden und insbesondere die inländischen Unternehmen einen Anreiz zu Kostensenkungen hätten. Wie wir im nächsten Abschnitt sehen werden, sorgt diese Isolierung vom Wettbewerb auch dafür, dass bei unvollkommenem Wettbewerb Zölle und Kontingente nicht mehr äquivalent sind.

14.4 Zoll und Kontingent bei inländischem Monopol

In ▶ Abschn. 10.3.1 haben wir die Wirkung der Aufnahme von Außenhandel bei einem inländischen Monopol untersucht. Dabei zeigte sich, dass in einer importkonkurrierenden Branche der ausländische Wettbewerb die Marktmacht des Monopolisten eliminiert. Die Frage ist nun, inwieweit der Handel bei Zöllen bzw. Kontingenten eher die Situation bei Freihandel (mit höherem inländischem Preis durch

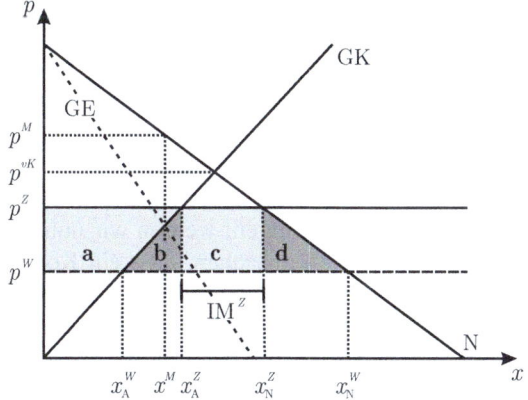

○ **Abb. 14.3**   Zoll bei inländischem Monopol

den Zoll) oder im Monopol (mit verringerter Marktgröße durch die geringere Importmenge) widerspiegelt. In einem ersten Schritt werden wir dazu wieder die Wirkung des Zolls analysieren und dann anschließend mit derjenigen des Kontingents vergleichen.

14.4.1 Zollwirkung bei inländischem Monopol

Ausgangspunkt ist ein inländisches Monopol mit Importkonkurrenz, ähnlich zu der Situation, wie sie in ○ Abb. 10.7 in ▶ Abschn. 10.3.1 analysiert wurde. Wie in der Zollanalyse bei vollkommenem Wettbewerb gehen wir nun aber davon aus, dass das Inland einen Zoll in Höhe von t auf die Importe festlegt. In ○ Abb. 14.3 haben wir einen nicht prohibitiven Zoll gewählt, d. h. einen Zoll, bei dem der Preis mit Zoll p^Z unter dem inländischen Autarkiepreis bei vollkommenem Wettbewerb p^{vK} bleibt. In diesem Fall unterscheidet sich die Wirkung des Zolls nicht von derjenigen bei vollkommenem Wettbewerb. Die inländische Produktion steigt von x_A^W auf x_A^Z, der Menge, die sich aus dem Schnittpunkt zwischen der Preislinie mit Zoll p^Z und der Grenzkostenkurve GK ergibt. Der inländische Konsum sinkt von x_N^W auf x_N^Z, da die Preislinie mit Zoll die inländische Nachfrage nun bei dieser geringeren Menge schneidet. Die Importmenge geht entsprechend zurück und der Nettowohlfahrtsverlust ist, wie bei vollkommenem Wettbewerb, durch den Verlust an Produktionseffizienz – Fläche **b** – und den Verlust an Konsumeffizienz – Fläche **d** – gegeben.

Ein Unterschied zwischen Wettbewerb und Monopol ergibt sich nur dann, wenn bei einem Prohibitivzoll der Preis mit Zoll den Autarkiepreis bei vollkommenem Wettbewerb p^{vK} überschreitet. Zwar kommt es in beiden Fällen zu keinen Importen, aber beim Monopol kann die potenzielle ausländische Konkurrenz die Marktmacht des Monopolisten beschränken. Während somit bei vollkommenem Wettbewerb die genaue Höhe des Prohibitivzolls für das Ergebnis irrelevant ist, gewinnt der Monopolist mit zunehmender Höhe des Prohibitivzolls mehr und mehr von seiner Marktmacht zurück. In der Abbildung ergibt sich die Absatzmenge bei einem Preis p^Z zwischen p^{vK} und p^M über den Schnittpunkt zwischen der Preisgeraden mit

Zoll und der Nachfragekurve. Für $p^Z \geq p^M$ ist die disziplinierende Wirkung des ausländischen Wettbewerbs eliminiert und es resultiert die Autarkielösung mit inländischem Monopol.

14.4.2 Kontingent bei inländischem Monopol

Zum Vergleich zwischen Zoll und Kontingent werden wir nun analog zur Situation bei vollkommenem Wettbewerb davon ausgehen, dass ein Kontingent in Höhe der bei Zollpolitik resultierenden Importmenge festgelegt wird. Dies bedeutet nun, dass sich der inländische Monopolist einer Restnachfrage N^Z gegenübersieht, die gegenüber der inländischen Gesamtnachfrage um die Kontingentmenge $K = IM^Z$ parallel nach links verschoben ist. Die Situation ist vergleichbar mit der Duopolanalyse in ▶ Abschn. 10.2.1 (siehe dort ◘ Abb. 10.4). Gegenüber dem Monopol bei Autarkie hat sich die Situation für den Monopolisten zwar verschlechtert, aber im Gegensatz zur Situation mit Zoll ist er im Bereich der Restnachfrage vom Wettbewerb durch ausländische Unternehmen geschützt und kann seine Marktmacht ausnutzen. Wie ◘ Abb. 14.4 zeigt, führt dies zu einem deutlich höheren inländischen Preis p^K und damit zu geringerer Wohlfahrt als beim Zoll.

Beachten Sie, dass im vorliegenden Fall die inländische Produktion im Vergleich mit dem Zoll durch das Kontingent von x_A^Z auf x_A^K zurückgeht. Sollte also beispielsweise das Kontingent zum Schutz von Arbeitsplätzen in der importkonkurrierenden Branche eingesetzt werden, so kann es bei unvollkommenem Wettbewerb im Gegensatz zum Zoll und im Gegensatz zu Kontingenten bei vollkommenem Wettbewerb die gewünschte Wirkung verfehlen. Abhängig von der Höhe des Weltmarktpreises und der Kontingentmenge ist es sogar möglich, dass die Produktion gegenüber der Freihandelssituation zurückgeht. Es wird jedoch immer der Fall sein, dass die Menge beim Kontingent geringer ist als beim Zoll.

Während die Schutzwirkung des Kontingents bezüglich der inländischen Absatzmenge somit nicht sichergestellt ist, ist die inländische Produzentenrente jedoch nicht nur höher als bei Freihandel, sondern übersteigt auch diejenige bei ei-

14

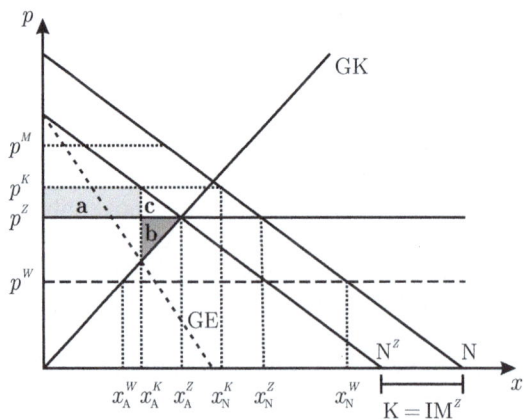

◘ **Abb. 14.4**   Kontingent bei inländischem Monopol

nem Zoll mit äquivalenter Importmenge: Das Rechteck **a**, das den höheren Erlös $\left(p^K - p^Z\right) \cdot x_A^K$ bis zur Absatzmenge beim Kontingent x_A^K beschreibt, ist deutlich größer als das Dreieck **b**, das die zusätzlichen Produzentenrente bei Zoll durch den Absatz im Bereich zwischen x_A^K und x_A^Z angibt.

Die Wohlfahrtswirkung des Kontingents ist bei unvollkommenem Wettbewerb eindeutig ungünstiger als diejenige eines Zolls: Die Dreiecksfläche **bc** zwischen GK, N^Z und der Vertikalen bei x_A^K stellt den zusätzlichen Nettowohlfahrtsverlust dar – **b** der Verlust an Produktionseffizienz und **c** der Verlust an Konsumeffizienz. Dazu kommt, dass die Kontingentrente $\left(x_N^K - x_A^K\right) \cdot \left(p^K - p^W\right)$ den Zoll deutlich übersteigt: Fällt diese Rente beispielsweise bei einer freiwilligen Exportselbstbeschränkung im Ausland an, so fällt der Wohlfahrtsverlust im Vergleich zur Wirkung eines Kontingents bei vollkommenem Wettbewerb nochmals merklich höher aus.

14.5 Wirkung bei Qualitätsdifferenzierung und Fragmentierung

Bei der Analyse von Zöllen und Kontingenten sind wir bisher von homogenen Produkten ausgegangen, die vollständig von einem Unternehmen hergestellt werden. Im nächsten Schritt wird nun die Analyse um Fragmentierung und Produktdifferenzierung erweitert, die in den ▶ Kap. 12 und 13 bereits ausführlich behandelt wurde. Konkret werden wir den Anreiz zur Anpassung der Qualität beim Einsatz von Kontingenten und die Wirkung unterschiedlicher Zollsätze auf Vor- und Endprodukte bei einem fragmentierten Produktionsprozess betrachten.

Wir beginnen mit dem **Anreiz zur Qualitätsanpassung,** da hier unmittelbar an der Analyse der Äquivalenz von Kontingenten und Zöllen angeschlossen werden kann. Als Beispiel können wir die Strategieanpassung japanischer Automobilhersteller während der Zeit der freiwilligen Exportselbstbeschränkungen für den amerikanischen Markt in den 1980er-Jahren betrachten. Im amerikanischen Markt stieg als Reaktion auf das Mengenkontingent der Importwert der japanischen Fahrzeuge deutlich. Das lag an der deutlich höheren Differenz zwischen Erlös und Herstellungskosten je Fahrzeug bei höherwertigen und damit teureren Fahrzeugen. Da wegen des Kontingents die Gewinne nicht durch Ausweitung des Absatzes der einfacheren Fahrzeuge erhöht werden konnten, stellte dies die optimale Reaktion der Hersteller auf die Exportrestriktion dar. Ein vergleichbarer Effekt wäre bei den üblicherweise verhängten Wertzöllen hingegen nicht aufgetreten: Für qualitativ höherwertige Fahrzeuge wäre auch ein höherer Zoll angefallen, sodass es keinen entsprechenden Anreiz zu einer Änderung der durchschnittlichen Qualität der Exporte gegeben hätte.

Eine Anpassungsreaktion war auch in Bezug auf den Fragmentierungsaspekt zu beobachten. Die japanischen Anbieter hatten einen Anreiz, durch die Investition in US-amerikanische Fertigungsstätten die Kontingentbeschränkung zu umgehen. In den US-Fabriken musste ein ausreichender Anteil an der Gesamtwertschöpfung erzielt werden, um die *local content requirements* für inländische Produkte zu gewährleisten. Es kam somit zu einer politisch induzierten Offshoring-Aktivität der japanischen Automobilproduzenten. Zumindest ein Teil der verwendeten Komponenten wurde aber natürlich weiterhin aus den japanischen Mutterwerken importiert.

In diesem Zusammenhang ist zu beachten, dass sich der Zollschutz für Rohstoffe, industrielle Vorprodukte und Endprodukte innerhalb einer Endproduktkategorie üblicherweise unterscheidet. Wie wir jetzt aufzeigen werden, gibt der Nominalzoll im Endproduktmarkt nicht mehr die effektive Schutzwirkung der inländischen Hersteller wieder. Um diese Schutzwirkung zutreffend zu beschreiben, muss stattdessen der „**Effektivzoll**" ermittelt werden.

Bei der graphischen Darstellung im Partialmarkt kann ein Zoll auf ein Vorprodukt als Linksverschiebung der Angebotskurve abgebildet werden – schließlich erhöht der Zoll die (Grenz-)Kosten der Produktion. Als Maß für die effektive Protektion bezieht sich der Effektivzoll auf die Wertschöpfung im Inland (und nicht den gesamten Produktionswert). Wir können uns die Grundidee anhand eines einfachen Beispiels veranschaulichen: Ein Endprodukt lässt sich zum Weltmarktpreis von 10.000 Euro verkaufen. Die inländischen Produzenten benötigen dazu Vorprodukte im Wert von 2000 Euro aus dem Ausland – die inländische Wertschöpfung beträgt also 8000 Euro. Angenommen, es wird nun sowohl auf Vor- als auch auf Endprodukte ein Importzoll von 20 % erhoben. Dadurch verteuern sich im Inland die Vorprodukte auf 2400 Euro und die Endprodukte auf 12.000 Euro. Die inländische Wertschöpfung steigt entsprechend von 8000 Euro auf 9600 Euro, d. h. ebenfalls um 20 % – Nominalzoll und Effektivzoll fallen hier zusammen. Wenn auf das Vorprodukt kein Zoll erhoben wird, so erhöht sich die Wertschöpfung auf 10.000 Euro, also um 25 %.

Grundsätzlich übersteigt der Effektivzoll den Nominalzoll, wenn eine „eskalierende Zollstruktur" vorliegt, d. h. der Zoll für die nachgelagerten Produktionsstufen höher als für diejenigen am Anfang der Wertschöpfungskette ist. Wenn demgegenüber der Zoll auf dem Vorprodukt höher ist, so kann es sogar zu einer negativen Schutzwirkung für die Hersteller des Endprodukts kommen. Die genaue Formel zur Berechnung des Effektivzolls (ERP – *effective rate of protection*) lautet

$$\text{ERP} = t_E + (t_E - t_V) \cdot \frac{p_V}{p_E - p_V},$$

wobei t_E bzw. t_V den Zollsatz auf der End- bzw. Vorstufe und p_E und p_V die entsprechenden Weltmarktpreise (d. h. ohne Zoll) bezeichnen.

Ob die ERP den Nominalzoll übersteigt oder unterschreitet, hängt also von den relativen Zollsätzen ab. Im obigen Beispiel mit Importzoll von 20 % auf das Endprodukt und keinem Zoll auf das Vorprodukt ergibt sich ERP = 20 % + (20 % − 0 %)·(2000/(10.000 − 2000)) = 25 %. Würde stattdessen nur auf die Vorprodukte ein Zoll erhoben, so ergäbe sich ERP = 0 % + (0 % − 20 %)·(2000/10.000 − 2000)) = −5 %. Die Schutzwirkung des Zolls für die Endprodukthersteller ist im zweiten Fall also sogar negativ! Ein Beispiel dafür sind die Zölle auf Stahl, die die US-Regierung Ende der 2010er-Jahre erhoben hat. Durch diese Zölle hat sich die internationale Wettbewerbsposition von stahlverarbeitenden Branchen wie der US-Automobilindustrie verschlechtert, weil diese jetzt höhere Preise für eine wichtiges Vorprodukt entrichten musste.

Die Stärke des Effekts wird neben der Höhe des Unterschieds in den Zollsätzen vom relativen Wertschöpfungsanteil der Vorstufe determiniert: Je höher der Anteil der Vorstufe, desto stärker weichen Effektiv- und Nominalzoll voneinander ab. Wird für den ersten Fall alternativ ein Preis von 5000 für das Vorprodukt unterstellt (die Wertschöpfung ohne Zoll liegt dann ebenfalls bei 5000), so beträgt der Effektivzoll $ERP = 20\% + (20\% - 0\%) \cdot (5000/(10.000 - 5000)) = 40\%$ und ist damit doppelt so hoch wie der Nominalzoll.

14.6 Handelspolitik und Unternehmen

Wie ist der Einsatz von Zöllen, Kontingenten und anderen handelspolitischen Maßnahmen aus Unternehmenssicht zu beurteilen? Hier kommt es zunächst darauf an, ob ein Unternehmen sich in erster Linie der Konkurrenz durch Importe ausländischer Wettbewerber gegenübersieht oder als Exporteur auf den globalen Märkten aktiv ist.

Die importkonkurrierenden Branchen werden durch Zölle und Kontingente auf Kosten der Konsumenten und der Exportbranchen bessergestellt. Unabhängig davon, ob Zölle oder Kontingente eingesetzt werden, wird der Inlandspreis steigen und sich damit die Gewinnsituation der Unternehmen verbessern. Dabei sind Kontingente besonders attraktiv, weil sie die inländischen Unternehmen weitgehend vom Druck ausländischer Wettbewerber entlasten und ihnen bei Marktmacht im Inland die Nutzung dieser Marktmacht erlauben. Mögliche Ausweichreaktionen der ausländischen Anbieter wie der Export qualitativ höherwertiger Produkte oder der Einsatz von Direktinvestitionen können allerdings langfristig die Wettbewerbsposition der inländischen Unternehmen möglicherweise stärker untergraben, als dies bei freiem oder zumindest nur zollbeschränktem Handel der Fall gewesen wäre. Bei international fragmentierter Produktion ist für die Hersteller auf der Endstufe eine eskalierende Zollstruktur besonders günstig, d. h. kein Zoll oder nur geringe Zollsätze bei Rohstoffen und Vorprodukten und ein höherer Zoll in der Endstufe.

Bei einem Exportunternehmen wirken sich sowohl Zölle auf den Vorstufen als auch Importzölle in anderen Branchen negativ aus. Der zweite Effekt ergibt sich über die Verteuerung von Inputfaktoren, die durch den Zoll in den importkonkurrierenden Branchen vermehrt eingesetzt werden. Im Ergebnis werden die Exportunternehmen weniger produzieren und sowohl auf den inländischen als auch den ausländischen Märkten weniger absetzen. Profitieren können Exportunternehmen demgegenüber von Exportsubventionen und anderen Unterstützungen für Exportaktivitäten.

⊜ Was haben wir gelernt?

━ Handelspolitische Maßnahmen verzerren die Entscheidungen von Produzenten und Konsumenten und beeinflussen dadurch die Handelsströme. Neben Zöllen, Kontingenten und Exportsubventionen können auch an sich binnenwirtschaftliche Maßnahmen wie Produktstandards oder Steuern den Handel beeinflussen.

━ Ein Importzoll erhöht den lokalen Preis und führt damit zu einer Erhöhung der inländischen Produktion und zu einer Verringerung der Importe und des Konsums. Dem Rückgang an Konsumentenrente stehen eine Erhöhung der Produzentenrente und die Zolleinnahmen gegenüber. Insgesamt kommt es aber zu einem Nettowohlfahrtsverlust, der durch die ineffizient hohe inländische Produktion und den ineffizient niedrigen inländischen Konsum verursacht wird. In der Totalanalyse wurde zudem deutlich, dass dem Vorteil des Zolls für die importkonkurrierende Branche ein Nachteil für den Exportsektor gegenübersteht.

- Zölle und Kontingente haben bei vollkommenem Wettbewerb die gleiche Auswirkung auf Preise und Mengen. Je nach Ausgestaltung der Vergabe der Kontingente werden jedoch möglicherweise keine Staatseinnahmen realisiert. Aus Sicht der inländischen Wohlfahrt besonders problematisch sind freiwillige Exportselbstbeschränkungen, bei denen die Kontingentrenten den ausländischen Anbietern zugutekommen.

- Bei einem Monopol im Inland führt Freihandel zu einem Verlust der Marktmacht des Monopolisten. Dieser Effekt bleibt auch bei Zollschutz im Prinzip erhalten, während ein Kontingent einen geschützten Bereich im Inland schafft, in dem der Monopolist seine Marktmacht ausspielen kann. Bei Kontingenten besteht zudem für die ausländischen Wettbewerber ein Anreiz, die Qualität der Exportprodukte zu erhöhen.

- Bei fragmentierter Produktion ist die Schutzwirkung des Zolls von der relativen Höhe der Zölle auf Vor- und Endprodukte abhängig: Werden Vorprodukte mit einem geringeren Zoll belegt, so ist die Schutzwirkung für die Endprodukte höher als der Nominalzoll.

14.7 Kontrollfragen und Übungsaufgaben

1. Welche handelspolitischen Maßnahmen kennen Sie? Erläutern Sie diese für ein kleines Land anhand einer geeigneten Abbildung! Welche Auswirkungen haben diese Maßnahmen auf die einzelnen Wirtschaftsakteure (Produzenten, Konsumenten, Staat, Handelspartner)?

2. Erläutern Sie, warum eine handelspolitische Maßnahme in einem Sektor Auswirkungen auf die gesamte Ökonomie nach sich ziehen kann!

3. Die kleine Insel Coconut Paradise ist bekannt für Traumstrände und den enormen Zigarrenkonsum seiner Bewohner. Einen großen Teil der Zigarren bezieht es zu 2000 Dollar je Kiste aus dem Ausland (als kleines Land kann die Insel den Weltmarktpreis nicht beeinflussen). Das inländische Angebot ist durch $x_A = -1000 + p$ beschrieben und für die inländische Nachfrage gilt $x_N = 5000 - p$.

   1. Die Regierung möchte den ungesunden Zigarrenkonsum ihrer Bewohner einschränken und überlegt, einen Zoll in Höhe von 500 Dollar je Zigarrenkiste zu erheben. Bestimmen Sie rechnerisch und graphisch für Freihandel und Zoll das Gleichgewicht (Produktion, Konsum, Import)! Wie ändert sich die Wohlfahrt?

   2. Nach intensiver Lobbyarbeit der Zigarrenindustrie, möchte die Regierung eine inländische Zigarrenproduktion von mindestens 1500 Kisten sicherstellen. Als Maßnahmen kommen dabei ein Zoll oder die Vereinbarung einer freiwilligen Exportselbstbeschränkung (VER) mit den ausländischen Anbietern in Betracht. Bestimmen Sie zunächst jeweils die konkrete Ausgestaltung der Maßnahmen, mit denen das Ziel erreicht werden kann! Vergleichen Sie die Wohlfahrtswirkungen und geben Sie eine Empfehlung ab! Werden die ausländischen Anbieter in eine VER einwilligen, wenn ansonsten ein Zoll erhoben wird? Warum ist die Lösung mit der VER für die inländische Zigarrenindustrie in dynamischer Hinsicht besonders attraktiv?

14

4. Begründen Sie, wie Sie die folgenden Handelspolitikmaßnahmen hinsichtlich ihrer Wirkung auf die inländische Wohlfahrt ordnen würden: (i) Zoll in einem kleinen Land mit vollkommenem Wettbewerb, (ii) Zoll in einem kleinen Land mit inländischem Monopol, (iii) Kontingent in einem kleinen Land mit vollkommenem Wettbewerb und (iv) Kontingent in einem kleinen Land mit inländischem Monopol.

5. In einem kleinen Land sieht sich ein einziger inländischer Anbieter der Preis-Absatz-Funktion $p(x) = 150 - x$ gegenüber und produziert zu Kosten von $C(x) = 0{,}5 \cdot x^2$. Das Gut kann jedoch ebenfalls aus dem Ausland zu $p^W = 40$ eingeführt werden.

   a) Ursprünglich konnte das inländische Unternehmen einen Zoll von 40 erwirken. Zeigen Sie graphisch und rechnerisch, ob sich dadurch eine Wohlfahrtsverbesserung gegenüber dem Autarkiezustand erreichen lässt! Wie hoch dürfte der Zoll maximal sein, damit Außenhandel vorteilhaft ist?

   b) Im Zuge einer Handelsliberalisierung kommt es zu einer Zollsenkung auf 20. Bestimmen Sie graphisch und rechnerisch die Importmenge sowie den Wohlfahrtsverlust gegenüber Freihandel!

   c) Der Monopolist schlägt nun ein Kontingent in Höhe der Importe aus b) vor. Halten Sie diesen Vorschlag aus Sicht (i) des Monopolisten und (ii) der Gesamtwohlfahrt für vorteilhaft? Vergleichen Sie hierfür die Situation mit b)!

6. Der Preis eines Endprodukts beträgt 25.000 Euro und der Preis des Vorprodukts 5000 Euro. Die Regierung überlegt zwei Zollszenarien: (i) einen Zoll auf das Endprodukt von 10 % und auf das Vorprodukt von 50 % oder (ii) einen Zoll von 50 % auf das Endprodukt und von 10 % auf das Vorprodukt.

   a) Bestimmen Sie die Änderung der inländischen Wertschöpfung in den beiden Szenarien!

   b) Bestimmen Sie den Effektivzoll in beiden Szenarien! Wie interpretieren Sie Ihr Ergebnis?

Literatur

Im Text zitierte Quellen

Feenstra, R. C. (2015), Advanced International Trade: Theory and Evidence, 2nd ed., Princeton, NY: Princeton University Press, ch. 8 und 9. [*Vertiefte Darstellung der Analyse von Zöllen und Kontingenten mit Berücksichtigung weiterer Marktformen, theoretischer Fundierung der Wohlfahrtsanalyse und empirischer Analyse der Wirkung handelspolitischer Maßnahmen.*]

Begründung von Protektion

Inhaltsverzeichnis

© Der/die Autor(en), exklusiv lizenziert an Springer Fachmedien Wiesbaden GmbH, ein Teil von Springer Nature 2024
K. Morasch und F. Bartholomae, *Handel und Wettbewerb auf globalen Märkten*,
https://doi.org/10.1007/978-3-658-41866-3_15

Themenüberblick

- Zoll als zweitbestes Instrument: Auswahl des besten Instruments zur Erreichung eines gesellschaftlichen Ziels oder zur Korrektur von inländischem Marktversagen
- Zoll als staatliche Einnahmequelle vs. Schutzzoll
- Erziehungszollargument: dynamische und externe Skalenerträge als Begründung für Protektion
- Optimalzoll: Möglichkeit eines „großen Landes" die *Terms of Trade* durch Zölle zu beeinflussen

Nach der bisherigen Analyse führen Zölle und Kontingente zu einer Verringerung der Wohlfahrt eines Landes. Zwar ziehen Zölle dabei weniger negative Effekte nach sich als Kontingente, aber dennoch lautet die ökonomische Empfehlung an die Politik, auf die Erhebung von Zöllen zu verzichten. Gegen diese Aussage werden jedoch die folgenden beiden Einwände erhoben:

- Ökonomische Effizienz ist nicht das einzige Ziel einer Gesellschaft. Die Erhebung von Zöllen könnte beispielsweise auch aus Verteilungsgründen gerechtfertigt sein. Außerdem gibt es Marktversagen, etwa aufgrund externer Effekte, das durch politische Maßnahmen korrigiert werden könnte.
- Die verwendeten Zollwirkungsmodelle sind zu unrealistisch. Um Zollwirkungen wirklich beurteilen zu können, sind komplexere, dynamische Modelle erforderlich.

Vor dem Hintergrund dieser beiden Einwände wollen wir im Folgenden eine Reihe von Argumenten analysieren, die für die Erhebung von Zöllen angeführt werden.

15.1 Zoll als zweitbestes Instrument

Im Zusammenhang mit dem ersten Einwand spielt folgende grundsätzliche Überlegung eine wichtige Rolle: Die Erhebung eines Zolls ist dann sinnvoll, wenn er erstens geeignet ist, ein bestimmtes gesellschaftliches Ziel zu erreichen oder ein Marktversagen zu korrigieren, und zweitens dieses Ziel mit den geringstmöglichen Kosten erreicht. Viele Argumente für Zölle scheitern an dieser zweiten Forderung: Ein Zoll ist dann lediglich eine zweitbeste Lösung zur Erreichung des Ziels und sollte nur eingesetzt werden, wenn die besser geeigneten Maßnahmen nicht verfügbar sind. Diese Überlegung ist auch als das Prinzip des zielgerichteten Eingriffs *(targeting principle)* bekannt bzw. in Anlehnung an den Ökonomen Jagdish N. Bhagwati, der diese als erster anstellte, als Bhagwati-Prinzip.

15.1.1 Erhalt bestimmter Produktionszweige

Häufig wird der Erhalt bestimmter Produktionsbereiche als Begründung für den Zollschutz angeführt. Ein Beispiel dafür ist das Ziel des Erhalts bäuerlicher Familienbetriebe zur Sicherstellung der inländischen Nahrungsmittelproduktion und zur Vermeidung negativer externer Effekte einer industriellen Agrarwirtschaft. Der Zoll soll dabei einen Schutz gegen die überlegene ausländische Konkurrenz sicherstellen, welche die Existenz der entsprechenden Unternehmen bedrohen würde. Aus ökonomischer Perspektive bedeutet dies, dass ein bestimmtes inländisches Produktionsniveau in einem Sektor politisch erwünscht ist. Aber ist es sinnvoll, dieses Ziel mit einem Zoll zu realisieren? Dazu wollen wir nun die beiden Instrumente Zoll und Produktionssubvention miteinander vergleichen.

Die Analyse erfolgt im Partialmodell, wobei der Zoll mit einer Subvention an die inländischen Produzenten verglichen wird, die zur gleichen inländischen Produktionsmenge führt wie der Zoll. Eine solche **Produktionssubvention** verschiebt die Angebotskurve der inländischen Produzenten in ◘ Abb. 15.1 nach unten: Durch die Produktionssubvention müssen sie nicht mehr die vollständigen Kosten der Produktion tragen und können somit das Gut zu einem geringeren Preis auf dem Markt anbieten können.

Während durch den Zoll der Preis im Inland erhöht wird, ergibt sich durch die Subvention keine Veränderung des inländischen Preises. Die Konsumenten werden daher die gleiche Menge wie bei Freihandel konsumieren:

— Beim Zoll sinkt durch den höheren Preis die Konsumentenrente in Höhe der Flächen **abcd**. Da Fläche **a** an die Produzenten und Fläche **c** in Form von Zolleinnahmen an den Staat umverteilt werden, verbleibt ein Nettoverlust der beiden Dreiecke **b** (Verlust an Konsumeffizienz) und **d** (Verlust an Produktionseffizienz).

— Bei der Subventionslösung ändert sich der Preis nicht, sodass es zu keiner Änderung der Konsumentenrente kommt und damit aufseiten des Konsums auch kein Effizienzverlust auftreten kann. Allerdings entsteht für den Staat ein Subventionsbedarf in Höhe der Flächen **ab** – die inländische Produktionsmenge x_A^S multipliziert mit der Subventionshöhe s. Da die Fläche **a** aber lediglich an die Produzenten umverteilt wird, kommt es nur zum unvermeidbaren Verlust an Produktionseffizienz (Fläche **b**) – schließlich soll gerade mehr im Inland produziert werden, was aber nur durch die im Verhältnis zu den ausländischen Unternehmen weniger effizienten inländischen Anbieter möglich ist.

Wenn eine Regierung die Höhe der inländischen Produktion in einem Sektor beeinflussen will – sei es aus gesellschaftlichen Gründen oder aufgrund von Marktunvollkommenheiten (z. B. bei Vorliegen positiver externer Effekte aufgrund der

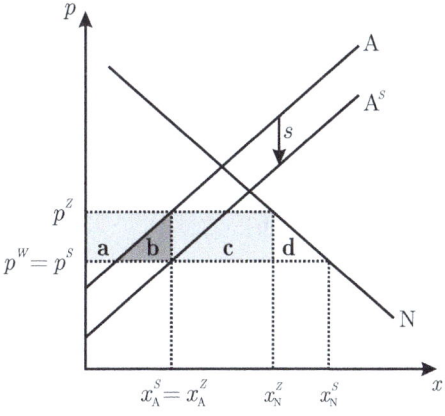

◘ **Abb. 15.1**   Zoll vs. Produktionssubvention

Landschaftspflege durch die bäuerlichen Familienbetriebe) –, so ist eine Produktionssubvention einem Zoll überlegen, weil dadurch unerwünschte Nebeneffekte beim Konsum (hier: Verteuerung der Nahrungsmittel durch den Zoll) vermieden werden. Beachten Sie jedoch, dass eine Produktionssubvention nur dann optimal ist, wenn tatsächlich ein bestimmtes Produktionsniveau gewünscht wird: Wenn es nur um die Sicherung des Einkommens der bäuerlichen Familienbetriebe geht, ist eine direkte Einkommenssubvention vorzuziehen, da sie auch den Verlust an Produktionseffizienz vermeidet. Grundsätzlich gilt, dass immer so direkt wie möglich am Problem angesetzt werden sollte, um unerwünschte Nebenwirkungen möglichst zu vermeiden (*targeting principle*).

15.1.2 Beeinflussung des Konsumverhaltens

Ein zweites Argument, das häufig für Zölle angeführt wird, ist die Verminderung des Konsums bestimmter Güter – etwa aus Gründen des Gesundheitsschutzes wie bei Alkohol oder Zigaretten. Ähnlich wie bei der Subvention gilt in diesem Zusammenhang: Ein Zoll ist zwar zur Erreichung dieses Ziels prinzipiell geeignet, eine Besteuerung des Gutes ist jedoch effizienter.

Wir können uns dies im Partialmodell in ◨ Abb. 15.2 veranschaulichen: Durch die **Konsumsteuer** wird das Angebot im Inland verteuert. Bei gleicher Höhe von Steuer und Zoll resultiert in beiden Fällen ein identischer Rückgang des Konsums gegenüber der Freihandelssituation $(x_N^{St} = x_N^Z)$. Im Unterschied zum Zoll kommt es bei der Steuer jedoch nicht zu einer Ausweitung der inländischen Produktion, da die Steuer nicht nur das ausländische, sondern auch das inländische Angebot verteuert. Dies wird in der Graphik dadurch abgebildet, dass sich die Angebotskurve um den Steuersatz nach oben auf A^{St} verschiebt.

Wie sieht es nun in Bezug auf die Wohlfahrtswirkungen der beiden Instrumente aus? Der Nettoeffekt des Zolls ist wie bereits dargestellt der Verlust an Produktionseffizienz (Fläche **b**) und an Konsumeffizienz (Fläche **d**). Da bei der Steuer die inländischen und ausländischen Produzenten gleich behandelt werden, verbleibt das

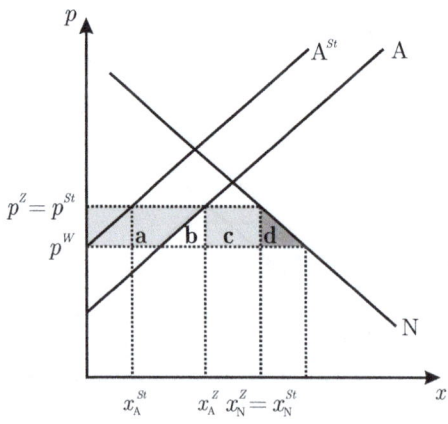

◨ **Abb. 15.2** Zoll vs. Konsumsteuer

inländische Angebot auf dem Freihandelsniveau und es kommt somit zu keinem Verlust an Produktionseffizienz. Anders sieht es beim Konsum aus: Steuer und Zoll haben den gleichen Effekt auf den Preis im Inland, wodurch es auch bei der Konsumsteuer zu einem Verlust an Konsumentenrente in Höhe der Fläche **abcd** kommt. Der Staat wiederum kann Einnahmen aus der Konsumsteuer in Höhe der Fläche **abc** bzw. $\left(p^{St} - p^{W}\right) \cdot x_{N}^{St}$ generieren. Verrechnen wir diesen Zugewinn mit dem Verlust an Konsumentenrente, so verbleibt ein negativer Nettoeffekt in Höhe Fläche **d**. Dieser Verlust an Konsumeffizienz ist aber unvermeidbar, da es schließlich das Ziel der Politikmaßnahme ist, den Konsum zu reduzieren.

15.1.3 Zoll als Mittel zur Erzielung von Staatseinnahmen

Die Aussage, dass Produktionssubventionen bzw. Konsumsteuern als Instrumente zur Erreichung binnenwirtschaftlicher Politikziele einem Zoll vorzuziehen sind, gilt nur dann uneingeschränkt, wenn das entsprechende Land über ein funktionierendes und weitgehend effizientes Steuersystem verfügt. Dies ist jedoch insbesondere in Entwicklungsländern häufig nicht der Fall. Für solche Länder ist es oft sehr viel einfacher, **Staatseinnahmen über Zölle** zu erhalten, als über eine allgemeine Besteuerung von Einkommen, Vermögen und Konsum – schließlich werden die Grenzen ohnehin kontrolliert, sodass Warenbewegung leicht erfasst werden können, während für Steuern und Subventionen eine wesentlich komplexere Informationsbeschaffung und Überwachung erforderlich ist. Die Finanzierung einer Produktionssubvention über Steuern führt dann möglicherweise zu erheblichen Verzerrungen oder ist überhaupt nicht durchführbar (ähnliches gilt für die Erhebung von Konsumsteuern). Der Einsatz des zweitbesten Instruments Zoll ist also dann gerechtfertigt, wenn die jeweils erstbeste Lösung nicht zur Verfügung steht. Dabei muss jedoch beachtet werden, dass beim Einsatz des Zolls unerwünschte Nebenwirkungen entstehen, die den Vorteilen der Zollerhebung gegenüberzustellen sind.

Wie kann nun die Höhe des Zollsatzes optimal festgelegt werden, wenn aufgrund der mangelnden Verfügbarkeit des erstbesten Instruments der **Zoll als zweitbestes Instrument** eingesetzt wird? ◘ Abb. 15.3. veranschaulicht dies am Beispiel eines positiven externen Effekts bei der Produktion, wie er im Zusammenhang mit der Förderung der bäuerlichen Familienbetriebe schon kurz angesprochen wurde. Ein **positiver externer Effekt** bei der Produktion liegt dann vor, wenn über die Erlöse des Produzenten hinaus ein zusätzlicher Nutzen bei unbeteiligten Dritten entsteht, der dem Produzenten nicht über den Marktpreis entgolten wird und es damit effizienter wäre, wenn er mehr produzieren würde. Im konkreten Fall wäre das die Landschaftspflege durch die Familienbetriebe, die eine reichhaltige Flora und Fauna ermöglicht und zu einem schöneren Landschaftsbild beiträgt. Der Nutzen, den die Allgemeinheit daraus zieht, wäre dann der positive externe Effekt.

In der Abbildung wird der positive externe Effekt dadurch abgebildet, dass die Angebotskurve A^Sozial, die die positiven externen Effekte beinhaltet, unterhalb von A^Privat verläuft, bei der nur die privaten Grenzkosten berücksichtigt werden. Dadurch kommt zum Ausdruck, dass die privaten Kosten die gesellschaftlichen/sozialen Kosten aufgrund der Nichtberücksichtigung des positiven Effekts übersteigen. Beim optimalen Einsatz des erstbesten Instruments, einer Produktionssubvention,

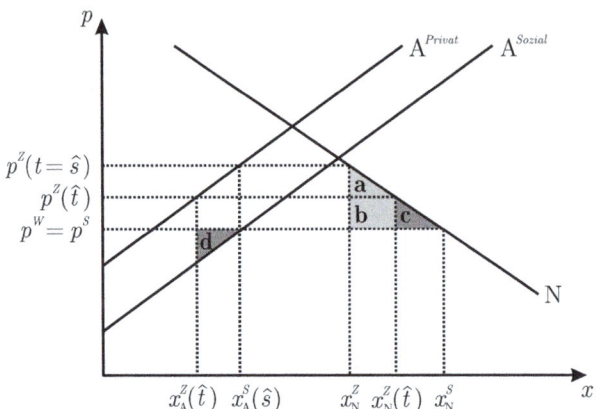

Abb. 15.3   Zoll als zweitbestes Instrument

würde die Subventionshöhe $\hat{s}$ gerade dem positiven externen Effekt pro Mengeneinheit entsprechen. Beachten Sie, dass es hier im Gegensatz zum Einsatz einer Produktionssubvention zur Erreichung eines gesellschaftlichen Ziels zu keinem Effizienzverlust kommt, da der Einsatz der Politik das durch die Externalität verursachte Marktversagen korrigiert und somit gerade die effiziente Lösung herstellt, die der Markt von sich aus nicht erreichen kann.

Wenn die Subventionslösung nun nicht realisiert werden kann und zur Korrektur des externen Effekts stattdessen ein Importzoll eingesetzt werden soll, so würde durch einen Zollsatz in Höhe der Subvention $t = \hat{s}$ zwar die optimale inländische Produktionsmenge x_A^S erreicht, durch den verringerten inländischen Konsum käme es jedoch zu einem Verlust an Konsumeffizienz, der in der Graphik durch die Fläche **abc** markiert ist. Durch ein Absenken des Zolls kann dieser Verlust reduziert werden, wobei jedoch gleichzeitig ein Verlust an Produktionseffizienz gegenüber dem sozialen Optimum eintritt. Die Höhe des Zolls sollte dann so festgelegt werden, dass der Gesamtverlust minimiert wird. In der graphischen Darstellung bedeutet dies, dass der Zollsatz so gewählt werden sollte, dass die gemeinsame Fläche der beiden dunklen Dreiecke **c** und **d** möglichst klein wird. InAbb. 15.3 wird diese Lösung mit dem zugehörigen Zollsatz $\hat{t}$ und dem daraus resultierenden Inlandspreis $p^Z(\hat{t})$ veranschaulicht. Beachten Sie, dass die Fläche **c** den verbleibenden Verlust an Konsumeffizienz abbildet, der sich daraus ergibt, dass auch beim geringeren Zollsatz $\hat{t}$ der Preis mit Zoll über dem Weltmarktpreis liegt. Aufgrund des niedrigeren Zolls wird nun aber auch nicht mehr die sozial optimale Produktion in x_A^S erreicht und die Fläche **d** gibt den Verlust an Produktionseffizienz an, der daraus resultiert, dass das Gut zu einem Preis auf dem Weltmarkt beschafft wird, der in diesem Bereich über den inländischen sozialen Grenzkosten liegt.

15.1.4 Protektion und nationale Sicherheit

Ein weiterer Grund, der für protektionistische Maßnahmen angeführt wird, ist die nationale Sicherheit: Bei strategisch wichtigen Gütern will man nicht vom Ausland, insbesondere einem potenziellen Konfliktpartner, abhängig sein. Eine möglichst ausgeprägte Unabhängigkeit von ausländischen Importen ist bei militärischen Gütern wie Waffen und Munition, aber auch bei der Energie- und Nahrungsversorgung sicherlich wünschenswert – in Europa spielt dieses Argument beispielsweise in der politischen Diskussion über die Abhängigkeit von russischen Gaslieferungen eine Rolle.

Auch hier stellt sich die Frage, ob Protektion oder die Förderung der inländischen Produktion die erstbeste Maßnahme darstellt. So wurden auf Grundlage dieser Argumentation sowohl die US-amerikanische Ölförderung als auch der deutsche Kohlebergbau durch Zölle und Produktionssubventionen massiv unterstützt. Es wäre jedoch zur Sicherung der Unabhängigkeit möglicherweise günstiger, die Vorräte zwar zu erschließen und Anlagen betriebsbereit zu halten (um im Ernstfall darauf zurückgreifen zu können), auf die laufende Produktion aber zu verzichten.

15.2 Erziehungszollargument

Die zweitbeste Natur des Zolls spielt auch beim sogenannten Erziehungszollargument eine Rolle, dem folgende Idee zugrunde liegt: Ein Land sei nicht in der Lage, seinen wahren komparativen Vorteil zu nutzen, wenn Hersteller aus anderen Ländern in den entsprechenden Sektoren bereits etabliert sind. Mit diesem Argument wurden und werden insbesondere in Schwellenländern Branchen geschützt, wie etwa die Computerindustrie in Brasilien oder die Automobilbranche in China. Aber auch für technologieintensive Branchen der Industrieländer wird diese Argumentation vorgebracht – das prominenteste Beispiel ist dabei sicherlich die Unterstützung von Airbus durch die EU.

Aus ökonomischer Sicht kann ein Erziehungszoll prinzipiell wirksam (aber damit noch nicht notwendigerweise wohlfahrtssteigernd) sein, wenn externe oder dynamische Skalenerträge (sogenannte Lernkurveneffekte) vorliegen:

- Bei **externen Skalenerträgen** können Unternehmen kostengünstiger produzieren, wenn im lokalen Markt viele weitere Unternehmen in der gleichen Branche aktiv sind. Häufig dafür angeführte Beispiele sind die Computerunternehmen im Silicon Valley oder in historischer Perspektive die Schweizer Uhrenindustrie. Die potenziellen Vorteile für die einzelnen Unternehmen können sich hier beispielsweise aus der Verfügbarkeit qualifizierter Arbeitskräfte, über sogenannte Wissens-Spillover durch informellen Austausch von Ideen, oder einer auf die Bedürfnisse der Industrie angepassten Infrastruktur, wie etwa dem speziell für die Finanzindustrie optimierten Glasfaserkabelsystem in der City of London, ergeben.

— Bei **dynamischen Skalenerträgen** erlernen die Unternehmen die effizienten Herstellungsmethoden erst im Verlauf der Produktion *(learning by doing)*. Typische Beispiele sind die Produktion von Speicherchips, bei denen sich die Produktionskosten exponentiell verringern, oder die Herstellung von Flugzeugen.

Wenn nun beispielsweise das Inland aufgrund der relativen Faktorausstattung potenziell einen komparativen Vorteil in der betrachteten Branche hätte, so könnten die inländischen Unternehmen wettbewerbsfähig werden, wenn sie durch Zölle für eine gewisse Zeit vor der übermächtigen Auslandskonkurrenz geschützt werden. Die Grundidee der Wirkung eines solchen Schutzes ist in ▪ Abb. 15.4 für externe und dynamische Skalenerträge veranschaulicht.

Bei externen Skalenerträgen in ▪ Abb. 15.4a verlaufen die Durchschnittskosten in Abhängigkeit von der im jeweiligen Land insgesamt produzierten Menge fallend. Es wird nun unterstellt, dass aus historischen Gründen die Produktion bisher nur im Ausland erfolgt, etwa weil das betrachtete Produkt dort ursprünglich entwickelt wurde. Die inländische Durchschnittskostenkurve verläuft aber aufgrund der potenziellen komparativen Vorteile unterhalb der ausländischen (DK < DK*). Da in der Ausgangssituation jedoch die Kosten eines einzelnen inländischen Unternehmens mit DK^0 oberhalb des Weltmarktpreises p^W – der aus dem Schnittpunkt zwischen DK* und der Weltnachfrage N^W resultiert – liegen, besteht kein Anreiz für einen Markteintritt. Wird jedoch nun der Import des Gutes verboten oder durch einen Prohibitivzoll verhindert, so treten bei entsprechender Nachfrage inländische Unternehmen in den Markt ein und es wird sich bei ausreichend hoher inländischer Nachfrage N^A mittelfristig ein Preis p^A einstellen, der unter dem ursprünglichen Weltmarktpreis p^W liegt. Wird der Zollschutz dann wieder aufgehoben, können die effizienteren inländischen Unternehmen den gesamten Weltmarkt zum neuen und deutlich niedrigeren Preis $\tilde{p}^W$ ersorgen.

In ähnlicher Weise kann bei dynamischen Skalenerträgen in ▪ Abb. 15.4b argumentiert werden. Es bestehen jedoch zwei grundlegende Unterschiede: Zum einen werden Erfahrungskurveneffekte normalerweise innerhalb einzelner Unternehmen realisiert, sodass im Gegensatz zu externen Skalenerträgen im Inland nur ein Unternehmen aktiv wäre. Der zweite Unterschied besteht darin, dass die Durchschnitts-

15

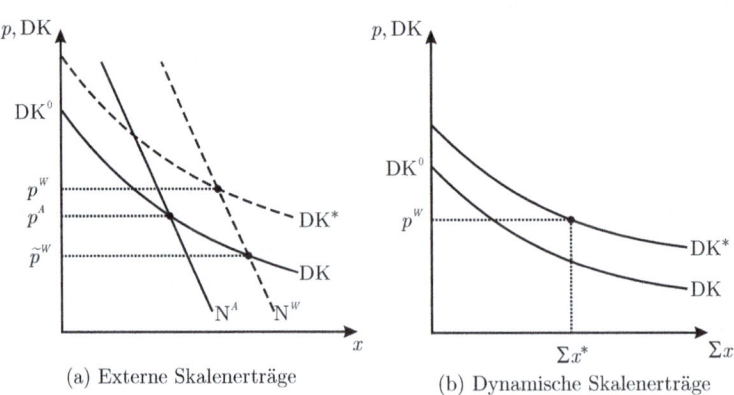

(a) Externe Skalenerträge

(b) Dynamische Skalenerträge

▪ **Abb. 15.4**   Erziehungszoll bei externen und dynamischen Skalenerträgen

kosten nun nicht von der Produktionsmenge in einer bestimmten Periode, sondern von der kumulierten Produktionsmenge abhängen, d. h. der bisherigen Gesamtproduktion des Unternehmens, $\sum x$. Hier wird der dynamische Aspekt noch deutlicher: Durch den Schutz kann das inländische Unternehmen nach und nach die Durchschnittskosten so weit verringern, bis es auf dem Weltmarkt konkurrenzfähig wird.

Zu beachten ist beim Einsatz von Erziehungszöllen zunächst, dass sie nur dann ökonomisch sinnvoll sind, wenn der Wohlfahrtsgewinn nach der Etablierung der inländischen Unternehmen auf dem Weltmarkt die Wohlfahrtsverluste während der Schutzphase übersteigt. Selbst wenn dies der Fall ist, müssen wir uns wieder fragen, ob Zölle wirklich das geeignetste Instrument sind. Da es um die Förderung der inländischen Produktion geht, wäre eine Produktionssubvention vorzuziehen (es besteht schließlich kein Grund, den inländischen Konsum zu besteuern). Gegen dieses „dynamische Argument" für Zölle können jedoch noch weitere **Einwände** vorgebracht werden:

- Wenn langfristig Gewinne zu erwarten sind, wäre bei effizienten Kapitalmärkten auch durch private Finanzgeber eine Vorfinanzierung über die Verlustjahre hinweg möglich. Das Argument ist also nur dann stichhaltig, wenn Kapitalmarktunvollkommenheiten gegeben sind.

- Dass Kapitalmärkte nicht perfekt sind, ist nicht erst seit der Finanzmarktkrise bekannt. Dies löst jedoch noch nicht das Problem, welche Branchen konkret gefördert werden sollten. *„Picking the Winners"* ist für die Regierung eines Landes nicht einfacher als für private Finanzgeber. Deshalb sollte sich der Staat – außer vielleicht im Fall von sehr kapitalintensiven, langfristigen Großprojekten – eher auf das Setzen von möglichst effizienten Rahmenbedingungen (Grundlagenforschung, allgemeine F&E-Subventionierung) beschränken.

- Bei der Anwendung von Erziehungszöllen (bzw. entsprechenden Produktionssubventionen wie etwa bei Airbus) zeigt sich ein weiteres Problem: Die geschützten Branchen werden häufig nicht „erwachsen", d. h. Zölle bzw. Subventionen bleiben auf Dauer bestehen – die Branchen haben keinen Anreiz, effizient zu werden, da sie dann den Zollschutz bzw. die Produktionssubventionen verlieren.

15.3 Zoll beim großen Land: Optimalzolltheorie

Ein Zoll kann die *Terms of Trade* zugunsten des zollerhebenden Landes verbessern, wenn dieses Land entsprechend groß ist und damit auf den Weltmärkten Marktmacht besitzt. Ein solcher Zoll reduziert zwar auch das Handelsvolumen und verursacht deswegen Einbußen in der Produktions- und Konsumeffizienz, aber durch einen geeignet gewählten moderaten Zoll (deutlich unterhalb des Prohibitivzolls) kann ein großes Land bessergestellt werden. Wir wollen die Funktionsweise nun im Rahmen einer Partialanalyse mit zwei Ländern analysieren.

In ◘ Abb. 15.5 verwenden wir hierzu die gleiche Darstellung wie bei der Bestimmung des Weltmarktpreises im Partialmodell (vgl. ▶ Abschn. 3.2). Wenn das große Inland (z. B. die EU) ausgehend vom Weltmarktpreis p^W einen (spezifischen)

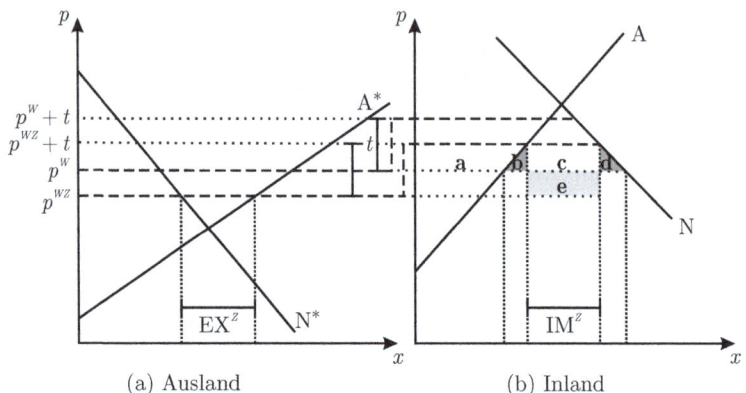

Abb. 15.5   Zollwirkung bei großem Land – Optimalzoll

Stückzoll in Höhe von t erhebt, so ist die Importmenge, die sich bei diesem erhöhten Preis $p^W + t$ ergibt, geringer als die gewünschte Exportmenge zum bisherigen Weltmarktpreis. Durch das Überschussangebot wird sich der Weltmarktpreis nach unten anpassen, bis die Bedingung Exportmenge = Importmenge wieder erfüllt ist – dies ist zum Preis p^{WZ} (Weltmarktpreis mit Zoll) der Fall.

Da der Zoll den Weltmarktpreis reduziert, ergibt sich im Vergleich zur Situation eines kleinen Landes ein geringerer Verlust an Konsumentenrente (Flächen **abcd**). Diesem Verlust an Konsumentenrente steht eine Zunahme an Produzentenrente in Höhe der Fläche **a** entgegen. Die Zolleinnahmen beschränken sich jedoch anders als beim kleinen Land nicht auf die Fläche **c**, sondern umfassen zusätzlich auch Fläche **e**. Wenn diese Fläche **e** größer ist als die Summe der Flächen **b** und **d**, so führt der Zoll zu einer Erhöhung der inländischen Wohlfahrt. Der **Optimalzoll** liegt schließlich dann vor, wenn die Differenz zwischen dem Zugewinn aus der Fläche **e** und dem Verlust aus der Gesamtfläche **bd** maximiert wird.

Der Vorteil durch einen Optimalzoll ist umso ausgeprägter, je geringer die Elastizität der Weltangebotskurve ist: Bei einem vollkommen elastischen Angebot verläuft die Angebotskurve waagerecht und es ergibt sich der Fall des „kleinen Landes". Im anderen Extremfall eines vollkommen unelastischen Angebots (z. B. kurzfristig bei Agrarerzeugnissen ohne Nachfrage im Ausland) verläuft die Angebotskurve senkrecht und es ergibt sich wegen $p^W = p^{WZ} + t$ durch den Zoll kein Mengeneffekt im Inland. Die einzige Auswirkung des Zolls besteht dann in einem Transfer vom Ausland an das Inland in Höhe der Zolleinnahmen. Diese Situation ist zwar aus Sicht der Gesamtwohlfahrtswirkung für das Inland optimal, die inländischen Produzenten fordern in diesem Fall aufgrund des fehlenden Mengeneffekts jedoch meist eine Kontingentierung der Importe.

15

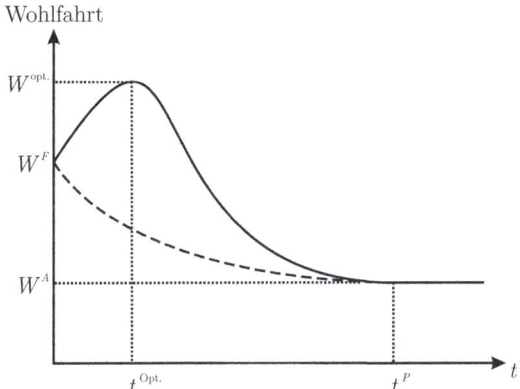

○ **Abb. 15.6**   Auswirkung eines Zolls auf die inländische Wohlfahrt

○ Abb. 15.6 zeigt auf, welche Auswirkungen ein Zoll in Abhängigkeit von der Zollhöhe auf die inländische Wohlfahrt hat:

— Ausgehend vom Wohlfahrtsniveau W^F bei Freihandel, steigt bei einem **großen Land** die Wohlfahrt bis es schließlich beim Optimalzoll $t^{Opt.}$ das Maximum $W^{Opt.}$ erreicht. Eine weitere Zollerhöhung senkt dann die Wohlfahrt, da die positiven *Terms-of-Trade*-Effekte die negativen Effekte der Handelsreduktion nicht mehr vollständig kompensieren können. Die Wohlfahrt erreicht ihr Minimum schließlich beim Prohibitivzoll t^P, ab dem kein Handel mehr stattfindet. Das Wohlfahrtsniveau sinkt hierdurch auf das Autarkieniveau W^A.

— Die gestrichelte, fallende Kurve in der Abbildung zeigt die Auswirkung des Zolls auf die Wohlfahrt für ein **kleines Land** bzw. bei einem großen Land, das sich einem vollkommen elastischen Angebot gegenübersieht. Hier sinkt die Wohlfahrt für jede Zollhöhe, wobei der Wohlfahrtsverlust mit zunehmender Zollhöhe zunimmt.

Ein grundsätzliches Problem beim Einsatz des Optimalzolls ist die negative Auswirkung auf das Ausland. Die Auswirkung auf die Gesamtwohlfahrt im Ausland ist analog zu der in ○ Abb. 15.6 eingezeichneten gestrichelte Kurve der Zollwirkung für das kleine Land: Der vom Inland erhobene Zoll verschlechtert die ausländischen *Terms of Trade* und reduziert das Handelsvolumen, was beides die ausländische Wohlfahrt reduziert. Wenn es sich beim Handelspartner ebenfalls um ein großes Land handelt, so ist zu erwarten, dass dieser als Reaktion einen Zoll auf die inländischen Exportprodukte festlegt. Diesen Aspekt werden wir im Detail in ▶ Abschn. 17.4 in einem allgemeinen Gleichgewichtsmodell diskutieren.

Box 15.1: Diskussionsbox – Grünes Paradoxon und Weltmarktpreise

Das grüne Paradoxon beschreibt die Möglichkeit, dass Politikmaßnahmen, die zu einer Reduktion klimaschädlicher Emissionen, insbesondere von CO_2, beitragen sollen, genau den gegenteiligen Effekt bewirken können (vgl. Sinn 2008). Eine Ursache hierfür wird in der Nachfrageänderung auf dem Weltmarkt gesehen: Besteuert ein großes Land die Nutzung fossiler Brennstoffe, führt dies zu einer (politisch gewollten) Reduktion der (inländischen) Nachfrage. Dadurch sinkt auch die globale Nachfrage, wodurch der Preis für diese Brennstoffe fällt. Davon profitieren nun jedoch Länder, für welche die Preise bislang zu hoch waren, die es sich jetzt aber leisten können, mehr von den verbilligten Brennstoffen einzusetzen. In diesem Fall sind zwei Szenarien denkbar:

- Einerseits kann es lediglich zu einer Umverteilung der Ressourcennutzung bzw. Verschmutzung kommen, ohne dass sich am Gesamtausstoß etwas ändert: Der Rückgang der Nachfrage der umweltschützenden Länder wird durch die zusätzliche Nachfrage anderer Länder kompensiert.
- Andererseits ist aber auch ein deutlich problematischeres Szenario denkbar, wenn die Länder hinsichtlich ihrer Technologien asymmetrisch sind. So sind es eher entwickelte Länder, die Umweltschäden begrenzen möchten und entsprechende Maßnahmen ergreifen. Diese Länder verfügen aber zum einen über relativ hohe Umweltstandards (z. B. Erfordernis von Filteranlagen) und zum anderen auch über effiziente Technologien. Die von den niedrigen Preisen profitierenden Länder sind demgegenüber zum Großteil weniger entwickelte Länder, deren Technologien weniger effizient und deren Umweltstandards deutlich niedriger sind. Unter diesen Bedingungen kann es zu einer Zunahme der Emissionen kommen, da effizientere Verwerter durch ineffizientere ersetzt werden.

Die Änderung der Weltmarkpreise ist bei der obigen Argumentation auf nachfrageseitige Preisänderungen zurückzuführen. Denkbar ist zudem eine Erhöhung des Angebots, was ebenso die Preise senken würde: Erwarten die Exporteure, dass immer mehr Länder Klimaschutzmaßnahmen ergreifen und den Konsum fossiler Brennstoffe verringern werden, so haben sie einen Anreiz, ihre Bodenschätze jetzt noch zu verkaufen, bevor es in der Zukunft keine Nachfrage mehr nach diesen Ressourcen gibt.

Diskutieren Sie!
- Für wie relevant halten Sie diese Überlegungen?
- Welches Szenario erscheint Ihnen realistischer? Gibt es hierfür Beispiele/Anhaltspunkte?
- Welche Implikationen ergeben sich hieraus für eine klimafreundliche Handelspolitik?

🏠 Was haben wir gelernt?

- Zur Erreichung eines wirtschaftspolitischen Ziels sollte grundsätzlich das Instrument gewählt werden, das nicht nur dieses Ziel erreichen kann, sondern dabei auch möglichst geringe Kosten/Nebenwirkungen hat. Die meisten Argumente für Zölle scheitern an der zweiten Forderung.
- Besteht das Ziel in der Erreichung eines bestimmten inländischen Produktionsniveaus, ist eine Produktionssubvention vorzuziehen. Soll der Inlandskonsum reduziert werden, so ist eine Konsumsteuer günstiger als ein Zoll.
- Ist das erstbeste Instrument etwa wegen eines ineffizienten Steuersystems nicht verfügbar, ist bei der Festlegung des Zollsatzes die Nebenwirkung zu berücksichtigen. Normalerweise führt dies im Vergleich zum erstbesten Instrument auf einen geringeren Zollsatz und damit einen geringeren Zielerreichungsgrad beim angestrebten wirtschaftspolitischen Ziel.
- Bei Vorliegen externer oder dynamischer Skalenerträge kann es dazu kommen, dass eine inländische Branche trotz komparativer Vorteile nicht konkurrenzfähig ist, wenn die ausländischen Unternehmen bereits im Markt etabliert sind. In diesem Fall kann ein Erziehungszoll potenziell helfen, die inländischen Unternehmen konkurrenzfähig zu machen.
- Bei einem großen Land kann ein moderater Zoll die *Terms of Trade* des Inlandes verbessern und dadurch zu einer Wohlfahrtssteigerung führen.

15.4 Kontrollfragen und Übungsaufgaben

1. Welche Argumente können angeführt werden, um die Erhebung von Zöllen zu rechtfertigen? Halten Sie diese Gründe für vertretbar?
2. Welche Aussage trifft das Prinzip des zielgerichteten Eingriffs und welche Bedeutung kommt dabei der Zielvorstellung der Politik zu?
3. Die Financial Times Deutschland schrieb 2006: „[A]uf diesem Weg [ist] die Wettbewerbsfähigkeit der deutschen Wirtschaft gegenüber dem Rest der Europäischen Währungsunion (EWU) verbessert worden: Weil die Arbeitgeber weniger Beiträge auf die gezahlten Löhne hätten leisten müssen, wären die deutschen Arbeitskosten gesunken. Das hätte deutsche Produkte auf den Exportmärkten billiger gemacht, wo die deutsche Mehrwertsteuererhöhung keine Auswirkungen hat. Gleichzeitig hätte die [Mehrwert]steuererhöhung Importprodukte in Deutschland verteuert. Das Ergebnis: Deutschlands ohnehin kräftige Ausfuhren hätten noch einmal stärker zugelegt, die Einfuhren wären noch einmal gedämpft worden."
Erklären Sie die ökonomischen Zusammenhänge verbal und anhand einer geeigneten Graphik! Nehmen Sie zur Vereinfachung an, dass Deutschland ein „kleines" Land ist und nur ein Exportgut anbietet. Stimmen Sie der getroffenen Aussage zu?

4. Im Zuge protektionistischer Bestrebungen werden Forderungen laut, die einheimische Wirtschaft vor ausländischem Einfluss besser zu schützen. Die Auswirkungen eines solchen Eingriffs sollen im Folgenden anhand eines stilisierten Beispiels näher erläutert werden. Betrachten Sie hierzu den Handel zwischen den USA und Europa. In Europa herrscht eine Nachfrage von $x_N = 6 - p$ und ein Angebot von $x_A = 2 \cdot p$ und in den USA entsprechend $x_N^* = 12 - p$ und $x_A^* = 0{,}5 \cdot p$. Im Importland gibt es dabei zwei sich streitende Gruppen, welche Zollhöhe am besten dazu geeignet ist, den ausländischen Einfluss einzuschränken. Die moderate Gruppe fordert einen Importzoll in Höhe von $t_l = 3$, während die Hardliner eher an $t_h = 6$ denken.

a) Bestimmen Sie zunächst rechnerisch die Autarkiepreise und -mengen der beiden Länder! Folgern Sie aus Ihren Ergebnissen, welches Land Importeur und welches Exporteur sein wird! Bestimmen Sie rechnerisch das Exportangebot und die Importnachfrage sowie den sich einstellenden Weltmarktpreis und die gehandelte Menge! Stellen Sie nun die Märkte graphisch dar und kennzeichnen Sie die exportierten und importierten Mengen! [*Hinweis: Das Exportangebot ergibt sich aus dem Überschussangebot des Exportlandes, d. h. $x_A^{EX} = x_A - x_N$, und die Importnachfrage entsprechend aus der Überschussnachfrage des Importlandes, d. h. $x_N^{IM} = x_N - x_A$.*]

b) Zeigen Sie rechnerisch und graphisch, welche Auswirkungen t_l auf Angebot, Nachfrage, Gleichgewichtspreis und -menge hat! Diskutieren Sie in diesem Zusammenhang, ob jede handelspolitische Entscheidung eines beliebigen Landes den Weltmarktpreis beeinflussen kann! Berechnen Sie die Wohlfahrt (Konsumentenrente, Produzentenrente und Einnahmen des Staates) bei Freihandel und t_l! Begründen Sie anhand Ihrer Ergebnisse, wie hoch dieser Importzoll hier sein müsste! Stellt sich auch der Handelspartner durch den Zoll besser? Berechnen Sie die Wohlfahrtsänderung für den Exporteur und die Welt bei t_l! Gibt es auch inländische Gruppen, die von der Maßnahme profitieren?

c) Zeigen Sie graphisch, welche Auswirkungen es hätte, wenn sich die Hardliner durchsetzen würden und einen Zoll von t_h einführen! Was für ein Zoll ist t_h demzufolge? Gehen Sie kurz auf das Prinzip des zielgerichteten Eingriffs ein und diskutieren Sie auf dieser Grundlage, welche Zollhöhe Ihrer Meinung nach am besten zur Erreichung des vom Importland verfolgten Ziels ist! Verwenden Sie dazu auch Ihre Ergebnisse aus b)!

5. Ausgehend vom „Erziehungszollargument" möchte die Regierung eines Entwicklungslandes die inländische Mobiltelefonindustrie vor der übermächtigen Auslandskonkurrenz schützen. Da Produktionssubventionen aufgrund fehlender Finanzkraft ausscheiden, kommen prinzipiell zwei Ansätze in Frage: Die Erhebung eines Zolls oder die Festlegung eines Importkontingents. Geplant ist ein Zoll in Höhe von 20 Dollar je Smartphone bzw. ein Kontingent mit der gleichen Mengenwirkung. Das Gesamtkontingent wird dabei entsprechend der bisherigen Marktanteile auf die ausländischen Produzenten aufgeteilt. Das inländische Angebot ist durch $x_A = -40 + p$ bestimmt, die inländische Nachfrage durch $x_N = 200 - p$ und der Weltmarktpreis liegt bei $p^W = 80$ Dollar.

15

a) Ermitteln Sie zunächst rechnerisch und graphisch sowohl das Freihandels-gleichgewicht als auch die Gleichgewichte mit Zoll und mit Kontingent! Wie wirken sich die beiden Instrumente auf Mengen und Preise aus? Wie unter-scheiden sie sich hinsichtlich der Auswirkungen auf die Gesamtwohlfahrt und auf die Wohlfahrt einzelner Gruppen (Produzenten, Nachfrager und Staat) in dem Entwicklungsland?

b) Wie müsste die Vergabe der Kontingente verändert werden, damit sich in Be-zug auf die statischen Wohlfahrtswirkungen eine vollkommene Äquivalenz zwischen Kontingent und Zoll ergibt?

c) Wie wirkt sich bei den beiden Lösungen technischer Fortschritt im Ausland aus, der den Weltmarktpreis auf $p^W = 60$ Dollar senkt? Welches der beiden Instrumente ist somit aus Sicht der inländischen Unternehmen attraktiver? Erläutern Sie, warum diese Lösung jedoch gerade unter dem dynamischen Blickwinkel des Erziehungszollarguments gesamtwirtschaftlich kaum vorteil-haft sein dürfte!

Literatur

Im Text zitierte Quellen

Sinn, H.-W. (2008), Public Policies against Global Warming: A Supply Side Approach. International Tax and Public Finance, 15 (4), 360–394.

Ergänzende und weiterführende Literatur

Krugman, P. R., Obstfeld, M. und M. J. Melitz (2019), Internationale Wirtschaft. Theorie und Politik der Außenwirtschaft, 11. Aufl., Halbergmoos: Pearson Deutschland, Kap. 7. [*Gut verständliche Ein-führung in das Konzept externer und dynamischer Skalenerträge mit Anwendung auf Beispielbranchen.*]

Morasch, K. und F. Bartholomae (2011), Dynamik komparativer Vorteile im Neo-Ricardo-Modell, wisu, Jg. 40, Nr. 8–9, 1147–1153. [*Didaktische Erweiterung des Neo-Ricardo-Modells um dynamische Skalenerträge und das Erziehungszollargument.*]

Exportsubvention und strategische Handelspolitik

Inhaltsverzeichnis

© Der/die Autor(en), exklusiv lizenziert an Springer Fachmedien Wiesbaden GmbH, ein Teil von Springer Nature 2024
K. Morasch und F. Bartholomae, *Handel und Wettbewerb auf globalen Märkten*,
https://doi.org/10.1007/978-3-658-41866-3_16

Themenüberblick

- Darstellung und Analyse strategischer Situationen: Matrixform vs. Spielbaum
- Exportsubventionen in Märkten mit unvollkommenem Wettbewerb
- Strategische Handelspolitik im internationalen Oligopolwettbewerb
- Strategische Allianzen als Substitut für strategische Handelspolitik

Bislang haben wir uns bei der Analyse der Handelspolitik zum einen auf die Beeinflussung von Importen durch Zölle und Kontingente und zum anderen auf Märkte ohne strategische Interaktionen zwischen den Unternehmen beschränkt. In diesem Kapitel werden wir uns nun im Gegensatz dazu insbesondere mit der Förderung von Exporten durch die Gewährung von Exportsubventionen im Kontext eines oligopolistisch strukturierten Marktes beschäftigen. Dazu werden zunächst einige für die Analyse grundlegende spieltheoretische Konzepte erläutert. Anschließend veranschaulichen wir uns die grundsätzliche Wirkungsweise von Exportsubventionen bei unvollkommenem Wettbewerb im Rahmen eines einfachen Markteintrittsspiels. Die Beeinflussung des Unternehmensverhaltens im Oligopol durch den Einsatz „strategischer Handelspolitik" verdeutlicht anschließend die Möglichkeiten und Grenzen einer derartigen Politik. Wie die Unternehmen selbst eine strategische Selbstbindung realisieren können und wie die staatliche Rahmensetzung hier helfen kann, ist Thema von ▸ Abschn. 16.4.

16.1 Spieltheoretische Grundlagen

Bei der Analyse des Oligopolwettbewerbs in ▸ Abschn. 10.2 sind wir bereits kurz auf einige spieltheoretische Konzepte wie Reaktionsfunktionen und (Cournot-) Nash-Gleichgewicht eingegangen. In diesem und im nächsten Kapitel wollen wir die Interaktion zwischen wirtschaftspolitischen Maßnahmen und Oligopolwettbewerb sowie die Interaktion zwischen wirtschaftspolitischen Entscheidungen in mehreren Ländern thematisieren. Dazu ist es notwendig, das spieltheoretische Analyseinstrumentarium etwas genauer kennenzulernen. Wir werden dabei zunächst auf die Analyse von Simultanspielen mit diskreten Strategien eingehen, die sich anhand einer Spielmatrix veranschaulichen lassen. In einem zweiten Schritt werden dann Darstellungsmöglichkeiten und Lösungsansätze für sequentielle Spiele analysiert.

16.1.1 Matrixspiele

Die Spieltheorie beschäftigt sich mit strategischen Entscheidungssituationen, d. h. Situationen, in denen das Ergebnis vom Verhalten mehrerer Entscheidungsträger abhängt und sich die Akteure dieser Interdependenz auch bewusst sind. Zentrale Aspekte sind dabei die Interessenkonflikte und Koordinationsprobleme zwischen den Akteuren, die sich im Grundsatz bereits in sehr einfachen Spielen abbilden lassen. Hierzu werden wir erneut ein Duopol betrachten und uns diese Punkte anhand des Kollusionsproblems[1] und der Wahl einer Produktvariante veranschaulichen.

---

1   „Kollusion" bezeichnet in diesem Kontext die Verhaltenskoordination von Unternehmen, die dabei beispielsweise ihre Preisstrategien abstimmen, um für alle Beteiligten einen höheren Gewinn zu

◻ **Tab. 16.1** Auszahlungsmatrix für das Kollusionsproblem

	s_{21}	s_{22}
s_{11}	(3, 3)	(1, $\underline{4}$)
s_{12}	($\underline{4}$, 1)	($\underline{2}$, $\underline{2}$)

Unter einem **Spiel** versteht man die formal exakte Abbildung eines strategischen Entscheidungsproblems. Ein Spiel ist bestimmt durch (1) die Menge der Spieler, (2) die Menge der Strategiekombinationen, (3) die aus den Strategiekombinationen resultierenden Auszahlungsvektoren und durch (4) die Spielregeln. In den hier betrachteten Spielen gibt es stets zwei Spieler, die zwischen jeweils zwei Strategien wählen können, weshalb wir die strategische Situation, d. h. den Zusammenhang zwischen Strategien und Auszahlungen, in einer 2×2-Matrix abbilden können.

Neben der strategischen Situation ist ein Spiel wesentlich durch die zeitliche Struktur (Anzahl und Reihenfolge der Spielzüge) und die Informationsstruktur (Beobachtbarkeit der Spielzüge und Kenntnis der Strategiemöglichkeiten und Auszahlungen der anderen Spieler) gekennzeichnet. Bei einem **Simultanspiel** (wie z. B. Stein-Papier-Schere) bestimmen alle Spieler gleichzeitig ihre jeweilige Strategie. Da ein Spieler aufgrund der zeitgleichen Entscheidung die Strategiewahl der Gegenspieler nicht beobachten kann, liegt ein Spiel mit imperfekter Information vor. Bei einer rein **sequentiellen Spielstruktur** (wie z. B. beim Schach) können die Spieler die Entscheidung ihrer Gegenspieler beobachten, sodass ein Spiel mit perfekter Information vorliegt. Zwischen der zeitlichen Struktur und der Informationsstruktur besteht also ein enger Zusammenhang. Sowohl die hier zunächst untersuchten Matrixspiele als auch das sequentielle Schach sind Spiele mit vollständiger Information, da im Gegensatz zu Spielen mit unvollständiger Information die Aktionsmöglichkeiten und Auszahlungen aller Spieler gemeinsames Wissen[2] sind.

Betrachten wir als erste Spielsituation zwei Unternehmen, die nach einer informellen Absprache entscheiden müssen, ob sie die vereinbarte Kollusionsmenge wählen möchten, die den gemeinsamen Gewinn maximiert, oder die Cournot-Nash-Menge, die für das von der Kollusionslösung abweichende Unternehmen einen höheren Gewinn ermöglicht. Die entsprechenden Gewinne können grundsätzlich in Abhängigkeit von Nachfrage und Kosten entsprechend der Oligopol-Analyse in ▶ Abschn. 10.2 bestimmt werden. Wir beschränken uns hier auf eine Darstellung der grundlegenden Auszahlungsstruktur: Der höchste Gewinn $\pi_i = 4$

---

realisieren. Da solche Absprachen kartellrechtlich nicht zulässig sind, können sie nicht über bindende Verträge durchgesetzt werden, was die Koordination schwierig oder eventuell sogar unmöglich macht.

2   Im Englischen wird dies als „common knowledge" bezeichnet. Hierbei handelt es sich um ein Wissen auf mehreren Ebenen: Zum einen ist jeder Spieler vollständig über alle relevanten Spieleigenschaften informiert. Zum anderen weiß auch jeder, was die anderen wissen. Und auch dieser Wissenstand ist allen bekannt usw. Es liegt somit eine symmetrische Information über den Informationsstand selbst vor.

wird erzielt, wenn Unternehmen i (mit $i = 1,2$) selbst die Cournot-Nash-Menge wählt, das andere Unternehmen j (mit $i \neq j$) sich aber für die Kollusionsmenge entscheidet, wodurch es dann den geringstmöglichen Gewinn $\pi_j = 1$ realisiert. Wählen beide die Kollusionslösung, so erzielen sie einen Gewinn von $\pi_1 = \pi_2 = 3$ während im Cournot-Nash-Gleichgewicht Gewinne von $\pi_1 = \pi_2 = 2$ realisiert werden. Wer mit spieltheoretischen Konzepten bereits vertraut ist, wird erkennen, dass die Auszahlungsstruktur derjenigen im „Gefangenendilemma" entspricht.

Wir werden anhand dieses Spiels nun die in ◘ Tab. 16.1 dargestellte **Matrixform** eines Spiels erläutern und das Gleichgewicht in dominanten Strategien veranschaulichen. Die Matrix zeigt, dass Spieler 1 (bzw. Unternehmen 1) zwischen den beiden zeilenweise angeordneten Strategien s_{11} (Wahl der Kollusionsmenge) bzw. s_{12} (Wahl der Cournot-Nash-Menge) und Spieler 2 (Unternehmen 2) entsprechend zwischen den Strategien s_{21} und s_{22} wählen kann. Die erste Ziffer im Index kennzeichnet also den Spieler, die zweite Ziffer dessen Strategie. Die Zellen in der Matrix enthalten die Auszahlungen für beide Spieler, die aus den möglichen Strategiekombinationen resultieren. Wählt etwa Spieler 1 seine erste und Spieler 2 seine zweite Strategie, dann ergibt sich aus der Strategiekombination (s_{11}, s_{22}) die Auszahlungskombination $(1, 4)$ oben rechts in der Matrix. Die erste Auszahlung, hier 1, wird dabei konventionsgemäß dem ersten Spieler und die zweite, 4, dem zweiten Spieler zugeordnet.

Wie kann nun eine plausible Vorhersage über das zu erwartende Verhalten der Unternehmen getroffen werden? Eine wichtige Annahme in Bezug auf die Spieler ist, dass diese sich (individuell) rational verhalten, d. h. stets diejenige Strategie wählen, die ihnen die höchste Auszahlung liefert. Eine **strikt dominante Strategie** ist dann dadurch gekennzeichnet, dass ein Spieler durch diese Strategie unabhängig von der Strategiewahl des Gegenspielers immer eine höhere Auszahlung realisiert. Verfügt ein rationaler Spieler über eine strikt dominante Strategie, so wird er diese immer wählen.

Zur Bestimmung dominanter Strategien bietet es sich an, die Auszahlungen für die verschiedenen Strategiekombinationen zu vergleichen und für Spieler 1 in jeder Spalte, für Spieler 2 in jeder Zeile, die höchste Auszahlung zu unterstreichen. Liegen wie im vorliegenden Fall alle unterstrichenen Auszahlungen für Spieler 1 (2) in der gleichen Zeile (Spalte), so haben wir eine dominante Strategie ermittelt. Im Kollusionsproblem sind somit die Strategien s_{i2} (Wahl der Cournot-Nash-Menge) dominant und die Strategiekombination (s_{12}, s_{22}) ist ein **Gleichgewicht in dominanten Strategien**. Die Spieltheorie sagt also vorher, dass die Unternehmen bei simultaner Festlegung der Mengen ohne bindende Absprachen die Kollusionslösung (s_{11}, s_{21}) nicht realisieren können.[3]

Während dieses Ergebnis aus Sicht der Gesellschaft vorteilhaft ist – eine höhere Absatzmenge bedeutet niedrigere Preise –, ist es aus Perspektive der beiden Unternehmen unattraktiv. Für die Bewertung eines Spielergebnisses lässt sich grundsätzlich das Konzept der **Pareto-Effizienz** heranziehen. Eine Auszahlungskombination wird als pareto-optimal bezeichnet, wenn sich kein Spieler verbessern kann, ohne

---

3   Hierin besteht das Gefangenendilemma: Trotz individueller Rationalität der Spieler kommt es zu einem kollektiv irrationalen Ergebnis. Konkret ergibt sich anstelle der für beide vorteilhafteren Auszahlungskombination $(3,3)$ nur $(2,2)$.

☐ **Tab. 16.2**	Auszahlungsmatrix für FDI-Entscheidung	
	s_{21}	s_{22}
s_{11}	$(0, 0)$	$(2, \underline{1})$
s_{12}	$(\underline{1}, \underline{2})$	$(0, 0)$

den anderen dabei schlechter zu stellen. In der Matrix in ☐ Tab. 16.1 sind die drei Auszahlungskombinationen $(3, 3)$, $(4, 1)$ und $(1, 4)$ pareto-optimal. Hingegen wird die im Gleichgewicht resultierende Kombination $(2, 2)$ durch $(3, 3)$ strikt pareto-dominiert oder anders formuliert, $(3, 3)$ stellt gegenüber $(2, 2)$ eine strikte Pareto-Verbesserung dar. Die Auszahlung $(3, 3)$ könnte jedoch nur realisiert werden, wenn entweder bindende Absprachen zwischen den Spielern oder im Rahmen wiederholter Spiele eine Bestrafung bei Abweichung von der Strategiekombination (s_{11}, s_{21}) möglich wären, da jeder Spieler sich durch die Abweichung auf Kosten des Mitspielers besserstellt. Diese spieltheoretische Grundstruktur tritt auch bei der Interaktion von Handelspolitik auf, weshalb wir in ▶ Kap. 17 erläutern werden, wie die institutionellen Details von GATT/WTO dabei helfen, eine pareto-optimale Lösung zu erreichen.

Beim Kollusionsproblem hat jeder der Spieler eine dominante Strategie. Das ist jedoch bei den meisten anderen Spielstrukturen nicht der Fall. Im Folgenden betrachten wir darum als zweites Beispiel die simultane Entscheidung zweier konkurrierender Unternehmen bezüglich ihrer Investitionstätigkeit im Ausland (FDI). Angenommen, zwei US-Firmen mit einem ähnlichen Produktspektrum stehen vor der Entscheidung, ob sie Vertriebsstätten für ihre Produkte in Deutschland (s_{i1}) oder Frankreich (s_{i2}) eröffnen möchten, wobei das Marktvolumen in Deutschland höher ist. Wählen beide den gleichen Standort, so kommt es zu einem intensiven Preiswettbewerb und beide Unternehmen machen keinen Gewinn ($\pi_i = 0$). Wählen sie verschiedene Standorte, so macht derjenige, der in den deutschen Markt investiert, einen höheren Gewinn ($\pi_i(s_{i1}, s_{j2}) = 2, \pi_j(s_{i1}, s_{j2}) = 1$).[4]

Anhand der in ☐ Tab. 16.2. dargestellten strategischen Situation lässt sich das allgemeinere Konzept des Nash-Gleichgewichts veranschaulichen. Wie wir sehen, führt hier das Unterstreichungsverfahren nicht auf dominante Strategien. Bei zwei Strategiekombinationen sind jedoch die Auszahlungen beider Spieler unterstrichen, was auf das für die Spieltheorie zentrale Konzept des Nash-Gleichgewichts verweist: Im **Nash-Gleichgewicht** wählt jeder Spieler die optimale Strategie zu gegebener Gleichgewichtsstrategie seines Gegenspielers. Im Gleichgewicht stellen die Strategien beider Spieler somit ein Paar wechselseitig bester Antworten dar – ein Spieler kann sich durch die Wahl einer anderen Strategie nicht besser stellen, solange alle anderen Spieler ihre Gleichgewichtsstrategie verfolgen. Im Gegensatz zu einer dominanten Strategie, bei der ein Spieler unabhängig vom Verhalten der Mitspieler immer die höchstmögliche Auszahlung erreicht, ist eine Nash-Gleichgewichtsstrategie nur dann optimal, wenn die anderen Spieler ebenfalls die zugehörige Gleichgewichtsstrategie gewählt haben – es ist also wichtig, dass alle Spieler rational sind.

---

4   Diese Auszahlungsstruktur entspricht derjenigen im „Battle of Sexes" (Kampf der Geschlechter).

Gibt es nur ein Nash-Gleichgewicht, so stellt dieses die einzige plausible Lösung dar. Existieren jedoch wie im vorliegenden Fall mehrere Nash-Gleichgewichte, so müssen sich die Spieler erst auf eines dieser Gleichgewichte koordinieren. In einem Simultanspiel kann diese Koordination durch einen Fokuspunkt erreicht werden – es könnte sich etwa eine Koordination auf (s_{11}, s_{21}) ergeben, wenn das erste Unternehmen bisher schon in den deutschen Markt exportiert hat, während Unternehmen 2 hauptsächlich den französischen Markt bediente. Für die Anwendung spieltheoretischer Konzepte in der Handelspolitik ist jedoch eher die Auswahl eines der beiden Gleichgewichte im Kontext eines sequentiellen Spiels von Interesse. Damit wollen wir uns nun im folgenden Teilabschnitt beschäftigen.

16.1.2 Sequentielle Spiele

Während wir bislang davon ausgegangen sind, dass die Spieler ihre Strategien simultan festlegen, ist in der Realität häufig eine sequentielle Struktur zu beobachten. In diesem Fall kann man häufig durch das Verfeinerungskonzept der Teilspielperfektheit unplausible Nash-Gleichgewichte ausschließen und damit eine eindeutige Lösung bestimmen. Dies lässt sich am oben eingeführten FDI-Spiel gut veranschaulichen: Nehmen wir an, Unternehmen 1 legt seine Standortwahl zuerst bindend fest, indem es etwa schon mit dem Bau der Vertriebsstätte beginnt. Unternehmen 2 kann dies beobachten und darauf basierend eine Entscheidung fällen. Es ist dann offensichtlich, dass nur noch eines der beiden Nash-Gleichgewichte in reinen Strategien[5] eine plausible Lösung des Spiels sein kann.

■■ Darstellung in extensiver Form

Zur Analyse von dynamischen Spielen ist die Matrixform wenig geeignet, da hier die sequentielle Struktur nicht explizit abgebildet wird. Stattdessen ist es sinnvoll, auf die sogenannte „extensive Form" zurückzugreifen. Dabei wird bei Spielen mit diskreter und endlicher Strategiemenge die zeitliche Struktur (und die Informationsstruktur) durch einen Spielbaum dargestellt. ◘ Abb. 16.1 zeigt zur Veranschaulichung die Spielbäume für die beiden Versionen des FDI-Problems.

Der Zug eines Spielers wird durch einen „Knoten" (zum Beispiel A) dargestellt, an dem er zwischen verschiedenen „Ästen" (Handlungsalternativen – im Beispiel s_{11} und s_{12}) wählen kann. Der Spielbaum gibt somit exakt an, wer wann zum Zug kommt und welche Handlungsoptionen an dieser Stelle zur Verfügung stehen. Wenn, wie im vorliegenden sequentiellen Spiel, niemals beide Spieler gleichzeitig ziehen und jeder Spieler die Züge seiner Mitspieler beobachten kann, lässt sich die Spielstruktur damit vollständig beschreiben.

Auf welche Art kann aber ein simultaner Zug, wie in der ursprünglichen Formulierung des FDI-Problems, abgebildet werden? Für die Spielstruktur ist die tatsächliche zeitliche Struktur nicht entscheidend, sondern nur, ob Spieler 2 zum Zeit-

---

5   Reine Strategie bedeutet, dass diese Strategie – im Unterschied zu einer „gemischten Strategie" – mit Sicherheit gewählt wird. Das Konzept der „gemischten Strategie" ist aber in der vorliegenden Analyse nicht relevant. Für eine tiefer gehende Auseinandersetzung mit spieltheoretischen Konzepten siehe etwa Bartholomae/Wiens (2020).

punkt seiner Entscheidung die Wahl von Spieler 1 kennt. Ist dies nicht der Fall, so liegt imperfekte Information vor: Im Simultanspiel in 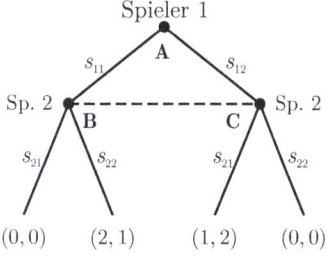 Abb. 16.1b weiß Spieler 2 bei seiner Entscheidung nicht, ob er sich in Knoten **B** oder **C** des Spiels befindet – dies wird durch die gestrichelte Linie zwischen den beiden Knoten. An den Enden des Spielbaums werden zur vollständigen Beschreibung des Spiels an jedem Ast die Auszahlungen u der einzelnen Spieler angegeben, die bei der entsprechenden Strategiekombination realisiert werden – ganz links also beispielsweise die Auszahlungen $(u_1(s_{11}, s_{21}) = 0, u_2(s_{11}, s_{21}) = 0)$.

▪▪ Teilspielperfektheit

Da die Matrixform der beiden Spiele identisch ist, wissen wir, dass auch im sequentiellen Spiel zwei Nash-Gleichgewichte in reinen Strategien existieren. Das Gleichgewicht (s_{12}, s_{21}) stellt jedoch keine plausible Lösung des modifizierten Spiels in ◘ Abb. 16.1a dar: Spieler 1 wird nur dann s_{12} wählen, wenn er davon ausgeht, dass sich Spieler 2 auch bei einer Abweichung auf s_{11} weiter für s_{21} entscheiden würde. Dies ist jedoch bei Unterstellung rationalen Verhaltens von Spieler 2 keine plausible Erwartung: Gegenüber s_{21} stellt sich Spieler 2 durch die Wahl von s_{22} besser.

Die Grundidee der Teilspielperfektheit besteht nun darin, solche unplausiblen Nash-Gleichgewichte auszuschließen. Um das Konzept erläutern zu können, muss zunächst der Begriff des „Teilspiels" definiert werden: An einem Entscheidungsknoten X fängt ein (eigenständiges) Teilspiel an, wenn alle nachfolgenden Knoten mit dem Rest des Spiels nur über diesen Knoten X verbunden sind. Im sequentiellen Spiel in ◘ Abb. 16.1a beginnt somit in den Knoten **A**, **B** und **C** jeweils ein eigenständiges Teilspiel, während beim simultanen Spiel (◘ Abb. 16.1b) keine Teilspiele existieren, da **B** und **C** in diesem Fall durch die gestrichelte Linie miteinander verbunden sind.

Auf dieser Grundlage lässt sich jetzt das Lösungskonzept definieren: Ein **teilspielperfektes (Nash-)Gleichgewicht** liegt dann vor, wenn für keinen Spieler in irgendeinem Teilspiel, das an einem beliebigen Knoten des Spielbaums beginnt, ein Anreiz zur Abweichung besteht. Wie oben erläutert, ist diese Bedingung beim Nash-Gleichgewicht (s_{12}, s_{21}) nicht erfüllt: An Knoten **B** wählt Spieler 2 s_{22}, an Knoten **C** s_{21}. Wenn Spieler 1 dies bei seiner Entscheidung berücksichtigt, so wird er s_{11} wählen, um das für ihn vorteilhaftere Ergebnis $u_1(s_{11}, s_{22}) = 2$ zu realisieren. An diesem Beispiel wird bereits die grundlegende Vorgehensweise zur Bestimmung

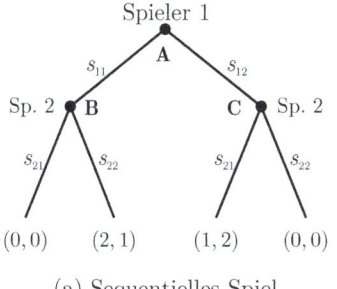

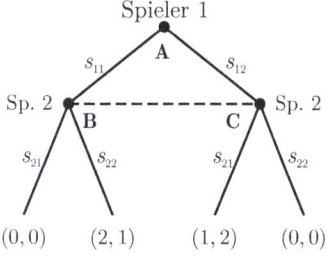

(a) Sequentielles Spiel (b) Simultanspiel

◘ **Abb. 16.1** Baumdarstellung für FDI-Entscheidung

eines teilspielperfekten Gleichgewichts deutlich: Die Lösung wird durch Rückwärtsinduktion ermittelt, d. h. es wird zunächst im letzten Teilspiel die optimale Strategie bestimmt, ausgehend von dieser Lösung wird das vorletzte Teilspiel analysiert usw., bis schließlich, am ersten Entscheidungsknoten angelangt, das teilspielperfekte Gleichgewicht des Spiels ermittelt ist.

Im vorliegenden Spiel mit perfekter Information und diskreten Strategien ist die Bestimmung des teilspielperfekten Gleichgewichts unmittelbar einleuchtend. Das grundsätzliche Vorgehen ist aber auch für Spiele mit stetigen Strategiemengen und, in leicht modifizierter Form, für sogenannte mehrstufige Spiele mit beobachtbaren Handlungen geeignet. Diese für die Modellierung des Oligopolwettbewerbs grundlegende Spielform ist dadurch gekennzeichnet, dass sich das Spiel in zeitlich aufeinander folgende Stufen unterteilen lässt, wobei allen Spielern bei ihren Entscheidungen auf Stufe k die Aktionen auf den davor liegenden Stufen $1, \ldots, k-1$ bekannt sind (insoweit also perfekte Information vorliegt), auf einer einzelnen Stufe die Aktionen aber simultan bestimmt werden (im Stufenspiel also imperfekte Information gegeben ist). Analog zur einfachen Rückwärtsinduktion wird dann auf der letzten Stufe das Nash-Gleichgewicht dieses Stufenspiels als Funktion der Aktionen auf den davor liegenden Stufen ermittelt. Das Ergebnis wird in die vorletzte Stufe eingesetzt und dieses Verfahren so lange fortgesetzt, bis auf der ersten Stufe das Gesamtergebnis des Spiels bestimmt ist. Die konkrete Anwendung dieses Konzepts werden wir bei der Analyse der strategischen Handelspolitik im Oligopolmodell noch genauer erläutern.

16.2 Wirkung einer Exportsubvention: Airbus-Boeing-Beispiel

Bereits in ▶ Abschn. 14.1 wurden Exportsubventionen als handelspolitisches Instrument angesprochen und es wurde erläutert, dass es sich dabei sowohl um direkte Subventionen als auch um Steuererleichterungen oder verbilligte Kredite beim Export handeln kann. Solche **Exportsubventionen** führen dazu, dass die Exporte ausgeweitet werden.

Bei **vollkommenem Wettbewerb** gilt dann, dass die tatsächlichen Grenzkosten (d. h. vor Abzug der Subvention) höher sind als der auf dem Weltmarkt erzielbare Preis. Wie bei einem Zoll ergibt sich somit insgesamt eine Wohlfahrtseinbuße: Der Subventionsbetrag übersteigt den Zuwachs an Produzentenrente. Bei einem großen Land führt die Exportsubvention zu einer Verschlechterung der *Terms of Trade* (optimal wäre hier ein Exportzoll, keine Exportsubvention). Zwar können im allgemeinen Gleichgewichtsmodell Situationen konstruiert werden, bei denen eine positive Exportsubvention vorteilhaft ist (z. B. durch Nachfrageerhöhung für ein komplementäres Exportgut), aber empirisch dürfte dies kaum relevant sein.

Anders sieht die Situation bei **unvollkommenem Wettbewerb** aus: Die Exportsubvention kann hier unter Umständen dem bzw. den inländischen Unternehmen gegenüber ihren ausländischen Wettbewerbern einen Vorteil verschaffen, der es ihnen ermöglicht, Renten in ausländischen Märkten zu erwerben. Analog zum Optimalzollargument kann es dann zu einem *rent shifting* von den ausländischen zu den inländischen Unternehmen kommen. Diesen Aspekt wollen wir nun im Weiteren genauer analysieren.

Das zugrunde liegende Prinzip wird in diesem Abschnitt anhand eines Beispiels verdeutlicht. Wir gehen dabei von einer Situation aus, bei der ein inländisches und ein ausländisches Unternehmen in einem Drittland miteinander im Wettbewerb stehen (in diesem Fall entspricht die Produzentenrente des inländischen Unternehmens der inländischen Wohlfahrt). Konkret betrachten wir Boeing und Airbus, die beide beabsichtigen, ein Großraumflugzeug für die Länder Südostasiens herzustellen. Es wird nun die Markteintrittsentscheidung der Unternehmen untersucht, wobei der Markteintritt nur dann profitabel ist, wenn das andere Unternehmen nicht eintritt. ◘ Abb. 16.2 verdeutlicht die strategische Situation, wobei die Zahlenbeträge als Periodengewinne in Mio. US-Dollar interpretiert werden können.

Treten beide Unternehmen in den Markt ein (Strategien s_{i1}), so erleidet jedes einen Verlust in Höhe von 5 Mio. US-Dollar. Tritt nur einer der Wettbewerber ein, so beträgt sein Gewinn 100 Mio. US-Dollar. Verzichtet ein Unternehmen auf den Markteintritt (Strategie s_{i2}), so ist der Gewinn unabhängig von der Strategie des Wettbewerbers gleich Null.

Wir nehmen nun im Ausgangsfall an, dass das ausländische Unternehmen (im Beispiel Boeing) bereits ein weitgehend marktreifes Produkt entwickelt hat und somit als erstes in den Markt eintreten kann – in der sequentiellen Struktur ist das dadurch abgebildet, dass Boeing als erstes Unternehmen seine Entscheidung trifft. Wenn Boeing eingetreten ist, besteht für Airbus kein Anreiz zum Markteintritt. Als teilspielperfektes Gleichgewicht stellt sich somit (s_{11}, s_{22}) ein, d. h. Boeing erzielt einen Gewinn von 100 Mio. US-Dollar während Airbus leer ausgeht.

Dieses Ergebnis ist aus Sicht der Europäischen Union, dem Heimatland von Airbus, unattraktiv. Die EU-Kommission kündigt darum verbindlich an, Airbus durch eine Exportsubvention in Höhe von umgerechnet 10 Mio. US-Dollar zu unterstützen. Dadurch verändert sich die Entscheidungssituation für die Unternehmen grundlegend. Die neue Auszahlungsstruktur für die Unternehmen ist zusammen mit dem Spielbaum, der jetzt die EU-Kommission als zusätzlichen Spieler berücksichtigt, in ◘ Abb. 16.3 dargestellt. Die EU-Kommission kann zwischen s_{31} (Gewährung der Exportsubvention) und s_{32} (Verzicht auf diese Handelspolitikmaßnahme) wählen.

Durch die Exportsubvention hat Airbus nun immer einen Anreiz, in den Markt einzutreten: „Markteintritt" stellt für Airbus jetzt eine dominante Strategie dar. Aus diesem Grund ist es für Boeing im Ast des Spielbaums mit Subvention optimal, auf den Markteintritt zu verzichten. Die Subvention ändert das optimale Verhalten von Airbus und veranlasst Boeing dazu, sein Verhalten ebenfalls anzupassen. Durch die Exportsubvention in Höhe von 10 Mio. US-Dollar lässt sich damit ein Wohlfahrtszuwachs ΔW für die Europäische Union in Höhe von 100 Mio. US-Dol-

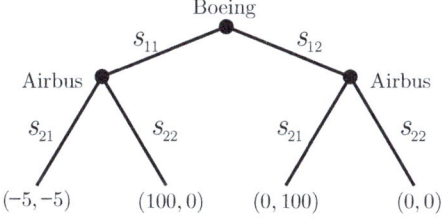

◘ **Abb. 16.2** Auszahlungsmatrix und Spielbaum ohne Politik

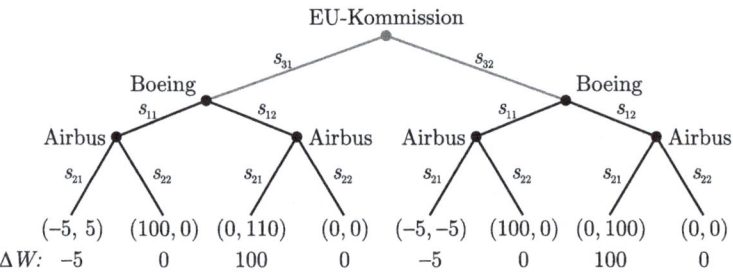

Boeing	Airbus Markteintritt (s_{21})	Kein Markteintritt (s_{22})
Markteintritt (s_{11})	$(-5, 5)$	$(100, 0)$
Kein Markteintritt (s_{12})	$(0, 110)$	$(0, 0)$

◘ Abb. 16.3 Auszahlungsmatrix und Spielbaum mit Politik

lar realisieren (den zusätzlichen Gewinnen von Airbus in Höhe von 110 Mio. US-Dollar stehen die Subventionsausgaben der EU in Höhe von 10 Mio. US-Dollar gegenüber).

Der Einsatz einer Exportsubvention ist im vorgegebenen Modellkontext für die EU äußerst attraktiv. Bei Umsetzung dieser Idee in die praktische Politik treten jedoch zwei grundlegende **Probleme** auf, die sich bereits in unserem Beispiel gut veranschaulichen lassen:

— **Informationsanforderungen:** Wir sind davon ausgegangen, dass der Regierung die Auszahlungen beider Unternehmen für alle möglichen Strategiekombinationen bekannt sind. Gerade in Bezug auf das ausländische Unternehmen (im Beispiel Boeing) ist das vermutlich eine eher unplausible Annahme. Angenommen, die EU täuscht sich und Boeing hat im Fall des Markteintritts durch Airbus keine negativen Gewinne, sondern erzielt immer noch einen Gewinn in Höhe von 5 Mio. US-Dollar. In diesem Fall führt die Subvention für die EU zu einer Wohlfahrtseinbuße, da Boeing trotz der Subvention für Airbus in den Markt eintritt.

— **Vergeltung:** Selbst, wenn die Informationsvoraussetzungen gegeben sind, muss man sich klar machen, dass der Einsatz von Exportsubventionen analog zum Optimalzoll eine Politik auf Kosten des Auslands, in diesem Fall den USA, darstellt. Es ist dann zu erwarten, dass die US-Regierung einen Anreiz zu Vergeltungsmaßnahmen hat und beispielsweise ebenfalls eine Exportsubvention gewährt. Wie man zeigen kann, würde sich bei simultaner Entscheidung über die Subventionierung durch die beiden Regierungen ein Gleichgewicht mit Exportsubventionen durch die EU und die USA ergeben, das zu einer Wohlfahrtminderung in beiden Ländern führt – es liegt erneut eine Gefangenendilemma-Situation vor – während die Länder in Südostasien von dem Subventionswettlauf profitieren.

16.3 Strategische Handelspolitik im Oligopolmodell

Wir wollen nun die Analyse gegenüber unserem einfachen Modell erweitern, indem wir keine Markteintrittssituation, sondern bestehenden Oligopolwettbewerb im Absatzmarkt zugrunde legen. Zum einen können wir dadurch zeigen, wie strategische Handelspolitik die Position der inländischen Unternehmen im Oligopolwettbewerb direkt beeinflussen kann. Zum anderen können wir den Fokus erweitern, indem wir zusätzlich die strategischen Möglichkeiten der Unternehmen im internationalen Wettbewerb untersuchen.

In der Ausgangssituation liegt **Duopol-Wettbewerb ohne Subvention** vor, wie er in der Analyse in ▶ Abschn. 10.2 eingeführt wurde. Wie im vorherigen Abschnitt wird außerdem angenommen, dass das Produkt ausschließlich in einem Drittland konsumiert wird. Zusätzlich zu den Reaktionskurven, die die jeweils optimale Reaktion auf eine gegebene Absatzmenge des Wettbewerbers angeben, haben wir in der ◘ Abb. 16.4 auch die Isogewinnkurven des inländischen Unternehmens eingezeichnet. Eine Isogewinnkurve gibt die Kombinationen der Absatzmengen an, die für ein Unternehmen zu identischen Gewinnen führen (die griechische Vorsilbe „iso" bedeutet gleich). Für das inländische Unternehmen sind diese Isogewinnkurven nach unten geöffnet und repräsentieren einen umso höheren Gewinn, je näher sie der x-Achse sind (d. h. je geringer die Absatzmenge des Konkurrenten ist). Im Schnittpunkt mit der Reaktionskurve $R(x^*)$ verlaufen sie horizontal: Für eine gegebene Menge $\hat{x}^*$ des ausländischen Konkurrenten wird x gerade so gewählt, dass die der x-Achse am nächsten liegende Isogewinnkurve erreicht wird (mit Berührpunkt zur Horizontalen bei $\hat{x}^*$).

Entscheiden beide Unternehmen simultan, resultiert das **Cournot-Nash-Gleichgewicht** C im Schnittpunkt zwischen den beiden Reaktionskurven. Hier hat keines der beiden Unternehmen bei gegebener Absatzmenge des Wettbewerbers einen Anreiz zur Abweichung. Anders sieht es bei einer sequentiellen Spielstruktur aus: Kann sich das inländische Unternehmen zeitlich vor dem ausländischen bindend und für seinen Konkurrenten beobachtbar auf eine Absatzmenge festlegen, so resultiert das sogenannte **Stackelberg-Gleichgewicht** S im Tangentialpunkt zwischen einer Isogewinnkurve des inländischen Unternehmens und der Reaktionskurve des ausländischen Unternehmens. Dem liegt folgende Überlegung zugrunde: Wir haben

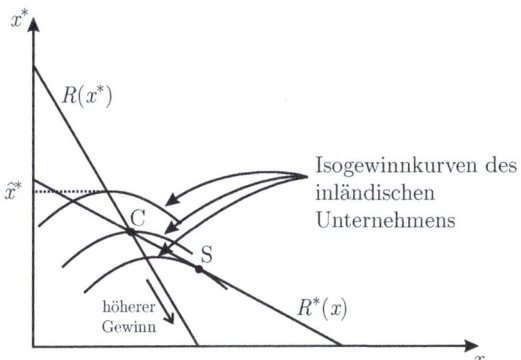

◘ **Abb. 16.4** Strategische Handelspolitik: Cournot vs. Stackelberg

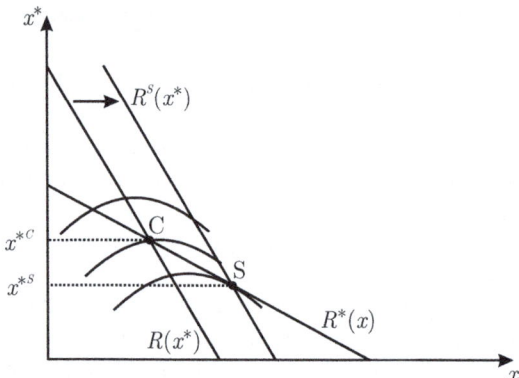

◻ Abb. 16.5 Strategische Handelspolitik: Optimale Subvention verschiebt Reaktionskurve

hier ein zweistufiges Spiel mit perfekter Information, das durch Rückwärtsinduktion gelöst werden kann. Das ausländische Unternehmen wählt in der zweiten Stufe gemäß seiner Reaktionskurve die optimale Menge x^* in Abhängigkeit der von dem inländischen Unternehmen in der ersten Stufe gewählten Menge x. Bei der Wahl von x berücksichtigt das inländische Unternehmen diese Reaktion und bestimmt den Punkt auf der Reaktionskurve, der seinen eigenen Gewinn maximiert. Graphisch ist der höchste Gewinn durch die am weitesten unten liegende Isogewinnkurve gegeben, die die Reaktionskurve gerade noch berührt (alle anderen Punkte auf $R^*(x)$ befinden sich dann auf einer weiter oben liegenden Isogewinnkurve).

Wir werden nun erläutern, wie die inländische Regierung durch eine **mengenabhängige Exportsubvention** für das inländische Unternehmen erreichen kann, dass das Stackelberg-Gleichgewicht realisiert wird. Die Subvention muss dazu zeitlich vor der simultan gefällten Absatzentscheidung der Unternehmen verbindlich und beobachtbar festgelegt werden. Durch die Subvention verringern sich die Grenzkosten des inländischen Unternehmens: Wird bei Grenzkosten von 10 Euro eine Subvention von 2 Euro pro exportierter Mengeneinheit gewährt, so betragen aus Sicht des Unternehmens die Grenzkosten nur noch 8 Euro. Dadurch wird es zu jeder gegebenen Menge x^* des Wettbewerbers eine höhere Absatzmenge x wählen – die Reaktionskurve verschiebt sich nach rechts von $R(x^*)$ auf $R^S(x^*)$. Durch eine optimale gewählte Subvention s^{opt} wird die Reaktionskurve gerade so weit verschoben, dass sie $R^*(x)$ im Stackelberg-Punkt S schneidet, wie in ◻ Abb. 16.5 dargestellt.

In der Spieltheorie spricht man hier von einem mehrstufigen Spiel mit beobachtbaren Handlungen: In Stufe 1, der Politik-Stufe, legt die Regierung die Subventionshöhe s fest. In Stufe 2, der Absatz-Stufe, bestimmen die beiden Unternehmen dann simultan ihre Mengen $(x(s), x^*(s))$. Beachten Sie, dass dabei auch die Gleichgewichtsmenge des ausländischen Unternehmens, x^*, durch die Subvention beeinflusst wird: Da die Subvention die Reaktionskurve des inländischen Unternehmens verschiebt, ändert sich auch die Gleichgewichtsmenge von x^{*C} auf x^{*S}. Diese Verringerung der Menge durch das ausländische Unternehmen macht die Subventionierung für das Inland attraktiv. Berücksichtigt man nämlich, dass aus Sicht der inländischen Regierung die Wohlfahrtswirkung der Subvention durch die Veränderung des Gewinns des inländischen Unternehmens abzüglich des Subventionsbetrags gegeben ist, so stellen die ursprünglichen Isogewinnkurven (ohne Subventionen) gerade die Isowohlfahrtskurven des Inlandes dar. Angenommen, das ausländische Unternehmen reagiert nicht und produziert weiterhin x^{*C}. Auch dann würde das inländische Unternehmen entsprechend seiner Reaktionsfunktion $R^S(x^*)$ aufgrund der Subvention mehr produzieren. Damit würde es eine (nicht eingezeichnete) weiter oben liegende Isogewinnkurve erreichen, was somit zu einer Wohlfahrtseinbuße gegenüber der Ausgangssituation führen würde. Nur durch die Reaktion des ausländischen Unternehmens in Form einer Reduzierung seiner Menge auf x^{*S} erhöhen sich die Gewinne des inländischen Unternehmens so stark, dass der Gewinnzuwachs den Subventionsbetrag übersteigt. Dieser Vorteil für das Inland ergibt sich aber auf Kosten des ausländischen Wettbewerbers – es kommt zu einem *rent shifting* der im Duopolmarkt erzielten Monopolrenten vom ausländischen Konkurrenten an das inländische Unternehmen.

Bereits beim Markteintrittsspiel hatten wir auf das Informationsproblem und die Gefahr der Vergeltung durch die Regierung des anderen Produktionslandes hingewiesen. Gerade das Informationsproblem ist bei der Beeinflussung des Oligopolwettbewerbs noch ausgeprägter, da die **optimale Politik von** den Details der **Wettbewerbssituation abhängig** ist:

— In einem Duopolmodell mit Preis- anstelle von Mengenstrategien (Bertrand-Wettbewerb) sollte statt einer Exportsubvention ein Exportzoll erhoben werden. Der Grund ist, dass es bei Preisstrategien für ein Unternehmen strategisch vorteilhaft ist, wenn es sich auf einen Preis über dem Gleichgewichtspreis des Simultanspiels festlegen kann, da dann der Konkurrent seinerseits mit einer Preiserhöhung reagiert. Ein Exportzoll führt nun gerade dazu, dass das inländische Unternehmen seinen Preis erhöht. Im Unterschied zur Subvention bei Mengenwettbewerb stellen sich in diesem Fall beide Unternehmen und damit beide Produktionsländer auf Kosten des Konsumlandes besser.

— In einem Cournot-Oligopol mit mehreren inländischen Wettbewerbern muss die Subvention verringert oder möglicherweise sogar ein Exportzoll erhoben werden, um den negativen externen Effekt einer Produktionsausweitung eines Unternehmens auf seine inländischen Konkurrenten zu internalisieren.

— Findet Konsum im Inland statt, so sollte statt der Exportsubvention eine Produktionssubvention gewählt werden. Diese Subvention müsste außerdem höher festgelegt werden, da der Gesamtabsatz im Duopol auch im Stackelberg-Gleichgewicht unterhalb des sozial optimalen Wertes liegt.

— Wenn auch die Auswirkungen auf andere Sektoren der Volkswirtschaft berücksichtigt werden, so muss man beachten, dass durch die Subventionierung Produktionsfaktoren aus diesen anderen Sektoren abgezogen werden. Man müsste also wissen, in welchen Sektoren das Potenzial für *rent shifting* am höchsten ist und sich auf diese Sektoren spezialisieren.

Vor dem Hintergrund dieser Informationsprobleme empfahl Krugman in seinem Artikel „Is free trade passé?" (vgl. Krugman 1987) trotz der potenziellen Vorteile strategischer Handelspolitik die Freihandelspolitik als „Daumenregel". Dies gilt insbesondere bei Berücksichtigung möglicher Vergeltungsmaßnahmen des Auslandes, die im Ergebnis auf eine Gefangenendilemmasituation wie beim Optimalzoll führen. Wir werden uns in ▶ Kap. 17 genauer damit beschäftigen, wie institutionelle Regelungen im Rahmen von GATT/WTO helfen können, diese Konfliktsituation zu überwinden.

16.4 Unternehmensstrategien statt strategischer Handelspolitik?

Eines der wesentlichen Probleme bei der Implementierung einer strategischen Handelspolitik ist die Informationsanforderung für den politischen Entscheidungsträger. Wenn wir realistischer von einer besseren Informationslage aufseiten der Unternehmen ausgehen, stellen sich die Fragen, ob die Unternehmen nicht selbst in der Lage wären, eine entsprechende **strategische Selbstbindung** zu erzielen und welche institutionellen Voraussetzungen z. B. im Rahmen der Wettbewerbspolitik dafür geschaffen werden müssten.

Grundsätzlich können Unternehmen natürlich selbst versuchen, durch geeignete Maßnahmen einen strategischen Vorteil zu erzielen. Dies ist ein zentrales Thema sowohl der industrieökonomischen Literatur als auch der Literatur zum strategischen Management. Wenn wir unser Markteintrittsbeispiel aus ▶ Abschn. 16.2 aufgreifen, könnte sich ein Unternehmen beispielsweise durch eine frühzeitige Investition in entsprechende Kapazitäten oder eine frühzeitige Werbekampagne für das neue Produkt selbst binden. Angenommen, eine solche Maßnahme würde Kosten in Höhe von 10 Mio. US-Dollar verursachen und wäre bei tatsächlichem Markteintritt auf jeden Fall notwendig gewesen, während die Investitionen im Fall eines Verzichts auf den Markteintritt als „sunk costs" nicht mehr rückgängig gemacht werden kann (dieser Aspekt dürfte insbesondere bei der Werbekampagne sichergestellt sein, wohingegen die Kapazitäten möglicherweise auch für andere Zwecke genutzt werden könnten). Damit ergibt sich im Fall des Verzichts auf den Markteintritt ein Verlust von 10 Mio. US-Dollar, während die Auszahlungen bei Markteintritt unverändert bleiben. Da der Markteintritt nun eine dominante Strategie darstellt, ist es für den Konkurrenten optimal, seinerseits auf einen Markteintritt zu verzichten.

In ähnlicher Form können strategische Investitionen auch im Oligopolmodell wirken. Wie in Morasch (2000) gezeigt wird, kann eine Gruppe inländischer Unternehmen ihre strategische Position durch die Bildung einer sogenannten „Strategischen Allianz" verbessern. Allgemein wird unter strategischen Allianzen die Zusammenarbeit von ansonsten selbständigen Unternehmen in bestimmten Teilbereichen z. B. bei der Forschung, der Beschaffung oder auch im Vertrieb verstanden. Eine solche Zusammenarbeit ist allerdings wettbewerbsrechtlich nur in bestimmten Fällen zulässig, da die Unternehmen die Allianz benutzen könnten, um sich kollusiv zu verhalten und damit möglicherweise sogar gemeinsam die Monopollösung zu realisieren. Es lässt sich jedoch zeigen, dass eine Allianz eines Teils der Unternehmen in einer Branche durchaus auch zu einem wettbewerblicheren Ergebnis führen kann und sich hier die kooperierenden Unternehmen (und die Konsumenten) auf Kosten der anderen Wettbewerber besserstellen können.

Im Außenhandelskontext könnte dann eine Allianz der inländischen Unternehmen auf Kosten der ausländischen Wettbewerber *rent shifting* betreiben. Wie kann hier die strategische Selbstbindung realisiert werden? Die Unternehmen könnten beispielsweise in Rahmen eines Gemeinschaftsunternehmens *(joint venture)* ein Vorprodukt herstellen und dabei den Transferpreis unterhalb der Herstellungskosten für das Vorprodukt festlegen. Der resultierende Verlust des Gemeinschaftsunternehmens wird dann gleichmäßig auf die Mitglieder der Allianz verteilt. In diesem Fall würden sich für ein einzelnes Mitglied die Grenzkosten bei der Endproduktion verringern und es hätte entsprechend einen Anreiz, seine Absatzmenge auszuweiten.

Wir können uns die Wirkung des Mechanismus am besten an einem Beispiel veranschaulichen. Gehen wir davon aus, dass zwei inländische Unternehmen eines internationalen symmetrischen Cournot-Oligopols mit fünf Wettbewerbern ein solches *joint venture* bilden. Nehmen wir außerdem zur Vereinfachung an, dass die Produktion komplett im Rahmen des Gemeinschaftsunternehmens abgewickelt wird. Wenn nun die Grenzkosten der Herstellung 100 Euro betragen und der Transferpreis auf 60 Euro gesetzt wird, so betragen aus Sicht eines Allianzmitglieds die Grenzkosten für eine zusätzliche Einheit nur noch 80 Euro: 60 Euro Transferpreis plus die Hälfte des durch die Ausweitung der Produktion entstehenden zusätzlichen Verlusts des Gemeinschaftsunternehmens in Höhe von 40 Euro. Die Reaktionsfunktionen der Allianzmitglieder verschieben sich damit nach rechts und die Unternehmen werden ihre Menge ausweiten, während die ausländischen Konkurrenten die Produktion einschränken.

Wann ist eine solche Ausweitung der Produktion vorteilhaft? Im Cournot-Oligopol mit linearer Nachfrage und Kostenstruktur ist dies erfüllt, wenn weniger als die Hälfte der Wettbewerber in einem Markt an der Kooperation beteiligt sind (vgl. Morasch/Welzel, 1994). Als Alternative zur strategischen Handelspolitik könnte der Staat also die Bildung von strategischen Allianzen inländischer Unternehmen erleichtern. Dabei sind jedoch zwei Aspekte zu beachten: Zum einen berücksichtigen die Allianzmitglieder nur die Gewinne und nicht die Auswirkung auf die Konsumenten. Zum anderen bleibt das Problem der Vergeltung bestehen: Auch das Ausland kann Allianzen zulassen und wie zwischen den Ländern kann sich dann auch zwischen den Allianzen ein Gefangenendilemma ergeben.

🔊 Was haben wir gelernt?

— Die strategische Situation eines Spiels, d. h. der Zusammenhang zwischen Strategien und Auszahlungen, lässt sich bei Spielen mit diskreten Strategien in der Matrixform veranschaulichen. Während Simultanspiele unmittelbar in der Matrix analysiert werden können, ist bei sequentieller Struktur die Darstellung im Spielbaum besser geeignet.

— Im Airbus-Boeing-Beispiel wird die strategische Wirkung einer Exportsubvention deutlich: Durch die Subvention der EU ändert sich die Erwartung von Boeing bezüglich des Verhaltens von Airbus, was dazu führt, dass Boeing seine Strategie ändert und selbst auf einen Markteintritt verzichtet.

— Im Cournot-Oligopol sind Exportsubventionen potenziell vorteilhaft, da sie die inländischen Unternehmen aggressiver machen, wodurch auf Kosten der ausländischen Wettbewerber ökonomische Renten ins Inland umgelenkt werden. Dieses Ergebnis ist jedoch nicht robust (beispielsweise ist bei Preiswettbewerb eine Besteuerung der Exporte optimal) und zudem besteht die Gefahr von Vergeltungsmaßnahmen durch die ausländische Regierung. Vor dem Hintergrund der beschränkten Information politischer Entscheidungsträger erscheint somit auch in Oligopolmärkten ein Verzicht auf handelspolitische Interventionen empfehlenswert.

— Eine mögliche Alternative könnte die Schaffung von Rahmenbedingung sein, die strategisches Verhalten durch die Unternehmen erleichtern. So können die inländischen Unternehmen durch Bildung einer strategischen Allianz potenziell ähnliche Effekte wie bei einer strategischen Handelspolitik entfalten. Die Zulassung solcher Allianzen im Rahmen wettbewerbspolitischer Regelungen könnte dann ein Substitut für strategische Handelspolitik darstellen. Aufgrund der besseren Informationslage der Unternehmen ist diese Option letztlich vorteilhaft, obwohl die Unternehmen sich nur an der Wirkung auf die eigenen Gewinne und nicht an der inländischen Wohlfahrt orientieren.

16.5 Kontrollfragen und Übungsaufgaben

1. Was wird unter strategischer Handelspolitik verstanden?
2. Die beiden Flugzeugproduzenten Airbus ($i=1$) und Boeing ($i=2$) stehen vor der Entscheidung, ob sie sich mehr auf Großraumflugzeuge (s_{i1}), Standardrumpfflugzeuge (s_{i2}) oder Militärflugzeuge (s_{i3}) konzentrieren sollen. Für Militärmaschinen findet sich auf jeden Fall der europäische bzw. amerikanische Markt als Abnehmer. Während Airbus besser in der Produktion größerer Flugzeuge ist, fällt Boeing die Produktion kleinerer Flugzeuge leichter – allerdings ist der Markt für Großraumflugzeuge sehr attraktiv. Betrachten Sie hierzu das folgende Matrixspiel:

	s_{21}	s_{22}	s_{23}
s_{11}	(20, −10)	(150, 80)	(150, 20)
s_{12}	(100, 100)	(−10, 10)	(120, 20)
s_{13}	(10, 100)	(10, 80)	(10, 20)

a) Bestimmen Sie alle Nash-Gleichgewichte des Spiels! Begründen Sie, ob eines davon plausibler als das andere erscheint! Ändert sich etwas an Ihrer Aussage, wenn die Auszahlung bei $(s_{12}, s_{21}) = (15, 15)$ – anstelle von (100, 100) – betragen würde?
b) Die EU möchte, dass Airbus sich auf Großraumflugzeuge konzentriert. Wie hoch müsste eine Subvention mindestens sein, damit sich dieses Ergebnis als alleiniges Nash-Gleichgewicht realisiert? Sollte die EU die Subvention gewähren?
c) Stellen Sie das Spiel nun in sequentieller Form dar! Spielt es für das Ergebnis eine Rolle, welcher Spieler zuerst zieht? Begründen Sie Ihre Antwort! Könnte sich die EU demnach die Subvention sparen, wenn sie erreichen könnte, dass sich Airbus vor Boeing entscheiden kann?
3. Der inländische Produzent für Photovoltaikanlagen *Sunergy* möchte in den ausländischen Markt expandieren. Dort ist bereits das Unternehmen *Photon Power* ansässig. Die Preis-Absatz-Funktion im Ausland ist gegeben durch $p(X) = 66 − X$, wobei sich das Gesamtangebot X aus dem Angebot von *Sunergy, x_S,* und der Produktionsmenge von *Photon Power, x_P,* ergibt. *Photon Power*

16

produziert mit konstanten Grenz- und Durchschnittskosten von 2, während *Sunergy*, auch aufgrund der Handelskosten, mit Kosten von 4 produziert. Die inländische Regierung möchte daher dem heimischen Unternehmen mit einer Exportsubvention helfen.

a) Berechnen Sie das Cournot-Nash-Gleichgewicht (Preis, Mengen und Gewinne)!

b) Bestimmen Sie nun die Stackelberg-Lösung (Preis, Mengen und Gewinne)!
   [Hinweis: Bestimmen Sie hierzu zunächst die Reaktion von Photon Power auf eine gegebene Menge von Sunergy. Setzen Sie diese Reaktion in die Gewinnfunktion von Sunergy ein und maximieren Sie den Gewinn.]

c) Wie hoch müsste eine Subvention *s* pro Stück sein, um die unter b) berechneten Mengen zu erhalten? Kann der Gewinnzuwachs die Subventionskosten kompensieren?

d) Zeigen Sie, ob ihre Lösung aus c) die Wohlfahrt des Landes insgesamt maximiert!
   [Hinweis: Berücksichtigen Sie den Unternehmensgewinn und die Subventionskosten.]

Literatur

Im Text zitierte Quellen

Bartholomae, F. und M. Wiens (2020), Spieltheorie. Ein anwendungsorientiertes Lehrbuch, 2. Auflage, Wiesbaden: Springer Gabler. [*Weiterführende Einführung in spieltheoretische Konzepte anhand vieler Beispiele und Aufgaben.*]

Krugman, P. R. (1987), Is free trade passé?, Journal of Economic Perspectives, Vol. 1, No. 2, 131–144.

Morasch K. (2000), Strategic Alliances as Substitute for Strategic Trade Policy?, Journal of International Economics, Vol. 52, 37–67. [*Analyse strategischer Allianzen als potentielles Substitut für strategische Handelspolitik.*]

Morasch, K. und P. Welzel (1994), Strategische Allianzen. Wettbewerbsbeeinflussung durch Kooperation, WiSt – Wirtschaftswissenschaftliches Studium, Jg. 23, 395–400. [*Anschauliche Erläuterung des Konzepts strategischer Allianzen im Rahmen von Reaktionskurvendiagrammen.*]

Ergänzende und weiterführende Literatur

Feenstra, R. C. (2015), Advanced International Trade: Theory and Evidence, 2nd ed., Princeton, NJ: Princeton University Press, ch. 9. [*Überblick zur Analyse von Exportsubventionen bei vollkommenem Wettbewerb und im Oligopol mit Berücksichtigung empirischer Arbeiten zum Verkehrsflugzeugmarkt.*]

Morasch, K., Bartholomae, F. und M. Wiens (2010), Spieltheoretische Grundkonzepte, wisu, Jg. 39, Nr. 8–9, 1135–1140. [*Eine Einführung in spieltheoretische Grundkonzepte anhand der Analyse einfacher Matrixspiele.*]

Institutioneller Rahmen der globalen Wirtschaft

Inhaltsverzeichnis

Themenüberblick

- Positive Theorie: Erklärung der beobachtbaren Handelspolitik
- Entwicklung von GATT/WTO und zentralen institutionellen Regelungen
- Anti-Dumping-Zölle: Konzeption und Problematik der Verfahrensregeln
- Analyse der Optimalzollpolitik anhand von Tauschkurven
- Funktion der GATT-Prinzipien „Reziprozität" und „Meistbegünstigung" zur Überwindung des Gefangenendilemmas bei der Optimalzollpolitik
- Verzerrte Integration durch Freihandelszonen und Zollunionen: Konzept und Wirkung auf Mitgliedsländer und außenstehende Nationen

Bislang gingen wir davon aus, dass die Entscheider der Handelspolitik auf die Maximierung der inländischen Wohlfahrt abzielen. Wir haben uns entsprechend überlegt, wie sich handelspolitische Maßnahmen in Bezug auf diese Zielvorstellung auswirken würden und konnten Empfehlungen für eine optimale Ausgestaltung der Politik geben. Neben diesem normativen Blickwinkel („Wie *soll* es sein?") kann man sich der Handelspolitik jedoch auch aus einer positiven Perspektive („Wie *ist* es tatsächlich?") nähern (politische Ökonomie). Wir fragen uns dabei nicht, welche Politik optimal ist, sondern wie es zu der (nicht optimalen) Politik kommt, die in der Realität zu beobachten ist. Ausgangspunkt einer solchen Analyse sind die Eigeninteressen der Akteure im politischen Prozess und ihr Zusammenspiel im gegebenen institutionellen Rahmen. Vor dem Hintergrund dieser Beobachtungen können wir dann auch die Frage stellen, wie Institutionen gestaltet werden sollten, damit sich im Rahmen eines solchen politischen Prozesses ein möglichst gutes Ergebnis einstellt.

Konkret wollen wir diese Frage anhand der Regelungen diskutieren, die im Rahmen von GATT/ WTO *(General Agreement on Tariffs and Trade/World Trade Organization)* auf weltwirtschaftlicher Ebene vereinbart wurden. Zum einen betrachten wir dabei, wie die zentralen Prinzipien „Reziprozität" und „Meistbegünstigung" bei der Überwindung von Gefangenendilemma-Situationen zwischen den Ländern helfen können. Zum anderen untersuchen wir die Auswirkungen zweier wichtiger Ausnahmeregelungen: Die Zulassung von Anti-Dumping-Zöllen und die Ausnahme von der Meistbegünstigung bei Freihandelszonen und Zollunionen.

17.1 Politische Ökonomie der Handelspolitik

Die tatsächlich beobachtbare Handelspolitik lässt sich auf Grundlage der bisherigen normativen Überlegungen nicht erklären: Freihandel ist normalerweise die optimale Politik einer Regierung, um die inländische Wohlfahrt zu maximieren. Ausnahmen davon ergeben sich nur durch das Optimalzollargument, das bestenfalls für große wirtschaftliche Einheiten wie die USA oder die EU relevant sein könnte, oder die wenig robusten Empfehlungen für strategische Handelspolitik. In der Realität beobachten wir aber, dass Länder unabhängig von ihrer Größe Zölle und andere handelspolitische Instrumente einsetzen. Darüber hinaus unterscheiden sich die Formen und das Ausmaß der Handelsbeschränkungen zwischen verschiedenen Sektoren, ohne dass dies mit der normativen Theorie aus den ▶ Kap. 14 und 15 erklärbar wäre. Schließlich werden in vielen Fällen aus Wohlfahrtssicht wenig attraktive Instrumente wie Exportselbstbeschränkungsabkommen oder in neuerer Zeit Anti-Dumping-Zölle gewählt.

Eine Erklärungsmöglichkeit für diese Phänomene bieten die Ansätze der ökonomischen Theorie der Politik. Dabei wird davon ausgegangen, dass die politischen

17

Entscheidungsträger nicht oder zumindest nicht in erster Linie an der Maximierung der Wohlfahrt, sondern an ihren Eigeninteressen – in einer Demokratie an der Sicherung der Wiederwahl – orientiert sind. Zudem versuchen Lobbyorganisationen wie Unternehmensverbände oder Gewerkschaften die Entscheidungen zugunsten ihrer Mitglieder zu beeinflussen, indem sie zum einen den Politikern Wählerstimmen zusichern oder finanzielle Unterstützung geben und zum anderen durch ihre Informationspolitik die öffentliche Willensbildung beeinflussen.

Ein zentraler Ansatz der ökonomischen Theorie der Politik ist das **Medianwählermodell.**[1] Bei diesem Ansatz wird unterstellt, dass die Wähler ihre Entscheidung an den Auswirkungen der Politik auf den eigenen Nutzen ausrichten. In einem Zwei-Parteien-System führt das dazu, dass es für eine Partei optimal ist sich am „Medianwähler" zu orientieren, da hierdurch ein Stimmenanteil von mindestens 50 % sichergestellt wird: Wenn sich beispielsweise die Präferenzen der Wähler im Hinblick auf die Höhe der Steuerbelastung unterscheiden, so wäre die optimale Politik ein Steuerniveau zu wählen, bei dem jeweils die Hälfte der Wähler ein höheres bzw. niedrigeres Niveau vorziehen würde.

Wird im Kontext des HOS-Modells realistischerweise davon ausgegangen, dass Kapitaleinkommen in einem Land sehr viel ungleicher verteilt sind als Arbeitseinkommen, d. h. relativ wenige besitzen einen großen Anteil am Kapitalbestand, so würde diese Theorie für kapitalreiche Länder vorhersagen, dass Zölle auf die relativ arbeitsintensiv hergestellten Importe erhoben werden: Durch den unbeschränkten Import der arbeitsintensiven Güter sinkt deren Preis, wodurch gemäß dem Stolper-Samuelson-Theorem auch die Entlohnung der Arbeitskräfte zurückgehen wird (▶ Abschn. 8.1). Daher würden nur Wähler mit einer relativ hohen Kapitalausstattung vom Außenhandel profitieren, während die Mehrheit, die weniger gut mit Kapital ausgestattet ist, stärker vom negativen Effekt der Lohnsenkung betroffen ist und daher für einen Zoll auf diese Importgüter stimmen wird. In arbeitsreichen Ländern müssten demgegenüber die Importe der kapitalintensiven Güter subventioniert werden.

Da wir in allen Ländern positive Zollsätze beobachten, ist das Medianwählermodell allein nicht in der Lage, die beobachtbare Zollstruktur zu erklären. Es lässt sich jedoch empirisch belegen, dass – wie es das Modell vorhersagt – stärkere Ungleichverteilung in kapitalreichen Ländern zu höheren Zollsätzen führt, während sie in arbeitsreichen Ländern ein geringeres Ausmaß an Protektion zur Folge hat. Damit sind allerdings die positiven Zölle in arbeitsreichen Ländern noch nicht erklärt. Eine potenzielle Erklärung bietet die Unsicherheit der Wähler darüber, ob sie selbst tatsächlich zu den Gewinnern oder Verlierern einer bestimmten Politik zählen werden. Da Zölle üblicherweise zum Schutz bestehender importkonkurrierender Branchen eingesetzt werden, entscheiden sich risikoaverse Wähler für den Status quo und damit für einen Zollschutz. Dies liefert auch eine politökonomische Begründung für die Annahme einer „konservativen sozialen Wohlfahrtsfunktion", d. h. der Annahme, dass ein zentrales Ziel der Politik die Beibehaltung („Konservierung") der ursprünglichen Einkommensverteilung ist.

Wir können allerdings mit dem Medianwählermodell nicht das unterschiedliche Niveau der Protektion in verschiedenen Branchen und den Einsatz ineffizienter

---

1   Der Median oder auch Zentralwert, gibt bei einer nach der Größe geordneten Datenreihe denjenigen Wert an, der genau in der Mitte liegt, d. h. mindestens 50 % der Werte sind gleich oder größer und mindestens 50 % sind gleich oder niedriger als der Median.

handelspolitischer Instrumente erklären. Dazu bedarf es einer **Theorie des Lobbyings.** Lobbys wenden Ressourcen auf, um die Politik im Interesse ihrer Mitglieder zu beeinflussen. Wir können dann das Ergebnis des politischen Prozesses darüber erklären, dass sich bestimmte Interessen leichter organisieren lassen als andere. Grundsätzlich besteht bei Interessengruppen das Problem, dass der Vorteil aus einer bestimmten Politik nicht nur den (zahlenden) Mitgliedern, sondern auch den „Trittbrettfahrern" zugutekommt. Von Vorteil ist es dann zum einen, wenn eine relativ kleine Gruppe von einer Maßnahme stark betroffen ist (bei Produzenten eher gegeben als bei Konsumenten): Steigt beispielsweise für 10 Mio. Konsumenten durch die Einführung eines Zolls der Preis um 10 Cent, bedeutet dies für die inländischen Produzenten aber einen Umsatzanstieg von 1 Million Euro. Zum anderen ist es günstig, wenn eine entsprechende Gruppe bereits für andere Zwecke organisiert ist (z. B. Unternehmensverbände oder Gewerkschaften). Dieser Erklärungsansatz steht somit in starker Verbindung zum Modell mit spezifischen Faktoren (▶ Abschn. 8.2) und kann damit auch erklären, warum vielfach Gewerkschaften und Unternehmensverbände einer Branche gleichermaßen protektionistische Maßnahmen fordern und häufig auch durchsetzen können, obwohl doch Arbeitnehmer und Kapitaleigner nach dem HOS-Modell gegenläufige Interessen haben sollten.

Bei der Durchsetzung von Spezialinteressen einer Branche ist ebenfalls erklärbar, warum nicht unbedingt das effizienteste Instrument gewählt wird. Da die Interessen umso eher durchgesetzt werden können, je weniger klar die negativen Auswirkungen auf die anderen Gesellschaftsmitglieder ausfallen, ist für die Lobby der Einsatz von Instrumenten vorzuziehen, bei denen diese Auswirkungen verschleiert werden. Vor diesem Hintergrund dreht sich dann die Reihung der Instrumente zur Sicherstellung eines bestimmten inländischen Produktionsniveaus unter Wohlfahrtsgesichtspunkten genau um: Bei Produktionssubventionen wissen die Steuerzahler, dass sie einen Transfer an die Unternehmen leisten. Ein Zoll scheint demgegenüber auf den ersten Blick nur den ausländischen Anbietern zu schaden und dem Inland zusätzlich Zolleinnahmen zu bringen (und führt damit potenziell zu Steuersenkungen) – der indirekte Effekt über die erhöhten Preise im Inland ist den meisten Konsumenten demgegenüber nicht ausreichend bewusst. Noch weniger klar ist die preissteigernde Wirkung eines freiwilligen Exportselbstbeschränkungsabkommens – zum einen wird hier kein direkt sichtbarer Aufschlag auf den Importpreis vorgenommen wie beim Zoll, und zum anderen beschränkt nicht das Inland die Importe, sondern die faktische Umsetzung der Politik erfolgt durch die ausländische Regierung.

Anhand des Exportselbstbeschränkungsabkommens kann auch der Blick über das einzelne Land hinaus erweitert werden. In der Interaktion mit anderen Ländern ist nämlich auch die unterschiedliche Auswirkung auf die Wohlfahrt des Exportlandes wichtig. Da bei einem Exportselbstbeschränkungsabkommen die Vorteile der Mengenverknappung in Form höherer Preise bei den ausländischen Unternehmen anfallen, ist die negative Wirkung der Handelsbeschränkung auf das Ausland geringer als bei einem Zoll. Somit ist diese Maßnahme für die ausländische Regierung eher akzeptabel. Die grundsätzliche Überlegung, dass für die schädigende Wirkung der Handelspolitik dem Ausland ein Ausgleich gewährt werden muss, findet sich auch als zentrales Prinzip in den multilateralen GATT/WTO-Vereinbarungen, deren Implikationen als Rahmen für die Handelspolitik auf weltwirtschaftlicher, regionaler und nationaler Ebene wir im Weiteren diskutieren werden.

> **Box 17.1: Diskussionsbox – Politökonomische Denkschulen und die Bewertung von Außenhandel und Handelspolitik**
>
> Die Einschätzung der Wirkung handelspolitischer Maßnahmen und damit das Verhalten verschiedener Gruppen im ökonomischen Kontext ist neben den faktischen Wirkungen auf den eigenen Nutzen auch durch ideologische Einstellungen beeinflusst. Um besser zu verstehen, wie Außenhandel und Handelspolitik in politischen Debatten wahrgenommen werden, ist es darum hilfreich, sich über die sehr unterschiedlichen Sichtweisen von drei wichtigen Denkschulen klarzuwerden (vgl. Oately, 2019, ch. 1 für eine ausführlichere Darstellung).
>
> Beim **Merkantilismus** stehen der Staat und die wirtschaftliche Stärke eines Landes im Zentrum. Demzufolge kommt es bei Handelsbeziehungen vor allem darauf an, Vermögen im Inland zu generieren. Somit sollte möglichst viel exportiert und Importe sollten eher begrenzt werden. Außerdem gelten einige Wirtschaftsbereiche als „besser": Die Industrie ist der Landwirtschaft vorzuziehen und ganz an der Spitze stehen High-Tech-Branchen. Der Staat soll entsprechend bei der Ressourcenallokation intervenieren und mit anderen Staaten um attraktive Branchen konkurrieren.
>
> Beim **Liberalismus** steht das Individuum im Mittelpunkt. Handel wird nicht als Mittel zur nationalen Bereicherung gesehen, sondern hat eine möglichst effiziente Ressourcenallokation zum Ziel, die den Wohlstand aller Länder fördert. Die einzelnen Länder sollen sich auf die Herstellung derjenigen Güter konzentrieren, die sie am effizientesten produzieren können und diese Güter dann miteinander tauschen. Exporte und Importe sind damit gleichermaßen attraktiv und möglichst freier Handel wird für alle Länder als vorteilhaft betrachtet. Die Rolle des Staates beschränkt sich darauf, die dafür notwendigen Rahmenbedingungen zu schaffen (z. B. Gewährleistung von Eigentumsrechten) und Marktversagen zu korrigieren.
>
> Der **Marxismus** beruht auf der Grundannahme, dass es im Kapitalismus zu einer Konzentration des Reichtums auf wenige kommt, was darauf zurückzuführen sei, dass die Arbeitskräfte nicht vollständig an ihrer Wertschöpfung teilhaben. Da die Profitabilität aber im Laufe der Zeit sinkt, werden die Arbeitskräfte schließlich immer geringer entlohnt, was dazu führt, dass sie immer mehr verarmen und es zu einem sozialistischen Umsturz kommt. Die kapitalistische Wirtschaft wird von wenigen Konzernen kontrolliert und der Staat wird lediglich als Erfüllungsgehilfe der Kapitalisten betrachtet. Deren Interessen werden auch im Außenhandel berücksichtigt, sodass reiche Länder die Ressourcen und Arbeitskräfte ärmerer Länder ausbeuten, was unter anderem mit dem Konzept der marxistischen Arbeitswertlehre begründet wird.
>
> Entsprechend dieser Auffassungen werden Außenhandel und Handelspolitik sehr unterschiedlich wahrgenommen: Der Merkantilismus sieht Handel als Mittel zur Steigerung des Reichtums einer Nation auf Kosten anderer Länder. Aus Perspektive des Liberalismus eröffnet Außenhandel die Möglichkeit zu einer effizienteren Ressourcenallokation, die für alle Handelspartner vorteilhaft ist. Demgegenüber erkennt der Marxismus im Außenhandel insbesondere die Ausbeutung armer Länder durch reiche Länder.
>
> Diskutieren Sie vor dem Hintergrund der ökonomischen Erklärungsmodelle zum Außenhandel und zur Handelspolitik:
> - Welchem Denkansatz sind die in diesem Lehrbuch diskutierten Modelle am nächsten? Wo sehen Sie Bezüge zu den anderen Ansätzen (Kritik an Grundannahmen

> auf der einen Seite, vergleichbare Ergebnisse bei der ökonomischen Analyse auf
> der anderen Seite)?
> — Wie lässt sich der in diesem Abschnitt diskutierte Ansatz der Politischen Ökono-
> mie mit diesen Denkschulen kombinieren?
> — Finden Sie Beispiel für die verschiedenen Ansichten in der öffentlichen Debatte!
> Welcher Sichtweise würden Sie sich selbst am ehesten zuordnen?

17.2 GATT/WTO als institutioneller Rahmen der Handelspolitik

Zwischen den beiden Weltkriegen kam es zu einem Protektionswettlauf unter den
Regierungen, der die internationale Arbeitsteilung immer mehr erschwerte und
schließlich in eine weltweite Depression mündete. Am Ende des Zweiten Weltkrie-
ges hatten die Initiatoren einer neuen Welthandelsordnung (insbesondere die USA
und Großbritannien) das Ziel, eine Wiederholung der national orientierten Wirtschaftspolitiken der Zwischenkriegszeit zu vermeiden. Geplant war eine umfassende Welthandelsordnung, deren Einhaltung durch die internationale Institution ITO *(International Trade Organization)* überwacht werden sollte. Die entsprechende Charta wurde jedoch nie unterzeichnet und deshalb war bis 1995 nur die
als Übergangsregelung geplante, 1948 in Form eines internationalen Vertrags ge-
schlossene, GATT-Vereinbarung in Kraft. Dieser **GATT-Vertrag** *(General Agreement on Tariffs and Trade)* ist auch in modifizierter Form Bestandteil der am Ende
der sogenannten „Uruguay-Runde" abgeschlossenen WTO-Vereinbarung, die neben den Regelungen zum Warenhandel auch Vereinbarungen zu Dienstleistungen
(General Agreement on Trade in Services – GATS) und zu geistigen Eigentumsrechten *(Agreement on Trade-Related Aspects of Intellectual Property Rights* – TRIPS)
beinhaltet und insbesondere die **Welthandelsorganisation** *(World Trade Organization* – WTO) als eigenständige internationale Organisation mit einem Mandat zur
Schlichtung in Handelsstreitigkeiten ins Leben rief.

Das zentrale Ziel des GATT ist es, Zölle und andere Handelsbeschränkungen
zu verringern. Von besonderer Bedeutung sind dabei die **multilateralen Verhandlungsrunden,** in deren Rahmen Zollsenkungen und der Abbau anderer Handelsbeschränkungen vereinbart werden. In den ersten GATT-Runden nach dem Zweiten
Weltkrieg gelang es dabei, innerhalb relativ kurzer Zeit die Zölle erheblich zu senken. Die späteren Verhandlungsrunden, wie die oben bereits angesprochene Uruguay-Runde, beschäftigten sich mit erweiterten bzw. bislang ausgeklammerten Fragestellungen wie Umweltstandards oder Agrarhandel und waren – auch aufgrund
der gewachsenen Zahl an Mitgliedsländern – sehr viel langwieriger. Die jüngste
Verhandlungsrunde, die Doha-Runde, begann im November 2001 in Doha (Katar).
Zwar wurden in einigen Bereichen, wie beispielsweise bei der Beschleunigung der
Zollverfahren, Vereinbarungen getroffen, aber viele der anderen Themen sind noch
nicht geklärt und die Verhandlungsrunde ist damit auch nach über 20 Jahren immer
noch nicht abgeschlossen. Eine wichtige Beobachtung, die unsere bisherige Analyse
bestätigt, ist, dass die Zollreduktionen grundsätzlich bei arbeitsintensiven Industrieprodukten sowie Agrarprodukten am geringsten ausgefallen sind.

Im GATT-Vertrag sind einige **grundlegende Standards** für die Handelspolitik festgelegt: zum einen das Verbot von Mengenbeschränkungen (Kontingenten bzw. Quoten) und zum anderen die **Meistbegünstigungsklausel,** nach der bilaterale Zollsenkungen auf alle GATT-Länder anzuwenden sind. Ein wichtiger Aspekt ist zudem das Prinzip der **Reziprozität** bei Zollsenkungen: Wenn ein Mitgliedsland einem anderen eine Zollsenkung in einem seiner Importsektoren gewährt, so soll das davon begünstigte Land im Gegenzug eine vergleichbare Zollsenkung in einem Exportsektor des ersten Landes gewähren. Neben diesen zentralen Standards gibt es jedoch auch eine Reihe von **Ausnahmen.** So sind Kontingente zur Behandlung

---

Box 17.2: WTO, GATS und TRIPS

Im Mittelpunkt der bisherigen Diskussion zum institutionellen Rahmen auf weltwirtschaftlicher Ebene und auch bei der weiteren modelltheoretischen Analyse steht das General Agreement on Tariffs and Trade (GATT). Für den internationalen Wettbewerb und die wirtschaftspolitischen Interaktionen zwischen den Ländern sind aber sowohl die World Trade Organization (WTO) als Institution als auch die beiden Abkommen zum Handel mit Dienstleistungen, General Agreement on Trade in Services (GATS), und über geistige Eigentumsrechte, Agreement on Trade-Related Aspects of Intellectual Property Rights (TRIPS), durchaus von Bedeutung.

Die WTO ist im Unterschied zum GATT nicht nur ein völkerrechtlicher Vertrag, sondern eine eigenständige Institution mit Sitz in Genf (Schweiz). Neben der Ministerkonferenz als zentralem Organ gibt es zur Führung der laufenden Geschäfte den Allgemeinen Rat und das Generalsekretariat. Ein zentraler Aspekt ist das gegenüber dem GATT deutlich verbesserte **Streitschlichtungsverfahren,** da es keine Vetomöglichkeit der unterlegenen Partei mehr gibt, sondern stattdessen ein vom Allgemeinen Rat eingesetztes Schiedsgericht bei Handelsstreitigkeiten entscheidet. Die WTO hat dann zwar selbst keine Mittel die Entscheidung durchzusetzen, aber falls die unterlegene Partei an dem unzulässigen Verhalten festhält, darf das geschädigte Land in angemessenem Umfang Strafzölle oder ähnliche Maßnahmen einsetzen.

Das **GATS** hat zum Ziel, ein verlässliches und berechenbares System von Regeln für den Dienstleistungshandel zu schaffen und die schrittweise Liberalisierung der Dienstleistungsmärkte zu erleichtern. Analog zum GATT gilt hier das Prinzip der Meistbegünstigung und zudem der Grundsatz der Inländerbehandlung, d. h. falls eine Dienstleistung grundsätzlich auch durch ausländische Anbieter erbracht werden darf, müssen die gesetzlichen Regelungen so gestaltet sein, dass sie nicht zwischen inländischen und ausländischen Dienstleistungsanbietern diskriminieren.

Im **TRIPS-Abkommen** werden die handelsbezogenen Aspekte der Rechte des geistigen Eigentums geregelt. Das Patentrecht und andere Rechte des geistigen Eigentums wirken grundsätzlich territorial. Das bedeutet, ein vom deutschen Patentamt gewährtes Patent entfaltet seine Schutzwirkung nur in Deutschland. Daran ändert auch das TRIPS nicht, aber es legt gewisse Mindeststandards für den Schutz der Rechte des geistigen Eigentums fest, die in allen Mitgliedsstaaten der WTO eingehalten werden müssen. Ein wichtiger Aspekt ist auch hier wieder die Inländerbehandlung, d. h. Schutzrechte müssen für Inländer und Ausländer in gleicher Weise gelten.

temporärer Zahlungsbilanzprobleme zulässig – was heutzutage aufgrund der stärkeren Verbreitung flexibler Wechselkurse weniger relevant ist – und die Meistbegünstigungsklausel gilt nicht bei Freihandelszonen und Zollunionen, die somit gegenüber Drittländern weiter Zölle erheben können, sowie bei niedrigeren Zöllen für Importe aus Entwicklungsländern. Zudem können Länder in definierten Ausnahmefällen auf bestimmte Güter höhere als die vereinbarten Zollsätze erheben. Zwar widerspricht dies eigentlich der Bindungswirkung des Vertrags, macht es jedoch den Ländern leichter, eine solche Vereinbarung in einem durch Unsicherheit gekennzeichneten Umfeld einzugehen.

17.3 Anti-Dumping-Zölle als endogene Protektion

Wie bereits erläutert, erlauben die GATT-Regeln einem Land in bestimmten Ausnahmefällen die Erhebung von Zöllen, die das vereinbarte Zollniveau überschreiten. Eine Möglichkeit dafür bietet die sogenannte **Escape Clause** in Artikel 19 des GATT-Vertrages, der „Maßnahmen in nicht vorgesehenen Fällen" erlaubt. Solche Fälle sind konkret dann gegeben, wenn die inländischen Produzenten durch gestiegene Importmengen ernstlich geschädigt werden. Gemäß dem Prinzip der Reziprozität müsste dem betroffenen Handelspartner dann normalerweise eine Kompensation gewährt werden, bei **Anti-Dumping-Zöllen** und den damit eng verwandten Ausgleichszöllen bei ausländischen Exportsubventionen ist dies jedoch nicht der Fall. Dies ist darin begründet, dass Dumping und Exportsubventionen als „unfaire" Handelspraktiken des Auslandes angesehen werden und das Ausland somit natürlich auch nicht kompensiert werden muss. Dieses Argument ist bei Exportsubventionen sicherlich einleuchtend. Wie wir jedoch in ▸ Abschn. 10.3.2 gezeigt haben, kann sich Dumping ohne schädigende Absicht als Ergebnis der Gewinnmaximierung in segmentierten Märkten ergeben. Über diese möglicherweise falsche Zuschreibung eines „unfairen" Verhaltens hinaus besteht bei den konkreten Anti-Dumping-Regelungen zudem die Gefahr, dass sie von den Unternehmen als wettbewerbsbeschränkendes Instrument missbraucht werden.

In einem ersten Analyseschritt wollen wir nun annehmen, dass der **Anti-Dumping- oder Ausgleichszoll aus ökonomisch plausiblen Gründen** erhoben wird. Dies wäre bei Dumping beispielsweise dann der Fall, wenn ausländische Unternehmen mit kurzfristig niedrigen Preisen die inländischen Wettbewerber vom Markt verdrängen wollen, um anschließend bei fehlender Inlandskonkurrenz ihre Marktmacht ausspielen zu können. Ein anderes Beispiel wären stark konjunkturabhängige Branchen wie die Stahlindustrie, bei denen es in der Abschwungphase dazu kommen kann, dass die Unternehmen aufgrund der dann bestehenden Überkapazitäten einen Anreiz haben, ihre Produkte unter den Durchschnittskosten zu verkaufen, um zumindest einen Deckungsbeitrag für die Fixkosten zu erzielen. Entsprechend kann bei ausländischen Exportsubventionen, die die wahren komparativen Vorteile verfälschen oder das Ziel des *rent shifting* in Oligopolmärkten verfolgen (vgl. ▸ Abschn. 16.2), ein Ausgleichszoll sinnvoll sein.

Heimische Produzenten können im Fall von ausländischen Exportsubventionen und Dumping sowohl in der EU als auch in den USA Zollschutzmaßnahmen beantragen, wenn sie durch die geringeren Preise der ausländischen Konkurrenz wahrnehmbar geschädigt werden. Wie ◘ Abb. 17.1 für den Fall eines kleinen Landes und vollkommenem Wettbewerb zeigt, kann durch einen Zoll der Preis vom Dumpingniveau auf das „echte" Weltmarktpreisniveau angehoben werden.

In der Referenzsituation ohne Importzoll, ausländische Exportsubvention oder Dumping liegt der Weltmarktpreis bei p^W. Durch einen politisch oder unternehmerisch motivierten „unfairen" Eingriff ergibt sich der Preis p^{Dum}. Erhebt das Inland nun einen Anti-Dumping-Zoll, der den alten Preis wiederherstellen soll, d. h. der resultierende Preis mit Zoll beträgt $p^Z = p^W$, ergeben sich für das Inland Zolleinnahmen (Fläche **c**), die im Prinzip einen Transfer von der ausländischen Regierung (bei Exportsubventionen) bzw. von den ausländischen Unternehmen (bei Dumping) an das Inland darstellen.

Wie sieht es aber mit der Auswirkung des Anti-Dumping-Zolls aus, wenn sich Dumping im Sinne von Preisdiskriminierung als „normales" gewinnmaximierendes Verhalten der ausländischen Wettbewerber einstellt? Der Dumpingpreis p^{Dum} ist dann aus Sicht des Inlandes der relevante Weltmarktpreis, der auch langfristig bestehen bleiben wird. In diesem Fall senkt die Erhebung eines Zolls die inländische Wohlfahrt, da die inländischen Konsumenten nicht von der Preisreduktion profitieren können und zudem ein Teil der inländischen Produktion zu Kosten über dem Dumpingpreis erfolgt. Andererseits wissen wir aus der Analyse der Wirkung von Handelspolitikmaßnahmen, dass ein Zollschutz für die importkonkurrierenden Unternehmen vorteilhaft ist und diese somit auch in diesem Fall einen Anreiz haben, den Einsatz eines Anti-Dumping-Zolls zu fordern. Im Rahmen einer ökonomisch sinnvollen Anti-Dumping-Regelung sollte es in solchen Fällen nicht zu einem Anti-Dumping-Zoll kommen. Wie wir nun zeigen werden, ist dies aber bei der konkreten Ausgestaltung des Anti-Dumping-Verfahrens in der EU oder den USA nicht der Fall.

Entsprechend der GATT-Regeln liegt Dumping dann vor, wenn der Preis im Inland geringer ist als der Preis auf dem Heimatmarkt des ausländischen Wettbewerbers abzüglich der Transport- und sonstigen Handelskosten („fairer" Preis). Falls

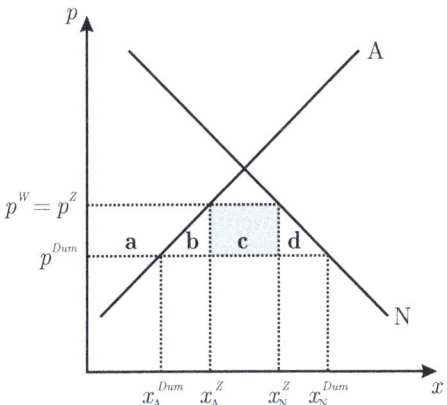

◘ **Abb. 17.1** Wirkung eines Anti-Dumping-Zolls

das Unternehmen in einem der Märkte über Marktmacht verfügt, hängen die gewinnmaximalen Preise von den Nachfrageelastizitäten auf den beiden Märkten ab. Gerade wenn ein Unternehmen auf dem Exportmarkt über relativ geringe Marktmacht verfügt (und damit Dumping zur Verdrängung der Inlandskonkurrenz kaum erfolgversprechend ist), wird die optimale Preissetzung somit als Dumping gewertet.

Die **Struktur des Anti-Dumping-Verfahrens** macht es möglich, dass die inländischen Unternehmen ihre Forderung nach Anti-Dumping-Zöllen im Verlauf des Verfahrens zurückziehen, wenn die ausländischen Wettbewerber entsprechende Zugeständnisse machen. Anderenfalls wird ein Anti-Dumping-Zoll in Höhe der Differenz zwischen Dumpingpreis und dem „fairen" Preis erhoben. Dieser Anti-Dumping-Zoll bleibt bestehen, solange der Preis vor Zoll unter dem „fairen" Preis liegt. Das ausländische Unternehmen muss also den Preis erhöhen, worauf dann zusätzlich noch der Zoll erhoben wird, was das Ergebnis für die inländischen Unternehmen besonders attraktiv macht.

Wie wir gleich auch an einem Beispiel noch verdeutlichen werden, sind insbesondere die folgenden Aspekte im Anti-Dumping-Verfahren problematisch:

- Es werden nur die Auswirkungen auf die inländischen Unternehmen berücksichtigt, nicht diejenigen auf die Konsumenten. Damit kann es grundsätzlich zu Anti-Dumping-Zöllen kommen, die wohlfahrtssenkend sind.
- Auslöser eines Anti-Dumping-Verfahrens sind die inländischen Unternehmen, nicht die Regierung. Das ausländische Unternehmen kann das Ergebnis durch eigene Aktionen vor und während des Verfahrens beeinflussen. Somit sind die Erhebung und die Höhe des Zolls endogen, d. h. die Politik wird durch Aktionen der inländischen und ausländischen Unternehmen festgelegt.
- Die Regelungen des Anti-Dumping-Verfahrens sorgen dafür, dass während des Zeitraums der Verhängung des Anti-Dumping-Zolls der Preis der Importe nach Zoll, p^Z, über dem „fairen" Preis, p^{fair}, liegt: Die Preise in der Vergangenheit $p^{Dum} < p^{fair}$ werden als Berechnungsgrundlage für die Dumping-Marge und damit die Zollhöhe herangezogen. Der Preis vor Zoll muss während des Zeitraums der Verhängung des Anti-Dumping-Zolls mindestens auf Höhe des „fairen" Preises liegen, ansonsten wird der Zeitraum verlängert. Wenn nachvollziehbar unterstellt wird, dass die ausländischen Unternehmen eine Aufhebung des Anti-Dumping-Zolls erreichen wollen, gilt somit anders als in der ◨ Abb. 17.1 unterstellt, ein höherer Preis $p^Z = p^{fair} + t$ und nicht $p^Z = p^{Dum} + t$.
- Zudem bietet der konkrete Ablauf des Anti-Dumping-Verfahrens für die in- und ausländischen Unternehmen die Möglichkeit, sich auf eine kollusive Lösung zu verständigen. Nach der Voruntersuchung, in der abgeklärt wird, ob entsprechend der Regelungen Dumping vorliegt und die inländischen Produzenten dadurch wahrnehmbar geschädigt werden, hat der Kläger nämlich die Möglichkeit, sich mit dem ausländischen Unternehmen zu einigen und seinen Antrag zurückzuziehen. Dies geschieht häufig – in den USA wurden im Zeitraum von 1980–1988 von insgesamt 400 Anträgen etwa 100 und damit ein Viertel zurückgezogen (bei den restlichen Anträgen wurden in der Hälfte der Fälle tatsächlich Anti-Dumping-Zölle verhängt).

Zur **Veranschaulichung der Effekte** betrachten wir nun folgende Situation: Autohersteller aus Südkorea gewinnen in der EU insbesondere im Kleinwagensegment zunehmend Marktanteile. Nehmen wir dabei konkret an, dass die Transportkosten nach Europa 2000 Euro je Auto betragen und die Fahrzeuge in Südkorea und in Europa zu 10.000 Euro angeboten werden. Die europäischen Hersteller können nun mit guten Erfolgsaussichten ein Anti-Dumping-Verfahren gegen die koreanischen Hersteller initiieren: Der „faire" Preis in Europa müsste wegen der Transportkosten 12.000 Euro betragen und somit liegt nach den Anti-Dumping-Regeln Dumping vor. Aufgrund der Ausweitung der Marktanteile der koreanischen Hersteller ergibt sich auch eine wahrnehmbare Schädigung der inländischen Anbieter, da deren Marktanteile zurückgehen.

Welche problematischen Effekte könnten sich nun vor dem Hintergrund der Anti-Dumping-Regeln ergeben?

– Zum ersten könnten die südkoreanischen Unternehmen in Kenntnis der Anti-Dumping-Regelungen den Preis in Europa nicht auf 10.000 Euro, sondern auf 12.000 Euro festlegen und damit ein Anti-Dumping-Verfahren vermeiden. Dies würde für Europa, als Importeur von Kleinwagen zu einem negativen *Terms-of-Trade*-Effekt führen, ohne dass irgendwelche Zolleinnahmen entstehen. Der Nettowohlfahrtsverlust im Zollwirkungsdiagramm (◨ Abb. 17.1) ist für die EU in diesem Fall durch die Flächen **bcd** gegeben, schließlich fallen keine Zolleinnahmen an. Beachten Sie zudem, dass dieser negative Effekt entsteht, ohne dass es überhaupt zu einem Anti-Dumping-Verfahren kommt.

– Würden die südkoreanischen Anbieter demgegenüber den für sie gewinnmaximalen Preis von 10.000 Euro wählen, so käme es zur Eröffnung eines Anti-Dumping-Verfahrens. Bei einer positiven Entscheidung wird dann ein Anti-Dumping-Zoll in Höhe von 2000 Euro erhoben. Solange die koreanischen Unternehmen ihre Preise nicht anpassen, bleibt dieser Zoll bestehen. Nur wenn die Preise vor Zoll auf 12.000 Euro erhöht werden (und damit in Europa die koreanischen Fahrzeuge zu einem Preis mit Zoll in Höhe von 14.000 Euro angeboten werden), wird es nach Überprüfung durch die europäischen Behörden in der Folgeperiode zu einer Löschung des Zolls kommen.

– Kommt es zur Eröffnung eines Anti-Dumping-Verfahrens, so haben die europäischen Unternehmen nach Abschluss der Voruntersuchung auch die Möglichkeit, mit den koreanischen Unternehmen zu verhandeln und ihnen anzubieten, den Anti-Dumping-Antrag zurückzuziehen, wenn die koreanischen Unternehmen entsprechende Zugeständnisse machen. Diese wären dann sogar bereit, ihre Preise auf mindestens 14.000 Euro zu erhöhen (bzw. die Exportmengen entsprechend zu reduzieren), da dies gegenüber der Situation mit dem Anti-Dumping-Zoll klar vorteilhaft wäre. Kommt es somit zu einer Einigung, so entstehen wiederum keine Zolleinnahmen und wegen der konkreten Anti-Dumping-Drohung werden die inländischen Unternehmen voraussichtlich einen Preis deutlich über dem fairen Preis durchsetzen können.

Während die *Escape Clause* nur sehr selten zur Anwendung kommt, spielen Anti-Dumping-Zölle eine wichtige Rolle in der handelspolitischen Praxis. So wurden allein in den USA im Zeitraum zwischen 1980 und 1994 über 700 Anti-Dumping-Verfahren initiiert. Zum Versuch, einen Zollschutz über die *Escape Clause* zu erhalten, kam es demgegenüber nur in 21 Fällen. Vor dem Hintergrund der durch die Regelungen des Anti-Dumping-Verfahrens gegebenen Anreize für die inländischen Unternehmen ist das wenig verwunderlich: Unabhängig davon, ob tatsächlich „unfaires" Dumping vorliegt und wie das Anti-Dumping-Verfahren letztlich ausgeht, wird es zu höheren Importpreisen (nach Zoll) bzw. zu einer Einschränkung der Importmenge durch die ausländischen Konkurrenten kommen, was beides zu einer höheren Produzentenrente für die inländischen Unternehmen führt.

17.4 Optimalzoll und Handelskrieg im Tauschkurvendiagramm

In ▶ Abschn. 15.3 haben wir gezeigt, dass die Regierung eines „großen" Landes, d. h. eines Landes, das den Weltmarktpreis durch seine Handelspolitik beeinflussen kann, durch einen geeignet gewählten Zoll die inländische Wohlfahrt gegenüber der Freihandelssituation erhöhen kann. Beim Einsatz eines solchen „Optimalzolls" ist jedoch zu beachten, dass sich der Vorteil für das Inland auf Kosten des Auslandes ergibt – dies wird bei vollkommen unelastischer (senkrecht verlaufender) Inlandsnachfrage besonders deutlich. Falls das Ausland auch bei bestimmten Gütern in der Position eines großen Landes ist, besteht die Gefahr von Vergeltungsmaßnahmen durch Zölle auf Exportgüter des Inlandes. Eine solche Situation wäre etwa bei einem Handelskrieg zwischen den USA und der EU gegeben. Insgesamt ergibt sich dann ein Wohlfahrtsverlust: Der Außenhandel geht zurück und die realen *Terms of Trade* verändern sich möglicherweise gar nicht.

Dieser Aspekt der Vergeltung lässt sich anhand von **Tauschkurven** *(offer curves)* veranschaulichen, einer Darstellung zur Bestimmung des Weltmarktgleichgewichtes (Preise und Handelsmengen) für zwei Güter und zwei Länder. Die Tauschkurve kann aus den Abbildungen mit Produktionsmöglichkeitenkurven und Wohlfahrtsindifferenzkurven abgeleitet werden, wie wir sie in den ▶ Kap. 4 und 5 verwendet haben. Im Tauschkurvendiagramm werden die relativen Preise (in Mengeneinheiten des anderen Gutes) bestimmt, wobei im Gleichgewicht für beide Länder und beide Güter gelten muss, dass die gewünschte Exportmenge der gewünschten Importmenge zu diesem Preisverhältnis entspricht. Die Tauschkurve eines Landes gibt dabei alle Kombinationen von gewünschten Export- und Importmengen an. Sie beantwortet somit die Frage: Welche Exportmenge ist ein Land bereit zu „bezahlen", um eine bestimmte Importmenge zu erhalten?

In ◘ Abb. 17.2 wird zunächst die Tauschkurve des Inlandes auf der Grundlage einer Ricardo-Situation abgeleitet.[2] Wir gehen davon aus, dass sich das Inland bei Freihandel vollkommen auf die Produktion von x (Industrieprodukte) spezialisiert, was zum Produktionspunkt P^F führt. Diese Produktionskombination stellt damit den Ausgangspunkt für jede Handelstätigkeit dar, weshalb davon ausgehende gestrichelte Weltmarktpreislinien eingezeichnet sind. Je steiler diese verlaufen, desto mehr kann sich das Land von Gut y leisten (es muss für eine zusätzliche Einheit an y weniger von Gut x aufgeben). Um herauszufinden, welchen Konsum das Land sich bei den jeweiligen Preisen wünscht, sind Wohlfahrtsindifferenzkurven eingezeichnet. Diese geben an, welche konsumierten Güterkombinationen die gleiche Wohlfahrt erzeugen, wobei weiter außen liegende Kurven mit einer höheren Wohlfahrt einhergehen. Die Tangentialpunkte (A, B und C) zwischen den

17

---

2   Die Ableitung für ein Zwei-Faktoren-Modell mit der nach außen gewölbten Produktionsmöglichkeitenkurve erfolgt analog, ist aber von der Zeichnung her etwas unübersichtlicher, da sich bei Änderung des Relativpreises nicht nur der Konsumpunkt, sondern auch der Produktionspunkt verschiebt.

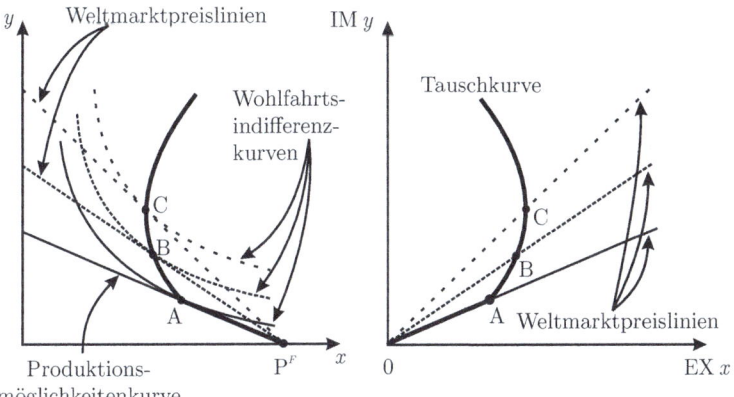

■ **Abb. 17.2**   Ableitung der inländischen Tauschkurve im Ricardo-Modell

Wohlfahrtsindifferenzkurven und den Weltmarktpreislinien geben dann den wohl-
fahrtsmaximierenden Konsum an. Dabei gilt, dass die Wohlfahrt bei C höher als
bei B und dort wiederum höher als bei A ist. Verbinden wir P^F mit den Tangenti-
alpunkten, erhalten wir die dicke nach rechts gebogene Kurve. Deren Form ergibt
sich daraus, dass die Konsumenten trotz des immer geringer werdenden Preises von
Gut y irgendwann nicht mehr bereit sind, noch mehr von diesem zu konsumieren,
sondern sich stattdessen wieder mehr Gut x leisten werden (was sie angesichts des
immer kleiner werdenden Ausgabenanteils für Gut y auch aufbringen können).

Die eben abgeleitete Kurve lässt sich in das rechte Diagramm übertragen, in
dem nicht die Konsum- und Produktionsmengen der Güter, sondern die Exportmengen von x und die Importmengen von y (Agrarprodukte) abgetragen sind.
Konkret können wir das linke Diagramm an einer durch P^F senkrecht verlaufenden Linie (nicht in der Abbildung eingezeichnet) spiegeln, um die Tauschkurve des
Inlandes zu erhalten. Die resultierende Tauschkurve beginnt im Ursprung O, in
dem kein Handel (Autarkie) zu beobachten ist. Wie wir im linken Diagramm sehen, möchten die Konsumenten etwa in Punkt A mehr von Gut y und weniger von
Gut x konsumieren als im Inland bei Spezialisierung in P^F produziert wird. Daher
ist das Land in Punkt A (rechtes Diagramm) bereit, das Überschussangebot an Gut
x zu exportieren, um im Gegenzug die gewünschte Menge an Gut y zu importieren:
Die Vektoren $\overrightarrow{P^F A}$ und $\overrightarrow{OA}$ haben die gleiche Länge. Analog können wir für alle anderen angegebenen Konsumpunkte auch verfahren, sodass die Punkte im rechten
Diagramm denjenigen im linken entsprechen. Damit wissen wir auch, dass etwa C
mit einer höheren Wohlfahrt als A verbunden ist und somit weiter außen auf der
Tauschkurve liegende Punkte mit einer höheren inländischen Wohlfahrt verbunden
sind. Die Steigung einer Geraden, die beginnend im Ursprung O die Tauschkurve
schneidet, gibt dann die *Terms of Trade* in diesem Schnittpunkt an.

Diese Darstellungsform erlaubt es uns nun wie in ■ Abb. 17.3 die Tauschkurve
TK* des Auslandes in die gleiche Graphik einzuzeichnen, wobei jetzt auf der x-
Achse die Importe der Industrieprodukte und auf der y-Achse die Exporte der Agrarprodukte gemessen werden. Unterstellen wir einen zum Inland symmetrischen
komparativen Vorteil des Auslands auf Gut y (Agrarprodukte) und damit eine sym-

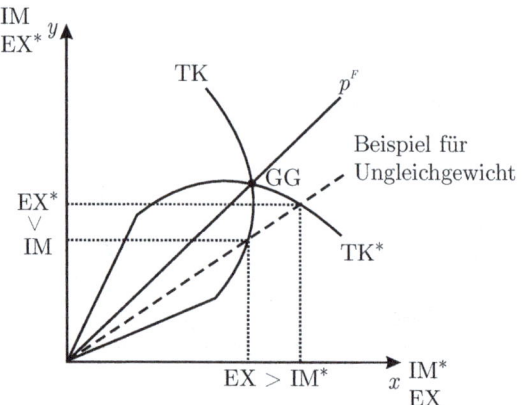

● **Abb. 17.3**   Tauschkurve für Inland und Ausland

metrische Spezialisierung auf y, ist die für das Ausland abgeleitete Tauschkurve an der durch den Ursprung verlaufenden 45°-Linie gespiegelt.

Im **Weltmarktgleichgewicht** muss dann gelten, dass bei beiden Gütern die jeweils gewünschten Export- und Importmengen gleich sind. Dies ist im Schnittpunkt GG der beiden Tauschkurven der Fall – die Steigung der Geraden durch diesen Punkt, p^F, gibt dann die gleichgewichtigen *Terms of Trade* an. Zur Veranschaulichung haben wir noch eine weitere gestrichelte Preislinie eingezeichnet – der flachere Verlauf impliziert einen geringeren relativen Preis von Gut x (für eine gegebene Menge an Gut x bekommt man weniger von Gut y). Bei diesem Preisverhältnis würde sich eine Ungleichgewichtssituation ergeben: Während es bei den Industrieprodukten hier zu einem Nachfrageüberschuss käme (das Ausland wünscht sich mehr Importe von den relativ günstigen Industrieprodukten als das Inland bei diesem Preis zu exportieren bereit ist), läge bei den Agrarprodukten ein Angebotsüberschuss vor (gewünschte ausländische Exportmenge übersteigt die gewünschte inländische Importmenge).

Anhand des Tauschkurvendiagramms können wir nun folgende Fragen analysieren:
- Welche Auswirkung hat ein Zoll, den das Inland auf Agrarprodukte erhebt?
- Wie wirkt sich ein Vergeltungszoll des Auslandes auf Industrieprodukte aus?

Betrachten wir zunächst den **Optimalzoll** in ● Abb. 17.4. Wird auf die Agrarprodukte y ein Zoll erhoben, so dreht sich die Tauschkurve des Inlandes nach links innen von TK^0 zu TK^1: Durch den Zoll verteuern sich Agrargüter, wodurch die inländische Nachfrage danach sinkt – damit sinkt auch die Importnachfrage und es müssen weniger Industriegüter im Austausch dafür exportiert werden. Im neuen Gleichgewicht GG^1 ergibt sich dann aus Sicht des Inlandes ein günstigeres Weltmarktpreisverhältnis: Gegenüber GG^0 wird eine deutlich geringere Menge an Industriegütern exportiert, während die Agrarimporte nur marginal zurückgehen (bei einem etwas anderen Verlauf der Handelsindifferenzkurven könnte es sogar zu einer Erhöhung der Importe kommen). Dabei ist die Höhe des Zolls an der relativen Steigung der beiden Preisgeraden ersichtlich – bei einem Wertzoll in Höhe von t erhöht sich die Steigung um den Faktor $1/(1 + t)$.

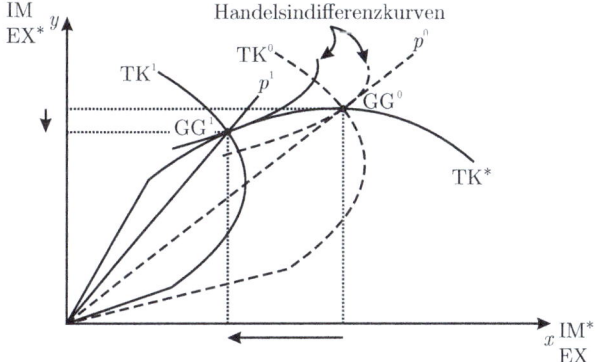

Abb. 17.4   Bestimmung des Optimalzolls mittels Tauschkurven

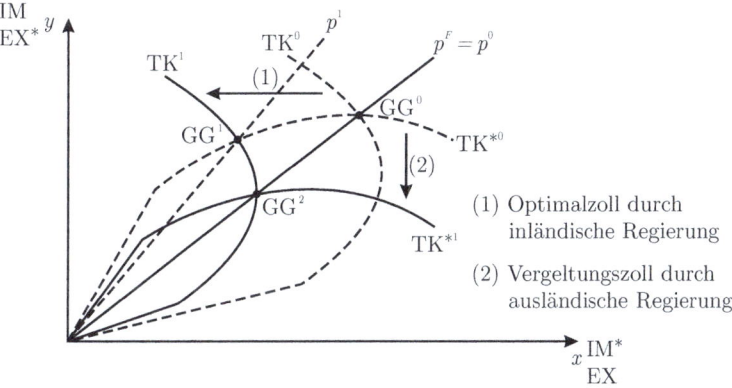

Abb. 17.5   Handelskrieg im Tauschkurvendiagramm

In der Abbildung haben wir zusätzlich Handelsindifferenzkurven eingezeichnet, die alle Kombinationen von Export- und Importmengen angeben, die im Inland zum gleichen Wohlfahrtsniveau führen. Diese Indifferenzkurven verlaufen konvex und steigend, wobei sie ein umso höheres Wohlfahrtsniveau repräsentieren, je weiter sie von der x-Achse entfernt sind (dies impliziert, dass das Land für eine gegebene Exportmenge im Gegenzug mehr Importe erhält). Sie tangieren im Schnittpunkt mit der Tauschkurve die zugehörige Preisgerade. Der Optimalzoll kann dann ähnlich wie das Stackelberg-Gleichgewicht graphisch dadurch ermittelt werden, dass wir diejenige Indifferenzkurve suchen, die die Tauschkurve des Auslandes gerade berührt (was in GG^1 der Fall ist). Die Preisgerade durch den Berührpunkt gibt dann dasjenige Preisverhältnis an, das durch die Wahl des Optimalzolls realisiert werden soll.

Kommen wir nun zur Analyse des **Vergeltungszolls.** Wie wir in Abb. 17.4 erkennen können, ergibt sich der Vorteil für das Inland durch den Optimalzoll auf Kosten des Auslandes – eine Verbesserung der inländischen *Terms of Trade* ist gleichbedeutend mit einer Verschlechterung der ausländischen *Terms of Trade* (für einen gegebene Exportmenge erhält es jetzt weniger Importe). Da es sich dabei auch

um ein großes Land handelt, kann es durch einen Vergeltungszoll auf Industrieprodukte jedoch ebenfalls seine Wohlfahrt erhöhen. Die Tauschkurve des Auslandes
dreht sich durch einen solchen Zoll, wie in ■ Abb. 17.5 zu erkennen ist, nach rechts
unten von TK^{*0} zu TK^{*1}. Im Beispiel befindet sich das neue Gleichgewicht GG^2 auf
der ursprünglichen Weltmarktpreislinie (damit entspricht es dem Ergebnis, das sich
bei Zollerhebung durch ein kleines Land ergeben hätte). Dies muss nicht notwendigerweise gelten, macht jedoch den Gesamteffekt eines Optimalzolls mit Vergeltung
besonders drastisch deutlich: Insgesamt stellen sich gegenüber der Freihandelssituation eindeutig beide Länder schlechter – bei unveränderten *Terms of Trade* wird weniger gehandelt.

Die Auszahlungsmatrix in ■ Tab. 17.1. verdeutlicht dies nochmals numerisch:
Eine unilaterale Zollerhöhung führt zu einer höheren Auszahlung durch die Verbesserung der eigenen *Terms of Trade* (20) und damit einer Verschlechterung derjenigen des Handelspartners (−10), während die bilaterale Zollerhöhung das Handelsvolumen und damit die Vorteile aus der Handelstätigkeit für beide Partner

■ **Tab. 17.1**   Handelskrieg als Gefangenendilemma

EU, USA	Freihandel	Protektion
Freihandel	(10, 10)	(−10, 20)
Protektion	(20, −10)	(−5, −5)

gleichermaßen reduziert (−5). An der Auszahlungsstruktur ist zu erkennen, dass
sich aus dem Handelskrieg der beiden großen Länder mit Zollerhebung und Vergeltung eine Gefangenendilemma-Situation einstellt, die durch eine Verhandlungslösung überwunden werden müsste. Da bindende Verträge, die durch eine externe Institution durchgesetzt werden, im internationalen Kontext nicht möglich sind, gäbe
es im statischen Kontext keine Möglichkeit, dieses Problem zu lösen. In dynamischer Perspektive kann jedoch die Androhung von Vergeltung durch den Handelspartner die pareto-optimale Verhandlungslösung realisierbar machen.[3]

Für symmetrische, große Länder in einem statischen Umfeld wäre somit zwar
zur Realisierung der effizienten Lösung ein Handelsabkommen notwendig, das
durch die angedrohte „Bestrafung" bei Abweichung durchgesetzt wird. Eine Begründung für eine Institution wie die WTO und die spezifischen Regelungen des
GATT kann daraus jedoch nicht abgeleitet werden. Unter der realitätsnäheren Annahme von mehr als zwei unterschiedlich großen Ländern, die in einem dynamischen Umfeld interagieren, wollen wir nun aber zeigen, dass die GATT-Regeln, insbesondere Reziprozität und Meistbegünstigung, für eine erfolgreiche Kooperation
auf jeden Fall hilfreich, teilweise sogar unabdingbar sind. Insbesondere macht die

17

---

3   Für diejenigen mit vertieften spieltheoretischen Vorkenntnissen: Bei Annahme eines unendlich
oft wiederholten Spiels mit ausreichend hohem Diskontfaktor kann gezeigt werden, dass die Verhandlungslösung durch eine *Grim-Trigger*-Strategie realisierbar ist, bei der zunächst Freihandel gewählt wird, aber im Falle einer Abweichung durch eines der beiden Länder das andere Land für immer zum Optimalzoll wechselt („Totale Vergeltung"). Vgl. hierzu auch Bartholomae/Wiens (2020),
► Abschn. 5.3.

Box 17.3: Analyse der Wirkung von Wirtschaftssanktionen im Tauschkurvendiagramm

Auch wenn oben im Text von einem „Handelskrieg" gesprochen wird, so werden dabei eher ökonomische und weniger politische oder gar militärische Ziele verfolgt. Bisweilen wird aber Handelspolitik eingesetzt, um Druck auf ein anderes Land auszuüben, ohne dabei zum letzten Mittel einer militärischen Auseinandersetzung zu greifen. In diesem Fall werden **Sanktionen** verhängt, die auf mehreren Ebenen greifen können: Sie können den Handel, den Kapitalverkehr oder Freiheiten einzelner politisch relevanter Individuen (z. B. Einfrieren von Auslandsvermögen, Einschränkung der Reisefreiheit) beschränken. Ein aktuelles Beispiel dafür sind die Sanktionen, die die westlichen Industrieländer im Jahr 2022 als Reaktion auf den russischen Einmarsch in die Ukraine gegen Russland verhängt haben. Wir wollen uns nun konkret mit den Auswirkungen von Handelssanktionen beschäftigen, die sich sehr gut im Tauschkurvendiagramm untersuchen lassen (vgl. Kaempfer/Lowenberg 2007).

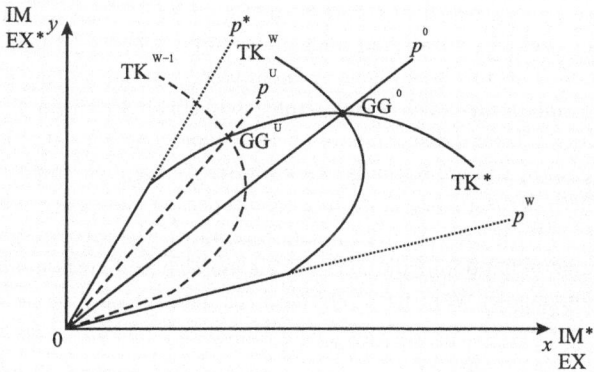

In der Abbildung bezeichnet TK^* die Tauschkurve des zu sanktionierenden Landes und TK^W, die aggregierte Tauschkurve aller Länder, die sich für die Sanktionsmaßnahmen entschieden haben. Zur Vereinfachung gehen wir davon aus, dass es sich hier um die Weltgemeinschaft handelt, die mit dem Verhalten des zu sanktionierenden Landes nicht einverstanden ist und daher wirtschaftlichen Druck auf dieses Land ausüben möchte. Weiterhin gehen wir davon aus, dass das zu sanktionierende Land der einzige Exporteur von Gut y ist – es könnte sich hierbei beispielsweise um eine wichtige natürliche Ressource wie Öl handeln. In der Ausgangsituation ohne Sanktionen beschreibt p^0 die ursprünglichen *Terms of Trade*. Nun entschließt sich die Welt für ein vollständiges **Embargo,** d. h. das sanktionierte Land wird in einen Autarkiezustand versetzt und ihm ist es nicht mehr möglich, Güter zu exportieren oder zu importieren. Auch die Welt befindet sich damit gegenüber dem sanktionierten Land in Autarkie. Für beide Regionen ändern sich die *Terms of Trade*. Der Handel zwischen beiden sinkt auf null, womit die *Terms of Trade* für das sanktionierte Land auf das Autarkiepreisverhältnis p*und für di e Welt auf p^W fallen – beide Regionen erleiden damit einen Wohlfahrtsverlust. Da die Welt aus mehreren Ländern besteht, muss dieser Verlust hier nicht gleichmäßig verteilt sein: Eventuell können nun einige Länder das Gut exportieren, für die es sich vorher nicht gelohnt hat und profitieren daher von den Sanktionsmaßnahmen. Eindeutig ist jedoch, dass der aggregierte Wohlfahrtseffekt negativ ausfällt.

Wie stark dieser Verlust für die Welt und das sanktionierte Land ausfällt, hängt stark von Krümmung der Tauschkurven ab. Und diese hängt wiederum von der ökonomischen Größe der Regionen ab: Je größer ein Land, desto weniger gekrümmt ist dessen Tauschkurve und wird im Extremfall linear verlaufen, da es durch seine Größe einen starken Einfluss auf die Weltmarkpreise hat und diese im Extremfall seinen Autarkiepreisen entsprechen. Ein kleines Land wiederum wird stark gekrümmte Tauschkurven aufweisen, da es die Weltmarktpreise kaum beeinflussen kann. Somit wird ein großes Land bzw. eine Gemeinschaft von Ländern weniger unter sich verschlechternden Handelsbedingungen in Folge von Sanktionen leiden als ein kleines Land, für das sich die *Terms of Trade* drastisch verschlechtern – dies gilt sowohl bezogen auf die sanktionierende als auch die sanktionierte Seite.

Der Unterschied in den Auswirkungen wird auch klar, wenn wir davon ausgehen, dass etwa nur ein Land aus der Weltgemeinschaft ein Embargo beschließt. In der Abbildung beschreibt TK^{W-1} in diesem Fall die Tauschkurve der restlichen Welt, die nach wie vor Handel mit dem sanktionierten Land treibt. Das neue Preisverhältnis p^U – wobei U sich hier auf die nur unilaterale Sanktionierung bezieht – zeigt, dass sich die *Terms of Trade* für die restlichen Länder verbessert haben. Die wegbrechende Nachfrage des sanktionierenden Landes führt schließlich zu einem Preisrückgang bei Gut y, während das mit dem Embargo belegte Land eine Verschlechterung seiner Handelsbedingungen erfährt. Kann das sanktionierende Land die Importe von Gut y nicht aus Ländern der restlichen Weltgemeinschaft decken, hat es sich durch das Embargo ebenfalls selbst in eine Autarkiesituation gebracht. Da sich die *Terms of Trade* für das sanktionierte Land im Falle eines nur unilateralen Embargos weniger stark als im Fall des multilateralen Vorgehens verschlechtert haben, wird dieses gegebenenfalls einen deutlich geringeren Anreiz haben, sein Verhalten zu ändern. Das Embargo ist damit deutlich weniger wirksam.

Unabhängig davon, wie viele Länder sich an den Sanktionsmaßnahmen beteiligen, kommt es durch Sanktionen in Form eines Embargos sowohl beim sanktionierten als auch den sanktionierenden Ländern immer zu einem Wohlfahrtsverlust. Eine alternative Möglichkeit wäre der Einsatz eines nicht-prohibitiven Zolls, der zwar eine schwächere Sanktionswirkung entfaltet, aber zu einer Rentenumlenkung zugunsten des sanktionierenden Land führt und damit für dieses potentiell sogar wohlfahrtssteigernd sein kann.

Mit der bisherigen Analyse haben wir gezeigt, dass Handelssanktionen grundsätzlich geeignet sind, die Wohlfahrt des Ziellandes zu verringern. Da das eigentliche Ziel der Sanktionen aber in einer Verhaltensänderung durch die Regierung des Ziellandes besteht, reicht dies noch nicht aus, die politische Wirksamkeit von Sanktionen zu belegen. Dazu ist eine umfassendere Analyse notwendig (vgl. Morasch 2022): Zum einen kann dabei mit Hilfe spieltheoretischer Methoden herausgearbeitet werden, unter welchen Voraussetzungen der Einsatz von Sanktionen glaubwürdig ist und damit zu einer politischen Verhaltensänderung führt. Zum anderen wird mit empirischen Studien analysiert, ob und wie Sanktionen in der Realität wirken. Die Ergebnisse sind hier durchaus gemischt, es ist dabei aber zu berücksichtigen, dass Sanktionen neben dem eigentlichen Ziel der Verhaltensänderung im Zielland häufig auch als Signal gegenüber Drittländern oder für innenpolitischen Zielsetzungen eingesetzt werden.

17

Rahmensetzung durch den GATT-Vertrag die Teilnahme an Handelsvereinbarungen auch für relativ kleine Länder mit schwacher Verhandlungsposition attraktiv.

17.5 Ökonomie des GATT: Reziprozität und Meistbegünstigung

Im Tauschkurvendiagramm haben wir anhand der Optimalzollpolitik gesehen, dass die Zollpolitik eines großen Landes zu einer *Terms-of-Trade*-Externalität führt. Dies gilt auch dann, wenn die Handelspolitik nicht explizit auf eine Änderung des Weltmarktpreisverhältnisses abzielt, sondern der Realisierung binnenpolitischer Ziele dient oder Ergebnis des politischen Prozesses ist.

Vor diesem Hintergrund kann das Prinzip der **Reziprozität** in der GATT-Vereinbarung nun so interpretiert werden, dass bei der Verhandlung über die Reduktion von Zollsätzen das Weltmarktpreisverhältnis gegenüber der Ausgangssituation unverändert bleiben soll. Dies wird nicht explizit so formuliert, doch die Gewährung verstärkten Marktzugangs für ausländische Exporte im Gegenzug zu einer Zollreduktion des Auslandes ist gerade notwendig, um eine Veränderung des Weltmarktpreisverhältnisses zu verhindern. Konkret führt eine simultane Anpassung der Handelspolitik in zwei Ländern dann zu unveränderten *Terms of Trade,* wenn sich der Wert der Importe jedes Landes in gleichem Umfang erhöht wie der Wert der Exporte. Zwar bleiben dann die *Terms of Trade* konstant, aber das lokale Preisverhältnis verschiebt sich zugunsten des Exportsektors. Dieser Aspekt ist politökonomisch wichtig, da dies die politische Unterstützung der exportierenden Unternehmen beim Abbau der Protektion sicherstellt.

Der Vorteil der Reziprozität wird in ◘ Abb. 17.6 veranschaulicht. Zunächst liegen hier Nash-Gleichgewichtszölle vor, die sich aus der simultanen Festlegung der Zollsätze durch die Länder unter Berücksichtigung ihrer Politikziele und der *Terms-of-Trade*-Effekte ergeben. Wird von diesen Zöllen ausgehend, eine reziproke Zollsenkung durchgeführt, kommt es zu einer Pareto-Verbesserung. Im Nash-Gleichgewicht verläuft die Indifferenzkurve der Zielfunktion G der inländischen Regierung vertikal und die der ausländischen Regierung G* horizontal: Zum gegebenen Gleichgewichtszoll des anderen Landes wird dann jeweils die höchstmögli-

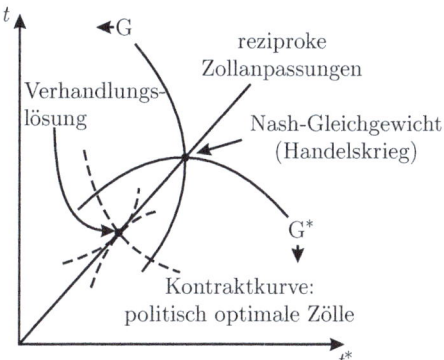

◘ Abb. 17.6 Reziproke Zollsenkung

che Zielerreichung realisiert (analog zu den Isogewinnkurven, die auch im Cournot-Gleichgewicht vertikal bzw. horizontal verlaufen).

Im Nash-Gleichgewicht wollen beide Länder mehr Handel, solange sich das Weltmarktpreisverhältnis nicht zu ihren Ungunsten verschiebt. Genau dies wird durch Reziprozität beim Abbau der Handelsbeschränkungen sichergestellt. Im Idealfall symmetrischer Länder, wie er in der Abbildung dargestellt ist, führt dies auf eine Verhandlungslösung, die auf der Kontraktkurve mit den pareto-optimalen Zöllen liegt. Bei asymmetrischen Ländern kann diese Lösung zwar möglicherweise nicht erreicht werden, weil eines der Länder bereits bei einem höheren Zollsatz einen Berührpunkt zwischen der Indifferenzkurve und der Preisgeraden realisiert. Da die Steigung der Geraden mit den reziproken Zollanpassungen aber zwischen den Steigungen der beiden Indifferenzkurven liegen muss, ist immer eine Verbesserung gegenüber dem Nash-Gleichgewicht, bei dem keine Kooperation stattfindet, realisierbar.

Eine wichtige Rolle spielt die Reziprozität auch bei der Notwendigkeit von Vertragsanpassungen bei veränderten ökonomischen Rahmenbedingungen. Dies wurde in ▶ Abschn. 17.3 bei der Vorstellung der *Escape Clause* bereits angedeutet. Dieser Aspekt macht die Teilnahme relativ verhandlungsschwacher Länder im GATT attraktiver: Passt ein Land seine Volkswirtschaft an die nach dem Abbau der Handelsbeschränkung gegebene Situation an, muss es nicht fürchten, dass ein verhandlungsstärkeres Land seine Macht ausnutzen kann, um die *Terms of Trade* in der neuen Situation zu seinen Gunsten zu verändern. Man spricht in diesem Zusammenhang auch von einer verringerten Gefahr des „Holdup", ein Konzept, das wir bei der Diskussion des Transaktionskostenansatzes in ▶ Kap. 19 noch genauer kennenlernen werden.

Was ist nun die Funktion der **Meistbegünstigungsklausel,** die verlangt, dass eine bilaterale Zollsenkung auch auf alle anderen GATT-Länder anzuwenden ist? Auf den ersten Blick scheint dieses Konzept wenig sinnvoll, da es einem Drittland ermöglicht, als „Trittbrettfahrer" von zwischen zwei anderen Ländern vereinbarten Zollsenkungen zu profitieren. Bei dieser Argumentation wird jedoch nicht berücksichtigt, dass die verhandelnden Länder ohne Meistbegünstigung einen Anreiz hätten, die bilaterale Vereinbarung zu Lasten des Drittlandes auszugestalten. Diesen Aspekt werden wir im nächsten Abschnitt noch im Zusammenhang mit der potentiellen Wirkung von Freihandelszonen und Zollunionen genauer untersuchen. Um diese Möglichkeit wirksam zu verhindern, ist das Prinzip der Meistbegünstigung notwendig – Reziprozität alleine genügt nicht, da sich auch bei konstantem Weltmarktpreisverhältnis die lokalen Preise anpassen können und damit beispielsweise die Nachfrage nach Produkten aus dem Drittland verringert werden kann.

Die Prinzipien Meistbegünstigung und Reziprozität sind komplementär zueinander: Während die Meistbegünstigung sicherstellt, dass zwischen den Handelspartnern nur *Terms-of-Trade*-Externalitäten auftreten können, stellt Reziprozität sicher, dass diese *Terms-of-Trade*-Externalitäten neutralisiert werden. Daher ist es auch durchaus problematisch, dass im Rahmen des GATT das Prinzip der Meistbegünstigung bei Zollunionen und Freihandelszonen durchbrochen wird. Mit dieser Problemstellung werden wir uns im folgenden Abschnitt auseinandersetzen.

17.6 Regionale Integration: Zollunionen und Freihandelszonen

Eine verzerrte Integration liegt dann vor, wenn es zum Abbau wirtschaftlicher Schranken innerhalb einer Ländergruppe, aber nicht zwischen diesen Ländern und dem Rest der Welt kommt. Ein typisches Beispiel dafür ist die Europäische Union (EU), bei der es keine Zölle zwischen den Mitgliedsländern gibt, aber einen gemeinsamen EU-Außenzoll. In diesem Abschnitt stellen wir zunächst die verschiedenen Formen der verzerrten Integration vor. Anschließend werden wir die potentiellen Wirkungen einer Zollunion genauer analysieren. Zum Abschluss betrachten wir die empirischen Ergebnisse zu den Auswirkungen regionaler Integration.

17.6.1 Zollunionen und andere Formen verzerrter Integration

Folgende Hauptformen der verzerrten Integration lassen sich unterscheiden:
- Im Rahmen einer **verzerrten Zollsenkung** reduziert eine Gruppe von Ländern die Zölle auf diejenigen Güter, die zum größten Teil zwischen ihnen gehandelt werden, während andere Zölle unverändert bleiben.
- **Diskriminierende Zollpräferenzen** liegen vor, wenn eine Ländergruppe die Zölle untereinander reduziert (aber nicht eliminiert) und gegenüber Produkten aus dritten Ländern unverändert lässt.
- In **Freihandelszonen** eliminieren die Mitgliedsländer die Zölle untereinander vollständig. Jedes Mitglied behält jedoch gegenüber anderen Nichtmitgliedsländern seine individuellen Zollsätze bei. Ein Beispiel hierfür ist die NAFTA (*North American Free Trade Agreement*) in der sich die USA, Kanada und Mexiko zusammengeschlossen haben.
- Im Rahmen einer **Zollunion** werden wie bei Freihandelszonen die Zölle untereinander vollständig eliminiert. Zusätzlich wird jedoch ein gemeinsames Zollsystem für Importe von Ländern außerhalb der Zollunion festgelegt. Ein Beispiel dafür ist der Vorläufer der EU, die EG (Europäische Gemeinschaft), die sich zumindest aus außenhandelspolitischer Perspektive bis 1993 auf eine Zollunion beschränkte.
- Ein **gemeinsamer Markt** liegt vor, wenn wie im EU-Binnenmarkt zusätzlich zur Aufhebung der Zölle auch Faktorbewegungen zwischen den Mitgliedsländern uneingeschränkt möglich sind.

■ **Tab. 17.2** Formen (außen-)wirtschaftlicher Integration

Integrationsgrad	Verzicht auf internen Zoll	Gemeinsamer Außenzoll	Faktormobilität	Gemeinsame Wirtschaftspolitik
Zollpräferenz	niedrigerer Zoll	nein	nein	nein
Freihandelszone	ja	nein	nein	nein
Zollunion	ja	ja	nein	nein
Gemeinsamer Markt	ja	ja	ja	nein
Wirtschaftsunion	ja	ja	ja	ja

— Bei einer **Wirtschaftsunion** vereinheitlichen die Mitgliedsländer auch ihre Wirtschaftspolitiken. Als Beispiel kann die EU ab 1999 nach dem Vertrag von Maastricht und der Einführung der Europäischen Währungsunion genannt werden.

◻ Tab. 17.2 fasst die Unterschiede der verschiedenen Integrationsformen zusammen.

17.6.2 Auswirkungen verzerrter Integration

Im Folgenden werden die wesentlichen Effekte der verzerrten Integration am Beispiel einer Zollunion dargestellt. Wir betrachten dabei in stilisierter Weise den Handel von Autos zwischen drei Ländern – Deutschland, Frankreich und Japan. Zur Vereinfachung und zur Konzentration auf den Aspekt der verzerrten Integration gehen wir dabei zunächst von einem Markt mit vollkommenem Wettbewerb aus und beschränken uns auf eine Partialmarktanalyse für ein kleines Land. Welche zusätzlichen Effekte sich in allgemeineren Modellen ergeben, wird dann im Anschluss kurz erläutert.

In der Ausgangssituation seien in Frankreich und Deutschland unterschiedlich hohe nicht-diskriminierende Importzölle gegeben, die im Rahmen der Zollunion beim Handel zwischen Frankreich und Deutschland entfallen, während gegenüber Japan ein gemeinsamer Außenzoll festgelegt wird. Diese verzerrte Integration führt nun zu zwei Effekten:

a) **Handelsschaffung:** Die Eliminierung der Zölle im Zuge der Zollunion zwischen Frankreich und Deutschland schafft zusätzlichen Handel zwischen den beiden Ländern entsprechend der jeweiligen komparativen Vorteile. Dieser Handelsschaffungseffekt führt zu positiven Wohlfahrtswirkungen.

b) **Handelsumlenkung:** Da die Zollschranken zwischen Frankreich und Deutschland aufgehoben sind, während auf japanische Importe weiterhin Zölle erhoben werden, wird es nun attraktiv, Produkte nicht mehr aus Japan, sondern aus Frankreich bzw. Deutschland zu importieren. Diese Handelsumlenkung reduziert die Effizienz, da die Güter außerhalb der Zollunion kostengünstiger beschafft werden könnten.

Wir wollen uns diesen zweiten Effekt nun zunächst anhand eines einfachen Zahlenbeispiels verdeutlichen. Angenommen, die Kosten für die Herstellung eines Fahrzeugs der oberen Mittelklasse (z. B. Peugeot 508, BMW 5er, Lexus ES) betragen in Frankreich 60.000 Euro, in Deutschland 40.000 Euro und in Japan 30.000 Euro. Vor Bildung der Zollunion erhebt Frankreich Importzölle in Höhe von 60 % und Deutschland in Höhe von 40 % des Importwertes. Dies führt dazu, dass Frankreich Fahrzeuge aus Japan importiert $(1 + 0,6) \cdot 30.000$ Euro $= 48.000$ Euro < 60.000 Euro], während Deutschland die Fahrzeuge selbst herstellt [$(1 + 0,4) \cdot 30.000$ Euro $= 42.000$ Euro > 40.000 Euro]. Wird nun eine Zollunion zwischen Frankreich und Deutschland vereinbart (wie sie im Rahmen der EU tatsächlich gegeben ist) und der gemeinsame Außenzoll auf 50 % festgelegt, so wird Frankreich die Autos nicht mehr aus Japan, sondern aus Deutschland importieren [$(1 + 0,5) \cdot 30.000$ Euro $= 45.000$ Euro > 40.000 Euro].

17

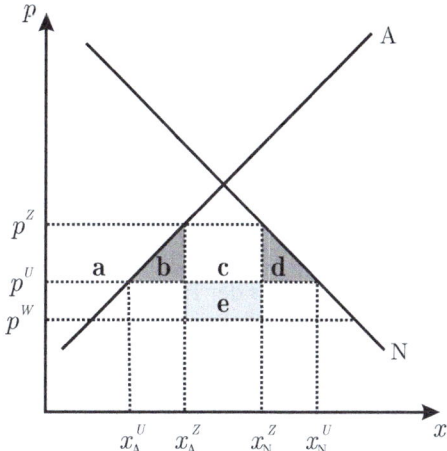

◘ Abb. 17.7 Zollunion: Handelsschaffung und Handelsumlenkung

Es erfolgt also eine Handelsumlenkung zum wodurch sich für die Mitglieder der Zollunion insgesamt gegenüber der Ausgangssituation ein Wohlfahrtsverlust ergibt.

Zur weiteren Veranschaulichung von Handelsschaffungs- und Handelsumlenkungseffekt wollen wir nun die **Auswirkung einer Zollunion im partialanalytischen Angebot-Nachfrage-Diagramm für ein kleines Land** anhand von ◘ Abb. 17.7 darstellen. Dabei wird die Situation für das Importland Frankreich betrachtet, wobei im Unterschied zum Zahlenbeispiel nun für Frankreich eine steigende Angebotskurve (und damit steigende Grenzkosten) unterstellt wird. Frankreich ist damit zwar Importland, produziert aber auch selbst Fahrzeuge für den Inlandsmarkt.

Für Frankreich treten dann durch die Zollunion sowohl (wohlfahrtssteigernde) Handelsschaffungs- als auch (wohlfahrtsmindernde) Handelsumlenkungseffekte auf:

– Durch die Zollunion sinkt der Inlandspreis in Frankreich von p^Z (im Zahlenbeispiel 48.000 Euro) auf p^U (im Beispiel 40.000 Euro). Dadurch steigt die Konsumentenrente (Flächen **abcd**) gegenüber der Ausgangssituation, in der ein Zoll auf die Fahrzeuge aus beiden Ländern erhoben wird. Dem stehen jedoch Verluste an Produzentenrente aufgrund der geringeren inländischen Produktion (Fläche **a**) und dem Verlust der Zolleinnahmen (Fläche **c**) gegenüber (diese werden aber direkt an die Konsumenten umverteilt). Insgesamt ergibt sich durch den Handelsschaffungseffekt (mehr Importe als im Ausgangsgleichgewicht) ein Nettowohlfahrtszuwachs (Flächen **b** und **d**).

– Die Zolleinnahmen verringern sich jedoch nicht nur um die Fläche **c**, sondern zusätzlich um die Fläche **e** (Differenz zwischen p^U und p^W multipliziert mit der ursprünglichen Importmenge). Dieser Verlust an Zolleinnahmen kann im Prinzip als Folge der Handelsumlenkung interpretiert werden: Wäre Deutschland genauso effizient wie Japan, so würden sich Weltmarktpreis (im Beispiel 30.000 Euro) und Preis bei Zollunion entsprechen, und die Verluste an Zolleinnahmen würden durch die entsprechende Erhöhung der Konsumentenrente vollkommen ausgeglichen.

Über den Gesamteffekt der Zollunion auf die Wohlfahrt von Frankreich lässt sich somit keine allgemeingültige Aussage treffen: Je nachdem, ob die Summe der Flächen **b** und **d** oder die Fläche **e** größer ist, führt die Zollunion für Frankreich zu einer Wohlfahrtssteigerung oder zu einer Wohlfahrtseinbuße. Im Gegensatz zum Abbau der Zölle zwischen allen Ländern ist der Wohlfahrtseffekt bei verzerrter Integration wegen der Möglichkeit der Handelsumlenkung nicht eindeutig bestimmbar. Tendenziell dominiert der positive Handelsschaffungseffekt eher bei relativ ähnlichen Industrieländern (Ausweitung intra-industriellen Handels), geringem Außenzoll (wenig Handelsumlenkung) und vielen Mitgliedsländern (höheres Potential zur Handelsschaffung und geringere Gefahr der Handelsumlenkung).

Um alle Auswirkungen der **EU als Zollunion** angemessen abzubilden, muss von der relativ einfachen Analyse eines kleinen Importlands auf ein **Modell mit drei großen Ländern** (also mit Einfluss auf die *Terms of Trade*) übergegangen werden. Dabei zeigen sich zusätzlich zum Handelsumlenkungs- und Handelsschaffungseffekt auch die Auswirkungen auf exportierende Mitgliedsländer und Drittländer. Für eine graphische Analyse (vgl. Baldwin/Wyplosz, 2020, ch. 5) ist es dabei sinnvoll, anstatt der Verwendung von zwei Angebots-Nachfrage-Diagrammen eine vereinfachte Darstellung mit Exportangebot und Importnachfrage zu verwenden. Hier sieht man dann, dass es für das exportierende Mitgliedsland durch den Wegfall des Zolls einen positiven Mengen- und Preiseffekt gibt, während das Drittland aufgrund des negativen *Terms-of-Trade*-Effekts (der Preis im Inland sinkt schließlich durch das zusätzliche Importangebot des exportierenden Partnerlands) auch seine Absatzmenge reduziert.

Für eine vollständige Analyse der Wohlfahrtseffekte kann dann ein **erweitertes Modell mit drei Gütern** betrachtet werden, bei der jedes der drei Länder eines der Güter importiert und die anderen beiden jeweils in eines der anderen Länder exportiert. Da jetzt jedes Mitgliedsland der Zollunion eines der Güter aus dem Partnerland importiert und ein anderes in das Partnerland exportiert, wird es

> **Box 17.4: Intensiverer Wettbewerb durch den Europäischen Binnenmarkt**
>
> Für die Analyse der vertieften regionalen Integration durch das **Binnenmarktprogramm der EU** ist es notwendig, ein Modell mit unvollkommenem Wettbewerb heranzuziehen. Analog zum Vorgehen in ▶ Kap. 12 lassen sich die Effekte dabei am klarsten herausarbeiten, wenn vom Übergang zwischen Autarkie zu einem vollständig integrierten Markt ausgegangen wird. Da im Kontext dieser Integration die Unternehmensgröße und die Anpassungen der Marktstruktur durch Unternehmenszusammenschlüsse eine wesentliche Rolle spielen, ist es hilfreich, nicht von monopolistischer Konkurrenz auszugehen, sondern die Oligopolanalyse aus ▶ Abschn. 10.3 mit der Annahme freier Marktein- und -austritte zu kombinieren (vgl. Baldwin/Wyplosz, 2020, ch. 6).
>
> Wie bei monopolistischer Konkurrenz ist das **langfristige Gleichgewicht** in einem solchen Modellkontext dadurch gekennzeichnet, dass die Unternehmen zwar zu einem Preis über den Grenzkosten anbieten, aber aufgrund des freien Markteintritts keine ökonomischen Gewinne realisieren können. Bei Annahme von Cournot-Wettbewerb sinken sowohl der Aufschlag auf die Grenzkosten als auch die individuellen

17

> Absatzmengen mit zunehmender Anzahl von Wettbewerbern im Markt, während der Gesamtabsatz steigt und sich somit die Konsumentenrente erhöht. Im langfristigen Gleichgewicht reicht dann die erzielte Produzentenrente gerade aus, die Fixkosten der Unternehmen zu decken, d. h. es kommt zu ökonomischen Nullgewinnen.
>
> Was passiert nun, wenn es zu einer **vollständigen Integration** von zwei ursprünglich getrennten symmetrischen Märkten kommt? Durch die höhere Anzahl der Unternehmen intensiviert sich der Wettbewerb und der Aufschlag auf die Grenzkosten geht zurück. Da die Unternehmen dann Verluste machen, wird sich ein Restrukturierungsprozess ergeben, bei dem analog zum Ergebnis im Krugman-Modell eine Anzahl von Unternehmen resultiert, die geringer ist als die Gesamtzahl der Unternehmen in den beiden Märkten vor Integration, aber höher als die Anzahl der Wettbewerber im einzelnen Markt. Der Vorteil der Integration besteht dann darin, dass die verbleibenden Unternehmen größer und damit effizienter sind (geringere Durchschnittskosten), gleichzeitig aber aufgrund des größeren Marktes einem stärkeren Wettbewerbsdruck ausgesetzt sind und damit weniger Marktmacht haben (geringerer Aufschlag auf die Grenzkosten).

normalerweise für alle Mitgliedsländer zu einem positiven Gesamteffekt kommen, da nun dem negativen Handelsumlenkungseffekt nicht nur der positive Handelsschaffungseffekt, sondern auch der positive Effekt beim Exportgut gegenübersteht. Dies wird noch dadurch unterstützt, dass sich in Bezug auf den Handel mit dem Drittland auch noch ein allgemeiner Gleichgewichtseffekt ergibt, der die *Terms of Trade* zugunsten der Mitgliedsländer der Zollunion verschiebt.

17.6.3 Empirie: EU, NAFTA und MERCOSUR

Die Europäische Union (damals noch Europäische Wirtschaftsgemeinschaft – EWG) war bei ihrer Gründung zunächst eine Zollunion. Inzwischen wurde jedoch eine weitreichendere Integration realisiert, die Faktormobilität, politische Integration und Währungsintegration umfasst (siehe auch ◘ Tab. 17.2). Seit 1993 gibt es einen „Gemeinsamen Markt" und zu Beginn des 21. Jahrhunderts kam es zumindest innerhalb der Eurozone zu einer vollständigen Währungsintegration und – durch den Vertrag von Maastricht – stärkeren Koordination der Wirtschaftspolitik. Die Probleme der Währungsintegration von Ländern mit unterschiedlichem wirtschaftlichen Entwicklungsstand und nicht ausreichend koordinierter Wirtschaftspolitik sind im Rahmen der internationalen Finanzmarktkrise deutlich geworden. Da dies jedoch eher makroökonomische Fragen aufwirft, können wir dies mit dem uns zur Verfügung stehenden Instrumentarium nicht fundiert diskutieren.

Wir konzentrieren uns daher auf die Effekte der Zollunion und des gemeinsamen Marktes. Bezüglich der **Effekte der EU als Zollunion** zeigen empirische Studien, dass die positiven Auswirkungen der Handelsschaffung zumindest in Bezug auf die Mitgliedsländer der EU im Allgemeinen überwiegen – für einzelne Nicht-Mitgliedsländer haben sich demgegenüber möglicherweise deutliche negative Effekte ergeben. Empirische Schätzungen des positiven Wohlfahrtseffektes auf

Grundlage eines statischen Modells fallen jedoch relativ gering aus und beziffern ihn mit ungefähr 0,5 % bis 1 % des EU-BIP. Von größerer Bedeutung sind die dynamischen Effekte, die sich durch die Ausnutzung von Skalenerträgen auf dem größeren gemeinsamen Markt und dem intensiveren Wettbewerb oligopolistischer Unternehmen auf diesem Markt ergeben (vgl. ► Box 17.4). Diese Auswirkungen haben sich durch die weitreichende Integration im Rahmen des gemeinsamen Marktes in den letzten zwanzig Jahren noch verstärkt. Eine zuverlässige quantitative Schätzung dieser Phänomene ist allerdings kaum realisierbar, da die Wirkung der Integration schwer von anderen Effekten isoliert werden kann.

Für die nordamerikanische Freihandelszone NAFTA (*North American Free Trade Agreement*, jetzt USMCA – *United States Mexico Canada Agreement*) und die südamerikanische Zollunion MERCOSUR (*Mercado Común del Sur* – Gemeinsamer Markt Südamerikas) gibt es einige empirische Studien, die die Abhängigkeit der Handelsumlenkung von der Ähnlichkeit der Länder und die negativen *Terms-of-Trade*-Effekte für unbeteiligte Länder beleuchten. Es zeigte sich, dass der Vorläufer der **NAFTA,** das Freihandelsabkommen zwischen den USA und Kanada, kaum zu Handelsumlenkungseffekten geführt hat (konkret war der Effekt auf die US-amerikanischen Importe aus dem Rest der Welt zwar negativ, aber statistisch insignifikant). Anders sieht es aus, wenn man die Erweiterung um Mexiko auf die NAFTA betrachtet: Hier gab es die größten Zollsenkungen gerade bei Gütern, die die USA bisher von außerhalb Nordamerikas bezog, was zu deutlichen Handelsumlenkungseffekten führte. Für **MERCOSUR** konnte empirisch ein deutlicher

---

Box 17.5: Optimale Anzahl regionaler Handelsblöcke

Bei der Analyse der Auswirkungen von regionalen Handelsblöcken (► Abschn. 17.6.2) sind wir zunächst von einem kleinen Land ausgegangen und haben auch in der Erweiterung auf große Länder unterstellt, dass nur ein Handelsblock gebildet wird. Gerade bei der Bildung großer Freihandelszonen und Zollunionen wie der EU müsste aber realistischerweise nicht nur angenommen werden, dass sich diese gegenüber dem Rest der Welt als große Länder verhalten und versuchen werden, durch ihre Zollpolitik die *Terms of Trade* zu ihren Gunsten zu beeinflussen, sondern dass andere große Länder dann einen Anreiz haben, sich ihrerseits zu einer Zollunion oder Freihandelszone zusammenzuschließen. Neben vielen bilateralen Freihandelsabkommen und regionalen Abkommen zwischen wirtschaftlich eher kleinen Ländern, ist in der Realität auch die Bildung großer regionaler Freihandelszonen zu beobachten. Neben dem Abkommen zwischen den USA, Kanada und Mexiko (früher NAFTA, jetzt USMCA) ist in diesem Zusammenhang insbesondere das 2022 in Kraft getretene weltgrößte Freihandelsabkommen Regional Comprehensive Economic Partnership (RCEP) zwischen 15 indopazifischen Ländern unter Einschluss Chinas zu nennen.

Wie ist diese Entwicklung auf Grundlage der außenhandelstheoretischen Überlegungen zu bewerten? Im Kontext des Krugman-Modells (► Abschn. 12.1) lässt sich zeigen, dass in einer Welt ohne Handelskosten eine Zahl von drei Handelsblöcken am ungünstigsten ist: Wenn alle Länder Mitglieder einer großen Freihandelszone wären, hätten wir Freihandel auf Weltebene. Auf der anderen Seite könnten viele kleine Freihandelszonen kaum Einfluss auf die *Terms of Trade* nehmen und die Zölle wären

17

sehr niedrig. Bei einigen wenigen Handelsblöcken kommt es demgegenüber zu der in ► Abschn. 17.4 abgeleiteten Gefangenendilemma-Situation mit hohen Zollsätzen und damit geringerer Wohlfahrt. Vor dem Hintergrund der Bildung von drei großen regionalen Handelsblöcken in Amerika, Europa und Asien stimmt dieses Ergebnis wenig zuversichtlich für die Zukunft des Welthandels.

Allerdings sollte man berücksichtigen, dass dieses Ergebnis unter der Annahme friktionslosen Handels abgeleitet wurde: Normalerweise werden Handelskosten zwischen benachbarten Ländern im Allgemeinen sehr viel geringer sein als zwischen Ländern auf verschiedenen Kontinenten. Regionale Handelsblöcke, wie die EU oder NAFTA, verstärken damit nur die natürlicherweise vorhandenen Vorteile des Handels zwischen diesen Ländern und verringern den aufgrund der Handelskosten relativ ineffizienten Handel zwischen den Kontinenten. Wenn man nun als andere Extremposition annimmt, dass die nicht politisch bedingten Handelskosten innerhalb eines Kontinents Null sind und diejenigen zwischen den Kontinenten prohibitiv, dann würde die Bildung von drei Handelsblöcken die Wohlfahrt maximieren.

Die Wirklichkeit liegt wohl irgendwo zwischen diesen beiden Extremen und die Vorteilhaftigkeit einer bestimmten Struktur hängt davon ab, ob die Unterschiede in den Handelskosten oder die Beeinflussung der *Terms of Trade* durch große Handelsblöcke gewichtiger sind.

Terms-of-Trade-Effekt nachgewiesen werden, der beispielsweise 1996 für die USA im Handel mit Brasilien einen Verlust in Höhe von mehr als 10 % des Exportwertes ausmachte. In diesem Zusammenhang konnte auch gezeigt werden, dass der direkte Effekt der Anpassung des Außenzolls (Unterschied zwischen dem ursprünglichen brasilianischen Zollsatz und dem MERCOSUR-Zollsatz) schwächer war als der indirekte Effekt, der sich insbesondere durch die Eliminierung der Zölle zwischen Argentinien und Brasilien ergab (eigentlicher Handelsumlenkungseffekt).

🖰 **Was haben wir gelernt?**
- Mit dem Medianwählermodell kann die Zollpolitik im Rahmen des HOS-Modells analysiert werden: Aufgrund der ungleicheren Verteilung des Kapitals kommt es in kapitalreichen Ländern zu Protektion bei den relativ arbeitsintensiven Gütern. Zur Erklärung des unterschiedlichen Niveaus der Protektion in verschiedenen Branchen und der Wahl ineffizienter Instrumente braucht man jedoch eine Theorie des Lobbyings: Konzentrierte Gruppen setzen sich eher durch und es wird dasjenige Instrument vorgezogen, das politisch eher durchsetzbar ist.
- Im Rahmen des GATT kam es nach dem Zweiten Weltkrieg durch multilaterale Verhandlungsrunden zu einem weltweiten Abbau von Handelsbeschränkungen. Im Jahr 1995 gelang es schließlich, die WTO als eigenständige internationale Organisation zur Schlichtung bei Handelsstreitigkeiten zu etablieren. Die Regeln in GATT/WTO-Vereinbarungen versuchen eine Balance zwischen einer Bindung der Länder durch Prinzipien und der Gewährleistung von Flexibilität durch Ausnahmetatbestände herzustellen. Zentrale Prinzipien von GATT/WTO sind neben einem grundsätzlichen Verbot von Mengenbeschränkungen die Reziprozität und die Meistbegünstigung.

- Anti-Dumping und Ausgleichszölle sind zwei der im GATT-Vertrag vorgesehenen Ausweichmöglichkeiten für durch den Handel verursachte Probleme im Inland. Die konkreten Verfahrensregeln begünstigen jedoch eine strategische Nutzung durch die inländischen Unternehmen mit dem Ziel einer Beschränkung des Wettbewerbs.
- Wie sich in der Analyse mit Tauschkurven *(offer curves)* zeigen lässt, führt die Optimalzollpolitik zweier Länder zu einer Gefangenendilemma-Situation: Durch eine Eliminierung der Zölle würden sich beide Länder besserstellen, jedes Land für sich hat jedoch einen Anreiz, die *Terms of Trade* mit einem Zoll zu seinen Gunsten zu beeinflussen.
- Reziprozität und Meistbegünstigung helfen bei der Überwindung des Gefangenendilemmas in einer Situation mit mehreren asymmetrischen, unterschiedlich großen Ländern: Meistbegünstigung stellt sicher, dass nur *Terms-of-Trade*-Externalitäten zwischen den Handelspartnern auftreten können, und die Reziprozität sorgt dann dafür, dass diese Externalität „neutralisiert" wird.
- Die im Rahmen von GATT/WTO zulässige verzerrte Integration durch Freihandelszonen und Zollunionen stellt eine Durchbrechung des Prinzips der Meistbegünstigung dar. Entsprechend führen solche Vereinbarungen neben dem positiven Effekt der Handelsschaffung zwischen den Mitgliedsländern auch zum negativen Effekt der Handelsumlenkung von effizienteren Drittländern auf Mitgliedsländer.

17.7 Kontrollfragen und Übungsaufgaben

1. Warum können handelspolitische Maßnahmen für ein großes Land vorteilhaft sein und warum kann das zu einer internationalen Gefangenendilemma-Situation führen?
2. In ◘ Abb. 17.2 wurde die Tauschkurve für das Inland graphisch abgeleitet. Leiten Sie analog die Tauschkurve für das Ausland ab, das sich auf Gut y spezialisieren wird!
3. Analysieren Sie anhand der Tauschkurven den Handel zwischen einem kleinen und einem großen Land! [*Hinweis: Berücksichtigen Sie die unterschiedlichen Produktionsmöglichkeiten der Länder.*]
4. Die EU erwägt, die bisherigen Zölle auf Textilimporte aus China abzubauen. China hat daher seinerseits die Reduktion der Zölle auf europäische Hightech-Produkte angekündigt. In der bisherigen Situation mit Zöllen hatten beide Länder jeweils einen Vorteil von 10 aus der Handelsbeziehung. Bei einer unilateralen Zollsenkung würden sich die *Terms of Trade* zuungunsten des Senkenden verschlechtern und die Wohlfahrt auf 5 reduzieren. Der andere Partner würde hingegen von einem Wohlfahrtsanstieg auf 20 profitieren. Bei einer bilateralen Zollsenkung blieben die *Terms of Trade* unverändert, aber die Wohlfahrt beider würde auf 15 steigen.
   a) Stellen Sie zunächst die Wirkung der Zollsenkung der EU in einem Tauschkurven-Diagramm dar! Welche Auswirkung hat die Zollsenkung von China?
   b) Diskutieren Sie in einem sequentiellen Spiel, in dem die EU als erstes entscheidet, ob es tatsächlich zu einer Zollsenkung kommen wird! Würde sich

Ihre Aussage bei simultaner Strategiewahl ändern? Worauf ist Ihr Ergebnis zurückzuführen? Wie könnte ein vorteilhafteres Ergebnis realisiert werden?

5. Inwieweit sind das Prinzip der Reziprozität und die Meistbegünstigungsklausel im Rahmen des GATT zur Lösung der Gefangenendilemma-Situation auf Weltebene notwendig?

6. Aufgrund klimatischer Bedingungen ist das Inland nicht in der Lage, Bananen anzubauen und muss daher seinen gesamten Bedarf durch Importe decken. Die inländische Nachfrage nach Bananen ist gegeben durch $x_N = 10 - p$. Weltweit gibt es drei Bananenproduzenten A, B und C, die zu $p^A = 3$, $p^B = 4$ und $p^C = 5$ anbieten. Das kleine Inland erhebt pauschal auf Importe pro Stück einen Zoll von 4.

   a) Aus welchem Land wird das Inland Bananen beziehen? Bestimmen Sie graphisch und rechnerisch die resultierende inländische Wohlfahrt (Konsumentenrente und Zolleinnahmen)!

   b) Es besteht nun die Möglichkeit mit (i) Land B, (ii) Land C oder (iii) Land B und Land C eine Zollunion zu gründen. Aus welchem Land wird das Inland jeweils Bananen beziehen? Bestimmen Sie graphisch und rechnerisch die resultierende inländische Wohlfahrt! Erläutern Sie, was unter Handelsschaffung und -umlenkung zu verstehen ist! In welchem Umfang kommt es zu diesen beiden Phänomenen in den drei Szenarien? Argumentieren Sie, warum es generell vorteilhafter sein kann, mit mehreren Ländern eine Zollunion einzugehen!

   c) Als neuer Bananenproduzent tritt Land D auf, der zu $p^D = 7,5$ anbietet. Welche Auswirkungen hätte eine Zollunion nur mit D auf die inländische Wohlfahrt? Diskutieren Sie auch, ob und in welchem Umfang eine Handelsschaffung und -umlenkung auftritt!

Literatur

Im Text zitierte Quellen

Baldwin, R., Wyplosz, C. (2020), The Economics of European Integration, 6th ed., London: McGraw Hill. [*Lehrbuch zu den ökonomischen Aspekten der europäischen Integration.*]

Kaempfer, W. H. und A. D. Lowenberg (2007), The Political Economy of Economic Sanctions. In: Handbook of Defense Economics 2, 867–911. [*Überblick zu Wirtschaftssanktionen aus politökonomischer Perspektive.*]

Morasch, K. (2022), Wirtschaftssanktionen: Funktion, Wirksamkeit und Effizienz, WISU – Wirtschaftswissenschaftliches Studium, Heft 10/22, 1068–1074. [*Didaktischer Beitrag zur Analyse von Wirtschaftssanktionen mit Methoden aus Außenhandels- und Spieltheorie.*]

Oatley, T. (2019), International Political Economy, 6th ed., Taylor & Francis, ch. 1. [*Überblick zum Grundansatz der internationalen politischen Ökonomie mit Darstellung der drei traditionellen Denkschulen Merkantilismus, Liberalismus und Marxismus.*]

Ergänzende und weiterführende Literatur

Bagwell, K. und R. W. Staiger (2002), The Economics of the World Trading System, Cambridge, MA: MIT Press. [*Eine umfassende ökonomische Analyse der Funktionsweise und der Prinzipien von GATT/WTO.*]

Feenstra, R. C. (2015), Advanced International Trade: Theory and Evidence, 2nd ed., Princeton, NJ: Princeton University Press, ch. 7, 8 und 10. [*Aktueller Stand der ökonomischen Literatur zu regio-*

naler Integration (ch. 7), Anti-Dumping-Zöllen (ch. 8) und politischer Ökonomie mit Anwendung auf GATT/WTO (ch. 10).]

World Trade Report (2009), World Trade Report 2009: Trade Policy Commitments and Contingency Measures, Genf: WTO Publications. [*Darstellung der theoretischen Konzepte und der Empirie zu Anti-Dumping-Zöllen und anderen Ausnahmetatbeständen des GATT. Download über die Internetseite der WTO unter* ▶ https://www.wto.org/english/res_e/reser_e/wtr_e.htm.]

17

Teil V Unternehmen: Handel als Chance und Bedrohung

Handelstheorie und Unternehmenspraxis

Inhaltsverzeichnis

© Der/die Autor(en), exklusiv lizenziert an Springer Fachmedien Wiesbaden GmbH, ein Teil von Springer Nature 2024
K. Morasch und F. Bartholomae, *Handel und Wettbewerb auf globalen Märkten*,
https://doi.org/10.1007/978-3-658-41866-3_18

Themenüberblick

- Globalisierung als prägende Rahmenbedingung für Unternehmen
- Ausnutzung von komparativen Kostenvorteilen und Skalenerträgen bei der internationalen Arbeitsteilung
- Ausrichtung des Produktangebots nach der Präferenz für Produktdifferenzierung und Präferenzunterschieden zwischen Ländern
- Nutzung der Unterschiede im technischen Wissen und Anpassung an die dynamische Entwicklung globaler Märkte

In den bisherigen Kapiteln haben wir uns mit grundlegenden Theorien zur Erklärung des Handels und von handelspolitischen Maßnahmen beschäftigt. Zusammen mit den Informationen zur Entwicklung und Struktur des Außenhandels sowie der Handelskosten haben wir damit die Grundlage für ein Verständnis der Rahmenbedingungen unternehmerischen Handelns in globalen Märkten geschaffen.

Wir wollen nun vor diesem Hintergrund in einem ersten Schritt in ▶ Abschn. 18.1 das Gesamtphänomen der Globalisierung aus der Unternehmensperspektive beleuchten. Dabei geht es um zwei grundlegende Fragestellungen: Was sind die zentralen Kennzeichen von Globalisierung? Wie unterscheidet sich die Situation eines Unternehmens in einem globalen Umfeld von derjenigen einer Firma in weitgehend voneinander abgeschotteten lokalen Märkten?

In einem zweiten Schritt wollen wir dann in den ▶ Abschn. 18.2 bis 18.4 die Ergebnisse der bisherigen volkswirtschaftlichen Analyse aus dem Blickwinkel ihrer Implikationen für die Unternehmenspraxis zusammenfassen: Wie wirkt sich die Möglichkeit internationaler Arbeitsteilung auf der Produktions- und Beschaffungsseite aus? Was bedeutet der Zugang zu internationalen Absatzmärkten und die Konkurrenz ausländischer Wettbewerber für die strategischen Optionen eines Unternehmens? Wie können Firmen von der Dynamik globaler Märkte profitieren?

Zum besseren Verständnis der organisatorischen und strategischen Optionen der Unternehmen werden wir dann in den letzten beiden Kapiteln zusätzlich Konzepte aus dem Bereich der ökonomischen Vertragstheorie und der Intermediationstheorie einführen. Damit lassen sich die Entscheidung zur Integration von Aktivitäten im Rahmen multinationaler Unternehmen (▶ Kap. 19) und die Tätigkeit als Intermediär in globalen Märkten (▶ Kap. 20) fundiert analysieren.

18.1 Globalisierung aus Sicht der Unternehmen

Als wesentliches Merkmal des Phänomens „Globalisierung" wird die internationale Tätigkeit von Unternehmen angesehen, die sich nicht auf den Export der Endprodukte beschränkt, sondern die Beschaffung von Zwischenprodukten bei ausländischen Herstellern, die teilweise Verlagerung der Produktion ins Ausland und die Bildung von Allianzen mit Unternehmen aus anderen Ländern beinhaltet.

Aus gesamtwirtschaftlicher Sicht ist die zunehmende Integration im Rahmen des Globalisierungsprozesses nahezu uneingeschränkt positiv zu bewerten. Aus dem Blickwinkel eines einzelnen Unternehmens steht den Chancen der Globalisierung durch Öffnung neuer Absatzmärkte und Optionen zur kostengünstigeren Produktion jedoch die Bedrohung durch den Wettbewerb effizienterer ausländischer Konkurrenten gegenüber. Diese Bedrohung ist insbesondere für Unternehmen in Im-

18

Box 18.1: Was bedeutet Globalisierung?

Nach der Definition der OECD *(Organisation for Economic Cooperation and Development)* ist unter Globalisierung die zunehmende Internationalisierung der Finanzmärkte und der Märkte für Waren und Dienstleistungen zu verstehen (vgl. OECD 2005, p. 11). Dabei bezieht sich die Globalisierung auf einen dynamischen und mehrdimensionalen Prozess der wirtschaftlichen Integration, der die internationale Mobilität nationaler Ressourcen intensiviert und so zu einer zunehmenden wechselseitigen Abhängigkeit der Volkswirtschaften führt. Innerhalb des in diesem Buch thematisierten realwirtschaftlichen Kontexts sind globale Märkte insbesondere durch internationale Direktinvestitionen und damit multinationale Unternehmen, durch die zunehmende Bedeutung intra-industriellen Handels, insbesondere mit Zwischenprodukten, und durch internationale Unternehmenskooperationen gekennzeichnet.

Der aktuelle Globalisierungsprozess begann bereits unmittelbar nach dem Zweiten Weltkrieg mit dem Abbau protektionistischer Maßnahmen im Rahmen des GATT-Vertrages. Aber erst seit Ende der 1990er-Jahre wird der Begriff mit der Geschwindigkeit und Intensität der wirtschaftlichen Veränderung im globalen Umfeld in Verbindung gebracht. Durch diesen Prozess haben nationale Grenzen, Staatsstrukturen und inländische wirtschaftspolitische Maßnahmen an Bedeutung verloren. Stattdessen ist es zur Entstehung einer globalen Wirtschaft gekommen, die durch die Öffnung der Märkte, die zunehmende Bedeutung multinationaler Unternehmen und die weltweite Verknüpfung über moderne Informationstechnologien gekennzeichnet ist. Gleichzeitig stieg dabei auch der Einfluss internationaler Institutionen wie der WTO *(World Trade Organization)*, der Weltbank oder des Internationalen Währungsfonds *(International Monetary Fund* – IMF).

Historisch betrachtet sind weltwirtschaftliche Integrationsprozesse keine Sonderentwicklung der letzten Jahrzehnte. Eine erste Globalisierungswelle gab es als Folge einer drastischen Reduktion der Transportkosten bereits zwischen 1870 und 1914 (vgl. O'Rourke/Williamson 1999). Die damalige Integration war so ausgeprägt, dass der Anteil des weltweiten Warenhandelsvolumens an der Weltproduktion erst in den 1970er-Jahren wieder den Wert von 1913 erreichen konnte – 1913 lag er bei 11,9 % und 1973 bei 11,7 %. Für manche Länder war sogar Ende der 1980er-Jahre noch nicht das gleiche Maß an Integration erreicht: So lag in Großbritannien die Exportquote 1987 mit 21 % noch deutlich unter dem Wert von 28 % aus dem Jahr 1913.

Nach Krugman (1995) unterscheidet sich aber die derzeitige zweite Globalisierungswelle von der ersten in den folgenden vier grundlegenden Aspekten:

- Entstehung und zunehmende Bedeutung des intra-industriellen Handels (vgl. ▶ Kap. 11)
- Internationale Fragmentierung der Wertschöpfungskette, bei der die einzelnen Produktionsschritte über mehrere Länder verteilt ausgeführt werden (vgl. ▶ Kap. 13)
- Entstehung von Supertradern, die auch durch die Fragmentierung mit verursacht wurde (vgl. ▶ Box 1.2)
- Zunehmende Bedeutung von Exporten aus Niedriglohnländern in Hochlohnländer

portsektoren offensichtlich, aber auch bei einer Aktivität im Exportsektor ist nicht sichergestellt, dass eine Firma tatsächlich von Handelsliberalisierungen profitiert.

Aus Sicht eines Unternehmens ist als positiver Effekt der Integration der weltweiten Märkte zum einen sicherlich die **Eröffnung neuer Absatzmärkte** mit Millionen von Konsumenten in Schwellenländern wie China, Indien oder Brasilien zu sehen. So strebten und streben noch immer viele große wie auch kleinere Unternehmen an, Niederlassungen in China zu errichten, da der dortige Markt große Absatzchancen verspricht. Zum anderen eröffnen sich auch zusätzliche Möglichkeiten, Vorprodukte günstiger zu beschaffen oder komplette Produktionsprozesse effizienter zu gestalten, indem die komparativen Vorteile der Länder genutzt werden.

Diese Chancen der Globalisierung können aber gleichzeitig auch zu einer **Bedrohung für die Wettbewerbsposition** eines Unternehmens werden. Schließlich stehen nicht nur ihnen, sondern auch ihren (internationalen) Wettbewerbern diese Chancen offen, wodurch der Wettbewerb intensiviert wird. Dies kann daraus resultieren, dass ausländische Firmen mit höherer Produktivität oder besseren Produkten in den heimischen Markt drängen oder inländische Konkurrenten durch Auslagerung von Produktionsprozessen nun kostengünstiger anbieten können. Ob ein Unternehmen von der Globalisierung profitiert, hängt somit entscheidend davon ab, wie es die Chancen nutzt und den Bedrohungen begegnet.

Bei der Diskussion über die Globalisierung der Märkte ist zu beachten, dass davon nicht alle Märkte gleichermaßen betroffen sind. Neben Branchen mit globalem Wettbewerb, wie beispielsweise die Automobilindustrie, gibt es andere Sektoren, die von der Globalisierung bislang in erster Linie durch Rückwirkungen über die Faktormärkte betroffen sind, wie etwa weite Teile des lokalen Dienstleistungssektors.

Die Wettbewerbssituation ändert sich dabei durch die Globalisierung eines Marktes grundlegend: In einem relativ abgeschotteten lokalen oder **nationalen Markt** können sich Firmen auf ihre etablierten Marken und ihr Image verlassen. Da auch die inländischen Konkurrenten in einem vergleichbaren Umfeld agieren, können überhöhte Arbeitskosten oder eine geringere Produktivität eher toleriert werden. Zudem sind die Marktgegebenheiten normalerweise relativ stabil – zumindest gibt es aufgrund der Nähe zu den Absatz- und Faktormärkten kaum überraschende Veränderungen.

In einem **globalen Markt** gibt es demgegenüber ausländische Konkurrenten, die aus einem grundlegend anderen Umfeld kommen. Die Öffnung des Marktes nach außen erfordert damit auch einen weltweiten Strategierahmen, um mit der Vielzahl an unterschiedlichen Mitbewerbern erfolgreich konkurrieren zu können. Zudem nimmt die Komplexität der Unternehmensprozesse drastisch zu, da vorgelagerte und nachgelagerte Märkte global verstreut sein können. Ein Unternehmen muss dann gleichermaßen in der Lage sein mit Zulieferern aus China zusammenzuarbeiten, Kunden in den USA zu gewinnen, mit Geschäftspartnern aus Dubai zu verhandeln und gegenüber Wettbewerbern aus Japan zu bestehen. Gleichermaßen beschleunigt sich durch den internationalen Wissenstransfer die Geschwindigkeit technologischer Entwicklungen, die wiederum neue Möglichkeiten für Geschäftsfelder eröffnen oder bisherige gefährden können. Ein erfolgreiches Unternehmen muss daher versuchen, sowohl auf der Produktions- und Beschaffungsseite als auch auf den Absatzmärkten alle sich bietenden Vorteile der Internationalisierung zu nutzen. Dazu ist es wichtig, die dahinter stehenden ökonomischen Wirkungsweisen zu verstehen, um darauf aufbauend konkrete betriebliche Restrukturierungsmaßnahmen zur Realisierung der Vorteile entwickeln zu können.

Welche Strategieoptionen eröffnen sich einem Unternehmen nun konkret durch die zunehmende Integration der Märkte? ◘ Abb. 18.1 fasst die in diesem Buch vorgestellten Möglichkeiten zusammen:

— **National bleiben:** Ein Unternehmen kann sich entscheiden, seine Produktion auf das Inland zu beschränken und an der Integration der Märkte nur über internationale Beschaffung und Exporte zu partizipieren. Auf der Produktionsseite würde es dann versuchen, sich durch internationales Outsourcing einen Wettbewerbsvorteil zu verschaffen, indem es kostengünstige Vorprodukte aus dem Ausland bezieht (vgl. ▶ Abschn. 13.3) und von dortigen Spezialisierungsvorteilen profitiert, die es bei interner Produktion im Inland nicht realisieren könnte. Auf der Absatzseite kann das Unternehmen, sofern es international konkurrenzfähig ist, als nationale Firma seine Produkte weltweit verkaufen und so zusätzliche Gewinne erzielen (vgl. ▶ Abschn. 12.3).
— **Multinational werden:** Als alternative Strategie kämen Investitionsaktivitäten im Ausland in Betracht, durch die das Unternehmen zu einer multinationalen Firma wird. Dazu kann es entweder auf der Beschaffungsseite mittels vertikaler Direktinvestitionen einzelne Produktionsschritte durch Tochterunternehmen im Ausland durchführen (vgl. ▶ Abschn. 13.3) oder mittels horizontaler Direktinvestitionen für den Auslandsmarkt vollständig vor Ort produzieren oder Vertriebsstätten im Ausland aufbauen (vgl. ▶ Abschn. 13.2).

Wie wir gesehen haben, hängt die Attraktivität der verschiedenen Strategieoptionen maßgeblich von der Effizienz bzw. der Produktivität des Unternehmens ab. Zudem können im Zuge der internationalen Integration auch ausländische Wettbewerber erscheinen, die die Existenz des Unternehmens bedrohen. Außerdem stehen natürlich auch den inländischen Wettbewerbern des Unternehmens die genannten Strategieoptionen prinzipiell zur Verfügung, die durch entsprechende Aktivitäten auf der Produktionsseite zu effizienteren Konkurrenten werden können. In den folgenden beiden Abschnitten wollen wir die beiden Marktseiten insgesamt noch etwas genauer betrachten und uns überlegen, wie die einzelnen Strategien genau ausgestaltet sein können.

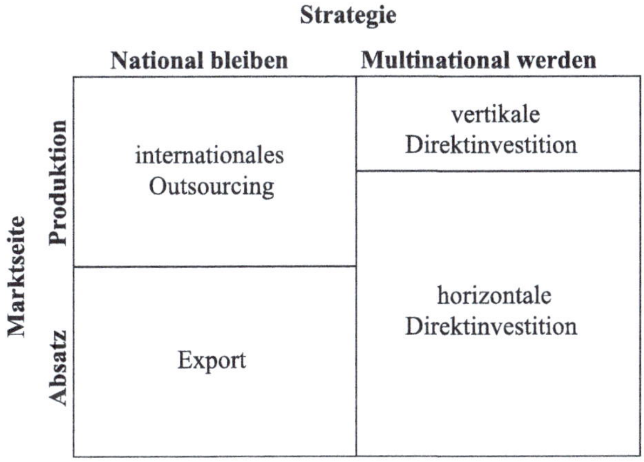

◘ **Abb. 18.1**   Internationale Strategieoptionen

18.2 Produktion und Beschaffung: Nutzung von Kostenvorteilen

Bei der Länderanalyse in Teil II und der Marktanalyse in Teil III haben wir gesehen, dass die internationale Arbeitsteilung und Spezialisierung viele Möglichkeiten bietet, wie Produkte kostengünstiger und effizienter hergestellt werden können.

So konnten wir beispielsweise im Ricardo-Modell in ▶ Kap. 5 zeigen, dass sich ein Land auf die Produktion und den Export derjenigen Güter spezialisieren sollte, in denen es relativ produktiver als seine Handelspartner ist. Außenhandel ist dabei für beide Länder gegenüber der Autarkiesituation vorteilhaft. Unternehmen können diesen Vorteil nutzen, indem sie sich entweder auf die Produktion in einem inländischen Sektor mit komparativen Vorteilen spezialisieren oder im Kontext fragmentierter Produktionsprozesse ihre Produktionsstandorte entsprechend der Kostenvorteile geeignet wählen.

Bei der **Standortwahl** ist es dabei wichtig, sich nicht nur an der Höhe der Arbeitslöhne zu orientieren. Ein Ergebnis des Ricardo-Modells war, dass in Ländern mit absoluten Kostennachteilen aufgrund niedrigerer Produktivität auch geringere Löhne gezahlt werden. Die Produktionskosten eines Standorts hängen somit von der (Arbeits-)Produktivität und der Lohnstruktur im entsprechenden Land ab: Wenn eine deutsche Arbeitskraft in der Automobilindustrie doppelt so produktiv ist wie eine tschechische, so lohnt es sich nur dann die Produktion nach Tschechien zu verlagern, wenn die tschechischen Löhne maximal halb so hoch wie in Deutschland sind. Nur wenn die Wahl des Produktionsstandorts eines Gutes oder Produktionsteilprozesses nach dem komparativen Vorteil des Standorts gewählt wird, ist tatsächlich eine kostengünstigere Produktion gewährleistet.

Die unterschiedliche Produktivität der Arbeitskräfte in den verschiedenen Ländern ist von Faktoren wie dem dort vorhandenen Know-how, der Infrastruktur und der Bildungsqualität abhängig. Darüber hinaus kann sich in dynamischer Betrachtung ein **Kostenvorteil aus Lerneffekten** ergeben, wenn die am Produktionsstandort verfügbaren Arbeitskräfte bereits viel Erfahrung mit der Produktion bestimmter Güter oder einem bestimmten Produktionsprozess erworben haben. Wie wir in ▶ Abschn. 15.2 gesehen haben, können historische Zufälle oder politische Maßnahmen („Erziehungszoll") zu diesem Ergebnis führen. Sind in einem Land die dynamischen Skalenerträge noch nicht ausgeschöpft, so kann die Produktion dort trotzdem erfolgversprechend sein, wenn dieses Land z. B. aufgrund seiner Faktorausstattung einen potenziellen komparativen Vorteil in diesem Sektor aufweist. Zwar müssen dann zunächst höhere Kosten in Kauf genommen werden, dieser Nachteil wird aber durch die langfristig günstigere Produktion ausgeglichen.

Wie wir im Zuge der Länderanalyse ebenfalls aufgezeigt haben, sind neben den Produktivitätsdifferenzen Unterschiede in der relativen **Faktorausstattung** eine weitere Quelle der komparativen Vorteile. Im Rahmen der Analyse des Faktorproportionenmodells in ▶ Kap. 6 haben wir gelernt, dass sich ein Land auf die Produktion derjenigen Güter konzentrieren sollte, in deren Herstellung der dort relativ reichlich vorhandene Produktionsfaktor intensiv eingesetzt wird. So wird sich das im Vergleich zu Deutschland relativ reichlich mit Arbeit ausgestattete China auf arbeitsintensive Tätigkeiten, wie beispielsweise die Herstellung von Textilien, konzentrieren, während das relativ kapitalreiche Deutschland insbesondere kapitalintensive Produkte, wie Autos oder Werkzeugmaschinen, produzieren wird, um einen Teil der Produktion dann gegen die chinesischen Textilien zu tauschen. Während sich in der

Idealwelt des HOS-Modells die Faktorpreise angleichen würden und damit Faktorausstattungsunterschiede für die Standortentscheidung irrelevant wären, sind diese Unterschiede in der Realität aufgrund von Handelskosten und nicht-handelbaren Gütern durchaus bedeutsam.

Unternehmen können diese landesspezifischen Vorteile nutzen, indem sie entlang der Wertschöpfungskette einzelne Produktionsabschnitte geeignet auf die Länder verteilen. In ▶ Abschn. 13.3 haben wir analysiert, wie derartige **Fragmentierungsentscheidungen** getroffen werden sollten. So kann bereits lokales Outsourcing, bei dem die gesamte Produktion nach wie vor im selben Land stattfindet, aufgrund von Spezialisierungsvorteilen und Skalenerträgen bei der Herstellung von Zwischenprodukten vorteilhaft sein. Wir können dabei beispielsweise an die Arbeitsteilung zwischen den Automobilherstellern und der Zuliefererindustrie in Deutschland denken. Eine grenzüberschreitende Fragmentierung durch internationales Outsourcing oder Offshoring kann die Vorteile dann weiter verstärken, wenn arbeitsintensive Schritte wie etwa der Zusammenbau von Smartphones oder anderen elektronischen Geräten in arbeitsreiche Länder ausgelagert werden, während die humankapitalintensive Forschung und Entwicklung sowie die kapitalintensive Chipproduktion in den Industrieländern verbleibt.

Die unterschiedliche Verfügbarkeit von Produktionsfaktoren kann sich ferner auch endogen durch Unternehmensentscheidungen vor Ort ergeben. So kann die Agglomeration vieler Firmen mit ähnlichem Produktspektrum an einem Ort dafür sorgen, dass sich dort ebenfalls besonders viele spezialisierte Zulieferer ansiedeln und sich die dortigen Faktormärkte an die besonderen Bedürfnisse dieser Branche anpassen. Dies ist etwa dadurch möglich, dass die Ausbildung der lokalen Arbeitskräfte die benötigten Qualifikationen von Anfang an sicherstellt. Dadurch werden **externe Skalenerträge** ermöglicht, die den dortigen Unternehmen zugutekommen. Als Beispiel ist hier das Silicon Valley zu nennen, dass über einen hochspezifischen Arbeitsmarkt für IT-Fachkräfte verfügt. Zudem kann sich auch die nicht-handelbare Infrastruktur an die Bedürfnisse anpassen. Als Beispiel kann das sehr gut ausgebaute Breitband-Glasfaserkabelsystem in London angeführt werden, dass den lokalen Finanzinstituten exklusiv zur Verfügung steht, um den größtmöglichen Datenfluss zwischen ihnen zu ermöglichen.

18.3 Absatzmarkt: Berücksichtigung der Präferenzen

Die Globalisierung der Absatzmärkte stellt die Unternehmen vor große Herausforderungen, müssen sie doch ihre Marktposition im Inland bei zunehmender Konkurrenz sicherstellen und gleichzeitig versuchen, auch in Auslandsmärkten erfolgreich zu sein, um in ausreichendem Umfang von Kostendegressionseffekten zu profitieren.

Ein wichtiger Aspekt des aktuellen Globalisierungsprozesses ist die zunehmende Bedeutung intra-industriellen Handels. Wie die empirisch beobachtbare Entwicklung zeigt, trägt der internationale Handel erheblich zur Förderung der **Produktvielfalt** in einem Land bei. So stieg etwa in den USA die Anzahl der importierten Gütertypen von 7731 im Jahr 1972 auf 16.390 im Jahr 2001 und hat sich damit in knapp dreißig Jahren mehr als verdoppelt. Die Gesamtanzahl der Varianten dieser

Importgüter stieg sogar um den Faktor 3,6 von 71.420 auf 259.215 (Broda/Weinstein 2006, S. 550 f.). Ermöglicht wird diese Vielfalt dadurch, dass die Öffnung und Integration ausländischer Märkte die Gewährleistung einer höheren Produktvielfalt für die Konsumenten bei gleichzeitiger Realisierung von Skalenerträgen bei den einzelnen Unternehmen ermöglicht, die ihre Produktvariante nun im In- und im Ausland absetzen können. Diesen Effekt haben wir bereits in Rahmen der monopolistischen Konkurrenz in ▶ Abschn. 11.4 kennengelernt und im Detail im Rahmen der theoretischen Analyse der neuen Außenhandelstheorie in ▶ Kap. 12 besprochen.

Was das für die Unternehmen konkret bedeutet, können wir uns am Beispiel der Automobilbranche veranschaulichen: Die Autohersteller führen die Produktion verschiedener Modelle zunehmend auf einer gemeinsamen Plattform durch und nutzen einzelne Komponenten und Technologien gemeinsam mit Partnerunternehmen, um damit von Kostendegressionseffekten zu profitieren. Gleichzeitig wird den Kunden durch die unterschiedliche Kombination der Komponenten und Detailanpassungen ein möglichst breites Modellspektrum angeboten. So zielte beispielsweise die strategische Allianz des französischen Renault-Konzerns mit dem japanischen Unternehmen Nissan darauf ab, sowohl eine größere Produktvielfalt anbieten zu können als auch in der Produktion Skalenerträgen zu realisieren. Aus ähnlichen Motiven kaufte das US-amerikanische Unternehmen General Motors die Automarken Saab, Vauxhall, Opel und Holden.

In diesem Zusammenhang sehen wir zwei wichtige Effekte, die in der Analyse des einfachen Krugman-Modells in ▶ Abschn. 12.1 zur Erklärung des intra-industriellen Handels aufgrund von Skalenerträgen in der Produktion und der Präferenz für Vielfalt auf der Konsumentenseite noch nicht erfasst sind:

- Die Unternehmen versuchen durch die Anpassung ihres Herstellungsverfahrens kostengünstiger als ihre Konkurrenten zu produzieren, was uns in die Welt des Melitz-Modells mit unterschiedlich produktiven Firmen bringt (vgl. ▶ Abschn. 12.3).
- Ein Unternehmen stellt nicht nur eine Produktvariante her, sondern bedient selbst bereits den Wunsch der Konsumenten nach Produktvielfalt. Damit befinden wir uns im Kontext der Analyse mit Mehrproduktunternehmen, die in ▶ Abschn. 12.4 vorgestellt wurde.

Wie im Melitz-Modell gezeigt wurde, wird bei **heterogenen Unternehmen** der Außenhandel für die sehr produktiven Unternehmen vorteilhaft sein, für weniger produktive aber zu Gewinneinbußen oder gar zum Marktaustritt führen. Damit ist in zunehmend globalisierten Märkten die Steigerung der Produktionseffizienz letztlich eine Überlebensfrage.

Wie sieht es mit der Produktvielfalt bei **Mehrproduktunternehmen** aus? Intensiverer internationaler Wettbewerb führt hier dazu, dass sich ein Unternehmen verstärkt seinen Kernprodukten mit hoher Gewinnmarge zuwenden muss und die Produktion relativ unprofitabler Varianten einstellen sollte. Nur im Bereich seiner Kernkompetenz besteht für ein Unternehmen die Wahrscheinlichkeit, auch im internationalen Wettbewerb ausreichend produktiv zu sein – denn nur bei einer Konzentration kann schließlich sichergestellt werden, dass in ausreichendem Umfang Skalenerträge realisiert werden.

Somit werden auch bei Mehrproduktunternehmen an einem Produktionsstandort bzw. in einem Land nicht länger alle möglichen Varianten eines Gutes hergestellt, sondern es erfolgt eine Konzentration auf Teilbereiche. So spezialisierten sich beispielsweise amerikanische Hersteller wie General Motors in den 2000er-Jahren tendenziell auf SUV *(sport utility vehicles)* und Geländewagen, während deutsche Firmen eher auf das Premiumsegment in der Mittel- und Oberklasse setzten. Japanische Wettbewerber wie Toyota haben demgegenüber bei Fahrzeugen mit Hybridantrieb eine Vorreiterrolle übernommen, was sich bei den steigenden Ölpreisen am Ende der 2000er-Jahre als erfolgreiche Strategie herausstellte. Im Unterschied dazu war in diesem veränderten Umfeld die Spezialisierung der US-amerikanischen Firmen auf SUV mit relativ hohem Benzinverbrauch weniger erfolgreich.

Unternehmen können beim internationalen Handel auch von der Heterogenität der Konsumentenpräferenzen profitieren. Je nachdem, wie diese Unterschiede beschaffen sind, kommen dafür unterschiedliche **Produktdifferenzierungsstrategien** infrage. Wie wir in ▶ Abschn. 11.3 gesehen haben, gibt es zwei Arten, wie Produkte differenziert und damit besser an die jeweiligen Präferenzen der Konsumenten angepasst werden können:

- Bei der horizontalen Differenzierung werden einzelne Produktspezifika variiert, z. B. sportliches vs. komfortables Auto.
- Bei der vertikalen Produktdifferenzierung werden unterschiedliche Qualitätsstufen angeboten, z. B. Standardmodell vs. Premiumvariante.

Somit kann bei der **horizontalen Differenzierung** versucht werden, Produkte herzustellen, die dem Geschmack möglichst vieler in- wie ausländischer Konsumenten nahe kommen. Hier spielt insbesondere die Größe des Heimatmarktes des Unternehmens eine wichtige Rolle: In einem relativ kleinen Markt lohnt es sich nicht, speziell diesen Geschmack zu bedienen, da bei einer geringen Produktionsmenge kaum Skalenerträge erwirtschaftet werden können. Firmen aus solchen Ländern müssen daher auch die Präferenzen ausländischer Kunden berücksichtigen, um Skalenerträge zu realisieren und im Wettbewerb mit ausländischen Unternehmen bestehen zu können. Ein sehr gutes Beispiel hierfür stellt der schwedische Einrichtungskonzern IKEA dar, der sich weniger an den Vorlieben der absolut gesehen relativ geringen Anzahl seiner heimischen Konsumenten als vielmehr am Geschmack seiner internationalen Kundschaft orientiert.

Bei der **vertikalen Differenzierung** kommt der Einkommensverteilung in den Ländern eine wichtige Rolle zu, da reichere Konsumenten tendenziell höherwertige Produkte als ärmere Haushalte nachfragen werden. Aufgrund von Plattform- und Baukastensystemen ist es Unternehmen der Automobilbranche aus Industrieländern möglich, ihre Produkte auch qualitativ speziell an die Bedürfnisse der verschiedenen Importmärkte anzupassen und ihre Fahrzeuge entsprechend mit einfacherer oder umfangreicherer Ausstattung anzubieten. Häufig werden die Fahrzeuge, die für Transformations- oder Schwellenländer gedacht sind, dann in Tochterwerken in entsprechenden Ländern hergestellt – man denke an Volkswagen do Brasil oder die zu Renault-Nissan gehörige rumänische Tochter Dacia, die aber beispielsweise auch bei preissensitiven Kunden in den Industrieländern erfolgreich ist. Noch besser auf die konkreten Bedürfnisse der Konsumenten in Schwellenländern eingestellt, sind jedoch häufig lokale Unternehmen wie beispielsweise Tata Motors in Indien, das mit dem Tata Nano einen konkurrenzlos billigen Kleinstwagen auf den Markt brachte.

Zudem sollte ein Unternehmen bei seinem außenwirtschaftlichen Engagement auch dessen Bedeutung für die wirtschaftliche Entwicklung eines Landes berücksichtigen. In ▶ Abschn. 12.5 wurde angesprochen, dass Präferenzen nicht statisch sind, sondern sich in Abhängigkeit vom Einkommen der Konsumenten bzw. dem Entwicklungsstand des Landes ändern, wodurch sich eine Reihe relevanter Implikationen für unternehmerisches Handeln ableiten lassen. Damit ein fremder Markt erschlossen werden kann, muss dieser zugänglich sein, d. h. das Land muss sich öffnen bzw. seine Handelspolitik liberalisieren. Wie wir – insbesondere aus ▶ Kap. 8 – wissen, führt diese Liberalisierung zu einer Änderung der Produktionsstruktur des Landes und damit zu internen Verteilungseffekten zwischen den Bevölkerungsgruppen. Zu diesen Änderungen trägt jede Firma mit der Entwicklung und Erschließung neuer Märkte unmittelbar bei, weshalb sie auch immer beachten sollte, dass diese Einkommenseffekte die Nachfrage nach ihren Produkten beeinflussen werden. Im Falle kleiner Firmen mag dies zwar vernachlässigbar sein, aber große Firmen, welche nicht nur am ausländischen Absatzmarkt interessiert sind, sondern diese Länder ebenso als günstige Produktionsorte nutzen und somit unmittelbar auf die dortige Einkommensentwicklung einwirken, müssen dies sehr wohl berücksichtigen. Ein Beispiel für eine gezielte wirtschaftliche und politische Einflussnahme ist China, das im Zuge der Sicherung seines Rohstoffbedarfs, in viele afrikanischer Länder investiert und milliardenschwere Handelsvereinbarung trifft.

Gerade in Entwicklungsländern spielt die Akkumulation von Kapital eine wichtige Rolle. Auch hierzu tragen die Firmen durch Direktinvestitionen in erheblichem Maße bei. Dabei ist nicht nur Finanz- und Sachkapital relevant sondern auch Humankapital: Da multinationale Unternehmen in ihren ausländischen Niederlassungen vor Ort qualifizierte Fachkräfte benötigen, tragen sie zur Verbesserung der Bildung und damit zu einer Erhöhung des Einkommens bei, was durch Multiplikationsprozesse dazu führt, dass eine breitere Bevölkerungsschicht über ein höheres Einkommen verfügt, was wiederum die Entstehung oder Vergrößerung bestimmter Absatzmärkte ermöglicht – mittelfristig kann somit ein billiger Produktionsstandort zu einem profitablen Absatzmarkt werden. Zudem werden die Voraussetzungen für die Entstehung inländischer Unternehmen geschaffen, welche die neuen Bedürfnisse stillen können und sich schließlich auch im Exportgeschäft betätigen werden. Hierdurch profitieren wiederum die Verbraucher in den entwickelten Ländern. Erstens können sie neue Varianten aus diesen Ländern beziehen, die ihren Präferenzen eventuell besser entsprechen als die bisher verfügbaren. Zweitens profitieren sie von niedrigeren Preisen, da der Wettbewerb auf den Gütermärkten zunimmt – für etablierte Unternehmen steigt damit aber auch wieder der Wettbewerbsdruck. In ▶ Box 13.1 haben wir etwa gesehen, dass mittlerweile fast ein Drittel aller multinationalen Unternehmen aus Entwicklungs- und Schwellenländern stammt. Bildung in Entwicklungsländern kommt damit unmittelbar den Konsumenten in entwickelten Ländern zugute aber auch den inländischen Firmen, die zwar einerseits mehr Wettbewerb ausgesetzt sind, aber andererseits auch neue Absatzmöglichkeiten für ihre Produkte erhalten.

In den deutschen Handelsbeziehungen mit China sind viele der beschriebenen Effekte zu erkennen: Durch die Öffnung Chinas wurde in Teilen der Bevölkerung Wohlstand geschaffen, der nun dazu führt, dass dort der Wunsch nach Qualität und Vielfalt entstanden ist und viele deutsche Produkte, wie etwa Autos der Oberklasse nachgefragt werden. Zugleich begannen chinesische Firmen damit, zunächst Konkurrenzprodukte zu ausländischen Fahrzeugen für den eigenen Markt herzustellen. Mittlerweile sind eine Reihe chinesischer Autohersteller wie Aiways, SAIC oder Nio, die sich insbesondere auf Elektroautos spezialisieren, auf dem Weltmarkt aktiv.

Generell kann ein Unternehmen auch von der **Nicht-Verfügbarkeit** bestimmter Güter oder Produktionsfaktoren in einem Land profitieren. So haben wir in ▶ Abschn. 4.1 in einem einfachen Tauschmodell gezeigt, dass Außenhandel für zwei Länder mit gleichen Präferenzen aber unterschiedlicher Güterausstattung vorteilhaft ist. Entsprechend wird etwa ein Land, das über Bodenschätze wie Diamanten oder Erdöl verfügt, aber aufgrund seines Klimas keine Landwirtschaft betreiben kann, sich auf dem Weltmarkt geeignete Handelspartner suchen, die es im Austausch für seine Ressourcen mit Nahrungsmittel versorgen. Von dieser unterschiedlichen Ressourcenverteilung auf die Länder können Unternehmen profitieren, wenn sie die Rolle von Intermediären übernehmen, welche die Kaufinteressenten mit den Verkäufern der nachgefragten Produkte zusammenbringen, indem sie entweder eine Marktplattform dafür anbieten oder als Zwischenhändler agieren. Mit dieser Intermediärstätigkeit werden wir uns in ▶ Kap. 20 noch genauer beschäftigen.

18.4 Langfristiger Erfolg: Dynamische Anpassung und Innovation

Oftmals ist der optimale Produktionsstandort abhängig von der jeweiligen Stufe im **Produktlebenszyklus.** In ◘ Abb. 18.2 sind hierzu die verschiedenen Phasen der Reifung eines Produkts aufgezeigt und wie sich diese auf die Handelsstruktur auswirken. Die anfängliche innovative Leistung wird zumeist in entwickelten, humankapitalreichen Ländern erbracht, die dann ebenfalls als erste Produktionsstandorte für die Befriedigung der in- als auch ausländischen Nachfrage dienen. In dieser frühen Phase der Produkteinführung variiert der Faktoreinsatz der verschiedenen Hersteller noch in gewissem Umfang und die Nachfrage nach dem Produkt ist mangels Alternativen relativ preisunelastisch. Sobald die (weltweite) Nachfrage in der Phase des Wachstums ausreichend hoch ist und genügend Produktionserfahrung gesammelt wurde, kann der Produktionsprozess im Zuge der Produktreifung mehr und mehr standardisiert werden. Gleichermaßen nimmt die Preissensibilität der Verbraucher zu, wodurch der Druck entsteht, die Produktionskosten zu senken. Es kommt entsprechend mittels Direktinvestitionen zu einer Verlagerung der Produktion in weniger entwickelte, arbeitsreiche Länder, die spätestens in der Reifephase aufgrund der Ausreifung und Standardisierung des Produkts nun über komparative Kostenvorteile in der Produktion verfügen. Somit wird während des Produktlebenszyklus der Heimatmarkt von einem Export- zu einem Importland.

Für die aufgezeigte Entwicklung im Produktlebenszyklus gibt es einige historische Beispiele (vgl. Grubel/Lloyd 1975, p. 109). So war Deutschland bis zum Zweiten Weltkrieg in der Produktion hochwertiger Kameras führend und exportierte sie in alle Welt. Allerdings geriet die deutsche Kameraindustrie ab den 1950er-Jahren gegenüber der japanischen Konkurrenz zunehmend ins Hintertreffen, sodass Deutschland mehr und mehr begann, Kameras japanischer Hersteller zu importieren. Ähnliches war in den USA zu beobachten, die nach dem Zweiten Weltkrieg zunächst ein wichtiger Exporteur von Radiogeräten waren. Im Laufe der Zeit

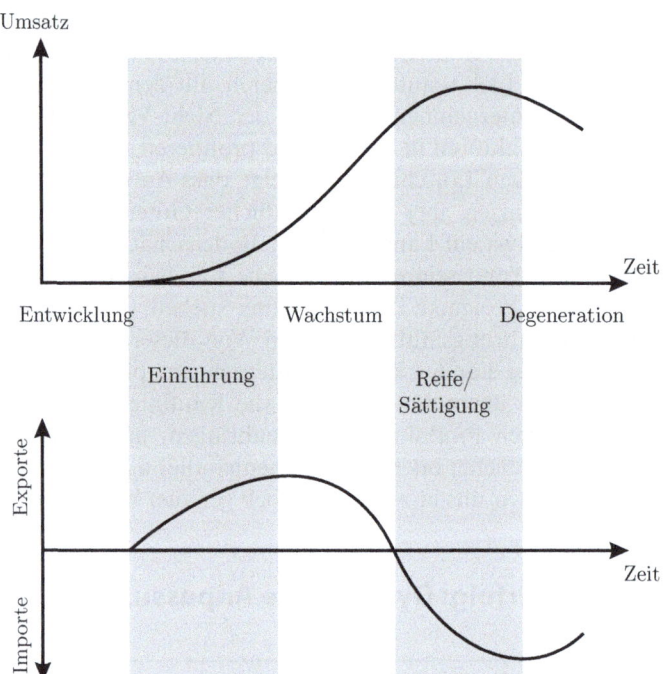

◘ **Abb. 18.2**   Produktlebenszyklus aus Sicht eines entwickelten Landes

erlernten jedoch auch hier die japanischen Produzenten die Technologie zur Herstellung von Radios und konnten diese aufgrund der geringeren Arbeitskosten günstiger herstellen, wodurch die USA schließlich zu einem Nettoimporteur wurden. Der Handelsfluss kehrte sich vorübergehend jedoch wieder um, als in den USA Transistoren entwickelt wurden – im Laufe der Zeit wurde aber auch hier die US-Produktion wieder durch Importe ersetzt. Die spätere Entwicklung von integrierten Schaltkreisen führte wiederum zum Erstarken der US-Radioindustrie. Dieses Beispiel zeigt eindrucksvoll, dass eine Industrie durch Innovationen den Produktlebenszyklus immer wieder von neuem anstoßen kann, wenn sie alte Technologien an ausländische Konkurrenten verloren hat. Wir sehen somit, dass nur eine dauerhafte Innovationstätigkeit den langfristigen Erfolg einer inländischen Branche sicherstellen kann.

Unternehmen können auch dadurch von Handel profitieren, dass sie sich den unterschiedlichen Stand des technischen Fortschritts zwischen den Ländern zunutze machen. Der **Technologiehandel** kann in Form von Lizenzen, Blaupausen oder Wissen zwischen unabhängigen Unternehmen oder innerhalb eines multinationalen Unternehmens erfolgen. Technologisches Know-how und wissenschaftliche Erkenntnisse werden in Form von Dienstleistungen wie Beratung, Training und Softwareentwicklung weitergegeben. Aber auch internationale Forschungskooperationen zwischen den Firmen sowie der internationale Wettbewerb zwischen den Innovatoren und Erfindern fördern den technischen Fortschritt. Multinationale Unternehmen können ihre Erfolgschancen erhöhen und vom technologischen Fortschritt profitieren, wenn sie Forschungsanstrengungen ihrer internationalen

Niederlassungen verbinden und sich am Handel von geistigen Eigentumsrechten und neuen Anwendungen von Innovationen beteiligen.

Grundsätzlich ist es für die Innovationstätigkeit eines Unternehmens wichtig, ob in den Produktions- und Absatzländern ein ausreichender **Patentschutz** gewährleistet wird. Das TRIPS-Abkommen *(Trade-Related Aspects of Intellectual Property Rights)* im Rahmen der WTO-Vereinbarung gewährleistet hier zwar einen gewissen Mindeststandard, der faktische Patentschutz unterscheidet sich jedoch erheblich zwischen den verschiedenen WTO-Mitgliedern. Außerdem ist zu beachten, dass der Patentschutz grundsätzlich nur in denjenigen Ländern gilt, in denen die Erfindung zum Patent angemeldet wurde.

Für die Länder gibt es aus Sicht der Gesamtwohlfahrt einen *trade-off* beim Patentrecht, der in Entwicklungs- und Schwellenländern eher einen Anreiz zu schwachem Patentschutz bietet: Sobald eine Innovation gemacht wurde, ist es vorteilhaft, dass sie allen Wirtschaftsakteuren zugutekommt. Diesem Aspekt steht aber gegenüber, dass die Innovatoren für eine Erfindung häufig hohe Kosten aufwenden müssen und zu dieser Investition somit nur bereit sind, wenn sie bei Erfolg ökonomische Gewinne realisieren können. Daher wird ihnen in den meisten Ländern für einen gewissen Zeitraum ein Patentschutz gewährt, der es ihnen erlaubt, die Monopolrente abzuschöpfen und so ihre Entwicklungskosten zu decken. Gleichzeitig wird aber im Zuge des Patentverfahrens das Wissen öffentlich und kann zur Entwicklung neuer Technologien verwendet werden. Vor diesem Hintergrund kann es für ein Land wie China zwar im Zuge eines Aufholprozesses sinnvoll sein, Produktpiraterie zu dulden, langfristig muss es jedoch daran interessiert sein, Innovationen zu schützen, um Forschung und Entwicklung im Inland zu fördern.

Für Unternehmen ist es wichtig, den unterschiedlichen Umgang mit Schutzrechten in den Absatzländern zu berücksichtigen. Gerade bei Prozessinnovationen kann es möglicherweise günstiger sein, beim Schutz der Innovation statt auf eine Patentierung (mit der Pflicht zur Offenlegung) auf Geheimhaltung zu bauen. Bei Produktinnovationen muss entsprechend überlegt werden, welche Märkte so bedeutsam sind, dass es sich rechnet, dafür ein Patent anzumelden. Grundsätzlich müssen Unternehmen beim Eintritt in neue Absatzmärkte aber auch sehr sorgfältig prüfen, ob nicht ihre Produkte Patente in diesem Markt verletzen, da es sonst zu empfindlichen Schadenersatzzahlungen kommen kann.

Während ein schwacher Patentschutz Innovationen behindern kann, kann aber auch der zunehmende internationale Wettbewerb bei einigen Firmen zu einer gesunkenen Innovationstätigkeit führen. Dies hängt vor allem davon ab, wie technisch fortschrittlich die Firma ist. So zeigt sich, dass durch Wettbewerb die Innovationstätigkeit bzw. das Wachstum derjenigen Firmen steigt, die sich am aktuellen Rand des technischen Fortschritts befinden („Leader"), während Firmen, die weiter weg von diesem Stand sind („Follower"), durch zusätzlichen Wettbewerb eher abgeschreckt werden, da sie mit den Leadern nicht mithalten können. Daher werden eher diejenigen Firmen, die nahe am aktuellen Stand des globalen technischen Fortschritts stehen, von Handelsöffnungen profitieren als solche, die davon weiter entfernt sind (vgl. Andrews et al. 2015).

Box 18.2: Diskussionsbox – Umweltvorschriften und Wahl des Unternehmensstandorts

Während laxe Regelungen bei intellektuellen Eigentumsrechten eher hemmend für eine Ansiedlung (ausländischer) Unternehmen anzusehen sind, kann eine geringe Regulierung bei Umweltvorschriften eher das Gegenteil bewirken – zumindest aus Sicht der **Pollution-Haven-Hypothese.** Demnach versuchen Unternehmen strenge Umweltvorschriften und damit einhergehend hohe Energiekosten zu vermeiden, indem sie ihre Produktionsstandorte bzw. bestimmte Teile ihrer Wertschöpfungskette in Länder verlagern, in denen Umweltstandards niedrig sind. Dieser Zusammenhang erscheint durchaus plausibel und könnte damit die Anstrengungen vieler Ländern, die Umwelt besser zu schützen, zunichtemachen.

Eine Vielzahl von Studien findet aber auch Argumente, die gegen diesen einfachen Zusammenhang sprechen, die Gill et al. (2018) zusammenfassen:

- Produktivitätseinbußen: Eine hohe Umweltverschmutzung belastet die Gesundheit der Arbeitskräfte und senkt damit deren Produktivität.
- Profitabilität: Eine Verlagerung der Produktion verursacht hohe irreversible Kosten, die entsprechend kompensiert werden müssen.
- Rechtsunsicherheit: Länder mit niedrigen Standards weisen zumeist auch ein generell schlechtes Rechtssystem auf, was eine dortige Geschäftstätigkeit belastet.
- Kapitalbeschaffungskosten: Für immer mehr Investoren und institutionelle Anleger spielen die Erfüllung von ESG-Kriterien – *Environmental Social Governance* – eine immer wichtigere Rolle. Eine Verlagerung der Produktion in Ländern mit niedrigen Standards kann somit dazu führen, dass die Kapitalbeschaffungskosten steigen.
- Komparativer Nachteil: Zumeist sind es kapitalintensive Industrien, die besonders ressourcenintensiv produzieren und damit eine hohe Verschmutzung aufweisen. Für diese ist es sinnvoll, in kapitalreichen Ländern zu produzieren – demgegenüber sind es aber zumeist eher arbeitsreiche Länder, die über geringe Standards verfügen, was wiederum gegen eine Produktion an diesen Standorten spricht.

Eine der Pollution-Haven-Hypothese genau entgegengerichtete Argumentation liefert die **Porter-Hypothese.** Demnach fördern umweltpolitische Maßnahmen die Einführung sauberer und effizienterer Technologie. Dadurch kommt es zu Produktivitätsverbesserungen, was wiederum die Wettbewerbsfähigkeit steigert. Investieren diese Firmen dann in andere Länder, werden sie dort auch ihre effizientere und sauberere Technologie einsetzten und damit zu einer Reduzierung der Umweltbelastung beitragen.

Empirisch lässt sich keine der Hypothesen vollständig belegen. Studien finden Hinweise sowohl für als auch gegen die einzelnen Hypothesen.

Diskutieren Sie!

- Für wie plausibel halten Sie beiden Hypothesen?
- Welche Politikempfehlungen würden Sie aus der Pollution Haven Hypothese ableiten?
- Welche Implikationen ergeben sich für Unternehmen?

18

❓ Was haben wir gelernt?

— Wettbewerb ist in einem globalen Markt viel intensiver und viel dynamischer als in einem nationalen, abgeschotteten Markt. Durch die global verstreuten vor- und nachgelagerten Märkte nimmt die Komplexität der Unternehmensprozesse deutlich zu. Die verschiedenen ausländischen Konkurrenten kommen zum Teil aus einem grundlegend anderen Umfeld und ein Unternehmen benötigt einen weltweiten Strategierahmen, um hier erfolgreich bestehen zu können.

— An welchem Standort welcher Teilprozess einer fragmentierten Wertschöpfungskette durchgeführt werden soll, ist dabei eine der zentralen strategischen Entscheidungen. Ziel ist hier die bestmögliche Nutzung von komparativen Kostenvorteilen der verschiedenen Länder.

— Die Orientierung an den Präferenzen der Konsumenten steht auf den globalen Absatzmärkten im Mittelpunkt. Dabei muss bei Mehrproduktunternehmen eine geeignete Balance zwischen der Erfüllung der Konsumentenwünsche nach Produktvielfalt und der Realisierung von Kostendegressionseffekten gefunden werden. Die drastisch unterschiedlichen Einkommensniveaus von Industrie- und Entwicklungsländern machen zudem eine Qualitätsdifferenzierung der Produkte notwendig.

— Unternehmen müssen sich der Dynamik globaler Märkte bewusst sein und rechtzeitig erkennen, wenn beispielsweise im Verlauf des Produktlebenszyklus das Heimatland vom Export- zum Importland wird. Der Schutz eigener Innovationen durch Patente und die internationale Diffusion von Technologien über Lizenzen oder Direktinvestitionen ist ein wichtiger Aspekt einer globalen Wettbewerbsstrategie in technologieintensiven Märkten.

18.5 Kontrollfragen und Übungsaufgaben

1. Was sind prinzipiell die Chancen und Bedrohungen, denen sich ein Unternehmen durch die Globalisierung gegenübersieht?

2. Argumentieren Sie, warum es bei der Beurteilung der komparativen Vorteile eines Standorts auch sinnvoll sein kann, die (langfristige) Entwicklung in dieser Region zu betrachten!

3. Ein aufstrebendes Start-up-Unternehmen ist auf der Suche nach Regionen bzw. Ländern, in die es expandieren kann.
   a) Auf welche Faktoren sollte es besonders bei der Auswahl eines Produktionsstandorts achten?
   b) Inwiefern ändert sich Ihre Analyse, wenn es nicht um Produktionsstätten, sondern um die Auswahl von Absatzmärkten geht?

4. Erläutern Sie, welche Produktdifferenzierungsstrategien es prinzipiell gibt! Begründen Sie, welche Strategie Sie konkret vorschlagen würden, wenn ein deutsches Unternehmen plant, seine Produkte in (i) den USA, (ii) Indien, (iii) Polen oder (iv) China anzubieten!

5. Warum ändert sich der Produktionsstandort eines Gutes im Laufe seines Produktlebenszyklus?

6. Diskutieren Sie, welche Rolle der Patentschutz bei der Auswahl von Produktionsstandorten spielen kann! Welche Auswirkungen hat demnach ein schwacher Patentschutz in der kurzen und in der langen Frist?

Literatur

Im Text zitierte Quellen

Andrews, D., Criscuolo, C. und P. N. Gal (2015). Frontier firms, technology diffusion and public policy: Micro evidence from OECD countries.

Broda, C. und D. E. Weinstein (2006): Globalization and the Gains from Variety, The Quarterly Journal of Economics, Vol. 121., 541–585.

Gill, F. L., Viswanathan, K. K. und M. Z. A. Karim (2018), The Critical Review of the Pollution Haven Hypothesis. International Journal of Energy Economics and Policy, 8(1), 167–174.

Grubel H. G. und P. J. Lloyd (1975), Intra-Industry Trade. The Theory and Measurement of International Trade in Differentiated Products, London: Macmillan.

Krugman, P. (1995), Growing World Trade: Causes and Consequences, Brookings Papers on Economic Activity, Vol. 26, No. 1, 327–362.

OECD (2005), OECD Handbook on Economic Globalization Indicators, Paris: OECD Publishing.

O'Rourke, K. und J. Williamson (1999), Globalization and History. The Evolution of a Nineteenth-Century Atlantic Economy, Cambridge, MA: The MIT Press, 1999.

Ergänzende und weiterführende Literatur

Spulber D. F. (2007), Global Competitive Strategy, New York: Cambridge University Press. [*Analyse von Unternehmensstrategien für globale Märkte unter ökonomischen Gesichtspunkten.*]

Vernon R. (1966), International Investment and International Trade in the Product Cycle, The Quarterly Journal of Economics, Vol. 80, 190–207. [*Grundlegender Aufsatz zum Produktlebenszyklus mit vielen empirischen Beispielen.*]

18

Holdup, unvollständige Verträge und multinationale Unternehmen

Inhaltsverzeichnis

Themenüberblick

- Transaktionskostenansatz und Analyse der Organisationsform
- Holdup als Problem bei faktorspezifischen Investitionen im Kontext unvollständiger Verträge
- OLI-Ansatz zur Erklärung der Entscheidung zwischen Export, Lizenzierung und Direktinvestitionen
- Entscheidung zwischen Integration und Outsourcing bei (internationaler) Fragmentierung auf Grundlage der relativen Bedeutung des firmenspezifischen Kapitals des Endherstellers im Verhältnis zu den faktorspezifischen Investitionen des Zwischengutproduzenten

In ▶ Kap. 13 haben wir uns mit den Anreizen zu Direktinvestitionen und der Entstehung multinationaler Unternehmen beschäftigt. Dabei blieb jedoch die Frage ungeklärt, warum Aktivitäten im Ausland innerhalb eines Unternehmens durchgeführt werden sollten, anstatt sie mit unabhängigen Firmen über den Markt abzuwickeln. Diese Frage nach der organisatorischen Form lässt sich nicht auf der Grundlage komparativer Kostenvorteile oder von Skalenerträgen erklären. Vielmehr wird eine ökonomische Theorie der Organisation benötigt, wie sie durch den Transaktionskostenansatz und seiner formalen Umsetzung im Rahmen der ökonomischen Vertragstheorie vorliegt.

Wir verfolgen daher in diesem Kapitel das Ziel, zunächst die zentrale Idee des Transaktionskostenansatzes und dessen wichtigste Konzepte und Begriffe kennenzulernen. In einem zweiten Schritt wird dann das bei faktorspezifischen Investitionen im Zusammenspiel mit unvollständigen Verträgen auftretende Holdup-Problem erläutert, das den zentralen Erklärungsrahmen in der aktuellen Modellierung von Direktinvestitionsentscheidungen darstellt. In enger Beziehung zur Transaktionskostentheorie steht auch der sogenannte OLI-Ansatz, der die Entstehung multinationaler Unternehmen und anderer Formen der internationalen vertraglichen Zusammenarbeit auf der Grundlage der Bedeutung des firmenspezifischen Kapitals *(Ownership)*, Standortvorteilen *(Location)* und Vorteilhaftigkeit der Internalisierung von Aktivitäten innerhalb des Unternehmens *(Internalization)* erklärt. Wir werden in diesem Kontext die Entscheidung zwischen Exporten, Lizenzierung und Gründung einer ausländischen Tochterunternehmung bei horizontalen Direktinvestitionen thematisieren. Im letzten Abschnitt wird dann im Rahmen einer Erweiterung des Melitz-Modells das Thema Integration vs. Outsourcing bei fragmentierten Produktionsprozessen analysiert: Hierbei kommt es neben der Produktivität des Endproduzenten auf die relative Bedeutung des firmenspezifischen Kapitals dieses Unternehmens im Vergleich zur faktorspezifischen Investition des Zulieferers an.

19.1 Transaktionskostenansatz

Der Transaktionskostenansatz liefert eine zum rein technologischen Blick auf das Unternehmen komplementäre Perspektive. Im Rahmen der bisherigen Analyse ausländischer Direktinvestitionen haben wir uns auf die Herstellungskosten konzentriert. Damit lässt sich jedoch nicht erklären, warum sich manche Unternehmen im Rahmen der internationalen Fragmentierung für internationales Outsourcing entscheiden, d. h., die Produktion an ein unabhängiges ausländisches Unternehmen

19

auslagern, während andere Offshoring vorziehen, d. h. in einem Tochterunternehmen im Ausland produzieren. Der Transaktionskostenansatz liefert hier eine Antwort: Bei identischen Herstellungskosten sollte für eine Transaktion, wie beispielsweise die Beschaffung eines Zwischenproduktes, diejenige Organisationsform gewählt werden, die die geringsten Transaktionskosten verursacht. Auf Basis dieser Überlegungen lässt sich dann beispielsweise klären, ob bei der Beschaffung von Zwischenprodukten bzw. der Lizenzierung bei der Verwertung firmenspezifischen Kapitals die Organisationsform Integration (im Inland oder im Rahmen eines multinationalen Unternehmens) gegenüber Outsourcing vorzuziehen ist.

Unter einer **Transaktion** wird die Übertragung von Verfügungsrechten *(property rights)* verstanden, die dem Gütertausch logisch und zeitlich vorgelagert ist. Im Rahmen eines Liefervertrages werden dabei neben dem Preis beispielsweise auch Menge, Qualität und Zeitpunkt der Lieferung festgelegt. Die dabei anfallenden **Transaktionskosten** stehen im Zusammenhang mit der Bestimmung, Übertragung und Durchsetzung von Verfügungsrechten. Dabei handelt es sich vor allem um Informations- und Kommunikationskosten, die bei Anbahnung, Vereinbarung, Kontrolle und Anpassung wechselseitiger Leistungsbeziehungen auftreten.

Grundlegend für das Auftreten solcher Transaktionskosten sind die beiden zentralen **Verhaltensannahmen** des Transaktionskostenansatzes:

- Die erste Annahme ist **eingeschränkte Rationalität** *(bounded rationality)*, d. h. die Akteure wollen rational handeln, aber ihre begrenzte Informationsaufnahme und -verarbeitungskapazität lässt vollständig rationales Verhalten nicht zu. Dies macht den Abschluss **vollständiger Verträge** unmöglich. Solche Verträge berücksichtigen bei Vertragsschluss (ex ante) alle während der Vertragslaufzeit (ex post) möglichen Zustände. Die sich bei eingeschränkter Rationalität ergebenden **unvollständigen Verträge** sind demgegenüber dadurch gekennzeichnet, dass sie bei den nicht explizit festgelegten Aspekten Regelungen treffen, wer in diesem Fall die Entscheidungsmacht hat. Ein typisches Beispiel dafür ist ein Arbeitsvertrag, der zwar Arbeitszeit und Entlohnung festlegt, aber nicht welche konkrete Arbeit zu welchem Zeitpunkt durchgeführt werden muss. Diese Festlegung erfolgt vielmehr zeitnah durch den Unternehmenseigner bzw. einen Manager, der als sein Vertreter fungiert.

- Die zweite Annahme ist **Opportunismus**, d. h. die Akteure verfolgen ihr Eigeninteresse – auch zum Nachteil anderer und unter Missachtung sozialer Normen. Dies impliziert, dass das Konzept eines Vertrages als Versprechen nicht angemessen ist. So kann einerseits nicht davon ausgegangen werden, dass bei der Ausfüllung unvollständiger Verträge eine Orientierung an der Intention des Vertrages bei Vertragsschluss erfolgt. Vielmehr wird der Akteur mit Entscheidungsmacht im Vertragsrahmen die für ihn günstigste Lösung wählen. Zum anderen werden aber Verträge auch nur dann eingehalten, wenn sich dies für einen Vertragspartner lohnt bzw. wenn er bei Vertragsbruch entsprechend bestraft würde. Dies beschränkt dann die Entscheidungsmacht, die ein Akteur im Rahmen eines unvollständigen Vertrages erhält: Führt seine Entscheidung für den anderen Vertragspartner zu einem sehr unattraktiven Ergebnis, so wird dieser nicht mehr bereit sein, den Vertrag zu erfüllen. Wie problematisch die aufgrund dieser Verhaltensannahmen notwendige Beschränkung auf unvollständige Verträge ist und welche Organisationsform (d. h. welche konkrete Ausgestaltung des unvollständigen Vertrags) dann am besten geeignet ist, hängt von der **Transaktionstechnologie** ab, die durch die drei Dimensionen Faktorspezifität, Verhaltensunsicherheit und Transaktionshäufigkeit beschrieben wird:[1]

– Die **Faktorspezifität** ist dabei im Kontext der Analyse von Direktinvestitionen der zentrale Aspekt. Faktorspezifität liegt dann vor, wenn ein Produktionsfaktor oder ein Gut nicht alternativ verwendet bzw. an einen anderen Nutzer verkauft werden kann, ohne an Wert zu verlieren. Darunter fallen etwa standortspezifische Faktoren (z. B. ein Stahlwerk in der Nähe einer Kohlegrube), anlagenspezifische Faktoren (z. B. die Produktion einer Spezialmaschine für einen bestimmten Abnehmer) und spezifisches Humankapital (unternehmensspezifisches Wissen von Arbeitnehmern).

Bei (beidseitiger) Faktorspezifität kommt es zu einer „fundamentalen Transformation" in der Beziehung zwischen den Vertragspartnern: Ex ante besteht Wettbewerb, ex post ergibt sich aufgrund der Faktorspezifität ein (bilaterales) Monopol – wer eine faktorspezifische Investition vorgenommen hat, ist an seinen Vertragspartner gebunden. Das daraus resultierende Holdup-Problem werden wir im nächsten Abschnitt an einem Beispiel veranschaulichen.

– Der Grad der **Verhaltensunsicherheit** als zweite Dimension der Transaktion resultiert aus der asymmetrischen Informationsverteilung. So ist die Effizienz bei Neuverhandlungen im Rahmen der Konkretisierung unvollständiger Verträge nicht sichergestellt, wenn Eigenschaften des Partners nicht bekannt sind, dessen Verhalten nicht oder nur unter Inkaufnahme hoher Kosten beobachtet werden kann oder wenn die Beobachtungen gegenüber einer dritten Stelle (z. B. einem Gericht) nicht beweisbar sind. Es kann dann beispielsweise dazu kommen, dass eine Vertragsbeziehung aufgelöst wird, obwohl sich beide Vertragspartner bei einer Fortführung besserstellen würden.

– Schließlich spielt die **Transaktionshäufigkeit** eine wichtige Rolle. Wenn beispielsweise zwischen Zulieferer und Endproduzenten regelmäßig neue Lieferverträge abgeschlossen werden, ist die Problematik unvollständiger Verträge dadurch reduziert, dass opportunistisches Verhalten eines Vertragspartners bestraft werden kann, indem in Zukunft mit ihm keine Transaktionen mehr durchgeführt werden. Diese Situation ist beispielsweise bei der Interaktion zwischen Automobilherstellern und Zulieferern gegeben.

Je nachdem wie stark diese drei Charakteristika einer Transaktion ausgeprägt sind, werden andere Anforderungen an den institutionellen Rahmen gestellt, der die Transaktionskosten möglichst gering halten kann. Welche Organisationsformen konkret infrage kommen, wird im Rahmen des Holdup-Beispiels im nächsten Abschnitt diskutiert.

---

1   Neben diesen wird als weitere Dimension teilweise noch die **Transaktionsatmosphäre** aufgeführt, mit der weitere kulturelle, rechtliche und technologische Rahmenbedingungen erfasst werden. Mithilfe technologischer Entwicklungen wie etwa den Fortschritten bei der künstlichen Intelligenz können Einschränkungen bei der Informationsverarbeitung reduziert werden. Gerade im internationalen Kontext können kulturelle Unterschiede bei der Bewertung von Opportunismus oder ein damit teilweise verbundenes unterschiedliches Rechtsverständnis große Relevanz entwickeln. Problematisch hierbei ist aber, dass diese Dimension nahezu allumfassend ist und somit alles (und damit nichts) erklärt. Aus diesem Grund wollen wir diese Dimension im Weiteren nicht näher betrachten.

19

19.2 Holdup-Problem und optimale Organisationsform

Sind im Rahmen einer Transaktion faktorspezifische Investitionen notwendig, so kann es sinnvoll sein, diese Transaktion innerhalb einer organisatorischen Einheit wie etwa einer Unternehmung durchzuführen. Dadurch kann das Holdup-Problem vermieden oder zumindest reduziert werden, das bei Zusammenarbeit mit einem unabhängigen Unternehmen auftreten würde. Was genau unter dem Holdup-Problem verstanden wird und was dieses auszeichnet, wollen wir uns nun anhand eines fiktiven Außenhandelsbeispiels veranschaulichen, bei dem ein deutsches Softwareunternehmen sein Produkt in China in Zusammenarbeit mit einem chinesischen Partner vertreiben will.

Aus einer Marktstudie weiß dieses deutsche Unternehmen, dass es mit seinem Produkt in China in den kommenden fünf Jahren einen jährlichen Umsatz von 20 Mio. Euro erzielen könnte. Die reinen Produktions- und Wartungskosten für die jährlich nachgefragte Menge (Serverkapazität, Pflege/Bugfixing, Handbücher) würden sich demgegenüber nur auf 2 Mio. Euro belaufen. Für die Übersetzung, die Anpassung an die spezifischen Anforderungen der chinesischen Nachfrager sowie die Schulung und den Aufbau eines geeigneten Supports sind jedoch Investitionen von insgesamt 50 Mio. Euro erforderlich. Dabei handelt es sich um eine faktorspezifische Investition, da die Anpassung speziell auf den chinesischen Markt ausgerichtet ist und die so angepasste Software nur dort abgesetzt werden kann.

Den Vertrieb, das Marketing und den laufenden Support in China soll ein lokaler Kooperationspartner übernehmen. Für das chinesische Unternehmen, das am besten für diese Aufgabe qualifiziert ist, entstehen dabei Kosten von umgerechnet 2 Mio. Euro pro Jahr. Vor dem Hintergrund der Kosten der beiden Unternehmen einigt man sich auf eine Provision von 25 % des Erlöses, was zu einer gleichmäßigen Aufteilung des Gesamtvorteils von 30 Mio. Euro führt.[2] Der Gewinn des Softwareunternehmens über den Planungszeitraum von fünf Jahren wäre somit mit $5 \cdot (0{,}75 \cdot 20\,\text{Mio. Euro} - 2\,\text{Mio. Euro}) - 50\,\text{Mio. Euro} = 15\,\text{Mio. Euro}$ genauso hoch wie der Gewinn des chinesischen Partners, $5 \cdot (0{,}25 \cdot 20\,\text{Mio. Euro} - 2\,\text{Mio. Euro}) = 15\,\text{Mio. Euro}$.

Nach Abschluss des Vertrages und der Durchführung der Investition zur Anpassung der Software meldet sich der chinesische Kooperationspartner und verlangt eine Anpassung der Provision auf 50 %. Andernfalls sei er nicht mehr bereit, den Support zu übernehmen. Die deutsche Geschäftsführung weist ihrerseits darauf hin, dass bereits Produktionsanpassungskosten in Höhe von 50 Mio. Euro investiert wurden, was unter diesen Bedingungen über die Vertragslaufzeit zu einem negativen Gewinn von $5 \cdot (0{,}5 \cdot 20\,\text{Mio. Euro} - 2\,\text{Mio. Euro}) - 50\,\text{Mio. Euro} = -10\,\text{Mio. Euro}$ führen würde. Allerdings zeigt sich das chinesische Unternehmen davon unbeeindruckt. Diese Produktionsanpassungskosten seien jetzt nicht mehr relevant, da diese unabhängig davon anfielen, ob das Produkt in China vertrieben werde oder nicht, also irreversibel sind. Das deutsche Unternehmen könne sich gerne einen anderen Vertriebspartner suchen. Da die anderen chinesischen Unternehmen aufgrund des intensiven Interesses ausländischer Unternehmen am chinesischen Markt

---

2 Dies ist die sogenannte Nash-Verhandlungslösung, die für Verhandlungen bei vollständiger Information und identischem Verhandlungsgeschick eine plausible Lösung darstellt.

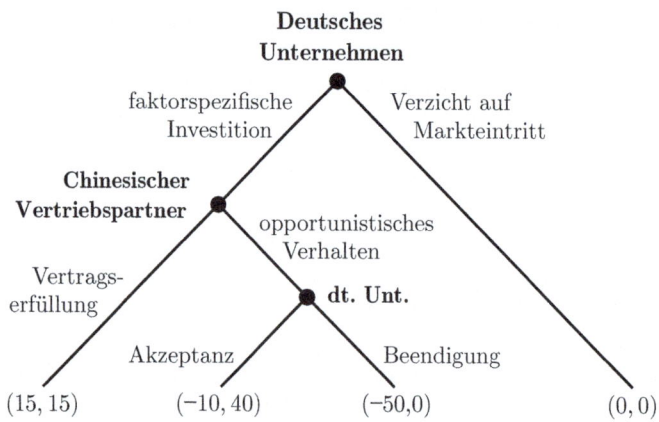

◘ Abb. 19.1   Holdup-Problem im Außenhandel

und damit großer Nachfrage nach Vertriebspartnern in einer guten Verhandlungsposition wären, könnte es dabei jedoch nicht mit einem besseren Deal rechnen. Der Gang vor ein chinesisches Gericht sei auch nicht erfolgversprechend: Bis dort eine Entscheidung gefallen sei, seien die fünf Jahre vermutlich bereits vorbei und selbst bei einem positiven Urteil könnte das Vertriebsunternehmen nicht wirksam gezwungen werden, sich wirklich ernsthaft für den Vertrieb der Produkte einzusetzen oder gar einen qualitativ hochwertigen Support anzubieten.

Die Reaktion des chinesischen Partners ist dabei wenig überraschend, wie wir anhand einer einfachen spieltheoretischen nun zeigen wollen. In ◘ Abb. 19.1 wird die Situation anhand eines Spielbaums verdeutlicht, wie wir ihn in ▶ Abschn. 16.1 kennengelernt haben. Das deutsche und das chinesische Unternehmen sind dabei die beiden Spieler. Das deutsche Unternehmen ist als erstes am Zug, da es die grundsätzliche Entscheidung trifft, ob es in den chinesischen Markt einsteigt und die Produktionsanpassung durchführt oder auf einen Markteintritt verzichtet. Ist die Investition getätigt, kann das chinesische Unternehmen entweder den Vertrag erfüllen oder sich opportunistisch verhalten und die hohe Provision verlangen. Mittels Rückwärtsinduktion können wir dann das teilspielperfekte Gleichgewicht bestimmen.

Beginnen wir auf der letzten Stufe mit dem chinesischen Unternehmen. Akzeptiert es die vertraglich festgelegte Provision, so erhält es eine Gesamtauszahlung von 15 Mio. Euro. Verhält es sich demgegenüber opportunistisch und erhöht die Provision auf 50 %, so steigt seine Auszahlung auf 40 Mio. Euro. Dem deutschen Unternehmen bleibt aber nichts anderes übrig, als dieses Angebot anzunehmen: Es erleidet dadurch zwar einen Gesamtverlust von 10 Mio. Euro, kann aber zumindest 80 % seiner Investitionskosten in Höhe von 50 Mio. Euro abdecken.[3] Der ökonomische Vorteil aus gesamtwirtschaftlicher Sicht bleibt in beiden Fällen dabei gleich, $15 + 15 = -10 + 40$. Einzig die Verteilung auf die beiden Vertragspartner ändert sich durch die aus der fundamentalen Transformation resultierenden Veränderung der Verhandlungspositi-

19

---

3   Da die Produktanpassungskosten nach erfolgter Investition nicht mehr entscheidungsrelevant sind, stellt die Provision von 50 % jetzt die Nash-Verhandlungslösung dar.

oncn: Die Außenoption (Beendigung) für das deutsche Softwareunternehmen führt nun nicht mehr auf eine Auszahlung von Null, sondern auf -50 – cin Verlust bei Akzeptanz von „nur" -10 ist aus dieser Perspektive relativ attraktiv.

Das chinesische Unternehmen hat sich somit vollkommen rational verhalten. Wenn das deutsche Unternehmen jedoch diese Reaktion vor der Entscheidung über die Investition vorhersieht, so wird es auf die Investition und damit auf die Belieferung des chinesischen Marktes verzichten, sodass für beide Unternehmen Gewinne von 0 resultieren. Beachten Sie, dass somit die Möglichkeit zum **Holdup,** d. h. zur Ausnutzung der Abhängigkeitsposition nach erfolgter Investition, für das chinesische Unternehmen keineswegs zu einem Vorteil führt, sondern sich vielmehr beide Unternehmen gegenüber einer Situation mit einem vollständigen Vertrag schlechter stellen: Dort hätte jedes Unternehmen einen Gewinn von 15 Mio. Euro erzielt, während es nun zu keiner Transaktion kommt und somit der potenzielle Gesamtvorteil von 30 Mio. Euro nicht realisiert wird.

Wenn es also nicht möglich ist, einen vollständigen und bindenden Vertrag zu schließen, so kommt es aufgrund des **Holdup-Problems** dazu, dass vorteilhafte spezifische Investitionen unterbleiben. Das investierende Unternehmen muss nämlich befürchten, dass der Vertragspartner die Verbesserung seiner Verhandlungsposition nach erfolgter Investition ausnutzt und das investierende Unternehmen somit keine zur Deckung der Investitionskosten ausreichenden Rückflüsse erzielen kann.

Welche **Lösungsansätze** gibt es für dieses Problem?

- Eine **Verbesserung des institutionellen Rahmens** könnte im vorliegenden Fall einen vollständigen Vertrag ermöglichen: Zusammen mit einem effizienten Rechtssystem kann eine Festlegung von Vertragsstrafen sicherstellen, dass das chinesische Unternehmen keinen Anreiz mehr hat, vom vereinbarten Vertrag abzuweichen. Allerdings sind in der Realität bei hinreichend komplexen Transaktionen keine vollständigen Verträge möglich und zudem wird auch immer ein gewisses Maß an Rechtsunsicherheit bestehen bleiben.
- Wenn das chinesische Unternehmen regelmäßig und von außen beobachtbar, vergleichbare Aufgaben übernimmt oder Folgeaufträge des deutschen Unternehmens geplant sind, könnte sich auch ein **relationaler Vertrag** als Lösung anbieten. Hier resultieren die Anreize zu vertragstreuem Verhalten aus dem drohenden Verlust an Reputation. Die Bestrafung bei Vertragsabweichung wird dann nicht durch eine dritte Stelle (das Gericht) vorgenommen, sondern durch die Vertragspartner: Wenn das chinesische Unternehmen sich sichtbar opportunistisch verhält, wird es von anderen Firmen keine Aufträge mehr erhalten bzw. die Folgeaufträge des Softwareunternehmens verlieren.
- Prinzipiell kann die Gefahr des Holdups auch durch eine **Außenoption** reduziert werden. Wenn das deutsche Unternehmen beispielsweise zwei chinesische Unternehmen mit dem Vertrieb betraut oder die Anpassung so vornimmt, dass das Produkt auch für andere asiatische Märkte geeignet ist, kann es seine Abhängigkeit reduzieren. Dabei ist allerdings zu beachten, dass diese höhere Flexibilität auch Kosten verursacht, da mögliche Kostensenkungen durch Realisierung von Skalenerträgen entfallen.
- Die im Weiteren diskutierte Lösung der **Integration** könnte durch die Akquisition des chinesischen Unternehmens erfolgen. Die Transaktion würde dann unternehmensintern durchgeführt und es bestünde keine Gefahr des opportunistischen Verhaltens durch den Vertriebspartner.

Prinzipiell ist alles das hilfreich, was die Verhandlungsposition des deutschen Unternehmens nach Vertragsabschluss stärkt oder dem chinesischen Unternehmen hilft, sich glaubhaft zu binden. Oder allgemein formuliert, sollten Maßnahmen durchgeführt werden, welche die Verhandlungsposition des Partners in der abhängigen Position stärken oder dem Partner mit der höheren Verhandlungsmacht eine glaubhafte Bindung ermöglichen.

Der letzte Lösungsvorschlag der Integration bedeutet nichts anderes, als dass das deutsche Unternehmen zu einem multinationalen Unternehmen werden sollte. Diese Lösung ist jedoch dann möglicherweise problematisch, wenn auch aufseiten des Vertriebspartners faktorspezifische Investitionen vorgenommen werden sollen: Aufgrund der Verteilung der Verfügungsmacht hat hier ein eigenständiges Unternehmen deutlich größere Anreize als das Management eines Tochterunternehmens.

19.3 OLI-Ansatz und horizontale Direktinvestitionen

Mit dem Transaktionskostenansatz haben wir uns nun eine theoretische Grundlage erarbeitet, mit der wir die Internalisierungsentscheidung im Rahmen der Analyse ausländischer Direktinvestitionen fundiert behandeln können. Dabei ist allerdings zu beachten, dass Transaktionskostenüberlegungen nur einen Aspekt bei der Wahl der bestmöglichen Organisationsform in einem globalen Markt darstellen. Aus diesem Grund werden wir uns nun mit dem **OLI-Ansatz** beschäftigen (vgl. Dunning 1977). Darauf basierend können wir dann im Kontext horizontaler Direktinvestitionen die Entscheidung zwischen Export, Lizenzierung und Direktinvestition analysieren.

Das Akronym „OLI" steht für *Ownership, Location* und *Internalization* und gibt die drei wesentlichen Bedingungen für die Vorteilhaftigkeit der Direktinvestitionsstrategie an: Vorteile aus dem Eigentum firmenspezifischen Kapitals, Vorteile aus der Produktion an einem bestimmten Standort und Vorteile aus der Internalisierung innerhalb eines (multinationalen) Unternehmens. Wir wollen nun diese drei Aspekte etwas genauer betrachten.

- *Ownership-Advantage*: Hierunter fällt der Vorteil der Nutzung von firmenspezifischem Kapital im Rahmen eines multinationalen Unternehmens. Wie wir bereits in ▶ Kap. 13 diskutiert haben, handelt es sich bei firmenspezifischem Kapital insbesondere um immaterielle Werte wie Know-how, Patente, Produktionserfahrung oder Reputation für Qualität. In der englischsprachigen Literatur wird dafür üblicherweise der Begriff *headquarter services* verwendet. Die Nutzung dieses firmenspezifischen Kapitals ermöglicht es den Tochterunternehmen, effizienter als ihre lokalen Konkurrenten zu produzieren oder ein qualitativ hochwertigeres Gut zu erstellen. Diese Vorteile müssen ausreichend stark ausgeprägt sein, um die Nachteile einer Produktion fernab des Firmensitzes zu kompensieren.
- *Location-Advantage*: Hierunter werden die standortspezifischen Vorteile der Länder zusammengefasst. Diese Vorteile sind firmenextern und somit durch die unternehmerische Aktivität nicht zu beeinflussen. Unternehmen können mit ihrem ausländischen Engagement unterschiedliche Motive verfolgen, die die Wahl des Standorts beeinflussen: Dient der Standort dazu, die Distribution des

Produkts im ausländischen Markt zu verbessern (horizontale Direktinvestition) oder die Produktionskosten durch Ausnutzung von Faktorpreisunterschieden zu reduzieren (vertikale Direktinvestition)?

Die Herstellung an einem ausländischen Standort ist sinnvoll, wenn die Vorteile dieses Standorts die höheren Transaktionskosten bei einer Produktion im Ausland überwiegen. Eine horizontale Direktinvestition kann dann empfehlenswert sein, wenn erhebliche Handelskosten vorliegen, die bei Produktion im Ausland vermieden werden, oder es die Nähe zum Absatzmarkt ermöglicht, die Produkte besser an die Konsumentenpräferenzen anzupassen und dadurch Wettbewerbsvorteile realisiert werden (vgl. ▶ Abschn. 13.2). Für eine vertikale Investition ist ausschlaggebend, dass die komparativen Vorteile des Standorts stark genug ausgeprägt sind, um die Handelskosten bei Import des Zwischenprodukts und die höheren Service-Link-Kosten bei Produktion im Ausland zu kompensieren (vgl. ▶ Abschn. 13.3).

- *Internalization-Advantage*: Auch wenn die beiden zuvor genannten Vorteile vorliegen, ist noch nicht sichergestellt, dass sich eine Direktinvestition lohnt. Schließlich könnten die Vorteile auch durch eine entsprechend ausgestaltete Auftragsvergabe an Zulieferer, Franchising und Lizensierung oder durch eine Unternehmenskooperation realisiert werden. Es muss somit vorteilhaft sein, das firmenspezifische Kapital innerhalb des Unternehmens zu verwerten, anstatt es anderen Unternehmen gegen Entgelt zugänglich zu machen oder die Transaktion durch Outsourcing über den Markt zu regeln.

Hier kommt es somit darauf an, wie sich die Transaktionskosten bei den verschiedenen Organisationsformen unterscheiden: Integration bietet einerseits den Vorteil, dass das firmenspezifische Kapital besser geschützt ist. Andererseits können innerhalb eines multinationalen Unternehmens beispielsweise keine so starken Anreize für den Arbeitseinsatz des Managements gegeben werden, wie dies bei Markttransaktionen mit unabhängigen, gewinnmaximierenden Unternehmen möglich ist. Dabei können die unterschiedlichen Außenoptionen bei der Integration anstelle der Produktion im unabhängigen Unternehmen einen wichtigen Aspekt darstellen. Zudem führt asymmetrische Information grundsätzlich dazu, dass es sehr schwierig ist, firmenspezifisches Kapital im Sinne von allgemeinem Know-how oder Produktionserfahrung effizient an ein anderes Unternehmen zu transferieren, während dies bei patentierten Erfindungen oder geschützten Markenrechten eher möglich ist.

🔲 Abb. 19.2 fasst die aus dem OLI-Ansatz resultierenden Handlungsempfehlungen für das Auslandsengagement eines Unternehmens zusammen. Je nachdem, welche der oben genannten Vorteile konkret gegeben sind, erweisen sich unterschiedliche Organisationsformen als optimal. Die Grundvoraussetzung für ein erfolgversprechendes Auslandsengagement ist dabei immer, dass das Unternehmen über firmenspezifische Vorteile gegenüber ausländischen Wettbewerbern verfügt. Wie wir erkennen können, lohnt sich eine ausländische Direktinvestition nur dann, wenn sich sowohl aus dem Standort im Ausland als auch der Verwertung des firmenspezifischen Kapitals durch Produktion innerhalb des Unternehmens Vorteile für das damit entstehende multinationale Unternehmen ergeben. Hingegen sollte das Produkt in den fremden Markt exportiert werden, wenn zwar die Produktion innerhalb des Unternehmens vorteilhaft ist, aber bei einer Produktion im Ausland keine

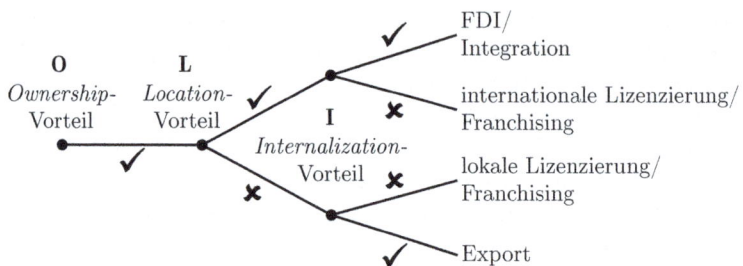

Abb. 19.2   Wahl der Eintrittsstrategie in einen Auslandsmarkt

Standortvorteile realisiert werden können. Ist für die effiziente Verwertung des firmenspezifischen Kapitals eine Produktion innerhalb des Unternehmens nicht notwendig, so kann das firmenspezifische Wissen lizenziert werden oder es können Markenrechte über Franchiseverträge (vertraglicher Ressourcentransfer) weitergegeben werden. Ohne standortspezifische Vorteile (z. B. aufgrund von Handelskosten) ist dabei aufgrund der einfacheren Kontrolle eine Lizensierung oder Franchising an heimische Unternehmen („lokal") vorzuziehen, die dann ihrerseits das Produkt exportieren könnten. Wenn die Handelskosten oder die Standortvorteile für eine Produktion im Ausland bedeutsam sind, ist demgegenüber die Lizenzvergabe bzw. das Franchising an ein ausländisches Unternehmen („international") günstiger.

Neben diesen drei Strategien gibt es allerdings noch weitere Möglichkeiten, wie sich ein Unternehmen im Ausland engagieren kann: So könnte die Produktion im Ausland im Rahmen eines Gemeinschaftsunternehmens *(joint venture)* erfolgen – dies ist beispielsweise dann sinnvoll, wenn das firmenspezifische Wissen sowohl des inländischen als auch des ausländischen Kooperationspartners wichtig ist. Bei der Direktinvestitionsentscheidung muss sich ein Unternehmen zudem überlegen, ob die Akquisition eines lokalen Unternehmens oder ein eigenständiger Neubau ausländischer Vertriebsstätten *(greenfield investment)* besser zur Erschließung des Standorts geeignet ist: Zwar ist bei einer Akquisition des lokalen Unternehmens der Marktzugang bereits gegeben, allerdings kann es organisatorisch anspruchsvoller sein, eine bestehende Firma mit gegebener Unternehmenskultur zu integrieren als ein neues Unternehmen aufzubauen.

19.4 Faktorspezifität und Fragmentierungsentscheidung

In ► Abschn. 13.2.2 haben wir gezeigt, dass bei heterogener Produktivitätsstruktur der Firmen (Melitz-Modell), Unternehmen mit hoher Produktivität eine horizontale Direktinvestition dem Export vorziehen. Wir wollen nun die produktivitätsorientierte Analyse in Anlehnung an die Darstellung in Helpman (2006) um den Aspekt der relativen Bedeutung des Schutzes des firmenspezifischen Kapitals *(headquarter services)* des Endproduzenten und der faktorspezifischen Investitionen des Zwischenproduktherstellers ergänzen. Dabei wird angenommen, dass die Produktion des Zwischenproduktes entweder innerhalb eines Unternehmens integriert stattfindet, wodurch die Investition in das firmenspezifische Kapital besser geschützt ist, oder im Rahmen von Outsourcing in einem unabhängigen Unternehmen. Da ferner angenommen wird, dass eine Integration höhere Fixkosten verursacht, stellt diese Option nicht notwendigerweise die beste Wahl für das Unternehmen dar.

Es wird eine stilisierte Situation angenommen, bei der das Endprodukt x unter Verwendung von firmenspezifischem Kapital K_s des Endherstellers und des faktorspezifischen Zwischenproduktes y_s hergestellt wird. Die Produktion von x erfolgt mittels einer Cobb-Douglas-Technologie der Form $x = \varphi \cdot K_s^{\eta} \cdot y_s^{1-\eta}$, d. h. es werden zwar beide Inputs benötigt, wenn aber von einem Input weniger vorhanden ist, so kann dies durch eine höhere Menge des anderen Inputs teilweise ausgeglichen werden. Der Exponent η kann Werte zwischen 0 und 1 annehmen und beschreibt, wie wichtig die Inputs sind: Bei $\eta = 1$ würde nur das firmenspezifische Kapital benötigt, bei $\eta = 0$ nur das Zwischenprodukt. φ ist der aus der Analyse in den ▶ Abschn. 12.3 und 13.2.2 bekannte Produktivitätsparameter des Melitz-Modells.

Ob die faktorspezifische Investition durch den Zwischenprodukthersteller vorgenommen wurde, ist zwar von den beiden Unternehmen beobachtbar, gegenüber einer dritten Stelle (einem Gericht) aber nicht beweisbar. Somit kann die Eigenschaft des Zwischenproduktes nicht vertraglich festgeschrieben werden und es kommt nach erfolgter Investition zu einer Verhandlung analog zu derjenigen in ▶ Abschn. 19.2. Die Wahl der Organisationsform ändert dann annahmegemäß die Außenoption und damit die Verhandlungsposition:

— Bei Outsourcing erzielen sowohl der Endproduzent als auch der Zwischenprodukthersteller bei Scheitern der Verhandlung eine Auszahlung von 0. Dies entspricht der symmetrischen Verhandlungssituation in ▶ Abschn. 19.2, die vor der faktorspezifischen Investition des deutschen Softwareherstellers gegeben war.

— Bei Integration kann der Endproduzent das Zwischenprodukt jedoch notfalls auch ohne Kooperation des Managements des Tochterunternehmens herstellen, was allerdings zusätzliche Kosten verursachen würde. Da das Management des Tochterunternehmens ebenso wie der unabhängige Zwischenprodukthersteller bei Scheitern der Verhandlung eine Auszahlung von 0 erhält (gleiche Außenoption), die Auszahlung des Endproduzenten jetzt aber strikt größer als 0 ist (verbesserte Außenoption), hat sich seine Verhandlungsmacht vergrößert. Aufgrund der zusätzlichen Kosten bei Scheitern der Verhandlung hat der Zwischenprodukthersteller jedoch immer noch eine gewisse Verhandlungsmacht und damit auch einen Anreiz zur faktorspezifischen Investition – in der vorliegenden Modellierung wird y_s damit zwar geringer als bei Outsourcing, aber nicht gleich 0 sein.

Diese stilisierte Modellierung bildet die Situation im Rahmen einer realistischen Fragmentierungsentscheidung sicherlich nicht vollständig exakt ab. Sie erlaubt jedoch eine möglichst einfache Modellierung des grundsätzlichen *trade-offs* zwischen dem besseren Schutz des firmenspezifischen Kapitals bei Integration und dem größeren Anreiz zur faktorspezifischen Investition durch den Zwischenprodukthersteller bei Outsourcing. Eine mögliche Interpretation wäre beispielsweise, dass aufgrund der Anreizprobleme das Zwischenprodukt bei internationalem Outsourcing weniger spezifisch auf den Bedarf des Endproduzenten ausgerichtet wird als im Rahmen von Offshoring.

Welche Aussage lässt sich nun in einem solchen Modellkontext ableiten? Zunächst kann man einen Grenzwert $\bar{\eta}$ bestimmen, unter dem die faktorspezifische Investition beim Zwischenprodukthersteller so wichtig ist, dass Outsourcing grundsätzlich günstiger ist. Da die Fixkosten bei internationalem Outsourcing höher, die variablen Kosten jedoch niedriger sind als bei lokalem Outsourcing, wird sich analog zur Analyse bei horizontalen Direktinvestitionen in ▸ Abschn. 13.2.2 ergeben, dass die produktivsten Unternehmen internationales Outsourcing vorziehen, während die weniger produktiven die Herstellung an lokale Firmen auslagern.

Interessanter ist der Fall, bei dem $\eta > \bar{\eta}$ gilt, d. h. der Schutz des eingesetzten firmenspezifischen Kapitals für die Produktion so bedeutsam ist, dass Integration trotz der höheren Fixkosten potenziell vorteilhaft ist. Hier kann es in Abhängigkeit von der Produktivität des Endproduzenten zu allen vier möglichen Lösungen in Bezug auf die Entscheidung über geographische und organisatorische Fragmentierung kommen (vgl. ◘ Tab. 13.1). Wir bezeichnen nun mit dem Index V die vertikale Integration der Produktion und mit O das Outsourcing an ein unabhängiges Unternehmen. Außerdem kennzeichnet das Sternchen * die geographische Fragmentierung (Offshoring oder internationales Outsourcing), d. h. die Unternehmensaktivität im Ausland. Es ist dann plausibel anzunehmen, dass für die Fixkosten $f_V^* > f_O^* > f_V > f_O$ gilt: Dies bedeutet, dass zum einen bei Verlagerung ins Ausland immer höhere Fixkosten anfallen als bei Produktion im Inland und zum anderen die Fixkosten bei Integration höher sind als bei Outsourcing. Gleichzeitig führen die geringeren variablen Kosten bei der Herstellung des Zwischenproduktes im Ausland aufgrund des Standortvorteils dazu, dass die Gewinne bei internationaler Fragmentierung mit der Produktivität stärker zunehmen (im φ-π-Diagramm in ◘ Abb. 19.3 verlaufen die Gewinnkurven π^* steiler). Schließlich impliziert der bessere Schutz des firmenspezifischen Kapitals bei Integration, dass K_s einen höheren Wert annimmt und aufgrund der relativ hohen Bedeutung des firmenspezifischen Kapitals somit die variablen Kosten bei Integration im Inland niedriger sind als bei lokalem Outsourcing und bei Offshoring geringer als bei internationalem Outsourcing (◘ Abb. 19.3).

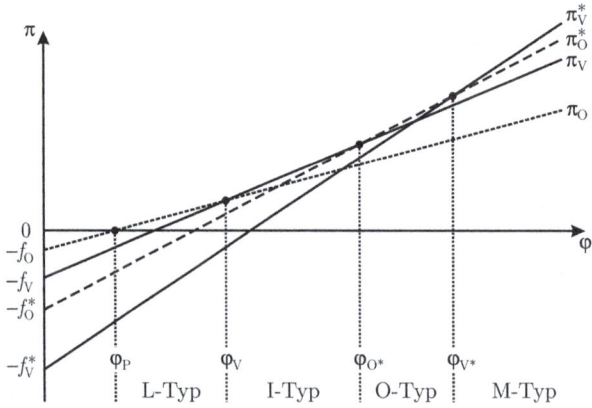

◘ **Abb. 19.3** Faktorspezifität, Produktivität und Outsourcing vs. Offshoring

◗ Abb. 19.3 zeigt für die verschiedenen Optionen den *trade-off* zwischen Fixkosten und variablen Kosten in Abhängigkeit der Produktivität auf:

- L-Typ (lokales Outsourcing): Unternehmen mit einer niedrigen Produktivität zwischen der Marktaustrittsschwelle φ_P und φ_V werden sich für lokales Outsourcing entscheiden. Da diese Unternehmen nur eine relativ geringe Menge absetzen können, fallen die niedrigen Fixkosten dieser Option stärker ins Gewicht als niedrige variable Kosten.
- I-Typ (Integration): Unternehmen mit einer mittleren Produktivität zwischen φ_V und φ_{O*} werden sich für Integration im Inland entscheiden, da sie ausreichend viel absetzen, um die mit der Integration verbundenen höheren Fixkosten zu decken.
- O-Typ (internationales Outsourcing): Unternehmen mit einer hohen Produktivität zwischen φ_{O*} und φ_{V*} werden das Zwischenprodukt von einem unabhängigen ausländischen Unternehmen importieren und somit internationales Outsourcing betreiben.
- M-Typ (Offshoring und damit Gründung eines multinationalen Unternehmens): Unternehmen mit einer sehr hohen Produktivität oberhalb von φ_{V*} entscheiden sich schließlich für Offshoring, d. h. ausländische Direktinvestitionen, die zur Gründung eines Tochterunternehmens führen, das die Zwischenprodukte herstellt, die dann im Rahmen unternehmensinternen Außenhandels importiert werden.

Sowohl beim L-Typ als auch beim I-Typ kommt es weder zu vertikalem intra-industriellen Handel noch zu Direktinvestitionen – in gewissem Sinne sind diese beiden Typen damit mit den mittelproduktiven Unternehmen im ursprünglichen Melitz-Modell vergleichbar (P-Typ), die nur für den lokalen Markt produzieren. Demgegenüber kommt es bei den beiden produktivsten Typen (O-Typ und M-Typ) zu vertikalem intra-industriellen Handel, wenn die Endprodukte anschließend ins Ausland exportiert werden.

Empirisch zeigt sich, dass die Bedeutung des firmenspezifischen Kapitals des Endproduktherstellers bei relativ kapitalintensiven Produktionsprozessen üblicherweise höher ist. Somit kann erklärt werden, wieso in manchen Märkten eher internationales Outsourcing und in anderen Offshoring als Beschaffungsstrategie gewählt wird. Die Modellvorhersagen decken sich dabei mit den Fakten, dass Offshoring in relativ kapitalintensiven Sektoren häufiger gewählt wird, während sich die Firmen bei arbeitsintensiven Prozessen eher für internationales Outsourcing entscheiden.

⬙ **Was haben wir gelernt?**

- Der Transaktionskostenansatz erklärt die Entscheidung über die optimale Organisationsform – z. B. zwischen Outsourcing und internationalem Offshoring – auf Grundlage des Ziels der Transaktionskostenminimierung. Diese Transaktionskosten resultieren dabei aus dem Zusammenspiel zwischen den Verhaltensannahmen des Transaktionskostenansatzes (beschränkte Rationalität und Opportunismus) und der Transaktionstechnologie einer spezifischen Technologie (Faktorspezifität, Verhaltensunsicherheit und Häufigkeit).

— Aus der Verhaltensannahme der beschränkten Rationalität ergibt sich, dass nur unvollständige Verträge geschlossen werden können. Die notwendige Ausfüllung solcher Verträge durch Verhandlungen führt aber bei faktorspezifischen Investitionen zum Holdup-Problem und damit zu einem Unterbleiben von Investitionen. Integration im Rahmen eines multinationalen Unternehmens stellt dann eine potenzielle Lösung dieses Holdup-Problems dar.

— Nach dem OLI-Ansatz ist eine horizontale Direktinvestition dann den Alternativen Export und Lizensierung/Franchising vorzuziehen, wenn sowohl Vorteile aus dem Eigentum firmenspezifischen Kapitals *(Ownership)*, aus der Produktion an einem bestimmten ausländischen Standort *(Location)* und aus der organisatorischen Integration im Rahmen eines multinationalen Unternehmens *(Internalization)* gegeben sind.

— In einer Erweiterung des Melitz-Modells um faktorspezifische Inputs im Rahmen eines fragmentierten Produktionsprozesses lässt sich die organisatorische und geographische Fragmentierungsentscheidung analysieren. Ist das firmenspezifische Kapital des Endproduzenten hinreichend wichtig, so kann es in Abhängigkeit der Produktivität zu allen vier möglichen Formen kommen: bei niedriger Produktivität zu lokalem Outsourcing, bei mittlerer Produktivität zu Integration, bei hoher Produktivität zu internationalem Outsourcing und bei sehr hoher Produktivität schließlich zu Offshoring.

19.5 Kontrollfragen und Übungsaufgaben

1. Der Konsumgüterproduzent K überlegt, ob er eine Maschine kaufen soll, mit der er aus 10.000 Einheiten eines bestimmten Zwischenprodukts 10.000 Einheiten an Konsumwaren herstellen kann, die jeweils 5 Euro am Markt erlösen. Eine solche Maschine kostet 30.000 Euro, kann nicht wieder verkauft werden und ist nach der Produktion der 10.000 Einheiten auch nicht mehr weiterverwendbar. Das Zulieferunternehmen Z hat ein Patent auf das benötigte Zwischenprodukt und kann es zu Grenzkosten in Höhe von Null herstellen. Es bietet K an, das Zwischenprodukt zu einem Preis von 1 Euro pro Stück an ihn zu verkaufen.

   a) Angenommen, K und Z können einen bindenden Vertrag über die Belieferung abschließen. Wird K die Maschine kaufen? Welche Gewinne ergeben sich für die beiden Firmen? Welches Problem wird bestehen, wenn der Vertrag nicht bindend ist?

   b) Gehen Sie nun davon aus, dass der Abschluss eines bindenden Vertrages nicht möglich ist. Bezogen auf die Verteilung der Verhandlungsmacht sind in dieser Situation drei Szenarien denkbar: (i) Z diktiert den Preis, (ii) der Vorteil aus dem Geschäft wird gleichmäßig auf beide aufgeteilt und (iii) K diktiert den Preis.
   Beantworten Sie für die drei Szenarien jeweils folgende Fragen: Ist die Zusage von Z, das Zwischenprodukt zu einem Preis von 1 Euro pro Stück zu verkaufen, glaubwürdig? Wird K die Maschine kaufen? Welche Gewinne ergeben sich?

   c) Angenommen, Z kann mit Unternehmen Y einen Lizenzvertrag abschließen, der es Y ermöglicht, das Zwischenprodukt zu Grenzkosten in Höhe von GK herzustellen. (Der Lizenzvertrag beinhaltet weder Zahlungen von Y an Z pro Stück noch ein Wettbewerbsverbot.)

Ist die Zusage von Z gegenüber K glaubhaft, wenn Z eine Lizenz an Y vergeben hat, wobei die Grenzkosten GK = 1,01 Euro betragen? Ist diese Lizenzvergabe für Z vorteilhaft? Begründen Sie Ihre Antwort! Angenommen, Z kann die Höhe der GK festlegen: Welche GK maximieren den Gewinn von Z?

2. Sie sind Manager eines internationalen Produzenten für Elektroautos. Sie halten nach neuen Vertriebswegen Ausschau und überlegen, ob Sie eigene Vertriebsstätten bauen oder einen externen Vertriebspartner für den Verkauf Ihrer Elektroautos beauftragen.

   a) Diskutieren Sie Pro und Contra einer Auslagerung des Vertriebs!

   b) Nennen Sie je zwei Beispiele für unkritische und kritische Transaktionen innerhalb Ihres Unternehmens, die an externe Dienstleister ausgelagert werden können!

3. Welche Voraussetzungen müssen nach dem OLI-Ansatz erfüllt sein, damit die Gründung eines ausländischen Tochterunternehmens vorteilhaft ist? Welche Alternativen stehen demgegenüber zur Verfügung, wenn nur einige Bedingungen zutreffen?

4. Wenden Sie den OLI-Ansatz auf die Vorteilhaftigkeit vertikaler Direktinvestitionen an! Welche Alternativen kämen hier infrage, wenn nur einzelne Bedingungen erfüllt sind?

5. Wie hängt die Entscheidung über die Fragmentierungsentscheidung von der Produktivität des Unternehmens ab? Unterscheiden und charakterisieren Sie die vier möglichen Ausprägungsformen!

Literatur

Im Text zitierte Quellen

Dunning J. H. (1977), Trade, Location of Economic Activity and the Multinational Enterprise: A Search for an Eclectic Approach, in: Ohlin B., Hesselborn P. und P. M. Wijkman (eds.), The International Allocation of Economic Activity, London: Macmillan, 395–418. [*Grundlegender Aufsatz über den OLI-Ansatz.*]

Helpman E. (2006), Trade, FDI, and the Organization of Firms, Journal of Economic Literature, Vol 44, 589–630. [*Abschnitt 3 gibt einen ausgezeichneten Überblick zu den aktuellen ökonomischen Ansätzen zur Erklärung ausländischer Direktinvestitionen im Kontext unvollständiger Verträge.*]

Ergänzende und weiterführende Literatur

Aghion, P. und R. Holden (2011), Incomplete Contracts and the Theory of the Firm: What Have We Learned over the Past 25 Years?, Journal of Economic Perspectives, Vol. 25, No. 2, 181–197. [*Überblick zum aktuellen Forschungsstand beim Konzept unvollständiger Verträge und seiner Anwendungen.*]

Williamson, Oliver E. (1985), The Economic Institutions of Capitalism: Firms, Markets, Relational Contracting, New York: The Free Press [*Grundlegendes Werk der Transaktionskostentheorie.*]

Intermediation in globalen Märkten

Inhaltsverzeichnis

© Der/die Autor(en), exklusiv lizenziert an Springer Fachmedien Wiesbaden GmbH, ein Teil von
Springer Nature 2024
K. Morasch und F. Bartholomae, *Handel und Wettbewerb auf globalen Märkten*,
https://doi.org/10.1007/978-3-658-41866-3_20

Themenüberblick

– Außenhandel braucht Händler: Intermediation als zentrale Unternehmensaufgabe in globalen Märkten
– Intermediationstheorie: Funktion von Intermediären und Vorteilhaftigkeit gegenüber dezentralen Verhandlungen
– Globale Intermediäre als *Market Maker* und *Match Maker*
– Implikationen von Transaktionskostenansatz und Intermediationstheorie für die Unternehmenspraxis global tätiger Firmen

In den bisher analysierten Modellen wurden nur Produktionsunternehmen betrachtet, die Güter herstellen und über einen anonymen Markt absetzen. Damit ein Markt mit vielen Anbietern und Nachfragern aber auch tatsächlich funktionieren kann, sind in der Realität Intermediäre wie Handelsunternehmen, Makler oder Banken notwendig, die als *Match Maker* Angebot und Nachfrage zusammenbringen und als *Market Maker* Preise setzen und Märkte betreiben. Da Intermediation eine zentrale Unternehmensaufgabe in globalen Märkten darstellt, ist ein grundlegendes Verständnis der Intermediationsfunktion und der Leistung von Intermediären für eine umfassende Betrachtung von globalen Märkten essenziell.

In diesem letzten Kapitel wird zunächst eine knappe Einführung in die Intermediationstheorie gegeben und darauf aufbauend die Funktion von Intermediären in globalen Märkten am Beispiel der Internetplattform eBay und des Handelshauses Li & Fung verdeutlicht. Den Abschluss bildet eine Darstellung der Implikationen von Transaktionskostenansatz und Intermediationstheorie für die Unternehmenspraxis in globalen Märkten.

20.1 Intermediationstheorie und globale Intermediäre

Die ökonomische Theorie der Intermediation erklärt, wieso Transaktionen nicht direkt, sondern über einen Intermediär abgewickelt werden. Dafür ist zum einen zu klären, welche Funktionen ein Intermediär erfüllt und zum anderen, wieso er diese Aufgaben besser und/oder kostengünstiger als die Transaktionspartner wahrnehmen kann.

20.1.1 Schaffung von Märkten und Preissetzung durch Intermediäre

Die zentrale **Funktion von Intermediären** besteht darin, Märkte zu schaffen und zu betreiben. Zum besseren Verständnis dieser Intermediationsfunktion ist es hilfreich, das einfache ökonomische Kreislaufdiagramm mit Haushalten und Unternehmen um die dazwischen angeordneten Intermediäre zu ergänzen. ◘ Abb. 20.1 stellt diesen modifizierten Wirtschaftskreislauf dar.

Haushalte und klassische Produktionsunternehmen sind hier wie im Modell mit vollkommener Konkurrenz Mengenanpasser und somit *Market Taker*. Dazwischen sind die Intermediäre platziert, die als *Market Maker* den Markt betreiben und Preise so setzen, dass es zur Markträumung kommt. Da jedoch diese Aufgabe

20

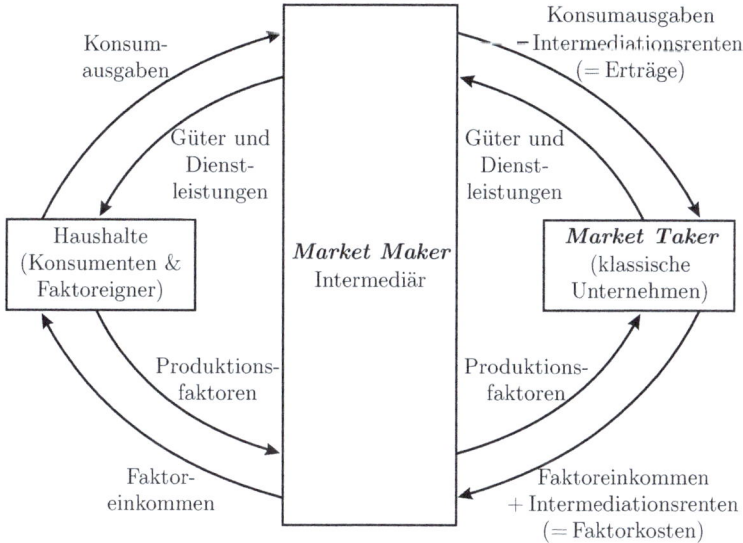

◼ **Abb. 20.1** Wirtschaftskreislauf mit Intermediation

Kosten verursacht und Intermediäre zudem meist über Marktmacht verfügen, realisieren sie Intermediationsrenten, die somit einen Keil zwischen den Kaufpreis der Haushalte und den Verkaufspreis der Unternehmen treiben. Wir wollen uns diesen Aspekt nun für einen monopolistischen Intermediär im Angebot-Nachfrage-Diagramm verdeutlichen.

◼ Abb. 20.2 stellt die Preisbildung auf einem Markt mit einem **monopolistischen Intermediär** im Vergleich zu einem idealen Markt bei vollkommenem Wettbewerb dar. In einem idealen Markt bildet sich der Marktpreis p^{vK} im Schnittpunkt von Angebot und Nachfrage. Die Anbieter und Nachfrager haben perfekte Information und alle Akteure, die zum Marktpreis handeln wollen, können somit auf dem

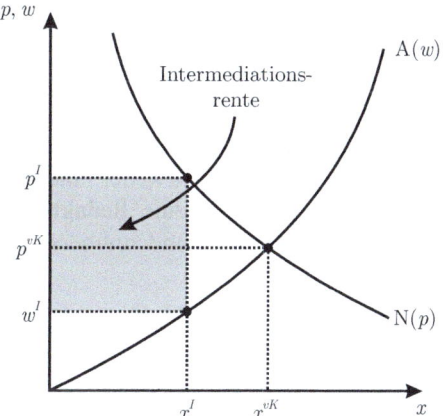

◼ **Abb. 20.2** Monopolistischer Intermediär und Intermediationsrente

Markt die gewünschte Menge absetzen bzw. erwerben. Dabei entspricht die insgesamt angebotene Menge x^{vK} der zu diesem Preis nachgefragten Menge.

In der Realität gibt es diesen anonymen Markt so jedoch nicht. Vielmehr braucht es Intermediäre, die als Händler eine Art Brückenfunktion zwischen Verkäufer und Käufer übernehmen. Ein klassisches Beispiel sind Handelsunternehmen wie REWE oder EDEKA, die Lebensmittel bei den Nahrungsmittelproduzenten einkaufen und dann in Supermärkten den Konsumenten zum Kauf anbieten. Wir gehen nun beispielhaft von einem monopolistischen Intermediär aus, der diesen Markt mit dem Ziel betreibt, eine möglichst hohe Intermediationsrente zu erzielen. Zur Vereinfachung nehmen wir dabei an, dass dieser Intermediär analog zur Analyse des Monopolisten in ▶ Abschn. 10.1 die Nachfragefunktion N(p) und die Angebotsfunktion A(w) kennt.

Der Intermediär bietet dann den Herstellern des Produktes an, das Gut zum als „*Bid*-Preis" bezeichneten Preis w^{I} zu erwerben. Auf der anderen Marktseite wird den Nachfragern ein Verkaufsangebot in Höhe des „*Ask*-Preises" p^{I} unterbreitet. Die Preise sind dabei so gewählt, dass der Markt geräumt wird: $A(w^{I}) = N(p^{I}) = x^{I}$. Gleichzeitig wird der Monopolist den *Bid-Ask-Spread*, d. h. die Differenz zwischen p^{I} und w^{I}, so wählen, dass seine Intermediationsrente $(p^{I} - w^{I}) \cdot x^{I}$ maximiert wird.[1] Nur wenn diese Intermediationsrente seine Kosten übersteigt, wird der Intermediär im Markt aktiv sein.

Ein monopolistischer Intermediär sorgt somit einerseits aufgrund des *Bid-Ask-Spreads* für einen Effizienzrückgang gegenüber dem Ergebnis auf dem idealen Markt $(x^{I} < x^{vK})$.[2] Andererseits gewährleistet der Intermediär jedoch, dass überhaupt ein Markt existiert, indem er *Bid*- und *Ask*-Preise so setzt, dass sich die angebotene und die nachgefragte Menge entsprechen. Zudem ist zu beachten, dass sich bei Wettbewerb zwischen Intermediären der *Bid-Ask-Spread* verringert (bei vollkommenem Wettbewerb auf die Intermediationskosten pro Mengeneinheit) und das Ergebnis sich dann demjenigen im idealen Markt annähert.

20.1.2 Was macht Intermediation vorteilhaft?

Wir haben nun gesehen, wie ein Intermediär durch die Schaffung eines Marktes endogen einen Preissetzungsmechanismus etabliert, der für die Allokation von Gütern und Dienstleistungen sorgt. Darüber hinaus erfüllen Intermediäre aber noch einige weitere wichtige Funktionen:

- Zur Koordination von Transaktionen betreiben sie **Lagerhaltung** oder **Rationierung** der Anbieter bzw. Nachfrager. Sie gewährleisten somit die kurzfristige Anpassung an Schwankungen des Angebots bzw. der Nachfrage.
- Als zentrale Tauschplätze bewirken sie eine **Reduktion von Suchkosten**. Dieser Aspekt ist gerade in den komplexen und unübersichtlichen internationalen

---

1   Dies erreicht er dadurch, dass er gegenüber der Nachfrageseite als Monopolist auftritt und den Monopolpreis setzt und sich gegenüber der Angebotsseite als Monopsonist verhält und entsprechend den Monopsonpreis wählt.

2   Bei linearem Angebot und linearer Nachfrage entspricht die Menge bei Intermediation x^{I} genau der Hälfte der Wettbewerbslösung x^{vK}.

Märkten wichtig. Wir werden uns diese Funktion des Intermediärs in einem einfachen theoretischen Modell noch genauer veranschaulichen und zudem im nächsten Abschnitt erläutern, wie sie konkret von globalen Intermediären erfüllt wird.

— Durch verbindliche Preise führen Intermediäre zur **Vermeidung von Verhandlungskosten.** Im Kontext des Transaktionskostenansatzes hatten wir bereits angesprochen, dass insbesondere bei asymmetrischer Information die Effizienz einer Verhandlungslösung nicht mehr sichergestellt ist.[3] Dieses Problem wird durch Intermediation vermieden, womit die Abwicklung über den Intermediär selbst dann vorteilhaft sein kann, wenn der Intermediationspreis ungünstiger ist als der erwartete Preis bei der Verhandlungslösung.

— Intermediäre können durch die **Reduktion von Informationsasymmetrien** Ineffizienzen abbauen. Zum einen können sie aufgrund der häufigen Beteiligung an Transaktionen leichter eine Reputation aufbauen und es ist zugleich für sie weniger attraktiv einen Informationsvorteil kurzfristig auszunutzen, da der Verlust dieser Reputation für sie entsprechend kostspielig ist. Zum anderen sind sie durch die auf Dauer angelegte Marktteilnahme eher in der Lage, gute Qualität zu signalisieren (z. B. durch eine Garantie) als Transaktionspartner, die nur einmalig oder gelegentlich in einem Markt aktiv sind.

Wie kann Intermediation konkret zur Reduzierung der Suchkosten beitragen? Betrachten wir hierzu die Suche eines Endproduzenten nach einem geeigneten ausländischen Zwischenprodukthersteller. Nehmen wir an, dass es jeweils zwei Typen von Endprodukt- und Zwischenproduktherstellern gibt: Solche mit hoher Produktivität – gekennzeichnet mit Index h – und solche mit geringer Produktivität – gekennzeichnet mit Index g. Die Hälfte der potenziellen Transaktionspartner ist dabei vom Typ h und die andere Hälfte vom Typ g.

Da hochproduktive Endprodukthersteller auch bei höheren Beschaffungskosten noch wettbewerbsfähig sind, haben sie eine höhere maximale Zahlungsbereitschaft v als unproduktive: $v_h > v_g$. Umgekehrt sind die Kosten c und damit der notwendige Mindestpreis für produktive Zwischenprodukthersteller geringer als für unproduktive: $c_h < c_g$. Weiter gehen wir davon aus, dass sich eine Transaktion zwischen unproduktiven Transaktionspartnern nicht lohnt: $v_g < c_g$.

Bei dezentralem Tausch ist der Typ des Handelspartners vor Markteintritt nicht bekannt. Treffen aber ein Endproduzent und ein Zwischenprodukthersteller aufeinander, so erfahren sie den Typ ihres Partners. Ferner wird von symmetrischen Verhandlungsmacht ausgegangen, sodass es zur Nash-Verhandlungslösung kommt, d. h. der Gesamtvorteil wird gleichmäßig auf die beiden Transaktionspartner

---

3 Konkret ergibt sich bei asymmetrischer Information zwischen den Verhandlungspartner folgendes Problem: Treffen z. B. ein Endproduzent und ein Zwischenprodukthersteller aufeinander, so haben die jeweils produktivsten Unternehmen einen Anreiz, sich als unproduktiv darzustellen, um damit einen für sie vorteilhafteren Preis zu erzielen: Der produktivste Endprodukthersteller wird seine Zahlungsbereitschaft untertreiben und der günstigste Zwischenprodukthersteller wird seine Kosten übertreiben. Dies kann dann zum Scheitern der Verhandlung führen, obwohl es aus ökonomischer Sicht sinnvoll wäre. Hier kann ein Intermediär eingreifen, in dem er etwa einen geeigneten Mechanismus wählt, der den Unternehmen einen Anreiz gibt, die wahren Informationen preiszugeben oder indem er z. B. mittels eines Gutachtens und seiner eigenen Expertise diese Informationen erwirbt.

aufgeteilt. Damit eine Transaktion zustande kommt, muss mindestens ein Partner produktiv sein – annahmegemäß kann zwischen den unproduktiven Unternehmen aufgrund $v_g < c_g$ kein ökonomisch effizienter Handel stattfinden. Der Preis, der sich bei erfolgreicher Transaktion einstellen wird und den Vorteil gleichmäßig auf beide Partner verteilt beträgt $(v_i + c_j)/2$. Somit erhält der Endproduzenten, der den Preis zu bezahlen hat, als Auszahlung $v_i - (v_i + c_j)/2 = (v_i - c_j)/2$ und der Zwischenproduktherstellers, der den Preis erhält, bekommt entsprechend $(v_i + c_j)/2 - c_j = (v_i - c_j)/2$.

Bei Intermediation legt ein monopolistischer Intermediär mit Intermediationskosten c^I bindende Preise p^I und w^I fest. Um eine Intermediationsrente zu erzielen, wird er diese Preise so festlegen, dass sie für produktive Unternehmen gerade attraktiv sind: Würde er als *Ask*-Preis v_h setzen, könnte sich der Endproduzent dadurch besserstellen, indem er sich selbst auf die Suche nach einem Zwischenprodukthersteller begibt. Trifft er auf den produktiven Anbieter erhält er eine Rente von $(v_h - c_h)/2$ und bei Handel mit einem unproduktiven Zwischenprodukthersteller resultiert entsprechend $(v_h - c_g)/2$. Beide Situationen sind gleich wahrscheinlich und somit beträgt die erwartete Rente bei dezentralem Tausch

$$\frac{1}{2} \cdot (v_h - c_h)/2 + \frac{1}{2} \cdot (v_h - c_g)/2 = \frac{v_h}{2} - \frac{c_h + c_g}{4}.$$

Der Intermediär muss dem Endproduzenten daher mindestens diese Rente überlassen, damit dieser zu ihm kommt, was bedeutet, dass er einen um diese Rente reduzierten Preis setzen wird. Mit $\bar{c} = (c_h + c_g)/2$ als Erwartungswert für die Kosten eines Zulieferers ergibt sich somit ein *Ask*-Preis $p^I = v_h - (v_h - \bar{c})/2$. Analoge Überlegungen treffen für den *Bid*-Preis zu, sodass der Intermediär den produktiven Hersteller nicht auf seine Produktionskosten c_h drücken kann, sondern ihm ebenfalls eine entsprechende Rente überlassen muss. Mit $\bar{v}$ als Erwartungswert $(v_h + v_g)/2$ für die Zahlungsbereitschaft eines Endproduzenten ergibt sich hier als *Bid*-Preis $w^I = c_h + (\bar{v} - c_h)/2$. Bei diesen Preisen sind die produktiven Unternehmen gerade indifferent zwischen dezentralem Tausch und der Abwicklung des Handels über den Intermediär. Damit werden alle produktiven Unternehmen den Handel über den Intermediär abwickeln, während die unproduktiven Unternehmen aufgrund $v_g < c_g$ auf Handel verzichten. Beachten Sie, dass dieses Ergebnis hier effizient ist, da der Gesamtvorteil maximiert wird, wenn nur die produktiven Unternehmen miteinander Handel treiben.

Der Vorteil der Intermediation wird vom Intermediär über den positiven *Bid-Ask-Spread* abgeschöpft:

$$p^I - w^I = v_h - \frac{v_h}{2} + \frac{\bar{c}}{2} - c_h - \frac{\bar{v}}{2} + \frac{c_h}{2} = \underbrace{\left[\frac{v_h}{2} - \frac{\bar{v}}{2}\right]}_{>0} - \underbrace{\left[\frac{c_h}{2} - \frac{\bar{c}}{2}\right]}_{<0} > 0 \tag{20.1}$$

Intermediation ist somit dann vorteilhaft, wenn die Intermediationskosten geringer sind als der *Bid-Ask-Spread*, d. h. wenn $c^I < p^I - w^I$. Da der Wert für den *Bid-Ask-Spread* umso größer wird, je unterschiedlicher die Typen sind, lohnt sich Intermediation eher, wenn die Produktivitätsunterschiede sehr ausgeprägt sind.

20

20.2 Intermediationsstrategien in globalen Märkten

Wir wollen nun anhand der Internetplattform eBay und des Handelshauses Li & Fung die Funktion von Intermediären in der Praxis der globalen Wirtschaft veranschaulichen. An diesen Fallbeispielen können wir sehen, wie globale Intermediäre als *Match Maker* über Ländergrenzen hinweg Anbieter und Nachfrager zusammenbringen und wie sie als *Market Maker* einen weltweiten Markt schaffen und betreiben. Schließlich werden wir analysieren, was die potentiellen Quellen der Wettbewerbsvorteile global tätiger Intermediäre sind.

20.2.1 Als globaler *Match Maker* Marktteilnehmer zusammenbringen

Globale *Match Maker* zeichnen sich dadurch aus, dass sie Käufer und Verkäufer aus verschiedenen Ländern auf eine Weise zusammenbringen, die für diese besonders vorteilhaft ist. Ein *Match Maker* stellt Anbietern und Nachfragern die für die Transaktion relevanten Informationen bereit und bietet den institutionellen und rechtlichen Rahmen für eine effiziente Vertragsgestaltung und Vertragsabwicklung. Dadurch, dass er als zentrale Anlaufstelle dient, reduziert er die Suchkosten, die gerade auf globalen Märkten trotz fortgeschrittener Kommunikationstechnik nach wie vor hoch sind, da insbesondere lokale Informationen nur schwer verfügbar und zum Teil nur Insidern zugänglich sind.

Wie erfüllen nun eBay und Li & Fung konkret diese Funktion eines globalen *Match Makers*?

▪▪ eBay

Die Internetplattform eBay startete 1995 unter dem Namen AuctionWeb in den USA und begann 1999 ihre Auktionswebsite auf mehrere Länder, unter anderem Deutschland, auszudehnen. Ziel war es, „The World's Online Marketplace" zu werden und weltweit Angebot und Nachfrage nach vielen Produkten zusammenzubringen. Durch die elektronische Interaktion verlieren geographische Entfernungen und Ländergrenzen an Bedeutung – jeder der einen Computer mit Internetzugang hat, kann an einer Auktion teilnehmen.

Die Auktionen von eBay stehen sowohl Privatleuten als auch kleinen mittelständischen Unternehmen offen, welche die Auktionsplattform für eigene nationale und internationale Handelsaktivitäten nutzen. Da die Angebotsstruktur und der Service für Verkäufer von Neuwaren in den letzten Jahren immer mehr verbessert wurden, hat sich eBay von einem Gebrauchtwarenmarkt immer mehr auch zu einem Markt für Neuwaren entwickelt – nach eigenen Angaben sind jederzeit 1 Mrd. Angebote verfügbar, von denen 80 % Prozent Neuware sind.

▪▪ Li & Fung

Das 1906 gegründete Exporthandelsunternehmen Li & Fung mit Sitz in Hongkong bedient demgegenüber nicht das Endverbrauchergeschäft, sondern die diesem Markt vorgelagerte Stufe. Es fungiert als Supply Chain Manager, der hersteller- und länderübergreifend tätig ist, wobei es alle Stufen der Wertschöpfungskette abdeckt, wie etwa Produktentwicklung, Qualitätssicherung und Transport, so dass sich die Kunden nur noch um die Vermarktung der Produkte kümmern müssen.

Li & Fung verfolgt dabei eine globale Netzwerkstrategie, die es ohne Vorhaltung eigener Produktionskapazitäten erlaubt, Aufträge mit Lieferfristen zeitnah an andere Unternehmen zu vergeben und so die Bedürfnisse seiner Kunden wie etwa Toys'R'Us, Nike, Marks & Spencer oder WalMart zu erfüllen. Eigenen Angaben zufolge umfasst das globale Netzwerk mehr als 15.000 internationale Lieferanten. Mit weltweit 250 Büros und Vertriebszentren kann es damit 40 Länder abdecken.

Aufgrund eines zentralen *Hub-and-Spoke*-Netzwerks, das in ◨ Abb. 20.3 schematisch dargestellt wird, vermindert eine Abwicklung von Transaktionen über Li & Fung die Suchkosten nach einem geeigneten Zulieferer drastisch. Wie wir im Suchkostenmodell (▶ Abschn. 20.1.2) gezeigt haben, wird dadurch die Effizienz des *matching,* d. h. des Zusammenfindens geeigneter Partner, gesteigert.

20.2.2 Als *Market Maker* einen weltweiten Markt schaffen

Sowohl eBay als auch Li & Fung beschränken sich aber nicht auf die Funktion eines *Match Makers,* sondern haben durch ihre Aktivitäten einen Markt geschaffen, den sie als **Market Maker** betreiben. Ein *Market Maker* muss zusätzlich entweder einen Preisbildungsmechanismus bereitstellen oder er muss durch seine Aktivitäten das Angebot und die Nachfrage bündeln und zum Ausgleich bringen. Während eBay mit seiner Auktion eine Preisbildung ermöglicht, bündelt Li & Fung aus Sicht der Nachfrager das Marktangebot und aus Sicht der Zulieferer die Nachfrage nach ihren Produktionsleistungen.

▪▪ eBay
Der Auktionsmechanismus, der von eBay bereitgestellt wird, trägt zu einer effizienten Preissetzung insbesondere in Gebrauchtwarenmärkten und für Restposten bei, für die andernfalls kein „regulärer" Marktpreis existieren würde. Vorzugsweise für Neuwaren bietet eBay mit der Sofort-Kaufen-Option zudem einen alternativen Preissetzungsmechanismus an. Im Unterschied zum monopolistischen Intermediär im Modell aus dem vorigen Abschnitt tritt eBay nicht selbst als Händler auf, der

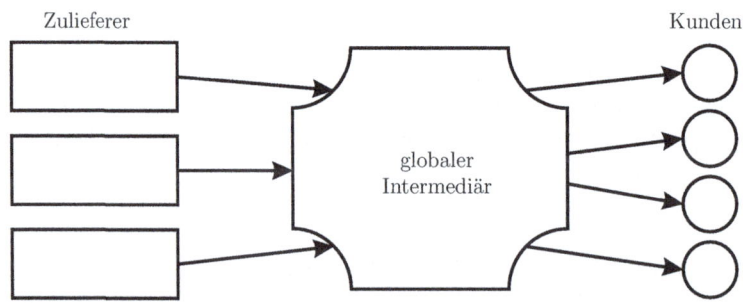

◨ **Abb. 20.3**   Netzwerk eines globalen Intermediärs

Kaufangebote und Verkaufsangebote unterbreitet, sondern schafft einen Markt, auf dem ein Preisbildungsmechanismus in technischer Form zur Verfügung gestellt wird.

▪▪ Li & Fung

Die Beteiligung von Li & Fung am eigentlichen Marktgeschehen ist demgegenüber sehr viel intensiver. Beispielsweise wird die Wahl der Lieferanten nicht nur an den komparativen Kostenvorteilen ihrer Standorte ausgerichtet, sondern auch an der augenblicklichen Verfügbarkeit des entsprechenden Angebots in den verschiedenen Standorten. Da nicht alle Produzenten, die mit Li & Fung zusammenarbeiten, zu einem bestimmten Zeitpunkt voll ausgelastet sind, wird analog zur Lagerhaltung von Waren Liquidität im Markt für Produktionskapazität geschaffen.

20.2.3 Quellen globaler Wettbewerbsvorteile für Intermediäre

Welche Wettbewerbsvorteile machen globale Intermediäre wie eBay oder Li & Fung erfolgreich? Oder im Kontext der theoretischen Analyse: Worin besteht das firmenspezifische Kapital von eBay und Li & Fung?

▪▪ eBay

Bei eBay dürfte unter anderem der leicht verständliche Preisbildungsmechanismus und die ausgeprägte Unterstützung bei der Kaufabwicklung einen wichtigen Wettbewerbsvorteil darstellen. Darüber hinaus bietet die Möglichkeit zur Abgabe von Bewertungen die Chance zur Bildung von Reputation, was gerade in den anonymen Online-Marktplätzen von erheblicher Bedeutung ist. Zudem spielen – da eBay als weltweit bedeutendster Onlineauktionsanbieter etabliert ist – auch nachfrageseitige externe Skalenerträge („Netzwerkeffekte") eine wichtige Rolle: Wer über eBay verkauft hat eine größere Zahl an potentiellen Käufern und damit eine höhere Chance, einen attraktiven Preis zu erzielen als auf einer weniger bekannten Auktionsplattform. Umgekehrt wissen Käufer um das große Angebot auf eBay und werden daher dort zuerst nach Produkten suchen. Daraus resultiert ein sich selbst verstärkender Prozess, der die Abwicklung von entsprechenden Transaktionen über eBay immer attraktiver macht.

▪▪ Li & Fung

Bei Li & Fung trägt die globale Netzwerkstrategie dazu bei, die Transaktionskosten niedrig zu halten. Als Supply Chain Manager deckt das Unternehmen alle Stufen der Wertschöpfungskette aus einer Hand ab, was die Unsicherheit für die Kunden deutlich reduziert. Zudem kann die, durch langjährige Geschäftsbeziehungen und Geschäftserfahrung, geschaffene Vertrauensbasis gegenüber Zulieferern und Kunden nur sehr schwer von Konkurrenten dupliziert werden.

20.3 Implikationen für globale Wettbewerbsstrategien

Wir haben gesehen, wie sehr die Globalisierung die Rahmenbedingungen von Unternehmen verändert. Dies wirft letztlich die Frage auf, wie Manager am besten auf diese Herausforderungen reagieren können. Die Orientierung an klassischen Wettbewerbsstrategien für nationale Märkte, wie beispielsweise Kostenführerschaft und Produktdifferenzierung, ist für Unternehmen im globalen Wettbewerb nicht ausreichend. Das Ziel von multinationalen Unternehmen muss es sein, die Wertschöpfungskette so zu gestalten, dass es eine größere Nettowertschöpfung im Vergleich zu seinen Mitbewerbern generiert. Gelingt dies, entsteht ein **globaler Wettbewerbsvorteil.** Maximiert werden sollen dabei die Nettogewinne aus dem Auslandsgeschäft, d. h. die Differenz aus den Vorteilen des Handels abzüglich der durch den Handel entstehenden Kosten. Je mehr ein international agierendes Unternehmen von diesem durch Handel geschaffenen Mehrwert für sich behalten kann, desto profitabler ist es.

Zur Bestimmung einer **globalen Wettbewerbsstrategie** bietet sich folgender Analyserahmen an:

- Erstellung einer globalen Wettbewerbsanalyse, in der insbesondere die komparativen Vorteile des Heimatlands, der potentiellen Beschaffungs- und Absatzländer sowie diejenigen der Partner- und Wettbewerbsländer ermittelt werden.
- Bestimmung des firmenspezifischen Kapitals, genauer des Mehrwerts *(added value)* des eigenen Unternehmens.
- Formulierung einer Wettbewerbsstrategie, die das firmenspezifische Kapital nutzt und bestmöglich mit den komparativen Vorteilen des Heimatlandes sowie der Beschaffungs- und Partnerländer verknüpft.
- Entwurf einer der Wettbewerbsstrategie angemessenen Organisationsstruktur, die sowohl die interne Organisation als auch das Netzwerk der Beziehung zu Zulieferern, Partnern und Kunden beinhaltet.

Mit diesem Analyserahmen können Manager die Stärken und Schwächen ihres Unternehmens erkennen und darauf basierend Strategien und Organisationsformen entwickeln, die es erlauben, internationale Marktchancen zu nutzen und einen globalen Wettbewerbsvorteil zu erzielen.

In ▶ Kap. 18 haben wir bereits die Implikationen der Außenhandelstheorie für die Unternehmen diskutiert. Diese Konzepte bieten eine theoretische Grundlage für eine fundierte **globale Wettbewerbsanalyse** und geben auch Hinweise, welche Wettbewerbsstrategien erfolgversprechend sind. Mit dem Transaktionskostenansatz in ▶ Kap. 19 und der Intermediationstheorie in diesem Kapitel haben wir Konzepte kennengelernt, die wichtige Hinweise zur optimalen Nutzung des firmenspezifischen Kapitals und zur Gestaltung der Organisationsstruktur liefern. Diese Aspekte wollen wir zum Abschluss dieses Buches nun noch kurz ansprechen:

Zwar hat der technische Fortschritt dazu beigetragen, die **Transaktionskosten** teilweise erheblich zu senken – beispielsweise hat die Entstehung von Online-Marktplätzen die Suche nach geeigneten Geschäftspartnern deutlich vereinfacht. Für international agierende Unternehmen sind jedoch die Kosten bei grenzüberschreitenden Transaktionen nach wie vor um ein Vielfaches höher als bei rein nationalen Transaktionen. Bei internationalen Geschäften sind etwa die verschiedenen Bräuche und Geschäftstraditionen zu berücksichtigen. Es müssen ferner soziale

Netzwerke aufgebaut werden, um in Kontakt mit den geeigneten Geschäftspartnern treten zu können. Firmenstrategien und Organisationsstrukturen müssen angepasst werden, um sprachliche und kulturelle Besonderheiten zu berücksichtigen. Es gibt dabei eine Reihe von Beispielen, welche vermeidbare Fehler begangen werden können: Der US-Automobilhersteller Chevrolet brachte ein Auto mit dem Namen nova auf den lateinamerikanischen Markt, was aber auf Spanisch so viel wie „geht nicht" bedeutet. Die US-Haarkosmetikfirma Clairol führte in Deutschland einen Lockenwickler mit dem Namen „Mist Stick" ein. Auch war die Werbefigur des Ronald McDonald in Japan wenig erfolgreich, da dort ein weiß geschminktes Gesicht ein Symbol für den Tod ist. Interkulturelles Wissen, Erfahrung und Beziehungen sind also entscheidend für erfolgreiche internationale Geschäftsbeziehungen. Den daraus resultierenden, zusätzlichen Kosten stehen aber eine Reihe von erheblichen Vorteilen aus der internationalen Tätigkeit gegenüber – letztlich müssen genau diese Vorteile mit den Nachteilen der höheren Transaktionskosten abgewogen werden. Auf dieser Grundlage ist schließlich eine geeignete Strategie zu entwerfen. Eine zentrale Frage wird dabei sein, wie weit die vertikale und horizontale Integration reichen soll.

In ◘ Tab. 13.1 wurden die Möglichkeiten aufgezeigt, wie die Wertschöpfungskette geographisch und organisatorisch fragmentiert werden kann. Im Zuge der organisatorischen **Fragmentierung** können aber erhebliche Transaktionskosten auftreten, die wir in ▶ Abschn. 13.3.1 unter dem Begriff „Service-Link-Kosten" zusammengefasst haben. Bei internationalem Outsourcing, aber auch bei Offshoring, d. h. der Gründung eines ausländischen Tochterunternehmens, sind diese Kosten zudem deutlich größer als bei Outsourcing im Inland, da in diesem Fall die Unterschiede in den institutionellen, rechtlichen und kulturellen Rahmenbedingungen der Länder berücksichtigt werden müssen. Andererseits sind aber bei internationaler Fragmentierung natürlich auch die potentiellen Vorteile der Fragmentierung aufgrund der Faktorpreisunterschiede sehr viel ausgeprägter. Wichtig ist somit eine sorgfältige Abwägung der Vor- und Nachteile internationaler Fragmentierung und die Beschränkung der Risiken durch Wahl der bestmöglichen Organisationsform entsprechend der Transaktionskostenaspekte.

Ähnlich sieht es aus, wenn wie im Beispiel in ▶ Abschn. 19.2 nicht das Ziel einer Kostenreduktion (vertikal), sondern der **Markterschließung** (horizontal) verfolgt wird. Generell verursacht der Selbstbetrieb ausländischer Produktions- und Vertriebsstätten zusätzliche Organisations- und Koordinationskosten, die beim reinen Export mit Vertrieb durch ein unabhängiges Unternehmen nicht anfallen. Diese Kosten müssen jedoch gegen die Transaktionskosten abgewogen werden, die bei faktorspezifischen Investitionen im Kontext unvollkommener Verträge anfallen. Letztlich muss dann geklärt werden, welche Organisationsform den höheren (erwarteten) Nettoerlös generiert und ob aufgrund der zusätzlichen Kosten der erwartete Erlös aus dem Auslandsgeschäft überhaupt ausreicht, um die Kosten zu decken.

Während die Kosten der Vertragsbeziehung eines deutschen Unternehmens mit deutschen Geschäftspartnern relativ gut abgeschätzt werden, führen Vertragsbeziehungen mit ausländischen Partnern grundsätzlich zu höheren Transaktionskosten. Stammen diese Partner aus EU-Mitgliedstaaten sind diese zumeist allerdings nur unwesentlich höher, da zum einen die EU-Mitgliedschaft ein gewisses Mindestmaß an Rechtsstaatlichkeit garantiert und zum anderen übergeordnete Instanzen, wie der Europäische Gerichtshof, bei Problemen angerufen werden können. Wesentlich riskanter ist ein Engagement in Entwicklungs- und Schwellenländern, wie beispielsweise in China. So entstanden durch die einschneidenden Interventionen der chinesischen Regierung während der Corona-Pandemie ohne Rücksicht auf das gesellschaftliche oder wirtschaftliche Leben und die daraus resultierenden drastischen Auswirkungen auf die internationalen Wertschöpfungsketten, enorme Kosten für die Unternehmen überall auf der Welt. Ein anderes Beispiel ist Indien, dessen Rechtssystem als chronisch überlastet und als das langsamste der Welt gilt: Regelmäßig wird hier von Millionen offenen Fällen berichtet, die teilweise Jahrzehnte bis zur Verhandlung benötigen. Ein offenes Verfahren reicht sogar bis 1878 zurück. Das Management muss daher berücksichtigen, dass solche Märkte zwar viele Chancen bieten (großer Absatzmarkt, kostengünstige Vorprodukte etc.), aber eben auch in Bezug auf Vertragssicherheit und Rechtsstaatlichkeit große Risiken und damit hohe Transaktionskosten bestehen. Sowohl bei der Wahl der Geschäftspartner als auch der Entscheidung über ausländische Direktinvestitionen sollte dies immer berücksichtigt werden.

Bei einem Engagement in wenig vertrautem Umfeld kann der Einsatz eines **globalen Intermediärs** hilfreich sein, der über lokale Informationen verfügt und gleichzeitig vertrauenswürdig ist, da er einen hohen Anreiz hat, seine Reputation zu wahren. Diese Lösung ist aufgrund der Intermediärsrente zwar nicht kostenlos, schränkt jedoch die Risiken ein. Aus Sicht des Intermediärs können damit lokale Informationen und die Reputation ein firmenspezifisches Kapital darstellen, das in globalen Märkten gewinnbringend verwertet werden kann.

🔄 Was haben wir gelernt?

— Intermediäre schaffen und betreiben Märkte. Global tätige Intermediäre erfüllen damit eine zentrale Funktion im internationalen Handel.

— Intermediäre bringen Anbieter und Nachfrager zusammen, koordinieren Transaktionen durch Lagerhaltung und Rationierung und reduzieren Such- und Transaktionskosten. Intermediäre werden dann ihre Leistung anbieten, wenn diese Vorteile die Intermediationskosten übersteigen.

— Die Internetplattform eBay und das Handelshaus Li & Fung sind gute Beispiele für die gelungene Umsetzung einer globalen Intermediärstrategie: Sie bringen als *Match Maker* über Ländergrenzen hinweg Käufer und Verkäufer zusammen und schaffen als *Market Maker* globale Märkte.

— Für globale Märkte benötigen Unternehmen eine Wettbewerbsstrategie, die auf einer globalen Wettbewerbsanalyse beruht und durch eine geeignete Ausgestaltung der internationalen Transaktionen das firmenspezifische Kapital optimal nutzt.

20.4 Kontrollfragen und Übungsaufgaben

1. Was wird unter einem *Match Maker* und was unter einem *Market Maker* verstanden? Nennen Sie je zwei Beispiele!

2. Auf einem homogenen Markt mit sehr vielen Anbietern und Nachfragern ist die Nachfrage beschrieben durch die Funktion $x_N = 11 - p$ und die

Angebotsfunktion lautet $x_A = 2 \cdot p - 4$. Auf diesem Markt agiert ein monopolistischer Intermediär als Preissetzer *(Market Maker)*.

a) Stellen Sie Angebot und Nachfrage in einem Preis-Mengen-Diagramm dar!

b) Welchen Preis und welche Ausbringungsmenge wird der Intermediär wählen? Bestimmen Sie graphisch und rechnerisch den gewinnmaximalen *Bid-Ask-Spread* sowie den maximalen Gewinn des Intermediärs! [*Hinweis: Aus Sicht des Intermediärs werden durch die Angebotsfunktion die Kosten beschrieben.*]

c) Kennzeichnen Sie in Ihrer Graphik die Konsumentenrente, die Produzentenrente sowie die Rente des Intermediärs!

d) Es tritt nun ein negativer Nachfrageschock auf, d. h. die Nachfragefunktion ändert sich zu $x_N = 8 - p$. Berechnen Sie, welchen neuen *Bid-Ask-Spread* der Intermediär längerfristig festlegen wird! Beschreiben Sie verbal, welche kurzfristigen Strategien der Intermediär verfolgen kann, um auf die veränderte Nachfragesituation zu reagieren!

3. Weltweit gibt es drei Unternehmen (L, M, H), die spezielle Fördermaschinen für den Abbau seltener Erden (in etwa gleicher Qualität) anbieten. Die Kosten, die den Spezialfirmen für die Produktion entstehen, belaufen sich auf $c_L = 40$ Mio. Euro, $c_M = 60$ Mio. Euro sowie $c_H = 80$ Mio. Euro. Kürzlich konnten drei Bergbaufirmen (L, M, H) Gebiete erwerben, die für den Abbau seltener Erden geeignet sind. Der Wert der jeweils abbaubaren seltenen Erden schwankt jedoch, so dass die Zahlungsbereitschaften für den Erwerb von Fördermaschinen mit $v_L = 60$ Mio. Euro, $v_M = 80$ Mio. Euro sowie $v_H = 100$ Mio. Euro unterschiedlich ausfallen. Sowohl die Fördermaschinenbaufirmen als auch die Bergbaufirmen kennen jeweils nur ihre eigenen Kosten bzw. ihre eigene Zahlungsbereitschaft. Zusätzlich ist aber allen die Verteilung der Kosten bzw. Zahlungsbereitschaften bekannt.

a) Stellen Sie den weltweiten Markt für die Fördermaschinen in einem Preis-Mengen-Diagramm dar! Wie hoch ist die auf diesem Markt maximal erreichbare Wohlfahrt?

b) Unterstellen Sie zunächst eine Situation ohne Intermediär, d. h. beide Marktseiten werden einander zufällig zugeordnet *(random matching)*. Geben Sie alle möglichen Anbieter-Nachfrager-Konstellationen sowie die mit jeder Konstellation verbundene Wohlfahrt an! Wie hoch ist die durchschnittlich erreichbare Wohlfahrt?

c) Begründen Sie, inwiefern die in b) beschriebene Situation einen Anreiz für Intermediation birgt! Wie hoch ist der vom Intermediär festgelegte *Bid-Ask-Spread?* Wie hoch ist die (durchschnittlich) erreichbare Wohlfahrt in dieser Situation mit Intermediation? Beurteilen Sie abschließend: Ist Intermediation bei Suchproblemen stets der optimale Transaktionsmechanismus?

Literatur

Ergänzende und weiterführende Literatur

Buckley, P. J. und M. C. Casson (1998), Analyzing Foreign Market Entry Strategies: Extending the Internalization Approach, Journal of International Business Studies, Vol. 29, 539–561. [*Überblick über verschiedene Eintrittsstrategien in ausländische Märkte.*]

Spulber D. F. (1999), Market Microstructure: Intermediaries and the Theory of the Firm, Cambridge, UK: Cambridge University Press. [*Grundlegende Einführung in die Intermediationstheorie.*]

GPSR Compliance

The European Union's (EU) General Product Safety Regulation (GPSR) is a set of rules that requires consumer products to be safe and our obligations to ensure this.

If you have any concerns about our products, you can contact us on ProductSafety@springernature.com

In case Publisher is established outside the EU, the EU authorized representative is:

Springer Nature Customer Service Center GmbH
Europaplatz 3
69115 Heidelberg, Germany

The manufacturer's authorised representative in the EU is Springer
Nature Customer Service Centre GmbH, Europaplatz 3, 69115 Heidelberg,
Germany. If you have any concerns regarding our products, please
contact ProductSafety@springernature.com

Printed and bound by CPI Group (UK) Ltd, Croydon, CR0 4YY
24/04/2026
02096373-0008